商务印书馆（上海）有限公司 出品
The Commercial Press (Shanghai) Co. Ltd.

务实夯正

从务本女塾到上海市第二中学（1902—2022）

马学强 胡端 叶舟 陆军 周维文 等著

陆军 马学强 主编

商务印书馆
The Commercial Press

图书在版编目（CIP）数据

务实本正：从务本女塾到上海市第二中学：1902—2022 / 陆军，马学强主编；马学强等著. — 北京：商务印书馆，2022
ISBN 978 - 7 - 100 - 21300 - 4

Ⅰ. ①务… Ⅱ. ①陆… ②马… Ⅲ. ①上海市第二中学 — 校史 — 1902-2022 Ⅳ. ①G639.285.1

中国版本图书馆 CIP 数据核字（2022）第106214号

权利保留，侵权必究。

务 实 本 正

从务本女塾到上海市第二中学（1902—2022）

陆 军　马学强　主编
马学强　胡　端　叶　舟　陆　军　周维文　等著

商 务 印 书 馆 出 版
（北京王府井大街36号　邮政编码 100710）
商 务 印 书 馆 发 行
上海盛通时代印刷有限公司印刷
ISBN 978 - 7 - 100 - 21300 - 4

2022年10月第1版　　开本 889×1194　1/16
2022年10月第1次印刷　　印张 27¾　插页 3　字数 644千

定价：190.20元

主　　　编　陆　军　马学强

副 主 编　胡　端　马　强　张曦琛　吴　卫

编　　　委　吴小仲　任博生　姚国超　沈建华　王民政
　　　　　　叶　舟　周维文　吴明欢　沈　欣

主要撰稿人　马学强　胡　端　叶　舟　陆　军
　　　　　　周维文　等

图 片 拍 摄　鲍世望　等

主编简介

陆 军

祖籍江苏无锡,1969年出生于上海。毕业于上海师范大学。中学政治高级教师,第三期"上海市普教系统名校长名师培养工程"名校长基地学员,上海市徐汇区人大代表。历任上海市第二中学党总支副书记、副校长(兼上海市第二初级中学校长),南洋中学党委副书记、校长,上海市徐汇区教育局副局长等职。现为上海市第二中学党委书记、校长,兼任上海市第二初级中学校长。领衔主持课题"在走班制分层教学中让学生和谐发展的研究和实践",获评国家教师科研基金"十一五"规划阶段性成果一等奖;个人获评国家教师科研专项基金"十一五"规划重点课题先进实验工作者。与马学强教授主编《务实本正:从务本女塾到上海市第二中学(1902—2022)》。参与编写《学好政治也不难》《上海历史文物建筑》《为国桢干:上海南洋中学120年(1896—2016)》等。先后获得上海市园丁奖、徐汇区园丁奖、徐汇区优秀思想政治课教师、徐汇区"新长征突击手"荣誉称号等。

马学强

祖籍浙江绍兴,1967年出生于嘉兴。毕业于华东师范大学,历史学博士。现为上海社会科学院历史研究所研究员,主要从事中国城市史、区域史等研究。在各类学术刊物发表论文百余篇。出版的著作有《从传统到近代:江南城镇土地产权制度研究》《江南席家:中国一个经商大族的变迁》《出入于中西之间:近代上海买办社会生活》《八百里瓯江》等。参与主编的有《千年龙华》《阅读思南公馆》《上海的城南旧事》《上海的城市之心》《从工部局大楼到上海市人民政府大厦》《〈密勒氏评论报〉总目与研究》《上海石库门珍贵文献选辑》等二十余种。近年来主持"百年名校·江南文脉"系列丛书(商务印书馆已陆续出版十种)。先后承担多项国家和上海市哲学社会科学研究项目,多项成果获上海市哲学社会科学优秀成果奖。

目 录

序　　张锦秋　　3

第一章　务本女塾的初创　1
第一节　兴贤毓秀：吴馨创办务本女塾　4
第二节　"诚上海有成效之女学也"　13
第三节　务本早期的老师与学生　24

第二章　蜚声海内　37
第一节　县立第一女子高等小学校　40
第二节　市立务本女子中学　50
第三节　务本新学制、新课程　57
第四节　"全国女校中素有声誉之学校"　63

第三章　务本与新女性的塑造　75
第一节　知识技能与道德观念的趋新　78
第二节　体育强身：从普及到提高　91
第三节　日常生活方式的新形塑　102
第四节　学运和学潮：政治意识的觉醒与成熟　110

第四章　艰难办学　129
第一节　更名、迁址与两度风潮　132
第二节　"孤岛"中的怀久女子中学　142
第三节　战后复校　151

第五章　从务本女中到市二女中　169
第一节　上海解放与务本的"新生"　172
第二节　成为重点中学的"市二女中"　183
第三节　百花齐放的校园文化　187

第六章　困难与调整时期　199
第一节　"大跃进"中的市二女中　202
第二节　进入调整时期　205
第三节　教育改革的"实验田"　214
第四节　改名上海市第二中学与"文化大革命"十年　220

第七章　因改革而兴的市二中学　235
第一节　重点建设的学校　238
第二节　吴小仲校长与市二中学的改革　244
第三节　教育改革的新探索　259

第八章　新世纪、新气象　267
第一节　优质发展和特色办学　270
第二节　市二校区的变迁　286
第三节　精彩的校园文化　297
第四节　校友会与校庆活动　305

附　录　321
附录一　学校沿革与校址迁徙表　323
附录二　大事记　325
附录三　学校历任校长、副校长名录　343
附录四　学校历任党支部（党总支、党委）书记、
　　　　副书记名录　345
附录五　文献档案选摘　347
附录六　部分校友简介　397
附录七　图片目录索引　409
附录八　主要参考文献　419

后记一　429
后记二　431

序

张锦秋

今年是母校上海市第二中学建校一百二十周年，在这个重要时刻，这本厚重完美的校史——《务实本正：从务本女塾到上海市第二中学（1902—2022）》呈现在读者面前。对于历史研究者，这是一份优秀的科研成果；对于广大校友，这是一份可传承的精神财富；对于具有光辉历程的江南百年名校，这是一座重要的里程碑，是对学校一百二十周年华诞隆重的献礼。

作为学校史，本书内容丰富、客观公正，记载了这座江南名校，在上海乃至全国具有一定影响力的老校、名校，办学历程连续，文脉赓续不断，办学理念独特，办学特色鲜明，办学成就突出，名师荟萃，名生频出，在现代中国中学教育史上具有重要地位。作为科研成果，本书整体性、逻辑性强。在浩瀚的史料中去伪存真、去粗取精、由此及彼、由表及里的专业功底堪称一流。这是上海教育史书中精彩的篇章。作为一百二十年在校师生的集体回忆，本书汇集了在学校发展不同时期的教育先贤高品质办学、开创和谐发展的史绩，历任校长和教职员工的工作回忆和感受，以及广大校友撰写的学习回忆和感谢恩师的文章。这既是一份可存留的珍贵档案，也是一份可资传承的人文财富。我在拜读样书时心潮涌动，感慨万千。

我是1948—1954年亲历了从务本女中到市二女中的学生。在那火红的年代，我在母校度过了多梦的少年时光。务实本正的精神春风化雨润育了我，为我的成长打下了坚实的基础。我们在校园里不仅接受了文、史、地和数、理、化的基础知识教育，还在这里铸造了爱祖国、有品德、有理想的灵魂。抗美援朝保家卫国的洗礼使我们懂得个人的命运系于国家兴亡。各种社会活动的参与使我们明白服务于社会的人生意义。语文、历史课上我们能领会到何谓人的品格。实验室中我们初识了科学精神。风雨无阻的体育课增强了我们的体魄。钢琴边的音乐课和丰富的美术课激发了我们对美的向往。回顾我的建筑人生，坚持做一个实干的建筑师，坚持在古都西安扎根搞建设，坚持走一条传统与现代相结合的建筑创作道路，这，都是母校务实本正的精神引导我砥砺前行，迎难而上。

"以史为鉴"是中华民族的优秀文化传统，家盛写谱，地盛修志，国盛修史，温故而知新，使几千年中华文化发扬光大。在母校建校一百二十周年之际，上海市第二中学和上海社会科学院历史研究所专家团队成功编撰了《务实本正：从务本女塾到上海市第二中学（1902—2022）》这本校史，"存史、资政、教化"，对于市二中学当代师生与后来者，摸清家底、正本清源、做好当下、规划未来实为一件大事、盛事，此举功莫大焉！在这里，我这个老校友衷心感谢为这本校史做出奉献的人们，特别要感谢上海社会科学院的马学强教授和我们的陆军校长，对你们付出的努力和智慧致以崇高的敬意。

张锦秋

2022年8月25日

（张锦秋：上海市第二中学1954届校友、中国工程院首批院士，
将中国传统建筑风格应用于当代建筑的领军人物）

第一章

务本女塾的初创

务本女塾的初创

图1-1 务本女塾毕业生（约1911年）。校友提供

中日甲午一役，中国战败，民族阽危，西学潮涌，兴学育才成为我国社会卓识之士御侮图强之道。彼时上海的学校一般可分为两类：一由传教士或外国侨民开办的学校；二由中国人自己所办的学校。在国人自办的学校中，又可分为政府办学、民间（私人）办学。女子学校的设立，除了救国兴学的背景外，还伴随观念、风俗的重大转变。有一首竹枝词反映了在西人的影响下上海创开"天足会"："为怜缠脚苦终身，行步艰难似废人。西女创开天足会，挽回习俗劝乡绅。"[1]反对缠足，要从改良风俗开始，这是近代女权运动伸张的一个方面。在此过程中，绅商们发挥着重要作用。女性要解放，还要

让女孩入学读书，于是，开设女学堂就被赋予了更深远的意义。在国人自办的女学中，一般以1898年经元善在上海创办的经正女学（亦称"中国女学堂"）为发端。后之公认上海女校办学较有影响者就是吴馨于1902年创办的务本女塾。

上海士绅吴馨以兴学为己任，兴学以女校为先务，"特于光绪二十七年，决议创设务本女塾……规模井然，诚上海有成效之女学也"[2]。由他筹办的务本女塾，起初作为一所私立女校，因属华人自办，开风气之先，迅速受到社会各界的关注。此后的务本女塾，办学性质层次因时而异，亦屡易其名，相继改名为上海县立第一女子高等小学校、上海县立务本女子中学、上海市市立务本女子中小学校等，从私立到官办，由县立到市立，在近代中国女学中享有很高的声誉。（图1-1）

第一节　兴贤毓秀：吴馨创办务本女塾

先从《点石斋画报》刊登的一幅图片说起。这幅图题为《女塾宏开》，旁有一段文字："西人轻男重女，而女子之能事亦不亚于男。读书也，弹琴也，以及一切杂艺，无不与男子相若。"[3] 可谓图文并茂。19世纪中后期上海已有一些女塾的开办，但早期沪上的女子学校，多为外国机构尤其是教会所设立。（图1-2）

熊月之所著《西学东渐与晚清社会》中有一份关于1839—1860年间的《中国早期教会学校名录》，在上海开办的有15所，其中多所为女塾（女校），如裨义女塾、文纪女塾、明德女校、徐汇女校等，关于这些学校的成立时间与创办情况如下：

> 裨文女塾，1850年，创办机构与创办人：公理会，裨治文夫人
>
> 女塾，1850年，创办机构与创办人：浸礼会，碧架
>
> 文纪女塾，1851年，创办机构与创办人：美国传教士，琼司
>
> 明德女校，1853年，创办机构：法国天主教

图1-2　《女塾宏开》，选自《点石斋画报》

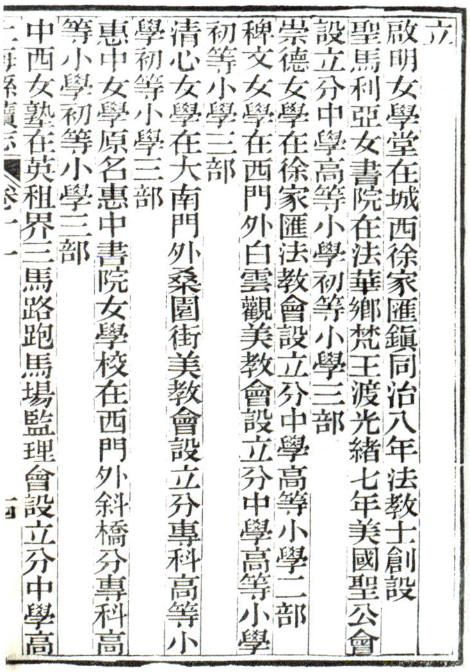
立

啟明女學堂在城西徐家匯鎮同治八年法教士創設

聖馬利亞女書院在法華鄉梵王渡光緒七年美國聖公會設立分中學高等小學初等小學三部

崇德女學在徐家匯法教會設立分中學高等小學二部

裨文女學在西門外白雲觀美教會設立分中學高等小學初等小學三部

清心女學在大南門外桑園街美教會設立分專科高等小學初等小學三部

惠中女學原名惠中書院女學校在西門外斜橋分專科高等小學初等小學三部

中西女塾在英租界三馬路跑馬場監理會設立分中學高

上海縣續志　卷十一

图1-3　民国《上海县续志》卷十一《学校下》，记载裨文女学、圣马利亚女书院、清心女学等

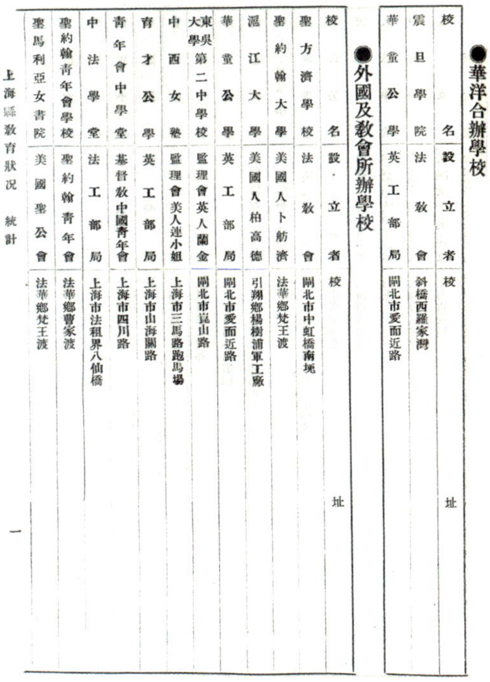
●華洋合辦學校

校名	設立者	校址
震旦學院	法教會	斜橋西羅家灣
華童公學	英工部局	閘北市愛而近路

●外國及教會所辦學校

校名	設立者	校址
聖方濟學校	法教會	閘北市中虹橋南堍
聖約翰大學	美國人卜舫濟	法華鄉梵王渡
滬江大學	美國人柏高德	引翔鄉楊樹浦軍工廠
華童公學	英工部局	閘北市愛而近路
東吳大學第二中學校	監理會英人蘭金	閘北市崑山路
中西女塾	監理會美人連小姐	上海市三馬路跑馬場
育才公學	英工部局	上海市山海關路
青年會中學堂	基督教中國青年會	上海市四川路
中法學堂	法工部局	上海市法租界八仙橋
聖約翰青年會學校	聖約翰青年會	法華鄉曹家渡
聖馬利亞女書院	美國聖公會	法華鄉梵王渡

上海縣教育狀況　統計　一

图1-4　关于『中西女塾』『圣马利亚女书院』等，见『外国及教会所办学校』，选自上海县知事公署编：《上海县教育状况》（1917年）

女子日校，1855年，创办机构：长老会

徐汇女校，1855年，创办机构：法国天主教[4]

此后至1900年，教会又在上海陆续兴办清心女学、圣马利亚女书院、惠中女学（原名惠中书院女学校）、中西女塾、晏摩氏女中（原名晏摩氏女学）等。[5]（图1-3、图1-4）

西学东渐，受此影响，国人也开始重视女子教育，开办女学堂，最早的当属经元善于光绪二十四年（1898）在城南桂墅里创办的经正女学。经元善，号莲珊，浙江上虞人。其父经纬，字芳洲，浙江上虞人。在沪习业起家，热心地方公益事业。[6]经元善与他的父亲一样，早年也从商，"守先业，好善举"。光绪七年（1881），"李鸿章创办电报，檄元善任其事，南北线通。次年改归商办，经元善首认巨股"。经元善"好开风气，尝于沪南设经正书院，复就桂墅里、时化堂两处各设女塾。事虽中止，时论多之"。[7]"事虽中止"，但一般还是认为这位"好开风气"的经元善在上海首创国人自办女子学堂。[8]（图1-5）

经正女学之后，继之者即为务本女塾、爱国女学，均开设于1902年。[9]创设务本女塾的就是上海士绅吴馨。围绕务本女塾的创办，有几条脉络需要梳理、考察。首先，需要追问的就是创办者的背景，他为什么要创办女校？

吴馨，字畹九，号怀疚。[10]祖籍安徽歙县，清初以避兵迁至上海，"遂著籍焉"[11]。吴氏世居上海西仓桥一带（即今河南南路西仓桥街），据其后人回忆："先曾祖父名吴挺云，书画之词颇有根基，至今尚留存'挺云书画'小石章一枚；祖父吴子吉，弃文从贾，曾与人合股开设绸缎庄

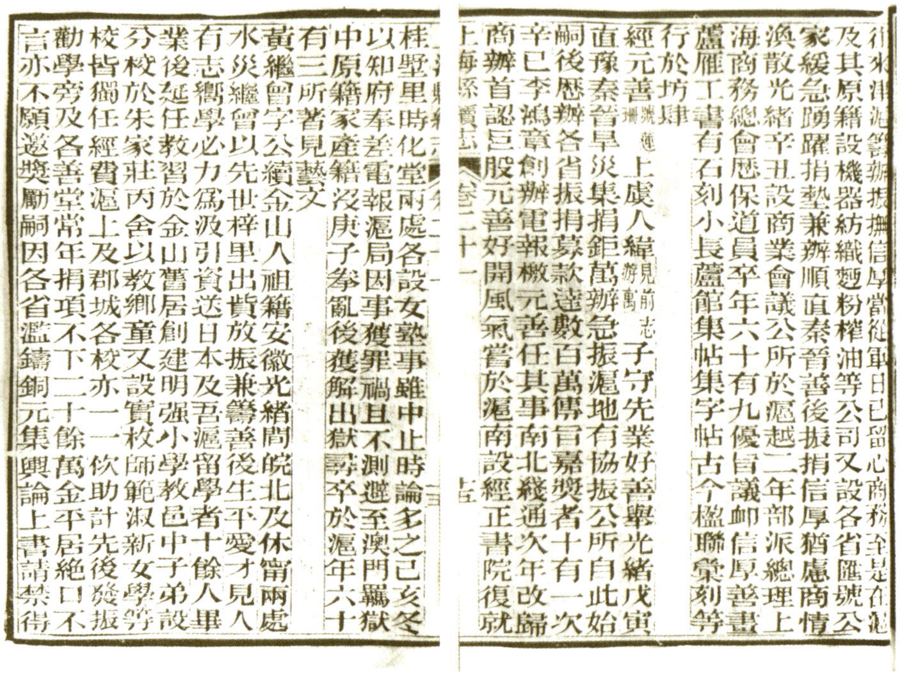
往來滬津籌辦振撫信厚當從事日已留心商務至是在滬
及其原籍設機器紡織麪粉榨油等公司又設各省匯號公
家緩急踴躍捐墊兼辦順直秦晉善後振捐信厚猶慮商情
渙散光緒辛丑設商業會議公所於滬越二年部派總理上
海商務總會歷保道員卒年六十有九優旨議䘏信厚善書
盧雁工書有石刻小長蘆館集帖集字帖古今楹聯彙刻等
行於坊肆
經元善號蓮珊上虞人緯見前志游寓子守先業好善舉光緒戊寅
直豫秦晉旱災集捐鉅萬辦急振滬地有協振公所自此始
嗣後歷辦各省振捐募款遠數百萬傳旨嘉獎者十有一次
辛巳李鴻章創辦電報檄元善任其事南北綫通次年改歸
商辦首認巨股元善好開風氣嘗於滬南設經正書院復就
上海縣續志　卷二十一
桂墅里時化堂兩處各設女塾事雖中止時論多之己亥冬
以知府奉旨電報滬局因事獲罪禍且不測避至澳門羈獄
中原籍家產籍沒庚子拳亂後獲解出獄尋卒於滬年六十
有三所著見藝文
黃繼曾字公續金山人祖籍安徽光緒間皖北及休甯兩處
水災繼曾以先世梓里出貲放振兼籌善後生平愛才見人
有志嚮學必力為汲引資送日本及吾滬留學者十餘人畢
業後延任教習於金山舊居創建明強小學教邑中子弟設
分校於朱家莊內舍以教鄉童又設實校師範淑新女學等
校皆獨任經費滬上及郡城各校亦一一佽助計先後發振
勸學旁及各善堂常年捐項不下二十餘萬金平居絕口不
言亦不願邀獎勵嗣因各省濫鑄銅元集輿論上書請禁得

图1-5　经元善传，选自民国《上海县续志》卷二十一

于昼锦里一带，他也早逝，绸庄收歇后，将资财投入房地产。”[12]可见家庭殷实。吴馨8岁而孤，母杨氏，本生母张氏，“延师课读，赋禀特优。弱冠入邑庠，即弃举子业，究心有用之学”[13]。考入南洋公学（即后之交通大学）的师范院，是他人生的一大转折。吴馨“奋起就学，于教授、管理诸端研究有得。三载卒业”[14]。在南洋公学的档案中，可以查阅到他的一些资料与照片。[15]这些档案弥足珍贵，反映了吴馨的早期教育背景。吴馨于光绪二十三年五月至光绪二十七年四月在南洋公学就读。关于南洋公学招收师范生，《申报》1897年4月即有记载，其中就有吴馨。[16]（图1-6至图1-9）

1897年南洋公学师范班学生中，日后不少成为各界的翘楚，其中热心办学者有王培孙、吴馨等。王培孙，名植善，字培荪，后改为培孙。就读南洋公学师范班。毕业后，王培孙协助叔父王柳生办育材书塾。[17]王培孙后为感恩母校，将育材书塾易名为南洋中学。[18]围绕办学，王培孙与南洋公学的那些同学往来甚多，其中关系密切者就有吴馨。（图1-10）

与王培孙的经历相仿，吴馨在南洋公学读师范班时，即孜孜以兴学为己任，但他目睹那时的妇女“习于脂粉华服，金莲三寸，弱不禁风”，就认为“兴学以女校为先务”，所以，他立志兴办女学。关于务本女塾的创立，且看吴馨自己的一段叙述：

务本女塾，创始于清光绪二十八年壬寅之岁（1902）。初在庚子，余延同学友陆君仲炳课二女

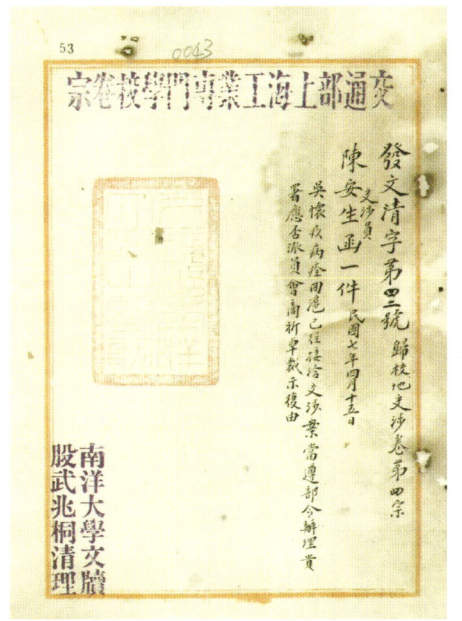
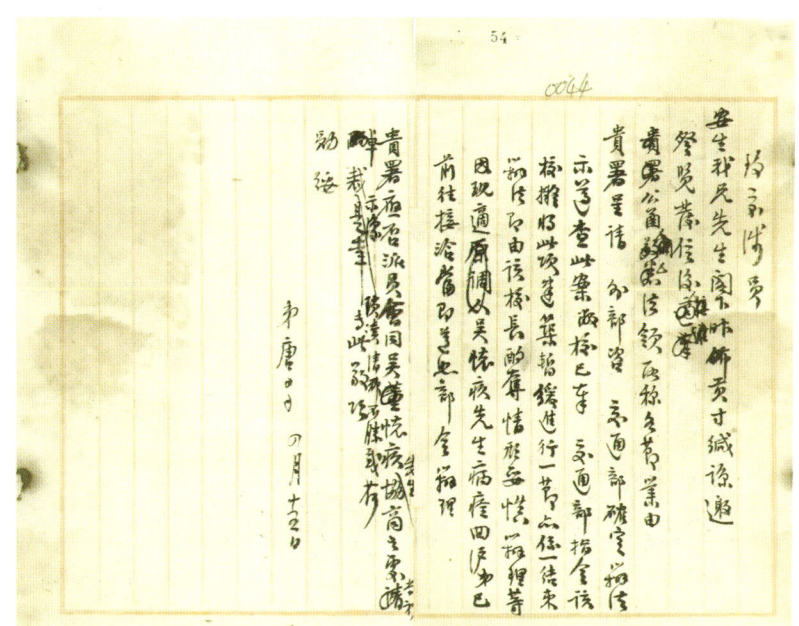

图1-6 交大校长唐文治致陆安生函，1918年4月15日，称吴怀疚先生已病愈回沪，请派人会同吴怀疚接洽购地交涉案。上海交通大学档案馆藏，档案号：LS3-207

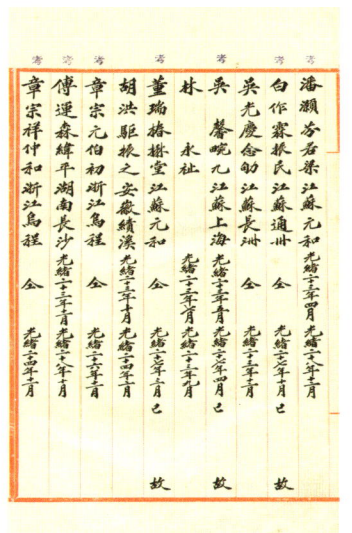
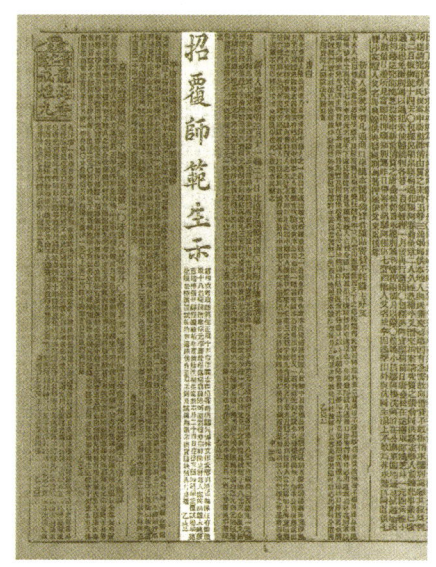

图1-7 《南洋公学师范班学生名册（1935年）》（内有吴馨），上海交通大学档案馆藏，档案号：LS2-398

图1-8 《交通部上海工业专门学校历年同学姓氏录》（1917年）记载吴馨担任上海县教育会会长，住址为静安寺路83号，上海交通大学档案馆藏，档案号：LS3-365

图1-9 《招覆师范生示》（内有吴馨），《申报》1987年4月24日第4版

图1-10 1897年南洋公学师范班首批学生、外院学生合影。其中右起第十二人为王植善，即王培孙

于家，且相与讨论教授、管理诸法。及是，禀奉吾母张太夫人、嗣母杨太夫人慈命，以修明女教、开通风气为职志，移家塾于小南门内花园街扩而大之，颜曰"务本"，谓女学乃教育之基本也。不称学堂者何，谓事属创举，女学堂之新名词未易推行，不若推广家塾，合于家族主义之旧习惯也。[19]

早在1900年，北方爆发义和团运动（亦称"庚子事变"），沪埠震动，时局汹汹。是年，吴馨邀约友人陆仲炳来家中督教二女，同时也禀奉母命，以"修明女教、开通风气"为志，商谈办学。光绪二十八年，在陆仲炳等人的协助下，正式创设务本女塾。为何定名"务本"？吴馨认为"女学乃教育之基本"。当时沪上兴办的学堂已多，务本为何仍称"女塾"？按吴馨的解释，女学尚属"创举"，"女学堂"作为新名词，不易推行，还不如沿用"家塾"，以为是家族办学。如此，是充分考虑到公众与社会的接受程度。

务本女塾创办后，吴馨亲自执掌，"自综理之"。颇有意思的是，在早期的毕业证书中，吴馨被称为"务本女塾长"。女塾的教职员工主要有：陆仲炳、陈菊生等专任教科，沈颂平、沈叔逵、沈硕庵、王季贞、陈景韩等分任义务老师，舍监聘请同学好友王培孙的夫人沈竹书女士任之，而吴馨之妻葛尚平为副职、助手。[20]值得一提的是务本女塾舍监沈竹书，她出自名门望族，其父是沈二梅，沈家与王培孙家族均为上海沙船业巨商，而沈竹书的母亲，就是王叔彝的长女，王、沈"两姓休戚相共，约为世世联姻"[21]。

务本女塾，初设于小南门内花园街（衖）。从1902年开设到1912年间，校舍不断扩大，并有了多个办学的场所：起初设在小南门内花园街，开课之时，仅招收学生7人，而随之"四方之来学者亦日益众。塾舍阗溢，余谋更推广之"[22]。吴馨将家塾扩而大之。1903年（癸卯）添租俞家弄民房15间作教室及办事室，小南门花园街的房屋则专作宿舍，是年改特班为师范科，分甲、乙二级，兼设中学一级，其寻常科二级仍旧。1904年（甲辰）春，程颖、吴秋贤等筹划在乔家浜创设幼稚舍，吴馨大力支持。但此时校舍已严重不足，于是"添租大南门民房九幢，移幼稚舍其中，并分设师范教室，即由师范生分任幼稚舍事务"[23]。此为一举两得。上海竹枝词有一首《女学堂》写道："蒙学堂开教已施，闺门礼义亦须知。秀才博士原无分，要待他年作女师。"[24]就是这一情况的写照。但校舍分为三处，给学校管理带来不便。于是，吴馨等决定从1905年起集中办学，"遂于乙巳岁统迁至西门外生生里，凡租屋三十六幢，操场一方，设师范正科、预科，中学科，废寻常科，设高等小学科。吾妻葛氏则专任幼稚舍事，学级之编制于以粗定，管理渐觉便利，而经费亦日益浩大矣"[25]。务本女塾场所的变化，反映了办学规模的不断扩大，1905年在西门外生生里已租赁房屋36幢，还有一方操场，设有师范正科、预科、中学科、高等小学科，还有幼稚舍，女子教育的体系已备，规模初具。1905年11月12日《申报》上刊登《纪务本女塾及幼稚舍秋季运动会》，就颇有声势。[26]（图1-11）

1905年春夏间，为了了解日本的教育发展诸如学制等，吴馨与好友、南洋中学校长王培孙赴日考察，"专往日本，考求教育"[27]。回国后，在学制上做了较大变动，废高等，改特科为专修科，设师范、寻常三级。但也有一说，是在1903

图1-11 《纪务本女塾及幼稚舍秋季运动会》，《申报》1905年11月12日第9版

年：那一年，吴馨和南洋中学校长王培孙专程赴日本先后考察了弘文学院、日本大学高等师范科、东京高师附小、青山师范等院校的教学制度、设课内容，回国后即对务本女塾的学制做了较大变动。[28]

这里，涉及务本女塾早期学制，"塾中初设寻常、高等二科，分甲、乙二级，年龄限至十四岁以下。既开课三月，而齿长志学之女子纷来请求，于是设特班，续设专修科。课程特别编制，普通科目从简，每日另加一小时谈话，择世界大势社会状况及家庭必须之知识演述之，以济教科书之不及。且禁脂粉华服，劝放足，放足之风浸及社会，踵门索履样者，日必数起"[29]。后来，改特班为师范科，分甲、乙二级，兼设中学一级，

图1-12 《会商建校及设防事宜》，《申报》1906年3月24日第9版

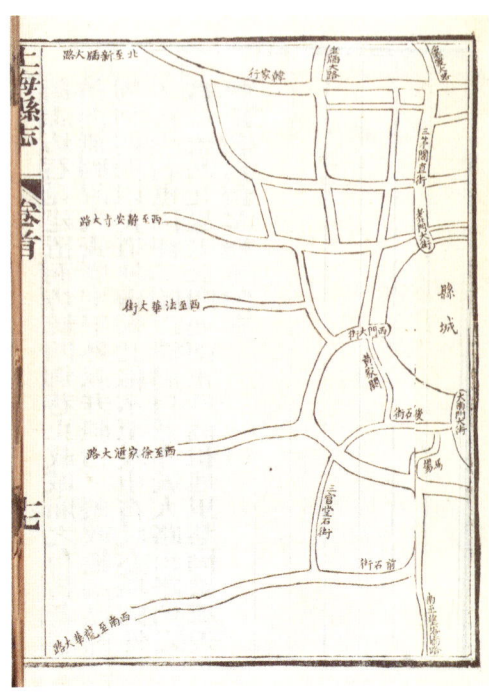

图1-13 上海县城西门外一带，有"黄家阙"。选自同治《上海县志》

其寻常科二级仍旧。

随着办学规模的扩大，尤其是租赁西门外生生里的这处房屋后，管理虽觉便利，"而经费亦日益浩大"。吴馨开始谋划自建校园。1906年《申报》一段报道涉及务本女塾的建校事宜：

> 去冬（1905），由务本女塾绅士吴馨禀陈前升道袁观察，请拨西门外十图凤凰山旧营基二十四亩九分，为建筑学堂之用，并认缴年租，照章呈县转给等因，奉袁观察谕上海县汪大令，会同奇兵营队官查覆酌办，复据奇兵营第十四队队官魏都戎禀奉道宪瑞观察批示，大致谓设防、建校均属要公，仰即与吴绅切实商定具覆，兹闻业已会商妥洽，即在该处地方指定地段建筑营房，以便原有之巡卡就近移驻，并禀覆道县一体立案给示矣。[30]（图1-12）

《申报》记载务本女塾为办学欲购买西门外十图凤凰山旧营地，此可以与吴馨的自述进行对照："丙午（1906）冬，始价购西门外黄家阙路旧营基地十一亩为校基，并续购附近地二亩有奇，自谋建筑校舍。"[31]西门外黄家阙路旧营地，后来就成为务本女塾的新校园。在筹建新校舍中也有一些纠葛。此地位于二十五保十图，也有当地人从中作梗，此详见《申报》1906年8月份的一则报道。这里，吴馨被称为"务本女学堂经理人"[32]。（图1-13至图1-15）

早期务本女塾为私立，要筹建这样规模的校园，购地、建房、购置校具、图书，等等，谈何容易？其中的艰辛可想而知。除了经费，还要投入大量的心血。吴馨，这位上海士绅怀抱救国办学，秉持"以改良家庭习惯，增进普通智识，发达女子固有之能力"之信念，自筹资金，利用各种人脉关系，想尽办法建造学校。其间，要提到他的夫人葛氏，此前协助舍监沈竹书，后沈舍监以疾辞职，吴夫人"亦不能不稍兼顾"，葛氏本就体弱多病，"至是事益烦，病益剧，遂停办幼稚舍"。不久病逝。葛氏去世前还对吴馨说："我不及见校舍之成也。"[33]吴馨夫妇一心办学，令人感动。

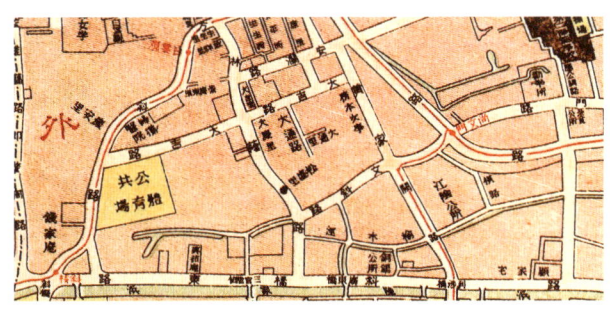

图1-14　图中标注"务本女学"。1909年该校迁到西门外黄家阙路新建校舍

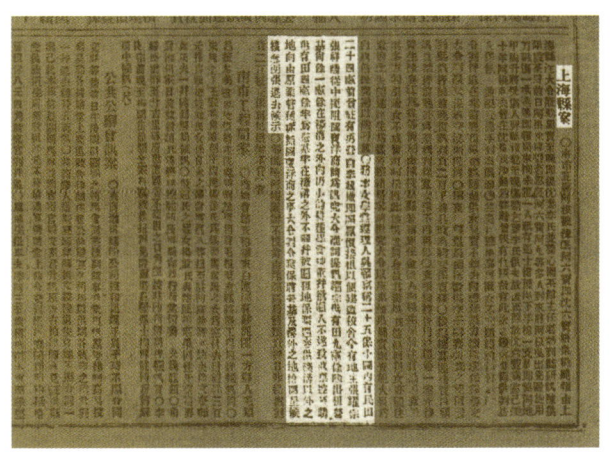

图1-15　《上海县案，据务本女学堂经理人吴馨禀称……》，《申报》1906年8月15日第18版

1909年黄家阙路新校舍落成。在新校园，有办事室、预备室、招待室等10幢，教室20间，宿舍25幢，厨房及置物室、操棚、游息场，一应俱全，"建筑费合前购地凡银元八万有奇，图书、器械、校具五千有奇"[34]。这些经费，均由吴馨"设法挪垫，不募一钱也"[35]。这属于办学的基础设施投入。此外，学校还有常年的开支经费，据统计，除自光绪三十三年（1907）秋，迄宣统三年（1911）夏，由上海道补助月三百元外，"历年亏垫三万余元"[36]。为了办学，吴馨呕心沥血，倾其所有。

校舍竣工后，在校舍主楼走道上挂有一面极大的镜子，上面有吴馨所作的《对镜歌》：

对镜歌[37]

绿窗开处兮朝暾曦，安排洒扫兮晓妆迟。
铅华捐弃兮真丰姿，低鬟高髻兮总相宜。
凝眸相对兮整裳衣，欲语不语兮寄所思。
谁家女郎兮好容仪，举止安详兮衿带齐。
吾忧亦忧兮喜亦喜，肝胆相托兮不相欺。
从今得失兮寸心知，岂徒良友兮竟吾师。

1909、1910年环球社发行的《图画日报》刊登了上海一些学堂建筑，其中就有"务本女塾"，配有一段文字并附图：

自庚子后，女学渐渐发达，上海女学堂亦日见增多。沪绅吴畹九，前在南洋公学师范班学习师范时，常孜孜以兴学为己任，兴学以女学为先务，特于光绪二十七年，决议创设务本女塾于小南门内花园衖，兼设幼稚舍。以改良家庭习惯，增进普通智识，发达

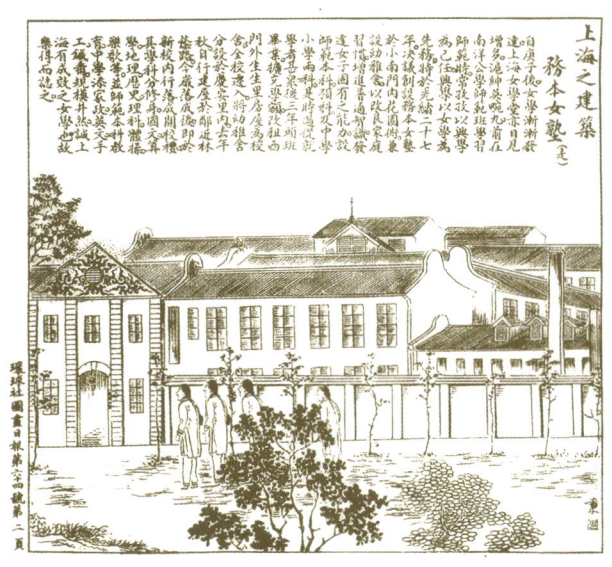

图1-16 务本女塾建筑,选自《图画日报》第64号

图1-17 务本女塾操场(1909年)。上海市第二中学档案室提供

图1-18 吴馨,选自《上海县教育状况》(1917年)

女子固有之能力。设师范本科、预科,及中学、小学两科。是时过从就学者甚众。后三年头班毕业,扩充学额,改租西门外生生里房屋为校舍,全校迁入,将幼稚舍分设于庆安里内。去年秋,自行建屋于邻近林荫路。今岁落成后,即于新校内行落成开校礼。其学科分修身、国文、算学、地理、历史、理科、体操、乐歌等,并师范本科教育,中学添家政、英文、手工、针黹。规模井然,诚上海有成效之女学也。[38](图1-16、图1-17)

吴馨创立务本女塾,居功至伟,由此使他在务本女校(延续到后来的上海第二中学)办学史上享有崇高地位。自1902年建校以来,学校师生也一直以各种方式纪念他,感恩他,这成为学校的传统,传承至今。校内立有创始人吴馨铜像。[39](图1-18)

第二节 "诚上海有成效之女学也"

论清末民初的上海女校,由国人自办而有声誉者,当推务本女塾,被公认为"诚上海有成效之女学也"。要考察一所学校的办学史,需要探讨的内容很多,包括办学的理念,早期的学制与课程,师资和生源,所订的章程,所用的教材,办学特色及社会对女校的印象,还有各界的评论。

女学初创之时,作为新生事物,从国家到地方,对其办学均无依据,亦没有规范,由办学者自行摸索、探讨。务本女塾自创设起,即有自己的发展规划(后称"改良规划")。为了有所借鉴参照,吴馨等人还专门赴日本考察。

学制与课程设置是办学重要内容。《教育杂志》1905年第17期刊登《学制:务本女塾增设初等高等女子小学规则》,其中就涉及学制的设置,光绪三十一年乙巳(1905)正月,即务本女塾开办第四学年之始,"别设小学一部,分别初等高等,按照年龄学力逐细分班,改良科目,力求简易,以期渐合乎学校之秩序,而立女子教育之基础,并为原设本科之预备云"[40]。

对于学级:初等小学三年,高等小学二年,年各一级。

在学科方面:初等分修身、国语、算术、体操为正科目,图画、唱歌、针黹、手工为加设科目;高等分修身、国语、英语、算术、本国历史、地理、理科、体操、针黹为正科目,图画、唱歌、手工为加设科目。分别见表1-1、表1-2及图1-19。

表1-1 务本女塾初等小学课程表

学科 \ 学年	第一学年	每周时数	第二学年	每周时数	第三学年	每周时数
修身	道德之要旨	2	同第一学年	2	同第一学年	2
国语	日常须知之文字 近易普通之读法 写法作法 讲话法	12	同第一学年	14	同第一学年	14
算术	百以下算术之书法 记数法及加减乘除	4	百以下算术之书法 记数法及加减乘除	5	通常之加减乘除小数之书法记数法及加减(珠算加减)	5
体操	游戏 普通体操	3	同第一学年	3	同第一学年	3
图画	单形	*	简易形体	*	同第一学年	*
唱歌	平易单音唱歌	*	同第一学年	*	同第一学年	*
针黹		*		*	运针法 通常衣类缝法	*

（续表）

学年 学科	第一学年	每周时数	第二学年	每周时数	第三学年	每周时数
手工	简易细工	*	同第一学年	*	同第一学年	*
合计		21		24		24

*资料来源：《学制：务本女塾增设初等高等女子小学规则》，《教育杂志》1905年第17期。

注：加设科目以"*"号别之。

表1-2 务本女塾高等小学课程表

学年 学科	第一学年	每周时数	第二学年	每周时数
修身	道德之要旨	1	同第一学年	1
国语	日常须知之文字 近易普通文之读法写法作法 讲话法	9	同第一学年	9
英语	读法写法作法会话法	5	同第一学年	6
算术	加减乘除诸等及小数分数 （珠算加减乘除）	4	分数简易比例及百分算 （珠算加减乘除）	4
本国历史	中国历史大要	3	同第一学年	3
地理	中国地理大要		外国地理大要	
理科	植物动物矿物自然现象	2	生理卫生大要 简易理化	2
体操	普通体操游戏	3	同第一学年	3
针黹	运针法 通常衣类缝法	2	通常衣类缝法裁法	2
图画	简单形体	*	各种形体 简易几何画	*
唱歌	单音唱歌	*	同第一学年	*
手工	简易细工	*	同第一学年	*
合计		29		30

*资料来源：《学制：务本女塾增设初等高等女子小学规则》，《教育杂志》1905年第17期。

注：加设科目以"*"号别之。

在务本女塾的课程设置中，较多体现女校、女生的特色，如针黹、手工等，注重家政。

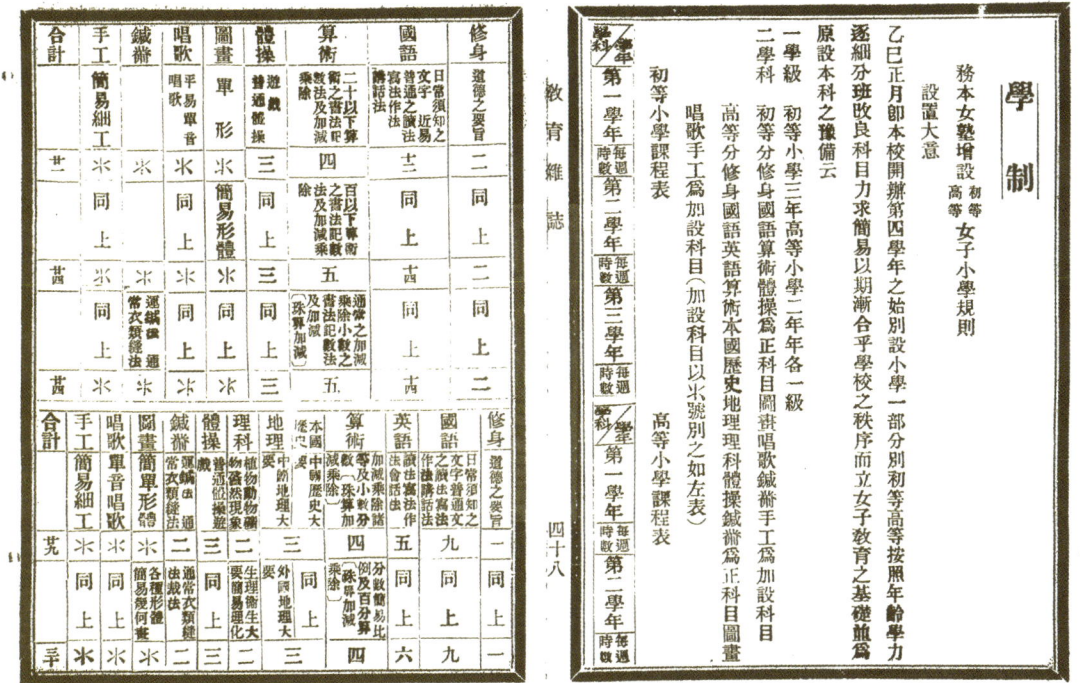

图1-19 《学制：务本女塾增设初等高等女子小学规则》，选自《教育杂志》1905年第17期

务本女塾自办学起，就构建起了独特的"女学体系"，从幼稚园到高小、中学乃至师范，围绕女子的教育非常完整。附属于务本女塾之内有上海公立幼稚舍，过往关注较少。在一份名为《上海公立幼稚舍经理张景良报告接办缘由书》的文本中，详细谈到这一段历史：

> 本舍于光绪三十年（1904）由务本女塾校长吴馨创办，附属于务本女塾之内，禀蒙道县宪拨款补助，在案所有舍内教务延日本保姆，养成所毕业生吴女士哲、主任袁女士希清暨务本女塾师范生分任各科。近年务本学生增多，诸务殷繁，吴君无暇兼顾，爰于今正月由雷君奋、陈君修琦、沈君庆鸿、袁君希涛、龚君杰、林君祖潘、沈君恩孚、祁君祖鋆、陆君瑞清、王君纳善、朱君保康、王君植等公推景良经理接办迁移校舍于西门外庆安里，于正月二十四日开校，景良才庸力薄，恐陨越以贻学界羞，接办以来，一切皆照吴君前定章程开支，务极撙节。至向有道辕暨湖北彩票月捐，仍由吴君经管，未敢率行。接收本舍自正月开校迄今已届三月，查核功课、保育诸项似尚近情，用特缮具。接办缘由奉报贵会存记，所有章程、课程、师生姓名及吴君移交各物与接办以来每月收支大数另单黏附，尚祈鉴核。[41]（图1-20）

从中可知：幼稚舍附属于务本女塾，由吴馨校长创办；经费由官府拨款补助，性质为"公立"；所有舍内教务聘请日本保姆，由吴哲、袁希清以及务本女塾的师范生任各科老师；一切按学校制定的《章程》运作，等等。

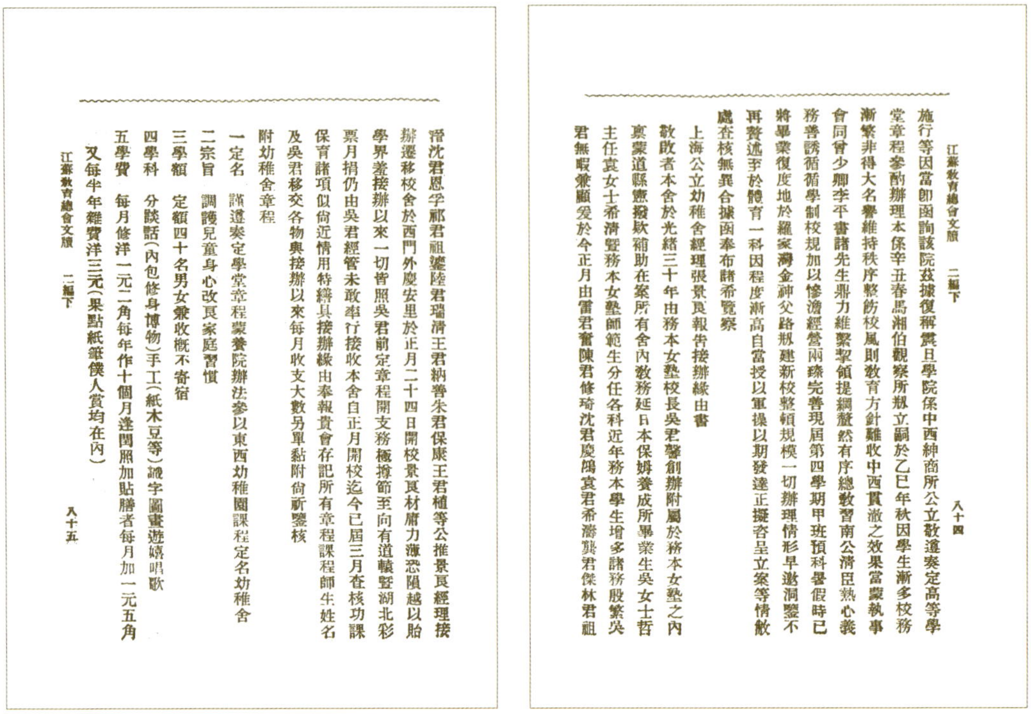
江蘇教育總會文牘　二編下　八十四

施行等因當即函詢該院茲據復稱震旦學院係中西紳商所公立敬遵奏定高等學堂章程參酌辦理本係辛丑春馬湘伯觀察所剏立嗣於乙巳年秋因學生漸多校務漸繁非得大名譽維持秩序整飭校風則教育方針難收中西貫澈之效果當懇執事會同曾少卿李平書諸先生鼎力維繫挈領提綱釐然有序總教習南公濟臣熱心義務善誘循循學制校規加以修滄經營兩臻完善現屆第四學期甲班預科暑假時已將畢業復度地於羅家濱金神父路剏建新校整頓規模一切辦理情形早邀洞鑒不再贅述至於體育一科因程度漸高自當授以軍操以期發達正擬咨呈立案等情敝處查核無異合據函奉布諸希覽察

上海公立幼稚舍經理張景良報告接辦緣由書

敬啟者本舍於光緒三十年由務本女塾校長吳君馨創辦附屬於務本女塾之內寘蒙道縣憲撥欵補助在案所有舍內教務延日本保姆養成所畢業生吳女士哲主任寘女士希清暨務本女塾師範生分任各科近年務本學生增多諸務股繁吳君無暇兼顧爰於今正月由雷君奮陳君修琦沈君慶鴻寘君希濤龔君傑林君祖溍沈君恩孚郁君祖鑾陸君瑞清王君納善朱君保康王君植等公推景良經理接辦遷移校舍於西門外慶安里於正月二十四日開校景良材庸力薄恐隕越以貽學界羞接辦以來一切皆照吳君前定章程開支務極撙節至向有道轅暨湖北彩票月捐仍由吳君經管未敢率行接收本舍自正月開校迄今已屆三月查核功課保育諸項似尚近情用特繕具接辦緣由奉報貴會存記所有章程課程師生姓名及吳君移交各物與接辦以來每月收支大數另單黏附尚祈鑒核

附幼稚舍章程

一定名　謹遵奏定學堂章程蒙養院辦法參以東西幼稚園課程定名幼稚舍

二宗旨　調護兒童身心改良家庭習慣

三學額　定額四十名男女兼收概不寄宿

四學科　分談話(內包修身博物)手工(紙木豆等)識字圖畫遊嬉唱歌

五學費　每月修洋一元二角每年作十個月逢閏照加貼膳者每月加一元五角又每半年雜費洋三元(果點紙筆僕人賞均在內)

江蘇教育總會文牘　二編下　八十五

图1-20　选自《江苏教育总会文牍》(1907年)

其中提到了务本女塾制定的《幼稚舍章程》，此摘录如下：

幼稚舍章程

一、定名　谨遵《奏定学堂章程》蒙养院办法，参以东西幼稚园课程定名幼稚舍。

二、宗旨　调护儿童身心，改良家庭习惯。

三、学额　定额四十名，男女兼收，概不寄宿。

四、学科　分谈话（内包修身、博物）、手工（纸、木、豆等）、识字、图画、游嬉、唱歌。

五、学费　每月修洋一元二角，每年作十个月，逢闰照加。贴膳者每月加一元五角。又每半年杂费洋三元（果点、纸笔、仆人赏均在内）。

六、学龄　自五岁至八岁。足九岁以上应入小学堂，本舍概不收录。

来学须知

本舍以保卫儿童健康为主，以诱启知识为辅，并不多读蒙书，来学者幸勿专求文字。

除节假外勿无故旷课。

报名须开姓名、男女、年岁并某月生、家长姓名、本籍及现在住址、又保人姓名住址。

早晚领送须按照上课散课时刻，勿过早过迟。

初入舍时，如年龄过稚，可由家中人或女仆陪同数日，以期习熟。惟勿入课堂及高声呼唤。

来舍参观者须由本舍职员导引，勿任意走动。

学生如有不便处，尽可由学生家属面询或函达，其但由仆从传言者不作为凭。

本舍向附设于务本女塾，自丁未年起改为公立，迁移于西门外庆安里。[42]

自1907年开始改为公立，务本女塾幼稚舍搬迁至西门外庆安里。幼稚舍也有自己的课程单，分甲、乙班，详见表1-3、表1-4和图1-21。

表1-3　务本女塾幼稚舍甲班课章（程）单

星期	九时至九时四十八	十时二十分至十时五十分	半时至一时	一时半至二时	二时半至三时
一	游戏	折纸	识字	唱歌	习字
二	游戏	织纹	识字	习算	画图
三	游戏	温课	结子	识字	习字
四	游戏	排板	识字	唱歌	温字课
五	游戏	贴纸	温课	唱歌	谈话
六	游戏	签豆			

*资料来源：《江苏教育总会文牍》（1907年）二编下，第87页。

表1-4　务本女塾幼稚舍乙班课程单

星期	九时至九时四十八	十时二十分至十时五十分	半时至一时	一时半至二时	二时半至三时
一	游戏	温课	识字	织纹	习字
二	游戏	温课	识字	折纸	图画
三	游戏	温课	识字	贴纸	积木
四	游戏	温课	唱歌	排板	图画
五	游戏	结子	唱歌	习算	谈话
六	游戏	签豆			

*资料来源：《江苏教育总会文牍》（1907年）二编下，第87—88页。

这是一百多年前的幼儿课程，内容较为丰富，以游戏为主，有识字、习算、图画、积木、折纸、贴纸、织纹、排板、唱歌等，还有谈话，并能考虑到女孩的特点。

在该章程的开篇中就提到"谨遵《奏定学堂章程》蒙养院办法，参以东西幼稚园课程"。可见，制

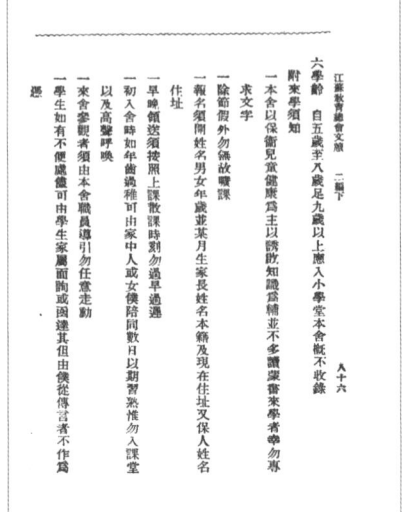

图1-21 选自《江苏教育总会文牍》（1907年）

定该章程是有一定的依据，也有借鉴或参酌的样本，不是凭空而来。就大的背景而言，光绪二十九年（1903）十一月，清政府颁行《奏定学堂章程》（亦称"癸卯学制"），此次厘定，"倍加审慎，博考外国各项学堂课程门目，参酌变通，择其宜者用之"[43]。"癸卯学制"，即《奏定学堂章程》，此为我国首次由中央政府颁布的全国性学制章程，确立了现代学校制度。该章程规定中学堂修业年限为五年，学堂有官立、公立、私立之分。自此，创办中学堂有了规章可循。就女校而言，更具有复杂性。随着上海等通商口岸中外机构、民间人士兴办的女学渐多，尤其是女权运动的兴起，一些观念在悄然发生变化。女学堂的地位，也逐渐为清政府所承认，"先是学部官制已将女学列入职掌。三十三年奏定女子师范、女子小学章程。以裨补家计有益家庭教育为要旨"[44]。光绪三十三年（1907）学部颁行《奏定女子师范学堂章程》与《奏定女子小学堂章程》，承认女子小学堂和女子师范学堂的合法地位，在全国范围内确立女子学堂与男子学堂双轨并行的学制系统。在科目设置中，除一般的课程外，另有家事、裁缝、女红等，已注意女子教育的特点。国家层面关于女学堂的规定，作为"上位法"，也影响到各地女校的学制变革、课程设置。吴馨后任上海县民政长、县知事，他曾主持编修民国《上海县续志》，有一节为"女学堂暨幼稚舍"，其中涉及务本女塾办学与学制等的变化：

> 务本女塾，在黄家阙路。光绪二十八年，邑人吴馨赁屋创设，分寻常、高等、特班三级。二十九年，废高等，改特班为专修科，设专修二级，寻常三级。三十年，改专修为师范科，设师范、寻常各二级，中学一级。七月，添设幼稚舍。三十一年，分师范为正科、预科、简科三级，废寻常级，设高等小学二级。三十二年，购黄家阙营地十二亩为校址，师范及预科均分为甲、乙二级，小

学增初等一级。三十三年，改预甲为师范丙级，中学增一级，小学高等增一级，废初等。三十四年，设师范二级，中学一级，高等小学四级。冬，建筑校舍。宣统元年，增师范、中学各一级。秋，校舍落成。二年，减师范一级，增中学一级。三年，减中学一级，增初等小学一级。三十三年，巡道署月补助银三百圆。（改革后改为县立）[45]（图1-22）

事实上，光绪末年随着朝廷办学章程的出台，也要求地方各类学校在学制、课程设置方面符合相关规定。务本女校在追溯自己的校史时曾记载“乃参酌部颁学制，厘订章则，分设学校，编制从新”[46]。宣统元年（1909）务本女塾迁校后，即制定《务本女塾第五次改良规划》，决定增师范、中学各一级，在课程设置方面也有所变更。

务本女塾自光绪二十八年创办以来，学生从原来的“仅七人”，此后逐年增加，“逾年，学生即有四十八人。又逾年，倍增至八十人，颇得四方信用，来学者日浸成群”[47]。吴馨与务本女塾的教员，在从事女子教学的同时，针对女生“概为成年妇女，习于脂粉华服，金莲三寸，弱不禁风”，也注重风俗的改良，“禁奢华，劝放足，女界陋习，骤见改革”。[48]学校禁脂粉华服，并劝导放足，信誉日著。可见，创办女学与社会风俗的变革也是紧密联系的。

翻阅这一时期的一些报刊，有不少关于务本女塾的报道，反映了师生们积极参加各种社会活动。1905年，务本教师参加了抵制美货运动。“上海女士抵制禁约之办法。初七日，施兰英女士借本埠广西路七十五号榕庐开会抵制禁约，到者百余人。先由施女士演说开会宗旨，继日务本女塾王湘龄、张昭汉、廖斌三女士演说，皆以不用美货为目的”，并商议了十条办法。[49]其中提到了务本女塾的王湘龄、张昭汉、廖斌三女士发表演说。报刊中关于务本女塾的一些消息，颇受

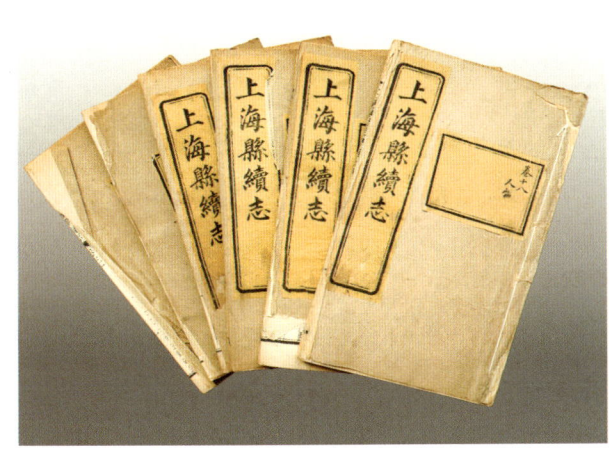

图1-22-1　民国《上海县续志》，吴馨等修，姚文枬等纂，民国七年（1918）南园刻本

甲乙三部三十四年停止

女學堂暨幼稚舍附

務本女塾在黃家闕路光緒二十八年邑人吳馨賃屋創設分尋常高等特班三級二十九年廢高等改特班爲專修科設專修二級尋常三級三十年改專修爲師範科設師範尋常各二級中學一級七月添設幼稚舍三十一年分師範爲正科預科簡科三級廢尋常級設高等小學二級三十二年購黃家闕營地十二畝爲校址師範及預科均分爲甲乙二級小學增初等一級三十三年改預甲爲師範丙級中學增一級小學高等增一級廢初等三十四年設師範二級中學一級高等小學四級冬建築校舍宣統元年增師範中學各一級秋校舍落成二十宿舍二十平房七事務招待等室七課堂二年減師範一級

上海縣續志　卷十一

增中學一級三年減中學一級增初等小學一級三十三年巡道署月補助銀三百圓改革後改爲縣立

城東女學社在小南門外裏竹行街光緒二十九年七月邑人楊士照就居宅創辦分高等小學初等小學二部三十二年附設幼稚舍三十三年添設簡易師範科三十四年停辦師範改設藝術補科二年畢業

上海女醫學校原名女子中西醫學校光緒三十年正月邑人李鍾玨就公共租界西區賃屋創辦宣統元年上海醫院落成附建校舍遂遷入

女子蠶業學堂在斜橋南梓墅里光緒三十一年二月婁縣人史家修集捐創辦分特科本科預科三部改革後改爲省立遷蘇州

筠溪女學堂在三林鎮孫宅本筠溪小學堂地址光緒三十

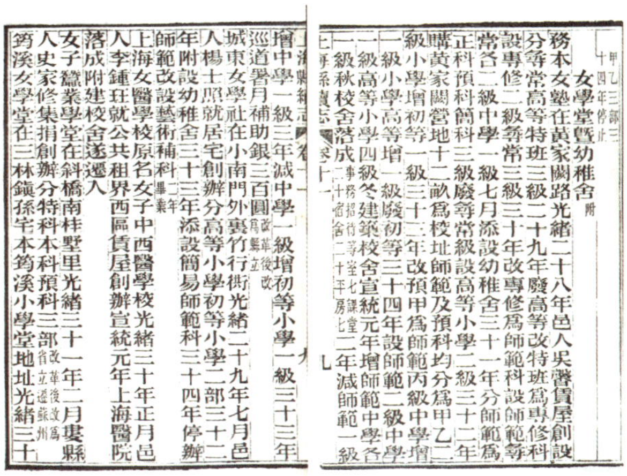

图1-22-2　民国《上海县续志》卷十一《学校下》，记载“务本女塾”

社会关注。《申报》有关于务本女塾运动会的最早报道，是1905年11月11日的秋季运动会。这是我国妇女运动史，同时也是体育史上较早的女子运动会。从这次运动会的赛事项目中，可以看出务本早期的体育活动其实并不限于体操一项，还有缘绳、剑矢、身体矫正术、算术、竞走、跳绳、庭球、跳舞、连球体操等。[50]学生参加面也较广，幼稚舍、小学、中学、师范生均有。运动会不仅锻炼女学生的身体素质，同时也培养了女生的动手实践能力。1907年，学生屈蕴辉在《务本运动会记事》中写道："余蒙派为干事，乃亦略为布置一切开会应用之物事……而同学中有派位红十字会者，有为招待员，有为干事者，有为警察者，皆各任其责。"[51]（图1-23、图1-24）

务本女塾每年举行春、秋两次运动会，项目种类更趋丰富，秩序也渐规整，并已注意吸收欧美学校的方式，别具一格。且看1910年5月8日举行的春季运动会：

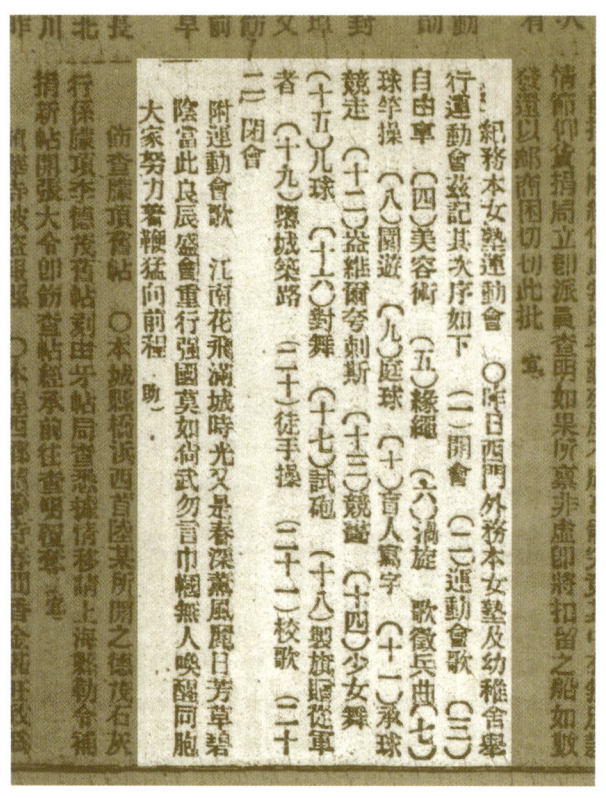

图1-23 《纪务本女塾运动会》，《申报》1906年5月20日第17版

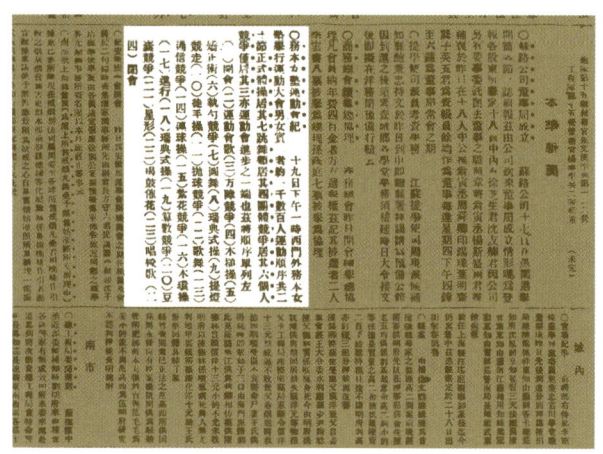

图1-24 《务本女塾运动会纪》，《时报》1906年11月6日第3版

　　西门外务本女学堂昨开春季运动会。适值天气晴霁，到者甚众。兹将运动秩序录下：（一）开会（二）洋琴独奏（三）运动会歌（四）哑铃操第一步（中国式）（五）纺车（苏格兰式）（六）棍棒操第二部（七）球竿操第二部（中国式）（八）海滨（九）月影（十）徒手操第二部（中国式）（十一）棍棒操第二部（十二）蝶旋（十三）十二杆干（十四）徒手操（美国式）（十五）休息（五分钟）（十六）洋琴独奏（十七）手鼓操（十八）庭院微风（十九）曲竿操（美国式）（二十）绿阴（二十一）哑铃操（美国式）（二十二）学士舞（二十三）铜钹操（二十

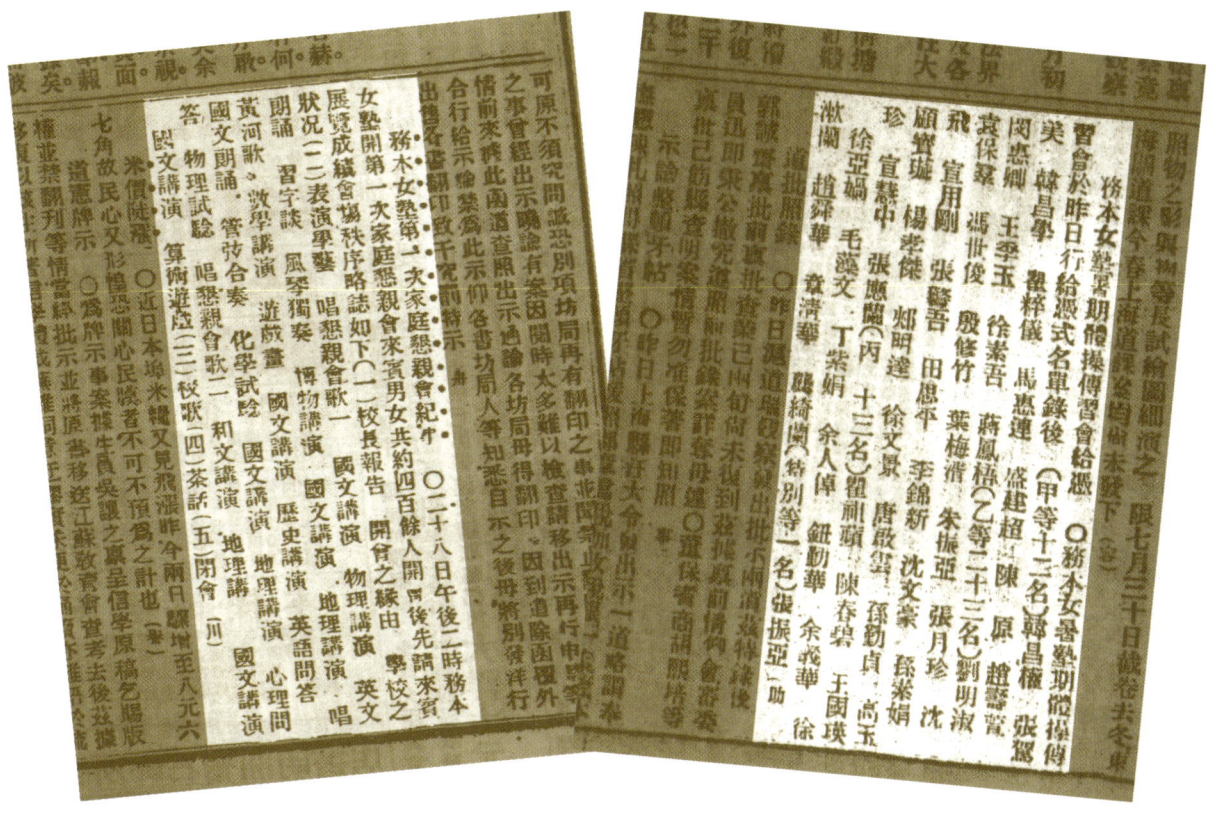

图1-25 《务本女塾第一次家庭恳亲会纪事》，《申报》1907年6月10日第18版

图1-26 《务本女塾暑期体操传习会给凭》，《申报》1906年8月20日第17版

四）花环（二十五）薙刀操（二十六）哑铃操第二部（中国式）（二十七）各个操（二十八）Circassian Circle（二十九）校歌（三十）闭会。[52]

务本女塾还召开"家庭恳亲会"，"二十八日午后二时，务本女塾开第一次家庭恳亲会，来宾男女共约四百余人"。恳亲会活动内容很丰富，包括请来宾展览成绩；校长报告开会的缘由，介绍学校之状况；表演学艺，依次为：唱恳亲会歌一、国文讲演、物理讲演、英文朗诵、习字谈、风琴独奏、博物讲演、国文讲演、地理讲演、唱黄河歌、数学讲演、游戏画、国文讲演、历史讲演、英语问答、国文朗诵、管弦合奏、化学试验、国文讲演、地理讲演、心理问答、物理试验，还要唱恳亲会歌二、和文讲演、地理讲（演）、国文讲演、算术游戏，唱校歌，最后是茶话。[53]（图1-25）

务本女塾为扩大社会影响，成立"务本女塾暑期体操传习会"，专为各地女学校及小学校培养女子体操教员，1906年专门制定《务本女塾暑期体操传习会章程》，其中涉及教材，有瑞典式教育体操、普通体操，还有游戏与唱歌，"自五月二十五日始业，六月二十九日终业，共五来复（除日曜日外每日二时），合格者给以修业文凭”[54]。是年8月，一批学员获得了文凭，刊登在《申报》上。[55]（图1-26）

吴馨创办女校，积极从事地方公益事业，由此为他赢得了很高的声誉。此后，他也担任一些公职：

> 光绪三十一年，城厢总工程局开办，被选为议董，于地方利弊兴革知无不言，言无不尽。旋任西区区长，任事五载，独注意道路、警察、卫生诸要政，而于卢家湾河道、方斜路界线及电车、电线与外商竭力交涉，挽救地方利权尤多。诸凡筑路濬河、计划远到事，详《上海市自治志》。宣统二年，被选为县视学兼劝学所总董，任事一载。是岁又被选为城自治议长，任事二年。[56]

此时的吴馨由于公务繁忙，聘曾钧（号公冶）助理塾务。辛亥革命爆发，“及沪地光复，军务倥偬，停课一学期”，后应各界要求，继续开校。“校务委诸曾君公冶，继续办理。寻即改为上海县第一女子高等小学校。”[57]上海光复后，吴馨“以素为地方人士所推重”，即于民国纪元，任上海县民政长职（后奉令改称县知事），务本女塾则由曾公冶代理校长。

1913年8月，务本女塾原发起人吴馨刊登启事：“自本学期始，原置务本女塾校舍，连同基地校具，一并捐与县地方自治团体收管保存，并指定永作女校之用。”[58]此后，该校从私立变为了公立（县立）。《申报》1913年11月7日又报道：“邑人吴馨君，慨将十余年来辛苦缔造之务本女塾，全数捐归上海县地方”，吴馨将务本女塾捐归县有后，“改组正名为县立第一女子高等小学校，其捐入之校基、校舍、校具，计数列单粮串，应交县公署特别会计处，过户承粮，妥慎保管，逐年应纳赋税，由县地方教育费预算内开支。第一女子高等小学校费用，自二年度始归入上海县地方费预算办理，以维学务，而重公产”[59]。改组为上海县立第一女子高等小学校，高等科分文科、理科。（图1-27）

从1902年务本女塾的创立，到1913年改称上海县立第一女子高等小学校（也称上海县立第一女子小学校），这一阶段是为学校的初创时期。“因设务本女塾，为全国女学校创，就学者众，北至内外蒙古，南至南洋群岛，莫不有务本女生踪迹焉。”[60]务本女校名声大噪，吴馨也因捐资兴学而获得颁奖，“教育部呈，江苏省上海绅士吴馨捐赀兴学，例请予特奖等。该绅创设女子学校，捐助校产九万余元”，被授予三等嘉禾章，以及颁给匾额。[61]吴馨此后主要从事上海县的公

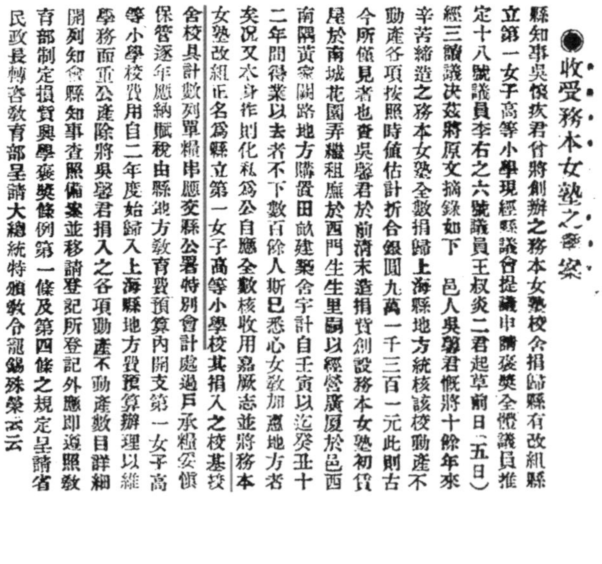

●收受務本女塾之審案

縣知事吳懷疚君曾將創辦之務本女塾校舍捐歸縣有改組縣立第一女子高等小學現經縣議會提議中請褒獎全體議員推定十八號議員李右之六號議員王叔炎二君起草前日（五日）經三讀議決茲將原文摘錄如下　邑人吳馨君慨將十餘年來辛苦締造之務本女塾全數捐歸上海縣地方統核該校動產不動產各項按照時值估計折合銀圓九萬一千三百一元此則古今所僅見者也查吳馨君於前清末造捐貲創設務本女塾初賃屋於南城花園弄繼租廡於西門生生里嗣以經營廣厦於邑西南隅黃家闕路地方購置田畝建築舍宇計自壬寅以迄癸丑十二年間得業以去者不下數百餘人斯巳悉心女教加惠地方者矣況又以身作則化私爲公自應全數核收用嘉厥志並將務本女塾改組正名爲縣立第一女子高等小學校其捐入之校基校舍校具計數列單糧串應交縣公署特別會計處過戶承糧妥愼保管逐年應納賦稅由縣地方教育費預算內開支第一女子高等小學校費用自二年度始歸入上海縣地方費預算辦理以維學務而重公產除將吳馨君捐入之各項動產不動產數目詳細開列知會縣知事查照備案並移請登記所登記外應即遵照教育部制定捐貲興學褒獎條例第一條及第四條之規定呈請省民政長轉咨教育部呈請大總統特頒敎令寵錫殊榮云云

图1-27　吴馨将务本女塾捐归县有，改制为上海县立第一女子高等小学校，《申报》1913年11月7日第10版

續修上海縣志題名
續修縣志主其事者縣行政官定其議者縣議事會故首列之纂修分門採訪分區明員責也餘皆據實書之而以事務員殿焉不書里居者皆邑人不書字者已見本書選舉表或職官表
吳馨 字懷久 縣民政長 縣知事
洪錫範 字伯言太倉人 縣知事
沈寶昌 字韞石浙江紹興人 縣知事
景崧 河南商城人 代理縣知事
莫錫綸 縣議事會議長 建置門纂修員 討論員
李味青 原名維清字右之 縣議事會副議長 藝術門纂修員 游寓門纂修員 實業門纂修員 籌備修志處主任員 修志局事務主任員 督刊員
王慶平 全書總閱修定員 全書總校員
李鍾珏 全書參閱員 討論員
上海縣續志 題名 一

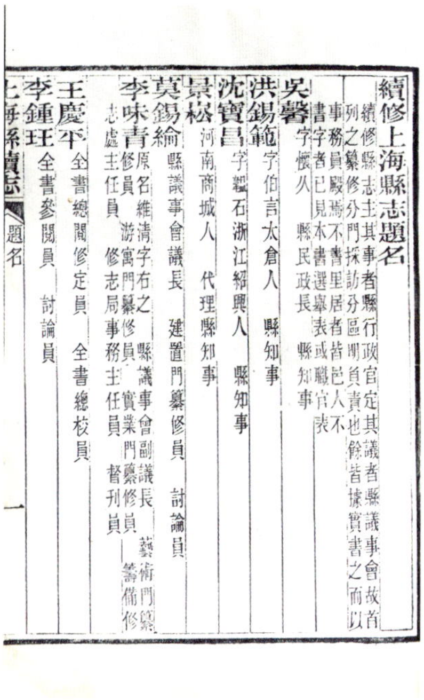

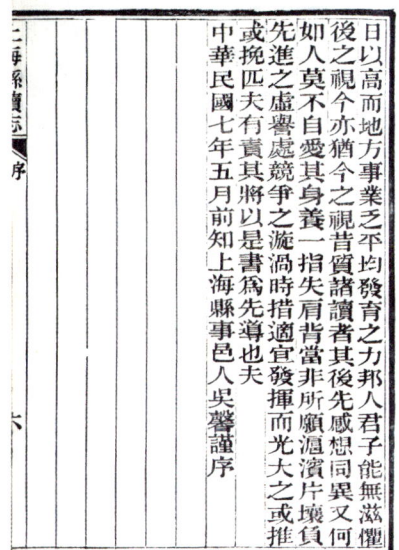

图1-28-1 民国《上海县续志》题名中的“吴馨”

上海縣續志序
續修上海縣志發端於民國元二年議參兩會之議決案斷自同治十年以後迄宣統三年以完全結束一代之文獻經籌備採訪編纂修潤校繕剞劂種種手續凡六易寒暑而書成受而讀之分門二十悉踵前志而子目增益凡二十有四圖繪精確體例分明亦既應有盡有足補前志所未備瀏覽既竟適全邑實測地圖同時將付石印乃慨然有感而爲之敘曰地方事業譬之一身土地人民其軀幹也志乘圖表其耳目之官也鑑往而知來言近而指遠因勢利導足以輔翼其軀幹以發育種種之官能於以調和其氣血則水陸之交通尙焉淬厲其精神則社會之教育急焉然後實業振興若肌肉之有所坿麗慈善救濟若髮膚之不敢毀傷能如是則
上海縣續志 序 五
日以高而地方事業乏平均發育之力邦人君子能無滋懼後之視今亦猶今之視昔質諸讀者其後先感想同異又何如人莫不自愛其身養一指失肩背當非所願滬濱片壤負先進之虛譽處競爭之漩渦時措適宜發揮而光大之或推或挽匹夫有責其將以是書爲先導也夫
中華民國七年五月前知上海縣事邑人吳馨謹序
上海縣續志 序 六

图1-28-2 民国《上海县续志》吴馨所撰之序（摘选），民国七年（1918）

务，但仍然关心女校的发展。（图1–28）

1919年5月，吴馨辞世。《申报》上登有讣告：“五等文虎章、一等嘉祥章、三等嘉禾章，上海县劝学所所长，上海法租界公董局华董，前上海县知事，务本女塾长先考怀久府君，痛于中华民国八年五月十一，旧历己未四月十二日酉时，疾终正寝。”[62]在讣告中提及吴馨曾任务本女塾长。关于吴馨办学，《上海县志》记曰：

以设立务本女塾，捐归县立女子中学，特奖一等嘉祥章、三等嘉禾章，颁给“兴贤毓秀”扁额。其于全县学务、全县水利具有擘画，计虑缜密。顾未及实施而卒，论者惜之。[63]

张謇曾撰“挽吴怀久”：

为乡里任劳怨而绝无私，允矣非时流所及；
以学行成人己至于有获，悲哉失吾党之英。[64]

这也可作为对吴氏的评价。

第三节　务本早期的老师与学生

研究校史，离不开教师、学生这两大人群。务本女塾早年的办学史，是由那些老师、学生共同书写的，因此，要从教师与学生、教与学等多个视角去关注她们。务本女塾早期的老师是谁，就读于女塾的又是哪些人，毕业后她们主要从事什么职业，等等，这些都是我们需要考察的内容。

务本女塾创办伊始，除了女塾长吴馨，另有陆仲炳、陈菊生、沈颂平、沈叔逵、沈硕庵、王季贞、陈景韩等，有的为专职教师，有的为义务老师。舍监为南洋中学校长王培孙的夫人沈竹书，吴馨的夫人葛尚平副之。在务本女塾的早期办学中，要提到一个人，他就是陆仲炳。1907年《江苏教育总会文牍》中有关于陆仲炳的介绍。陆仲炳，名文蔚，江苏娄县（今松江）人。1900年至沪馆，作为好友，被吴馨聘请至家，教其二女，余暇习英、日文语及算术、理化，陆仲炳的学业大进。吴馨创设务本女塾，又聘任他为专职教师。在务本办学中，陆仲炳出力尤多，“务本之名，之所以灼然有今日者，君有力焉”[65]。（图1-29）

稍后，由曾公冶协助吴馨办理塾务。1912年吴馨任上海县民政长后，务本女塾就让曾公冶代理校长，“曾公冶先生以助理校务有年，自本校改归县立后，受吴先生之委托，任校长职。荩筹硕画，多方改进，而于民国八年夏因事去职焉”[66]。

杨天骥、沈心工等先后在务本任教。杨天骥，1882年生，江苏吴江人。字千里，别号茧庐、东方。1899年赴上海入南洋公学。1904年执教于上海澄衷学堂。1907年始兼职从事新闻业，任《民呼》《民

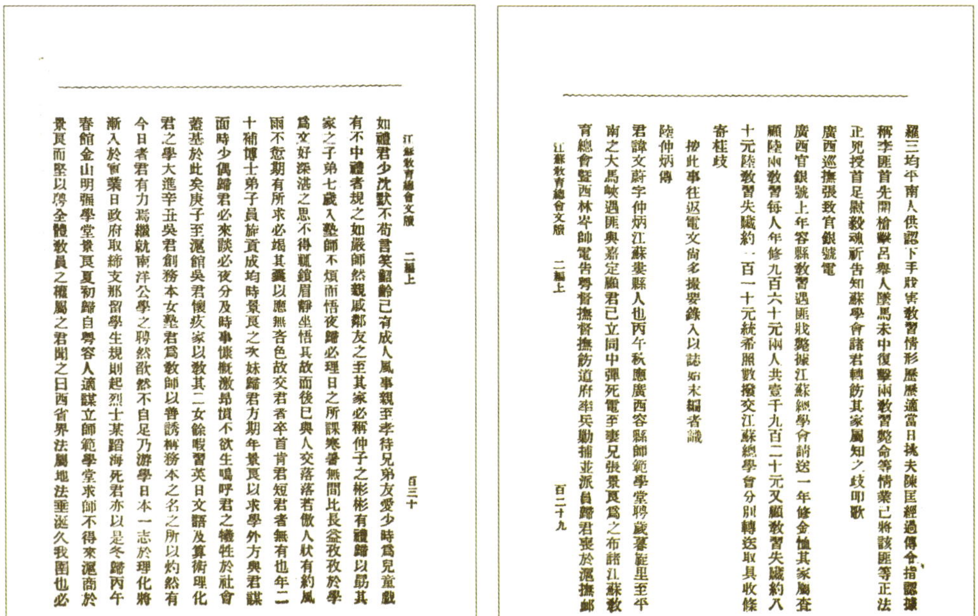
羅三均平南人供認下手戕害教習情形歷歷適當日挑夫陳匡經過傳令指認據稱李匪首先開槍擊斃呂舉人墜馬未中復擊兩教習斃命等情業已將該匪等正法正兇授首足慰毅魂祈告知蘇學會諸君轉飭其家屬知之歧叩歌

廣西巡撫張致官銀號電

廣西官銀號上年容縣教習遇匪戕斃據江蘇總學會請送一年修金恤其家屬查顧陸兩教習每人年修九百六十元兩人共壹千九百二十元又顧教習失贓約八十元陸教習失贓約一百一十元統希照數撥交江蘇總學會分別轉送取具收條寄桂歧

按此事往返電文尚多撮要錄入以誌始末編者識

陸仲炳傳

君諱文蔚字仲炳江蘇婁縣人也丙午秋應廣西容縣師範學堂聘歲暮旋里至平南之大馬峽遇匪與嘉定顧君已立同中彈死電爭妻兄張景良爲之布諸江蘇教育總會暨西林岑帥電告粵督撫督撫飭道府率兵勦捕並派員歸君喪於滬撫卹

江蘇教育總會文牘　二編上　百二十九

江蘇教育總會文牘　二編上　百三十

如禮君少沈默不苟言笑齠齡已有成人風事親至孝待兄弟友愛少時爲兒童戲有不中禮者規之如嚴師然親戚鄰友之至其家必稱仲子之彬彬有禮歸以勗其家之子弟七歲入塾師不煩而悟夜歸必理日之所課寒暑無間比長益孜孜於學爲文好深湛之思不得輒鎖眉靜坐悟其故而後已與人交落落若傲人狀有約風雨不愆期有所求必竭其囊以應無吝色故交君者卒首肯君短君者無有也年二十補博士弟子員旋貢成均時景良之女妹歸君方期年景良以求學外方與君謀面時少偶歸君必來談必夜分及時事慷慨激昂憤不欲生嗚呼君之犧牲於社會蓋基於此矣庚子至滬館吳君懷疚家以教其二女餘暇習英日文語及算術理化君之學大進辛丑吳君創務本女塾君爲教師以善誘稱務本之名之所以灼然有今日者君有力焉繼就南洋公學之聘然欿然不自足乃游學日本一志於理化將漸入於實業日政府取締支那留學生規則起烈士某蹈海死君亦以是冬歸丙午春館金山明強學堂景良夏初歸自粵容人適謀立師範學堂求師不得來滬商於景良而堅以聘全體教員之權屬之君聞之日西省界法屬地法垂涎久我圉也必

图1-29《陆仲炳传》，选自《江苏教育总会文牍》（1907年）

籁》《民立》报主笔及编辑工作。历任上海龙门师范学校、中国公学、复旦公学等教席，常州府立师范传习所所长、法律学校校长等职。[67]

沈心工，1870年生于上海，原名庆鸿，字叔逵，心工为其笔名。沈心工认为，唱歌足以涵养人的品德思想，发扬人的审美感情。[68]他曾东渡日本，1903年回国后相继在上海的南洋公学附属小学、务本女塾、龙门师范、南洋中学等校开设唱歌课，从事音乐教育工作。他在务本开设乐歌讲习会，"既而沪城设讲习所，既而私立诸学，相继设唱歌课"[69]。1904年编辑出版《学校唱歌集》。民国初年，又先后编印出版《重编学校唱歌集》《心工唱歌集》等，成为我国现代最早开始编写乐歌教科书的作者之一。沈心工创作的《体操》《女子体操》等歌曲，在沪上各学校传唱。

从务本女塾到改为上海县立第一女子高等小学校，在此任教的教职员也有一些流动。据民国初年的一份名单，其中有曾钧、李味青、周福保、稽毅复、董炳章、唐金诰、沈承瑾、朱树

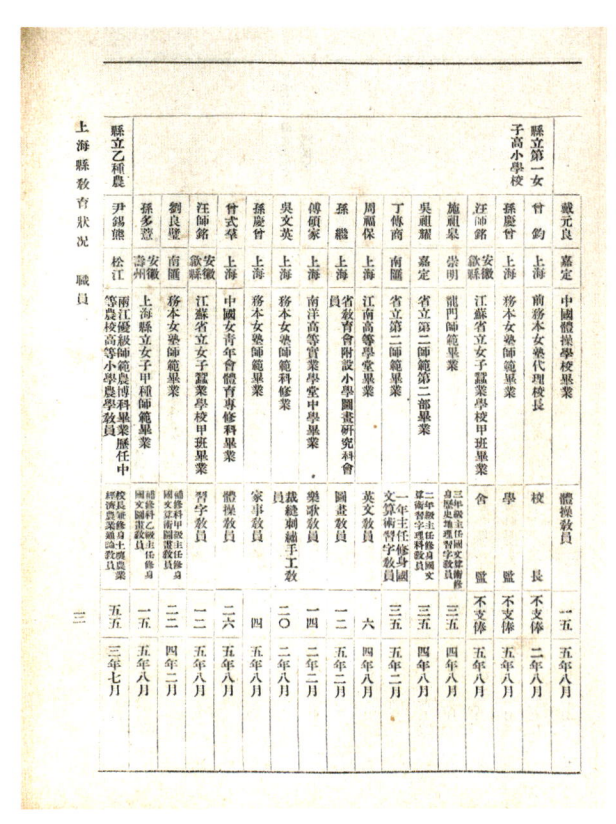

图1-30 《上海全县公立学校职教员一览表》中的"县立第一女子高等小学校"部分（1917年8月），选自《上海县教育状况》（1917年）

蒸、王雅南、李家驷、傅硕家、吴文英、纪国桢、孙庆曾、瞿庆安、赵履贞等。曾钧，一度任务本女塾校长；稽毅复，为务本女塾师范科教员；另有沈承瑾、吴文英、孙庆曾、瞿庆安等，均为务本女塾师范毕业（或修业）。[70]在民国六年（1917）8月所制表格中，就有一些变动，详见表1-5和图1-30。

表1-5　上海县立第一女子高（等）小学校职员一览表

姓名	籍贯	履历	职务	月薪数目	到校年月（民国）
曾钧	上海	前务本女塾代理校长	校长	不支俸	二年八月
孙庆曾	上海	务本女塾师范毕业	学监	不支俸	五年八月
汪师铭	安徽歙县	江苏省立女子蚕业学校甲班毕业	舍监	不支俸	五年八月
施祖皋	崇明	龙门师范毕业	三年级主任，国文、算术、修身、历史、地理、习字、理科教员	35	四年八月

（续表）

姓名	籍贯	履历	职务	月薪数目	到校年月（民国）
吴祖耀	嘉定	省立第二师范第二部毕业	二年级主任，修身、国文、算术、习字、理科教员	35	四年八月
丁傅商	南汇	省立第二师范毕业	一年主任，修身、国文、算术、习字教员	35	五年二月
周福保	上海	江南高等学堂毕业	英文教员	6	四年八月
孙继	上海	省教育会附设小学图画研究科会员	图画教员	12	五年二月
傅硕家	上海	南洋高等实业学堂中学毕业	乐歌教员	14	二年二月
吴文英	上海	务本女塾师范科修业	裁缝、刺绣、手工教员	20	二年八月
孙庆曾	上海	务本女塾师范毕业	家事教员	4	五年八月
曾式群	上海	中国女青年会体育专修科毕业	体操教员	26	五年八月
汪师铭	安徽歙县	江苏省立女子蚕业学校甲班毕业	习字教员	12	五年八月
刘良璧	南汇	务本女塾师范毕业	补修科甲级主任，修身、国文、算术、图画教员	22	四年二月
孙多薏	安徽寿州	上海县立女子甲种师范毕业	补修科乙级主任，修身、国文、图画教员	15	五年八月

* 资料来源：上海县知事公署编《上海县教育状况》（1917年）"职员类"，第3页。

从这份表中也可知女校教师的授课、工作以及月薪情况。

从1902年到1913年，可视为务本办学的第一阶段，毕业人数并不多。下面为部分年份毕业生名录：

1904年毕业生

师范科（11人）

楼文耀、黄守渠、曹汝荃、黄守渊、周铸青、吴明哲、施开智、陈迪新、孙磐声、楼文光、廖畹芬

1906年毕业生

师范科预科（21人）

郭宗坤、沙淑萃、祝蕴玉、胡汝季、方令安、岳曼如、方守镇、任雪航、唐始雍、钱觉民、徐鉴孙、甘纯芬、袁希贞、沈和冲、吴惠如、顾徐芬、宣慕兰、瞿杏云、唐慧英、夏清懿、沈淑渊

1907年毕业生

旧制中学第一届毕业（7人）

杨荫榆、朱明卓、沈均、周佩珍、朱慧贞、王锦龄、林荀

师范科（18人）

汤国黎、曾援华、袁希皓（澔）、屈蕴辉、李廷慧、俞庆英、汤兆先、陈振、黄正仪、凌玉胜、方英、杨清和、王萱、刘亭玉、杨清芬、张昭汉、杨达权、瞿庆安

师范预科（8人）

严静真、朱世芬、郁组文、孙瑛、孙瑶、沈维敏、曹光祖、富韵莲

1909年毕业生

师范科（22人）

张宗英、胡汝季、林亦翀、方令安、陈洪如、任雪航、涉澄萃、李亚芬、方志远、叶鸿桢、闵之完、屠蕴珍、吴惠如、祝蕴玉、王忍之、钱觉民、沈和冲、唐慧英、沈右揆、徐鉴孙、宣慕兰、甘纯芬

1910年毕业生

旧制中学（18人）

吴若安、刘芯芳、杨季威、钱新才、张忆慈、彭敏慎、顾志坚、黄燕誉、姚明珮、朱维萱、张光勤、吴贵静、严霭征、范承俊、范慕苓、严济宽、边境宏、龙扬莹

1911年毕业生

师范科（13人）

刘良璧、周佩莲、杨仲英、沈承瑾、严静真、杜凤、张杏娟、郏明达、言淑英、钱蒙猿、朱世芬、孙瑶、富韵莲[71]

另选取1913、1914年毕业生，这些毕业生一般在1911、1912年已在务本女塾就读。

1913年毕业生

高等科甲组（9人）

王伊荃、狄秉君、狄智君、倪凤珍、杨保青、余竞虹、曹镜澄、徐念慈、彭清淑

高等科乙组（9人）

陶善敏、奚涓、张镜欧、沈庭玉、沈有瑶、朱騆、范承杰、刘清英、华昭复

1914年毕业生

高等文科（16人）

俞庆棠、周增圭、孙琼英、周德娟、杨竞学、徐文炳、李瑶琴、欧阳雪、朱文辉、朱以箴、陆蕴英、钟慧龄、谭其觉、丁志俊、张稚赟、杨尚才

高等理科（12人）

周淑娟、曾式群、吴成章、杨晚成、徐振坤、蒋秀楠、许崇华、蒋碧森、毛体乾、李静芳、许崇洁、王淑慧[72]

1907—1911年务本毕业生，总计118人。她们分别从师范科、师范科预科、旧制中学毕业。1913、1914年的毕业生共46人，她们出自高等科甲、高等科乙组、高等文科、高等理科。以上，共涉及务本学生164名（其中个别学生有重复）。（图1-31）

首先，考察她们的籍贯，这涉及务本女塾的生源问题。《申报》1908年1月21日《务本女塾毕业名单》：

师范科毕业生十有五人：汤国黎归安、曾援华华阳、袁希濋宝山、王蕴芳镇洋、屈蕴辉常熟、李廷慧嘉定、俞庆英太仓、汤兆先昆山、陈振嘉定、黄正仪江陵、凌玉胜归安、方英秀水、杨清如金匮、王萱上海、刘廷玉武进

又前届师范生，补给证书一人：杨清芬金匮

师范豫（预）科毕业八人：严静真乌程、朱世芬宝山、郁组文海门、孙瑛宝山、孙瑶宝山、富韵莲海盐、沈维敏仁和、曹光祖仁和

又升入师范本科生十一名：经蕙贞上虞、潘惠君元和、朱淑仪海盐、单致祥山阴、钱梦猿阳湖、杜凤常熟、郏明达元和、潘淑君元和、张杏娟南汇、孙锡琛吴县、杨荃桐城

旁听生升入师范本科二人：李杨英秀水、彭鼎峙元和[73]

感谢《申报》为务本留下一份珍贵的名录。这份名录涉及务本女塾毕业生37人，其中以苏州籍（吴县、元和、昆山、常熟、太仓等皆是）居多，有10人；有来自浙江的杭州、嘉兴、湖州、绍兴各地共11人；今属上海地区（嘉定、宝山、南汇、上海）有8位；还有来自常州、南通等地，也有籍贯安徽桐城、湖北江陵的。（图1-32）

其次，关于务本女塾学生的毕业去向。据1910年毕业生吴若安回忆，务本女塾自成立后到改为上海县立第一女子高等小学校及上海县立务本女子中学为止，共办了十余年，毕业学生"其中大部分在教育界任职，其他任公务员、药剂师、会计者也有之，有相当人数居家做主妇，也有极少数出国留学定居海外"[74]。（图1-33）

情况确实如此。有的在母校任教，《上海县立务本女子中学校二十五周年纪念册》上有《教职员一览》，

图1-31 《务本女塾行毕业礼》，《申报》1907年6月28日第19版

图1-32-1 《务本女塾毕业名单》，《申报》1908年1月21日第19版

清末民初毕业的张杏娟、孙瑶、刘良壁、吴若安、瞿庆安、黄守渠、楼文光、袁希皓（澔）、钱新才、黄守渊、陈迪新、楼文耀、顾志坚、姚明骊、沈均等都充当过务本的教员。张杏娟后来还当上了务本女中的校长。[75]在上海的一些学校的教职员名录中，也经常可以查阅到务本的毕业生。以在上海市立万竹女子国民学校任教的几位女教师为例，就有务本的教育背景：

图1-32-2　务本女塾高等小学戊申年（1908）毕业摄影，选自《教育杂志》1909年第1卷第2期

> 沈有瑶，吴县，务本高等科毕业，补修甲组主任，（到校时间）民国三年二月
>
> 李廷慧，嘉定，务本师范毕业，补修乙组主任，（到校时间）民国一年三月
>
> 陈迪新，松江，务本师范毕业，体操教员，（到校时间）民国五年九月[76]

万竹小学，1911年2月李廷翰（字墨飞）创办，并任校长。校址露香园万竹山房。创办初期，男女分部学习，男校教员多毕业于龙门师范，女校教员多出自务本女塾。（图1-34）

务本办学卓有成效，体现在著名校友多，社会影响大。在务本的早期毕业生中，有大家熟悉的杨荫榆、张默君（昭汉）、汤国黎（梨）、吴若安、俞庆棠等，也有成为早期中共党员、革命烈士的陈振（即陈君起）等人，人才辈出。

杨荫榆，江苏无锡人，光绪三十三年（1907）毕业于务本女塾，为务本旧制中学第一届毕业生。后留学日本东京女子高等师范

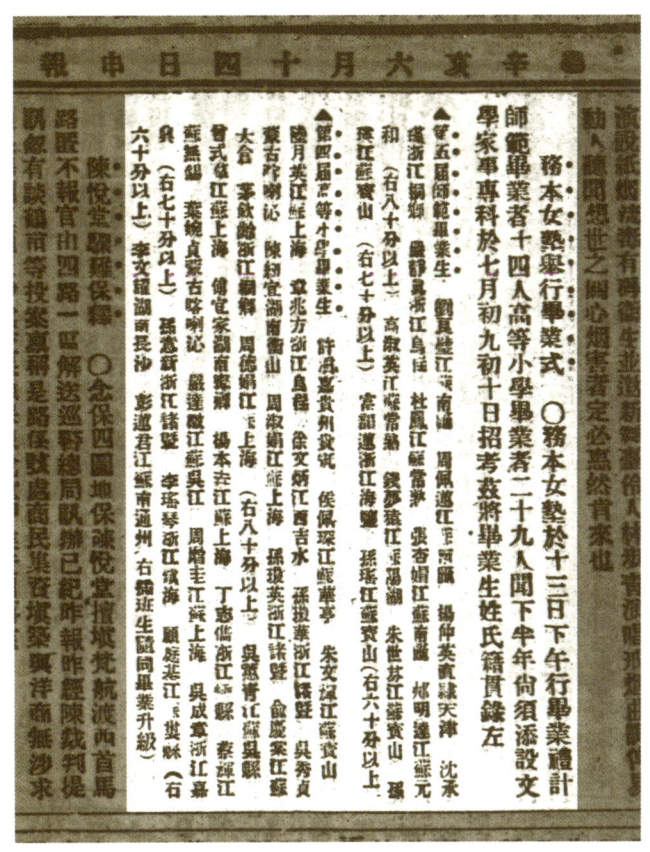

图1-33　《务本女塾举行毕业式》，《申报》1911年7月9日第20版

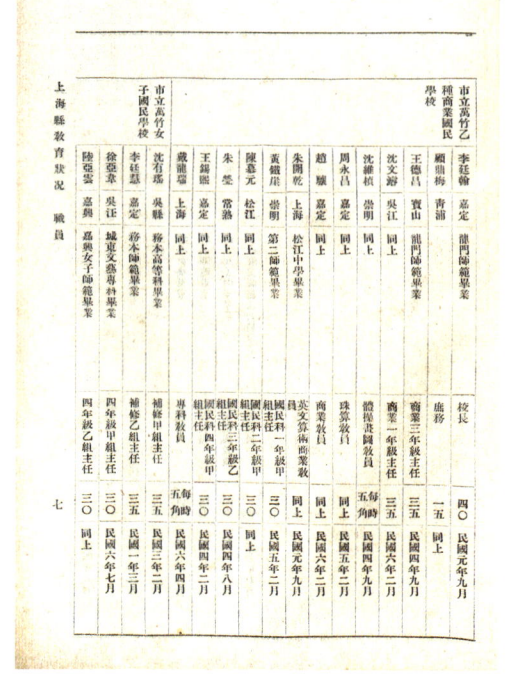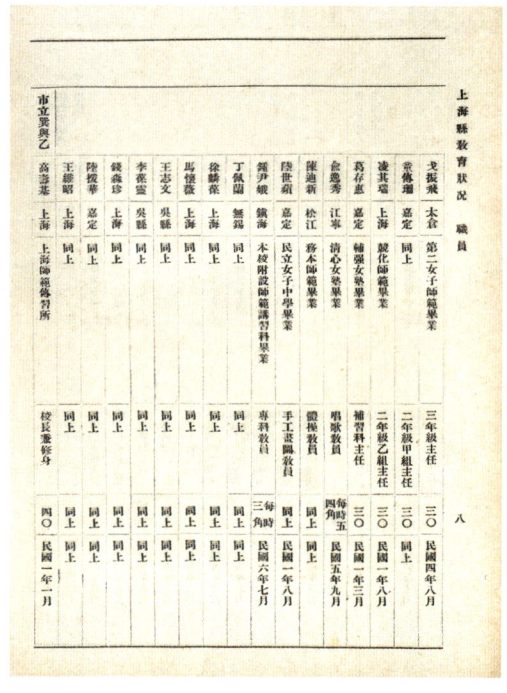

图1-34 《上海全县公立学校职教职员一览表》中的"市立万竹女子国民学校",一些教职员毕业于务本女中(1917年8月),选自《上海县教育状况》(1917年)

学校。1918年,又赴美留学,入哥伦比亚大学,获教育学硕士学位。曾任北京女子师范大学校长,被称为近代国立大学校长中的唯一女性(又说为近代中国第一位女性大学校长)。

张昭汉,字默君,一字漱芳,号涵秋,别号玉尺楼主,西名莎菲亚(Sophie M. KChang),湖南湘乡人。她出身于书香门第,其父张通典(字伯纯)、母亲何承徽(字懿生),均工诗文。张昭汉自幼聪慧,1904年就读于务本女塾,1907年毕业于该校师范科。曾任江宁粹敏女学教务长,任职期间在学科设置、学校管理等方面多有变革。后加入同盟会,与秋瑾等一起参加革命活动。曾在上海创办神州女校,任校长。积极从事教育事业,兴学办报,倡导女权。1918年,张昭汉赴欧美考察教育,入哥伦比亚大学专攻教育。回国后,曾任江苏省立第一女子师范学校校长等职。她一生重视教育,尤其关注女性教育。

与张昭汉一届毕业的还有汤国黎(梨)、袁希皓(澔)、杨达权等。汤国梨,又名国黎,字素莹,号影观,浙江归安(今湖州)人。1905年入上海务本女塾,1907年夏毕业。一生从事文化教育事业,关于她的事迹,详见本书附录六"部分校友简介"。

袁希皓(澔),江苏上海(也有写宝山)人。幼承家学,光绪三十一年(1905)就读于务本女塾,1907年毕业于务本女塾师范科。曾在本校任教,后受聘赴浙江湖州任湖郡女学教习。1912年主持创设上海爱群女校,主校二十余年,办学颇有成绩。[77]

杨达权,原名陈嵩如,婚后从夫姓易名,江苏泰州人。1907年务本女塾师范科毕业后留校任教。1912年任江苏省立第二女子师范学校校长,长期执掌该校。曾在苏州发起组织女子公益团。一生从事教

图1-35 1907届陈振（陈君起）毕业证书。上海市第二中学提供

育工作，为妇女争取社会和政治权益，在苏州有一定的名望。

在务本的毕业生中，有先留校，再去其他学校任教的，有的长期任女校校长。如1910年毕业生吴若安，原名杏宝，江苏金山（今属上海）人。毕业后留校任教，开始了她的教育生涯。曾在务本女校、上海南洋女子师范学校（后改为南洋女子中学）任教员。1937年起任南洋女子中学校长。1949年后，历任上海市民立女子中学、第十女中校长，上海市教育局副局长等职。她终生奉献教育，是一位受人尊敬的教育家。[78]

1911年务本女塾师范科毕业的张杏娟，字怀之，江苏南汇（今属上海）人，留校任教。1919年秋，曾公冶校长因事辞职，公推张杏娟继长校务，此后至1927年3月任母校校长。

在务本女塾的毕业生中，还有几位革命烈士，其中有陈振，即陈君起，江苏嘉定（今属上海）人。1904年考入上海务本女塾，学制三年，1907年毕业于师范科，其毕业证书编号为"第二十三号"（图1-35），陈振时年22岁。后在南京任教师。1922年，受共产党员谢远定等人的影响，她参加了革命活动。1923年底，谢远定组织南京妇女问题研究会，此时她已叫陈君起，为该会负责人。1924年，陈君起参加了改组后的中国国民党，同年加入中国共产党。1925年，参加南京市声援上海五卅惨案的大会。曾任中共南京地委妇女委员兼国民党南京市党部妇女部长等职。1927年4月11日，陈君起被国民党政府逮捕，14日遭秘密杀害。年仅42岁。[79]

务本女塾创办未久，就培养了大批人才，她们活跃于社会与文化教育事业的各个领域，可谓群星璀璨，由此也使务本的声誉远播。

注释

[1] 颐安主人:《沪江商业市景词》,载顾炳权编:《上海洋场竹枝词》,上海书店出版社1996年版,第94页。

[2] 《上海之建筑:务本女塾》,环球社《图画日报》第64号,第2页。

[3] 《点石斋画报》为中国最早的旬刊画报,由上海《申报》附送,每期画页8幅,于光绪十年(1884)创刊。

[4] 熊月之:《西学东渐与晚清社会》(修订版),中国人民大学出版社2011年版,第226—227页。

[5] 民国《上海县续志》卷十一《学校下》,记载神文女学、圣玛(马)利亚女书院、清心女学等。

[6] 详见(清)同治《上海县志》卷二十三《游寓》。

[7] 民国《上海县续志》卷二十一《游寓》。

[8] 经元善于城南桂墅里创办经正女学(或称经正女塾),并在淘沙场时化堂设立分校。亦称经氏女学,又名中国女学会女学堂,为国人自办最早女校之一。以兴女学、开民智、图国强为宗旨。光绪二十五年至二十六年间停办。

[9] 爱国女学,由蔡元培赞助,蒋观云、经元善、黄宗仰、林少泉等创办。1902年12月,假白克路(今凤阳路)登贤里开学,蒋观云任经理(校长)。后迁入泥城桥福源里。由蔡元培接任经理。

[10] 按其子吴天荫的解释:其父吴馨,族中排辈名汝兰,号畹九,取古文词《离骚》中"余既滋兰之九畹兮"之含义,在辛亥革命前后一切有关资料中,均用"吴馨"或"吴畹九"。晚年身患肺病,乃自改别号为"怀疚"。抗战开始,务本校舍被毁,迫迁租界,为避当局干扰,必须更改校名。学校顾念先父创业艰辛,乃改名为"怀久",恐因"疚"字颇不适宜,不得不除去病字头而改为"久"字,此亦颇合情理。参见吴天荫:《吴馨小传》,2002年7月12日撰,上海市第二中学档案室提供。

[11] 民国《上海县志》卷十五《人物上》。

[12] 吴天荫:《吴馨小传》。

[13] 民国《上海县志》卷十五《人物上》。

[14] 民国《上海县志》卷十五《人物上》。

[15] 此选录部分档案,包括:交大校长唐文治致陆安生函,1918年4月15日,称吴怀疚先生已病愈回沪,请派人会同吴怀疚接洽购地交涉案,上海交通大学档案馆藏,档案号:LS3-207;《交通部上海工业专门学校历年同学姓氏录》(1917年)记载吴馨担任上海县教育会会长,住址为:静安寺路83号,上海交通大学档案馆藏,档案号:LS3-365;《南洋公学师范班学生名册(1935年)》,内有"吴馨",上海交通大学档案馆藏,档案号:LS2-398。

[16] 《招覆师范生示》,《申报》1897年4月24日第4版(内有"吴馨")。

[17] 王柳生(维泰)于上海县城大东门内王氏宗祠"省园"创设王氏育材书塾,分正馆、备馆二级。

[18] 关于王培孙办学,详见马学强、于东航主编:《为国桢干:上海南洋中学120年(1896—2016)》,商务印书馆2016年版,第23—32页。宣统元年(1909)夏,南洋中学迁至日晖桥的新校舍。

[19] 吴馨:《务本女塾史略》,民国七年(1918)五月,载朱有瓛主编:《中国近代学制史料》(第二辑下册),华东师范大学出版社1989年版,第589—591页。

[20] 吴馨:《务本女塾史略》,民国七年(1918)五月,载朱有瓛主编:《中国近代学制史料》(第二辑下册),第589—591页。

[21] 马学强、于东航主编:《为国桢干:上海南洋中学120年(1896—2016)》,第14页。

[22] 吴馨:《务本女塾史略》,民国七年(1918)五月,载朱有瓛主编:《中国近代学制史料》(第二辑下册),第589—591页。

[23] 吴馨:《务本女塾史略》,民国七年(1918)五月,载朱有瓛主编:《中国近代学制史料》(第二辑下册),第589—591页。

[24] 颐安主人:《沪江商业市景词》,载顾炳权编:《上海洋场竹枝词》,第104页。

[25] 吴馨:《务本女塾史略》,民国七年(1918)五月,载朱有瓛主编:《中国近代学制史料》(第二辑下册),第589—591页。

[26] 《纪务本女塾及幼稚舍秋季运动会》,《申报》1905年11月12日第9版。

[27] 上海市文史馆编:《上海地方史资料》(四),上海社会科学院出版社1982年版,第29页。

[28] 参见吴天荫:《吴馨小传》。

[29] 吴馨:《务本女塾史略》,民国七年(1918)五月,载朱有瓛主编:《中国近代学制史料》(第二辑下册),第589—591页。

[30] 《会商建校及设防事宜》,《申报》1906年3月24日第9版。

[31] 吴馨:《务本女塾史略》,民国七年(1918)五月,载朱有瓛主编:《中国近代学制史料》(第二辑下册),第589—591页。

[32] 《上海县案,据务本女学堂经理人吴馨禀称……》,《申报》1906年8月15日第18版。

[33] 吴馨:《务本女塾史略》,民国七年(1918)五月,载朱有瓛主编:《中国近代学制史料》(第二辑下册),第589—591页。

[34] 吴馨:《务本女塾史略》,民国七年(1918)五月,载朱有瓛主编:《中国近代学制史料》(第二辑下册),第589—591页。另据吴馨编修《上海县续志》卷十一记载,务本女塾于宣统元年(1909)秋校舍落成,"有事务、招待等室七,课堂二十,宿舍二十,平房七"。

[35] 吴馨:《务本女塾史略》,民国七年(1918)五月,载朱有瓛主编:《中国近代学制史料》(第二辑下册),第589—591页。

[36] 吴馨:《务本女塾史略》,民国七年(1918)五月,载朱有瓛主编:《中国近代学制史料》(第二辑下册),第589—591页。

[37] 吴天荫:《吴馨小传》。

[38] 《上海之建筑:务本女塾》,环球社《图画日报》第64号,第2页。

[39] 2002年9月6日,上海市第二中学举行创始人吴馨铜像的落成典礼,吴馨之子吴天荫等参加揭幕仪式。

[40] 《学制:务本女塾增设初等高等女子小学规则》,《教育杂志》1905年第17期。

[41] 详见《江苏教育总会文牍》(1907年)二编下,第84—85页。

[42] 《江苏教育总会文牍》(1907年)二编下,第85—87页。

［43］《清史稿》卷一百零七《选举志·学校下》。

［44］《清史稿》卷一百零七《选举志·学校下》。

［45］民国《上海县续志》卷十一《学校下·女学堂暨幼稚舍》。

［46］《校史》，《上海市立务本女子中学校概况》（1934年）。

［47］《校史》，《上海市立务本女子中学校概况》（1934年）。

［48］《校史》，《上海市立务本女子中学校概况》（1934年）。

［49］《汇录各埠女士筹拒美禁华工约》，《申报》1905年7月19日第2版。

［50］《纪务本女塾及幼稚舍秋季运动会》，《申报》1905年11月12日第9版。

［51］屈蕴辉：《务本运动会记事》，《女子世界》1907年第6期。

［52］《务本女塾开运动会》，《申报》1910年5月9日第19版。

［53］《务本女塾第一次家庭恳亲会纪事》，《申报》1907年6月10日第18版。

［54］《务本女塾暑期体操传习会章程》，《申报》1906年6月30日第17版。

［55］《务本女塾暑期体操传习会给凭》，《申报》1906年8月20日第17版。

［56］民国《上海县志》卷十五《人物上》。

［57］吴馨：《务本女塾史略》，民国七年（1918）五月，载朱有瓛主编：《中国近代学制史料》（第二辑下册），第589—591页。

［58］《务本女塾原发起人吴馨启事》，《申报》1913年8月19日第4版。

［59］《收受务本女塾之备案》，《申报》1913年11月7日第10版。

［60］民国《上海县志》卷十五《人物上》。

［61］《命令（吴馨捐赀兴学颁奖）》，《申报》1914年12月30日第2版。

［62］《申报》1919年5月29日第3版。

［63］民国《上海县志》卷十五《人物上》。

［64］《张謇全集》编纂委员会编：《张謇全集》第8册《柳西草堂日记、啬翁自订年谱》，上海辞书出版社2012年版，第3790页。

［65］《陆仲炳传》，《江苏教育总会文牍》（1907年）二编上，第129—130页。

［66］《校史》，《上海市立务本女子中学校概况》（1934年）。

［67］1913年后，杨天骥离开上海，赴湖南任湘岸榷运局稽核官。后又至北京。1926年又返回上海。历任无锡县知事，吴江县长，交通部秘书，监察院秘书、代秘书长，监察院监察委员等职。抗战时期避难香港。太平洋战争爆发后赴桂林，再赴重庆。抗战胜利后在上海及苏州赋闲。著有《茧庐印痕》。

［68］郑逸梅：《艺海一勺续编》，天津古籍出版社1996年版，第25页。

［69］陈懋治：《小学唱歌教授法·序》，载沈心工编：《小学唱歌教授法》，上海文明书局1907年版，第1页。

［70］据上海县知事公署编：《上海县教育状况》（1914年）"职员类"。

［71］上海市第二中学编：《欣然回首：上海市第二中学历史概述》，2012年内部刊印，第94—95页。

［72］上海市第二中学编：《欣然回首：上海市第二中学历史概述》，第95页。

［73］《务本女塾毕业名单》，《申报》1908年1月21日第19版。

［74］吴若安：《回忆上海务本女塾》，载朱有瓛主编：《中国近代学制史料》（第二辑下册），第606—607页。

[75]《教职员一览》,载上海县立务本女子中学校编:《上海县立务本女子中学校二十五周年纪念册》(1926年)。

[76]《(上海)全县公立学校职教员一览表》,载上海县知事公署编:《上海县教育状况》(1917年)"职员类",第7页。

[77] 关于袁希皓(澔)的事迹,详见《南市区志》(上海社会科学院出版社1997年版)、《上海妇女志》(上海社会科学院出版社2000年版)。

[78]《终生耕耘育桃李:记务本第一届毕业生吴若安》,载上海市第二中学编:《饮水思源:上海市第二中学建校110周年校友纪念文集》,2012年内部刊印,第1—2页。关于吴若安的事迹,详见本书附录六"部分校友简介"。

[79] 本书附录六"部分校友简介",列"务本英烈",第一位即介绍陈君起。

第二章

蜚声海内

蜚声海内

图2-1　1933年务本鸟瞰全景

自辛亥鼎革，民国肇创直至1937年的近三十年间，务本女校由私立到县立再到市立，历经政局风云之变幻、学制政策之演进、教育人事之更替，但始终坚持与时俱进和因校制宜相统一，在变与不变之中不断书写女学新传奇。学制设计上，秉持"中等学校以兼及职业准备为原则"[1]，由专修科而师范而中学而高等科[2]，最终发展为集高中、师范、初中、附小为一体的综合性女学。课程特色"以国民教育为范围，以家事科目为中心，以日常应用各种实习为归宿"[3]，文理并重，尤其以"养成建设美满家庭之实用人才"[4]为宗旨的家事教育最具盛名。师资配置，经历了从以江浙地方为中心到涵盖北大、清华、北师大、中央大学出身的全国级名师，视野开阔，学识经验俱优。所培养的毕业生，"升学与服务者，成绩均甚优异"[5]。深造者多能入交大、浙大、之江、暨南、沪江、复旦、大同、中央大学商学院等国内著名大学及学院，"研究数理化、政法、经济、教育及文学者均有"[6]。师范生质量之优，不仅能在上海各中小学校优先得到聘用，而且常为外地教育局所争抢。截至1937年全面抗战爆发前，这所声著东南的女校，屡受官方视学员之赞赏，久为社会人士所信仰，已然成为"全国女校中素有声誉之学校"[7]。（图2-1）

第一节　县立第一女子高等小学校

1911年，辛亥鼎革之役起，沪地光复，军务倥偬，时局动荡，务本入学学生数锐减，办学经费难筹。相较于1910年收入银20461两，1911年则降至12218两，1912年更是跌入谷底，为2406两。[8]收支差数，从1910年的2677两，陡增至1911年的6152两[9]，财政赤字达至历年最高，使学校陷入难以运转、不得不暂时停办的地步。1912年3月，校主吴馨"通筹经济，公私俱觉为难，爰于本年宣告停办"[10]。消息一出，引起社会的强烈反响。社会舆论一致认为，"然此共和告成，有识者咸以提倡女学为先，正期日见扩充，以为普及国民教育之基础"[11]。在校女学生更是强烈反对停办，认为务本女塾"为通国女学界之前导"[12]，在校主吴馨多年苦心经营之下，成绩昭著，若因经济困难而不能自保，殊为不忍，而同学一旦中途失学，必定栖遑无措。为此，她们表示"对于母校，必共抱维持之志，即不得不以吴先生之苦衷，引为自己之责任"[13]，于1912年6月发起创设务本同学会，通过集资募款，群策群力，维持务本运转。

务本同学会的成立，引起了校友的强烈共鸣。1912年，由张昭汉、汤国黎、杨季威等务本校友在上海创设的"神州女界协济社"，系辛亥革命时期妇女筹饷组织——"女界协赞会"诸团体改组而成，宗旨是"联合五族女界，普及教育，研究法政，振兴实业，提倡国货，养成共和国高尚完全女国民，协助国家进步"[14]。得知务本停办的消息，社员纷纷"悲女学之中辍，痛教育之凌替，不禁公义激发，遂告该校校长，慨然以维持务本为己任"[15]，并通过各种关系，四处筹款：

> 乃由该总社派专员四人至宁，具禀孙总统及教育部长、卫戍总督等，请拨款维持。孙总统嘉佩该社之热诚，慨助现银一万元，作为该社承办务本之经费。并蒙徐总督禹许每月助费三百元，又开办经费四五千元，皆允设法永远维持。又承唐总理捐助一千四百元，为该社扩充公益之用。[16]（图2-2）

在务本同学会和神州女界等社团的协力下，仅过了一个学期，务本就渡过了停办危机。1912年春，务本同学会诸君，"以同学失学为虑，宜急开校"[17]，请校主吴馨继续主持校务。然而，上海光复后，吴馨"以素为地方人士所推重"[18]，于民国元年出任上海县民政长，势难兼顾校务，遂于1913年8月将务本女塾校舍连同基地、校具，一并捐归上海县所有，改组为县立第一女子高等小学校，由吴馨的助理曾公

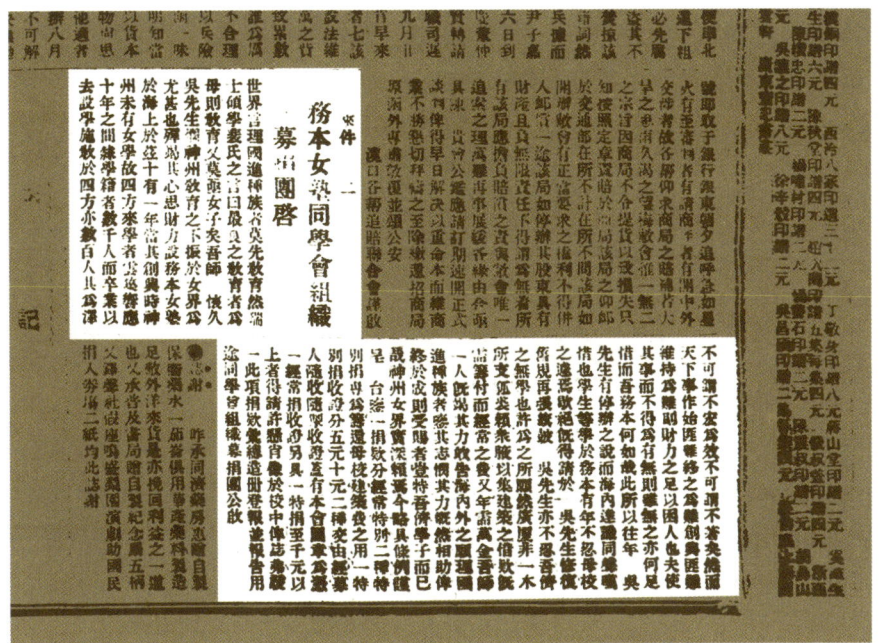

图2-2 《务本女塾同学会组织募捐团启》，《时报》1912年7月20日第10版

冶接任为校长。

回顾整个私立时代，"除自清光绪丁未九月始，迄宣统辛亥六月止，由道署补助每月三百元外"[19]，务本的办学经费主要由吴馨一人筹垫。"校中经费虽由校款支出，然就历年决算报告，大抵入不敷出，亏损之数，则由办事人设法筹补。"[20]据统计，他先后所捐款项，为数颇巨，折合银元总计为91301元，不动产共84756元，动产6545元[21]，可谓毁家兴学。对于为何要将自己苦心经营十载的务本女塾捐归县有，转为官产，1913年8月，吴馨曾公开对外发表过声明：

> 自本学期始，原置务本女塾校舍连同基地、校具一并捐与县地方自治团体收管保存，并指定永作女校之用，今将理由及办法宣布如左（下）：一、个人之财力精神，既不能继续负担。与其支节为之不若，寄附公家为直截了当。二、建筑债负，由个人理楚交代，截清界限，完全寄附行为，不愿丝毫贻累公家。三、现由上海县议会议决，下学期开办县立女子高等小学校，并依中学程度得设各种补习科，俾原有学生仍可各得其所。四、前务本毕业及同学会诸君，如南洋公学同会之例，无庸另易名称，照旧联络。以上诸端，谨举以告我海内教育界同人，并务本诸同学均鉴。吴馨启事。[22]

对吴馨而言，务本的捐官改组，既有办学本身心力交瘁、难以维系的苦衷，也有自身"奔走国事、急公废私"[23]的抱负，即借兴办新式教育进而推动上海地方自治。1913年11月，经上海县议会决议，将吴馨所捐款项登记保管，并将务本办学经费纳入地方教育预算开支中，自此开启了从私立向官办性质转变。

图2-3 上海县立第一女子高等小学校全体摄影，选自《上海县教育状况》（1914年）

其捐入之校基、校舍、校具，计数列单粮串，应交县公署特别会计处，过户，承粮，妥慎保管。逐年应纳赋税，由县地方教育费预算内开支。第一女子高等小学校费用，自二年度始，归入上海县地方费预算办理，以维学务，而重公产。[24]

务本的官办化转变，经费性质与筹措方式的变化固然首当其冲，但作为核心办学资源之一的师资在配置上却没有太大的变化。上海县知事公署于1914、1917年先后编有《上海县教育状况》，记载上海县范围内各公私立大、中、小学校的基本信息，如数据统计、教职员名单、报告、文牍等。其中就包含上海县立第一女子高等小学校，参见《上海县立第一女子高等小学校职员一览表》（表1-5）。（图2-3）

从这些教职员的履历背景可以看出，务本"老班底"仍然是教员的主要来源，他们绝大多数都毕业于务本女塾师范科，或常年在务本任教，共有6位，以曾公冶为代表。曾公冶，讳钧，字子恭，号公冶，出身于申江名族（图2-4）。早年弃科举而就西学，精习数学。吴馨创办务本女塾时，他多所献策，力排非议，是吴馨的得力助手与务本"元老"，也是当时教育界宿儒。先后任教于杭州蚕桑女校、中国公学、龙门师范等学校，民国成立后，"又长江苏省立第二女子师范，旋长上海县立务本女子中学校，兼任省立第二师范学校教职，而以务本女校为最久"[25]。居于次位的是与务本创办人吴馨或校长曾公冶有渊源关系者。如唐金诰、朱树蒸、傅硕家三位，均毕业于南洋公学，与吴馨同出一校；此时吴馨虽已弃教从政，但他的个人关系网络对教员的来源仍颇有影响。又如李味青，原系江苏省立第二师范学校教员，

图2-4 曾钧校长（1917年）

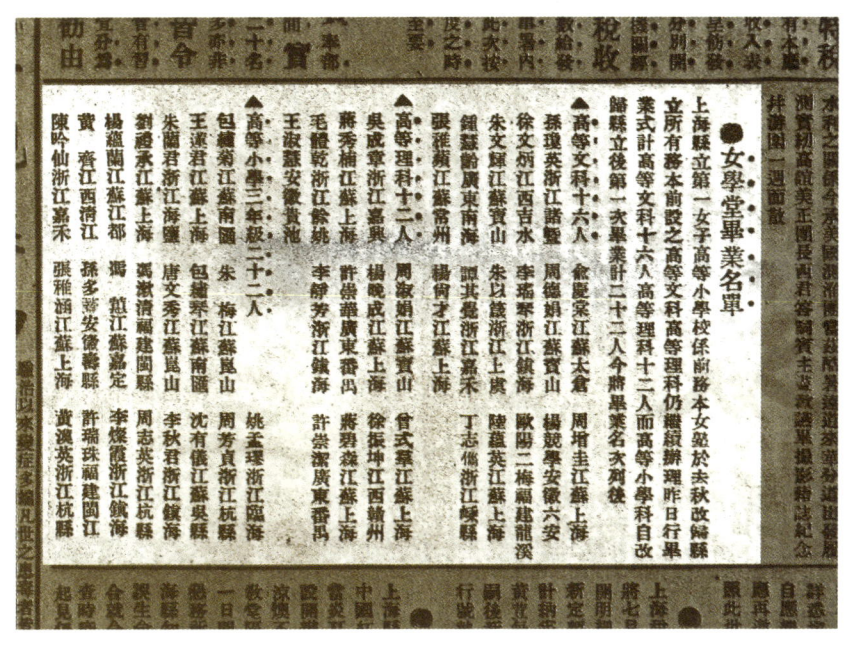

图2-5 上海县立第一女子高等小学校高等文科、高等理科及高等小学毕业名单，《申报》1914年7月6日第10版

而曾公冶曾任该校校长。

相较而言，务本改组县立之后，最棘手的问题与显著的变动还是学级的转变如何能与学生程度相适应，并与之前所学内容相连接。这就涉及改组后的学级编制与课程设置变迁。

务本捐归县有前夕，已设高等科（内分文科、理科）、文学专修科（中学程度）、高等小学科、初等小学科。1913年改组为上海县立第一女子高等小学校后，为了名实相符，充补学力之不足，经县议会议决，统一改设高等小学科与补习科。即"高等小学科存其旧，而高等文科、理科改为高等小学补习科，初等小学科改为初等小学补习科"[26]。不过，这一决议在落地时并未完全执行。务本原设的文学专修科、文理科一时之间无从转学，故允许暂照办理，俟毕业后停办。[27]之后，因"其时学生仅百有七八十人，补习科生尤寥寥"[28]，所以直到1915年，"所有务本前设之高等文科、高等理科，仍继续办理"[29]。而正是因为保留了文理科之旧贯，该校在上海县视学看来，"名为高等小学，各教科均出高等小学之上"[30]（图2-5）。

1914年秋，"因念民国欲教育普及，以及养成师资为急务，而县教育范围，得设师范讲习所"[31]，上海县立第一女子高等小学校呈请江苏省公署，改高等小学补习科为甲种师范讲习科，初等小学补习科改为甲种师范附属初等小学科。但师范讲习科之设置，仅持续两年，"学生之毕业以去者二次。仅二十余人耳"[32]。至1916年又告停办。究其原因，乃是从高小到师范的学制"梯度"设置不甚合理，师范所需生源程度不足。"顾名义虽正，则以高等小学毕业之程度，养成师范生于二学年间，固非易事。"[33]由此亦

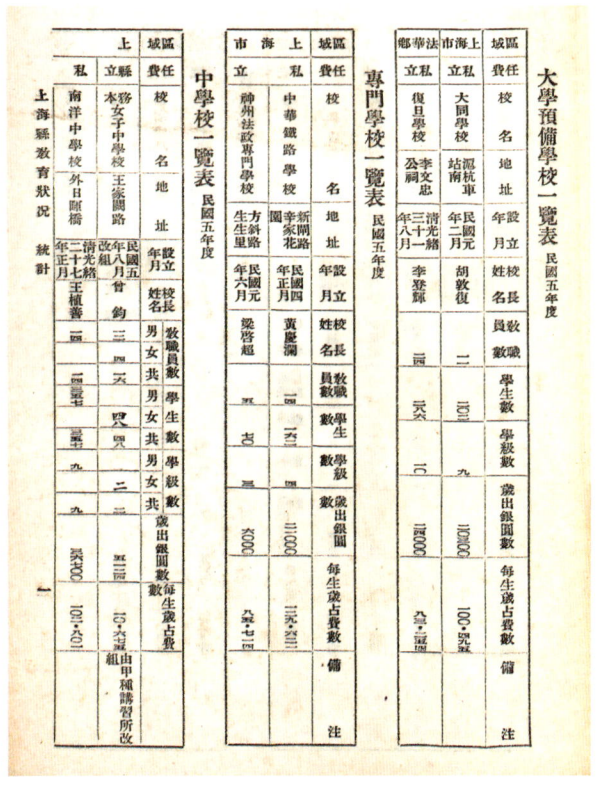

图2-6 《上海县立学校中学校一览表》涉及务本女中的信息，选自《上海县教育状况》（1917年）

可看出，务本改组县立后，尽管学制屡有转变，反复摸索，由专修科而高小而师范，但与学生程度的适应性其实并不理想。（图2-6）

在此背景下，校长曾公冶开始重新思考学制定位。他凭借资深的从教经历与丰沛的人脉关系，邀请教育界名宿黄炎培、沈恩孚、袁希涛、贾季英以及校主吴馨等一批江苏省教育会骨干成员莅临务本，讨论改进方法。尤其是黄炎培，1915年刚刚结束美国的教育考察之行，回到国内，"就在美所见，随处触发，详征博引，更处处与本国情形对照，议论极其酣畅动听"[34]，名声大噪。经过众人集体讨论，"鉴于吾国尚少完善之女中学为标准"[35]，决定将务本改设为女子中学。（图2-7、图2-8）

1916年夏，上海县知事呈准将附设的师范讲习科改为县立务本女子中学校，高等小学科、补习科仍如前附设。实行以来，果然扭转了学制编制与学生程度不相适应的问题。当时，高小补习科一年级的学生前来投考中学，经考察，其"程度视中学一年级实有过之无不及，查补习科前学年所授课程及教本，实已按照中学第一年级教授"[36]。因而拟择优另编一级，为中学二年级，"俾使教员、学生均免困难"[37]。将这一意愿上达后，经江苏省视学员郑鼎元复查以及各科成绩检阅，此次的编级试验准予备案，最终将高小附设的补习科编为中学二年级。（图2-9）

其实，在1917年12月务本呈请江苏省公署、教育部立案之前，已经过上海县视学员多轮视察，对教员、课程、教法均有正面积极的评价。以下列举1914—1916年对该校的部分视学结果：

> 上海县立第一女子高等小学校（民国三年［1914］）四月三十日　李君佑之，授文科，国文讲《史记》，总论各家得失，若数家珍；董君杰夫，授家政，讲棉麻布之性质，阐发靡遗，颇能确实学生之物理知识；吴女士文英，授高三缝纫，尽心指点，于裁剪诸法尤为注意；纪女士国桢，授高一体操，步伐姿势，俱能合度；沈女士授初小国文，复习学生回讲，或有错误，再使一生讲之，全级均极注意。缝纫、手工为女子必修科，以多用国货为宜，苟能增入烹饪、洗濯，则益臻美备矣。[38]
>
> 1915年　唐教员，三，珠算练习应用问题，指法尚熟，说理亦明；施教员，二，笔算分数，演

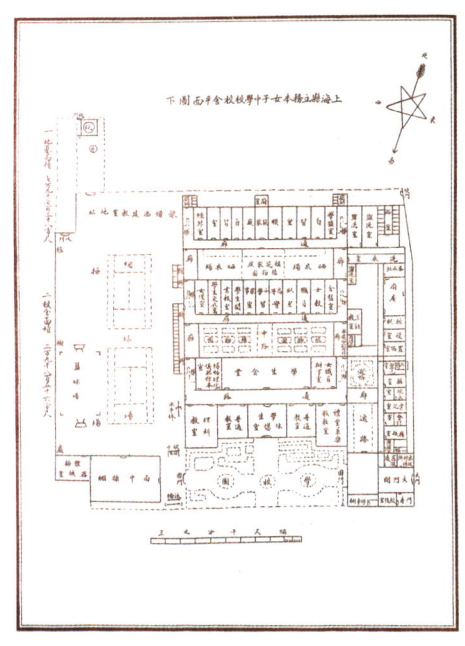

图2-7　上海县立务本女子中学校校舍平面图（1916年）

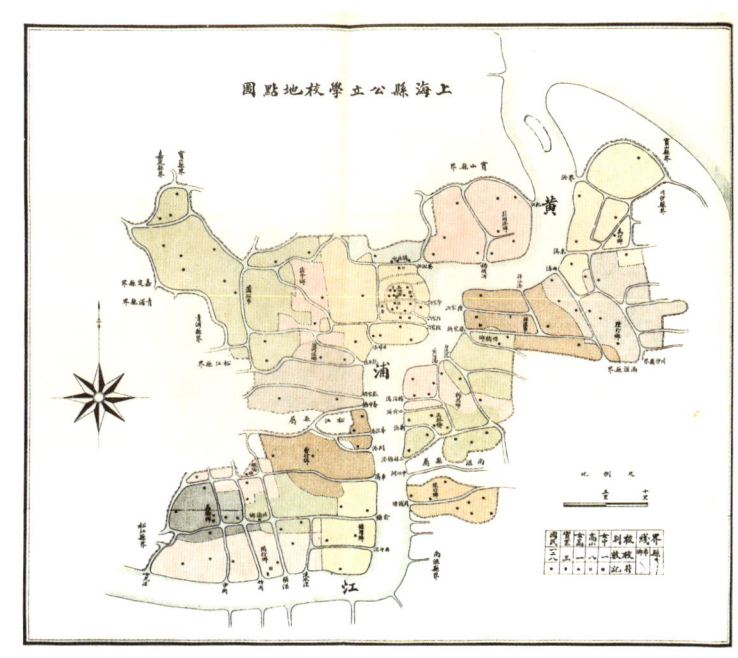

图2-8　上海县公立学校地点图。县城内有务本女中等，选自《上海县教育状况》（1917年）

男女各學校暑假畢業

▲女子高等小學校　上海縣立第一女子高等小學校於昨日午後二時開會舉行簡易師範科暨高等小學國民學校各級畢業禮縣知事沈寶昌省教育會副會長黃炎培職員沈恩孚縣教育會會長吳馨副會長賈豐臻均到校開會後由校長曾君報告於下半年起縣立第一女子高等小學名稱改爲縣立務本女子中學校幷附屬高等小學校並報告各級畢業生人數繼由縣知事給憑並致訓詞勉諸生注意家庭教育次由黃炎培沈恩孚相繼演說畢諸生各致謝詞幷唱校歌散會已四時矣

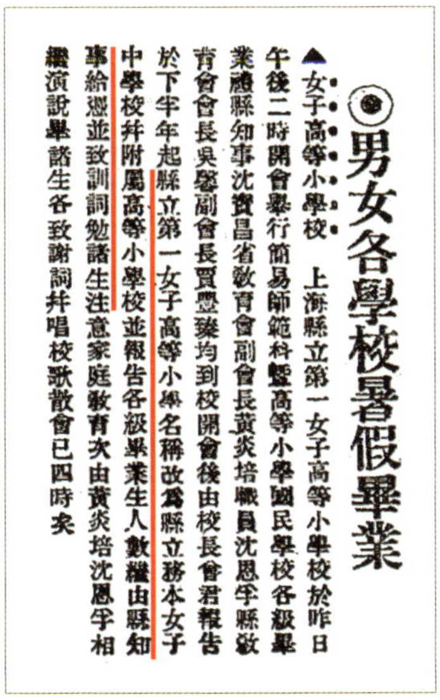

图2-9　《申报》1916年7月14日报道“县立第一女子高等小学”改名为“县立务本女子中学校并附属高等小学校”

算纯熟，指示极明瞭；是校手工一课，现均注重实用，且设有模范家庭一所，以练习治家事宜，办法极是。[39]

1916年　施教员，三，读法商六第十四课，初授全用启发式，检阅字典，将生字详注于检查簿中，授课时令各生将所记者揭于黑板，用班决法以订正其误谬，教法颇好；曾女士，二，体操、舞蹈，动作极其灵敏；周教员，一，英语，教授颇有法度；刘女士，补甲书法，用范板使生徒临写，教法合时；孙女士，补乙读法，考问生徒，俱能回讲。[40]（图2-10、图2-11）

结合历届视学报告，江苏省视学员郑鼎元在务本呈准立案一文中，认为“该校各项规定大致尚符课程，虽与部章略有出入，但与地方情形、社会需要尚能适合，应准立案”[41]。所谓适合地方情形与社会需要，指的是务本改组县立后的课程“除授以女子必需之知识技能外，颇注重家政科”[42]。尤其是1916年改办中学开始，上海县教育会基于“按部章，女子中学校以上，并无限制升学之明文，而事

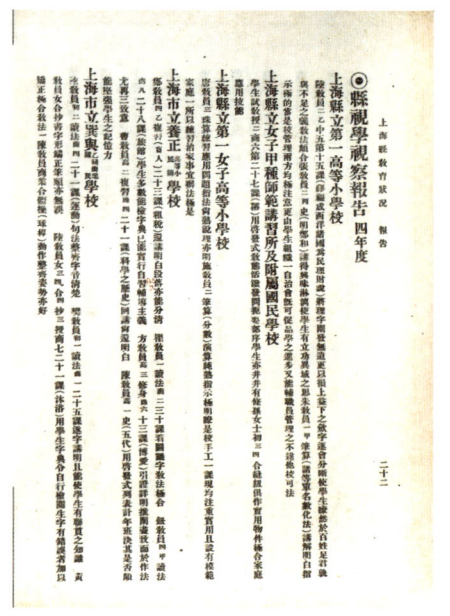

图2-10 《上海县视学视察报告》（1915年）提及县立第一女子高等小学校，选自《上海县教育状况》（1917年）

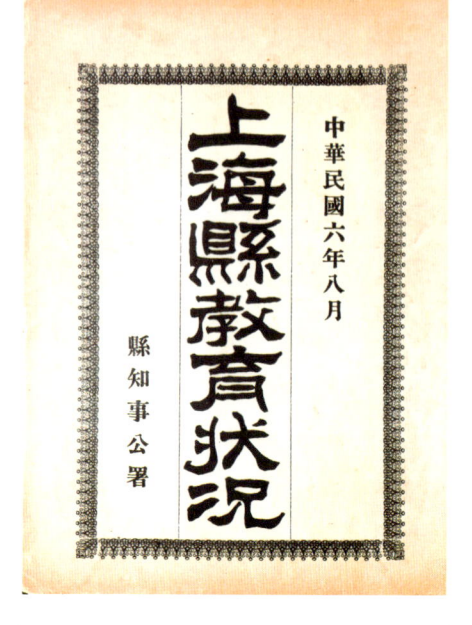

图2-11 《上海县教育状况》（1917年）封面

实上已几成止境，不能不注重应用方面"[43]的现实情形，决定务本今后课程方针"以国民教育为范围，以家事科目为中心，以日常应用各种实习为归宿"[44]，如此方能适合女子的职业化潮流。（图2-12）

1919年秋，校长曾公冶因事辞职，由上海县地方绅士公推张杏娟继长校务。张杏娟，字怀之，为务本创办人吴馨之表妹，毕业于本校师范科，历任南汇达明女学校校长、南通师范教员、江苏省立第二师范及附属小学教职。[45]她上任之初，自称"极当追踵前尘，以力求进步"[46]，继续推进"各科教授要旨，以家事为中心"[47]的既定方针，奈何遭遇五四运动，学生普遍受到民主自由、独立自治新思潮的激荡洗礼，对女校来说，男女平等之新思想，呼声益高，纷纷要求"裁家事而增外国语"，理由是服务社会意识的觉醒。"我侪之求学，为将来计也。处此文化大昌之世，男女均应服务于社会。苟男女之教育不平等，斯程度有差异，而将来服务社会之义务，又奚能齐一。"[48]

对于学生欲改订章程的要求，张杏娟也认为无可厚非，乃呈准教育当局作试验之计，"酌减家事科时间，增加国文、英文、数学等科之章程度，为学生升学之预备"[49]。然而，试行半年之后，却出现了学生对家事科兴趣全无，甚至要求裁撤的过激化现象。对此，校方已察觉顾此失彼，走向另一极端，必须重新进行调整。经过慎重思考，张杏娟决定从1920年起，兼顾"升学"与"致用"的需求，采用"分科"办法，平衡普通课程与家事科之间的张力。

> 杏娟私念办学本当有确定之宗旨，教授训练苟无标准，则所造就之学生，将来未必能致用。今兹之非驴非马，本觉非计。按去年全国中学校校长会议，议决女子中学课程，应以升学不升学为标准。升学者，增

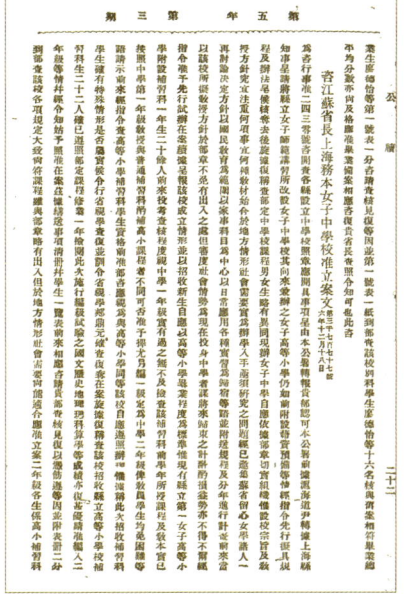
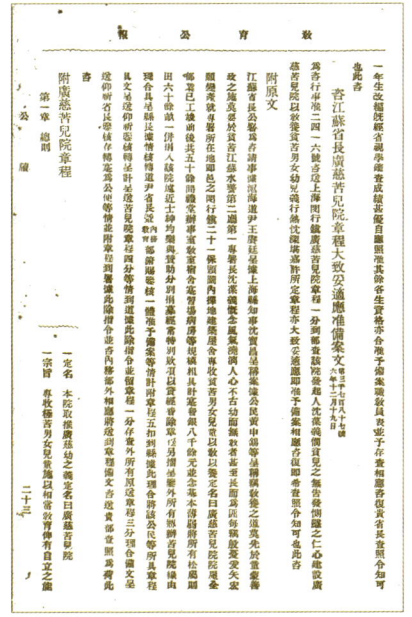

图2-12 《咨江苏省长上海务本女子中学校准立案文》,选自《教育公报》1918年第3期

高外国语之程度,免习手工;不升学者,减少外国语之时间,加授手工。本校于今年度(1920年)起,亦将依此标准,分科教授。盖中学校生徒,毕业而后,本应以升学为本位。但杏娟从事女子教育以来,默察女子中学,微有差异之点。缘女子每以婚嫁或经济之关系,发生窒碍,不能求达升学之目的。因是修业期内,必令习得生活上必须之知识技能,以满足其需要。况升学不升学,系境遇问题,未可强同。苟能分程兼进,或可收良好之效果。[50]

张杏娟校长的"分科"教学尝试没持续多久,又迎来了国家新学制改革。当时,在五四新文化运动的影响下,旧学制不适应社会要求的弱点日益暴露,教育界纷纷要求改革民国初年的学制。1922年,北京政府颁布《学校系统改革令》,称为"新学制"或"辛酉壬戌学制"。新学制仿照美国学制,规定中小学学业年限为"六三三制",即小学六年(初小四年、高小二年),中学六年,分初、高两级,各为三年。但可斟酌地方情形,中学可采用"四二制"或"二四制",定为"高四初二"或"高二初四"。初级中学可单独设立,高级中学应与初级中学合并设立,但有特殊情况时也可以单独设立。[51]

对设有旧制中学的务本而言,遵照部令,改行"新学制",势所必然。1923年6月,经校长召集教职员一再讨论,"谓在校学生四级,向依旧制课程教授,仍应照原定年限按年毕业。自十二年度秋季,招收新生时,再照新制办理"[52]。"新学制"在务本施行后,分小学为初级四年,高级二年;中学为"三三制",先设初中一、二两级;1925年秋,增设高中文科一级,其原有旧制中学三级,待其毕业为止,不复增设。[53]至1926年夏,旧制中学全部毕业,成为完全"三三制"之新制中学。不过,对于"新学制"对应的课程,务本并未全盘依循教育部标准进行重改,而是仅将其作为参考。"惟学则中之学科课程,

图2-13 上海县立第一女子高等小学校家事实习照片（1917年）

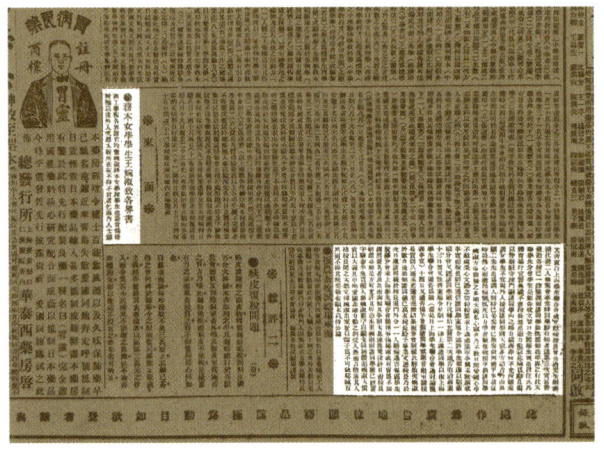

图2-14 《务本女学学生王婉淑致各界书》，《申报》1919年6月27日第11版

图2-15 《申报》1927年4月8日第10版报道《县立务本女子中学昨已接收》

刻当新旧制过渡时代，尚少遵循，仅依据新学制课程标准，起草委员会所拟订者，略加参酌。"[54] 尤其家事科，虽然一度遭到冷遇，但并没有因学制更新而停止。在务本呈报改办"新学制"时，称："属校设立之始，各科均以家事为中心，数年以来，虽略有变迁，然校长平日体察社会情形，女子于家事智识尚属需要，因是仍将家事一科列入。"[55]（图2-13）

从私立过渡到官办，务本的校长人选也是清末民初政治势力角逐的焦点。自务本创办人吴馨以下，曾公冶、张杏娟等校长，虽然本人没有强烈的派系政治色彩，但从"文化权力网络"的因素考量，他们都属清末民初上海地方自治领袖李平书、吴馨为首的绅商集团。而这个集团又与当时以黄炎培、沈恩孚、袁希涛、贾季英为首的江苏省教育会势力渊源极深。从晚清到1927年，江苏省教育会由张謇开其端，再到史量才、黄炎培，在上海与江苏构筑了一个庞大的拥有很高文化权威和广泛社会资源的"权力的文化网络"。

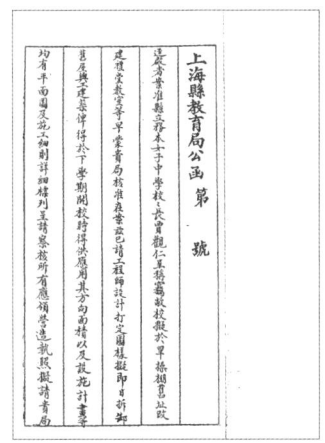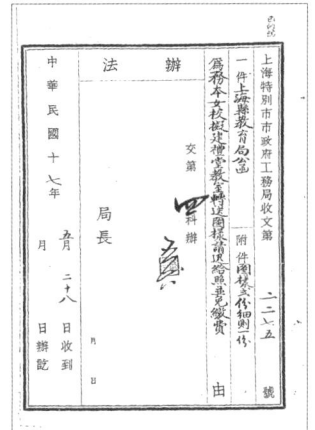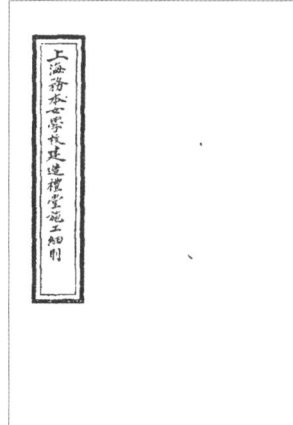

图2-16 上海特别市市政府工务局关于务本女校建造礼堂、教室等文档（1928年）

许纪霖曾指出，江苏省教育会不仅掌控江苏省中小学的人事任免权、南京的东南大学和上海的暨南大学，而且与北京政府、地方当局、各路军阀、政界、金融界、实业界、新闻界和出版界保持着千丝万缕的联系，自身的势力也渗透到这些领域，因此被国民党视为"东南学阀"。[56]而务本的校长人选也是这个"权力的文化网络"的一环。

1927年3月，国民革命军北伐抵沪后，曾有接收务本之动机，"后因旧派教员实占多数，致未成事实"[57]。国民党眼中的"旧派教员"就是拥护校长张杏娟，从属于江苏省教育会一派者。不久，张杏娟校长以"志切养亲"为由，力辞校长，学校负责人一时乏人。"适各校多有行委员制者，本校乃亦推朱汉阁先生为委员长，藉以维持。"[58]4月，代表国民党上海市党部的上海市教育局，以及代表江苏省教育会的上海县教育局，展开对务本校权的争夺。其中，上海市党部尤为积极活跃，曾于1927年4月4日、7日、19日先后三次委派"接收务本女学委员"吴煦岵、刘尊一，以及青年部长冷隽、妇女部长张晴川前往接收。[59]接收办法是由务本教职员委员会先将校内各项印章交出，其次移交学生名单及校具名单等，然后宣布上海市党部教育研究会临时办法。（图2-14、图2-15）

> 在教育局未委定校长或定改为委员制之前，暂设一临时委员会，处置校务，并筹划改革方法，该委员会由市党部派一人、教育局一人、接收员二人、教职员一人、学生二人（高初中各推代表一人）共七人合组织之。[60]

虽然务本被上海市党部所接收，但是校长的任命权最终还是掌握在上海县教育局手中，"盖务本女学之经费，惟县教育局是视也"[61]。不过，究竟何人是继任校长的最佳人选，"则因各方纷纷推荐，使教育局难于选决"[62]。1927年8月，在各方相持不下的情况下，作为折中方案，暂由教育界前辈、吴馨夫人见，江苏省教育会势力植入务本师生根基之深。

贾观仁是务本隶属上海县立时期的最后一任校长，也是1928年上海特别市成立后，务本改归市立的首任校长。他承前启后，除旧迎新，曾对校舍建设，多所贡献。"先于三月中，由贾先生规划，添建新校舍，九月落成。本校乃有宽畅之礼堂，及现在之附属小学教室、办公室等。"[66]（图2-16、图2-17）

1929年7月，已改归市立的务本再次"易长"，国民党上海特别市教育局终于掌握校权，委派朱宝章强行接替贾观仁。贾校长离职时，"学生恋恋不舍，泣不成声，联合赠送题有'教导有方'的匾额，敲锣打鼓送贾校长家里"[67]。另据《琼报》记载，务本学生会在校长调令下发之后，仍尽全力挽留贾观仁，甚至议决"于万不得已时，请吴师母（吴馨夫人王涵青）出面调解"[68]，但最终还是未能阻止务本进入国民政府的"市立"时代。

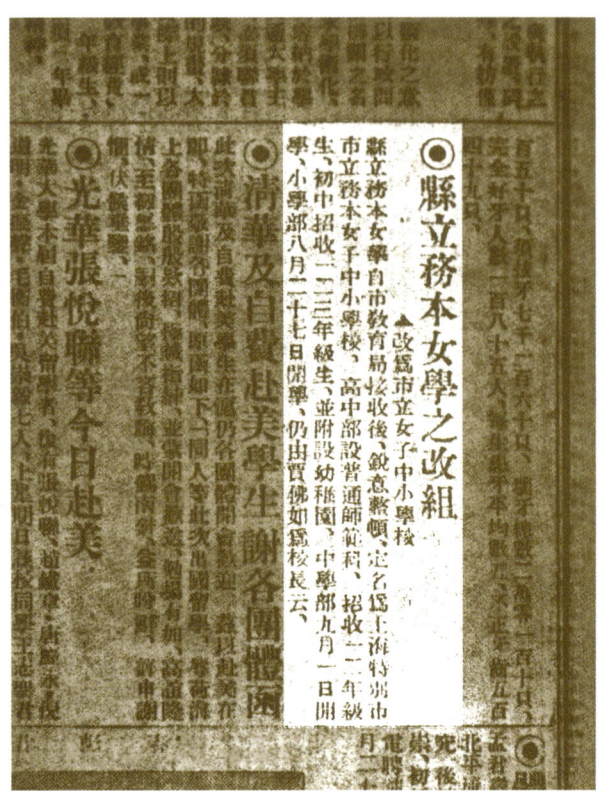

图2-17 《申报》1928年8月17日第17版报道县立务本女学改组为市立女子中小学校，仍由贾佛如任校长

第二节 市立务本女子中学

1927年7月，国民党上海特别市成立。1928年，务本被上海市教育局接收整顿，结束了由江苏省教育会掌控的"县立"时代，定名为"上海特别市市立务本女子中小学校"[69]，成为上海市唯一之市立女子中学[70]。（图2-18）

继贾观仁校长之后，务本迎来了一位师生心目中的理想校长王孝英。王孝英，字嬉图。福建林森（今闽侯）人，民国知名女教育家和社会活动家。1901年生，出身福州西清王氏望族，丈夫为国民党中枢要员李大超。1918年就读于国立北京女子高等师范学校，1919年参加五四运动。

王涵青女士出任校长一个学期。后王涵青家务羁身，又辞去校长。1927年下半年，上海县教育局委任务本理科教员贾观仁为校长。贾观仁，字佛如，上海人，属于江苏省教育会贾季英一派。[63]曾任中华职业学校校长，后加入国民党，任四川省建设厅厅长等职。[64]贾观仁就任校长，也暗示了国民党在上海立足未稳，在争夺务本校权时还是败于江苏省教育会。对此，曹聚仁的回忆录中也有提及："从国民党的政权在南京建都以后，陈德征在上海担任教育局长，一心一意要夺取江苏省教育会派的地盘。他曾到务本女中去维护新任的女校长，却给务本女生轰走了。"[65]由此可

第二章 蜚声海内

1921年夏，主持中国妇女参政协进会。1924年任福建省立女子师范校长，福州省立第一中学校长。1926年参加北伐，任中国国民党福州市党部委员。1928年1月，任国民政府交通部秘书、交通部职工组训会委员兼组主任。[71]1929年9月，出任上海市立务本女子中学校长。从基本履历可知，王孝英早年深受五四运动洗礼与女权主义思潮影响，后又辗转履职南北教育界多年，活跃于政教之间，见多识广，视野开阔。（图2-19）

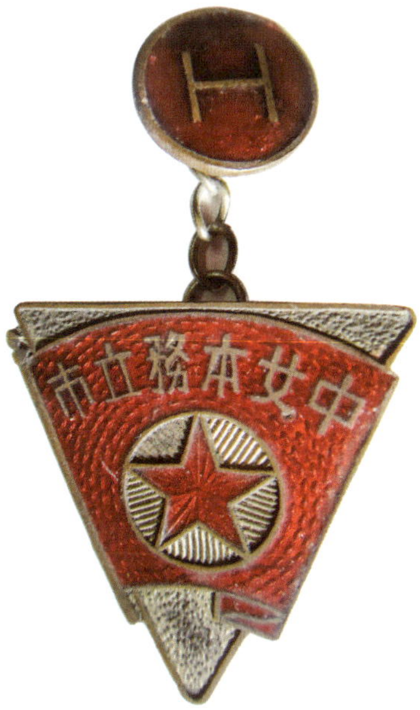

据校友李敏华称，她1929年进入务本求学时，正好是王孝英就任校长的第一个年头。"校长王孝英是北京师范大学毕业的，她给学校带来了五四运动的民主和革命精神。"[72]同时期的校友徐修梅也说，"王孝英是五四时代的人，她办学既严格又比较开放"[73]。综合起来，开放、民主、严格、变革，可视为王孝英校长的治校理念。这种独树一帜的治校风格给务本带来了一番崭新气象。

首先，王孝英着重引进了一大批思想趋新、学识过硬的名牌大学生作为教职员。其中，不少人与她一样，是深受五四运动洗礼、出身北京师大的高才生。她们坚定地推行王孝英长校后制定的四项治校方针："师生打成一片""提高各科程度""管理主张严格""注重身体健康"[74]，使这一时期的务本形成了自由而又自律、严格而活泼温情的优良校风，颇受学生赞誉。对于那时的名师、校风，徐修梅与李敏华的回忆录中，都有比较多的篇幅提及：

> 她（王孝英）请的老师都比以前校长请的高明，请了一些好老师。特别是高中的时候，她请的教务主任曹一华，他又能干、又

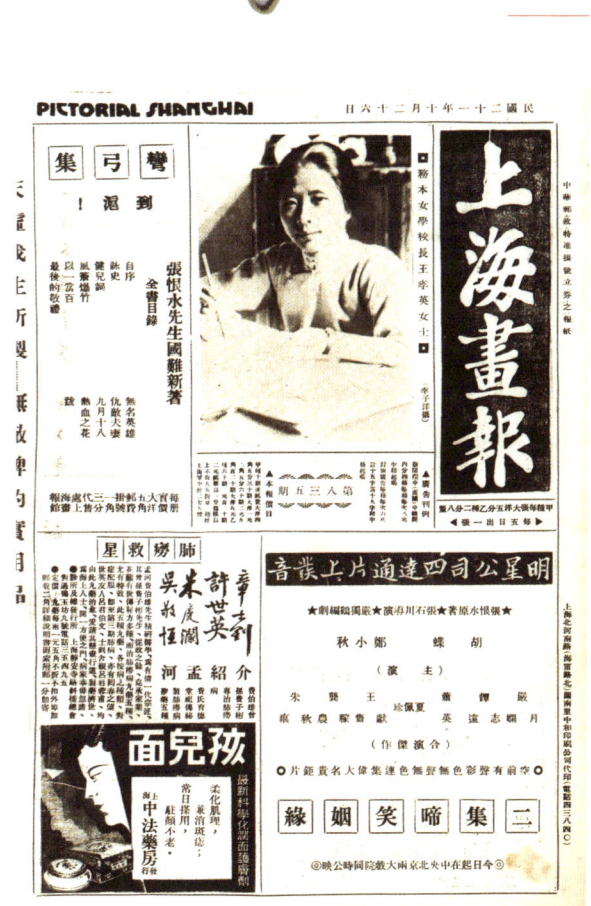

图2-18 市立务本女中校徽一枚（20世纪30年代）

图2-19 务本女学校长王孝英女士，选自《上海画报》1932年第835期

图2-20 务本女中教职工合影（1933年3月）

严格、又热忱。曹一华是非常好的，他作为教务主任，请了很多高质量的老师，英语老师高自芬是个男的，教高中的，还有中文老师叫俞长源，也是个男老师。我们学校差不多没有女老师，只有初中，教生理卫生的就是那个训育主任徐元朴……这个徐先生呢，是北京女师大的，非常正派……她们都是五四时代的人，王孝英也是北京女师大的，她们一起来的。[75]

那些老师个个都好，个个都非常认真、非常热心，并且水平很高。这些老师都是从很好的大学毕业，而且是名牌大学的高才生。[76]

那时务本的校长是王孝英，我们和她私人接触的机会不多，但是同学很喜欢她。那时的教务长是曹一华先生，学物理的，刚毕业不久，为人诚恳直爽，很爱护及关心同学，鼓励同学学习。其他有几位老师也很好。教务长和几位老师都住在校内，和同学们接触的机会较多。那时校内的空气相当自由，壁报及其他课外活动很发展，同时学课与体育亦极注意。[77]（图2-20）

除了王孝英以外，学生提及较多的就是教务主任曹一华。他自1930年执掌教务后，"多所改革，深得校长之信任"[78]。尤其是1933年王孝英兼任国民政府立法院委员，奔波于南京、上海两地之后，曹一华更是被倚为王孝英最得力的治校骨干。聘用教员方面，他"力主人才主义"[79]；尽量提高各科程度，严格考试甄别，选拔优质生源；凭借物理学专业出身，他开辟理化实验室，优化教学设施，极力弥补理科短板；他还积极劝勉学生加倍注意课外研究及运动[80]。在当时的务本校园内，经常会看到如斯情景："每天下午四时至六时，全体教职员领着学生同游同乐，教员与学生如家庭中之兄弟姐妹，但在自由中是绝对的有纪律的。"[81]

作为当时妇女运动之闻人与女权运动之健将，王孝英担任校长期间，务本民主、革命、爱国主义精神高涨，成为国难时期沪上女学救亡运动的重镇之一。"九一八"事变以后，抗日救亡运动兴起，上海妇女同胞着手成立自己的抗日团体。1931年9月25日，王孝英等发起召集了9个妇女团体的代表，在务本女子中学召开会议，宣告成立上海市妇女团体联合会。联合会成立后，即发出《告女同胞书》，号召全市妇女"训练体格，学习看护，储蓄救国基金，抵制日货"。同时，还致电国际妇女界："报告事变真相，请予支持。"致电国民政府："请厉行革命外交。"[82]（图2-21）

教职员层面，1931年9月30日，王孝英、曹一华等又发起成立了"务本女子中学教职员抗日救国会"，"以参加军事训练为原则，如有其他救国工作者，得暂缓加，但遇必要时，仍须一律参加"[83]。在务本女中的引领下，惠群女中、南洋女子中学都相继成立了各自的抗日救国会。学生层面，在当时女校纷纷组织救护队，准备奔赴前线参战的形势下，务本"中学部六百余人，除年龄过稚者组织救护队外，其余学生，均愿受军事训练"[84]。同时，全体学生还共分52队，每队10人，备有漫画、标语、传单等多种文字宣传品，出校宣传抗日。地点除南市、闸北、法租界外，"一部分出发往上海附近乡间，南翔、浦东、大场等地宣传"[85]。（图2-22、图2-23）

王孝英奉行的民主开放、追求变革的治校理念，以及"读书不忘救国"的进步主张，不仅深得务本师生之人心，也获得时人的佳评："女士家学渊源，博览群籍，才识丰赡……女士之办理妇女教育也，尚切实，少浮华，故整顿学风，成绩斐然，而桃李盈门，皆对女士勤朴之风影，深表景仰。"[86]（图2-24）然而，当时的国民党党化教育正日益向大中学校渗透，这种不同流俗的治

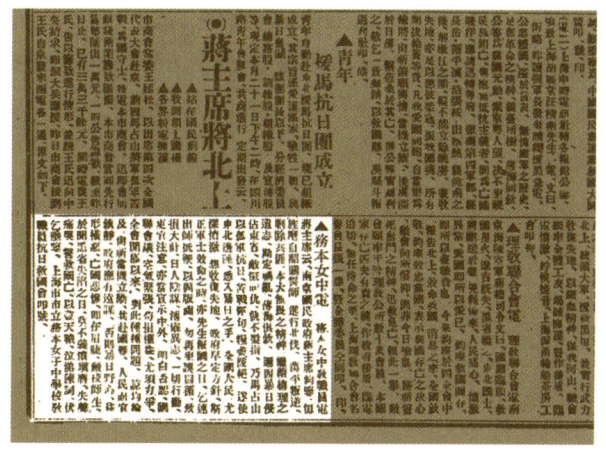

图2-21 《务本女子中学校教职员抗日救国会致电蒋介石的抗日电文》，《申报》1931年11月21日第13版

图2-22 "九一八"事变后务本女学成立义勇军军官团，选自《图画时报》1931年第777期

⊙國難臨頭之滬教育界

▲實施軍事訓練▲對日經濟絕交▲精神團結一致

▲交通大學抗日運動

▲務本女中救國大會

務本女中、於昨日(二十二日)下午一時、集合校師生於體操場、開救國大會、先由校長王孝英報告開會宗旨、次由教職員暨學生等相繼演說、並議決各案如下、㊀停止一切娛樂、㊁實行經濟絕交、㊂實施軍事訓練、㊃佩帶團結一致徽章、

▲暨南學生激昂憤慨

▲各大中校學生開聯會

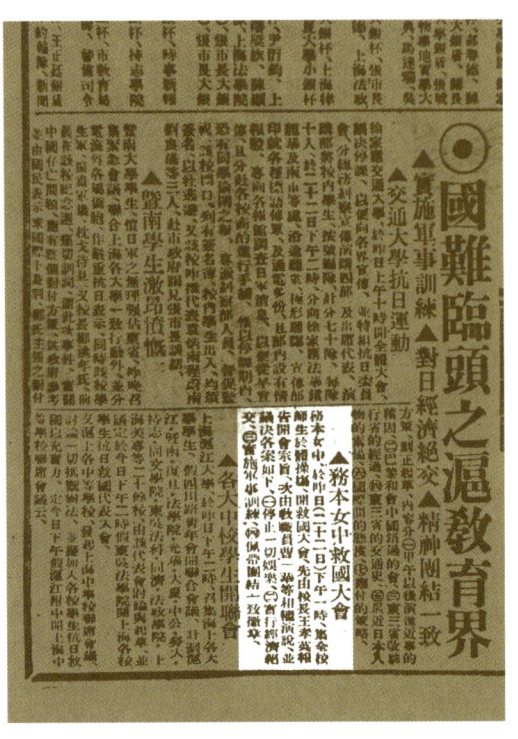

图2-23 《务本女中救国大会》，《申报》1931年9月23日第12版

婦女與民權

王孝英

婦女與民權這個問題，偶一着眼好像是一個單純的婦女解放問題，其實是關於整個社會改造的問題，因爲在社會革命沒有得到成功以前，婦女問題不能單獨解決，婦女問題不能解決，那裏說得上什麽民權不民權呢？

在我們未說到本題以前，先看一看什麽是民權，在民權主義上說凡有團體有組織而具有某種共同目的的羣人就叫做民；有行使命令的力量，有制服羣倫的力量，就叫做權。合攏起來民權就是人民的政治力量，就是管理衆人之事的力量。

大凡一個國家的組織，是由許多獨立自由的人民集合而成的，國家存在的目的，是爲組織國家的全體謀公共幸福和共同利益。但是要想維持這種團體的福利和存在，必定要在不損害個人的獨立和自由條件之下，換一句話說就是要一切個人都有參預構成這種意思的權利，然後團體的意思。才是一切個人的意思，所以一國的政權，應該要屬於組織該國的一切民族的人民，不能由任何一民族所私有用以壓迫國內別民族的人民。這就是民權的眞義。

現在世界潮流已由神權流到君權，君權流到民權，如果再有少數人壓迫多數人或掠奪多數人，勢必羣起反抗而造成革命的暴動。所以一般順應世界潮流的國家，都採用民權制度，最顯著的如英國。

英國民權發達歷史：傑姆斯一世自倡帝王神權說，查理一世繼之，專制自恣，一再解散國會，於是發生一六四二年一月十日的革命，結果議會處查理一世死刑，改國體爲共和。一六五四年以後，克林威爾掌握政權而行獨裁政治，於是人心復思王政。克氏死後，人民復迎立查理二世恢復王政。繼查理二世者爲傑姆斯二世，查利二世傑姆斯二世先後與法國路易十四相結，實行極端專制，自由主義者遂於一六八八年逐出傑姆斯二世而迎立威廉爲王，次年卽發佈權利法案——英國民權遂得確立。

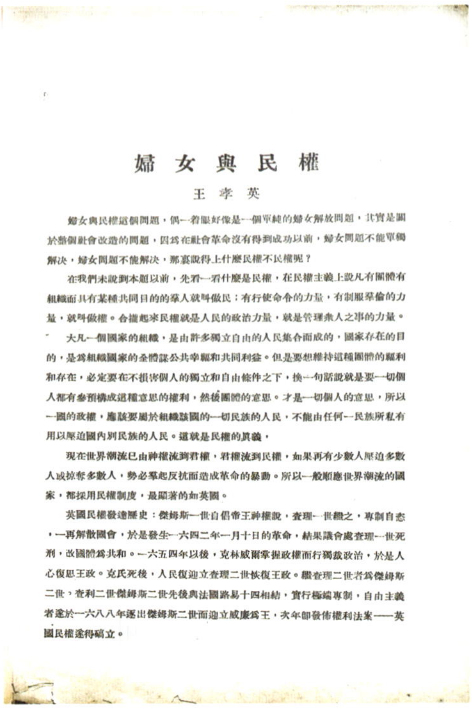

图2-24 王孝英：《妇女与民权》，选自《上海市立务本女子中学校年刊》（1933年）

校风格也渐为国民党派系政治所不容。“斯时国民党CC派潘公展掌握上海教育局，凡大中学校不听命者，校权均被夺取。”[87]在此背景下，王孝英被人以“利用私人，营私舞弊”之嫌告发于上海市教育局。1933年9月，王氏不得已提出辞呈，局长潘公展即予批准，并委阎振玉女士继任务本校长。此次务本“易长”事件，还引发了一场震惊上海教育界与全社会的风潮。这是后话。

阎振玉，字寄石，北京人，毕业于国立北京女子高等师范学校物理系，担任务本校长之前，曾任暨南大学、大夏大学教授。她与工孝英虽为北京师大同学，但两人却因政治背景与路线差异而分道扬镳。据《申报》等资料显示，阎振玉接任务本校长后，同样全盘筹划校务革新，锐意改进，不遗余力，并不逊于王孝英。(图2-25、图2-26)

首先是校园空间的大拓展。对于黄家阙旧校园，“扩充图书室，增设物理、生物实验室，创立体育室，改建会食堂，重行支配普通教室及特殊教室，统一各处办公室，并将全部校舍，加以修缮”[88]。1935年暑期，阎振玉鉴于学生人数不断激增，而黄家阙老校园，自务本开办以后，已历三十四载。“校舍陈旧，地面狭小，翻造既有所不便，扩充势有所不能”[89]，乃商请上海市教育局与上海市政府，计划迁地建造新校舍。得到批准后，择定上海市江湾的闸殷路一带，购地50余亩、筹建规模宏伟、设备完全之新校舍一座。[90]之所以选址在这里，是由于江湾所在的上海市中心区域是1929年国民政府“大上海计划”的试验场。自市政府各大建筑次第兴建竣工以来，“荒凉凄冷之区，顿形热闹，加以公共汽车，直到该处，交通便利，故公私新建筑，风起云涌，栉比林立”[91]。务本江湾新校舍，建筑经费35万元，规划分图书

图2-25 务本女学校长阎振玉女士

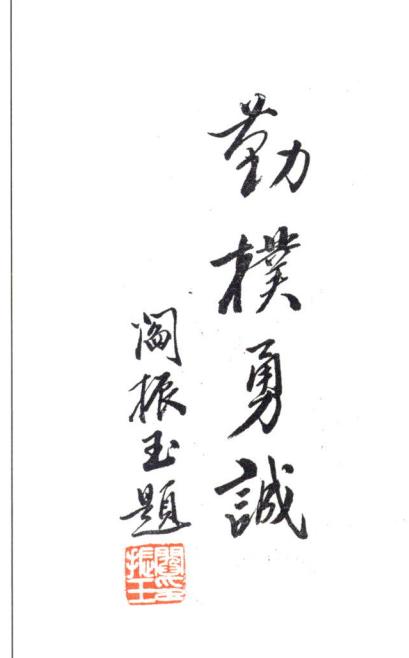

图2-26 阎振玉校长题词:"勤朴勇诚",选自《务本女中学生自治会半年刊》(1935年)

馆、教室、宿舍、膳堂、操场,于1936年开始兴工。为新校舍建筑及设备方面"完全合于现代女子教育之理想起见"[92],阎振玉多次偕同各主任分往全市著名各中学参观,以资借镜。

教务方面,首先是革新教法。初中采用自学辅导制,高中注重研究讨论实验。国文、英文、算学三科,则注意于平时练习与发表。自然及社会学科,则注重观察与实验。其余劳作美术等科,或行分组练习,或指定课外作业,以便教师分别指导。[93]各学科均有师生合作之研究会,并举办各种竞赛,以资奖励。[94]其次,在调查统计全国有名中学用书、邀集各科教员分别研究的基础上,试订各科教学进度,统一各科用书,"以期各级程度齐一,各科平均发展"[95]。尤其是提高国文、英文程度,以达国、英、数、理平均发展之标准。[96]此项改革,在当时全国各中学中尚属创举。(图2-27)

训育方面,贯彻国民政府"新生活运动"方针,宣布试办"新贤母良妻主义"教育,对学生身心训练、道德操行的考核,主张绝对严格,"以养成诚实、勇敢、勤劳、俭朴之习惯及严格规律之生活"[97]。为了达到这项要求,一方面令初中部一律实施童子军训练,高中部举办"新生活运动"训练,"更拟与各家长切实联络,以收事半功倍之效"[98]。另一方面,选派训育员黄雅娥前往京沪一带著名女中,考察训育事宜,"以期采取各校之长,另订适合于本市环境之训育方案"[99]。

相较王孝英侧重与师生打成一片的"自下而上"的治校方式,阎振玉治校,更多遵循国民党上海市教育局意志的"自上而下"之方针,虽然也对学校本身的发展功不可没,但却与学生层面没有太多的亲近感,甚至因其严格训育制度中夹带了较多的"党化因素"而遭到学生的反感。此外,从校友回忆录的

图2-27 1933年自然科学、英文文学、中国文学研究会导师、会员合影

反馈来看,作为一校之长的阎振玉,才识与魅力似乎并不被学生看好与喜欢。曾亲历阎振玉治校时期的李敏华解释了其中的原因:

> 同学们不喜欢她的原因很多:第一,阎振玉的丈夫常常在学校里帮她管事,而他又不在学校里担任任何职务,这证明了她的不独立,证明了她并不是以她自己的能力来担任她的工作。第二,阎振玉很拥护那时蒋介石效法德国的政策,并竭力以"女子回到厨房去"的口号向学生们做宣传,同学们因此常常和她争辩。第三,阎振玉的弟弟年纪很轻,没有足够的职业经验,却被委以重任,担任务本女中的事务主任。第四,阎振玉本人是学物理的,不仅讲不清楚她担任的物理课,就连"总

理纪念周"上的演讲也做不好，根本没有实质的内容，不受学生们的欢迎。[100]

1936年8月，阎振玉"因就他事辞职"[101]，辞去校长职务，市教育局局长潘公展力邀胡兰女士接任。胡兰，字香谷，江西人，也毕业于北京女子师范大学。历任山东、河南、湖南等省中学教师及江西省立女子中学校长。1930年赴法，攻读巴黎大学，得文学博士学位。[102]胡兰担任校长仅一年后，全面抗战爆发，她也离职而去。由于任职时间较短，其在务本的记载相对较少，《大公报》"上海职业妇女访问记"栏目记者逸霄女士，曾赴务本对她连续采访三次，形成连载报道。从中可以看出，胡兰的留法背景使她形成了中西合璧、独树一帜的妇女教育理念。（图2-28）

第三节 务本新学制、新课程

解读一所名校的成长逻辑，要特别注重梳理其内在发展脉络，深入到内部的教育结构系统之中。其中，学制与课程设置是这个系统中最为核心的要素。学制反映的多是国家层面对学校教育的性质、任务、入学条件与修业年限等方面的规定，而课程则反映的是学校自身对学科门类的设立，以及其在各学级间的安排顺序和学时分配。此二者看似层次各异，实则彼此联结互动，学制以课程为实施载体，课程以学制为管理框架，共同构成学校育人过程中的关键环节。[103]

自清末创办至1928年改归上海特别市市立之前，务本的学制与课程，始终依据时需、部令、校情的变与不变，动态调整，应兴应革。编制学级"由专修科而师范而中学而高等科"[104]，课程标准"凡经十数次之修订。有根据社会需要者，有遵守教部命令者，要不外尽量求其确合中学之目的耳"[105]。相比较而言，不同时代的国家学制改革是影响普通中小学办学走向的最大变量。继北洋政府1922年施行"壬戌学制"之后，南京国民政府成立初期颁行新学制，以整顿刷新。

1927年，国民政府定鼎南京后，政局趋于稳定。职业教育作为经济发展的助推器，社会呼声日益高涨，备受政府重视。1928年5月，第一次全国教育会议召开，通过了《整理学校系统案》，即"戊辰学制"。该学制在内容和形式上，与1922年的"壬戌学制"基本保持一致，但中等教

图2-28 《大公报》"上海职业妇女访问记"栏目报道务本校长胡兰女士，《大公报》1937年1月8日第7版

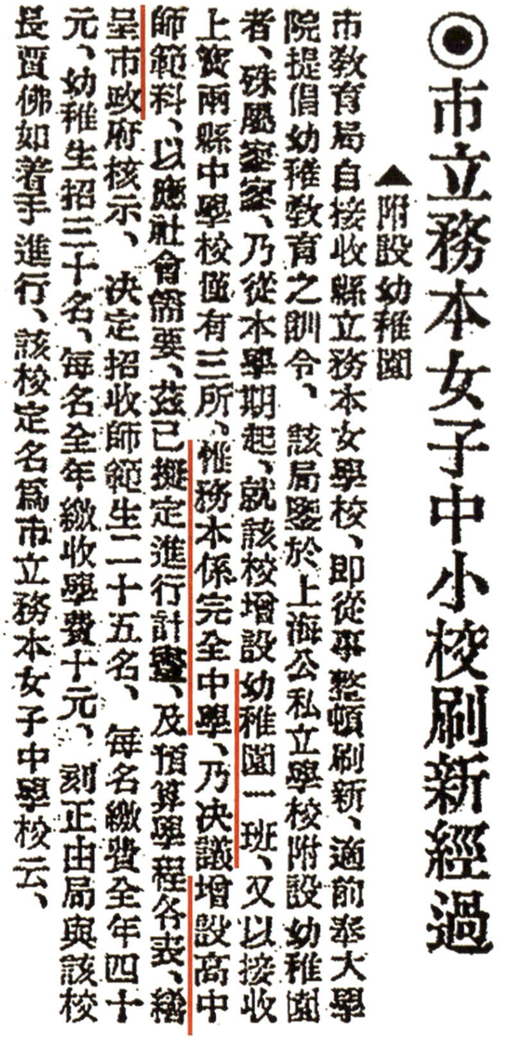

◉市立務本女子中小校刷新經過

▲附設幼稚園

市教育局自接收縣立務本女學校、即從事整頓刷新、適前奉大學院提倡幼稚教育之訓令、該局鑒於上海公私立學校附設幼稚園者、殊屬寥寥、乃從本學期起、就該校增設幼稚園一班、又以接收上寶兩縣中學校僅有三所、惟務本係完全中學、乃決議增設高中師範科、以應社會需要、茲已擬定進行計畫、及預算學程各表、繕呈市政府核示、決定招收師範生二十五名、每名繳費全年四十元、幼稚生招三十名、每名全年繳收學費十元、刻正由局與該校長賈佛如着手進行、該校定名爲市立務本女子中學校云、

图2-29 《申报》1928年8月19日报道，务本在高中、中、附小一体化的基础上，增设高中师范科与幼稚园

育融合职业教育成为此次学制改革中变动最大的部分，被视为新学制精华之所在。它规定中学校分为初、高二级，“初级中学施行普通教育，但得视地方需要，兼设各种职业科”，“高级中学分普通、农、工商、师范、家事等科，但得酌量地方情形，单设一科或兼社数科”[106]，“中等教育得用选科制”[107]，等等。

1928年8月秋季学期开始，改归市立的务本根据“戊辰学制”进行调整。首先，基于本校历届毕业生以教育领域为主要去向的实际与优势，在已是高中、初中部一体的“完全中学”的基础上，增设高中师范科，首批招收师范生一年级25名。[108]之后，报考者每年“拥挤异常”，招收师范科班级迅速增加，至1930年，高中普通科三学级、高中师范科三学级、初中六学级，在务本一应俱全。至1934年，全校所有的学级编制，“高中普通科一二三年级三级，高中师范科一二三年级三级，初中一二三年级各两级，合计十二学级”[109]，学生数合计462人。自1931年秋季始，为解决妇女职业问题，务本又呈准市教育局，将高中师范科一年级改为家事组。“如缝纫、刺绣、做花、烹调、工艺、家庭卫生、食物、化学、家庭管理等科，均甚重视。”[110]至1934年春，师范科一年级，又改回普通师范，师范科二、三年级注重家事，称家事组。[111]（图2-29）

就培养目标而言，普通科与师范科不同。普通科，“特别施以升学所需之课程，俾得进求高深学问”[112]。师范科，“特别施以师资之训练，启发其研究儿童教育之兴趣，并培养其终身服务教育之精神”[113]。根据这一目标，两者的课程设置自然有所差别。对此，我们先来看一段务本师范科校友徐修娟的感性回忆：

我们师范科和普通科在课程上有些相同，像语文喽、数学喽，这些是相同的。但我们有教育概论、心理学，关于学校教育方面的，我们加了一部分课程。我们师范科嘛，还有个特点，就是要学钢琴，普通科不学的。有架钢琴专门是给我们班级的。全班

图2-30　1933年师范科同学会合影

同学排好时间,平常我们没空,下午四点以后,每个同学都要练的。音乐课时要回给老师听的。老师对每个同学的要求不同……我记得当时我们学的是《贝尔》这本钢琴教材,一支曲子一支曲子地往下练。一学期下来,有人能弹二十支曲子,有人能弹四十支曲子,随便你,个人能力不同嘛!音乐课是必修课,平时唱歌也唱的,唱歌也是他教的。[114]（图2-30）

以下,我们以1933、1934年为例,详细介绍初中、高中普通科的必修、选修课程与时数。

据1933年教务主任曹一华介绍,务本的课程设置,高中普通科"大半根据教部前次所颁行之暂行课程标准"[115],也就是1929年的《中小学课程暂行标准》。而初中一、二年级数科,"已改照教部新版标准"[116],所谓新版标准,是1932年教育部修订1929年《中小学课程暂行标准》而出台的《中小学正式课程标准》。至于1934年的师范科课程,"因试行注重家事,多设家事学科及技术科"[117],对于1929年教育部颁布的师范科课程暂行标准,也大有出入。换言之,并非完全按照"部定标准",而是都根据地情与校情进行了变通调适,做到了与时俱进与因校制宜的统一。主要体现为以下三方面：

首先是酌情开设选修学科。如高中普通科的选修课程种类较多。如工业化学簿记、中文应用文、英文应用文、工艺等,"皆所以充分授予其职业技能也"[118]。再如设国际问题、政治学、经济学、法学概要等,"亦所以使学生明了国际情形,养成其正当国际态度及守法爱国之牺牲精神耳"[119]。此外,为了提高

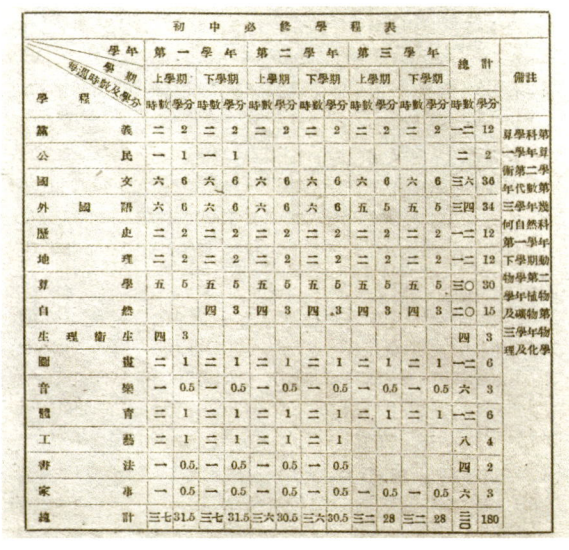

图2-31 1933年市立务本女子中学初中必修学程表，选自《上海市立务本女子中学校年刊》（1933年）

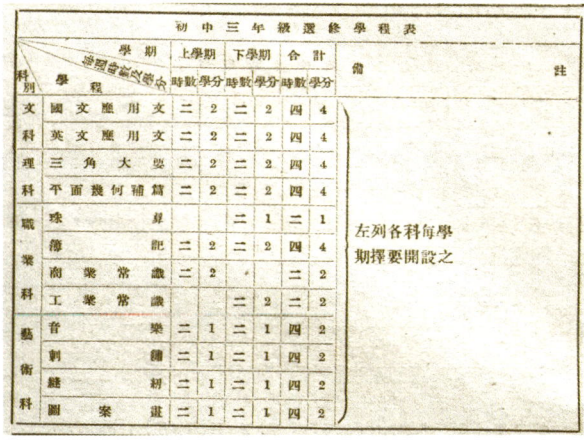

图2-32 1933年市立务本女子中学初中三年级选修学程表，选自《上海市立务本女子中学校年刊》（1933年）

女生的科学程度起见，务本的选修课程中还增设微积分、初步力学大要、分析化学、有机化学、高等几何、植物分类学等，"对于以上各科之有实习者，务求其时间充分，组数增多"[120]。又如

高中师范科家事组的选修课，则添食物成分、化学食物、烹调学、儿童保育学、家庭卫生学、家政学、幼稚教育等，"盖其意不外切合女生之实用耳"[121]。再如初中到三年级时，也开设选修科，分为文科、理科、职业科、艺术科四类。相应的课程有国文应用文、英文应用文、三角大要、珠算、簿记、商业常识、刺绣、缝纫等，每学期择要开设。（图2-31、图2-32）

其次，普通科课程，无论高中还是初中，都增加了英文、算学及物理、化学的授课时间，"一以适应学生个性及社会之需要，一以提高自然科程度而作国家养成科学人才之基础"[122]。即便是普通师范科课程，也特别注重算学、物理、化学、生物等自然科学，以便养成小学自然科教员。[123]这种较为注重自然科学，自然科学的理化课程的教学时数要多于文史课程的特点，也是对比1922年"新学制"的一大显著变化。（图2-33、图2-34）

再次，无论是1929年的《中小学课程暂行标准》，还是1932年出台的《中小学正式课程标准》，"对于女生所应学习之课程，未能加入"[124]，务本只能自行摸索，除了在高中师范科家事组有专修之家事科目十数种外，在初中与高中课程中也略加家事科目，稳固传统特色。"尤其对于家事实习方面，特殊注意，以期养成建设美满家庭之实用人才。"[125]特别是每班每周，另有一小时之生活指导，"由学生票选其最崇拜之教师，作公开讲演及相互讨论，以积极指导青年思想及行动"[126]。

但若想更深入地了解这一时期务本各年级的学科程度与课程水平，则必须细致考察课程实施所借助的教材、教法，并结合学生对课业的反

馈，方能有较为确切的判断。1933年编印的《上海市立务本女子中学校年刊》，以及1934年《上海市立务本女子中学校概况》中，对各科用书情况，均有所介绍：

> 吾国中学教科用书，极不一致。用英文原本者，几及其半。其原因不外科学名词不统一，教授与学习均感不便，欲求程度提高，又无适当较高之中文教本。此种困难，诚不能免。一国无独立之科学，各种教本，均倚赖外人，则国家文化将无存在之余地。故国联来华之教育调查团，在其报告中，即有中学应禁用外国文教本之建议。本校师范科及初中，纯粹用中文编辑者作教本，惟各种教本之内容，尽量选择程度较高者而已。至于高中普通科，则以便利其升学考试及充分提高程度起见，数理化外史地等科，多有用英文最有名之著作者。但于教授时，必纯粹用中文解说，考试时亦必用中文解答。表面虽用西文作教本，实际不啻用西文本作参考书耳，因其听讲时均用中文笔记也。[127]

在代表“高程度”的英文原版教材在中学教育领域大行其道的背景下，务本虽也明知“文化主权”旁落的利害，却也难以独异。尤其是以升学深造、衔接知名大学为目标的高中普通科，教材要求必须“起点高”“基础厚”，采用英文原版无可厚非，不过以中文作为教授与考试之语言，倒也称得上是务本的一种颇具特色的“折中主义”探索。（表2-1）

高中普通科必修學程表

學程＼學年・學期・時數學分	第一學年 上學期 時數	學分	第一學年 下學期 時數	學分	第二學年 上學期 時數	學分	第二學年 下學期 時數	學分	第三學年 上學期 時數	學分	第三學年 下學期 時數	學分	總計 時數	學分	備註
黨義	二	2	二	2	二	2	二	2	二	2	二	2	一二	12	
國文	五	4	五	4	五	4	五	4	五	4	五	4	三〇	24	
外國語	五	5	五	5	五	5	五	5	五	5	五	5	三〇	30	
算學	四	4	四	4	四	4	四	4	四	4			二〇	20	算學科第一年立體幾何及三角第二年大代數第三年解析幾何
本國史	二	2	二	2	二	2							六	6	注重近世史
本國地理	二	2	二	2									四	4	注重人文地理
生物學	四	4	四	4									八	8	
物理					五	4	五	4					一〇	8	物理實習在內
化學	五	4	五	4									一〇	8	化學實習在內
外國史							二	2	二	2	二	2	六	6	
外國地理					二	2	二	2					四	4	
體育	二	1	二	1	二	1	二	1	二	1	二	1	一二	6	
總計	三一	28	三一	28	二七	24	二七	24	二〇	18	一六	14	一五二	136	

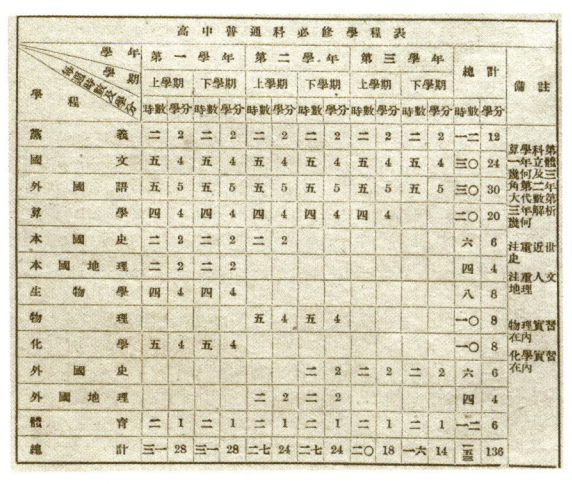

图2-33　1933年市立务本女子中学高中普通科必修学程表，选自《上海市立务本女子中学校年刊》（1933年）

高中普通科選修學程表

科別	學程＼學年・學期・時數學分	第一學年 上學期 時數	學分	第一學年 下學期 時數	學分	第二學年 上學期 時數	學分	第二學年 下學期 時數	學分	第三學年 上學期 時數	學分	第三學年 下學期 時數	學分	總計 時數	學分	備註
文科	文學史					二	2	二	2					四	4	
	中國文學	二	2	二	2									四	4	
	英文修辭學									二	2	二	2	四	4	理科學生亦可選
	英文應用文					二	2	二	2					四	4	
	英文文學									二	2	二	2	四	4	
	第二外國語					二	2	二	2	二	2	二	2	八	8	
	法制大要							二	2					二	2	
	政治學概要									二	2			二	2	
	社會學					二	2							二	2	
	經濟學											三	3	三	3	
理科	分析化學					二	1	二	1					四	2	
	有機化學									二	2	二	2	四	4	
	磁電學											四	3	四	3	
	力學									四	3			四	3	
	微積分大要											四	4	四	4	
	立體解析幾何											三	3	三	3	
	平面幾何補購	二	2	二	2									四	4	文科學生亦可選

图2-34　1933年市立务本女子中学高中普通科选修学程表，选自《上海市立务本女子中学校年刊》（1933年）

表2-1　1934年市立务本女子中学高中各级部分课程中英文用书

年级	科目	书名	著者	出版处
初中一年级	国文科	《往事》 《野草》 《上下古今谈》 《庐山游记》	冰心 鲁迅 吴稚晖 胡适	商务印书馆 北京未名社 新月书店
高中三年级		《文心雕龙》 《经学历史》 《礼记》 《淮南子》	刘勰 皮锡瑞 叶绍钧选注 沈雁冰选注	商务印书馆 商务印书馆 商务印书馆 商务印书馆
高中师一	英文科	Tolstoy's Twenty Three Tales, Kitredge and Farley's Concise English Grammar		
高中普二		Lamb's Tales from Shakespeare, Sentence Construction	D. Y. Loh.	
高中普二	中外历史	Outline of General History	Renouf	
高中普二	中外地理	Modern World	T. R. Norion	
高中普二	算学科	College Algebra	Fine	
高中普二、普三	物理科	Physics for Colleges（物理学实验教程）	Stewart，徐善祥译	商务印书馆
高中普一	化学科	Smith's College Chemistry（化学实验教程）	Kendall，徐善祥译	商务印书馆

*资料来源：曹一华《教务概况》，《上海市立务本女子中学校年刊》（1933年），第103—106页。

表中所列课程对应的教材，不仅是英文占绝大多数，而且部分课程如算学，已经开始使用大学教材。1934届高中普通科毕业生徐修梅对此印象深刻：

> 我们高中时，拿大学一年级的课本上，因为那时我们的很多课本都是英文本，我们拿到书看看，上面有"Collage Text Book"。书背上写的是大学课本。实际上这种做法并不好，因为我们忙着查字典，效率反而低。有一部分课本是中文的。好像《世界历史》是英文的，《大代数》是英文的，地理好像是中文的，念的是人文地理，化学、物理都是英文本，都是一厚本一厚本的。我呢，是喜欢文科的，所以，中文、历史、地理、公民这一类功课，我都是很好的，考起分数考很多。物理、化学、大代数、解析几何，学起来很累。[128]

根据徐修梅的反馈，使用英文教材，其实对务本高中生构成不小的压力。由于她们掌握的词汇量有限，需要经常借助查字典来熟悉教材，这样就耽误了学习效率。相比较而言，女生对于文科类课程使用

图2-35 务本学生劳作课（1933年）

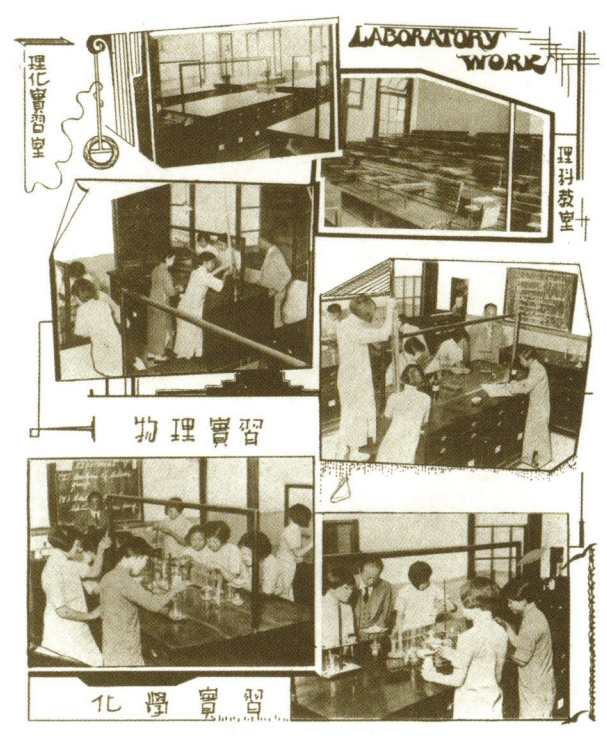

图2-36 务本学生实验课（1933年）

的英文教材游刃有余，但数理化课程的英文教学，对于天性不近理科的女生来说，无异于"拦路虎"。因为当时务本学生中，文理割裂、理论与技能分家的现象大有人在。"喜文者每厌数理，喜理者又多忽于文学，技能较优者，短于理论；理论丰富者，拙于技能。"[129]不过，据徐修梅的说法，务本课程程度比一般其他中学要高，即使在班级中理科成绩稍弱，但对外参加上海市各公私立中学统一举办的会考，还是能占优势。[130]（图2-35、图2-36）

第四节 "全国女校中素有声誉之学校"

1928年务本改归上海市立，成为唯一之市立女子中学后，由于时局稳定，官立支持，校长得人，名师云集，很快呈现出蒸蒸日上的发展气象，尤其自1929年王孝英长校之后，锐意革新校务，不遗余力，使务本日益成为"全国女校中素有声誉之学校"[131]。1930年1月17日，《申报》在一篇题为《务本女校之新气象》中介绍该校内有学额大增，成绩猛进，外有索要办学章程者，供不应求，堪为各地女校之范本。

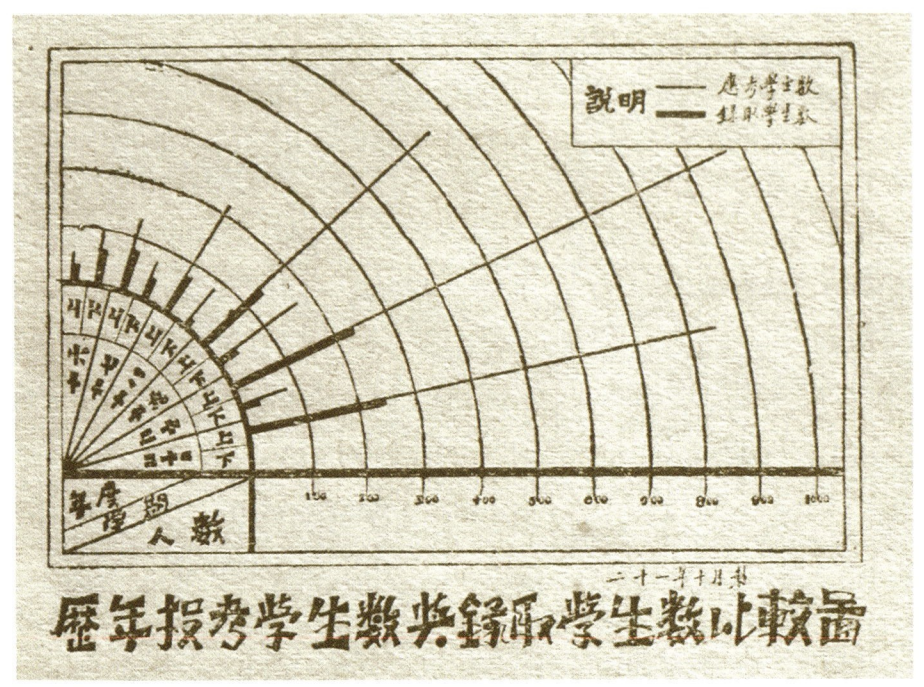

图2-37 1927—1933年市立务本女中《历年投考学生数与录取学生数比较图》,选自《上海市立务本女子中学校年刊》(1933年)

上海市立务本女校,久有声誉。自妇女运动闻人王孝英女士长该校后,更蓄意整顿,不遗余力。故自十八年度上学期起,全校学额徒增为八百余名,所聘教员,均为富有经验,是以数月来,学生成绩突飞猛进……又闻该校誉满各地,每日本外埠函索章程者,十有数起。故该校新印章程千份,犹有供不应求之感云。[132]

无论是依循教育教学自身的内在属性,还是基于学校的社会知名度与影响力,新生考录数量与毕业生的质量这两个"一进一出"的指标,无疑是检验一所学校育人成就与社会认可度的试金石,也是进入名校体系的重要考量依据。首先来看代表社会信仰与认可程度的新生生源情况,包括投考人数、录取人数,以及考录比例,见图2-37。

从投考人数看,呈现快速上升趋势。从1927年的150人,到1931年超过千人,翻了十倍有余,尤其是从1930年开始,出现指数级递增,足见务本社会认同度之高。不过,从实际录取率来说,务本从来都是严格要求。大致以1929年为界,之前约为5:2;之后的考取难度陡升,比例接近5:1,1934年甚至达到8:1。[133] 持续走低的学额录取率,反过来说明务本招生的"宁缺毋滥"。1932年,上海市教育局在市立各中学视察报告中称务本"邻近虽有私立民生女子中学及上海女子中学,然因在繁盛之区,学生众多,学额仍觉缺少,未能尽量容纳"[134]。

图2-38-1 务本女中实验室：节拍器（德国制，20世纪三四十年代）　　图2-38-2 务本女中实验室：热学蒸汽机模型（约20世纪三四十年代）

这种高门槛的新生招考，即便是对于出身本校的学生也一视同仁。据1930年7月12日《申报》中一则《务本女中招生之严格》称，王孝英出任校长伊始，出台新生入学招考新规，限制极严。"本校小学及初中毕业生，平常学业成绩在甲等者，得以直接升入相当年级，其他概须与新生一律经过试验手续。"[135]换言之，即使是务本本校的附小与初中毕业生，也不一定存在直升高中的捷径，录取率只控制在27%，非务本出身的新生，则占到73%。[136]这一新规对本校学生而言，既是压力，也是动力，可以充分激发不同生源之间的竞争意识，目的是"冀于三年之内程度整齐，学求实用也"[137]。此外，校长王孝英为了"彻底甄别人才，存优去劣，以备提高学校地位"[138]，考试甄别也是异常严格。据《申报》报道，"系将全校学生分期混合，编座在大礼堂同考，以防作弊情事。学生虽甚恐慌，而温课倍形努力"[139]。（图2-38、图2-39）

再来看毕业生情况。据1933年《上海市立务本女子中学校年刊》记载，截至当年，中学毕业生总数达1666人，以江浙两省为最多，其次为广东、安徽、福建，且有蒙古、朝鲜者。[140]而就单个年份的毕业生数量来说，相比敬业中学、吴淞初级中学、洋泾初级中学、新陆师范学校等其余四所市立中等学校而言，也是首屈一指。如1930年，务本的中学毕业生总数为88人，远远高于敬业中学的17人、吴淞初中的20人。[141]毕业生数量之领先，总体上说明务本为社会输送人才的贡献度大于其他市立中学。

但若以毕业生的质量来衡量务本的办学水准，则还需考察毕业生的去向出路。据早期老校友吴若安回忆，其中大部分在教育界任职，也有从事公务员、药剂师、会计等，还有部分居家做主妇，极少数出国留学定居海外。这种"女子职业以教育为适宜"[142]的结构到1928年务本划归市立之后，仍没有大变。1933年，务本曾统计过立校三十一年来的毕业生服务状况（见表2-2），得出的结果是，"服务教育界者，占34%。升入大学者，占27%。家庭服务者亦占20%"[143]。可见，服务教育、深造升学与家庭服务是务本毕业生的三大主流去向，其中以选择从教为首。

表2-2　1928—1932年市立务本女子中学高中普通科毕业生出路统计表

单位：人

毕业年月 项别	届别	升入国立大学	升入私立大学	从事教育	机关办事	习商	补习	家居	其他	未详	总计
1928年7月	第一届		1	5	1						7
1929年7月	第二届		5	14	1	3	1	5		5	34
1930年7月	第三届	2	11	12	4	2	1	2		1	35
1931年7月	第四届	4	6	6			1				17
1932年7月	第五届	7	7	3	1	1	1	2	1	2	24
总计		13	30	40	6	6	4	9	1	8	117

* 资料来源：曹一华《教务概况》，《上海市立务本女子中学校年刊》（1933年），第116页。

对于深造升学的毕业生而说，究竟能升入何种层次的大学，直接关系到务本的办学质量与声誉地位。《申报》对此有详细的报道，如1931年夏，"普通科毕业者，仅十七人，内一银行界聘为职员，一该校留作助教，余十五人，均考取国立有名大学，计考取国立交通大学三人，国立中央大学理学院一人，浙江大学三人，光华大学五人，大同大学五人"[144]。更难能可贵的是，这十余人中以考取女生一向避之唯恐不及的数理系为最多。甚至有一位杨姓女生，竟接连考取交大、中大及浙大三校理科，轰动全校。"可见该校虽属女学，而数理成绩，竟能与各大学程度吻合，洵属难能。"[145]又如1932年夏，高中普通科毕业者24人，均能考入国内知名大学。

> 计考入中央大学商学院者三人，交通大学者一人，浙江大学者二人，之江大学者二人，中央政治大学者一人，暨南大学者一人，沪江大学者二人，复旦大学者二人，保送大同大学者五人，服务教育界及商界者五人。闻此次该校升学者，研究数理化、政法、经济、教育及文学者均有，尤以研究理科者为较多。[146]

至于师范类毕业生，同样表现不俗。务本之所以设立师范科，是1931年上海市教育局遵照教育部

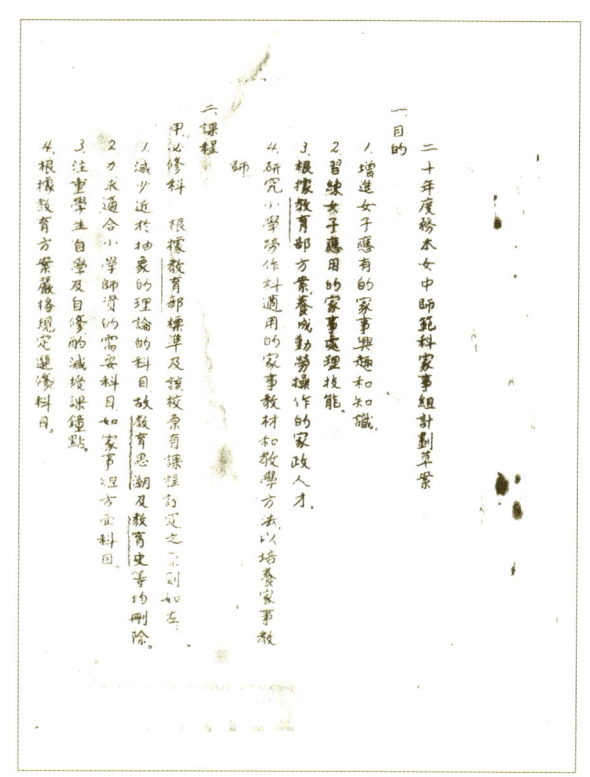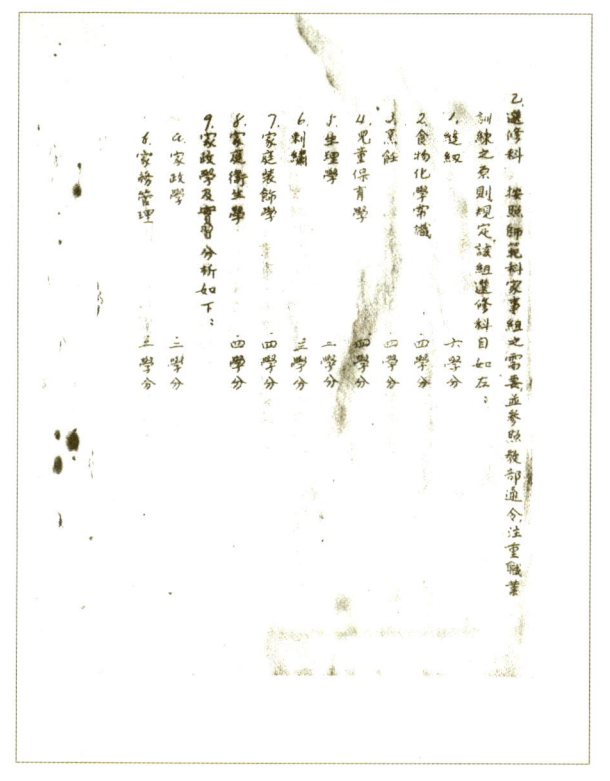

图2-39　王孝英校长呈文上海市教育局《二十年度务本女中师范科家事组计划草案》（1931年）

"中等学校以兼及职业准备为原则"[147]的宗旨，在市立中等学校"进行职业设施，务使生产化的教育在本市得以实现"[148]的布局。因此，除了在经费上全力保障师范科日常办学之外，还不遗余力地支持毕业生的分配。从1931年至1937年全面抗战爆发前，上海市教育局两任局长徐佩璜与潘公展，都曾颁布过训令，要求全市公私立小学，优先聘用务本师范生：

王孝英呈略称：本校高中三年级师范科学生，本学期行将毕业，除少数升学者外，大都拟服务社会。兹因遵照本市市立师范学校毕业生服务暂行规则，在本市教育界服务等情，令仰本各小学校遵照，遇有聘用教员时，应尽先聘用该校毕业生。民国二十年六月，局长徐佩璜。[149]

该校本届毕业生施静秀等四十二名，会考均能及格，成绩尚属优良。本市各小学自应优先聘用，藉副本局办理师范教育培成小学师资之意旨。民国二十四年七月十九日，局长潘公展。[150]

在教育局的鼎力支持下，务本师范生"升学与服务者，成绩均甚优异"[151]。1931年师范科毕业生35

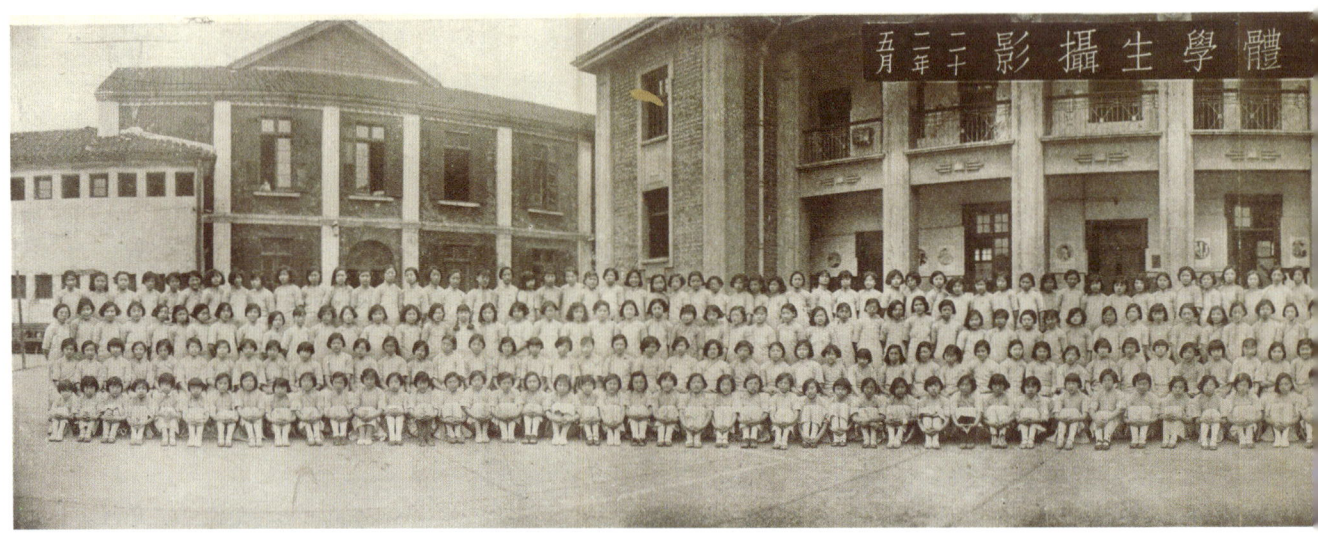

图2-40　1933年5月市立务本女中全体学生合影

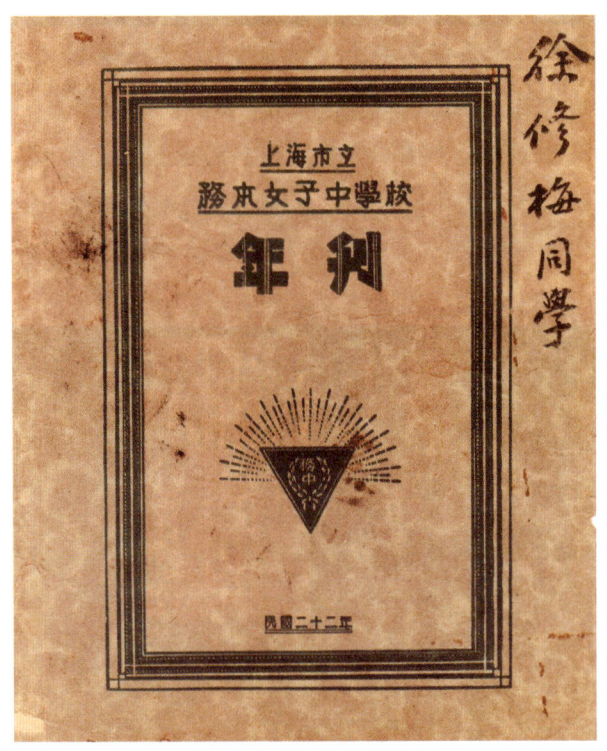

图2-41 《上海市立务本女子中学校年刊》（1933年）。校友徐修梅提供

116　　務　本　年　刊

歷年本校中學畢業生總數，達一千六百六十六人。以江浙兩省爲最多，其次爲廣東安徽福建，且有蒙古朝鮮者。觀上表可知一斑。由此可見本校教澤流播之廣矣！

c. 歷年畢業生狀況百分比較圖：

畢業生狀況百分比較圖

女子職業以教育爲適宜。觀本校三十一年來之畢業生服務狀況表，亦可得有力之證明。計服務教育界者，占34%。升入大學者，占27%。家庭服務者亦占20%。茲所謂家庭服務者，質言之，卽婚嫁後，居家料理，未在社會服務也。

d. 歷年新制高中普通科畢業生出路統計表。

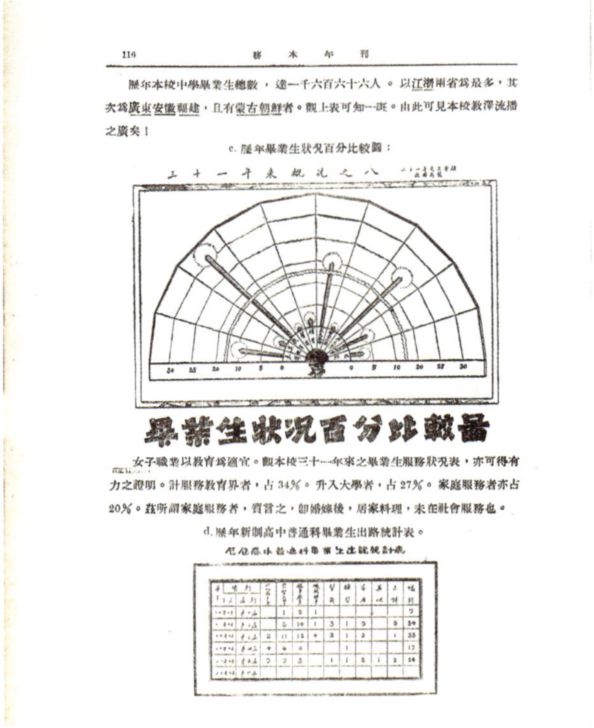

图2-42 《毕业生状况百分比较图》，选自《上海市立务本女子中学校年刊》（1933年）

人，极受青睐，甚为抢手。"多数早为各县教育当局所聘定，南京遗族学校亦函聘三人，故在市校及附小服务者，仅剩九人。"[152]这说明务本师范口碑已名播上海之外。而1932年师范科毕业生的39人，更是服务教育与升造名校兼具，颇为引人注目。"受市立小学之聘任者达十四人，私立小学之聘任者达九人，服务于本乡小学者达十一人，余四人考入之江大学者一人，保送大同大学者一人，考入复旦大学二人。"[153]由于师范生均能落实毕业去向，以至于经常"尚有一二处小学，函聘该校毕业生"时，往往出现无法物色、供不应求的窘境。（图2-40至2-42）

凡此以上种种，既是当时社会人士对务本办学质量的高度信赖，也是务本跻身"全国女校中素有声誉之学校"的深厚底气。

注 释

[1] 《上海市政府指令第一一七八三号》,《上海市政府公报》第102期,第40页。

[2] 《云南高等师范毕业生参观江浙教育报告》,云南省政府教育厅:《云南教育公报》1935年第4卷第2期。

[3] 《咨江苏省长上海务本女子中学校准立案文》,《教育公报》1918年第5卷第3期,第22页。

[4] 曹一华:《教务概况》,《上海市立务本女子中学校年刊》(1933年),第93页。

[5] 《务本女中毕业生出路》,《申报》1932年9月2日第11版。

[6] 《务本女中毕业生出路》,《申报》1932年9月2日第11版。

[7] 《务本女中锐意改进》,《申报》1934年3月31日第14版。

[8] 《二十五年沿革一览》,载上海县立务本女子中学校编:《上海县立务本女子中学校二十五周年纪念册》(1926年),第10页。

[9] 《二十五年沿革一览》,载上海县立务本女子中学校编:《上海县立务本女子中学校二十五周年纪念册》(1926年),第10页。

[10] 吴怀疚:《务本女塾发起人启事》,《民立报》1912年3月11日。

[11] 《拟务本同学会缘起》,《民立报》1912年6月13日。

[12] 《务本女塾同学诸君钧鉴》,《民立报》1912年3月8日。

[13] 《务本女塾同学诸君钧鉴》,《民立报》1912年3月8日。

[14] 《神州女界协济社章程》,《神州女报》1912年第4期。

[15] 《神州女界共和协济社维持务本女塾》,《民立报》1912年4月3日。

[16] 《神州女界共和协济社维持务本女塾》,《民立报》1912年4月3日。

[17] 佘柏昭等编:《菲律宾华侨教育考察团日记》,中华书局1922年版,第58页。

[18] 《校史》,《上海市立务本女子中学校概况》(1934年)。

[19] 《云南高等师范毕业生参观江浙教育报告》,云南省政府教育厅:《云南教育公报》1935年第4卷第2期。

[20] 《云南高等师范毕业生参观江浙教育报告》,云南省政府教育厅:《云南教育公报》1935年第4卷第2期。

[21] 《吴怀疚毁家兴学》,《中华教育界》1913年第12期。

[22] 《务本女塾原发起人吴馨启事》,《申报》1913年8月19日第4版。

[23] 《务本女塾同学诸君钧鉴》,《民立报》1912年3月8日。

[24] 《吴怀疚推让女学》,《中华教育界》1913年第11期。

[25] 《府君行述,会立明群》,《申报》1944年3月7日第3版。

[26] 佘柏昭等编:《菲律宾华侨教育考察团日记》,第58页。

[27] 《参观上海学校笔记 县立女子第一高等小学校》,《吴县教育杂志》1914年第3期。

［28］佘柏昭等编:《菲律宾华侨教育考察团日记》,第59页。
［29］《女学堂毕业名单》,《申报》1914年7月6日第10版。
［30］《县视学视察报告》,载上海县知事公署编:《上海县教育状况》(1914年),第84页。
［31］佘柏昭等编:《菲律宾华侨教育考察团日记》,第59页。
［32］佘柏昭等编:《菲律宾华侨教育考察团日记》,第59页。
［33］佘柏昭等编:《菲律宾华侨教育考察团日记》,第59页。
［34］《赴美考察讲演会》,《教育杂志》1915年第7卷第11号,第99页。
［35］张杏娟:《上海县立务本女子中学校今后之课程标准》,《时报》1920年1月1日第18版。
［36］《咨江苏省长上海务本女子中学校准立案文》,《教育公报》1918年第5卷第3期,第22页。
［37］《咨江苏省长上海务本女子中学校准立案文》,《教育公报》1918年第5卷第3期,第22页。
［38］《县视学视察报告》,载上海县知事公署编:《上海县教育状况》(1914年),第84页。
［39］报告类,上海县知事公署编:《上海县教育状况》(1917年),第23页。
［40］报告类,上海县知事公署编:《上海县教育状况》(1917年),第23页。
［41］《咨江苏省长上海务本女子中学校准立案文》,《教育公报》1918年第5卷第3期,第22页。
［42］《云南高等师范毕业生参观江浙教育报告》,云南省政府教育厅:《云南教育公报》1935年第4卷第2期。
［43］《务本女中校注重家事》,《申报》1916年8月15日第10版。
［44］《咨江苏省长上海务本女子中学校准立案文》,《教育公报》1918年第5卷第3期,第22页。
［45］《务本女子中学改聘校长》,《民国日报》1919年8月4日第11版。
［46］张杏娟:《上海县立务本女子中学校今后之课程标准》,《时报》1920年1月1日第18版。
［47］张杏娟:《上海县立务本女子中学校今后之课程标准》,《时报》1920年1月1日第18版。
［48］张杏娟:《上海县立务本女子中学校今后之课程标准》,《时报》1920年1月1日第18版。
［49］《云南高等师范毕业生参观江浙教育报告》,云南省政府教育厅:《云南教育公报》1935年第4卷第2期。
［50］张杏娟:《上海县立务本女子中学校今后之课程标准》,《时报》1920年1月1日第18版。
［51］《大总统颁布施行之学校系统改革案(1922年11月1日)》,载璩鑫圭、唐良炎编:《中国近代教育史资料汇编·学制演变》,上海教育出版社1991年版,第991页。
［52］《务本女中学呈报改办新学制》,《申报》1923年6月21日第14版。
［53］《云南高等师范毕业生参观江浙教育报告》,云南省政府教育厅:《云南教育公报》1935年第4卷第2期。
［54］《务本女中学呈报改办新学制》,《申报》1923年6月21日第14版。
［55］《务本女中学呈报改办新学制》,《申报》1923年6月21日第14版。
［56］许纪霖:《近代上海城市"权力的文化网络"中的文化精英(1900—1937年)》,《复旦学报(社会科学版)》2012年第6期。
［57］《务本女学校长逐鹿记》,《中国摄影学会画报》1928年第3卷第126期。
［58］《校史》,《上海市立务本女子中学校概况》(1934年)。
［59］《吴刘二女士今日接收务本女学》,《申报》1927年4月7日第10版。《市党部昨又派员接收务本女学》,《申报》1927年4月19日第8版。
［60］《县立务本女子中学昨已接收》,《申报》1927年4月8日第10版。

[61]《务本女学校长逐鹿记》,《中国摄影学会画报》1928年第3卷第126期。

[62]《务本女学之校长问题》,《中国摄影学会画报》1927年第3卷第107期。

[63]《务本女学校长逐鹿记》,《中国摄影学会画报》1928年第3卷第126期。

[64]《人物卡片——贾佛如》,上海市徐汇区档案馆藏,档案号:0070-1-48-008。

[65] 曹聚仁:《我与我的世界·曹聚仁回忆录(修订版):浮过了生命海》,生活·读书·新知三联书店2011年版,第417页。

[66]《校史》,《上海市立务本女子中学校概况》(1934年)。

[67] 贾观晴口述,贾观军整理:《忆务本女中》,载政协上海市南市区委员会文史资料委员会编:《南市文史资料选辑(一)》,1990年,第47页。

[68]《务本易长之呼声》,《琼报》1929年7月22日第2版。

[69]《县立务本女学之改组》,《申报》1928年8月17日第17版。

[70]《各校消息》,《申报》1935年8月30日第15版。

[71] 徐友春主编:《民国人物大辞典》,河北人民出版社1991年版,第56页。

[72] 毛天祥、王柏懿:《碧空丹心:李敏华传》,第15—16页。

[73] 徐修梅:《务本女中:温、诚、勤、朴》,载李小江主编:《让女人自己说话:独立的历程》,生活·读书·新知三联书店2003年版,第39页。

[74] 王孝英报告,龚曜、陈玉白记录:《务本之"过去"与"未来"》,《女声》1932年第1卷第5期。

[75] 徐修梅:《务本女中:温、诚、勤、朴》,载李小江主编:《让女人自己说话:独立的历程》,第38页。

[76] 徐修梅:《务本女中:温、诚、勤、朴》,载李小江主编:《让女人自己说话:独立的历程》,第39—41页。

[77] 毛天祥、王柏懿:《碧空丹心:李敏华传》,中国科学技术出版社2015年版,第15页。

[78]《务本教职员欢送曹一华》,《申报》1933年7月7日第16版。

[79]《务本教职员欢送曹一华》,《申报》1933年7月7日第16版。

[80]《务本女中毕业生之出路》,《申报》1931年8月22日第12版。

[81] 王孝英报告,龚曜、陈玉白记录:《务本之"过去"与"未来"》,《女声》1932年第1卷第5期。

[82] 上海社会科学院历史研究所编:《"九一八"—"一·二八"上海军民抗日运动史料》,上海社会科学院出版社1986年版,第116页。

[83]《务本教职员组织救国会》,《申报》1931年10月1日第11版。

[84] 王孝英:《女子与军事训练》,《妇女共鸣》1931年第60期。

[85]《务本女中救国大会》,《申报》1931年9月23日第12版。

[86] 戚再生主编:《上海时人志》,展望出版社1947年版,第9页。

[87] 顾国华编:《文坛杂忆(全编二)》,上海书店出版社2015年版,第151页。

[88]《务本女中锐意改进》,《申报》1934年3月31日第14版。

[89]《市立务本女中新校舍地址已勘定》,《申报》1935年7月6日第14版。

[90]《市立务本女中新校舍地址已勘定》,《申报》1935年7月6日第14版。《务本女中在市中心建新校舍》,《新闻报》1935年10月18日第2版。

[91]《务本女中在市中心建新校舍》,《新闻报》1935年10月18日第2版。

[92]《市立务本女中新校舍地址已勘定》,《申报》1935年7月6日第14版。
[93]《上海市立务本女子中学校学则》,《上海市立务本女子中学校概况》(1934年)。
[94]《务本女中锐意改进》,《申报》1934年3月31日第14版。
[95]《各校消息》,《申报》1934年7月12日第15版。
[96]《务本女中锐意改进》,《申报》1934年3月31日第14版。
[97]《务本女中计划严格训管》,《申报》1934年7月12日第15版。
[98]《务本女中计划严格训管》,《申报》1934年7月12日第15版。
[99]《务本女中锐意改进》,《申报》1934年3月31日第14版。
[100] 毛天祥、王柏懿:《碧空丹心:李敏华传》,第17页。
[101]《市立务本女中易长》,《妇女月报》1935年第1卷第3期。
[102]《务本女中新教职员聘定》,《申报》1936年8月24日第13版。
[103] 马学强、于东航主编:《为国桢干:上海南洋中学120年(1896—2016)》,第40页。
[104]《云南高等师范毕业生参观江浙教育报告》,云南省政府教育厅:《云南教育公报》1935年第4卷第2期。
[105] 曹一华:《教务概况》,《上海市立务本女子中学校年刊》(1933年),第93页。
[106] 李迪俊主编:《最近一年之中国与世界》(一名时事年刊),大东书局1932年版,第548页。
[107] 璩鑫圭、唐良炎编:《中国近代教育史资料汇编·学制演变》,第991页。
[108]《市立务本女子中小校刷新经过 附设幼稚园》,《申报》1928年8月19日第14版。
[109]《学级编制》,《上海市立务本女子中学校概况》(1934年)。
[110]《市立务中本年度新猷》,《申报》1931年9月11日第12版。
[111]《学级编制》,《上海市立务本女子中学校概况》(1934年)。
[112]《上海市立务本女子中学校学则》,《上海市立务本女子中学校概况》(1934年)。
[113]《上海市立务本女子中学校学则》,《上海市立务本女子中学校概况》(1934年)。
[114] 杜成宪总主编,黄书光著:《上海教育史》,上海教育出版社2019年版,第432页。
[115] 曹一华:《教务概况》,《上海市立务本女子中学校年刊》(1933年),第93页。
[116] 曹一华:《教务概况》,《上海市立务本女子中学校年刊》(1933年),第93页。
[117]《课程组织》,《上海市立务本女子中学校概况》(1934年)。
[118] 曹一华:《教务概况》,《上海市立务本女子中学校年刊》(1933年),第93页。
[119] 曹一华:《教务概况》,《上海市立务本女子中学校年刊》(1933年),第93—94页。
[120] 曹一华:《教务概况》,《上海市立务本女子中学校年刊》(1933年),第94页。
[121] 曹一华:《教务概况》,《上海市立务本女子中学校年刊》(1933年),第94页。
[122]《课程组织》,《上海市立务本女子中学校概况》(1934年)。
[123]《课程组织》,《上海市立务本女子中学校概况》(1934年)。
[124] 曹一华:《教务概况》,《上海市立务本女子中学校年刊》(1933年),第93页。
[125] 曹一华:《教务概况》,《上海市立务本女子中学校年刊》(1933年),第93页。
[126] 曹一华:《教务概况》,《上海市立务本女子中学校年刊》(1933年),第93页。
[127] 曹一华:《教务概况》,《上海市立务本女子中学校年刊》(1933年),第102页。

［128］ 徐修梅：《务本女中：温、诚、勤、朴》，载李小江主编：《让女人自己说话：独立的历程》，第39页。
［129］ 曹一华：《教务概况》，《上海市立务本女子中学校年刊》（1933年），第93页。
［130］ 徐修梅：《务本女中：温、诚、勤、朴》，载李小江主编：《让女人自己说话：独立的历程》，第40页。
［131］《务本女中锐意改进》，《申报》1934年3月31日第14版。
［132］《务本女校之新气象》，《申报》1930年1月17日第17版。
［133］《务本女中新生踊跃》，《申报》1934年8月23日第15版。
［134］ 上海市教育局编：《上海市教育局业务报告 二十年七月至二十一年六月》，1932年。
［135］《务本女中招生之严格》，《申报》1930年7月12日第10版。
［136］《务本女中招生之严格》，《申报》1930年7月12日第10版。
［137］《务本女中招生之严格》，《申报》1930年7月12日第10版。
［138］《务本女中锐意改进》，《申报》1934年3月31日第14版。
［139］《务本女中锐意改进》，《申报》1934年3月31日第14版。
［140］ 曹一华：《教务概况》，《上海市立务本女子中学校年刊》（1933年），第116页。
［141］《统计：市立中等学校概况统计（十九年度第一学期）》，《大上海教育》1930年第1卷第2期。
［142］ 曹一华：《教务概况》，《上海市立务本女子中学校年刊》（1933年），第116页。
［143］ 曹一华：《教务概况》，《上海市立务本女子中学校年刊》（1933年），第116页。
［144］《务本女中毕业生之出路》，《申报》1931年8月22日第12版。
［145］《务本女中毕业生之出路》，《申报》1931年8月22日第12版。
［146］《务本女中毕业生出路》，《申报》1932年9月2日第11版。
［147］《上海市政府指令第一一七八三号》，《上海市政府公报》第102期，第40页。
［148］《上海市政府指令第一一七八三号》，《上海市政府公报》第102期，第40页。
［149］ 徐佩璜：《训令：上海市教育局上字第六五二号令》，《上海市教育局教育周报》1931年第111期。
［150］ 潘公展：《训令：上海市教育局教字第三三九七六号令》，《上海市教育局教育周报》1935年第300期。
［151］《务本女中毕业生出路》，《申报》1932年9月2日第11版。
［152］《务本女中毕业生之出路》，《申报》1931年8月22日第12版。
［153］《务本女中毕业生出路》，《申报》1932年9月2日第11版。

第三章

务本与新女性的塑造

务本与新女性的塑造

图3-1-1　务本女校小学部

对于个体或群体的"人"的现代性获得来说，教育是一个无法绕过的决定性因素。美国社会学家英克尔斯（A. Inkeles）研究发现，"在决定个人现代性的水平上，教育是一个非常强有力的直接的和独立的因素。教育等级每升高一层，现代人的比例就有实质性的增加。学校作为一种社会组织及社会化场所，学生们在那不仅学到知识与技能，而且学到了新的态度与价值，发展了新的行动倾向"[1]。从这个意义上说，务本女中正是塑造女性"现代性"的特定空间场域。在办学过程中，务本始终坚持将时代、国家、社会、家庭对于"新女性"的素养与角色期待内化为对于学生的规训，使之在知识技能、道德伦理、职业结构、身体素质、日常生活、社会参与等方面均呈现出不同于传统贤妻良母的"文明性"与"现代性",从而建构起"新女性"的自我身份认同。不过,务本的女性塑造,并不完全是"趋新""解放"的一面。作为不同于西方教会女校的国人自办女学,务本文脉中始终带有中国传统文化的底色,受到本土化"女德"的制约,这让"新女性"的角色塑造也呈现出新旧杂糅、中西调适的复杂面向。(图3-1)

图3-1-2 务本女校理事厅

图3-1-3 务本女校图书馆

图3-1-4 务本女校大门

第一节 知识技能与道德观念的趋新

清末民初,一位旅居中国的美国社会学家曾这样总结当时中国女性的生存状态:"见不到阳光,学不到知识——这就是典型的中国女性的命运。"[2]从他的异域视野来看,"见不到阳光,学不到知识",指传统中国女性是"养在深闺人未识",不具备近代科学文化知识的家庭主妇。从中可见,知识才学是西方标准衡量女子现代化的一个重要尺度。尽管明清时期经济富庶、文教昌盛的江南地区亦风靡过才女文化,结社雅集,吟咏诗文,抒发性灵,但这种以阴柔与伤怀为基调的才女文化,在近代民族救亡的语境下,多被视为导致民族身体与精神虚弱无力的负面文化遗产,与真正的知识才学相去甚远。如维新派梁启超就对之大加贬抑:"古之号称才女者,则批风抹月,拈花弄草,能为伤春惜别之语,成诗词集数卷,斯为至也。若此等事,本不能目之为学。"[3]而要从"有教无学"的闺秀淑女蜕变为开启智识的新式女性,通过近代女校教育掌握知识技能,似乎是必由之路。

第三章　务本与新女性的塑造

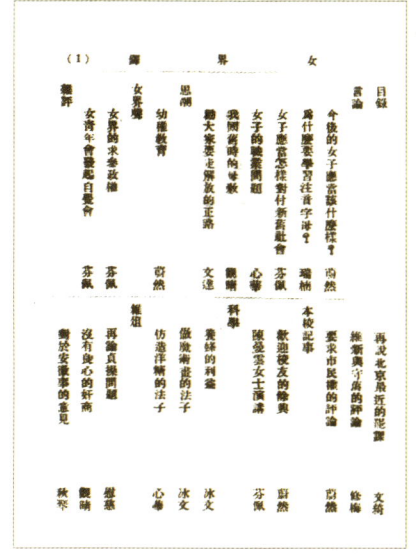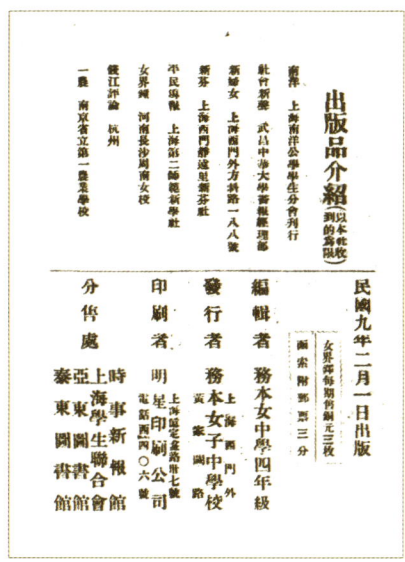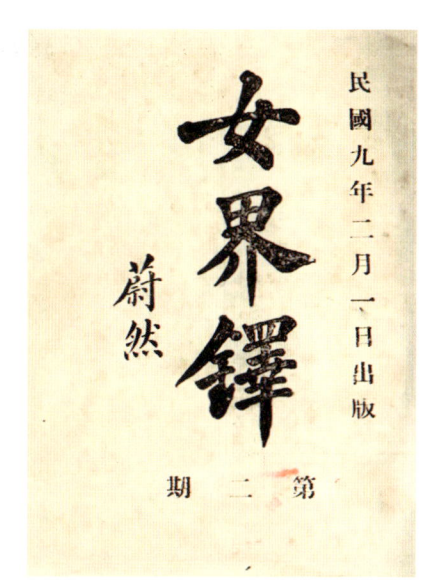

图3-2　务本女中四年级学生刊行的《女界铎》封面、内页（1920年第2期）

作为"国人创立女校之嚆矢"[4]，务本女塾在上海创办之始，专制未废而西学潮涌，其办学宗旨在"保存礼教"与"启发知识"之间做了兼顾与平衡。如早期毕业生兼教员吴若安回忆，"务本女塾建校宗旨，首以养成学生温诚勤朴的德性，注重学科知识，讲究教学方法"[5]；1905年第二次改良学规时，"以改良家庭习惯，研究普通知识，养成女子教育儿童之资格为宗旨"[6]。据此宗旨所开设的课程，既有修身、国语、英语、算术、理科、历史、地理、教育、图画、唱歌、体操等代表普通知识体系的门类，又于1911年添设合乎本土家族主义习惯的"家事专修科"[7]，"尤其重视家事教育，如烹饪、缝纫、医药卫生常识等，作为培养贤妻良母之基础"[8]。因此，在民国初年务本女生的学级日记中，我们可以看到她们受到知识传授与技能训练的痕迹。如"1918年4月16日火曜天气晴，修学：照常上课，课余练习大楷数张；心得：今日丁师细讲虚字连用法，余颇能领悟。吴师授理科，知人身血液之循环。治事：下午缝衣，未成"[9]。（图3-2）

在务本办学早期，无论是普通科还是家事科，都带有较强的应用性，注重职业陶冶，旨在培养治家涉世之能力。"其实施方法，分教科方面之职业陶冶和课外职业之陶冶两种。"[10]教科方面，"国文，注重应用文件，养成读书习惯，注重速写，注意语法及书法；算术，增加实际应用问题，注重簿记，使珠算练习纯熟，注重速算及暗算；理科选授家庭应用教材，注重生徒自行实验观察"[11]。课外职业陶冶，以注重实习的家事课为主。这种家事课，并非传统社会秩序下"女红"的延续，而是糅合了晚清中国"修明家政，以昌国风"的传统观念与欧美现代家政学，兼具"国家化"与"职业化"的双重趋向。

较之于其他课程多注重知识和理论的教授，务本的家事课更需要富有针对性的实践。从1916年开

图3-3 上海县立第一女子高等小学校家事实习（1917年）

始，务本在中学科三年级设"模范家庭"，后又在高小科设专门的"家事实习室"，以"缔造完善家庭之感想，并实地练习处治方法而得家庭需要之智能"[12]为宗旨。"模范家庭"以校中三间屋子作为实习基地，分为卧室、客室、厨房。实习时，以家事教员为主任，实习者限于寄宿生，以六人为一组，寄宿于卧室中，以一月为满期，六人既有分工又有合作。每两人分司庶务、会计、烹饪各职，"而洒扫应对诸细事，却仍通力合作。且庶务、会计、烹饪各职，亦时时对调，以求实习之普及"[13]。在具体的实习程序中，学生从基本学科所习的读写计算能力不仅得到应用，而且训练了实干与协同能力。以膳食为例，"先由六人酌议明日所应备之菜品，开一菜单，请示于主任。由主任裁可，交单厨役，令其照办。翌日厨役照单买入，交烹饪者检阅调制。其价若干，则由会计计算清楚，记其出内于账簿"[14]。（图3-3）

对于家事实习是否受女生欢迎，其实，务本校方起初并不看好。"盖本校所收学生多来自素丰之家，其人骄养既惯，恐于此躬自操作之事，不免各有难色。"[15]不料实习以来，学生兴味盎然，成绩有目共睹。1921年，菲律宾华侨教育考察团曾观察过务本学生的家事实习，称其为"中国式模范家庭"，不仅客厅、厨房整洁有序，而且"观学生实习时，调羹和梅，香气四溢，必甚可口"[16]。之所以饱受欢迎，除了实习室具有灯明清净的适意环境外，更重要的原因是对比寄宿具有较高的自由度，能涵育学生的自治精神。

> 寄宿舍中所食所作，因人成事，虽不必躬自操作，但有不如意者，亦止可自忍。实习时，则欲如何便如何，譬如明日之膳食，欲食何味，可以自由，非若他之待人支配也。[17]

图3-4 上海县立第一女子高等小学校家事实习（1917年）

除了具有课程性质的家事实习外，注重引导女性适应现代社会职场生活，还有一些由学生自行成立、注重培养自治和社会工作能力的活动。如"五四"前后，务本女校在校园中组织了实习贩卖部和实习储蓄部。务本女校的贩卖部本来是由学校经办的，只有中学的最高年级实习一下。后来学生"听见他校里的贩卖部，或是完全学生组织的，或是师生共组的，好像一个小公司"，于是1919年秋季，"也收归学生自己组织了"，并定名为"务本贩卖部有限公司"。她们制定了简章，规定了"股本"——"定股银四百元，分作四百股，每股一元，股东限于本校教职员及学生"，"利息"——"每学期结账一次，如有余利，除股东官利六厘外，作十成分派，以四成为股东红利、三成为主任酬劳、三成为实习生酬劳"等，分甲、乙、丙三组，每组轮值一星期。她们主要卖书籍、笔墨、纸簿等教育用品。通过贩卖部的工作，女学生感到"于商业上的大概情形，已经可以知道一些，将来到社会上去，或者不至于茫然"。[18]（图3-4）

"五四"以后，在"男女平等之呼声弥漫全国"[19]的时潮影响下，务本早期"以家事为中心，各科学均以家庭应用为主"[20]的"职业化"课程设置一度受到冲击与弱化。据1929年7月4日《申报》报道：

> 尚文门黄家阙路市立务本女学校，在八年前，女中之对于家庭事业一科，设施很完备，设有模范家庭，专供女生的实习。自经学潮发生后，学生的思潮一变，以为新时代的女子对于家庭中的事件可以不必过问。如是，校中虽设家事一科，然而实习者竟寥寥无几，模范家庭遂无形取消。[21]

尽管如此，但在1927年南京国民政府新立以后，务本当局"鉴于女子无论新旧，对于家事不可不负责任,乃在高中科、初中科内复加家事一科"[22]。而且,无论是师资配备的精良,还是设施空间的扩张,都更胜从前。据1931年9月11日《申报》报道:"市立务本女中为解决妇女职业问题,将师范科一年级改为家事组。如缝纫、刺绣、做花、烹调、工艺、家庭卫生、食物、化学、家庭管理等科,均甚重视,并呈请市教局每年对于家事组设备费,增加二千数百元……其技能课程,均请富有经验特殊专长之技师担任。"[23]在此背景下,务本学生实习热情更趋高涨,家事能力亦更加精进。(图3-5)

自恢复家事一科后,不料女生择习该科者,竟超出以前的额数。闻于本学期起,恢复家事实习室,聘请富有家事经验之孙振贤女士担任教授,指导各生的工作。闻本学期的实习学生,有七十人之多,分为十组实习。其实习室共分五间:一为卫生,二为会客,三为宴会,四为厨房,另设洗衣,圈地一块,作为晒衣场。五为卧室。每组共七人实习。一为会计,一为采办,洒扫二人,烹调三人,每日轮流值日期为二周。平日不过晚餐自己烹调,星期日则须自己作食。其采办的生活,早晨起来,拿筐上市,去买各种菜蔬,回校交会计录账,然后交烹调者烹饪。有空的时候,练习缝工和洗涤等工作。该校的访友和接待宾客的学生,现各组已实习期满,将平日节省的膳费、自己烹调几样好的菜蔬,于日前晚上宴请该校师长。席设于实习室,共为二席,藉以联络师生情谊,善于饕餮的师长,大加赞赏,不绝于口,觥筹交错,甚为热闹云。[24](图3-6)

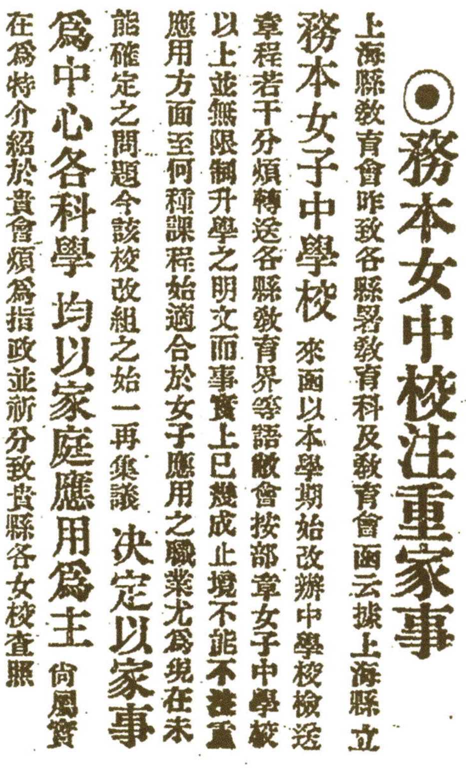

图3-5 务本女学之缝纫实习',选自《社会画报》1934年第27期

图3-6 《务本女中校注重家事》,《申报》1916年8月15日第10版

事实上，对于男女平等思潮鼓荡之下要求男女学校课程设置一致的主张，务本不以为然，且不无批驳之意：

> 本校设科本以家政科为中心，故于家事练习之设备较为完备，虽后于课程编制略有改易，然于家事教育仍不稍懈弛，诚以处理家务为女子之专长。近如欧美各国盛倡男女平等，然于女子教育亦注重家政，不因其繁琐而忽之也。盖人各有本能，女子性情温柔缜密，对于儿童之保育，烹调缝缀之管理，亲戚往来之酬酢，最为擅长。近虽男女教育谋平等，不可以琐屑之事专责女子。然其固有之能力，亦不可任其汩没。故女子之于家政，宁可知之不为，不可以其繁琐而不习。此吾国女界应处之态度也。[25]

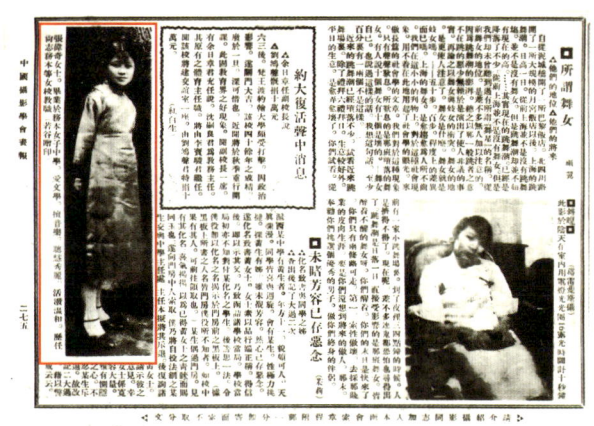

图3-7 "张伟奇女士。毕业于务本女子中学，爱文学，擅音乐，聪慧秀丽，活泼温和，历任尚志、务本等女校教职"，选自《卷筒纸画报》1928年第3卷第135期

在务本的阐释中，不难看出它只是将家事练习作为一种能力培养，而非扩大上升为一种政治性话语。其背后代表了五四新文化时期盛行的科学思潮，即"以科学来改造家庭"的设想（图3-7、图3-8）。在吴若安看来，务本的家事课绝非简单地教授学生如何打理琐碎家务，而是将家务置于"科学的眼光"下加以审视，力求将科学知识与家政技能结合起来，故而"举凡衣服之材料，居室之通风，照光之设置，燃料之发热，食物之滋养价值，皆以科学的眼光考察之"[26]。正因为如此，务本颇为注重培养学生利用科学知识来解析、指导日常生活，或者从日常生活中发掘科学道理。务本女学生所撰写的文章，如周瑞楠和穆良玉的《估洋概说》、屠心华的《水之检查法》、严蔚然的《牛肉之检查法》、周瑞楠的

图3-8 "郑瑞兰女士肄业务本女学，好文艺，擅交际，善运动"，选自《图画时报》1929年第623期

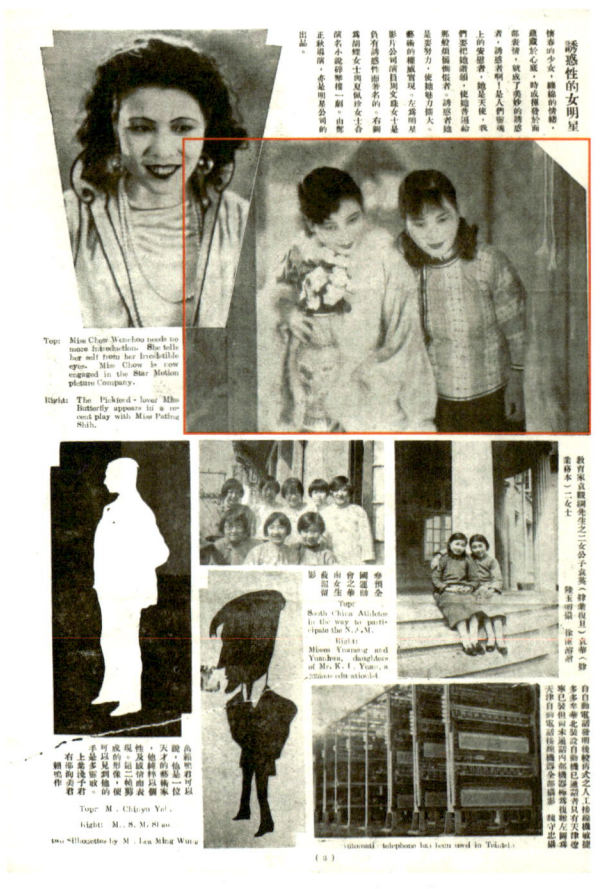

图3-9 教育家袁希涛二位女公子：袁英（肄业于复旦）、袁华（肄业于务本），选自《上海漫画》1930年第101期

《牛乳与人乳之比较》等[27]，都在不同程度上运用化学、物理等知识去解答日常生活中的问题。

与传统社会女性相比，经过新知识体系与技能才艺训练后的务本女生，不再将经营好家庭作为人生的唯一选择。尽管有一些人并不把接受教育视为经济独立的基础，而视之为"时髦"，或当成获得理想婚姻的敲门砖[28]，但仍有大批知识女性走上了多元化的择业就职道路。

1905年的务本女塾第二次改良章程中就提到，"本学堂卒业者，或延为帮教，或推荐至他处为教员，其尤优异者，酌助游学经费"[29]。据吴若安回忆，务本女塾自成立后到改为上海县立第一女子高等小学校及上海县立务本女子中学为止，共办了十余年，毕业学生总计271人。其中大部分在教育界任职，这种"女子职业以教育为适宜"[30]的结构到了南京国民政府成立，务本划归上海市市立之后，仍没有大变。

以个案而论，从《上海县立务本女子中学校二十五周年纪念册》上的《教职员一览》中，晚清时期毕业的张杏娟、孙瑶、刘良璧、吴若安、瞿庆安、黄守渠、楼文光、袁希皓、钱新才、黄守渊、陈迪新、楼文耀、顾志坚、姚明骊、沈均等都充当过务本的教员。张杏娟更是担任了校长。[31]而从《校友近况》中，也能找到不少女学生毕业后担任教员、舍监的经历，甚或创办学校、担任校长，成为近代中国最早一批女教育家。如费孝通之母杨纫兰于务本毕业后，就在家乡吴江县开设了该县有史以来第一家蒙养院[32]；袁希皓在其父支持下，于1912年在上海西仓桥创办爱群女校，为当时上海城内唯一的女子学校；沈均在积累了多所女学堂的管理经验后，创办了允中女子中学；张昭汉先任江苏省立粹敏女学教务长，后又在上海闸北创办神州女学。而据吴若安回忆，毕业生中还有后任无锡竞志女学校长的侯冰兰、江苏省立第二女子师范学校校长的杨达权和后任嘉兴南门女子师范学校校长的方英。[33]这种职业趋向表明，教育既是建构女学生身份认同的重要因素，反过来也成为诸多女学生转型为新职业人群的选择。（图3-9）

与知识才能、职业角色趋新紧密关联的，是伦理道德观念的更新。"才德之辩"素来是明清以来女性问题与女性文化争论的焦点，而"轻才重德"的文化传统,以及"男子有德便是才,女子无才便是德"的礼教观念又是左右女性思想的主流价值观。在此框架下,男女两性之间是尊与卑、主与从、外与内的关系,衡量女性道德规范的唯一尺度就是人女、人妻和人母的家庭角色是否履行到位。但随着近代女校教育的出现,女学生开始对传统"妇德观"发起了冲击。

首先,务本通过"乐歌"建构"新国民""国民之母""女英雄"等理想的女性想象,借此打破"三从四德""男尊女卑"的陈腐观念,以实现女性思想解放。

参照西方学校课程设置而设立的乐歌课程,富有鲜明的时代特色,是晚清教育变革过程中新式学校课程设置的重要组成部分。乐歌因"其感应力甚捷,其同化力甚强,其支配力亦无所不至"[34]的特性,且与中国传统乐教理念相契合,故而成为塑造国民、改良社会的重要手段。1907年蒋维乔在写给蔡元培的信中说道:"大抵女学之精美处,在体操唱歌,其实用者在烹饪裁缝……体操以强体格,唱歌以和性情……此真文明之现象也。"[35]然而,"笑之以为儿戏"的官方并未立即将乐歌纳入课程体系之中,乐歌在上海新式学校之兴起,始于开风气之先的务本女校,最为著名的当属担任该校"唱歌"科教员的沈心工。他曾创作《体操》及《女子体操》等歌曲,在沪上各校中流行一时。《女子世界》曾专设"学校唱歌"一栏,收录诸多学校乐歌,如一首《女子入学歌》的歌词云:

二十世纪女学生,愿为新国民……爱国救世宗旨高,入学好,女同胞。

东西女杰并驾驰,愿巾帼,凌须眉……斯巴达魂今来缮,活泼地,女学堂。

励志愿作女英雄,不入学,可怜虫。[36]

歌词中对女学生成为"新国民""女英雄""女(豪)杰"的角色期待,无疑有助于促进"尚武"之风和民主、自由等新思想的传播,对固有的思想观念亦不无冲击作用,并因此走向有违初衷的对立面。当时曾有一首名为《自由结婚》的乐歌,就因为被官府认定为"与中国之千年相传礼教"以及《奏定女学章程》"均属违背"[37]而遭到禁唱,实则这首歌在当时颇为流行,上海爱国学社王君雅先和务本女校吴君震结婚时即用此歌[38]。由此可见,乐歌所带来的移风易俗的力量确实不容小觑。又如《乐群歌》是务本学生集会上颇为常用的乐歌[39],歌词如下:

合群之乐乐如何,听我乐群歌。

吾□若非素相识,交臂易错过。

相识不相见,河山风雨苦相思。

今日天□□合,居然相握手,团团坐。

姊乎,妹乎,谁家姊妹能比塾中多。

吾□同学、同游、同惠,同声歌且舞。

进取原不让，终如金玉相磋磨。

姊乎，妹乎，试想合群之乐乐如何。[40]

此歌所表达的"合群"思想，正是清末知识界的共识。通过唱歌的形式，将之内化为对女学生的道德规训，符合社会趋新人士对理想女性形象的期望。而毕业后多年的务本女生依旧能记起读书时的歌曲，正说明"爱国""尚武""自由""平等""合群"等新思想、新道德已内化于她们心中，影响深远。如吴若安在97岁时曾回忆：

在务本女塾读书时，有几首歌，我很爱唱，至今犹能记忆，其中一首是校歌，歌词朴雅，催人上进，具有男女平等的民主思想。歌词是：

（一）

千寻之木始于苗，百川之水朝宗遥，

海上首创女学校，胚胎国民此其兆；

生男勿喜女勿恼，从今民我皆同胞。

学界兮光昭，女界兮光昭，宏母教兮兼容并包。

（二）

海滨之俗趋奢豪，教育之界多风潮，

惟我校风清且娇，浮华洗净无尘嚣，

卓然不屈亦不挠，凭他天演汰与淘。

人格兮高超，志趣兮坚牢，与有责焉，我曹汝曹。

还有一首是《卖花歌》，对劳动人民作了美好的描绘，充满对劳动人民诚挚的感情。歌词我也记得很清楚：

清早起，清早起，到园里，采几朵花来做小生意；

生意得到籴饭米，要想吃饭靠自己。

人与己都勿欺，都勿欺，花朵朵新鲜，价钱又便宜。[41]

吴若安坦言，"唱歌可以培养人的爱憎之情，给人以激励奋发向上的鼓舞力量，陶冶人的情操，上述几首歌曲，对我确有潜移默化作用，使我从青少年时起，便有为中国妇女争光，为振兴中华而努力奋斗的志愿了"[42]。（图3-10）

其次，务本学生凭借自身才华得到社会的肯定和宣扬，甚至还被地方上邀请演讲，显示出对"女子无才便是德"传统偏见的挑战。早在晚清女塾时期，就曾有嘉定黄守渊、黄守葉两女生，毕业于师范科，"各项学业，皆占优等。得毕业凭而归。芳声所播，女界倾心，南翔距离不远，特公请两女士莅翔

图3-10 国文竞赛优胜者，选自《务本女中学生自治会半年刊》（1935年）

图3-11 上海英文《泰晤士报》记者马郁文与巨商蒋柏臣之女公子、务本女学毕业生蒋愫女士新婚俪影，选自《上海画报》1931年第702期

演讲"[43]。欢迎会在南翔学会会堂举行，男宾30余人，女宾20人。黄守蘖登坛极论女子教育之重及求学之急。[44]

最后，务本女生还通过追求婚姻自由的身体力行，潜移默化地改变着传统的婚恋观、婚俗观、家庭观。清末民初，社会风气虽然有所开化，但没有父母之命或媒妁之言的婚姻仍然受到社会质疑，所谓的婚姻自由主要体现在舆论上，而且也并未成为主流声音。正如晚清著名报人包天笑所言："我那时候已呼吸了一些新空气了……我们写文章也是动不动说妇女要解放了。而我所娶的女人，却是完全旧式，好像是事与愿违。但是我们在六七年前已经订婚了，虽是父母之命，媒妁之言，也是经我同意。"[45]而就是在这种整体保守的社会风气中，务本女生却敢于冲破禁锢，尝试迈出婚姻自主的步伐。（图3-11）1913年，曾肄业于务本女塾的松江女子周静娟，"出自富家，而绝无闺阁骄惰习气，勤操作耐劳苦，乡里咸爱敬之"[46]。毕业后，由姑丈刘子瑜介绍至浦东南州两等女校为教员，与校长徐品花自由婚恋，因恐其父反对，致书姑丈刘某，请为和解，言称此事为造谣人酿成。[47]尽管周静娟对世俗礼法仍有顾忌，但自由婚恋之举毕竟颇具勇气。

在婚恋观念革新的同时，务本女生还对清末光绪、宣统之交参酌中西礼法而始倡的"文明婚礼"这一新生事物进行了尝试。1907年《女子世界》杂志中记录了上海爱国学社生王君雅先和上海务本女学生吴君震的"文明婚礼"："屏除一切旧俗，参用文明规则，来宾云集，欢声若雷。新娘新郎，皆服西装，首行结婚礼，次见家族，次受贺。竞志女学生及单级私塾女士合唱自由结婚歌，歌毕而散。"[48]这种"文明婚礼"剔除了旧式婚礼中坐花轿、拜天地、闹洞房等烦冗旧俗，新颖俭约，极大地增强了婚礼的社会化程度，这些无疑有利于社会进步和发展。（图3-12）

图3-12 务本女学高才生陆钦英女士近与法工部局职员周上喧君结婚，选自《图画晨报》1933年第46期

务本女生不仅追求缔结良缘的自由，也勇于解除不幸婚姻而寻求幸福。《女子世界》就有这样一条题为《离婚创举》的新闻："无锡杨女士荫榆，曾在上海务本女学，及苏州景海女塾肄业。自嫁于蒋某后，即不得自由入校。女士深啣翁姑及其夫之专制，即行离婚，复入务本肄业。"[49]1930年3月27日《申报》还报道了一位务本毕业生、同德产科学校学生沈娫如，以"此种婚姻未得本人同意"[50]为由，通过上海地方法院、苏州高等法院两次诉讼，要与未婚夫董汉勤解除婚约，虽然最终败诉，但她以出走失踪的方式，使法院无法执行原判。

不过，务本女生虽然在道德观念上显现出"新女德"的气象，但并不意味着学校在对女生的道德规训中全盘西化，否定与颠覆了"传统女德"。其实，在整个社会传统"旧女德"过渡到现代"新女德"之际，务本虽然着力调适与化解两者之间的张力而使之融合，力图培养既有传统女德又兼具现代美德的新女性。但从该校的主流道德取向来看，还是偏向于传统与保守。1934届务本高中普通科毕业生徐修梅曾比较过当时上海几所著名女中之校风："上海有两种保守（女子）学校，一种是我们，带封建的保守，还有一种是天主教的学校，在徐家汇就是启明女中。到那里头去念书的都是有钱人家的小姐，她们比我们管得还要严，但她们的管法是对嬷嬷的那种管法。比起她们来，我们文明多了。"[51]而从务本的德育要求与校训演变中，亦可窥其一斑。

晚清女塾时期，务本对学生的德育要求总体上约束在"温良恭俭让"的框架之内，礼教意味仍然比

图3-13 1934年高中普通科毕业生在黄家阙路教学楼前的毕业照

较浓厚。据吴若安回忆，当时的务本女塾对学生比较重视品德思想教育，在仪表、言谈、举止方面都有具体的规定，对学生的修养、素质、情操、品德都有莫大影响。[52]

  教员在德育方面要求学生注重容仪，贵清洁整饬，不贵饰妆，尚从容和蔼，不尚浮躁。当谨慎端庄不苟言笑，并指出："吾人欲为人所重，端在容仪之整饬，周身雅度，心中以正，无失大家风范，人自敬我重我。"常以格言"淑人君子，其仪不忒"以勉励。还要求学生要守礼，在长者之前，宜恭敬不可肆意，狎游之地，宜绝迹勿往，与人言语，宜切戒粗俗之辞；并告诫学生"非礼勿视，非礼勿听，非礼勿言，非礼勿动"。此皆对我们学生的言谈行止很有潜移默化之作用。[53]（图3-13）

这种偏于"礼教化"的女德准则导向，在务本校园里经久不衰，从晚清以降一直持续到南京国民政府成立后。它对应的校训就是"温、诚、勤、朴"，这四个字颇为符合清末民初女子教育界对"女德"的期待。"今之教女子师范生者，首宜注重于此，务使勉以贞静顺良、慈淑端俭诸美德，总期不背中国向来之礼教与懿微之风俗。"[54]据校友徐修梅的理解，这四字校训在务本校园里并非空头招牌，而是真正得到贯彻的，尤其是"温"与"朴"，可以说是务本女生的"道德标签"。所谓的"温"，指的是温和的淑女主义。"那个时候我们学校是比较老式的，你很难想象六七十年前的小姐们上课，都是文雅得不得了，走路都是慢慢儿的，说话也是轻轻儿的，没有什么打打闹闹，推来推去，大说大笑的。"[55]所谓的"朴"，是指学生生活作风朴素而形成的一派淳朴校风。"当时，上海的小姐们穿得都很漂亮，可是我们学校特别朴素，因为它朴素，所以我们中等家庭的女孩子还念得起这个学校……没有那个奢侈、浪费、说假话，刁钻古怪都没有，这些东西都是被排斥的、批评的。"[56]

从1934年开始，务本这种偏于女性化、存有"贤母良妻"气息的"女德"因蒋介石主导发动风行一时的"新生活运动"而悄然有所改变。所谓"新生活运动"，是1934年由蒋介石亲自发起、南京国民政府主导推行的一场全国性"生活革命"运动。即以中国传统道德"礼义廉耻"为基本准则，以"整齐、清洁、简单、朴素、迅速、确实"为具体标准，从改造国民的"食衣住行"等日常生活入手，实现"国民生活军事化、生产化、艺术化"，从而达到"改造社会、复兴国家"的目的。对于学生而言，则要求通过日常的衣食住行生活"军事化"，做到"整齐、清洁、简单、朴素，同时又要合于现代文明国家的国民的生活，知礼、知义、知廉、知耻"[57]。在这场象征儒家化道德强势回流的"新生活运动"的主导下，20世纪30年代的务本校园里出现了新的女性道德尺度——"新贤母良妻主义"[58]的说法。

> 市立务本女子中学校，为本市年代最久、成绩素著之女子中学。下年度起，更大事整饬，以期完成理想之女子教育，而为本市公私女校之模楷……近据校长阎振玉氏发表谈话，谓本校今后训管，以建设新贤母良妻主义教育为目标，而以新生活运动为方针。该项方案以礼义廉耻为经，以科学化、社会化、职员化、民众化为纬，造成一种新环境、新地位、新立场，以追继五四时代妇女运动之精神，而从事于新道德之建设。家长对此，均表赞同。[59]

"新贤母良妻主义"的提法并非务本首创，而是1932年由有国民党背景的《妇女共鸣》杂志率先提出。它的出现，缘于国内思想文化界的特殊生态。一是"五四"以来新文化推崇个性自由，鼓励"娜拉出走"，传统家庭伦理解体，而现代小家庭也常常风雨飘摇，不利于社会稳固和民族国家建构；二是十多年迅猛发展的女性解放思潮，使都市出现了一种"少奶奶姨太太派"的新女性[60]，她们"误解平等，醉心自由，只知物质的享乐而不知其他，又完全被个人主义所支配"[61]。因此，1934年发起的"新生活运动"，既是对"五四"以来文化和政治激进主义的反动，又是抗战危机中因应国家主义之需而进行的意识形态建构。[62]而受到"新生活运动"推许的"新贤母良妻主义"，不是恢复过去的"贤妻良母主义"，而是继承新文化运动中胡适之所提出的"超贤妻良母"，立足于"已立立人的精神"，实现自我，又服务于社会，达到个人自由、独立与社会责任的融合。[63]换言之，"新贤妻良母主义应该是一种以民族为本位的主义，同时是一种以社会为归宿的主义"[64]。（图3-14）

为了与"新贤母良妻主义"的"民族国家建构"取向相吻合，务本于1934年"新生活运动"兴起后更改了校训，将"温、诚、勤、朴"改成了"勤、朴、勇、诚"，从"温"到"勇"，虽然只是一字之差，但传递出两层含义：一是意图纠正传统女子的柔弱品性，转而塑造坚强勇敢的现代品格，显现出从"女性化"到"男性化"的道德倾向；二是从个体与家庭取向转向服务社会与国家需要。与此相对应的是，这一时期的校歌与德育要求也发生了改变。据1934届高中毕业校友李敏华回忆，她在校时的校歌宣示着对国家民族的热爱，尤其是其中的歌词："时代潮流怒吼，民族生存争求，勉矣哉吾女学之同俦。

第三章　务本与新女性的塑造

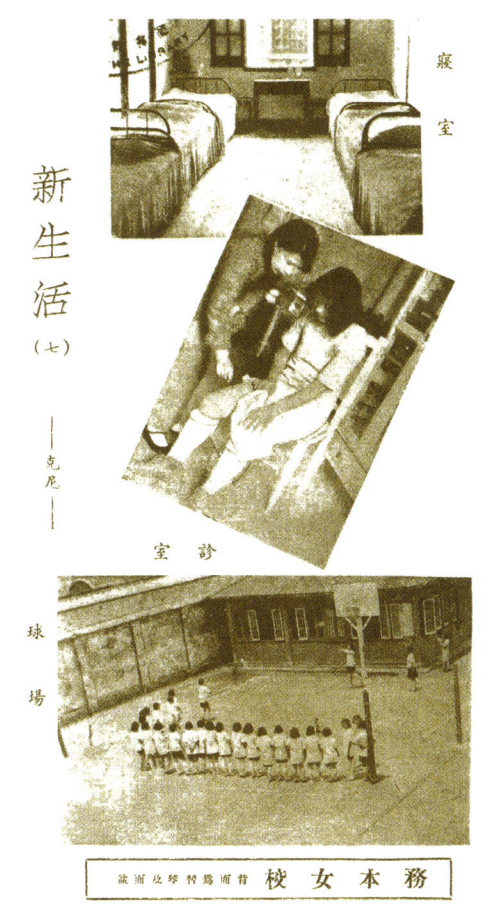

图3-14 "新生活运动"下的务本女学新生活，选自《大上海教育》1933年第1卷第1期

图3-15 1934年市立务本女子中学校的校训、校徽、校旗

长怀吾学校，长耀吾神州。"对于学生操行的考核，初高中阶段要求不同。初中阶段偏向于个体"独善其身"。有尊重、诚实、友爱、勤勉、谦恭、快乐、俭朴、进取、卫生、爱美等细目。[65]而到高中阶段，则为之一变，改为"忠实——竭诚接物，不伪不欺；勤朴——勤苦耐劳，朴素无华；和蔼——待人接物，谦恭和蔼；义勇——抑强扶弱，勇于任事；秩序——遵守公约，注意秩序；礼貌——敬重师长，友爱同学；整洁——衣服用具，清洁整齐；公德——蠲念除私，注重卫生；态度——态度大方，动作有序；言语——言语清晰，词能达意"[66]。相较于初中，这十大标准以"新贤母良妻主义"为圭臬，转为注重公德公约的"社会化"取向。（图3-15）

第二节　体育强身：从普及到提高

从传统"闺秀""淑女"到新式"贤母良妻"，再到"国民之母""女国民"的塑造过程中，知识技

艺、职业分工、道德观念的进化,固然是务本打造近代新女性"能力强大"的核心要素,但若缺乏"身体之强"这一载体,则难免成为无本之木。清末民初,在亡国灭种的民族危机逼迫下,新式学校都注重将"身体"的规训视作建构国民身份认同的基础,其目的都是打造"新民"。对于女学生而言,尤其如此。当时不少知识精英将国人体质的孱弱归结于作为母亲的女性身体的虚弱,称:"盖女子者,国民之母也。一国之中,其女子之体魄强者,则男子之体魄亦必强。我国人种之不及欧美者,亦以女子之体魄弱耳。"[67]在此背景下,废除缠足陋习与强化体育锻炼自然成为当时女校的重要任务。

女子缠足自明清以来甚为盛行,但直到1895年以后,缠足之害才得到晚清官绅的关注与共倡,戒缠足方渐成大势。这固然与甲午战败后女子被赋予生育"强种"的国家责任息息相关,但在如何戒缠足的问题上,晚清论者毫无异议地一致指向兴女学。诚如《迁安遵化天足会序》中所云:"况乎缠足不变,则女学不兴;女学不兴,则民智不育;民智不育,则国势不昌。"[68]梁启超甚至直接地表述为:"缠足一日不变,则女学一日不立。"[69]而兴女学与戒缠足相结合,直接促使女学堂成为宣传戒缠足与实践放足的关键场所。务本女学就是其中的典型代表。

在1907年清政府颁布《奏定女子小学堂章程》与《奏定女子师范学堂章程》,出台女学堂禁止缠足的制度化法规[70]之前,作为国人自办女校之先导的务本已将之列入办学章程,予以施行。据1905年《务本女学堂第二次改良规则》载,"学生天足者不得复行缠足,已缠者则应逐渐放宽"[71]。吴若安也回忆,务本女塾劝学生放足,"一时放足之风影响社会,上门索要放足鞋样者,每日甚多"[72]。此外,教学中亦注意灌输缠足之害。当时,在务本兼授乐歌的沈心工曾特意创作过一首手抄本的《缠足歌》,有14段歌词,配以中国民歌《梳妆台》的乐曲。初刊于《女子世界》1905年4月第11期,歌词删为6段,大意为:"缠足苦,苦难当,女儿哭,叫亲娘,亲娘叫煞象聋。女儿苦,母心伤,硬手脚,软心肠,亲娘也在泪汪汪。"[73]诉尽了缠足对于中国女性的残害,有着强烈的现实批判意义乃至战斗精神。1905年《务本女学堂第二次改良规则》中有禁止缠足的规定。

因此,晚清女塾时期,务本所招收的女生中是很少缠足的。即便有缠足的女生,也是对这种陋习坚决抗争的。如1905年入学的汤国黎,自幼缠足,上体育课时,非常痛苦,但性格倔强的她并不退却,依然坚持参加各项体育锻炼,忍痛同那些"天足"女孩一起练习跑步,不落人后,颇受同学感佩。[74]又如1902年首批入读务本的绍兴嵊县籍女生丁志先,鼓吹妇女解放,与人交谈,言必中国之弱,皆因女界学风未开,劝导女子切莫以抹粉缠足、修饰衣裙自安。她自己深受缠足之苦,在务本女校时就写信劝说母亲为小妹放足,回象山后更肆力动员妇女放足。[75]1903年王晏更等创象山不缠足会,请丁志先开成立会时与会作序,疾病缠身的她,奋然作书,写下了一篇反封建的劝世檄文《不缠足会序》。其中言道:

> 近来中国之势愈发发矣。强邻四逼,日言瓜分。即人人强其身体,以图自立,犹虑不及,何使二万万女子因缠足以致无用。哀哉女子!痛哉女子!抑思他国之女子多自由,我国之女子多束缚;他国之女子多坚强,我国之女子多怯弱。人格高下,相去悬殊。种种原因虽不尽由缠足,而缠足一

事尚不能改,何论其它。言至此,几人泪涔涔下矣!……既值此事变沓来之世,不能力劝同胞稍更缠足之积习,即终日愤激亦复何用。[76]

务本女校除了是近代上海不缠足运动的先行者之外,还开体育运动风气之先。自1894年甲午战败,朝野卓识之士开始践行救亡图存之道,直到20世纪30年代日军侵华,外侮频仍,国难无休,加强体育运动,健全学生体格,一直被教育界视为强种之基、强国之要。而对于女子而言,"其体格之孱弱与乎精神之畏缩,更为不可掩饰之事实"[77],尤其需要强身健体。《女子世界》编辑丁初我曾提出:"矫正身体,厥惟体育。吾女子其急注意!吾办女学者其急注意!"[78]而务本女生对体育运动的积极倡行,正是对当时"女子之教育,断以体育为第一义"[79]的生动诠释。据1934年《上海市立务本女子中学校概况》记载:"本校成立以来,迄今三十有二载,于体育一项,曾蓄极提倡,期以挽闺阁柔弱之风,树民族健康之本。方今强邻窥伺,入于堂奥,国民体魄之训练,日以急迫。本校战战兢兢,益不敢稍后与人。"[80]

早在1902年务本女塾成立之初,虽并无专门的体育课,但在第三学年,即1904年,即在增设的初、高等小学中开设"体操",作为正科,每周3个学时。[81]1905年在中学与师范科设体操,"使身体活泼,精神快乐,并体育上必要之习惯"[82]。虽然只是要求课外肄习,但重视程度丝毫不弱。这可从1906年6月务本女塾成立暑期体操传习会窥见一斑。

暑期体操传习会的成立背景,缘于1906年学

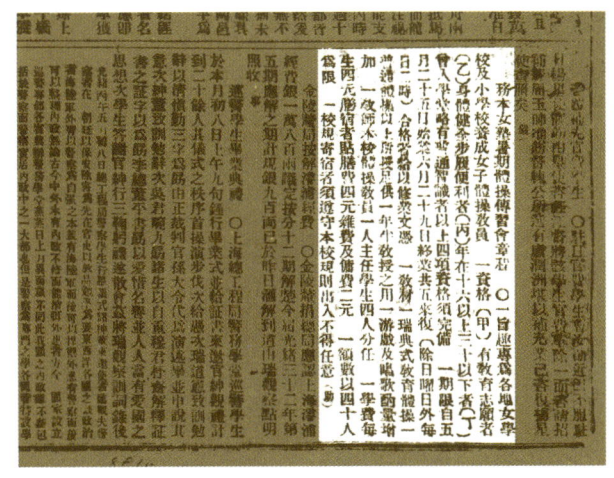

图3-16 《务本女塾暑期体操传习会章程》,《申报》1906年6月30日第17版

部将"尚武"列为学校教育的宗旨之一,是务本"专为各地女学校及小学校养成女子体操教员"[83]而设。报名参加者必须符合四项资格:"(甲)有教育志愿者(乙)身体健全,步履便利者(丙)年在十六以上,三十以下者(丁)曾入学堂,略有普通智识者。"[84]主要训练内容有:"瑞典式教育体操、普通体操,游戏及唱歌酌量增加。"[85]首期学额原为40名,结果报名颇形踊跃,共录取49名,最后期满给予修业文凭时,评定特别第一名1位,甲等12位,乙等23位,丙等13位。[86]虽然人数不算多,但已开当时培训女子体育师资之先河。(图3-16)

与引领体操新风几乎同时的是运动会。《申报》等报刊有不少关于务本女塾运动会的报道,这在第一章中有较多的论述。这些报道既反映了学校举办运动会的情况,更彰显了社会对女生与女性教育的关注度。而就赛事项目而言,约分体操、舞乐、竞争游戏三种,呈现出两个特点:一

图3-17 1921年务本女中四年级生之优秀舞及网球队，选自《妇女杂志》1921年第7卷第1期

是少有高强度的角力型运动，所有项目"均斟酌适合于女子生理，足以助长其体育之发达，而无剧烈过度之流弊"[87]。二是体操一项仍占据相当大的比重，种类繁多，且分中式、美式、英式，中西交融，具有强烈的仪式感与较高的观赏性，满足了时人对于文明的憧憬。（图3-17）

尽管务本女校引领清末沪上女子体操、舞乐、运动会之新风，也曾于1918年江苏省属各校联合运动会上表演棍棒、舞蹈、室内球并获得优等奖状[88]，但整体而言，在20世纪30年代以前，学生体育运动的风气并不盛行。对此，学生并不否认："我务本女校向以注重文学名于海上，对于体育一道，除每星期例有一二小时体操及每日晨操外，其他用于体育之时间及精神可谓绝少。"[89]1928年进入务本的徐修梅也曾回忆："那个时候，很多同学都是文雅得不得了，她们只敢看，哪敢上场的呀！当然，也有几个短跑手，可是百分之八十都是不喜欢运动的，还是带点老式女学生的味道吧。"[90]而当时社会上亦有类似评价："南市务本女塾，平素对于体育上各种运动，均不甚注意。虽校中分别设有运动场所，然学生对之，仍无相当之兴趣，故务本虽负盛名于沪南，但其运动则不为沪人所称道也。"[91]直至1928年秋，时任校长贾佛如聘请北京女子高师体育专业的蹇华芬到校执教后，务本的体育风气才为之大变。课前课后，"辄见向无生气之操场上，乃有无数活泼健儿，跳跃其中，或作竞技，或作球戏，一改往日沉静态度，还其活泼天真之本来面目"[92]。（图3-18、图3-19）

具体而言，首先是体育课堂教学制度正规化，训练项目也不限于原先体操、舞蹈等柔性运动，而是

开始增加各式田径、球类运动，以求综合性、多元化发展。1928—1934年在读的徐修梅回忆道，务本选聘了两位来自北京女子高师体育专业的毕业生，一个是蹇华芬，还有一个是校长王孝英的妹妹王紫芝。她们在体育课上对学生进行正规训练，教徒手操、游戏活动、排球、篮球、短跑、跳高、跳远等。[93]再据1934年《上海市立务本女子中学校概况》记载，体育课程每周高中部正课2小时，初中部正课3小时，其中正课包括以下几项：

步伐：包括各种步伐，及队形队列；
舞蹈：舞蹈之基本步伐，及土风舞等；
徒手操：改正姿势之基本动作；
模仿操：各种球类及田径基本动作之练习；
非正式球类：各种球类之预备球戏；
正式球类：凡有正式规则之球类，如篮球、排球、垒球等；
径赛：如短跑、400米接力、80米低栏；
田赛：如跳高、跳远、掷重、掷远等；
体育常识：体育概要、体育常识及球类规则之分析；
小学体育教材：小学应用游戏、唱歌，及体操、舞蹈等。[94]

其次，正课之外，还有强制性参加的早操、课间操，以及课外运动。早操于"每日7点40分开始，10分钟，到8点就上课"[95]。全校学生必须参加，齐集操场，由体育教师指导练习，是为"养成早起习惯，振作精神，严守纪律"[96]。课外运动则于每日课后练习球类及田径赛，每学

图3-18　1933年务本学生课外活动集锦

图3-19　1934年务本女篮队

期（除校外各种比赛）有一二次之级际比赛，由学生自治会体育股发起，各级必须加入，成绩最优者，由学校发给奖品，以资鼓励。[97]当然，有激励也有处罚，为保证体育运动的强制性与参与度，学校制定了专门的请假规则："无论因病例

图3-20　1933年务本女中学生参加上海市第二届中等学校运动会获得佳绩

图3-21　夺得女子组锦标之务本田径队，选自《图画时报》1933年第925期

假等，或到校未到操场者，未经体育教师许可，作旷课论；每人每月准例假3天，但仍需按时至操场旁听。"[98]（图3-20）

之所以要求学生强制性参加，乃是出于体育普及化的考虑。1931年上海市教育局的《市立各中学视察报告》中谈到务本的问题在于"惟提倡体育，宜求普及，俾全体学生均有练习机会"[99]。1933年出任校长的阎振玉也曾言："本校体育在沪上确具悠久之光荣历史，惟以同学体育兴趣及体育程度论，尚未臻达最高峰，故在此情形之下，先设法使同学对于各种运动有学习之机会，更从初中起实施强迫课外活动，养成体育兴趣，以收普及之效。"[100]至1936年左右，该校体育运动普及化目标已基本实现。1936年10月9日，务本借市一体育场举行秋季运动会时，《申报》报道"该校体育素以普遍著称，故全校学生参加竞赛者达四分之三，精神蓬勃，教职员亦均莅场鼓励……各项成绩尚佳"[101]。（图3-21）

在全校体育渐趋普及的基础上，务本还孜孜以求另一更高的目标："提高全校体育程度。"[102]所谓的"提高程度"，就是须有一两门体育强项在上海乃至全国女子学校中脱颖而出，领袖群

伦。梳理相关校史文献可以发现，务本将实现"提高程度"之目标锁定在球类运动上。在1928年划归上海特别市立之前，务本略负名气的是捧球（非棒球）、队球（今排球）；而在市立时期则以排球咤叱称雄。关于捧球队与队球队的成立时间、训练情况，并无太多史料介绍，不过据一些零星的报道可知，其战绩可圈可点。如《青声周刊》1917年第5期、第6期连续报道务本捧球队与妇女青年会进行友谊赛，称"务本女校捧球队成立以来，声名卓著，成绩斐然"[103]。此次比赛，请西人汤慕圣为公正人，双方两队能手健将尽出，锐不可当，"而务本队员尤为勇猛"[104]。最终，务本以40:13大胜青年会。与捧球队一样，队球队的球技水平在当时也受到新闻关注。（图3-22、图3-23）

1926年12月15日《申报》曾报道务本女中队球队连胜教会学校惠中女中：

> 上海国立务本女中学队球队素负盛名。上星期日，以六十三与三十五之比胜惠中女中。十二日，又赴惠中作友谊比赛，结果又以五十九与五十七之比胜之，请张宝如女士为评判。张女士即系该两校之教员，以球艺论，则务本以熟练及活泼胜，惠中颇能再接再厉，精神亦殊不弱云。兹附务本球员名张璧如、童登琮、庞桂英、沈祖环、李坡、左绍芬、夏武英、凌其慎、凌菊如、曹蕴贞。[105]

相比捧球，务本球类运动中声威最为煊赫，且在上海乃至全国体育界占据一席之地的，非排球莫属。关于这方面，来自学校、学生、社会的

图3-22　1933年上海市中学联合运动会之鳞爪：女子400米接力赛跑优胜之务本队（最上图自右至左：萧杰英、张蕙英、王韫白、邝少桃）

图3-23　县立务本女子中学校棒球队摄影（1917年）

图3-24 务本女排队（1929年）

评价均高度一致。如1934年的《上海市立务本女子中学校概况》称："球类一项，本校特注意排球之训练，数年以来，曾获得相当之成绩。民国二十二年秋代表上海市出席全国运动会，获得全国女子排球冠军。"[106] 1934届高中生徐修梅曾口述："务本女中有个特点，它的排球、女排打得很好，她们是上海有名的务本女中排球队……因为务本的排球好，每个班级拼命培养排球苗子，一天到晚就是个排球。"[107] 至于社会评价，更是得到公认，兹引1929年务本排球队成立不久后的两段报道如下：

> 记得在三年前，务本还是一个大门不出，二门不入的黄花闺女，自从露了腿的运动方式普遍了上海后，务本的排球就使每个滚在空气中的脑袋有了一种很深刻的印象。不过，务本虽则名播江南，但名之得，惟在排球耳。[108]

> 过去的务本，在上海体育界，并没有露过头角。但是近几天来，他们对于体育上很是努力，有排球队和篮球队的组织，天天从事练习。其中，排球队的成绩，尤多足道者。曾经和别校比赛过，胜利到归大半，初成队伍的成绩能够这样，实在很足敬佩。[109]（图3-24）

务本女生引入排球运动，不晚于20世纪20年代初。1921年，云南高等师范学校毕业生曾赴江浙一带参观考察教育，来到务本校园，"见彼等女生分大小两组，练习排球，能恪守规律，流露其亲爱自然之现象，足见对于运动有兴趣而不畏难也"[110]。但正式成立校级排球队并逐渐崛起，是在1929年春北京女子高师体育专业的蹇华芬到校教授体育之后。对此，当时《申报》有明确的报道："务本女中向无排球队之组织。今春蹇华芬女士担任体育指导事宜,对于排球竭力提倡,且球员如雷舜琴、薛志洁等,对于排球素有根底,张璧如、李坡等、对于运动上均具有相当程度。故自组织以来,进步甚速,曾一战而胜裨文,再战而克大同,声誉之隆,无出其右。"[111]

自排球队成立后,至全面抗战爆发前,由于训练有素,球技超绝,战绩卓越,叱咤球坛,受到沪上女子体育界的高度关注与报道,因此至今留下来的文字记载、图像乃至于实物都相当丰富,涉及女排的方方面面。如关于队员的形象风采,据学生贾观晴回忆,当时务本女排队成立之时,队员共24人,自己设计运动服,上装白色领袖翻领,下装兰(蓝)色短裙,前后两次设计,前者背面有"wp"英文字母,后者前面有"务本"两中文字。[112]如关于排球的打法,与今日女排运动差别很大。据徐修梅回忆:"那个时候,打排球位置是不动的,不转的,不像现在六个人是转的,那时候,1、2、3一排,1、2、3两排,1、2、3三排,这个Center(中心,指二排二号位)是最重要的角色,而且是固定不转的。"[113]

其中,关于务本排球队最多的记载,当属赛事场面。自1929年组队至1932年四载之中,务本女排先后与上海、苏州、广东等地的女排劲旅展开校际友谊赛、市级锦标赛的切磋较量。至1931年"时报杯"首届女子排球锦标比赛前,务本的主要对手是两江女子体育专门学校、裨文女校、民立女中、广东女子排球队,结果是胜多败少,逐渐奠定"一枝独秀"的地位。先后获得"市一体育场首届女排球锦标""第一次全市运动会女排球亚军""时报(杯)首届女排球冠军"[114]。以下摘引几段务本与上述学校的赛事报道:

务本女中排球队自战两江后,前日又与裨文女校作友谊比赛于该校操场,裁判员胡宗藩。第一局十比十五,第二局二十比六,结果二与〇之比,务本胜。[115]

十九年春,本市第一次全市运动会中,本队得亚军资格(冠军为民立校友队),被选为上海女排球乙队,出席同年五月之全国运动会于杭州。战胜江苏女子排球队,旋为广东队(决赛结果为全国冠军队)所败。[116]

(十九年)六月中,代表中华女排球队出席远东运动会之广东队,休战归来,暂息沪上;本队极诚受教于中华田径场。不意相别仅一月,而胜负乃大异,广东队竟以二与一之比败北,本队得此意外之鼓励,课外练习乃愈勤。[117]

二十年三月,时报发起首届女子排球锦标比赛。转战结果,本队与民立队又复狭路相逢,各抱必胜之心;本队以稳固连络之阵势迎敌,敌终不得乘,结果遂以三与一之比重制民立,夺得时报杯,奏凯而回。[118]

  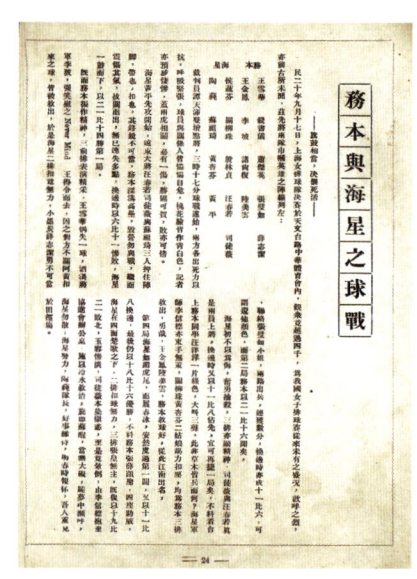

图3-25 《务本与海星之球战：旗鼓相当，决个死活》，选自《体育新声》1931年第2期

自1931年9月开始，上海女排球界中忽有"海星队"之突起，该队"乃集合民立校友队及广东队之精华组织成之，若苏祖琦、司徒薇、汪春若、陶蓴等均为中国女排球选手"[119]。作为集务本旧日劲敌精锐于一身的"海星队"，自组建后，备受女子体育界看好，与务本形成了"双雄争霸"的格局。两队先后在1931年9月第二次全市运动会女排锦标赛、1932年10月上海中国青年会女子排球锦标赛、1932年10月底中华田径场慈善赛进行了三次交锋。当时，不少媒体都预言两队的球技实力旗鼓相当，难分胜负：

> 务本女校的排球队，本是上届的冠军。有惊人的球艺，这次因为要保持上届的冠军，所以日夜拼命的练习着。她们的队长薛志洁小姐，是富有领导手段一位，并且也是久战沙场的一位。所以照我们的预料说，务本仍有冠军的希望，与务本并驾的海星队，队长是陶蓴小姐，该队也是非常利害的。近来又狠命的在优游健身房内练习，对于球艺上也有长足的进步，或可与务本争雄，幸获冠军也说不定。[120]（图3-25、图3-26）

结果出人意料的是，均为务本三胜。尤其是1931年9月第二次全市运动会上，首次以三对一击败海星队，夺得上海全市女排锦标，并以冠军资格，全数选派为出席全国运动会女子排球之上海队。至此，务本女排已达晋级全国赛事的巅峰水平。[121]（图3-27）

务本女排之所以能保持常胜的战绩，其实并非偶然与运气使然。除了主观层面的刻苦训练、勇于拼搏精神外，还有两个方面的制度化优势。一是崇尚绝对纪律化。"每晨上午六时半起，至上课期间，为练习时间，非有病或重大事故，不得缺席，无故缺席及迟到者，当众处罚。故自成立后半载之内，队员精神，始终一贯，故缺席者固无，即因不及准备，以致迟到几分钟者，亦仅三数次而已。"[122]钢铁一般的纪律，练就了一支严格服从、军事化的女排"娘子军"。二是重视加强队伍的传承与相继，保证不会因为学生毕业而出现队员断层的窘境。对此，徐修梅的回忆中有较为有力的说明：

> 初中的时候么，我就开始打排球。但那是我的大姐姐们打的，我就天天看，在边上看，她们是甲队，为什么叫甲队呢？因为后来我们有一个乙队。甲队是常常出去比赛的，的确打得很好！乙队呢，不怎么样，我就是乙队里头。我们不是候补队员，甲队都是大姐姐，都是高中生，乙队多半是初中生；为什么缘故呢？因为学校知道，她们马上就毕业了，就后继无人了，就组织了一个乙队。等到我们进高中（甲队）的时候，又组织了一个乙队，非常重视这一点。[123]

从晚清至民国，无论是普及层次的体育课程与课外运动，还是提高意义上的排球比赛，从主题的演变脉络来看，是在延续最初"尚武"以服务于"强国强种"的宏大主题的同时，也在时代潮流中逐步

图3-26 "时报杯"排球赛之务本与民立交锋场景，选自《图画时报》1931年第747期

图3-27 1930—1933年务本女排的"光荣时刻"

发生变化,渐有回归个人"身体",为强身养德而体育之趋势。至1934年,《上海市立务本女子中学校概况》记载的体育目标是:"本校按体育之普及、运动之进展、青年之兴趣、日常之需要,暂定体育目标于左。(一)普遍的锻炼,良好的体魄,正确的姿势;(二)注意各种技能之运用,增进肢体反应之灵敏;(三)参加各种团体运动比赛,借以养成忠勇守法诸公民之道德;(四)适应日常生活之需要,养成卫生之习惯。"[124] 从这些目标中可以看出,务本体育已对原先聚焦的救亡主题有所纠偏,转变为融"身体""技能""道德""卫生"于一体的现代体育理念。

第三节 日常生活方式的新形塑

以务本为代表的近代国人自办之女校,在"国民之母"和"贤妻良母"的旨归规训下,女学生既要符合现代意义上新女性形象,又要保有传统的妇德。这种介于新旧之间、中西之间的角色塑造,不仅在社会秩序的新陈代谢过程中扮演着重要而特别的角色,而且也正悄然改写着女性自身生活方式。而生活方式的新变化与新突破,正是近代女性解放与"女权革命"最能看得见、摸得着的面向。

服饰装扮作为构成女性特有身份象征与认同的重要因素,是考量日常生活方式演变的基本维度。与教会女校学生穿戴趋向"全盘西化"不同,务本女塾自创办之初就对女生服饰装扮要求颇严,无论来自富裕还是普通家庭,一律禁止奢华,提倡俭朴。如1905年的章程明确规定:"帽鞋衣裤,宜朴净雅淡。

图3-28 务本女塾早期学生装束风貌,选自《女学报》1902年第2卷第2期

棉夹衣服用元色，单服用白色或淡蓝。脂粉及贵重首饰，一律不准携带。"[125]吴若安也回忆务本女塾时期崇尚朴实："学生衣着一般比较朴素，夏季上衣多为白色，冬季多为深色服装。在生徒规约第一条，即明确提出：起居容服，必朴雅整洁，勿效时装。学生多能恪守，社会有所好评。"[126]（图3-28）

1912年9月3日，教育部公布《学校制服规程令》，明确规定"女学生自中等学校以上着裙，裙用黑色，制服质料，以本国制造品之坚固朴素者为主"[127]。由此，"校服"的概念才开始正式形成。不过，对务本而言，起初并无采用这项整齐划一的着裙令。据1921年菲律宾华侨教育考察团考察务本时发现，"学生无一定制服，衣裳却甚朴素，可矫沪上女届花红柳绿之服饰"[128]。直至1928年划归上海市立之后，务本学生开始统一穿着校服，且鉴于女生易受浮华风气影响，特别强调选择国货布作为制作校服之用。[129]如1928年后进校的徐修梅回忆："我们那时候都是穿校服，就是学校指定的布做的旗袍吧。当时，上海的小姐们穿得都很漂亮，可是我们学校特别朴素……因为我们学校还是比较老式的，不是追求时代（尚）的，不许穿自己的衣服。"[130]曾在校执教的曹聚仁也有清晰的回忆：

> 务本女中学生，都是穿朴朴素素的布校服，谁也不曾浓妆艳服过。我这一教师，也只穿了一件阴丹士林的蓝布长衫，跟校工差不多。有一回，我陪着她们去参观申新九厂，特地穿了一件绸衫；她们一看就说："这就不像我们的教师了！"[131]

装扮方面，民国以来继续沿承清末的素雅之风，禁止化妆，由训育主任严格监督执行。对此，徐修梅回忆道："我们每天早上出早操，如果哪个同学搽了胭脂，那个时候，搽口红不敢了，根本不敢，就是搽了一点胭脂，脸上抹一点红，她（训育主任）就拿一块白手绢，在大庭广众之间，就帮你擦了。"[132]训育主任这种"不近人情"的做法，尽管引起不少学生的反感，但由于这项规定是所有的人都不能化妆，一视同仁，做到了公开、公正、公平，也能让大家心服口服。而对于当时女生界装束日趋奢华之风，务本女生亦敢于批评。如1926年务本学生周凤宝撰文认为，女子装束过于奢华，"既废金钱且伤天然之容貌，至于穿耳亦为轻视女子之一端"，因而主张"女子之装束，以朴素清洁为最宜"，并呼吁"我深愿读书明理之女子，力尚俭朴，勿为习俗所迷"[133]，从中亦可证明禁奢崇朴已内化为自我的规训与要求。

务本女生尚俭禁奢的"保守"校风，不仅表现在服饰装扮上，而且还延伸到两性的交往。尽管清末民初的务本校园内是清一色的女生，也少有已婚为妇者，但在读期间已订婚者却大有人在。对于这些已订婚的女生，务本与当时沪上其他女校一样，并不阻挠与剥夺男女双方正常交往的权利，但女生只要身处校园之内，未婚夫前来看望，都会在言行尺度上受到校方一定的限制。对此，徐修梅曾在接受采访时回忆道：

> 告诉你一个笑话：我们同学中不是有订婚的吗？她们的未婚夫不是来看看他们的未婚妻吗？多

半都是礼拜六来看看她，接她出去，有时候也不是礼拜六，下午四点以后，没有课了么，就来看看未婚妻。他们在会客室里谈话，我们的训育主任就在窗子外头，没有窗帘的，她就在外头走过来、走过去，走过来、走过去，一直要等到这个未婚夫走出校门，她才停止不走。就这样子。现在的同学听了一定很奇怪，但实际上不奇怪，我们那个学校是老式的吧，带点封建，就是不许轻举妄动！[134]（图3-29、图3-30）

务本校风，虽然偏于老式与保守，但并不代表它没有趋时开新的一面。在清末民初国人剪发风尚中，务本女生就是身先士卒者。晚清政府对女学生的发式有明确规定："女学生不得簪花傅粉被发，及以发覆额。"[135]就是说，即使头发太长盖住额头亦不合女校规。只可惜当时风气未开，连推行了半个世纪的不缠足运动都不能被绝大多数民众接受，更何况是剪去扮美女性的长发。但在1904年，务本女生中已有学生何亚希撰文分析，梳理长发耗时费力，耽误学习，故从节省精力一心求学的角度提出应当剪发。"梳发之时，虽不费数时，然光阴比金银可宝。今变法之人，大半皆剪辫发。此等人甚爱时候，梳头虽不费大功夫，而光阴已去，后不再来矣。"[136]到了五四运动前后，女学生以剪发作为革新的象征而剪成齐耳短发，进步女性的剪发开始频频发生。至20世纪30年代，务本校园中除极个别留辫外，绝大部分女生，都已剪成短发，一变为干练利索形象。对此，徐修梅回忆道："那个时候，烫发也不是很流行的，有人有辫子，我们那个时候，都把头发剪掉了！短头发。有几个保守的，家里比较封建的，辫子还不让剪掉，有的两个辫子，有的一个辫子，百分之九十的人都是短发。"[137]（图3-31）

尽管务本女生的服饰装扮偏于朴素低调，但其装扮样式与其他女校女生大同小异，"一个个都是大脚皮鞋，上面前刘海，下面散腿裤，脸上都架着一副黑晶眼镜，二十多人，都是一色打扮，再整齐没有"[138]。这种女生打扮一度成为清末民初商业社会争相效仿与消费的对象。一个主要表现就是女生装扮受到追捧，成为一时之审美风尚，甚至不乏妓女模仿冒充，借以牟利。时有务本女生薛文华品行不好，受到革退，便仍"挂着女学生的招牌，在外招摇"[139]，经营台基生意。当时的社会调查如此写道："十年前学堂里的女生，是社会上的一种点缀品，她既挂了一块女生招牌，自然格外可以招徕淫业。"[140]由此可见，学生装具有身份建构与文化象征作用，将女学生区隔成为与一般女性不同的特殊人群，使之成为新女性的符号标志。

不同于旧塾、书院的新式学校，务本自清末创办后就经常举办一些公开或半公开性质的时尚活动，既丰富学生的日常生活，又使之受到现代文化的洗礼。最常见的当属恳亲会与游艺会。务本恳亲会在清末女塾时期就已开启。为了联络家庭，展示学生学业情况，1907年6月的第一次家庭恳亲会，共邀请男女来宾400余人。学生们在会上表演学艺，内容包括国文、物理、博物、地理、数学、历史等课朗诵或讲演，更有风琴独奏、管弦合奏、心理问答和算术游戏。会后还安排了参观和茶话环节。[141]对于当时从乡土私塾而来的学生而言，这种知识才艺展示形式无疑是别开生面、新奇时尚的，"均足激发精神，鼓动兴趣，于德知体三育三致意焉"[142]。恳亲会的传统一直延续到民国时期，且在内容上不断加入西式元

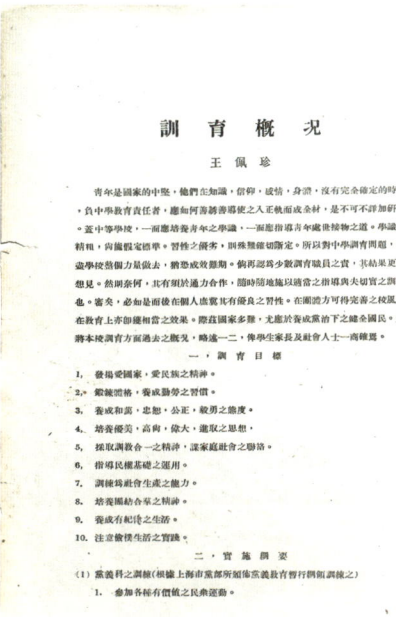

图3-29 王佩珍：《训育概况》，选自《上海市立务本女子中学校年刊》（1933年）

图3-30 训育主任金葵声等，选自《上海市立务本女子中学校年刊》（1933年）

图3-31 1934年高中普通科毕业生在上海市政府前的毕业照

图3-32 务本女中高中普通科毕业生在黄家阙路教学楼前的毕业照(1934年)

素的节目,如英文诗朗诵、新剧、歌舞、滑稽戏,颇受学生与家长之欢迎。(图3-32)

游艺会,要稍晚于恳亲会,是民国年间新式学校一种常见的校园文化项目,一般包括游戏、演讲、舞蹈、体操等,它不仅展示了学生学业成绩和精神面貌,客观上也推广了都市时尚文化。务本的游艺会于20世纪20年代就见诸《申报》记载,多由各级自行组织,如每逢毕业季、法定节假日、校庆日等节点。至1930年9月成立学生自治会后,游艺便设有专门的"游艺股"统一组织[143],会场招待周到,秩序整齐,被誉为"在沪市各校,是数一数二的了"[144]。(图3-33至图3-36)

从游艺会的内容看,歌剧、话剧表演是最火热、最闪亮的节目。如1922年7月毕业生游艺会上,"中学生演西文歌剧《牧鸭童遇妖》;高三学生演新剧《孔雀东南飞》"[145]。1930年元旦后一日,务本一九级学生举行盛大的游艺会,全程表演了三幕话剧,分别是《艺术家》《探亲相骂》《一封书》(原名《妹妹的错》)。[146]既有滑稽喜剧,也有悲壮哀剧,博得观众喝彩与共鸣。尤其是"一封书"剧情中,"当读'闺中少妇不知愁'的一首闺怨诗时,真是音调铿锵、情意婉转,博得采声无数;当误会来书宣告离婚时,呼天喊父,痛哭失声,看客很多为之洒几滴同情热泪的"[147]。

由于这些演剧的剧情主题与角色装扮大多具有浓厚的西式时尚元素,无论是表演者还是观众,都易将自己代入剧中角色,让她们充分认识到自身可以不再是传统意义上的贤妻良母,从而在心灵与精神上得到"现代性"的洗礼。较有代表性的就是主张男女平等,争取妇女解放主题的话剧,拥有广泛的群众基础,深刻影响现代"新女性"价值观念的塑造。诚如吴若安所言:

图3-33 务本女学学生自治会成立纪念,选自《上海画报》1930年第584期

图3-34 1921年务本二十周纪念之际,校友演《社会之蠹》新剧化装摄影

图3-35 务本女中教师黄雅娥、谢彭年、柏觐候、袁善徵老师在教学楼前合影(1934年)

图3-36 务本女中教师谢彭年、柏觐候老师在后花园合影（1934年）

在女塾读书时，同学们有个共同理想，希望中国妇女有朝一日得到解放，能与男子平等，同为社会服务，为国家工作。在一次活动中，我们就曾演出一幕妇女解放的话剧。剧中许多妇女都与男子一样参加工作，满台都是女的：女警察、女司机、女工人、女教员、女官员等等。这次演出又一次反映了女同学对摆脱封建压迫、争取妇女解放、男女平等的强烈愿望。[148]

当然，若论覆盖面最广、公开度最高、仪式感最强的校园活动，还是一年一度的毕业典礼。自1904年诞生第一届毕业生开始，务本就将每届毕业典礼都打造成向社会各界展示女学成就的盛会。当时的《申报》《新闻报》《时报》都十分关注，每届毕业典礼，必有篇幅报道，颇极一时之盛。兹引1904年7月17日的首届毕业典礼场面如下：

六月五日为上海务本女学师范科毕业之期，以午后四时始，以六时止。

参观者五百余人。毕业式：一全校学生合唱乐群歌。二经理人报告该校创办以来之历史及此次

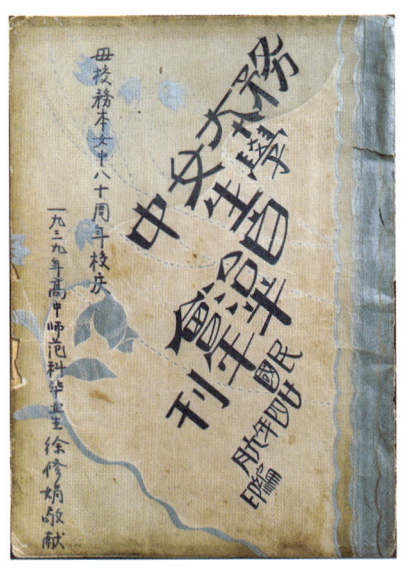

图3-37 《务本女中学生自治会半年刊》（1935年6月），1939届师范科校友徐修娟捐赠

图3-39 务本女学一九级游艺会《一封书》之一幕，选自《图画时报》1930年第628期

图3-38 《务本女中学生自治会半年刊》（1935年12月），1939届师范科校友徐修娟捐赠

图3-40 务本女学一九级游艺会中《游艺家》之演员，选自《上海画报》1930年第547期

毕业生之学业，三来宾演说，四给凭，得凭者共十人……五同学致颂词，六同学祝歌，七毕业生致答词。八合唱毕业歌。是日来宾过多，庭为之塞，多有因无请帖而向隅者，诚吾国女界第一之盛举也。[149]

关于务本毕业式参观来宾的身份，有学者做过梳理，既有政府官员、有影响力的绅士名流、教育界人士、学生家长，也有外校学生。从来宾性别来看，多为女性。有些活动，也采取男女嘉宾分日参观的方式对外展示。[150] 而从毕业式的流程与参与来看，显示出相当高的社会关注度与文明尺度。（图3-37至图3-40）

第四节　学运和学潮：政治意识的觉醒与成熟

生长于清末民初的新知识女性刘王立明曾对当时的教会女学和私立女学进行对比，她指出：教会学校毕业的女生"其间不少浮华之辈，偏重欧化，不谙国情，而多半能刻苦耐劳，注重家事，对于社会事业，有极浓厚的兴味"[151]；而国人自办的务本和爱国两校"课程完美，教授有方，所以毕业的女生大多数能应对国情，参加种种爱国及妇女解放运动，但她们对于家事及社会事业的兴趣，则没有教会女生的那般浓厚"[152]。这番判断所揭示的一个耐人寻味的现象是，近代女校学生意识中，家与国有分离的趋向。但不同的是，外国教会学校女生重"家"不重"国"，而以务本为代表的国人自办女校学生，却国家意识强于家庭主义。

诚然，清末新政时期，国家内忧外患，各种政治运动，此起彼伏，女校以及女学生作为一种新生的社会力量无可避免地卷入到风云激荡的社会变革运动中，在当时已不是罕见的现象。这种现象是对历来女性"主内"（家庭内部需求）、"拒外"（社会外部领域）旧传统的反动。据海外学者研究，这些投入社会运动的知识女性"通过接受家庭之外的学校教育进入了公共领域，这预示着精英态度的一次重要转变"[153]，这挑战了"妇女应该远离公共领域而保护自己的贞节和品德"[154]的传统观念。不过，令人有所不解的是，务本女校不像晚清资产阶级革命派因反专制、争民主而创办的爱国女校和宗孟女校，"假借办学之名，而行革命之实"，它一向以校风温和与保守而著称，却为何也会涌现出一大批关注社会变革、妇女问题的活跃参政者与社会活动家，从而在清末民初风云变幻的政治风潮与如火如荼的学运学潮中留下浓墨重彩的一笔。

梳理相关史料可以发现，务本女生介入社会运动有多种形式。较为常见的是围绕社会变革和斗争主题，当众展开演讲，发出号召、引导民众。早在务本女私塾成立的第二年，即1903年4月30日，各省寓公因东三省问题在上海张园安垲第集会，声援拒俄运动，议立中国四民总会时，到会各界人士1200余人中，爱国学社、育才学堂的学生戎装整队而来，爱国女学、务本女学的学生也都出席。[155] 1905年的反美迫害华工运动中，务本女生张昭汉、王湘龄、廖斌等人就参加了当年7月19日在上海广西路榕庐召开的百余人规模的上海女界抵制美货大会。三位女士先后登台，发表演说，为抵制美货出谋划策。如张昭汉提出，一方面应当"劝化家族乡里"，一律不购美货；另一方面应当"运动资本家，亟兴工业制造以济本国之用"。[156]王湘龄演说了抵制之策，指出"当使美国实有所损害，方得见效"。廖斌也发表演说，坚持不购美货主义。[157]

1911年，浙江人民发起反抗清政府向英国借款修筑苏杭甬铁路的风潮，上海为了支持这一运动，由章炳麟、陶成章领导的光复会外围组织浙江旅沪学会进行活动，发起成立了由经蕙贞负责的上海妇女保路会，当时正在务本就读的汤国黎积极投身于这场运动，通过演讲宣传，并成为骨干分子。据辛亥老人、务本女校教师沈瓞民先生回忆，"汤国黎系上海务本女学高才生，积极参加保路拒款运动，经常在愚园、锡金公所讲演，宣传保路拒款，听者激动，女界认款支持者甚众"[158]。据汤国黎孙子章念驰记述，章家至今还珍藏她当年认购的保路股票若干张，其中一张还有她的亲笔题字。

罢课与游行，也是务本女生参与政治运动的重要形式。1919年五四运动爆发后，作为沪上女界的中坚力量的务本女生，积极参与由上海公私立中等以上学校组成的上海学生联合会发起的各界游行示威。由于游行队伍秩序良好，声势颇佳，引来冒充，以图破坏。"有女子数人，自称务本学生，服装离奇，手持救亡日报，沿街兜售。"[159] 5月26日，上海学生联合会实行总罢课，并赴体育场举行罢课宣誓典礼，参加宣誓的52所学校中，女校14所，务本就是其中之一。[160] 罢课后，上海学联又推动商界抵制日货，务本学生又奋起响应。如据学生贾观晴回忆，她当时是班级中抵制日货的积极分子，不仅勇敢地在公共场合站在长凳上大声疾呼，还与同学到十六铺咸货行，看到东洋鱼（一种鱼体像梭子，鱼肉又红又硬的咸鱼），就把火油浇在上面，点火燃烧，使咸货行不敢出售日货咸鱼，其他店铺见状，纷纷停止销售日货。[161]

基于务本女生出众的演说与号召能力，上海学生联合会特在该校设立务本学生分会。该组织成立后，奔走呼号，不遗余力，曾先后发出《劝告各界书》《致商界通启》，大力号召提倡国货，抵制日货。如在《劝告各界书》中，务本学生分会"劝告军界同胞改用国货；劝告政界同胞提倡国货；劝告商界同胞，制造国货；劝告学界同胞，劝用国货；劝告女界同胞，注意国货；劝告各界同胞；扶助国货"[162]。情、理、势三者兼胜，振聋发聩。（图3-41）

在革命救亡运动的重要关头，女子虽然不能像男子一样冲锋陷阵，但利用其特殊资源与才

图3-41 演讲优胜者，选自《上海市立务本女子中学校年刊》（1933年）

能，为战事募集善款或提供战地救助，也是务本的特色与优势。

如辛亥鼎革之际，务本女校与务本女生的特殊表现成为上海光复的一道亮丽的风景线。1911年11月底，为表达女界对辛亥革命与上海光复的支持，吴馨、沈缦云、唐露园、伍廷芳等上海绅商名流的夫人，以及姚蕙、唐金玲、王嵩龄、程颖等女校师生，本着"我女同胞既不能尽力战事，则募饷为应尽之义务"[163]的初衷，发起成立女界协赞会，会所就设在西门外黄家阙路务本女塾校址，主要活动是筹粮筹款，支持北伐。之所以选务本作为大本营，无疑是看中它在女界中举足轻重的社会影响力与倾向革命的政治主张。直

到1911年12月25日，孙中山从海外抵达上海，沪军都督府安排他暂住务本女塾内，女界协赞会才择地迁移。

除此之外，务本女生还亲自参与了辛亥之役的前线救助。1911年，巾帼豪杰黄绍兰在沪军都督府支持下，组建上海女子军事团，准备北伐，上海各界有志女士纷纷入伍，共有队员70人，平均年龄20岁左右，多数为爱国女校、务本女校的学生。1911年武昌起义爆发后，爱国女医生张竹君发起成立上海赤十字会，本着"人道主义，救护因战受伤之人，不论何方面人，是同一体"[164]的宗旨，前往前线，救治伤员，个别女校学生也跃跃欲试，"闻务本女塾毕业生某某二女亦愿随往。此外，闻有是役者，多纷然请同行"[165]。对此，时论不乏称赞之言："此果我国女界之创举。所尤奇者，闻某学堂学生多有愤然愿往者，吾国女界之不畏艰险而热心慈善，其进化乃至是乎。"[166]

务本的创立为妇女求得解放，以自己的学识，争得应有的社会地位，做出了切实努力。在此期间，学校始终以比较严谨的治学态度培养教育学生，以"勤朴勇诚"的校训严格要求学生，当时务本的学生，学习上刻苦，生活上俭朴，在社会上产生了影响，在政治上爱国、有志气、敢于斗争，也受到社会赞扬。1925年，务本女中参加了学联组织的声援五卅工人斗争。1926年，"三一八"事件发生，北平军阀残害女学生的消息传到上海，务本女中的学生举行了殉难烈士追悼会，教师朱大可写了祭文，会上由沈凤芝朗读，引起师生对军阀的愤恨。

务本女生之所以政治运动参与度较高，与学校相对宽容开明的氛围和一批注重学生民主与革命启蒙的老师的引导不无关联。务本校友、中国妇女参政领袖之一的张昭汉，曾在接受记者访问其求学时代最值得回忆之事时，描述了清末在务本求学时加入同盟会，秘密进行反清革命，被校长吴馨发觉约谈，结果并无被罚，反而得到精神赞赏，由此可见当时务本女塾对革命者之宽容与开明：

> 予髫龄时，于甲辰丙午间肄业于上海务本女子中学，维时已加入同盟会，从事革命运动。当时清廷搜捕甚严，故予行动极端守秘。一日，校长吴怀疚先生召予至办公室问曰："尔为何加入同盟会而从事革命工作乎？"予知其已检阅予往来信件而发觉，因对曰："满洲以异族而入主中夏，施行专制淫威，压迫我民族，桎梏我民智；使我民族不能发展，国势日渐衰弱，凡我汉族，均应起而加入同盟会，一致团结，推翻异族政府也。"吴曰："此事危险殊甚！万一将来发觉，慎再株连学校也。"予正色曰："大丈夫任事，敢作敢当，予一人作事，当以一身当之，决不累及他人也。"吴闻而莞尔曰："勇猛哉孺子！"[167]

即便是1928年务本归属上海市立，在受到国民党党化教育意识形态主导的背景下，仍不乏支持进步学生运动的主校者。如1929年出任务本校长的王孝英，原为五四时期北京女子高师的学生领袖，曾发起北京女子参政协进会，是当时女权运动之健将，思想前卫开放，深具民主与革命精神。她掌校后，聘请了一批北京女子高师出身，经历五四运动洗礼的名师，不仅给学生们灌输"国家兴亡，匹夫有责"的思

图3-42 1931年"九一八"事变后务本女学之军事训练，选自《女学生》1931年第2期

图3-43 1933年务本学生救国工作场面集锦

想，而且在"九一八""一·二八"事变期间发动并组织学生投身爱国救亡运动。据1929—1935年在校的李敏华回忆，1931年"九一八"事变发生时，她正在读初三：

> 这消息传来是在晚上自修课的时候，那时同学们年纪都比较小，大家禁不住就在各自的教室里哭起来了。同学们非常愤恨：政府居然毫不抵抗地撤出了整个东北！这时教务长曹一华先生走进了教室，他用很响、很严肃而气愤的口吻对同学们说："你们哭什么！哭又有什么用！你们应当用行动表示。"之后，他又继续向同学们讲了一些形势，并且告诉学生："我们应当采取行动，应当向政府抗议，应当要求政府抗日。"第二天，学校在礼堂外的操场召开了全体（包括中、小学部）师生大会。校长王孝英给大家做了很长的演讲，她号召大家说道："我们应当向政府要求抗日，同时要排除日货及洋货，要训练自己来参加武装中国的活动……"同时，学校里也开始了军事训练，举办了抗日运动展览会，将学生制服改用国产土布。[168]（图3-42、图3-43）

李敏华坦言，正是在务本这种"读书不忘救国"思想的洗礼下，她首次意识到自己与国家、民族的命运紧紧地连在一起，这种爱国情怀的增长和积淀构成了她终生取之不尽的精神财富。[169]

在务本进步教员的影响下，从"九一八"到"七七"事变，务本女中学生积极参加社会上的救亡运动，并采取各种形式开展宣传活动。"国家兴亡，匹夫有责"，已成为学生的强烈责任感。当时的同学周梅英、黄景荷、周月英、彭毓泰、易珠、单养贞等通过妇救会罗叔章的介绍认识了中共党员胡平、罗彬（罗文坤烈士），她们在校内组织了革命理论读书会，参加的同学有20余人，这些同学又带动了计淑人、沈承珩、恽婉仪、欧阳仪、伊素琴、姚莲娟、林芷茵、龚兰婉、陈哲祥、吴芷英、方秀芝等50余位品学兼优的同学，宣传抗日，进行义演、募捐、慰问伤兵、为流离失所的难民服务。伊素琴、计淑人等还编印《快讯》，散发抗日刊物《解放》《团结》，教同学新文学，张贴爱国标语。此外，在1935年12月9日，北平学生反对华北自治，要求停止内战，一致对外，遭到反动当局残酷镇压后，数百名务本女中学生冲破校方阻挠，参加了12月16日南市区大、中学校声援"一二·九"运动被捕同学的游行，部分同学又于12月19日参加大、中学生去江湾市政府请愿。1936年10月，务本女中的学生还参加了鲁迅先生公祭和万人送殡大游行。

至于那些注重民主与革命启蒙教育，激发爱国主义精神的务本教员，在许多学生的心中都印象深刻。革命家陈君起之子曾鼎乾回忆："听母亲说，她在务本女子学校读书时，一位地理教员对她的影响很大。通过地理课，她受到了爱国主义，革命启蒙教育。母亲热爱地理课，她的地理知识非常丰富。我很小的时候，她就教我地理，并教我唱爱国歌曲《扬子江》。"[170]又如校友袁明（即吴芷英）回忆1933年在务本任教的陈圭如老师说："她穿着朴素，一口北平话。当时东北沦亡，国难当头，我们都有一片爱国之心，班上排演爱国话剧，她很赞许。有时在讲完数学还给我们讲革命道理，她常常借一些社会科学之类的书给我们看，我们师生间的感情越来越深厚。"[171]

当然，务本校史上也不乏一些反对乃至压制学生运动的校长。如县立第一女子高等小学校时期的校长曾公冶，为了阻止学生参与五四运动期间上海学生联合会的罢课宣誓，曾在学生列队出发时公开出面反对，"以致双方争执，颇有相持不下之势"[172]，最终使务本学生错过了宣誓时刻，"不得随各校鞠躬国旗之下"[173]。同时，曾公冶还请上海县知事公署通告提早放假，并拒绝发给有关学生毕业文凭。[174]事情未毕，即被务本女校学生家属李枢所揭露：

> 此次县公署训令提早暑假，该校早已通告各家属，对于四年级毕业问题本可延至下学期举行，惟该校长之女公子亦在四年级，成绩为全级殿。今年须候此张毕业文凭至女青年会入体操专修科，故该校长竭力向县公署疏通，以解散学生分会为交换条件。其所以切于此者，皆为其一女公子而发，他生受其愚而盲从之。[175]

1919年曾公冶被撤销务本校长一职，改由务本毕业生张杏娟继任校长，与此事不无关系。[176]尽管遇到一些阻力，但女学生的社会参与对部分学生的人生选择，还是产生了影响，有的人甚至走上了职业革命之路。典型者如陈君起。她出生于上海嘉定南翔的大户人家，父亲陈巽倩为武翰林，后经商。因为不满封建包办婚姻，逃婚前往务本读书。读书期间，受到身为同盟会背景的地理教员的影响，开始了解三民主义。毕业后，陈君起在同学曾琮的介绍下，前往南京教书，后嫁入曾家。岂料丈夫曾科进思想因循保守；婆婆冷酷无情，甚至以"小孩死在屋里不干净"为由，将重病的孙女翔官扔至院中活活冻死。[177] 在一连串的打击之下，陈君起选择离开曾家独自抚养儿女。1924年加入中国共产党，1927年被捕牺牲。

陈君起的人生选择并非特例，清末民初的务本女校涌现出一大批参与各种政治运动与社会变革的女性活动家。代表者还有张昭汉、汤国黎、杨季威、边境宏、吴若安、俞庆棠等。从更大的层面而言，近代学生运动的兴起，为女学生的社会参与提供了契机，无论校风激进还是保守，女学生在面对共同的救亡主题时，希冀同男学生一样承担社会责任。从这个角度看，学生运动中女性参与有着同等重要的意义，它是形成女学生身份认同的一部分。

务本女生通过学生运动助推政治变革的现象清晰地表明，在近代中国社会新旧教育更替与知识转型的变局之下，女学生作为新兴崛起的社会群体，是一股不容忽视的改造社会的势力。正如桑兵所言，它不仅加剧了社会结构的变动，而且直接影响着政治局势、思想潮流以及社会风尚。[178] 不过，这种影响途径并不限于校外以民族国家为宏大政治取向的学生运动，还包括一校之内围绕"校园政治"而爆发的学生风潮。鉴于"学生风潮"与"学生运动"有时难以截然划开，这里先做一个大致区分。台湾学者吕芳上曾综合学界相关研究，做出界定："学生运动"是群众运动的一种，是学生对于国家社会以群体利益为出发点，具有政治意义，与世运有影响的运动；"学潮"则指学校内部的风潮，与学生切身利益相关，反映的是教育的问题，间接也涉及政治现状。[179]

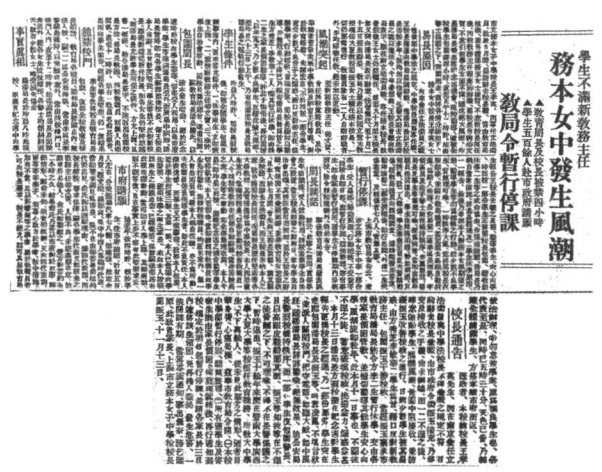

图3-44 《申报》1933年11月14日报道
务本女中发生风潮

就务本来说，尽管校风一向并不激进，但校园中的学潮却一度汹涌澎湃。尤其是1933年爆发了因校长更易，学生不满新教务主任而酿成的群体罢课与肢体冲突事件，惊动了上海市教育局、上海市公安局、上海地方法院、国民党市党部，受到各方舆论关注，被称之为"务本风潮"。代表官方意志的上海新闻社编辑的《一九三三年之上海教育》，将此次学潮列为年度大事要事记录在案，可见其非同一般。"本学期以校长更替，一部分学生受人怂恿，干预学校行政，以要求撤换教务主任姜文宝为由，于十月十三日发生纷扰，风潮因此爆发，停课一星期之久。"[180] 若综合《申报》的实时报道及部分学生当事人后来的回忆，则可以更详细、多视角地还原此次风潮的来龙去脉。（图3-44）

1933年9月,市立务本女中校长兼国民政府立法委员王孝英,"依照教育部中学法之规定,中学校长应为专任职"[181],呈请上海市教育局,辞去校长职,专任立法委员。10月,教育局另选前国立暨南大学教授、当时任职大夏大学的阎振玉女士接替王孝英,继任校长。新校长上任后,校务运作一如往常,唯前教务主任程赓祚辞职,遂另聘该校党义教员、训育主任姜文宝担任新教务主任。不料,此举引起学生方面不满,以学生自治会名义向校长提出反对姜文宝就任的意见。但阎氏并未接受提议,经劝导无效后,呈报上海市教育局局长潘公展允准,勒令为首的学生自治会干事方秀芝、李敏华二人休学,由家长领回劝导。同时,原先由上海市党部指导监督成立的务本学生自治会,亦于此时突然为市党部迫令解散。[182]学生因之群情汹涌,赴阎氏办公室,将之包围。要求应允三项条件:"一、休学两生立即恢复上课。二、撤换新教务主任姜文宝。三、准许学生自治会活动。"[183]阎氏不从,遂遭包围,从而导致风潮的进一步升级扩大。(图3-45)

11月13日上午,教育局局长潘公展以务本学潮涌动,原拟出席该校纪念周,后改为当众演说,向学生解释撤换校长乃王孝英自辞,数度挽留不果,并说明二学生休学原因,劝导学生安心向学。然而,各女生仍坚持原议,要求潘公展答应学生所提的三项条件,方才同意上课,后又演化成"书一纸条,勒令潘局长签字,不遂则用包围校长方法,将局长软困"[184],包围局长后,又复将全校教室及校长锁禁,长达4个小时。之后,上海市公安局得讯,遂由第二区李区长率警察前往校园,维持秩序。至正午12时许,警察从该校后门破门入内,保护潘局长与阎校长突围出校。

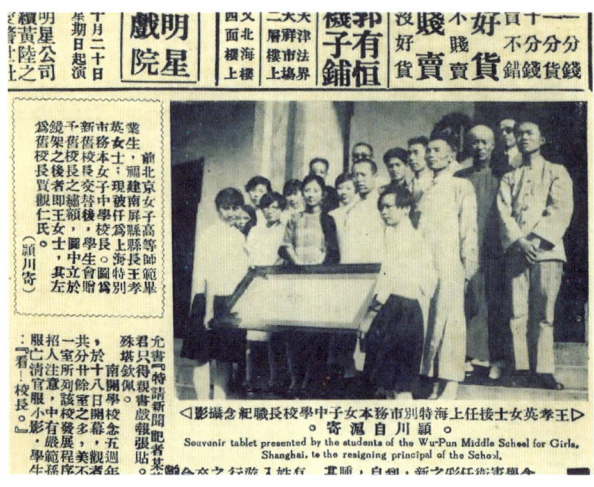

图3-45 1929年王孝英女士接任上海特别市务本女子中学校长职纪念摄影,选自《北洋画报》1929年第8卷第386期

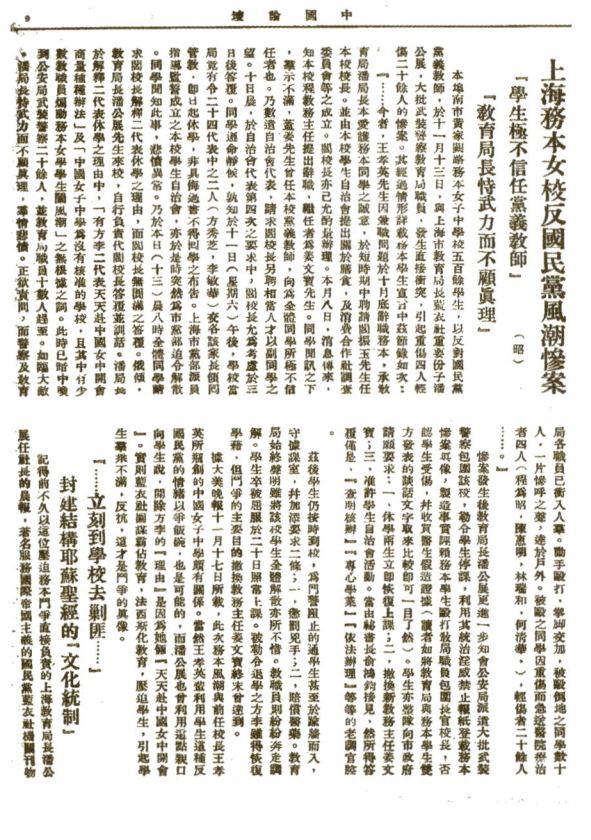

图3-46 《上海务本女校反国民党风潮惨案》,选自《中国论坛》1933年第3卷第2期

其间，赳赳武夫般的警察与群情潮涌的女生产生了互相挤轧拉扯，致有程为昭、陈惠明、林瑞和、何清华4名学生受伤，轻伤者20余人。[185]（图3-46）

潘公展回到教育局后，认为"此种行动，实属破坏学风，殊未便姑息，而学生受人利用，盲从附和，尤堪痛心"[186]，议决自即日起，"应暂行停课，听候整理，寄宿学生即由家长暂行领回，通学生在进课期内，毋须到校"[187]。11月15日，潘公展还对上海新闻社记者公开表示，如学生仍执迷不悟，必要时，即予以停办或解散，亦所不惜。理由是"学生有此种越轨行动，苟不予整饬，将来贻误子女，何堪设想。至学校行政，嗣后仍绝不许学生干预"[188]。

然而，停课令对学生而言，却是学潮进一步扩大升级的开始。学生因所提要求得不到准允，复以校长离校，负责无人，遂于11月14日午后雇用搬场汽车七八辆，总计500人左右，赴枫林桥上海市政府请愿，推定余月宝、经文娥、钱德贞、吴守中4人为临时代表，要求谒市长吴铁城。吴市长因公外出，由秘书长俞鸿钧代为出见。学生代表除将冲突事件经过详细报告外，"并以校长离校，学生被殴受伤，要求保护"[189]，同时表达了"新来之教务主任姜文宝，人格不良，未能翕服众意，故请求另易他人"[190]的要求。俞鸿钧的答复较为官腔："校务当责令教局及该校校长负责，不必顾虑"[191]，至于殴伤学生事件，"等详细情形调查清楚后，定当秉公办理，负保护之责，希望学生勿因此怠荒学业"。至下午5时半，天色昏暗，学生四代表始率全体请愿学生返回学校。后学生代表张碧珍、俞献英、吴吉桂、经广雨等6人，又呈文市政府，要求撤退校内警察，俞鸿钧应允："通知公安局转饬警士，只能站守校门以外，不准入内。"[192]

之后，学校停课，气氛冷清。"一部分寄宿生已由各家长领回，通学生亦多不到校，留校者仅少数学生，均呈群龙无首状态。校门因公安局暂行派警维持，限制出入，故秩序尚佳，并无意外动静。"[193]教育局、校长与学生三方一度坚持已议，气氛仍未缓和。自11月16—18日间，务本教职员代表出面斡旋调解。他们一方面召集学生级长，在校谈话，多方向学生诚恳劝导，晓以大义，改变干预学校行政之态度[194]；另一方面，请求教育局宽大为怀，弗予停办。教育局认为，"如学生能不干涉学校行政，则日内即可恢复上课，届时当再由学校通告各家长"[195]。于是，双方各自有所妥协："学生方面已全体了解大义，咸以学业为重；教局方面亦顾念教职员请求之诚意，如果学生确有悔悟，可不深究既往。"[196]形势气氛开始渐趋缓和。1933年11月18日，学生请求教育局局长潘公展、校长阎振玉莅校训话，学生各级级长20余人，教职员代表朱香晚、吴景蘧、陆谡庵等亦到场，各方表示"愿本师生合作精神，共谋务本之发展"[197]。最后，校长阎振玉遵教育局布告，通知于11月20日起正式恢复上课，此前被勒令退学的学生会干事方秀芝、李敏华二人虽得恢复学籍，但作为斗争的主要目的，撤换教务主任姜文宝最终不了了之。自此，这场持续一周之久的风波宣告平息。

尽管这场学潮最终得以平息，但涉及学生人数众多，牵扯多方利害主体，社会舆论影响面较大，甚至出现了伤人事件，这在务本校史上乃至女学界都是较为罕见的。这其中有许多问题值得深挖细究。如学潮爆发的真实原因究竟为何？学生、校长、教育局三方的分歧到底在何处？学潮的背后是否有国民党

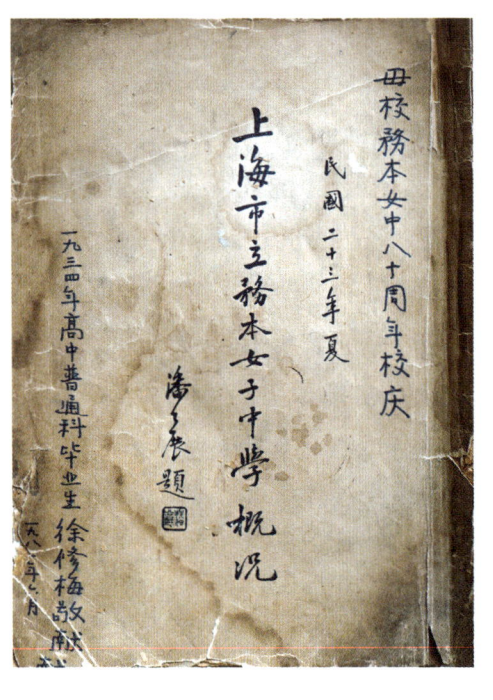

图3-47 潘公展题签的《上海市立务本女子中学（校）概况》（1934年），校友徐修梅捐赠

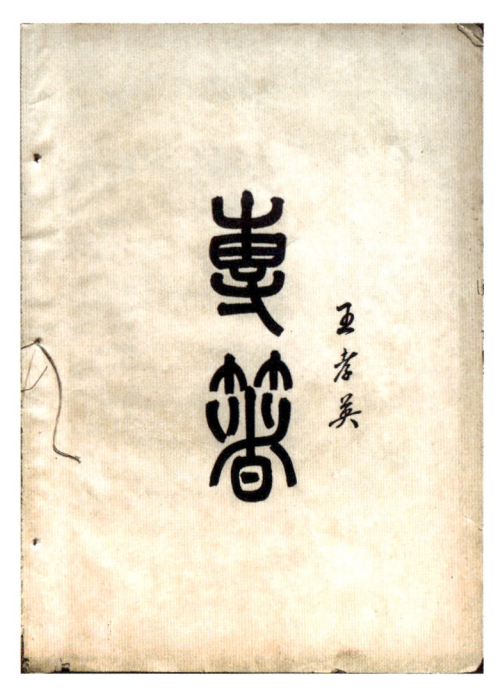

图3-48 王孝英校长题词"专著"，选自《上海市立务本女子中学校年刊》（1933年）

当局的政治考量与党派势力的介入？学潮折射出怎样的校园政治生态与师生思想情态？以及它对现代"新女性"塑造有何影响？等等。

不可否认，此次务本学潮的爆发，实以新旧校长的更替为导火索，即王孝英的辞职与阎振玉的接任。不过，国民党上海市教育局与务本学生对内中缘由的解释并不一致。教育局认为是学生受到前校长王孝英的鼓动与利用，借学生自治会向新任校长阎振玉抗议。"此事之起因，实系学生年幼识浅，受人鼓动利用。该校素无学生自治会之设置，当王校长辞职之前两日，忽有学生自治会出现，其情节当可想而知。"[198]潘公展还曾以此为理由，亲口向学生解释，开除学生会方、李二人的理由是，她俩"天天赴中国女中开会，商量种种办法"及"中国女子中学为没有核准的学校"[199]，而这个中国女子中学，正是王孝英辞去务本校长职务后所创设的。这其实就是暗指辞任后的王孝英以及王孝英一派的务本教职员是此次学潮的幕后操作者。（图3-47）

在潘公展看来，认为王孝英是学潮的幕后主使是有依据的。尽管在公开场合，潘公展反复强调王孝英的辞任，是教育部规定中学校长必须专任，以及公务员不得兼职的立法院规定所致，且曾多次劝王孝英辞去立法委员，专任务本校长，均挽留无效。[200]但非公开场合却另有说法。据当时《上海周报》报道，王孝英治校，个性较强，毁誉参半，兼任立法委员之后，每周往来于京沪之间，对于校务，不免废弛。[201]再者，王氏长校四年，有利用私人、营私舞弊之嫌，其间曾被人告发于教育局，局长潘公展曾召她询问，以示控状。王氏遂不得已提出辞呈，教育局即于批准，并委阎振玉继任校长。然而，王氏并不甘心，"于是暗中煽动学生，鼓起学潮，企图卷土重来，此风潮发生之近因也"[202]。当时的《大美晚报》也基本支持这一看法，报道称"此次务本风潮与前任校长王孝英所创设的中国女子中学颇有关系。当然，王孝英辈利用学生这种反国民党的情绪以争饭碗，也是可能的"[203]。

然而，在务本师生眼中，王孝英称得上才德兼备、治校卓著、深得人心的理想校长，且少有党派政治色彩。曾在务本任教国文，与王孝英有过直接接触的曹聚仁曾评价："在她们的心目中，王孝英乃是她们的共同偶像。她是女体育家，要说健康美，她才算得现代性的美人。"[204] 1934届校友徐修梅曾也回忆过她所了解的王校长：

> 王孝英政治色彩不浓厚的，办学校大概仍是她工作生命中的一个重点。她后来当立法委员，可能是女的立法委员太少了，她还是女界中的知名人士吧。所以，国民党拉上她。但是，她的重点还是放在我们学校里头……王孝英呢，她办学很认真……不过她当她的立法委员，同时也当我们的校长，并不冲突。那个时候，我们也不觉得她当立法委员有什么不好，因为我们这些女学生也不太懂政治，也不问政治，所以我们承认她是我们的校长。[205]（图3-48）

但随着20世纪30年代国民党意识形态的扩张与党化教育体制的强化，地方教育局与大、中学校的人事任命也逐渐派系化，尤其以控制党务组织而著称的"CC系"大行其道。然而，类似王孝英这样政治派系色彩不浓且崇尚民主自由思想的校长对党化教育的扩张却是抵制与排斥的。时任务本教员的曹聚仁曾言："孝英姊不独身体健康，也颇懂得运用手腕；她一面支持年轻学生的进步思想，一面也无视CC派的教育势力。"[206] 受其影响，务本女生对渗透进校园的派系势力与党化教育也较为抵触。如徐修梅所说：

> 后来，就出现了一些党棍子，很多党棍子，我们害怕党棍子，国民党中吃党饭的。吃党饭的渗透到包括学校这样的机构里头来，训育主任要国民党员，教务主任也要国民党员，校长也要倾向他们的，受他们指挥。上海教育局对它们（学校）的控制越来越严格了，并且派的人一定要是他们系统上的。[207]

徐修梅所指的国民党党派系统上的人，在上海市教育局的代理人就是局长潘公展，在务本女校则以校长阎振玉为代表，包括遭到学生抵制的教务主任、党义教员姜文宝。继王孝英之后出任校长的阎振玉，其实与王孝英为北京师范大学高等师范科同学，但两人却因政治背景差异而分道扬镳。据曹聚仁称，"她（阎振玉）虽和孝英是同学，在那时却因政治路线的不同，几乎成为敌人。而领导务本学生会的普通科女生，正站在孝英那一边"[208]。"拥王派"之声势，对阎振玉长校造成了不小的压力，她也迫切需要任用亲信心腹，为己所用，提拔党义教员姜文宝出任教务主任，就是其中之一。然而，早在王孝英主校时，姜文宝就因潘公展亲荐其出任教务主任而遭王氏拒绝，从此两人交恶。[209] 加之"学生唾弃圣经式的'党义'，早是全国普遍的现象"[210]，姜文宝上课更是不受学生欢迎，被戏称为"党棍子"。徐修

图3-49 阎振玉校长呈文及上海市教育局相关批复等文档摘选(1936年)

梅回忆中曾述说她对于"党义"课程与教员姜文宝的轻视：

> 那个时候有"公民""三民主义"（课程），派来的人主要代这种课程。公民课嘛，你爱听不听的，就算了。那一大摞功课中间，我们就是重视那个重点的课，那个附带的课嘛，你爱上不上。你上，我就这么听听，反正考的时候，60分总归拿得到的。张三、李四他不敢不给人及格，他本人也是来混饭吃的。所以，那些老师我们也无所谓，对他们根本不搭（不理睬）的。[211]

综合教育局、校长、教员、学生各方立场与说辞，可以看出这场务本风潮表面上是学生与校方围绕"易长"问题的人事之争，实质上却是以潘公展、阎振玉为代表的推行党化教育的国民党"CC系"与以王孝英为首的反党化教育的非党派势力的校园政争。而学生群体，整体上充当了派系斗争下被"运动"的角色。曾参与此次学潮的徐修梅坦言，"我们这些女子中学呢，政治性不强的，并且我们多半对政治的头脑不大有；那时候闹学潮吧，我们只是跟来跟去，她们喊口号，我们也跟着喊口号，到底一定要打倒谁，我们也不大清楚。多半学潮就是这样子：他要换你的校长，学生要保护这个校长，这就开始闹学潮"[212]。（图3-49）

不过，此次学潮虽然未能抵制住国民党"CC系"对务本校园的党化渗透，但对女生个体而言，也并非全无收获。曾因学潮一度被开除的学生当事人，后当选中国科学院院士的李敏华女士，回忆这段特殊的经历时的感触是：做事要有独立性，要凭借个人能力独立担当工作；坚持女子走向社会的妇女解放路线；鄙视任人唯亲、中饱私囊的利己行为。[213]她认为，这次务本风潮是她人生政治意识觉醒、价值观成熟的起点。

注释

[1] 〔美〕阿列克斯·英格尔斯、戴维·H.史密斯:《从传统人到现代人——六个发展中国家的个人变化》,顾昕译,中国人民大学出版社1992年版,第197、201、205页。

[2] 〔美〕E. A. 罗斯:《变化中的中国人》,李上译,电子工业出版社2012年版,第101页。

[3] 梁启超:《变法通议·论女学》,载《饮冰室合集》第一册,中华书局1989年影印本,第39页。

[4] 曹一华:《教务概况》,《上海市立务本女子中学校年刊》(1933年),第91页。

[5] 吴若安:《回忆上海务本女塾》,载朱有瓛主编:《中国近代学制史料》(第二辑下册),第606页。

[6] 《学制:务本女塾增设初等高等女子小学规则》,《教育杂志》1905年第17期。

[7] 《务本女塾添设文学家事专修科》,《申报》1911年7月14日第18版。

[8] 吴若安:《回忆上海务本女塾》,载朱有瓛主编:《中国近代学制史料》(第二辑下册),第606页。

[9] 《上海县立务本女学校学级日志》,《南汇县教育会月刊》1918年第20期。

[10] 孙受镏:《务本女校》,《杭县教育杂志》1922年第3期"参观号"。

[11] 孙受镏:《务本女校》,《杭县教育杂志》1922年第3期"参观号"。

[12] 《集会一览》,载上海县立务本女子中学校编:《上海县立务本女子中学校二十五周年纪念册》(1926年),第6页。

[13] 《曾公冶君报告上海县立第一女子高等小学校家事实习情形(附图)》,《临时刊布》1917年第24期。

[14] 《曾公冶君报告上海县立第一女子高等小学校家事实习情形(附图)》,《临时刊布》1917年第24期。

[15] 《曾公冶君报告上海县立第一女子高等小学校家事实习情形(附图)》,《临时刊布》1917年第24期。

[16] 佘柏昭等编:《菲律宾华侨教育考察团日记》,第57页。

[17] 《曾公冶君报告上海县立第一女子高等小学校家事实习情形(附图)》,《临时刊布》1917年第24期。

[18] 上海县立务本女子中学校编:《上海县立务本女子中学校第二届毕业纪念录》(1920年),第5页。

[19] 《二十五年沿革一览》,载上海县立务本女子中学校编:《上海县立务本女子中学校第二十五周年纪念册》(1926年),第2页。

[20] 《务本女中校注重家事》,《申报》1916年8月15日第10版。

[21] 《务本女学之贤母良妻教育》,《申报》1929年7月4日第25版。

[22] 《务本女学之贤母良妻教育》,《申报》1929年7月4日第25版。

[23] 《市立务中本年度新猷》,《申报》1931年9月11日第12版。

[24] 《务本女学之贤母良妻教育》,《申报》1929年7月4日第25版。

[25] 《二十五年沿革一览》,载上海县立务本女子中学校编:《上海县立务本女子中学校第二十五周年纪念册》(1926年),第3页。

[26] 吴若安:《回忆上海务本女塾》,载朱有瓛主编:《中国近代学制史料》(第二辑下册),第605页。

［27］《杂俎》，载上海县立务本女子中学校编：《上海县立务本女子中学校第二十五周年纪念册》（1926年），第18—21页。

［28］陈雁：《近代上海女性就业与职业妇女群体形成》，载王政、陈雁主编：《百年中国女权思潮研究》，复旦大学出版社2005年版，第356页。

［29］《务本女学校第二次改良规则》，《教育杂志》1905年第17期。

［30］曹一华：《教务概况》，《上海市立务本女子中学校年刊》（1933年），第116页。

［31］《教职员一览》，载上海县立务本女子中学校编：《上海县立务本女子中学校二十五周年纪念册》（1926年）。

［32］费孝通：《费孝通在2003：世纪学人遗稿》，中国社会科学出版社2005年版，第15页。

［33］吴若安：《回忆上海务本女塾》，载朱有瓛主编：《中国近代学制史料》（第二辑下册），第607页。

［34］李宝巽：《新编唱歌集·叙言》，载张静蔚编：《中国近代音乐史料汇编：1840—1919》，人民音乐出版社1998年版，第153页。

［35］《蒋性遂君与爱国女学校经理蔡民友君书》，《女学报》1903年第1期。

［36］金一：《女学生入学歌》，《女子世界》1904年第1期，第5页。

［37］《提学司示谕》，《大公报》1907年4月19日。

［38］韩朝：《"新民"视野下清朝末年的"乐歌"》，西南大学硕士学位论文，2014年，第61页。

［39］夏晓虹：《晚清女报中的乐歌》，《中山大学学报（社会科学版）》2008年第2期。

［40］《记上海务本女学堂之毕业式》，《大公报》1904年7月24日。

［41］吴若安：《回忆上海务本女塾》，载朱有瓛主编：《中国近代学制史料》（第二辑下册），第608—609页。

［42］吴若安：《回忆上海务本女塾》，载朱有瓛主编：《中国近代学制史料》（第二辑下册），第609页。

［43］《欢迎师范》，《女子世界》1904年第9期。

［44］《欢迎师范》，《女子世界》1904年第9期。

［45］包天笑：《钏影楼回忆录》，山西古籍出版社1999年版，第255—256页。

［46］《哀史　周静娟（来稿）》，《申报》1913年10月3日第13版。

［47］李定夷：《女学生之百面观》，上海南华书局1918年版，第18页。

［48］《记事·婚礼一新》，《女子世界》1907年第6期。

［49］《离婚创举》，《女子世界》1905年第3期。

［50］《女学生解除婚约败诉》，《申报》1930年3月27日第16版。

［51］徐修梅：《务本女中：温、诚、勤、朴》，载李小江主编：《让女人自己说话：独立的历程》，第46—47页。

［52］吴若安：《回忆上海务本女塾》，载朱有瓛主编：《中国近代学制史料》（第二辑下册），第604页。

［53］吴若安：《回忆上海务本女塾》，载朱有瓛主编：《中国近代学制史料》（第二辑下册），第605、608页。

［54］张仲寰：《我国今后女子教育之展望》，《上海市立务本女子中学校年刊》（1933年），第82—83页。

［55］徐修梅：《务本女中：温、诚、勤、朴》，载李小江主编：《让女人自己说话：独立的历程》，第42页。

［56］徐修梅：《务本女中：温、诚、勤、朴》，载李小江主编：《让女人自己说话：独立的历程》，第38页。

［57］唐锦柏：《新生活运动与中学生》，上海市教育局第三科编纂股编：《大上海教育》1933年第1卷第1期。

［58］《务本女中试办新贤母良妻教育》，《申报》1934年7月26日第16版。

［59］《务本女中试办新贤母良妻教育》，《申报》1934年7月26日第16版。

［60］吕云章：《现代中国需要那种女子》，《女子月刊》1933年第1卷第1期。

[61] 何景元:《新贤妻良母主义的探讨》,《社会半月刊》1934年第1卷第3期。
[62] 杨联芬:《浪漫的中国:性别视角下激进主义思潮与文学(1890—1940)》,人民文学出版社2016年版,第329页。
[63] 振庄:《妇女新运与"贤妻良母"主义》,《妇女新生活月刊》1937年第7期。
[64] 何景元:《新贤妻良母主义的探讨》,《社会半月刊》1934年第1卷第3期。
[65] 毛天祥、王柏懿:《碧空丹心:李敏华传》,第12页。
[66] 《训育概况》,《上海市立务本女子中学校概况》(1934年)。
[67] 刘瑞我:《记女学体操》,《女子世界》1904年第7期。
[68] 姚灵犀:《采菲集》,上海书店出版社1998年版,第64页。
[69] 梁启超:《变法通议·论女学》,《饮冰室合集》第一册,第44页。
[70] 1907年,清政府颁布《奏定女子小学堂章程》,明确女子缠足之大害:"女子缠足最为残害肢体,有乖体育之道,各学堂务一律禁除,力矫弊习。"参见《学部奏详议女子师范学絜及女子小学堂章程折》,《东方杂志》1907年第4期。
[71] 《学制:务本女塾增设初等高等女子小学规则》,《教育杂志》1905年第17期。
[72] 吴若安:《回忆上海务本女塾》,载朱有瓛主编:《中国近代学制史料》(第二辑下册),第603页。
[73] 赵宪初:《赵宪初教育文集》,上海教育出版社1991年版,第177页。
[74] 姚传德:《国运十字路口的知识分子们》,苏州大学出版社2011年版,第103页。
[75] 嵊县政协文史资料委员会编:《嵊县文史资料(第8辑)·辛亥革命史料续编》,1992年印行,第193页。
[76] 嵊县政协文史资料委员会编:《嵊县文史资料(第8辑)·辛亥革命史料续编》,第193页。
[77] 《本校体育设施方针》,《务本女中学生自治会半年刊》1935年第3期,第5页。
[78] 《女学生亦能军操也》,《女子世界》1905年第13期。
[79] 《女学生亦能军操也》,《女子世界》1905年第13期。
[80] 《体育概况》,《上海市立务本女子中学校概况》(1934年)。
[81] 《学制:务本女塾增设初等高等女子小学规则》,《教育杂志》1905年第17期。
[82] 吴若安:《回忆上海务本女塾》,载朱有瓛主编:《中国近代学制史料》(第二辑下册),第594、604页。
[83] 《务本女塾暑期体操传习会章程》,《申报》1906年6月30日第17版。
[84] 《务本女塾暑期体操传习会章程》,《申报》1906年6月30日第17版。
[85] 《务本女塾暑期体操传习会章程》,《申报》1906年6月30日第17版。
[86] 《务本女塾暑期体操传习会给凭》,《申报》1906年8月20日第17版。
[87] 《务本女校运动会志盛》,《申报》1916年10月26日第11版。
[88] 《体育概况》,《上海市立务本女子中学校概况》(1934年)。
[89] 薛志洁、姚秀霞:《排球队小史》,《上海市立务本女子中学校年刊》(1933年)。
[90] 徐修梅:《务本女中:温、诚、勤、朴》,载李小江主编:《让女人自己说话:独立的历程》,第43页。
[91] 玲琳:《务本球队之暗中运动》,《中国摄影学会画报》1929年第4卷第187期。
[92] 薛志洁、姚秀霞:《排球队小史》,《上海市立务本女子中学校年刊》(1933年)。
[93] 徐修梅:《务本女中:温、诚、勤、朴》,载李小江主编:《让女人自己说话:独立的历程》,第46页。
[94] 《体育概况》,《上海市立务本女子中学校概况》(1934年)。
[95] 徐修梅:《务本女中:温、诚、勤、朴》,载李小江主编:《让女人自己说话:独立的历程》,第46页。

[96]《体育概况》,《上海市立务本女子中学校概况》(1934年),第237页。

[97]《体育概况》,《上海市立务本女子中学校概况》(1934年),第238页。

[98]《体育概况》,《上海市立务本女子中学校概况》(1934年),第238页。

[99]《市立各中学视察报告》,上海市教育局编:《上海市教育局业务报告》(1931年1—6月),第115页。

[100]《本校体育设施方针》,《务本女中学生自治会半年刊》1935年第3期,第6页。

[101]《务本女中秋季运动会成绩》,《申报》1936年10月10日第10版。

[102]《本校体育设施方针》,《务本女中学生自治会半年刊》1935年第3期,第5页。

[103] 华:《务本青年会之捧球战》,《青声周刊》1917年第5期。

[104]《勇哉务本捧球队大败青年会》,《青声周刊》1917年第6期。

[105]《务本女中队球队连胜惠中女中》,《申报》1926年12月15日第8版。

[106]《体育概况》,《上海市立务本女子中学校概况》(1934年)。

[107] 徐修梅:《务本女中:温、诚、勤、朴》,载李小江主编:《让女人自己说话:独立的历程》,第42、46页。

[108] 秀华:《务本女学》,《现代学校生活》1932年创刊号,第6—7页。

[109]《务本女校排球队之战绩》,《申报》1929年6月16日第27版。

[110]《云南高等师范毕业生参观江浙教育报告》,云南省政府教育厅:《云南教育公报》1935年第4卷第2期。

[111]《妇女生活:民立排球胜务本》,《申报》1929年6月10日第8版。

[112] 贾观晴口述,贾观军整理:《忆务本女中》,载政协上海市南市区委员会文史资料委员会编:《南市文史资料选辑(一)》,1990年,第47页。

[113] 徐修梅:《务本女中:温、诚、勤、朴》,载李小江主编:《让女人自己说话:独立的历程》,第43页。

[114] 薛志洁、姚秀霞:《排球队小史》,《上海市立务本女子中学校年刊》(1933年)。

[115]《务本排球队战胜裨文》,《申报》1929年5月27日第11版。

[116] 薛志洁、姚秀霞:《排球队小史》,《上海市立务本女子中学校年刊》(1933年)。

[117] 薛志洁、姚秀霞:《排球队小史》,《上海市立务本女子中学校年刊》(1933年)。

[118] 薛志洁、姚秀霞:《排球队小史》,《上海市立务本女子中学校年刊》(1933年)。

[119] 薛志洁、姚秀霞:《排球队小史》,《上海市立务本女子中学校年刊》(1933年)。

[120] 姗:《中青女子联合排球锦标赛之预言务本海星双争雄》,《女朋友》1932年第1卷第6期。

[121] 薛志洁、姚秀霞:《排球队小史》,《上海市立务本女子中学校年刊》(1933年)。

[122] 薛志洁、姚秀霞:《排球队小史》,《上海市立务本女子中学校年刊》(1933年)。

[123] 徐修梅:《务本女中:温、诚、勤、朴》,载李小江主编:《让女人自己说话:独立的历程》,第42—43页。

[124]《体育概况》,《上海市立务本女子中学校概况》(1934年)。

[125]《务本女学堂第二次改良规则》,《教育杂志》1905年第17期,第52页。

[126] 吴若安:《回忆上海务本女塾》,载朱有瓛主编:《中国近代学制史料》(第二辑下册),第606页。

[127]《教育部公布学校制服规程令》,《教育杂志》1912年第4卷第7号。

[128] 余柏昭等编:《菲律宾华侨教育考察团日记》,第58页。

[129] 施扣柱:《青春飞扬——近代上海学生生活》,上海辞书出版社2009年版,第301页。

[130] 徐修梅:《务本女中:温、诚、勤、朴》,载李小江主编:《让女人自己说话:独立的历程》,第38页。

[131] 曹聚仁:《我与我的世界·曹聚仁回忆录（修订版）：浮过了生命海》，第416页。
[132] 徐修梅:《务本女中：温、诚、勤、朴》，载李小江主编:《让女人自己说话：独立的历程》，第38页。
[133] 周凤宝:《女子装束问题》，载上海县立务本女子中学校编:《上海县立务本女子中学校二十五周年纪念册》（1926年），第12页。
[134] 徐修梅:《务本女中：温、诚、勤、朴》，载李小江主编:《让女人自己说话：独立的历程》，第44页。
[135] 《学部奏遵拟女学服色章程摺》，《政治官报》1909年12月2日，载李又宁、张玉法编:《近代中国女权运动史料》，台北传记文学社1975年版，第992页。
[136] 何亚希:《剪辫》，《女子世界》1904年第8期。
[137] 徐修梅:《务本女中：温、诚、勤、朴》，载李小江主编:《让女人自己说话：独立的历程》，第44页。
[138] 李伯元:《文明小史》，中华书局2002年版，第122页。
[139] 夏明方、黄兴涛主编，王无为著:《民国万象丛书（第1辑）·上海淫业问题》，福建教育出版社2016年版，第31页。
[140] 李文海主编:《民国时期社会调查丛编·底边社会卷（下册）》，福建教育出版社2014年版，第413页。
[141] 《务本女塾第一次家庭恳亲会纪事》，《申报》1907年6月10日第18版。
[142] 《务本女校开家庭恳亲会纪事》，《申报》1908年5月2日第18版。
[143] 《务本女中成立自治会》，《申报》1930年9月13日第17版。
[144] 《务本的游艺会》，《申报》1930年1月7日第25版。
[145] 《各学校消息汇纪　务本女校》，《申报》1922年7月9日第17版。
[146] 《务本的游艺会》，《申报》1930年1月7日第25版。
[147] 《务本的游艺会》，《申报》1930年1月7日第25版。
[148] 吴若安:《回忆上海务本女塾》，载朱有瓛主编:《中国近代学制史料》（第二辑下册），第606页。
[149] 《务本毕业》，《女子世界》1904年第8期，第3页。
[150] 王云:《社会性别视域中的近代中国女子体育（1843—1937）》，南京大学博士学位论文，2011年，第74页。
[151] 刘王立明:《清末的女子教育》，载李又宁、张玉法编:《近代中国女权运动史料》，第993页。
[152] 刘王立明:《清末的女子教育》，载李又宁、张玉法编:《近代中国女权运动史料》，第993页。
[153] 〔澳〕李木兰:《性别、政治与民主：近代中国的妇女参政》，方小平译，江苏人民出版社2014年版，第69页。
[154] 〔澳〕李木兰:《性别、政治与民主：近代中国的妇女参政》，方小平译，第69页。
[155] 高平叔:《蔡元培年谱长编（上）》，人民教育出版社1996年版，第263页。
[156] 张昭汉:《争约劝告辞》，《女子世界》1905年第2期。
[157] 《争约警闻》，《女子世界》1905年第2期。
[158] 中国人民政治协商会议浙江省委员会文史资料研究委员会编:《浙江文史资料选（第27辑）·浙江辛亥革命回忆录续辑》，浙江人民出版社1984年版，第21页。
[159] 海上闲人编:《上海罢市实录》，1919年，第19页。
[160] 《务本女学》，载梅溪学生:《学生潮（下卷）》，吴承记印书局1929年版，第26页。
[161] 贾观晴口述，贾观军整理:《忆务本女中》，载政协上海市南市区委员会文史资料委员会编:《南市文史资料选辑（一）》，第46—47页。
[162] 《务本女学》，载梅溪学生:《学生潮（下卷）》，第28—29页。

第三章 务本与新女性的塑造

[163] 《女界协赞会成立》，《民立报》1911年11月29日，第5页。
[164] 《中国赤十字会临时章程》，《民立报》1911年10月18日。
[165] 《发起中国赤十字会》，《新闻报》1911年10月18日第21版。
[166] 《沪事谈屑》，《新闻报》1911年10月24日第18版。
[167] 《本报特写邵元冲夫人张默君女士论妇女问题寄萍》，《申报》1936年4月18日第17版。
[168] 毛天祥、王柏懿：《碧空丹心：李敏华传》，第16页。
[169] 毛天祥、王柏懿：《碧空丹心：李敏华传》，第16页。
[170] 曾鼎乾：《"做一个有用的人"——回忆母亲的教育》，《雨花》2016年第17期，第143页。
[171] 政协上海市徐汇区委员会文史资料工作委员会编：《徐汇文史资料》第3辑，1989年，第44页。
[172] 《务本女学》，载梅溪学生：《学生潮（下卷）》，第26—27页。
[173] 《务本女学》，载梅溪学生：《学生潮（下卷）》，第27页。
[174] 《务本女学学生王淑婉致各界书》，《申报》1919年6月27日第11版。
[175] 《李枢来函》，《申报》1919年6月19日第11版。
[176] 贾观晴口述，贾观军整理：《忆务本女中》，载政协上海市南市区委员会文史资料委员会编：《南市文史资料选辑（一）》，第46页。
[177] 郭秀如：《陈君起传》，载南京市委党史编写领导小组办公室、南京市档案局编：《南京党史资料》第6辑，1983年，第107—108页。
[178] 桑兵：《晚清学堂学生与社会变迁》，广西师范大学出版社2006年版，第18页。
[179] 吕芳上：《从学生运动到运动学生：1919—1929）》，台北"中研院"近代史研究所1994年版，第1页。
[180] 上海新闻社编：《一九三三年之上海教育》，上海新闻社1934年刊行。
[181] 《本市务本女子中学昨发生纠纷》，《新闻报》1933年11月14日第16版。
[182] 《上海务本女校反国民党风潮惨案》，《中国论坛》1933年第3卷第2期。
[183] 《学生不满新教务主任 务本女中发生风潮》，《申报》1933年11月14日第11版。
[184] 《学生不满新教务主任 务本女中发生风潮》，《申报》1933年11月14日第11版。
[185] 《上海务本女校反国民党风潮惨案》，《中国论坛》1933年第3卷第2期。
[186] 《本市务本女子中学昨发生纠纷》，《新闻报》1933年11月14日第16版。
[187] 《学生不满新教务主任 务本女中发生风潮》，《申报》1933年11月14日第11版。
[188] 《本埠务本风潮 潘局长发表重要谈话》，《申报》1933年11月15日第14版。
[189] 《本市务本女子中学昨发生纠纷》，《新闻报》1933年11月14日第16版。
[190] 《学生不满新教务主任 务本女中发生风潮》，《申报》1933年11月14日第11版。
[191] 《本市务本女子中学昨发生纠纷》，《新闻报》1933年11月14日第16版。
[192] 《本埠务本风潮 潘局长发表重要谈话》，《申报》1933年11月15日第14版。
[193] 《本埠务本风潮 潘局长发表重要谈话》，《申报》1933年11月15日第14版。
[194] 《本部务本女中风潮已告段落》，《申报》1933年11月18日第15版。
[195] 《本部务本女中学潮即可解决》，《申报》1933年11月17日第14版。
[196] 《本部务本女中风潮已告段落》，《申报》1933年11月18日第15版。

［197］《本埠务本明日复课》,《申报》1933年11月19日第16版。
［198］《学生不满新教务主任 务本女中发生风潮》,《申报》1933年11月14日第11版。
［199］《上海务本女校反国民党风潮惨案》,《中国论坛》1933年第3卷第2期。
［200］《本埠务本风潮 潘局长发表重要谈话》,《申报》1933年11月15日第14版。
［201］民心:《务本风潮的里层》,《上海周报（上海1932）》1933年第2卷第26期。
［202］民心:《务本风潮的里层》,《上海周报（上海1932）》1933年第2卷第26期。
［203］《上海务本女校反国民党风潮惨案》,《中国论坛》1933年第3卷第2期。
［204］曹聚仁:《我与我的世界·曹聚仁回忆录（修订版）:浮过了生命海》,第417页。
［205］徐修梅:《务本女中:温、诚、勤、朴》,载李小江主编:《让女人自己说话:独立的历程》,第40、49页。
［206］曹聚仁:《我与我的世界·曹聚仁回忆录（修订版）:浮过了生命海》,第417页。
［207］徐修梅:《务本女中:温、诚、勤、朴》,载李小江主编:《让女人自己说话:独立的历程》,第49页。
［208］曹聚仁:《我与我的世界·曹聚仁回忆录（修订版）:浮过了生命海》,第417页。
［209］民心:《务本风潮的里层》,《上海周报（上海1932）》1933年第2卷第26期。
［210］《上海务本女校反国民党风潮惨案》,《中国论坛》1933年第3卷第2期。
［211］徐修梅:《务本女中:温、诚、勤、朴》,载李小江主编:《让女人自己说话:独立的历程》,第50页。
［212］徐修梅:《务本女中:温、诚、勤、朴》,载李小江主编:《让女人自己说话:独立的历程》,第49页。
［213］毛天祥、王柏懿:《碧空丹心:李敏华传》,第17页。

第四章 艰难办学

艰难办学

图4-1　1946、1947年间的怀久女中、雷米小学位置，选自《袖珍上海里弄分区精图》第十五图

1937—1949年，是务本女子中学办学中最为艰难的一段时光。战火袭来，务本女中忍痛离开南市（上海老县城）的黄家阙路校舍。辗转办学，后改组为怀久女中，在"孤岛"重振弦歌。其间，屡经挫折，但续办者仍能秉持"勤朴勇诚"的校训，在师生的共同努力下渡过重重难关。历经风雨沧桑，1945年10月复校，仍定为上海市市立务本女子中学，分南、北两校舍上课。1946年3月16日，举校迁至永康路200号（原法国雷米小学校址，今市二中学校址），续写务本办学的新篇章。（图4-1）

第一节　更名、迁址与两度风潮

1937年，正值务本建校三十五周年，彼时的务本已然成为"全国女校中素有声誉之学校"。然而，残酷的战争已经逼近，战火即将蔓延到上海。

1937年"七七"事变，日本军国主义发动全面侵华的战争。8月13日，"八一三"淞沪会战爆发，战事最先起于"近公共租界之东北两区边界处"[1]，后迅速向周围区域蔓延。[2]务本女子中学位处南市的黄家阙路，战争伊始，务本遭到的破坏还不算严重。但随着战事的扩大，务本女中所在的南市区域也慢慢如同"釜鱼幕燕"，处境变得极度危险。

淞沪战争爆发后，日军对于上海华界的交通运输线路极为重视，因此仅在开战后数日，日本空军就开始针对上海的各个火车站、飞机场进行狂轰滥炸。在此情形下，位于南市的上海南火车站自然被日军列为轰炸目标。8月16日凌晨5时，数架日军军机飞至南市南火车站上方，对在此候车的数千难民进行惨无人道的扫射，并同时投下两枚炸弹，其中一枚落而未炸，另一枚则落入离站三百余米远的民房内，此次袭击造成了两名平民丧生，数间民房被毁。[3]8月20日晨，六架日机分为两小队，由东向西，对浦东、闸北、南市等地进行侦察，"并在各处投弹多次"[4]。几日后，8月25日正午，日本的水上机对南火车站以及江南军械厂附近又进行了一轮轰炸，引发了严重的火灾，火势绵延甚广。[5]此后一段时间，日军的轰炸一直没有间断，甚至呈现出愈演愈烈之势。（图4-2、图4-3）

图4-2-1　1937年黄家阙路校舍，1940届高中许锦漪提供

图4-2-2　李万新老师是东北抗联将领李延禄长女，她和学生周梅英赴延安

图4-3-1　抗战初期被炸毁的黄家阙路务本女中体育馆

图4-3-2　抗战初期被炸毁的黄家阙路主教学楼

面对日军的频繁轰炸，南市显然已非安全之地。为了确保师生的安全，让学校教育能在非常时期继续进行，务本女中校方开始考虑借址办校事宜。这样一来，借址地点的选择便成为校方亟待解决的大问题。纵观当时的上海，华界大部分地区已是兵戎相见，即使有些区域未被占领，但也时常遭受日军战机的袭扰与轰炸，绝非办学之佳地。随即校方就将借址办学的目标转移到了租界。在战争一开始，公共租界与法租界便共同宣布保持中立，以寻求和平。同时，在战事发生后，租界内各国的驻沪军队也开始分别出发，分段驻防。至1937年8月20日为止，公共租界和法租界内的2万余名武装力量已经沿着苏州河南岸，筑起了三道防线。“第一道防线以铁丝网、沙袋等障碍物为主，设于华界和租界的交接处。在第一道防线之后，又设有第二道防线。从8月19日开始，再筑了第三道障碍物。”[6]当时租界所筑起的防线，基本上从南、北、东三面向租界内部提供了一定的保护，故较之华界而言，租界相对安全，沪上难民、学校、机构也大都选择迁移于此。因此，经过商议讨论，务本女中校方决定将借址地点就近定于法租界霞飞路553号的青年中学内。

1937年8月25日，务本女中在《申报》上发布迁址开学通告，宣布务本女中已迁至法租界霞飞路青年中学内办公，并定于9月1日正式开学。通告还表示“凡新旧生及备取生即来本校新址登记（即日起至本月底止），并招收借读生，须持证明文件”[7]。此外，为了更好地维持借址办学期间的校务，让教育不致停顿，胡兰校长还特别组建了校务委员会。“由顾凤城、王佐相、蔡金瑛等原任教职员任校务委员，并暂借霞飞路青年中学为临时办公处。”[8]

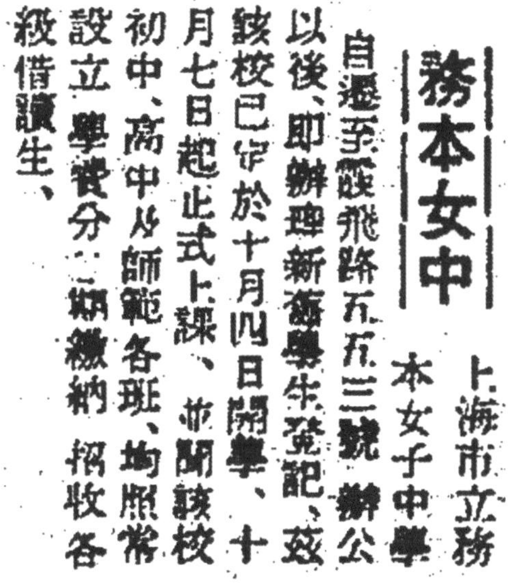
上海市立務本女子中學

務本女中

自遷至霞飛路五五三號、辦公以後、即辦理新舊學生登記、茲該校已定於十月四日開學、十月七日起正式上課、並開該校初中、高中及師範各班、均照常設立、學費分期繳納、招收各級借讀生、

图4-4　1937年10月4日《申报》报道学校被迫迁入租界到霞飞路（今淮海中路）553号

然而，华界激烈的战事难免会辐射至租界。据统计，在淞沪会战爆发后的两个月内，租界共遭受三次轰炸，其余小规模的袭击更是不计其数，因弹片而死伤的租界居民有近5000人。[9]故在1937年8月31日，法国驻沪总领事署便发布公告，勒令法租界内的公私立学校秋季延期开学。[10]在此情形下，务本女中既定的开学日期只能不断延后。9月2日，务本女中在《申报》上发表启事，宣布开学日期延后至9月6日。[11]但在9月6日当天，上海市社会局发布第三六八号通告，以“各校多附设难民收容所或伤兵医院，一时难以结束，且战局未了，流弹尚多，为顾及专实障碍并策学生安全起见”[12]为由，继续暂缓各校开学事宜，务本女中的开学日期无奈被迫再次推迟。9月22日，有报道称“本市市立中等学校务本、新陆等六校，鉴于沪市环境，一时决不能继续开学。而学生耗时废学，殊非持久抗战之计，爰有联合迁往内地开学之议，办法正在拟订中”[13]。可见，面对纷繁复杂的局势，务本女中的

开学日期不仅屡次延后,甚至校方还萌发出迁校内地的想法。9月23日,上海市社会局局长潘公展认为"长期抗战,教育究不能长此停顿"[14],遂与法租界公董局教育处处长高持易氏晤商,最终双方意见达成一致,望各校于10月一律开学。9月27日,法总领事赞同开学提议,命法租界各校可择日开学。[15]是日,务本女中发布通告,定于10月4日开学。[16]1937年10月4日,务本女子中学的初中、高中及师范各班学生纷纷照常到校注册、分期缴纳学费,此外还有许多借读生也来校报到。[17]10月7日,在法租界霞飞路的青年中学内终于响起了务本女中的朗朗书声。(图4-4)

务本女中复课后,由顾凤城代理校长一职,并聘任金光楣担任训育主任,两人共同领导女中事宜。在这段时期内,学校恢复迅速,各类设备均已完备,学生人数在开学约三周后便达到了700人之多,已大致达到战前规模。[18]

1937年11月11日,最后一批留守南市的中国军队陆续撤出。至此,除公共租界与法租界外,各地均被日军占领[19],"孤岛"之势已然形成。据时人统计,当时租界内中等学校共有150余所。[20]上海沦陷后,这些学校绝大部分均照常上课,不受影响。但是"因退集警察等暂宿"[21]等事宜,位于法租界的省立上海中学、市立务本女子中学、青年中学、比德小学、美术专科学校等8所学校均不得不另觅校舍。务本女中无奈只能再次谋求改迁。

1937年11月中下旬,因上海沦陷,导致上海教育行政机构不能公开立足。"为尽可能对学校进行掩护,所有市立中等学校均改成私立。"[22]潘公展命令市立务本女子中学进行改组。[23]是月,务本女中正式改组,以务本女中创始人吴馨之号"怀久"为名,定名为怀久女子中学。[24]改组后的怀久女中设董事会,负责学校的办学决策与经费支持,负责人为徐寄顾,并由顾凤城继续担任代理校长一职,教务主任则由高杰担任[25],原务本女中的教师与学生大部分均留于改组后的怀久女中内,高中部、初中部及高中师范科等学段均维持不变。怀久女中继续以"勤朴勇诚"为校训,各项规章制度与训教方针也沿用原务本女中之办法。[26]因此可以说,怀久女中继承了务本女中的光荣传统,并将务本之精神延续。(图4-5)

怀久女子中学改组后,先于霞飞路校址开学,当时有教师数十人、学生700余人。不久之后便搬迁至公共租界威海卫路587号。在此期间,沈守梅在顾凤城的力挺下出任校长,顾凤城则出任校长秘书一职。[27]怀久女中整体蒸蒸日上,规模逐步扩大。[28]

然而,正当怀久女中奋力在租界一隅顽强发展之际,一则噩耗传来,使每一位曾经的务本师生都不禁悲愤交加。自1937年11月上旬起,即南市被日军占领后,昔日繁荣热闹的南市,因日寇的轰炸与纵火[29],而不幸"终日在焚烧之中"[30]。这场大火持续了二十余天,直到12月3日才完全熄灭。而火灾过后的南市已是满目疮痍、一片焦土,到处皆是残砖断瓦、断井颓垣。在一份针对此次南市火灾的灾区报告中,清楚地记录了在此次火灾中被烧毁的区域与房屋,其中一则记录写道:"江阴街,直至黄家阙路、安澜路、宁康里一带房屋,如务本女学、平安邨、恕再里等处均被焚。"[31]由此可见,原市立务本女子中学的校址也在这一次大火中被焚烧殆尽,承载过务本女中近三十年历史的黄家阙路校舍也随之彻底退出了历史舞台。

图4-5 怀久女中校门，1940届高中许锦漪（中间者）提供

不过，怀久女中的师生很快就将痛失南市校舍的悲伤转化为了前进的力量，师生共同在公共租界威海卫路新址里奋发图强、锐意进取。1938年初，怀久女子中学已彻底恢复全日上课，并且因其良好的口碑与出色的教育，学生人数激增。但如此一来，威海卫路校舍就显得有些拥挤，一时无法容纳如此多的学生。随后，怀久女中校方就此事举行会议，经过商议，决定将学校扩充为二部，开辟新的校舍以供学生使用。[32] 随即校方便租定了毕勋路77号大厦作为新的校舍，并将该校舍定为第一校舍，由于其地理位置靠南，因此毕勋路校舍也被称为南校。而原先的威海卫路校舍则被定为第二校舍，也即北校。[33] 从此，怀久女中在"孤岛"内开始了南北两校办学之路。（图4-6）

但是，历经坎坷的怀久女子中学在南北分校之后并未马上迎来一段安定的发展期。相反，由于先前学校所经历的大规模的重组搬迁，怀久女中内部的人事关系变得复杂且极不稳定，领导层各方在利益的驱使下拉帮结派，明争暗斗，一场风潮已悄然酝酿、在所难免。

1938年，沈守梅校长离沪赴港后，由凌宪文担任代理校长，随后不久凌因故辞职，复由校长秘书顾凤城代为管理学校事务，至此矛盾开始逐渐激化。1938年秋季学期，怀久女中的管理层最终演化为三股势力——校长秘书顾凤城、训育主任金光楣以及教务主任高杰。他们长久以来一直盯着校长的职位，并通过各种手段暗中发展自己的力量。顾凤城陆续将自己的家属、亲信带进了学校，给予他们一定的职位以扩充势力，并

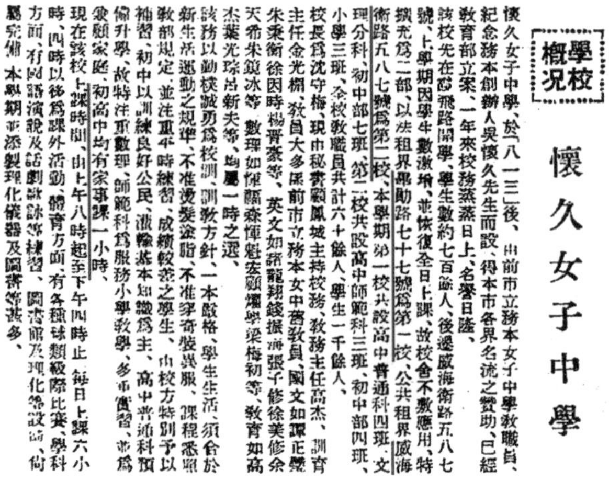
學校概況

懷久女子中學

懷久女子中學、於「八一三」後、由前市立務本女子中學教職員、紀念務本創辦人吳懷久先生而設、得本市各界名流之贊助、已經教育部立案、一年來校務蒸蒸日上、名譽日隆、該校先在蒲飛路開學、學生數約七百餘人、後遷威海衛路五八七號、上學期因學生數激增、並恢復全日上課、故校舍不敷應用、特擴充為二部、以法租界畢勳路七十七號為第一校、公共租界威海衛路五八七號為第二校、本學期第一校共設高中普通科四班、文理分科、初中部七班、第二校共設高中師範科三班、初中部四班、小學三班、全校教職員共計六十餘人、學生一千餘人、校長為沈守梅、現由秘書顧鳳城主持校務、教務主任高杰、訓育主任金光楣、教員大多係前市立務本女中舊教員、國文如譚正璧朱秉衡徐因時楊晉豪等、英文如孫寵翔錢振海張子修徐美修余天希朱鏡冰等、數理如惲龘森惲魁宏顧燿學梁梅初等、教育如高杰葉光琮呂新夫等、均屬一時之選、該務以勤樸誠勇為校訓、訓教方針、一本嚴格、學生生活、須合於新生活運動之規律、不准燙髮塗脂、不准穿奇裝異服、課程悉照教部規定、並注重平時練習、成績較差之學生、由校方特別予以補習、初中以訓練良好公民、灌輸基本知識為主、高中普通科預備升學、故特注重數理、師範科為服務小學教學、多重實習、並為養成賢良家庭、初高中均有家事課一小時、現在該校上課時間、由上午八時起至下午四時止、每日上課六小時、四時以後為課外活動、體育方面、有各種球類級際比賽、學科方面、有國語演說及話劇歌詠等練習、圖書館及理化等設備、尚屬完備、本學期並添製理化儀器及圖書等甚多、

图4-6　1938年12月8日《申报》报道怀久女中分别在毕勋路（今汾阳路）77号、威海卫路（今威海路）587号授课

且他还常常迎合同学们的意见，以取得学生们的信任；金光楣也同样将自己的私人关系网引入学校，这其中甚至包括自己的丈夫。除此之外，她相比顾凤城来说更是将“群众的力量”发挥到了“极致”，她总是深入于学生群体之中，利用她的“三寸不烂之舌”来博得学生们的好感，企图建立起属于她的势力，不过，当时已被高度怀疑为汉奸的金光楣的这一套做法似乎只能拉拢初中学段的学生，大部分高中进步学生对于她的这一系列行为并不买账，且嗤之以鼻；而高杰在这三者之中就显得比较“超然”了，由于缺少学生支持，生怕被排挤的他就联系了北校的教导主任来增加自己的势力。[34]

风潮始于1939年初。金光楣为赶走主揽学校大局的顾凤城，鼓动学生们与学校当局对立，并呼吁她们罢课以赶走顾派势力。在此情形下，顾凤城感到了极大的压力，于是他便先下手为强，联合除金派势力外的全体教职员工率先向校董会状告金光楣的四大罪状。金光楣在此情形下瞬间陷入被动，为了扭转局面，她特意拉来在教育界驰骋多年的杨明晖，企图假借让杨做校长一事来威胁顾凤城。但是谁都没有想到，杨明晖本人对于怀久女中校长一职也是渴望已久。此次面对如此大好的机会，身为国民党上海市党部负责人亲信的杨明晖便顺水推舟努力运作[35]，最终重庆教育部驻沪办事处竟真的发来电报委任杨明晖为怀久女中校长。[36] 1939年2月3日第四次校董会正式通过其担任校长一职。[37]如此一来，可谓“弄假成真”，金、顾二人无论如何都没想到，双方争斗许久的校长职位就这样落入了外人之手。顾凤城无奈只能与金光楣妥协，心有不甘的二人用威逼利诱等手段在学生中间发起了签名运动，企图以此推翻杨的校长职位，许多同学在不明真相的情况下被强迫签下了自己的名字。此次签名运动，也使得整个风潮的形势发生了剧烈的变化。顾凤城原本只是想利用这次的签名来“反杨”，没想到金光楣却借此来“反杨”“反顾”，走投无路的顾凤城只能向杨明晖妥协以明哲保身。由于高杰很早便已投靠了杨明晖，故此次签名运动后，“反杨”势力只剩金光楣一派。[38]

此次风潮的高潮出现在杨明晖正式接手怀久女中后。1939年3月14日上午，杨明晖前往怀久女中正式接事，并奔赴南北两校开始办公。[39]是日，金光楣的丈夫黄敬斋为协助金光楣赶走杨校长，遂在初中学生间发起了一场群众大会，企图“靠着群众威胁的势力，可以使对方感到难堪而自行退避”[40]。在会上，黄敬斋喊出了“反杨”的口号，宣称杨明晖接任校长一职的过程是极其不正当的，并呼吁学生们用实际行动来“反杨”“反顾”“反高”。顿时，校内谣言四起，甚至有传言说"新校长来了,是用二万元向顾买来的"[41]。在这样的煽动下,初中的学生们盲目地罢课了,他们纷纷打出标语要求赶走"非法"的校长。然而,大部分高中学生还是充满理智的,他们明白在抗日的大环境中,更应该努力奋斗、坚持学习,在此时罢课无异于是在葬送学校、葬送国家。因此,怀久女中学生自治会经过开会表示不主张罢课。可是,罢课的浪潮并未因自治会的反对而暂停,在一些别有用心之人的怂恿下,一度还出现了愈演愈烈的现象。此外,在《文汇报》《申报》等报刊上甚至还出现了多方势力冒用"怀久女中师生护校会"的名义来相互攻击、相互指责的文章。[42]争论的焦点也都直指杨明晖任职校长过程中的合法性。眼看事态逐渐无法控制,杨明晖校长及校方决定从3月17日开始"停课一周,从事整顿"[43],并嘱托"各家长,共同训导学生"[44]。无奈的是,即便在学校停课后,顾凤城与金光楣双方还是在报刊上进行着"唇枪舌剑"。3月17日,在停课第一天,顾凤城就委托律师在《申报》上罗列了八条"事实"来驳斥金、黄二人,内容主要涉及阐述学校决议的正当性。[45]翌日,金光楣和黄敬斋二人也委托律师在《申报》上予以反击,并称是顾在冒用"师生护校会"发表启事。[46]双方始终在报纸上各执一词,愈来愈多"前后矛盾""张冠李戴"的"证据"使得学生和家长们对于此次怀久校长风潮的真相都不明所以、一头雾水。

面对这种局面,杨明晖校长决定召集学生家长举行茶话会,以示真相,共谋校务。1939年3月20日下午4点30分,杨明晖校长在中社举行茶话会,此次与学生家长的会晤"由杨校长报告接收经过,以及今后改进方针,并由各学生家长先后发表希望。复由学生自治会代表陈述同学意见,杨校长均予详细答复,各代表认为满意,宾主尽欢而散"[47]。此次茶话会十分成功,杨明晖校长与学生家长通过深入的交谈,基本上解除了误会。同时,学生自治会向杨校长提出的如下八项条件:

(1)奉行蒋委员长在全国教育会上的训言:实施抗战教育,允准学生有正常之课外活动等;
(2)一切教职员不变动;
(3)经济公开;
(4)教职员职务公开;
(5)每届毕业文凭盖市立务本之校印;
(6)南北校不分裂;
(7)校长应合法产生者;
(8)学费应一律(师范科十七元、普通科二十七元、初中部二十二元)。[48]

杨明晖校长均一一接受。鉴于此次会晤取得的卓越成效,怀久女中校方决定于3月24日按期复课。[49](图4-7)

然而,就在3月24日怀久女中复课当天,又突发了新的事端。南校的少数学生再次"受人怂恿,不愿上课"[50],更有甚者在杨明晖校长到达学校后开始"实行她们的暴动"[51]。此事被租界当局所知后,他们

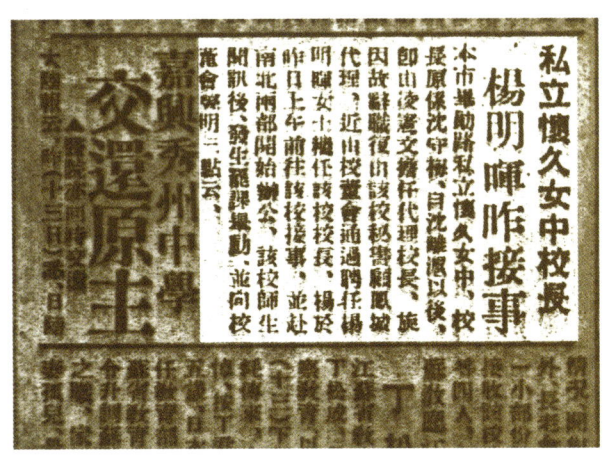 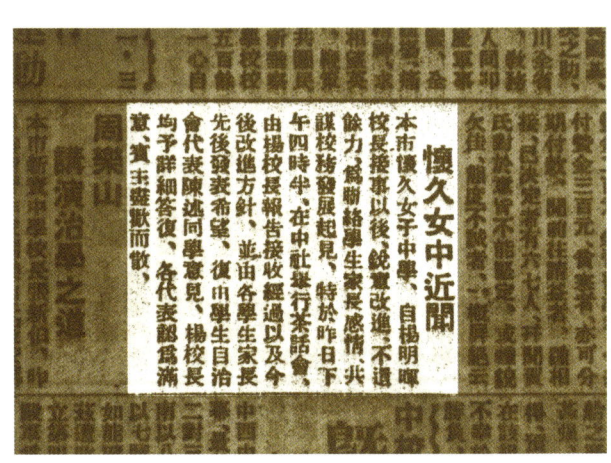

图4-7-1 《私立怀久女中校长杨明晖昨接事》,《申报》1939年3月15日第8版

图4-7-2 《怀久女中近闻》,《申报》1939年3月21日第8版

立即命令怀久女中南校暂停上课,听候处理。[52]

此次南校的再度停课,在社会上引起较大的反响。他们发现这次风潮已严重影响到学生的学业,各界人士纷纷在各大报刊上发文,谴责那些为了自己的利益而利用学生、耽误学生的"渣滓"[53]。3月26日,怀久女中52位教职员在《申报》上发表联合启事,责令煽风点火之人立即停止活动,并呼吁众人竭诚合作"以期共挽学校于危亡"[54]。3月27日,有一位社会人士在《新闻报》上对此事件发表了两点评论。首先,他认为国家利益与团体利益大于个人利益,不管个人受了什么委屈都不能让一个团体受影响。其次,他对怀久女中的学生提出了期许,他在文中写道:"学生最重要的是学业……我觉得怀久同学,别事都可不问,学业必须继续,否则非但对不起社会,对不起父兄,而且对不起自己。"[55] 可见,当时的舆论除了对那些唯利是图之人频加指责外,对于那极小部分屡屡罢课,"连累了全校同学都不能上课"[56]的学生同样也有一丝"恨铁不成钢"之感。事实上,当时对于这些罢课学生的劝诫乃至批评也可谓屡见不鲜。有的人发文表示:"某一部分学生,甘愿受人利用,作人工具,而起来鼓动学潮,主张拥护某一人,或反对某一人,这种行为的动机非常不纯洁,而且是自私的……也就是不合于正义的。"[57]也有的人认为"她们是纯洁的,无知的孩子……她们的缺点,就在于只凭了一面之词,就感情地不加深思地行动起来。她们没有研究这谣言的来源,和是否正确。这是她们缺少人世经验与行为幼稚的地方"[58]。而有的人则向这部分罢课学生提出了改正的方法,希望她们能"观察新校长实施教育的方针,而加以检讨和批判,促使新校长能做到为国家民族培养有用国民这一方针。……踏进自治会,来发展自治精神,与全体同学共负改进学校改造自己的责任"[59]。他认为这么做,比盲目地被利用罢课要好得多。

另一边,对于怀久女中校方来说,此次南校的停课使他们意识到必须另辟蹊径,才能平息这场风波。于是,校方决定"自三月二十七日起至三月三十日止，分别召集学生谈话，并举办一部分学生之甄别登记"[60]。"受甄别之学生为南部初中全体及北部初二乙全班（高中一二年级及初中春二乙亦各有数人）。"[61] 对于这些应受甄别的学生，怀久女中校方会通过专函通知其家长，要求他们在3月30日之前填写不再罢课的保证书，并挂号寄回学校。或者也可以由家长携同学生，亲自到威海卫路北校进行会谈。如果家长或学生逾期未按要求照办，则此学生将被自动视作退学。[62] 3月30日，凡是接到通知书的学生家长，都按照校方要求履行了相关手续，并且纷纷表示"谅解学校当局维护学校青年之苦衷，极愿保证学生照常上课"[63]。（图4-8）

在完成了学生的甄别工作并且得到了学生家长的保证后，怀久女中校方决定让南校高中部于4月2日复课[64]，而初中部则于4月3日复课[65]。为了保险起见，南校高中部会先在牛庄路691号的临时校舍内恢复上课，等到初中部在毕勋路原址复课且相安无事时，再迁回原址上课。[66]

校方的此次行动终于达到了较为理想的效果，学生们不再罢课，自治会也在报刊上发表声明承认杨明晖为怀久女子中学合法的校长。[67] 不久之后，怀久女中北校从威海卫路搬迁到了"交通便利，环境幽静，宜于读书"[68]的静安寺路471号大厦。而顾凤城、金光楣等人也陆续去职离开了怀久女中。[69] 至此，这次风潮终于慢慢趋于平静。

怀久女中的此次风潮，虽然一开始只是个别势力之间的权力纠纷，但是后来竟逐步发展到致使学校两度停课的地步，这其中的恶劣影响，自然不言而喻。所幸杨明晖校长与怀久校方精诚协作，学生自治会也在其中发挥着积极的作用，这才及时制止了事态进一步恶化，将学校重新拉回到正轨。然而，此次风潮却埋下了一个严重的伏笔。根据上海特别市教育委员会的调查报告来看，顾凤城在脱离怀久女中时，因其心有不甘，遂故意将其保管的前务本女中校印及账册等物品带走。[70] 这一行为产生了一系列严重的影响，直接导致了不久之后第二次风潮的诞生。

1939年6月16日，第一次风潮过去仅两个月，一所名为"上海务本女子中学"的学校在《申报》上发表启事，招考登记新旧生。该校自称"系市立务本女中改组，以继务本之系统，仍由原校长主持，聘请旧教员担任教授，一切均照成规办理"[71]。同时宣布从即日起开始首招初高中学段新生。显然，这所突然出现的"上海务本女子中学"意在向大众表明自己与前市立务本女子中学之间传承的"正统性"，而文中所提及的"原校长"正是不久前刚从怀久"携印出走"的顾凤城。此番行为无疑严重损害了怀久女子中学的名誉。6月17日，即"上海务本女子中学"发表启事后的第二天，怀久女子中学便在报上发表启事，对该校言论进行强烈反驳。怀久女中在启事中除了向外界强调学校由前务本女中合法改组外，还特意声明"本校奉主管机关之命，准将前务本钤记改刊长方形式，业经遵办具报矣"[72]，意图提前一步对校印缺失问题加以解释。但是，怀久女中的声明并未如愿让对方就此罢手。6月18日，该"上海务本女子中学"正式以"上海市立务本女子中学"的名义发布紧要启事，拒绝承认怀久由前务本改组，并称怀久"以一私立学校，竟欲私刊市立学校之钤记，实属藐视法纪"[73]。由此可见，该校将怀久缺失校印一事作为其辩论的重点，并蓄意将矛头直指于此。至此，以前市立务本女中改组问题为主体的怀久女中第二次风潮已彻底拉开帷幕。（图4-9）

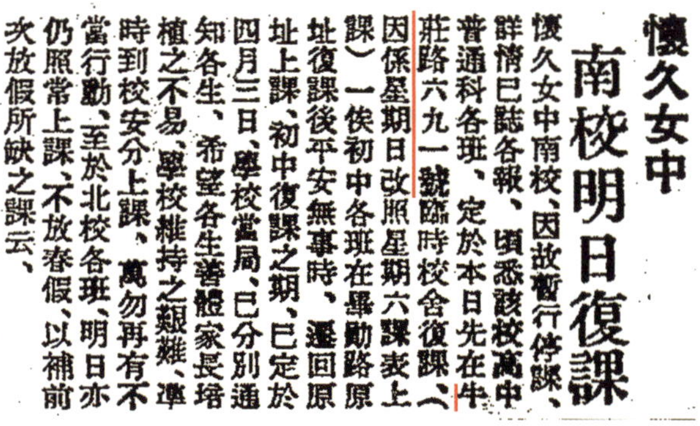

懷久女中南校明日復課

懷久女中南校、因故暫行停課、詳情已誌各報、頃悉該校高中普通科各班、定於本日先在牛莊路六九一號臨時校舍復課、(因係星期日改照星期六課表上課)一俟初中各班在畢勳路原址復課後平安無事時、遷回原址上課、初中復課之期、已定於四月三日、學校當局、已分別通知各生、希望各生善體家長培植之不易、學校維持之艱難、準時到校安分上課、萬勿再有不當行動、至於北校各班、明日亦仍照常上課、不放春假、以補前次放假所缺之課云、

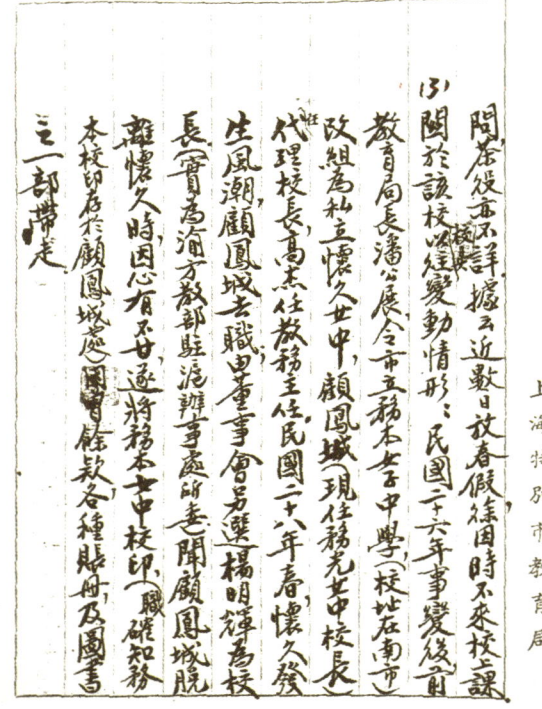

图4-8 《怀久女中南校明日复课》，《申报》1939年4月2日

間，茶役亦不詳，據云近數日放春假，係因時不來校上課

(3) 關於該校以往校長變動情形：民國二十六年事變後，前教育局長潘公展令市立務本女子中學(校址在南市)改組為私立懷久女中，顧鳳城(現任務光女中校長)代理校長，高志任教務主任，民國二十八年春，懷久發生風潮，顧鳳城去職，由董事會另選楊明暉為校長(實為渝方教部駐滬辦事處所委)，聞顧鳳城脫離懷久時，因心有不甘，遂將務本女中校印(職確知務本校印存於顧鳳城處)同時餘款各種賬冊及圖書之一部帶走

上海特別市教育局

图4-9 上海特别市教育局涉及上海市怀久等校的相关文档摘选（1942年），上海市档案馆藏

事实上，怀久女中自1937年11月由前务本女中改组至第二次风潮发生前，在“正统性”这一问题上似乎一直“不得安宁”，但又称得上是“有惊无险”。首先，早在怀久女中改组之初，就有一所“私立务本女子中学”紧随其后产生，当时的社会各界对此“疑虑丛生”[74]。好在这所“私立务本女子中学”从未公开声称自己由前市立务本女中改组，也从未质疑怀久女中的“正统”地位。据《廿八年上海教育一览》所述，该“私立务本女子中学”由前市立务本女中的教职员吴景遽等十余人集资创办，其“袭用务本二字为校名，示水源木本之意。上加私立二字，以与前市立务本划分界限，并以明其非一系统也”[75]。正因如此，怀久女中与私立务本虽在校名上令时人倍感疑惑，但却始终没有发生过实际的纠纷。其次，在怀久女中第一次风潮中，也有人通过质疑怀久女中的“正统性”来“反杨”。他们声称“务本女中早经明令结束，怀久自有校董会负责，法理上与前务本自属无关”[76]，并企图以此来否认杨明晖接任的合法性。但是，由于当时怀久女中持有前务本女中的钤记，因此杨明晖仅仅只需在学生证书上“沿用上届办法加盖务本钤记”[77]，这些有关怀久女中“正统性”问题的无端指责便纷纷不攻自破。

然而，在顾凤城带走前务本女中的钤记后，局势顷刻间便产生了巨大的转变。怀久女中所持有的务本校印向来是证明其自身“正统性”的决定性证据，但在顾凤城带走校印后，怀久女中瞬间就会因为缺少证物而无法“自证清白”。另一方面，彼时上海身处“孤岛”，教育部却位于重庆，若一旦发生纠纷，官方很有可能会“鞭长莫及”，无法干预。[78]可以说，这样的局面对于怀久女中来说极其不利。而顾凤城显然对此了然于胸，因此他在蓄意带走校印后，便立即成立了所谓“上海务本女子中学”。如此一来，“上海务本女子中学”就可凭借顾凤城带来的务本钤记自

称"正统",而怀久女中此时的任何反驳都会因没有证据而显得苍白无力。顾凤城的这一系列行动,无论其动机如何,都对怀久女中造成了极大的麻烦。

1939年6月22日,怀久女中再度发布启事,针对钤记缺失问题做出了回答。怀久在文中解释道:"本校既为务本改,经务本之钤记,自应由本校保管使用,但原保管人不肯移交。乃由教育部以一一一五八号训令,准本校另刊长方形钤记使用。"[79]可见,怀久女中的说法与前文提及的上海特别市教育委员会的调查报告如出一辙。顾凤城带走钤记后,怀久只能向教育部申请另刊新型长方形钤记使用,实属无奈之举。但是,"上海务本女子中学"对怀久这般说辞矢口否认。并于6月23日[80]、6月24日两天接连发表两篇不同的紧要启事,内容的核心均在指责怀久"意图私刊校钤"[81]一事。

1939年7月,风潮进入"白热化"阶段。7月1日,沪上16所小学发表联合启事,自称通过调查,可以证实怀久女中确属务本之系统。[82]7月5日,有一"上海小学界升学指导委员会"发表启

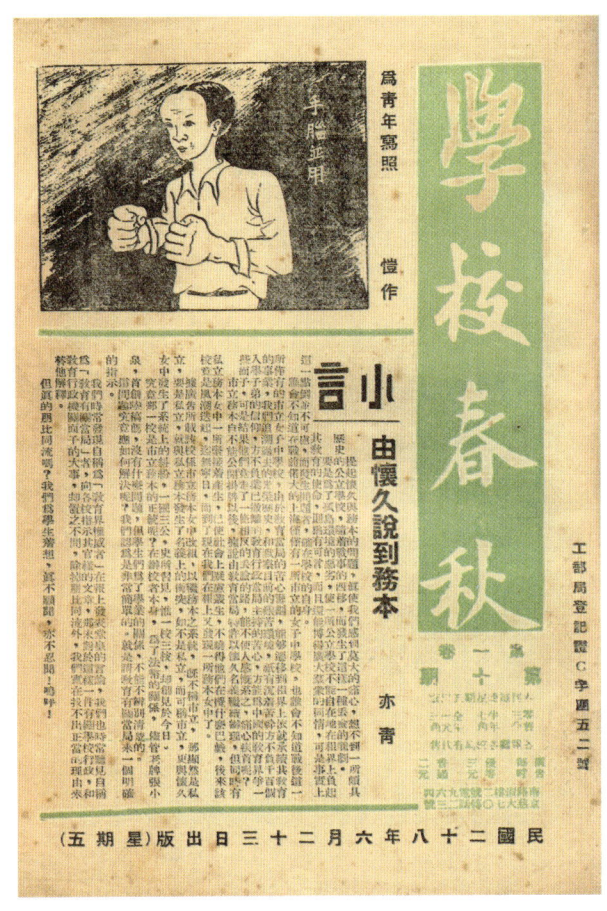

图4-10 《由怀久说到务本》,《学校春秋》1939年第1卷第10期

事,但该组织却声称经过其实地调查,可证"上海务本女子中学"才是真正市立务本之系统。[83]这些第三方组织的言论,不仅使整个事件愈加扑朔迷离,也让越来越多的社会人士开始加入到这场"正统"之争。大家纷纷出谋划策,发表自己的看法。有的人认为要想解决这个问题,就是要"请教育有关当局来一个明确的指示"[84]。有的人则向学校建议"与其斤斤于正统问题之争执,不如努力于自身之充实。一方面凭真实成绩取得社会之信任,一方面以合法手续,确立自身之法律地位。继承公校之系统固善,为一完善之立案,私校亦未尝不善……与其相互讥弹,不如相互合作,捐弃成见,不分派别,在统一战线铁则之下,共同完成抗战建国之教育大业"[85]。而有的人则对学生家长传达了寄语,他劝诫家长们"不必东打听西问询,以求晓得谁是务本的正统,因为正统对于你子女的学识,没有绝对关系的,如果你们是爱护子女,要子女得到较好的学校的话,你们必须打听这两校谁有成绩,谁有历史,谁有精神,如果能这样的选择学校,决不会有误你们的子女的"[86]。(图4-10)

在经过社会各界人士的"口诛笔伐"后,怀久与"务本"两校之间的争斗似乎也慢慢趋于平息。两

校除了每次"默契"地在各自招生简章开头或结尾处申明自己是前上海市市立务本女子中学改组外,基本没有其他实际的论战。1940年夏,"上海务本女子中学"奉教育部普字一五一四九号令更名为上海务光女子中学。[87]第二次风潮至此结束。

怀久女子中学迎来了一段相对安宁的办学时间。

第二节 "孤岛"中的怀久女子中学

"八一三"事变后,务本女中历经更名迁校,以怀久女中之名在"孤岛"中薪火相传。在这段时期内,尽管由于客观环境的变化,怀久女中的各个方面都与战前有着些许差异,但却始终不失务本之优良传统。

"孤岛"时期,怀久女子中学的硬件设施还算乐观。事实上,当时许多学校的教学设备在迁往租界的途中就会因战乱而损失殆尽,因此绝大部分学校的设备条件都较为简陋。甚至有很多学校的"物理、化学、生物等需要实验的课程,由于缺乏基本器材而无法正常进行"[88]。但是怀久女中并未遭遇如此困难。

得益于南市黄家阙路校址远离第一战场的地理位置以及前务本女中校方的未雨绸缪,在前务本女中初迁特区霞飞路校址之时,校方能够顺利地将"大部图书仪器迁出应用"[89]。因此,在务本搬至租界到改组怀久女中之前,其设备物质基础良好,大部分黄家阙路校址的教学设备均得以保留。在校董会拨款等各类经费的支持下,时任务本女中代理校长的顾凤城进一步规划采购,使得这一时期学校的"各类设施,均已相当就绪"[90]。

在怀久女中改组后,学校的校舍不仅扩充到了毕勋路和威海卫路两个校区,还进一步在各校区"添置理化仪器及图书"[91],使得图书馆及物理、化学等相关实验设备更趋完备。至1938年秋季学期,怀久女中南北两校已具备图书馆、理化室、仪器标本室、实验室、成绩室、会客室和厨房等设施,此外还拥有21间教室,足够师生学习生活使用。[92]一位怀久学生后来对毕勋路南校的优美景色这样回忆道:"在路口有一座诗人普希金的铜像,傍晚时分有些文学爱好者在像前伫立默思。这里有着诗情画意的环境。一幢白玉石的三层楼,原是国民党有名将领朱培德的寓所。我们在这所校舍里读书,特别安静。"[93](图4-11)

随着学校逐步发展,学生人数增多,怀久女中也在不断扩展自己的校舍。1939年夏,怀久女中北校从威海卫路校址搬迁到静安寺路471号大厦后,教室规模再次得到扩大。静安寺路校址拥有10余间教室,这大大地扩展了学生们的学习空间。[94]除此之外,在这段时间内,怀久女中仍在不断充实图书、仪器等设备,以确保各类器材能与学生人数相匹配。[95]怀久女中于1941年夏进行了最后一次校舍搬迁。由于南校"毕勋路校舍已届期满"[96],故由程燊昌作为怀久女中校方代表,向周宝训堂租借霞飞路1284号洋房作为南校校舍使用。其间虽然与周宝训堂的堂主周沈清珊及经手人张宗兴关于洋房"使用权"和"居住权"等问题产生了一些纠纷,但经过调解,双方很快就表示互相谅解,解除了误会。[97] 此次迁校之后,怀久女中的南北校区固定于霞飞路与静安寺路两地,再无变动,其中各类教学设施也一直维持着较高的水准,并无大规模的更新。

需要特别指出的是,务本校友会对怀久女中硬件设施的建设与赞助也起着至关重要的作用。务本校友会每年7月15日会照例举办大会一次[98],但很多校友因职务繁忙而无法到场。然而,在抗战爆发后,各地校友来沪避难的人数甚是众多,这就为校友之间的聚首提供了机会。因此在抗战的非常时期内,务本校友之间的联系甚为紧密,她们也都在这段时期内愈加不遗余力地为母校添砖加瓦。[99] 当时,务本校友会在中国银行上海储蓄部以及上海女子商业储蓄银行等机构内,都存有一定数额的资金供学校建设使用。在那个战火纷飞的时代,这无疑是一笔十分宝贵的财富。(图4-12)

除了硬件设施上的吸纳与发展,在学制、课程以及规章制度等方面,怀久女中也传承了务本之优良传统并将其继续发扬光大。

在学制方面,务本女中初迁租界后,仍沿用先前学制,照常招收初中、高中普通科及高中师范科的学生,且均为三年制,同时还另设附属小学。[100] 在务本改组怀久并扩充南北二部后,校方对学制并无调整,只是略微改变了招生方案。怀久将南北两校的招生对象进行了划分,南校主要招收高中普通科及部分初中部的学生,而北校则负责招收高中师范科及另一部分初中部的学生。[101] 1939

图4-11-1 实验室设备:巴罗轮(约20世纪40年代)

图4-11-2 实验室设备:静止惯性试验器(20世纪40年代),标注有"科学仪器馆股份有限公司(上海棋盘街)"

图4-11-3 实验室设备:磁倾仪器(20世纪40年代)

年北校搬入静安寺路校区后,怀久校方再次对招生方案进行微调,此后北校开始兼收高中普通科学生,南校则维持原状。[102]怀久女中的学费以分期缴纳的形式交付[103],在迁入特区后屡屡变动,直至第一次风潮结束后,定额为:师范科17元、普通科27元、初中部22元。[104]其中师范科学费于1941年春季学期予以免除。[105]

在课程方面,怀久女中除了"悉照教部规定"[106]外,还根据各学段特点,制定针对化的、符合女性教育特色的课程安排。就初中学段而言,以训练良好公民与灌输基本知识为主。因此,针对初中一年级学生,学校设置了公民、国文、算学、英文、历史、地理、动物、植物、生理卫生、美术、音乐、操行、体育等课程,以助新同学适应初中课程的节奏。[107]身为一所女子中学,怀久校方还在每学期设立一门家事课,教育学生兼顾家庭。[108]升至初二年级后,学校会将动物、植物、生理卫生等基础课程删去,取而代之的是物理等进阶课程,其余课程则均不变动。[109]到了初三年级,物理科目会被再次替换成化学,以保证初中学段的学生能全面接触物理和化学两门课程,为高中的理化学习打下坚实的基础。[110]

对高中普通科学段的学生来说,他们主要面临的是升学的压力,因此学校在课程设置方面会尤其加强数理方面的训练。在高中普通科一年级时,学校会开设公民、国文、算学、英语、历史、地理、生物、美术、音乐、操行、体育等课程。[111]这些课程的名称虽与初中学段大同小异,但在难度上却有相当的提升。到了高中普通科二年级,课程难度进一步加大,在课程安排上,开设了化学课以代替生物课。高中普科三年级是学生升学的关键期,在这一学年内,学校删去了美术课和化学课,并开设物理课来使学生们完成理化方面的学习。[112]

高中师范科的主要任务是服务小学教学,因此校方在课程设置上大多偏重实习。在高师一年级时,校方除了开设公民、国文、算学、英文、历史、地理、生物、美术、音乐、操行、体育等普通课程外,还特别开设教育心理、劳作、注音符号等课程[113],以供师范学生对"学习情绪之控制,学习技巧之启迪,日常行为之指导,个性偏僻之矫正等必备技术均有相当之了解"[114]。到了高师二年级时,普通课程的调整与高普二年级相同,即将生物替换成化学。在师范科目上,则新增了一门教材教法课来增强学生专业性的培养。[115]高师三年级的课程变动较大,在普通课程上,除了将化学、美术替换成物理外,还删去了地理课程。在师范科目上,除了增加小学行政、测验统计两门科目外,还设置了实习环节,以便师范科学生能适应未来的工作。[116]

怀久女中每学期课程的数量与时长并不是一成不变的,校方会根据学生的学习状况和各类因素进行动态调整。通常来说,怀久女中的上课时间,是从上午8时到下午4时,每日的学习时长为6小时左右。[117]但有时上课时间与课程数量也会有一定的增加,比如在1941年的春季学期,怀久女中就为"再谋学生程度之提高……将各主要科目之时数,酌予增加"[118]。而到了秋季学期,校方则再次将"国、算、英等各主要科目钟点略予增加"[119],以提高学生的学业水平。

除了正常的课程安排之外,怀久女中还特别开设各类课外活动以及暑期学校。课外活动主要包括各类球类比赛、国语演说以及话剧歌咏等项目,这些活动的开展既能放松学生的身心,又能开拓她们的视

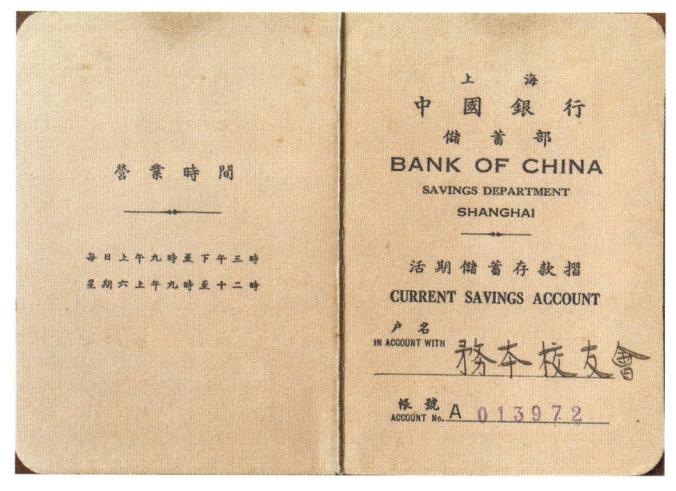 

图4-12 务本校友会银行存折（账目）

野，深受学生喜爱。[120]暑期班的招生对象主要是具有小学学历的妇女以及初高中各级女生。[121]主要是为有志升学、进修以及补习者所设。怀久暑期班通常安排在南校上课，开设的课程有国文、英语、算学等主要科目。

在学校的规章制度方面，怀久女中则更可以称得上是与务本"一脉相传"。怀久女中仍以"勤朴勇诚"为校训，对学生的生活与学习都有着严格的要求，时人多谓其"一秉过去数十年训教严格之精神"[122]。需要特别指出的是，虽然怀久女中分为南北两校，但在制度、精神等方面都是一致的。[123]因此怀久两校看似"南辕北辙"却实则"遐迩一体"。

在生活上，怀久对于学生的管理十分严格。按照教育部要求，怀久女中"实施新生活运动准则"[124]，"凡涂脂抹粉以及华服烫发等恶习，早经革除"[125]。据1939届学生陈永箴回忆道："学校提倡严谨朴实的校风。规定了：不许烫发、不许涂脂抹粉、不许穿高跟鞋，必须穿校服等等。所以务本的同学走在路上，人们一眼就能看出。"[126]

在学习上，怀久女中非常重视学生们的学业成绩，因此训导较为严苛。正如上文所述，校方会通过动态增加课时的方法来提升学生们的学习程度。除此之外，针对成绩较差的学生，校方也会特意安排教师予其单独补习。[127]怀久女中对于学生毕业的要求并不算低，初中和高中普科的三年级学生均须在国文、算学、英语、史地、理化、体育、操行七门毕业考试中获得60分以上的成绩才能达到毕业要求。而师范科的三年级学生则须通过国文、算学、理化、教育概论、小学教材教法、教育实习、体育、操行八门毕业考试方可毕业。在这些考试科目中，英语与算学的试卷难度最大，处于及格线附近者比比皆是。[128]事实上，每年都有因不及格而毕不了业的学生。例如1939年度的第二学期，在初中部的179人中，就有7人因单门成绩没过及格线而无法毕业，比例接近4%。[129]

在了解抗战时期怀久女中的学制、课程以及规章制度之后，还必须关注彼时怀久女中的师资力量。教师团体作为一所学校的支柱，对于学校的发展至关重要。尤其是在那个战火纷飞的时代，教师素质的高低更是与国家的命运紧密相连。

怀久女中的教师大多都是前市立务本女中留下来的旧教员，当然也有部分改组后加入学校的新成员。在留任的前务本教师中，有许多都是当时的沪上名师。如教授国文课的谭正璧、朱秉衡、徐因时、杨晋豪等人；教授英文课的诸龙翔、钱振海、张子修、余天希、朱镜冰等人；教授数理的恽福森、恽魁宏、顾耀学、梁梅初等人；师范科的高杰、叶光琮、吕新夫等人；都可谓"一时之选"。[130] 而那些新入怀久的教师们也都个个出身名门，实力不凡。如史地教师张吟侬毕业于大夏大学；1934届高中毕业生、数学教师吴守中毕业于大同大学；公民、代数课教师汪蕊英毕业于复旦大学；英文教师徐美珍毕业于沪江大学[131]；美术课教师傅伯英毕业于上海美术专门学校；等等。[132] 其余教师如张绮、郭祖鑫、程树隆、汪明芬、吴鸿城、沈啸秋、陈云涛、张恭叔等也皆是优秀之人才。

然而，无论入职新旧，怀久女中的教师都将教书育人的职责铭记于心。由于战乱，当时教员的工资偏低且较不稳定。[133] 但是他们始终兢兢业业，在教学上精益求精。许多教师远离故乡，无法与亲人团聚，但是他们仍然坚守在岗位上，寸步不离。即使在第一次风潮中，面对混乱的秩序，他们依旧以身作则，毫无怨言地上好每一节课。[134] 怀久的教师不仅会讲述书本上的基础知识，还会让学生学会如何思考，引导他们将读书与现实相联系。国文老师杨晋豪曾在《申报》上分享过自己的教学方法，他说："我在怀久高中教了《圆圆传》……后，于考试时出了这样一个题目：'读……后，简述明末形势并试与吾国今日之抗战，比较其异同。'像这题目，死读书者是决做不出的，我的目的，便在要学者活读书，同时要密切注意现实。"[135] 正因上述种种，怀久的教师们深受学生们的爱戴与敬仰。在此引述一段1941届学生吴荃（现名丁健）对音乐老师仲子通的回忆：

> 他教的不是世界名曲和赞美诗，也不是低级庸俗的流行歌曲，他用音乐代替语言与我们交流心声。他教唱黄自的《旗正飘飘》和《抗敌歌》，以及几十年来使我难忘的，由田汉词、冼星海曲的《青年进行曲》。他的嗓子宏亮圆润，伴奏着风琴引吭高歌，一句句教唱："前进！中国的青年，挺战，中国的青年，中国恰像暴风雨中的破船，我们要认识今日的危险，用一切力量争取胜利的明天。我们要一以当十，百以当千，我们没有后退，只有向前、向前！兴国的责任落在我们的两肩，落在我们的两肩。"仲老师像一个指挥员，呼喊着："前进！中国的青年！挺战！中国的青年。"风琴像战鼓一样，发出咚咚咚的声音，动员战士出征。我眼前出现了千军万马，汹涌澎湃，大部队行进的气势，我激动得热血沸腾，恨不得马上加入士兵的行列，与敌人拼搏。在中华民族生死存亡的紧要关头，老师们在平凡的岗位上喊出了时代的呼声，对学生进行实际深刻的爱国主义教育，启发我们要热爱祖国，要追求光明，坚持真理。这种深刻的教育对青少年选择正确的人生道路发生了重要作用。……时光流逝，半个世纪过去了……每当我想起他们，我充满感激，充满敬重。[136]

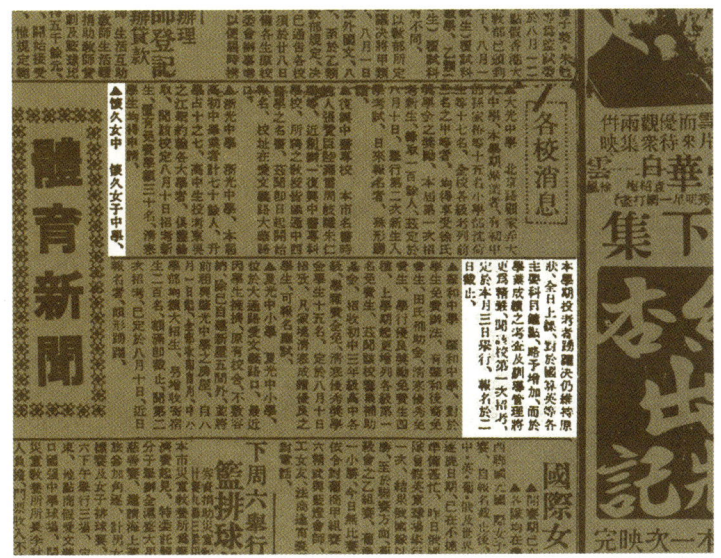

图4-13 《新闻报》1941年8月1日第12版有关"怀久女中"的记载

正因怀久女中拥有严格的管理制度与优秀的教师团队，加之长久以来良好的生源基础[137]，怀久的学生大都品学兼优，出类拔萃。对于普通科的毕业生来说，他们"俱能考入国立大学"[138]，例如1940届的40余位高中普通科毕业生几乎全部考入了国内著名的公、私立大学。其余各届考入诸如暨南大学、西南联大、交通大学、中央大学、沪江大学等名校者更是不计其数。[139]对于师范科的毕业生来说，一部分会进入沪上著名小学担任教学工作，另一部分则会通过校方开设的"女教师家庭教育服务社"[140]，来从事上海各贤明家庭的小学程度学生的家庭教育和保育工作。[141]无论是普通科还是师范科，不管是学习还是工作，怀久的毕业生们都在各自的领域获得了良好的口碑。

如此一来，越来越多的沪上家长与著名小学都会以考取怀久女中为荣。怀久女中的学生数量也因此节节攀升。在怀久初步改组之时，全校各学段学生共有700余人。[142]搬迁至南北两校以后，怀久的学生数量达到1000余人。[143]事实上，怀久校舍的每次搬迁或多或少都与学生人数的激增有关。每当怀久女中招生时，都会发生"投考者异常拥挤"[144]的情况。比如，在1939年7月25日的招生考试上，就有超过400名新生到场，最后有130余人被成功录取，录取额达应试额的30%以上。[145]但碍于学额与校舍的限制，仍有许多优秀学生无法如愿入学怀久女中。面对学生家长们频频提出的扩充学额、增加班次的请求，怀久女中往往会在每次扩大校舍的同时，顺势增加学额与班次。1939年夏，怀久北校在搬迁至静安寺路之后，增设了初一、高普一和高普二的班次。[146]1940年春季学期，怀久再次"扩充学额"[147]，新生入学人数进一步增加。（图4-13）

值得一提的是，怀久女中的学生不仅在学业上超群出众，在其他各个方面都十分优异，可谓是"德智体美"全面发展。怀久女中的学生总是会在下午4点放课后去参加各类课外活动[148]，而戏剧和排球则是她们的最爱。怀久剧社是由热爱戏剧的怀久学生共同组织的一个社团，她们时常会在校内校外举办一些小型的公演，演出的剧目大多都是学生自编的、贴近生活的剧本。[149]其中如《圣诞夜》《校长室》《伪

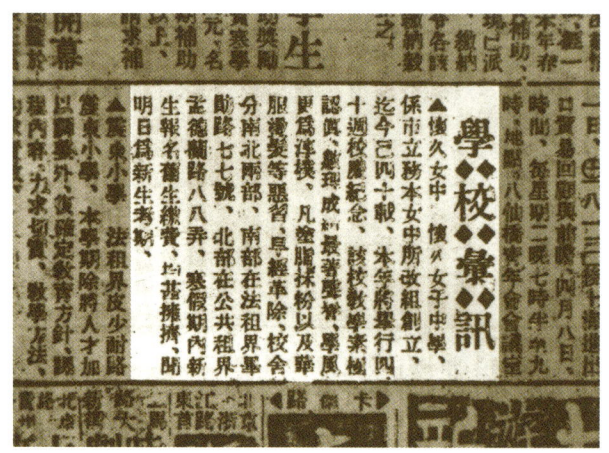

图4-14 《学校汇讯》,《申报》1941年
2月3日第8版

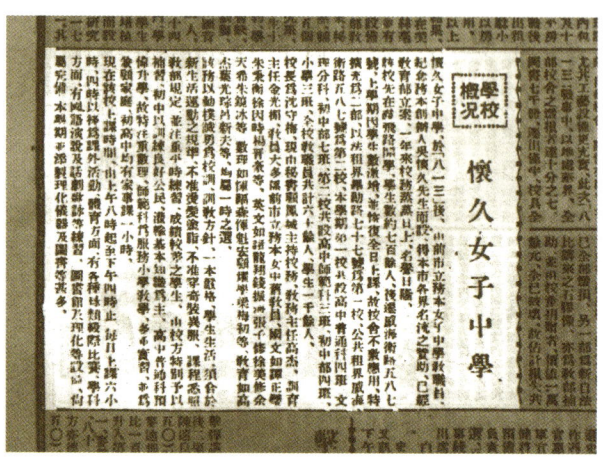

图4-15 《学校概况：怀久女子中学》,
《申报》1938年12月8日第12版

婚》《怀久之歌》《别的苦女人》《压迫》等优秀自创剧目[150]，一经演出便取得了很好的反响。怀久排球队的实力也十分强劲，她们经常能在"中青排球邀请赛""中等学校排球联赛"等比赛上挺进决赛，甚至夺得冠军，十分不容易。[151]（图4-14、图4-15）

此外，在抗战的大环境中，怀久女中的学生在读书的同时还不忘救国。她们除了"组织战时服务团，积极从事后方工作"[152]之外，还坚持捐款捐物，为抗日救难献出自己一份力。自淞沪会战爆发以来，她们就开始向各类救难会、救济会以及抗日军队等组织捐献钱款和物品。从自制的棉背心到募得的急救药袋；从保暖袜子到药用肥皂；从消毒绷带到红澳汞水，只要是有利于抗战、有助于救难的物品，怀久女中的学生都会捐献出来。[153]有时怀久的学生们也会亲自前往各难民所、孤军营对大家进行慰问。例如在谢晋元部撤入孤军营后，怀久女中的同学们就经常去慰问这些英勇的将士，给他们带去各种食品与物

资。[154]（图4-16、图4-17）

在此，还需谈谈怀久女中与中国共产党之间的渊源。怀久女中是在中共地下组织领导下的一个"红色堡垒"。在市立务本女中改组为怀久女中后，原先务本的一大批抗日积极分子仍留在怀久。其中伊素琴、姚莲娟等人最为积极。1937年12月，中共地下党员罗彬介绍伊素琴入党。1938年6月，怀久女中第一届党支部成立，伊素琴任党支部书记，上级领导人为张键。1938年9月，伊素琴毕业离校，第二届支部书记由欧阳仪担任，支委由谭营生、邵幼青担任。这里，摘录一段欧阳仪（1940届师范科毕业生）的回忆：

> 上海沦陷以后，务本改组为怀久女中。在党的地下组织领导下建立了以进步同学为首的学生自治会。我们这些进步同学，全是品学兼优的，因而很有号召力。记得当国民党与汪伪七十六号特务各站一边争夺校长权位时，都来拉拢学生。在地下党的领导下我

们学生自治会提出主张，明确表示"谁支持我们抗日，我们就拥护谁"，一句话揭穿了也驳倒了觊觎校长职务的汉奸金光楣，她自然当不上校长，自治会得到了老师、同学的拥护。

1938年6月，我被发展入党。在党的教育下，我逐渐成长，学会了做群众工作，我们师范科1940届班级成为全校最先进的班级。同学们功课好，抗日气氛活跃，直到毕业那年，听说党员也发展得最多，约占全班人数的四分之一，不过那时我已离校了。[155]

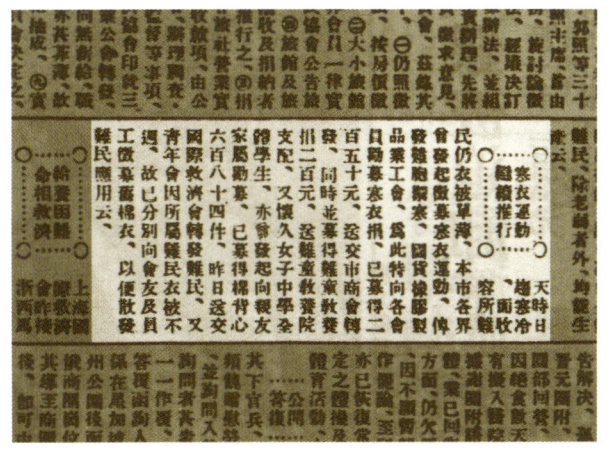

图4-16 《（怀久女子中学）寒衣运动　继续推行》，《申报》1938年10月26日第10版

1939年，怀久分为南北校区两个支部，由邵幼青担任南部支书，北部支书则先后由陶掌珠、王淑贞担任，上级领导人为伊素琴，后由张玉谋接替。1940年2月，怀久女中成立党总支，陶掌珠任总支书记兼南校支书，王淑贞任总支委员兼北校支书，上级领导人仍为张玉谋。1940年秋，陶掌珠与王淑贞毕业，她们的工作由谢潜慧与薛焕珍负责。1941年薛焕珍暴露，组织迅速转移了薛、谢二人，并派杨佩景、郑惠娥、徐联珠三位同志到校接替工作。由郑惠娥担任南校支书，杨佩景、屈元二人担任支委；并由徐联珠担任北校支书，上级领导人为朱梅。自1938年7月怀久第一届党支部成立以来，党组织就不断地在怀久女中内发展进步分子成为党员。"从1938年到1942年初，怀久女中先后共有党员50名，其中8名是从外校调入的。党员总数约占全校学生总人数的7%，是当时女中各校党员比例最高的一个。"[156]除了积极发展党员以外，怀久女中党组织还培养了一批思想进步的学协成员。学协即是上海学生界抗日救亡协会，它是中共地下党在学生方面的

图4-17 1937年8月淞沪会战后务本女中学生在孤军营慰问并与谢晋元团长合影，其中女生余艳华（余叔，前排右二），受谢团长抗日精神的感染，后成为新四军女兵

外围组织，也是党和群众之间的桥梁。学协于1937年10月成立，当时伊素琴以务本女中代表的身份前去参加，并被选为17个理事单位之一。"学协的成立极大地推动了各校抗日救亡活动，务本改名怀久以后，怀久的'学协'做了许多工

作,在各项活动中发展了一批'学协'成员。到1940年,全校有100多人参加,约为全校700多同学中六分之一,是一支在支部领导下的坚强的骨干队伍。"[157]怀久学协中的很多成员在党组织的领导和锻炼下,在思想上有了进一步的认识,最终毅然决然地加入了中国共产党。

怀久地下党组织与怀久学协开展的活动既丰富又深刻,使学生们在收获知识的同时也能"提高觉悟"[158]。学协根据地下党的指示,及时提出将工作重点转向校内。在积极分子中组织读书会,并以读书会为核心,团结了广大同学,开展各种活动,除歌咏、戏剧、墙报、救济互助等活动外,还邀请了著名人士——鲁迅夫人许广平、刘王立明、陈波儿等到校演讲,邀请刘良模来校教唱。这些活动强烈地吸引着早对日寇蹂躏充满愤恨的同学们的心。1941届怀久初中学生屈元对当时党支部与学协所开展的活动这样回忆道:

> 为了坚决贯彻党中央"关于深入群众工作的决定"和白区工作的总方针,我们组织党员和"学协"成员,首先认真热情地用多种方式开展交朋友活动,结成小姐妹,结成姐妹班;第二,学好功课,深入持久地开展读书活动和温课互助,帮助同学解决学习困难,使党员在群众中提高威信;第三,集资办图书室,办壁报,建立歌咏班,读革命书,唱抗日歌,演进步剧,充分发挥革命文艺的作用,使群众接受革命熏陶;第四,组织同学到大世界、舞厅和棚户区进行社会调查,到坚持抗日的八百壮士的孤军营慰问,以了解旧社会的黑暗,剖析下层人民的疾苦,歌颂抗日英雄。[159]

许多进步学生对此类活动的开展赞不绝口,大家纷纷表示在思想上受到了很大的影响。不仅有许多同学当即加入了中国共产党,还有的同学表示这在其"以后的人生道路……扎下了深深的根"[160]。

自怀久女中党支部成立以来,党组织和学协以及由党发动群众组织而成的"全校学生自治会"共同领导怀久学生进行了许多次斗争。其中最有影响力的就是反对汪派汉奸的斗争。

在此次斗争中,怀久女中的学生所针对的第一个目标就是金光楣。其实早在怀久第一次风潮之前,金光楣就已显露其汉奸的真面目。因此,在1938年秋季校庆联欢会上,"1940届师范科龚兰婉自编自导主演的《打倒狐狸精》一出歌舞剧,尖锐地揭露了金光楣貌似爱国,实属汉奸的两面手法"[161]。金光楣看完节目后气急败坏,立马通知巡捕房下午过来抓人。"党支部研究决定下午继续演出,并巧妙地把全剧改为只跳舞不唱歌词,'狐狸精'最后依然被学生们打倒在地,而在演出过程中台下同学们则集体哼歌,会场气氛更为热烈。"[162]而巡捕房的人因为没有证据,无法实施抓捕,只能与金光楣一同悻悻离开。不久之后,临近怀久女中第一次风潮,金光楣为夺得校长的宝座,四处为自己吹嘘,并施以小恩小惠,蒙蔽了部分学生。然而在党的指示下,学生自治会代表邵幼青站了出来,向广大同学声明了三点意见:"第一,学校重大事件应由学生自治会讨论;第二,学生应有集会结社的权利;第三,支持一切爱国抗日活动,反对汉奸在校内活动。谁同意自治会这些主张,我们就拥护谁当校长。"这一席话不仅赢得了大部分怀久教师的赞赏,也成功唤醒了许多高中学生,在一定程度上挫败了金光楣的阴谋,提高了学生自治会的威信。[163]

1939年8月，中共江苏省委发出了"深入普遍地开展反汪斗争"的指示。怀久女中的反汪斗争进入到第二阶段。彼时的金光楣经过第一次风潮的失利，可谓"大势已去"。纵使她千方百计地散布干扰言论，但失去了绝大部分学生支持的她根本没能掀起任何波澜。面对金光楣的挣扎，党支部立即开展了一次全校性的"反汪大辩论"，最终正方大获全胜，全校反汪热情空前高涨。面对这种局面，金光楣打算对怀久进步力量痛下毒手。党支部在掌握相关情报后，决定先发制人，从追随金光楣的两个学生入手，从而孤立和揭露金光楣。在这期间，学生自治会收到了"七十六号"特务机关的恐吓信，仿佛得到支持的金光楣又跳了出来公开指责"反汪势力"。在此情形下，学协积极分子王嘉遂在党支部的支持下当面对金光楣进行了揭露，她愤然说道："你卖国求荣，投降汪派，压制学生，破坏抗战，煽动登记，出卖学校，腐蚀青年，收买走狗，忘了祖宗，出卖灵魂。"[164]金光楣无言以对，只能狼狈地躲进了办公室。而那两名追随金光楣的学生，则在全校同学的强烈要求下，被校方勒令退学。但事已至此，金光楣仍没放弃。在一次学生组织的反汪演出上，金光楣再次百般阻挠。她的这一行为瞬间引起了众怒，于是大家一同唱起了反汪歌曲，呼喊起了"反汪"的口号。此时的金光楣已彻底沦为"过街老鼠"。最终，被众人孤立的金光楣只能灰溜溜地离开了怀久女中。[165]这一阶段的胜利鼓舞了大家的反汪斗志，怀久党支部也因此被中共地下党学委评为女中区委的红旗支部，大家都感到十分荣耀。[166]

1940年春，汪伪政府正式成立，怀久女中的反汪斗争也由此进入了第三阶段。由于当时白色恐怖日益严重，"为了适应'孤岛'环境的变化，学校里党和'学协'组织逐步转向隐蔽，更注意工作方式的灵活多样"[167]。当时的怀久党组织会通过各种巧妙的方式散发反汪传单[168]，并且凭借雄厚的群众基础发起反汪签名运动，参加率高达70%。[169]在怀久女中党组织的领导下，全校的反汪运动达到了高潮。"校内唱的是'反汪'歌曲，壁报写的是'反汪'文章，校内活动也是以'反汪'为中心。"[170]这些活动在当时都取得了一定的效果，在打击汪伪政府嚣张气焰的同时，也加深了学生们的爱国情感。

然而，正当怀久女中一边努力发展，一边与汪伪政府做着艰苦斗争时，太平洋战争爆发了。1941年12月，日军偷袭珍珠港，随后便侵占了上海的租界。1942年初，日寇勒令所有在沪学校均须向日伪政府立案。此告一出，立即遭到怀久全体师生的强烈反对。于是，本着"宁为玉碎，不为瓦全"的精神，怀久女子中学在上完最后一堂课后由校长杨明晖宣布停办。怀久停办后，北校的校园和校产被漱兰中学接收，部分怀久学生和职员留在了原处，借读于漱兰中学。

第三节　战后复校

1945年8月15日，日本宣布无条件投降。8月27日，杨明晖等人随即开始筹办复校事宜。[171]经过商议，校方一致决定仍以"上海市市立务本女子中学"之名复校，由杨明晖担任代理校长。在议定学校名称后，此时的首要任务便是选定新的校舍。在怀久女中停办后，杨明晖校长将静安寺路的北校校舍出租

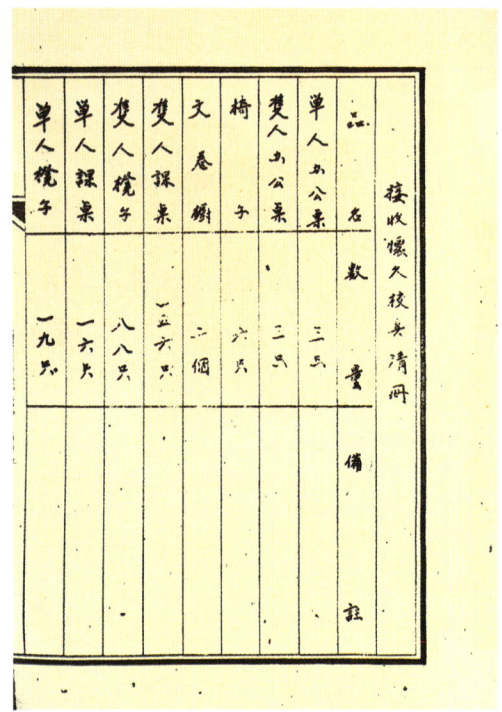
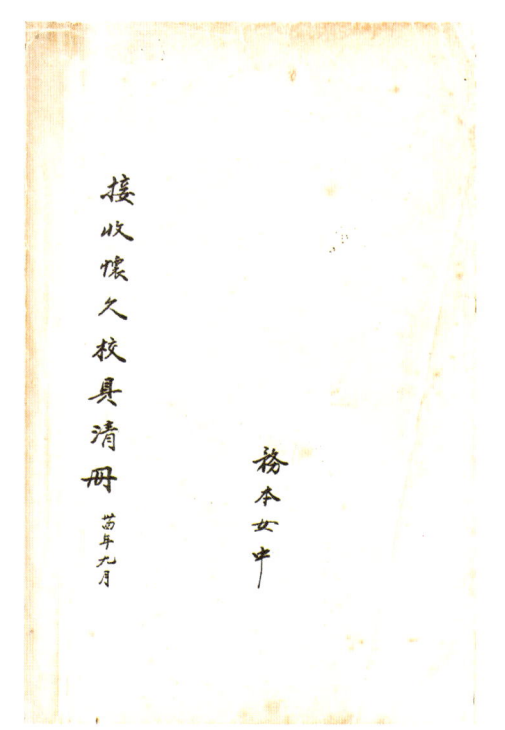

图4-18 《务本女中接收怀久校具清册》（1945年9月），上海市档案馆藏

给了私立漱兰中学，而霞飞路的南校校舍则被原房东收回，另租他人。[172] 在抗战胜利后不久，漱兰中学便宣告解散，静安寺路校舍随即被军事委员会第二电台迁入占用。务本校方与之交涉无果，遂只能将静安寺路校舍当作临时校舍使用。[173] 加之南市黄家阙路校舍早在抗战初期便被付之一炬，故务本女中需要另寻校址以当永久校舍。

在寻找新校舍的同时，务本女中也一并开启了复校的其他相关工作。1945年9月3日，务本女中在《申报》上发表复校通知及招生告示。宣布自9月6日起，开始在静安寺路校区招收初中一、二、三年级，高中普通科一、二年级以及师范科一、二年级的新旧学生。[174] 是月，务本女中开始接收寄存于漱兰中学的原怀久女中校产。经过清点以及一系列接收程序，务本女中最终接收到怀久校具共293件，其中包括：单人凳子19张、单人课桌16张、双人凳子88张、双人课桌156张、文卷橱2个、椅子6张以及3张双人办公桌和3张单人办公桌。[175] 9月24日，当局特派接收委员前往务本女中静安寺路校址与校方就接收校具问题进行会谈。杨明晖校长"报告一切经过情形，并将钤记、校舍、校具、员生名册、租约及一应账册等项分别送请点收，当经照册点验无误"[176]。至此，务本女中已大致完成了校具的接收工作。虽然漱兰中学在保管校具的过程中有部分遗失和损坏，但此次接收到的293件校具对于务本女中的复校进程仍有着一定的加速作用。（图4-18）

1945年10月9日，务本女中校方与上海市教育局一同协商接收新校舍的相关事宜，最终决议将"上海第一日本高等女学校"所在的欧阳路221号校址作为接收对象。10月11日，市教育局程督导与务本校

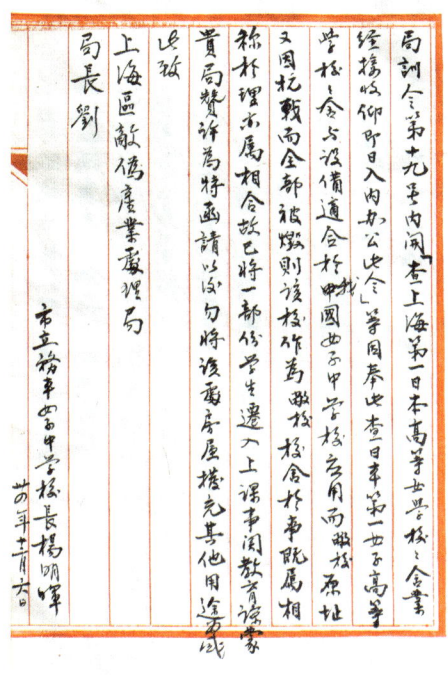
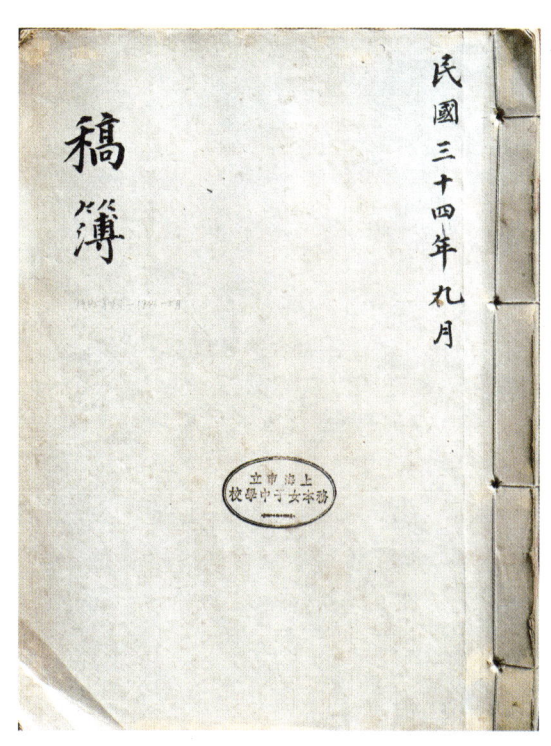

图4-19 1945年9月学校稿簿

方一同前往欧阳路221号视察新校舍的情况。经过考察，发现此地的校舍与设备均适于务本女中应用。[177]学校遂于翌日立即同盛振声先生相谈接收新校舍的事宜，可惜双方意见并未在当天达成一致。10月13日，校方再度前往欧阳路新校舍进行新一轮交谈。最终，在市教育局的指定下，欧阳路221号成为务本女中的新校舍。然而，当时欧阳路221号一直被日本伤兵占作医院使用，故务本的迁校日期不得不被延后。[178]（图4-19）

1945年10月25日，市立务本女子中学正式上课。由于欧阳路校址尚且未能使用，因此务本女中向民国中学租借了数间教室，以缓解校舍的压力。至此，务本女中大致分为三部，即静安寺路临时校舍、欧阳路新校舍和民国中学租借校舍。12月6日，静安寺路校区的高二学生迁入欧阳路221号上课。同日，在民国中学就读的初二两班学生则迁回至静安寺路校区上课。[179]

尽管校方在复课后想方设法地调整上课地点，务本女中的校舍压力依然很大。杨明晖校长曾当众表示："本学期最感困难者为校舍问题。"[180]一方面，静安寺路的临时校舍早已不敷应用。另一方面，由于欧阳路内的日本伤兵迟迟不肯搬离，务本方面也就一直无法迁入全部的学生。这样一来，虽然务本女中看似拥有三处校址，但实际上每一处的利用率都不高，根本无法彻底解决校舍的拥挤问题。无奈之下，务本女中只能另寻他处，以求安身。

抗战胜利后，沪上各大、中、小学普遍面临着校舍"被毁坏，或被其他机关长期占用"[181]的困境。所以在当时要想找到一处心仪的房屋用来教学并不容易。经过数月的艰苦搜寻与上访诉求，教育局最终将永康路200号的雷米小学校舍

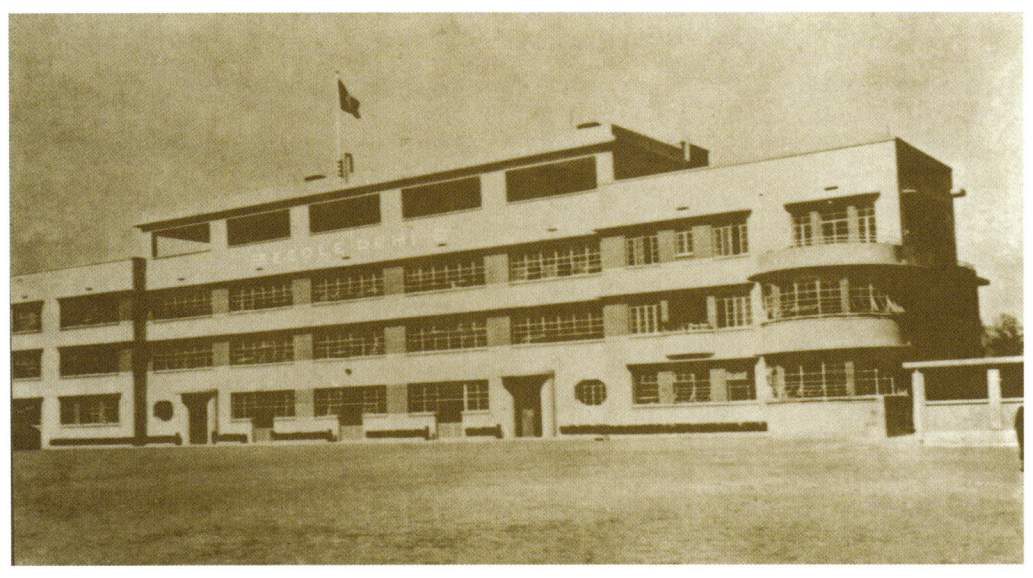

图4-20 《申报》1936年3月31日刊登的刚落成的雷米小学大楼图片，上面还印有『Ecole REMI』（法文『雷米学校』）字样。宋志良提供

務本女中課室被市師學生搗亂 顧局長嚴詞告誡

本市永康路二百號市立務本女子中學校舍，教局曾撥與藝術師範學校合用，四樓西式房屋，分爲左右二處，操場共用。自藝師裁撤，即改歸市立師範。市師學生平日不滿校舍分用，致引起糾紛。本月一日下午五時許，市師男生，自屋頂平台，越入務本女中校舍，將務本三四樓課室搗亂，以油漆塗黑板，闖入教員宿舍，將被褥拋出，並於扶梯走廊等處，張貼標語，辭句不堪入目。務本師生，以市師學生，他日將爲人師，現竟出此卑劣手段，紛請校長楊明暉，報告顧教局長，請求保護。顧局長特於昨晨偕同中教處謝處長，赴校視察，召集市師初三學生訓話，責以不應於此損人行爲，並囑市師校長對學生嚴加管束。顧局長視察畢，約兩校校長及教師代表，赴教局談話，商討解決辦法，以免日後再發生此類不名譽事件云。

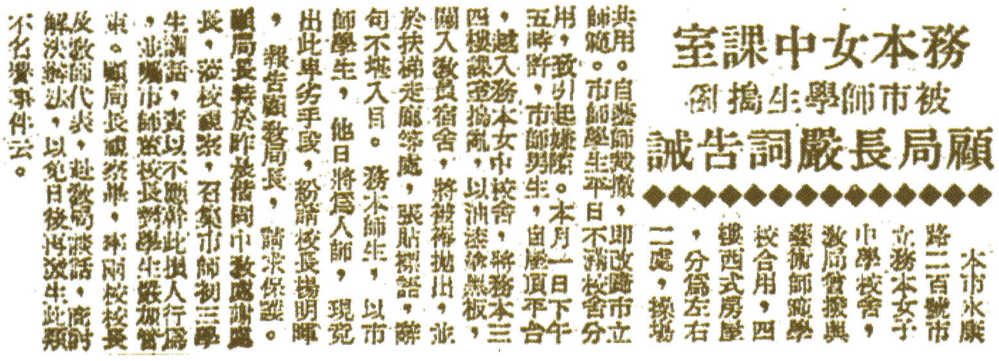

图4-21 《申报》1947年5月3日报道，务本女中课室被市师学生捣乱

原址借予务本女中充当校舍使用。1946年3月16日，务本女中全体迁入永康路校址上课。[182]需要指出的是，该校舍并非务本女中独自占有，当时先后有艺术师范学校和市立师范附中的师生与务本共享同一校址。[183]永康路200号校舍是一座四层“一”字形国际式建筑（图4-20），分为左右两处，务本女中所占区域约为校舍面积的十分之三四。如此可见，虽然永康路校舍的整体规模较以往有所扩大，但由于共用校舍的缘故，务本女中的上课环境仍然较为拥挤。开学后为缓解师生拥挤的情况，不仅学校的办公室“因陋就简”[184]，还将“楼梯下光线极不充分之处，亦权充教室”[185]。

事实上，在务本女中迁至永康路200号校址后，仍然一直为校舍狭窄的问题发愁。几乎每一次教务会议都会讨论有关“增加教室”[186]或扩充校舍等问题。[187]而由于共用校舍的原因，市师附中与务本女中之间一直存在着矛盾。直到1947年5月1日，双方终于因校舍问题发生了较为严重的冲突事件。（图4-21）

当日下午5时许，与务本女中共享校舍的市师附中学生因不满校舍分用，"自屋顶平台，越入务本女中校舍，将务本三四楼课室捣乱，以油漆涂黑板，闯入教员宿舍，将被褥抛出，并于扶梯走廊等处，张贴标语，辞句不堪入目"[188]。5月2日，学校被迫停课，教育局顾局长与谢处长来校对市师附中的学生训话。[189]训话完毕后，顾局长将两校代表带至教育局谈话，共同商讨解决办法，以免此类事件再次发生。5月3日，教育局再派严督学前往市师附中监视学生行动[190]，但效果不甚理想。教职员赴教育局询问事件处理的进展，但其并未明确答复，务本女中因感安全难以保障，遂决继续停课。5月4日，60余名学生家长就此事前往学校进行紧急会议，家长们呼吁"市师当局自应立即交出肇事学生，严予惩处……有关当局，对务本女中，从速拨给独立完整之校舍，作根本解决"[191]。5月5日，市师附中学生捣毁教室的四天后，务本女中仍处停课状态，务本全体学生对此激愤异常，遂于当日集合前往市教育局、市政府等处请愿。当时各大报刊纷纷报道了务本学生请愿的全过程，且看《中华时报》的相关报道：

> 昨（1947年5月5日）务本全体学生五百八十多人，上午结队赴教育局请愿，不获效果。下午三时，分二批乘大卡车数辆赴参议会与市政府请愿，学生手执标语红绿小旗向市政府请愿，提出四项要求：（一）要有安全保障。（二）要迅速查办肇事者及负责人。（三）要对方书面保证不再发生同样及类似事件，并赔偿损害。（四）要确保有完整独立的校舍。学生中推派孙永龄，杨可风，戴吉人，文馨平，吴瑞春等十二人晋谒市长，该校训育主任徐因时及教员多人随学生队伍维持秩序。昨吴市长忙于开会，未及亲自接见，由市府交际科长张彼德代表市长接见，四项要求当代陈市长。至于捣毁校舍问题，俟判明事实真相后，当责成教育局从速善加处理。张科长接见学生代表，允将学生意见转陈市长，请愿学生方始散去。[192]

此次学生的请愿活动得到了官方的重视。5月6日，学校复课。5月8日，市参议会教育委员会举行第十二次会议，会上讨论有关务本女中被毁一事。会议除了决议"送请教育局彻查，处分肇事人员"[193]外，还对务本女中等市校的独立校舍问题进行了指示。按照教育局的要求，将市师附中的学生，"分别归并于其他中学"[194]。10月2日，市师附中的师生全部迁出永康路校区，务本女中终于拥有了属于自己的独立校址。学校在楼下设置了礼堂、教务室、训育室、教师预备室、会客室和先生寝室等区域，而楼上则全部都是教室。[195]至此，复校后长达数年的校舍问题就此彻底告一段落。（图4-22）

务本女中复校之后，在设备物资上一直处于较为艰难的状态。尽管务本在复校初期接收了怀久与"上海第一日本高等女学校"的物资，但这也仅仅只解了燃眉之急。要想持续维持学校的教学工作，必须依靠稳定的经费来源。当时市立务本女中的经费来源主要有三个：一是来自政府的拨款；二是学费等各项收入；三是来自校友会等各界人士的捐款。由于学费的收入微乎其微，外界人士的赞助又极不稳定，因此务本女中的主要收入基本依靠于政府的资金支持。但是，彼时的中国刚从抗日战争的阴霾中走出，又陷入内战的泥潭。通货膨胀、货币贬值等问题层出不穷，整体经济十分低迷。这就导致政府拨给

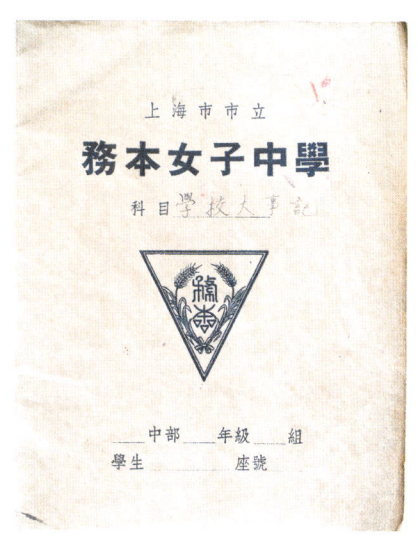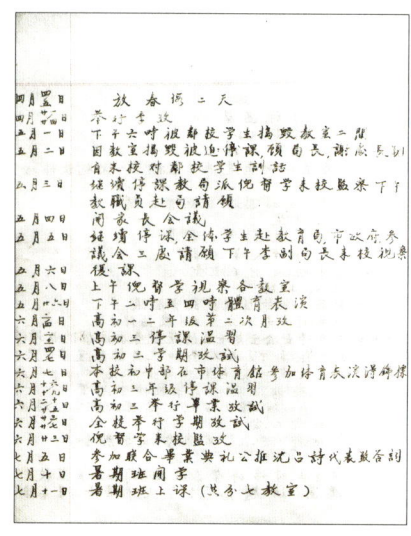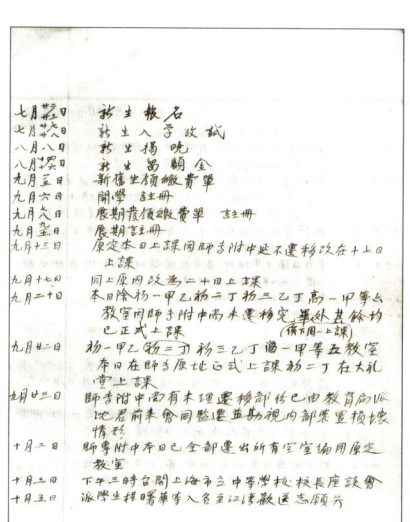

图4-22　学校档案资料选，学校大事记（1945年起）

学校的经费根本入不敷出，可以说务本女中复校后的经济状况甚至比抗战时期还要糟糕。以1946年度下学期为例，学校的体育设备费为140万元、乐器费80余万元、篮球费260万元、田径赛各项150万元，其中"图书费甚感困难，且书本大多缺货"[196]。有时学校为节约经费，甚至会用更为廉价的活动桌椅来代替较为昂贵的普通桌椅。[197]可见，复校后的务本女中的硬件条件并不理想，不仅需要处处节俭，甚至连最基本的教学用书都无法保证，总体来说仅能达到勉强度日的水平。

在学制和课程等方面，复校后的务本女中相比于之前仅有一些微小的变动。在学制方面，务本女中在复校后基本取消了师范科的招生，招生学段仅限三年制初中与三年制高中普通科。[198]在课程方面，无论是初中学段还是高中学段，务本女中的课程设置与以往并无明显差异，就算有少量变化，也只是按照教育部的指示进行调整。[199]暑期班也照常开设，其开班宗旨、招生学段与科目设置基本均无变动。[200]此外，务本女中的规章制度与日常管理一如既往地严苛，继续将"勤朴勇诚"的校训发扬光大。

务本女中的师资力量在复校后并没有下降。当时的教师团队除了有郭祖鑫、程树隆、汪明芬、徐因时、吴守中、张吟侬等老教师回归外，还有李君武、郁同珩、王海琛、叶懋英、徐其民、金锡祚等新教师强势加盟。[201]师资实力依然强劲。

不过，在整体经济萎靡的大环境下，当时务本教师的经济情况相当糟糕。以务本女中管理层在1945年复校初期的薪资为例，在那个极度通货膨胀的时代，教务主任郭祖鑫的月俸仅为280万元；训育主任李君武的月俸为260万元；总务主任程树隆的月俸则为240万元。[202]即使到了1949年，包括校长在内的管理层的薪资也大致在三四百万元左右。[203]学校上层的工资况且如此，对于普通教职员来说情况就更为严重了。他们这些微薄的收入根本无法与飞涨的物价抗衡，许多务本教师甚至"无法维持最低生活水准"[204]。事实上，这一现象在当时十分普遍，绝大多数大、中、小学教师的收入都菲薄异常，他们在抗战时期还能勉强维持生活，但是在胜利之后甚至连生存都难以保障。[205]1946年3月22日，包括务本女中在内的部分市立中学教师"因要求改善待遇，发动怠教行动"[206]。3月23日，市教育局召集有关校长谈话，首先李副局长对校长们表示："改善教师待遇，自是急要。惟调整办法，由中央规定，地方政府不得任意变更。"[207]同时，市教育局还强调了中央政府对于公教人员生活的关切，并承诺将持之以恒地提高公教人员的待遇。此外，市教育局也在努力推行尊师运动，呼吁各界人士向困难教师捐款以救济生活之用。最后，市社会局吴局长表示希望各位教师能以青年学业为重，尽快复课。3月24日上午9时，10余所学校组成的市立中等学校教职员代表团推选了5名代表同教育局商讨相关事宜。最终在双方的谅解下，达成协议。教育局承诺"各种福利事业，公教人员一律平等享受"[208]，而教职员代表团则决定于当日复教，并设法补上缺授课程。虽然此次事件看似圆满解决，但是日后教职员的实际待遇并没有实质上的提高，务本的教师们也始终在温饱的边缘苦苦挣扎。

尽管教师们的生活条件十分艰苦，但是他们仍然尽心尽力地教导每一位同学。此处摘引一段1950届毕业生周仪凤对复校后部分老师的回忆：

> 当年务本女中的师资都很强，每个老师专业水平高、造诣深：金锡祚老师，是我初中的英语老师，戴着一副眼镜的瘦高个，讲一口标准国语；叶懋英老师，是我高中数学老师，胖胖的中高个，一头短发向后梳，很整洁，也戴眼镜；两位老师都非常有风度，讲课都不看书本或教案，但讲得十分流畅而又严谨、通俗易懂、趣味性强。如金老师上英语语法课，用图解分析，一目了然，有些单词难读难记，例如讲到"guillotine"断头台这个单词时，为帮助学生记忆，他讲了个法国拿破仑时代的故事，真是学问广博，我迄今还记忆犹新；叶老师在黑板上画几何、三角图形，从不用尺子，直线弧形和圆一丝不差，很难解的题，经叶老师一提示，变得很容易，他们的讲课引人入胜、启发性强，使学生很容易接受，很感兴趣，所以英语和数学我特别喜欢，甚至在课外常阅读英文版的童话小说，如天方夜谭、白雪公主等，有时还与同学一起看美国原版电影。到了高中大代数、三角、立体几何、解析几何和物理化学等书籍都是厚厚的英文本，同学就凭金老师教的英语水平都能看懂理解，并用英文作习题，甚至到了高二下学期，叶老师用流利的英语给我们讲课，两位老师教书非常认真，从不马虎，要求很严。[209]

在众多优秀老师的以身作则下，务本学生学习也十分努力。她们的成绩优异，有不少家境贫寒的同学都获得了清寒奖学金。[210]在毕业生成绩的保证下，复校后的务本女中仍为沪上家长心中信仰的名校。自1945年复校起，务本女中的入学人数便逐年上涨。1945年度第一学期，全校学生共计316人。[211]仅在复校两年后，即1947年度第一学期，学生人数便达到了643人[212]，增长率超过100%，已初步恢复至战前规模。（图4-23）

务本女中的学生除了学业成绩优异外，在各类课外比赛中也是佼佼者。从战前至怀久时期，排球运

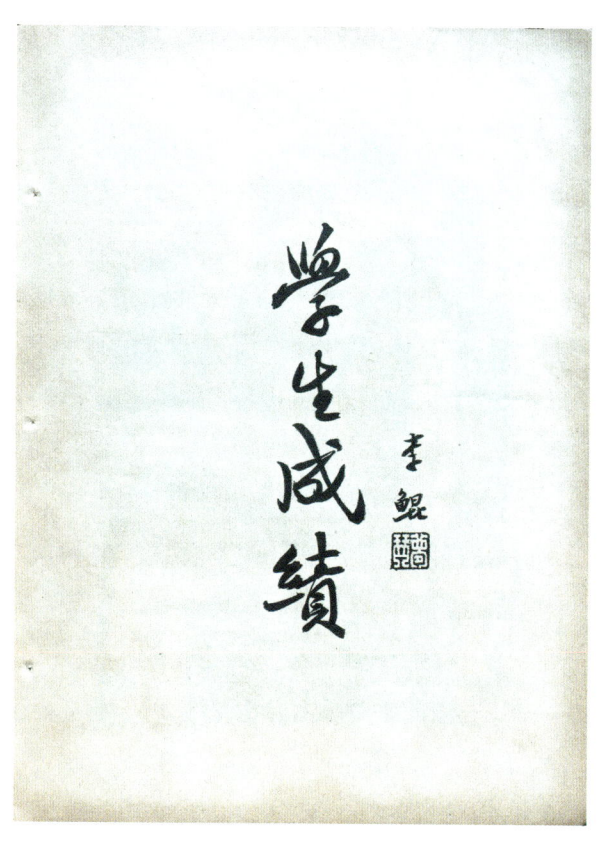

图4-23　1945年9月学生成绩册

动一直是务本女中的"招牌"。复校后，除了校内排球队依然保持较高水准外，妇女界领袖钱剑秋女士还恢复了市级务本女中排球队征战各大赛事，战绩显赫。[213]由于务本女中时常会举办运动会或田径级际赛，因此务本女中的学生在"跳高，跳远，掷铅球，铁饼，垒球，标枪，五十米，一百米，二百米，四百米，接力赛"[214]等项目上的实力也非常出众。在国语演说竞赛上，务本女中的沈吕诗[215]、俞芷青等人频频获奖[216]，实力不凡。此外，务本女中还曾在市教育局主办的自然科学展览会上进行展览，获得了优等奖的好成绩。[217]诸如此类的佳绩还有很多，如英文竞赛[218]、体育表演等项目也都是务本女中的强项。[219]（图4-24、图4-25）

在务本女中复校后，中共地下党开始慢慢在校内组织进步力量。在中共上海地下党学委的指示下，徐静芸、张清澈、宋华英、蔡明慧、宋玉仙、沈丽英、陆维娟、吴耕星等地下党员考入务本女中，建立起了务本地下党支部，并由徐静芸担任党支部书记。"当时由上级地下党派清永芬来务本与务本地下党支部书记徐静芸以及张清澈联系，传达布置任务，再由徐、张二人单线联系其他党员，传达指令，布置任务，开展工作。"[220]

在务本地下党与外围组织"地下学联"的领导下，务本女中的进步学生顶着巨大的压力进行了很多斗争。1947年2月，全国掀起抗议美军暴行，"反饥饿、反内战、反迫害"的爱国学生运动。上海交通大学的学生来务本女中串联宣传，在党组织的领导下得到了务本女中学生的积极响应。[221]1947年暑假后，务本女中极大部分学生地下党员都毕业离校，因此直到新中国成立前夕，一直由学联代替务本党组织领导相关活动。[222]1948年4月，务本女中的进步学生突破重重阻拦，前去参加受反动派迫害而不幸牺牲的于子三烈士的追悼会。据学生林淡浓回忆，当时"会场充满悲愤和仇恨，口号声此起彼落，情景记忆犹新"[223]。诸如此类的斗争还有许许多多，在这些斗争中党组织团结了同学、团结了教师、锻炼了群众，壮大了党的队伍。[224]（图4-26）

1949年初，临近新中国成立，"上海形势非常紧张，学潮、工潮此起彼伏"[225]。务本女中的进步学生成立了迎春社等组织，同学们相互学习从解放区传来的舞蹈与歌曲，准备迎接上海解放。1949年4月，校外的地下党组织发展了数

第四章　艰难办学

图4-24　《女子排球劲旅　务本队东山再起》，《申报》1946年6月22日第5版

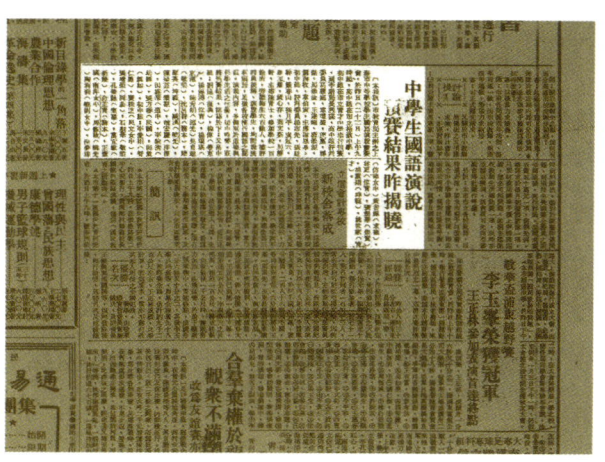

图4-25　《中学生国语演说　预赛结果昨揭晓》，《申报》1946年12月23日第8版

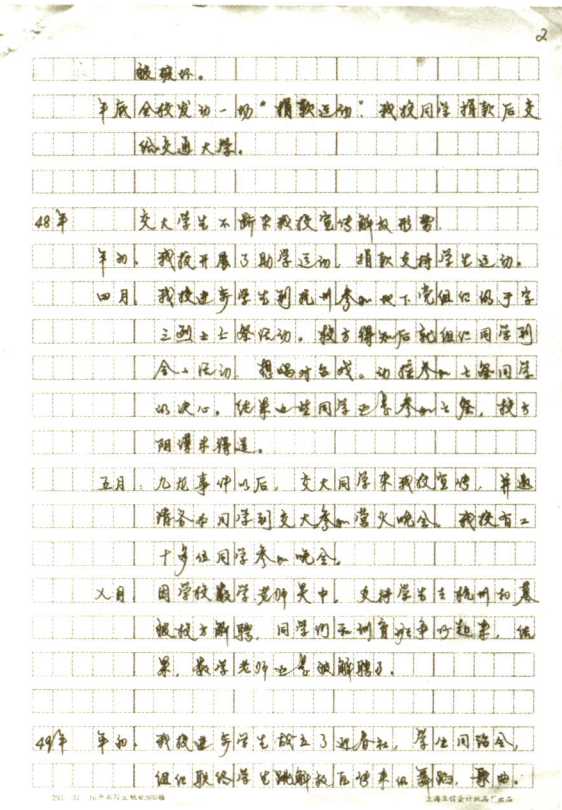

图4-26　1945—1949年务本女中大事记（摘选）

图4-27 1947年7月三次代表本校出席演说竞赛均获优胜的沈吕诗同学

图4-28 市立务本女中复校后高中第二届、初中第三届前三名毕业生（1948年）

十个务本进步学生入党。同时还成立了上海市保安队务本分队，为上海解放做最后的准备工作，具体活动是："建立护校联络网，发生问题相互联系；了解学校反动势力动向，监视他们的行动；学校在解放军攻打上海时住了国民党伤兵，纠察队就监视他们的活动去向，向他们宣传解放军的政策；保护学校。"[226] 上海解放前夕，杨明晖校长离沪去台，务本女中"群龙无首"。所幸党组织与进步学生齐心协力，最终成功保护了学校，保护了财产。（图4-27、图4-28）

1949年5月，上海解放，务本女中迎来了一个崭新的时代。

注释

[1] 《警务处报告》,《上海公共租界工部局年报》1937年第8期,第184页。

[2] 《警务处报告》,《上海公共租界工部局年报》1937年第8期,第185页。

[3] 《敌机昨袭南市》,《立报》1937年8月17日第1版。

[4] 《今晨空中复发生激战》,《时报》1937年8月20日第3版。

[5] 《日机重炸南市》,《盛京时报》1937年8月26日第13版。

[6] 陆大公:《八一三淞沪战役中我的经历》,载上海市政协文史资料委员会编:《上海文史资料存稿汇编3·抗战史料》,上海古籍出版社2001年版,第53页。

[7] 《上海市立务本女子中学迁地开学通告》,《申报》1937年8月25日第3版。

[8] 《务本女中成立校务委员会》,《大公报》1937年8月25日第4版。

[9] 陆大公:《八一三淞沪战役中我的经历》,载上海市政协文史资料委员会编:《上海文史资料存稿汇编3·抗战史料》,第53—54页。

[10] 《法租界公私立学校秋季延期开学》,《申报》1937年9月4日第5版。

[11] 《上海市立务本女子中学启事》,《申报》1937年9月2日第3版。

[12] 《上海市社会局为本市各级学校一律暂行延期开学,由通告特字第三六八号》,《申报》1937年9月7日第4版。

[13] 《市立中等学校拟联合迁内地》,《申报》1937年9月22日第8版。

[14] 《法总领赞同各校复课》,《申报》1937年9月28日第6版。

[15] 《法总领赞同各校复课》,《申报》1937年9月28日第6版。

[16] 《上海市立务本女子中学开学通告》,《申报》1937年9月27日第3版。

[17] 《社会局通伤特区各校开学,市区迁入各校,相继开学授课》,《申报》1937年10月4日第6版。

[18] 《棉背心童军募集五万祥生捐赠二千,务本义务代缝》,《申报》1937年10月24日第9版。

[19] 《警务处报告》,《上海公共租界工部局年报》1937年第8期,第186页。

[20] 钱前:《"八一三"后上海教育的动态》(三),《教育通讯》1939年第2卷第7期。

[21] 《本市各校照常上课,法租界八校另觅校址》,《申报》1937年11月15日第8版。

[22] 杜成宪总主编,黄书光著:《上海教育史》第2卷,第235页。

[23] 《日伪上海特别市教育局关于南光中学、怀久女中调查情况的报告》,上海市档案馆藏,档案号:R48-1-1167。

[24] 陶戈辉:《我们的领导核心——党支部》,载上海市二中学校友会、务本(怀久)分会编:《劲松长青:百年校庆纪念》,2002年内部刊印,第24页。

[25] 《日伪上海特别市教育局关于南光中学、怀久女中调查情况的报告》,上海市档案馆藏,档案号:R48-1-1167。

[26] 《学校概况》,《申报》1938年12月8日第12版。

[27]《顾凤城卖校记》,《东方日报》1942年12月18日第2版。

[28]《学校概况》,《申报》1938年12月8日第12版。

[29]《某长官谈固守南市至撤退经过》,《申报》1937年11月12日第9版。

[30]《连日大火》,《申报》1937年11月15日第3版。

[31]《南市一片焦土》,《申报》1937年12月4日第5版。

[32]《学校概况》,《申报》1938年12月8日第12版。

[33]《教育新闻》,《大美晚报晨刊》1938年2月27日第4版。

[34] 野青:《怀久女中风潮的真相》,《上海妇女》第2卷第11期,第18页。

[35] 陶掌珠、王嘉遂、张漱芳:《战斗的女校红旗——记抗战时期地下党在上海怀久女中的活动》,载中共上海市委党史资料征集委员会编:《上海党史资料通讯》第4辑,内部刊物,1984年。

[36]《日伪上海特别市教育局关于南光中学、怀久女中调查情况的报告》,上海市档案馆藏,档案号:R48-1-1167。

[37]《唐鸣时律师代表顾凤城君为怀久女中事启事》,《申报》1939年3月17日第5版。

[38] 野青:《怀久女中风潮的真相》,《上海妇女》1939年第2卷第11期,第18页。

[39]《私立怀久女中校长杨明晖昨接事》,《申报》1939年3月15日第8版。

[40] 竹:《关于怀久的学潮》,《上海妇女》1939年第2卷第11期,第15页。

[41] 华民:《又一怀久学生来信》,《上海妇女》1939年第2卷第12期,第10页。

[42]《怀久女中师生护校会为驱逐金光楣、黄敬斋二人紧要启事》,《申报》1939年3月16日第5版。

[43]《怀久女中今日起停课一周》,《申报》1939年3月17日第12版。

[44]《怀久女子中学敬告学生家长》,《申报》1939年3月20日第5版。

[45]《唐鸣时律师代表顾凤城君为怀久女中事启事》,《申报》1939年3月17日第5版。

[46]《康焕栋律师代表怀久女中金光楣黄敬斋君紧要启事》,《申报》1939年3月18日第5版。

[47]《怀久女中近闻》,《申报》1939年3月21日第8版。

[48]《怀久女中学生自治会启事》,《申报》1939年4月5日第6版。

[49]《怀久女中明日上课》,《新闻报》1939年3月23日第15版。

[50]《怀久女中南校暂行停课启事》,《申报》1939年3月25日第2版。

[51] 野青:《怀久女中风潮的真相》,《上海妇女》1939年第2卷第11期,第19页。

[52]《怀久女中南校暂行停课启事》,《申报》1939年3月25日第2版。

[53] 竹:《关于怀久的学潮》,《上海妇女》1939年第2卷第11期,第15页。

[54]《怀久女中教职员五十二人共同启事》,《申报》1939年3月26日第2版。

[55]《所望于怀久女中》,《新闻报》1939年3月27日第19版。

[56] 野青:《怀久女中风潮的真相》,《上海妇女》1939年第2卷第11期,第19页。

[57] 竹:《关于怀久的学潮》,《上海妇女》1939年第2卷第11期,第15页。

[58] 华民:《又一怀久学生来信》,《上海妇女》1939年第2卷第12期,第10页。

[59] 落果:《希望怀久的同学》,《上海妇女》1939年第2卷第12期,第20页。

[60]《怀久女中通告》,《申报》1939年3月26日第2版。

[61]《怀久女中为甄别学生事敬告家长》,《申报》1939年3月28日第5版。

[62]《怀久女中甄别学生》,《申报》1939年3月28日第7版。
[63]《怀久女中南校于一周内复课》,《申报》1939年3月31日第7版。
[64]《怀久女中南校高中部在牛庄路校舍先行复课通告》,《申报》1939年4月1日第5版。
[65]《怀久女中南校初中部复课通告》,《申报》1939年4月2日第5版。
[66]《怀久女中》,《时报》1939年4月3日第6版。
[67]《怀久女中学生自治会启事》,《申报》1939年4月5日第6版。
[68]《学校汇讯》,《申报》1939年8月6日第11版。
[69]《日伪上海特别市教育局关于南光中学、怀久女中调查情况的报告》,上海市档案馆藏,档案号：R48-1-1167。
[70]《日伪上海特别市教育局关于南光中学、怀久女中调查情况的报告》,上海市档案馆藏,档案号：R48-1-1167。
[71]《上海务本女子中学招考登记新旧生》,《申报》1939年6月16日第7版。
[72]《上海怀久女中启事》,《申报》1939年6月17日第6版。
[73]《上海市立务本女子中学紧要启事》,《申报》1939年6月18日第6版。
[74] 亦青：《由怀久说到务本》,《学校春秋》1939年第1卷第10期,第1页。
[75]《务本女子中学（私立）》,《廿八年上海教育一览》,1939年。
[76]《唐鸣时律师代表顾凤城君为怀久女中事启事》,《申报》1939年3月17日第5版。
[77]《杨明晖启事》,《申报》1939年3月23日第2版。
[78] 织女：《教育界之怪现象"务本"三胎案风潮新趋势》,《香海画报》1939年第133期,第1页。
[79]《上海怀久女子中学启事》,《申报》1939年6月22日第5版。
[80]《上海市立务本女子中学紧要启事》,《申报》1939年6月23日第6版。
[81]《上海市立务本女中紧要启事》,《申报》1939年6月24日第6版。
[82]《十六校联合启事》,《申报》1939年7月1日第6版。
[83]《上海小学界升学指导委员会为怀久女中事启事》,《申报》1939年7月5日第2版。
[84] 亦青：《由怀久说到务本》,《学校春秋》1939年第1卷第10期,第1页。
[85]《上海教育界最近纠纷事件》,《申报》1939年7月9日第4版。
[86] 蔡复诚：《关于怀久与务本之争》,《申报》1939年7月5日第17版。
[87]《学校汇讯》,《申报》1940年6月28日第8版。
[88] 张帆：《孤岛时期上海租界教育的特性》,《教育评论》2004年第3期。
[89]《学校汇讯》,《申报》1940年8月5日第8版。
[90]《棉背心童军募集五万祥生捐赠二千,务本义务代缝》,《申报》1937年10月24日第9版。
[91]《学校概况》,《申报》1938年12月8日第12版。
[92]《怀久女子中学（立案）》,《廿八年上海教育一览》,1939年。
[93] 徐放：《心灵放飞》,辽宁日报印刷分厂2009年版,第117页。
[94]《学校汇讯》,《申报》1939年8月6日第11版。
[95]《学校汇讯》,《申报》1941年2月9日第9版。
[96]《怀久女中程燮昌启事》,《申报》1941年8月28日第2版。
[97]《程燮昌向周宝训堂道歉启事》,《申报》1941年9月7日第6版。

[98]《务本女校校友会训》,《申报》1939年7月14日第8版。

[99]《务本女校校友会定期开会》,《新闻报》1938年7月11日第15版。

[100]《社会局通饬特区各校开学,市区迁入各校,相继开学授课》,《申报》1937年10月4日第6版。

[101]《学校概况》,《申报》1938年12月8日第12版。

[102]《怀久女子中学前上海市市立务本女中改组教育部备案暨小学部招生》,《申报》1939年8月4日第6版。

[103]《社会局通饬特区各校开学,市区迁入各校,相继开学授课》,《申报》1937年10月4日第6版。

[104]《怀久女中学生自治会启事》,《申报》1939年4月5日第6版。

[105]《学校汇讯》,《申报》1941年2月9日第9版。

[106]《学校概况》,《申报》1938年12月8日第12版。

[107]《上海怀久女子中学廿八年度第二学期学生成绩(一)》,上海市徐汇区档案馆藏,档案号:0070-1-50-082。

[108]《学校概况》,《申报》1938年12月8日第12版。

[109]《上海怀久女子中学廿九年度上学期学生成绩第一册》,上海市徐汇区档案馆藏,档案号:0070-1-50-150。

[110]《上海怀久女子中学廿八年度第二学期学生成绩(二)》,上海市徐汇区档案馆藏,档案号:0070-1-50-208。

[111]《上海怀久女子中学廿八年度第二学期学生成绩(二)》,上海市徐汇区档案馆藏,档案号:0070-1-50-208。

[112]《上海怀久女子中学廿九年度上学期学生成绩第一册》,上海市徐汇区档案馆藏,档案号:0070-1-50-150。

[113]《上海怀久女子中学廿八年度第二学期学生成绩(二)》,上海市徐汇区档案馆藏,档案号:0070-1-50-208。

[114]《怀久女中女教师家庭教育服务社广告》,《申报》1941年8月31日第2版。

[115]《上海怀久女子中学廿八年度第二学期学生成绩(三)》,上海市徐汇区档案馆藏,档案号:0070-1-50-257。

[116]《上海怀久女子中学廿九年度上学期学生成绩第一册》,上海市徐汇区档案馆藏,档案号:0070-1-50-150。

[117]《学校概况》,《申报》1938年12月8日第12版。

[118]《学校汇讯》,《申报》1941年2月9日第9版。

[119]《学校汇讯》,《新闻报》1941年8月1日第12版。

[120]《学校概况》,《申报》1938年12月8日第12版。

[121]《上海怀久女子中学初中部高中部暨暑期班招生》,《申报》1939年6月22日第5版。

[122]《学校汇讯》,《申报》1940年1月13日第7版。

[123]《各校动态》,《学生生活》1940年第1卷第3期,第13页。

[124]《本市中校学术团体厘定中教改进方案》,《廿八年上海教育一览》,1939年。

[125]《学校汇讯》,《申报》1941年2月3日第8版。

[126] 陈永箴:《忆务本的老师和校风》,载上海市二中学校友会、务本(怀久)分会编:《劲松长青:百年校庆纪念》,第62页。

[127]《学校概况》,《申报》1938年12月8日第12版。

[128]《上海怀久女子中学廿八年度第二学期毕业班考试成绩》,上海市徐汇区档案馆藏,档案号:0070-1-50-270。

[129]《上海怀久女子中学廿八年度第二学期学生成绩(三)》,上海市徐汇区档案馆藏,档案号:0070-1-50-257。

[130]《学校概况》,《申报》1938年12月8日第12版。

[131]《上海市立务本女子中学校民国三十四年度第二学期教职员调查表》,上海市徐汇区档案馆藏,档案号:0070-1-37-001。

[132]《上海市立务本女子中学校民国三十五年度第一学期教职员调查表》,上海市徐汇区档案馆藏,档案号:0070-1-37-033。

[133] 陈光春:《生成与失范——民国时期中学教师管理制度研究(1912—1949)》,华中科技大学出版社2016年版,第159—160页。

[134]《点点滴滴:怀久女子中学》,《学校春秋》1939年复刊第3期,第2页。

[135] 杨晋豪:《改革教育意见关于国语科改革的诸问题(三)》,《申报》1939年3月6日第7版。

[136] 吴荃:《难忘的三位老师》,载上海市二中学校友会、务本(怀久)分会编:《劲松长青:百年校庆纪念》,第64—65页。

[137] 吴仲仪、董庆玲等:《母校传统相随一生》,载上海市二中学校友会、务本(怀久)分会编:《劲松长青:百年校庆纪念》,第114页。

[138]《学校汇讯》,《申报》1940年1月13日第7版。

[139] 吴仲仪、董庆玲等:《母校传统相随一生》,载上海市二中学校友会、务本(怀久)分会编:《劲松长青:百年校庆纪念》,第114页。

[140]《怀久举办女教师家庭服务社》,《神州日报》1941年6月15日第4版。

[141]《怀久女中女教师家庭教育服务社广告》,《申报》1941年8月31日第2版。

[142]《棉背心童军募集五万祥生捐赠二千,务本义务代缝》,《申报》1937年10月24日第9版。

[143]《学校概况》,《申报》1938年12月8日第12版。

[144]《学校汇讯》,《申报》1941年6月30日第8版。

[145]《学校汇讯》,《申报》1939年7月26日第8版。

[146]《怀久女中增加班次》,《新闻报》1939年8月30日第15版。

[147]《学校汇讯》,《申报》1940年1月13日第7版。

[148]《学校概况》,《申报》1938年12月8日第12版。

[149] 白日:《我看了怀久剧社的演出》,《戏剧杂志》1940年第4卷第4期,第27页。

[150]《剧讯》,《海声》1939年第4期,第18页。

[151]《十二场交锋》,《申报》1941年11月12日第7版。

[152]《棉背心童军募集五万祥生捐赠二千,务本义务代缝》,《申报》1937年10月24日第9版。

[153]《各界慰劳四行孤军现金及物品赠予者颇众》,《申报》1939年6月26日第12版。

[154] 谢晋元、谢继民:《谢晋元抗日日记钞:谢继民解读》,上海远东出版社2015年版,第37—38页。

[155] 欧阳仪:《怀久,人生旅途光辉的起点》,载上海市第二中学编:《百年情愫:建校一百周年校友纪念文集》,2002年内部刊印,第16页。

[156] 陶掌珠、王嘉遂、张漱芳:《战斗的女校红旗——记抗战时期地下党在上海怀久女中的活动》,载中共上海市委党史资料征集委员会编:《上海党史资料通讯》第4辑。

[157] 朱可常:《我们的"学协"党的外围组织》,载上海市二中学校友会、务本(怀久)分会编:《劲松长青:百年校庆纪念》,第25页。

[158] 吴芸红:《欢乐奋进的中学时代》,载上海市二中学校友会、务本(怀久)分会编:《劲松长青:百年校庆纪念》,第125页。

[159] 屈元:《春风吹又生》,载上海市二中学校友会、务本(怀久)分会编:《劲松长青:百年校庆纪念》,第92页。

[160] 汪宁一:《忆怀久读书活动》,载上海市二中学校友会、务本(怀久)分会编:《劲松长青:百年校庆纪念》,第98页。

[161] 陶掌珠、王嘉遂、张漱芳:《战斗的女校红旗——记抗战时期地下党在上海怀久女中的活动》,载中共上海市委党史资料征集委员会编:《上海党史资料通讯》第4辑。

[162] 陶掌珠、王嘉遂、张漱芳:《战斗的女校红旗——记抗战时期地下党在上海怀久女中的活动》,载中共上海市委党史资料征集委员会编:《上海党史资料通讯》第4辑。

[163] 陶掌珠、王嘉遂、张漱芳:《战斗的女校红旗——记抗战时期地下党在上海怀久女中的活动》,载中共上海市委党史资料征集委员会编:《上海党史资料通讯》第4辑。

[164] 陶掌珠、王嘉遂、张漱芳:《战斗的女校红旗——记抗战时期地下党在上海怀久女中的活动》,载中共上海市委党史资料征集委员会编:《上海党史资料通讯》第4辑。

[165] 陶掌珠、王嘉遂、张漱芳:《战斗的女校红旗——记抗战时期地下党在上海怀久女中的活动》,载中共上海市委党史资料征集委员会编:《上海党史资料通讯》第4辑。

[166] 陶戈辉、王嘉遂:《记怀久女中反对金光楣的斗争》,载上海市二中学校友会、务本(怀久)分会编:《劲松长青:百年校庆纪念》,第19页。

[167] 王嘉遂:《我们的"大家庭"》,载上海市二中学校友会、务本(怀久)分会编:《劲松长青:百年校庆纪念》,第27页。

[168] 陶掌珠、王嘉遂、张漱芳:《战斗的女校红旗——记抗战时期地下党在上海怀久女中的活动》,载中共上海市委党史资料征集委员会编:《上海党史资料通讯》第4辑。

[169] 《怀久女中地下党情况》,上海市徐汇区档案馆藏,档案号:0070-1-6-005。

[170] 颜焕珍:《影响我一生的班级》,载上海市二中学校友会、务本(怀久)分会编:《劲松长青:百年校庆纪念》,第105页。

[171] 《上海市市立务本女子中学学校大事记》(1945年起),上海市第二中学档案室提供。

[172] 《上海特别市教育委员会关于怀久女子中学解散事宜文书》,上海市档案馆藏,档案号:R48-1-1167-3。

[173] 《第一次校务会议记录》,上海市徐汇区档案馆藏,档案号:0700-1-12-001。

[174] 《上海市市立务本女子中学即日复校并招收新生》,《申报》1945年9月3日第2版。

[175] 《上海特别市教育局关于接管市立第1、2、4、5中学、民立、怀久中学校产清册》,上海市档案馆藏,档案号:R48-1-1203-1。

[176] 《上海市市立务本女子中学校民国三十四年九月稿簿》,上海市第二中学档案室提供。

[177] 《上海市市立务本女子中学校民国三十四年九月稿簿》,上海市第二中学档案室提供。

[178] 《第一次校务会议记录》,上海市徐汇区档案馆藏,档案号:0700-1-12-001。

[179] 《上海市市立务本女子中学学校大事记》(1945年起),上海市第二中学档案室提供。

[180] 《第二次校务会议记录》,上海市徐汇区档案馆藏,档案号:0700-1-12-009。

[181] 《市中校舍问题联名请求救济,电呈蒋主席宋院长等呼吁》,《申报》1946年5月16日第5版。

[182] 《上海市市立务本女子中学学校大事记》(1945年起),上海市第二中学档案室提供。

[183] 《务本女中课室,被市师学生搞乱,顾局长严词告诫》,《申报》1947年5月3日第5版。

[184] 《三十五年度上期第一次校务会议》,上海市徐汇区档案馆藏,档案号:0070-1-12-023。

［185］《务本学生家长，主张严办市师肇事学生，并根本解决校舍问题》，《申报》1947年5月5日第5版。

［186］《卅五年度上期第二次校务会议》，上海市徐汇区档案馆藏，档案号：0070-1-12-028。

［187］《卅五年度下期第一次校务会议》，上海市徐汇区档案馆藏，档案号：0070-1-12-032。

［188］《务本女中课室，被市师学生搞乱，顾局长严词告诫》，《申报》1947年5月3日第5版。

［189］《师范学生打毁校具，务本女中被迫停课》，《联合晚报》1947年5月3日第4版。

［190］《上海市市立务本女子中学学校大事记》（1945年起），上海市第二中学档案室提供。

［191］《务本学生家长，主张严办市师肇事学生，并根本解决校舍问题》，《申报》1947年5月5日第5版。

［192］《务本女中遭捣毁，全体学生向市长请愿》，《中华时报》1947年5月6日第4版。

［193］《彻查务本被捣案》，《申报》1947年5月9日第4版。

［194］《师专附中招生，市教局严令制止》，《申报》1947年7月22日第5版。

［195］《规模宏大，设备完全的务本女中》，《新少年报》1947年10月21日第3版。

［196］《卅五年度下期第一次校务会议》，上海市徐汇区档案馆藏，档案号：0070-1-12-032。

［197］《务本等七女中采用活动桌椅》，《立报》1946年12月4日第6版。

［198］《上海市中等学校调查表三十四年第一学期》，上海市徐汇区档案馆藏，档案号：0700-1-19-033。

［199］《各级教学科目及每周各科教学时数表》，上海市徐汇区档案馆藏，档案号：0070-1-60-026。

［200］《上海市立务本女子中学暑期班简章》，上海市徐汇区档案馆藏，档案号：0070-1-60-014。

［201］《上海市立务本女子中学校民国三十四年度第二学期教职员调查表》，上海市徐汇区档案馆藏，档案号：0070-1-37-001。

［202］《教育部中等学校概况调查表》，上海市徐汇区档案馆藏，档案号：0070-1-19-034。

［203］《上海市立务本女子中学校二月份员工动态月报表》，上海市徐汇区档案馆藏，档案号：0070-1-47-001。

［204］陈光春：《生成与失范——民国时期中学教师管理制度研究（1912—1949）》，华中科技大学出版社2016年版，第200页。

［205］陈光春：《生成与失范——民国时期中学教师管理制度研究（1912—1949）》，第186页。

［206］《市小教职员不采怠教行动》，《申报》1946年3月23日第2版。

［207］《教局盼市中校长，劝导教师复教》，《申报》1946年3月23日第2版。

［208］《市中怠教问题，今日一律复教！怠教期内所缺课业设法补授》，《申报》1946年3月25日第4版。

［209］周仪凤：《忘不了的恩师情，缅怀叶懋英和金锡祚老师》，载上海市第二中学编：《饮水思源：上海市第二中学校友纪念文集》。

［210］《童行白遵行父训，设立清寒奖学金》，《申报》1947年8月20日第6版。

［211］《教育部中等学校概况调查表》，上海市徐汇区档案馆藏，档案号：0070-1-19-034。

［212］《上海市市立务本女子中学全体学生名单》，上海市徐汇区档案馆藏，档案号：0070-1-15-065。

［213］《女子排球劲旅，务本队东山再起》，《申报》1946年6月22日第5版。

［214］《务本女中举行田径级际赛》，《申报》1946年12月18日第8版。

［215］《本市中学生国语演说竞赛，决赛结果昨揭晓，晓光中学个人第一，敬业中学团体第一》，《申报》1946年12月30日第8版。

［216］《全市中学女生，国语演说竞赛》，《申报》1948年3月8日第6版。

［217］《中学自然科学展览,各校成绩评判揭晓》,《申报》1948年9月9日第7版。
［218］《务本女中举行田径级际赛》,《申报》1946年12月18日第8版。
［219］《体育表演情况热,动作整齐姿势美》,《申报》1947年6月8日第5版。
［220］《关于务本女中地下党的有关情况》,上海市徐汇区档案馆藏,档案号:0070-1-6-001。
［221］《1945年至1949年务本女中支持爱国运动大事记》,上海市第二中学档案室提供。
［222］《关于务本女中地下党的有关情况》,上海市徐汇区档案馆藏,档案号:0070-1-6-001。
［223］林淡浓:《珍藏的宝贵资料》,载上海市第二中学编:《饮水思源:上海市第二中学校友纪念文集》。
［224］张清澈:《团结就是力量——上海市立务本女中地下党斗争片段》,载中共上海市委党史研究室、中共上海地下组织斗争史陈列馆编:《解放战争时期第二条战线中的上海学生运动史料选编》下册,上海社会科学院出版社2017年版,第594—597页。
［225］赵平萍:《饮水思源念母校》,载上海市第二中学编:《饮水思源:上海市第二中学校友纪念文集》。
［226］《1945年至1949年务本女中支持爱国运动大事记》,上海市第二中学档案室提供。

第五章

从务本女中到市二女中

从务本女中到市二女中

图5-1　上海市市立务本女子中学校门（1951年）

1949年5月27日，人民解放军进驻上海，上海和中国其他地方一样随之发生了翻天覆地的变化。党和政府对教育工作极为重视，着手整顿旧学校，废除旧制度，改造旧教育，务本女中也进入了新的历史时期，被纳入了新中国社会主义教育事业的轨道。务本女中作为公立学校，第一批被接管，随即开设了政治课，成立党团组织，进行反帝爱国教育，迎来了一个又一个运动的高潮。此后规定，各地公立中学一律以序号命名，1952年7月12日，学校改名为上海市第二女子中学（简称"市二女中"）。1954年，为响应毛泽东"要办重点中学"的指导，市二女中被纳入到上海市首批10所重点中学。此后，市二女中遵循国家的教育方针和政策，结合自身的实际，在教学方面进行了一系列的调整和改革，学校的办学条件明显改善，学校规模逐步扩大，为提高教学质量、培养社会主义所需要的人才奠定了较好的基础，1949—1958年，是学校历史发展上最好的时期之一。（图5-1）

第一节 上海解放与务本的"新生"

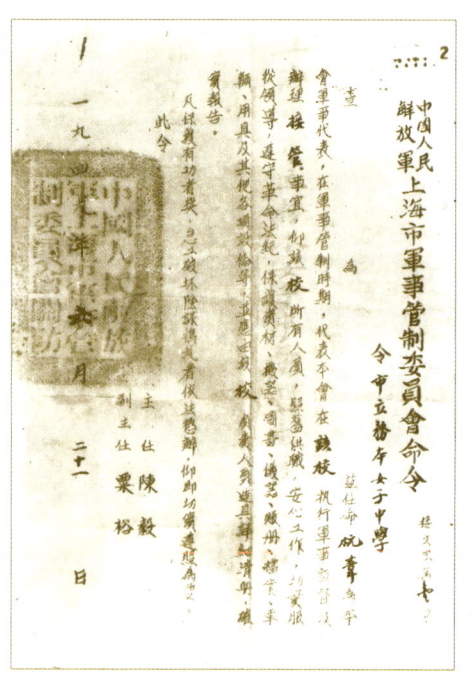

图5-2 1949年上海市军事管制委员会接管上海市立务本女子中学令

随着陈顺娣、王彦霞等党员学生的毕业离开，有一段时间，务本的党组织出现了空白，但仍然有一批经过斗争锻炼的积极分子和群众，为务本保留了革命的火种。校外地下组织发展了一批进步的学生如屈英铭、张月、方如英、陈明慧等相继入党，务本的革命活动重新活跃起来。1949年初，解放军南下已势如破竹，校长杨明晖迫于形势，出走台湾，学校工作由郭练钢主持，校政管理一度出现了真空。在这种情况下，党员和进步师生倡议成立护校委员会，师生员工轮流值班。起初进步教师还坚持上课，目的在于组织学生参加护校。1949年5月23日，已经是临近上海解放的日子，第二〇七医院突然送来国民党伤兵300余人入驻校诊治，学校被迫停课。[1] 但由于师生们的勉力维系，学校校产基本保护完整，务本顺利迎来了上海的解放，也迎来了学校的新生。（图5-2）

上海解放后，为保持教育事业的连续性，使之适应新生政权和经济发展的需要，人民政府对国民党政府留下的上海教育进行了接管和整顿。接管工作在上海解放后即着手进行。像务本这样的公立中学，全部由新成立的上海市军事管制委员会文化教育委员会市政教育处接管。6月5日，市政教育处召开市立专科学校、中等学校教职员座谈会，处长戴白韬同志宣布接管政策，学校一律照常上课，单位照常办公，所有人员不得擅离职守。又宣布学校废除训导制度，改为教导合一制，取消公民课，改设政治课；以及宗教与学校分开等具体政策。由于党在人民群众中威信很高，接管政策一宣布，人心就安定下来。[2]

由于务本中学当时为伤兵占据，6月10日，军管会派秦同志来校处理关于请求迁移伤兵问题。11日，军管会又派王沁静同志来校，集合全体同学宣传拒用银元演讲。同时，防疫总队派萧技士来校办理消毒。至14日，伤兵全部迁出学校。20日，市政教育处派王子修到校联系接管之事，安定教职工的情绪。6月21日，军管会任命杭苇同志为军代表，到校执行监督及办理接管事宜，随同来校的有左淑东、陈蕙瑛两同志具体负责接管工作。学校师生怀着兴奋热烈的心情欢迎市军管会派出的代表。[3]（图5-3）

当时市政教育处一般或是选派学历较高、富有办学经验或有一定名望的人士，或是政治可靠、任教多年的进步分子或党员来担任市立中学的校长。左淑东校长就是其中的代表（图5-4）。左淑东，1915年出生在江苏镇江的一个破落的商人家庭，中学就读于苏州振华女子学校，但未及高中，家境败落，只能辍学，开始当小学教员。在执教过程中，受到当时学生民主运动的影响，开始接触进步民主人士。

1943年，在地下党鼓励和资助下，考入华东联合大学（后复名之江大学）。1945年毕业，并加入中国共产党。[4]

务本在左淑东、陈蕙瑛的主持下，组织了校务委员会，开始了对旧学校的改造。建立民主集中制的学校领导制度和学校管理制度，是逐步贯彻新民主主义教育制度、改造旧学校首要解决的一个问题。校务委员会的建立，逐步实行学校的民主领导、民主管理，有利于学校贯彻整顿、改造的方针。校务委员会的成员中，校长、教导主任、总务主任是当然委员，此外还有教职员工和学生代表参加。7月10日，务本奉令成立了临时校务委员会，其中除左淑东、陈蕙瑛两位外，委员尚有卢梦生、袁明若、叶苏、金锡祚、郭祖鑫、叶懋英、赵宇昂（以上7人为教职员代表）、姚龄、谢淑娴（以上2人为学生代表）9人。[5]（图5-5）

校务委员会成立后，按照市政教育处的要求，组织教师们学习新民主主义教育方针，取消了反动的党义、公民课及童子军训练，废除了训育制度，设教导处，实行教导合一。获得初步安定的务本随即投入了为新学期开学做准备的工作，首先是清点了学校财产，其次是确认了郭祖鑫等37名留用教职员名单[6]，并着手裁减了8名不干事的冗员[7]。同时，学校还组织16位教师和20多名学生进行了清寒免费调查工作，对登记请求减免学费的清寒学生情况进行了调查，登记人数共339名，由于其中14人延后，5人自动放弃，实际调查人数320人，调查结果是全免101人，半免110人，四分之一免38人，自动放弃24人，不免38人，留级不免9人。这次清寒免费调查其实也是对师生的一次动员和锻炼，扩大了务本师生的社会接触面，让她们得以深入到社会底层，缩短了过去师生的距离，奠定了今后师生合作的基础，教会师生掌握批评与自我批评的武器，让她们逐渐开始改变自己的人生观。[8]

9月12日，市政教育处市中字第484号文正式任命左淑东、陈蕙瑛为务本的正、副校长：

图5-3 1949年务本女中教职员向解放大上海的中国人民解放军赠锦旗

图5-4 校庆四十九周年纪念大会，左淑东校长讲话

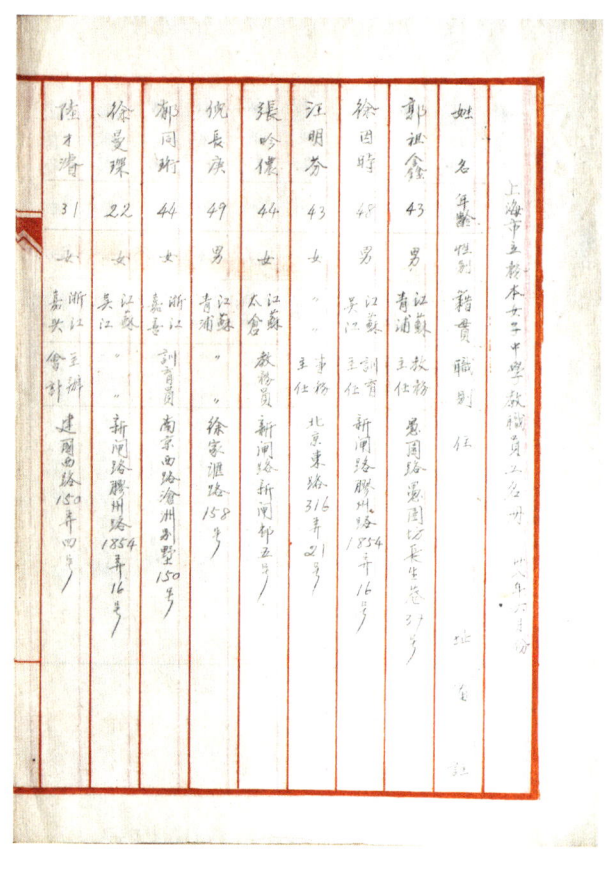

图5-5 上海市立务本中学教职员名单（摘选）。
上海市第二中学档案室提供

为派左淑东代理该校校长，陈蕙瑛代理该校副校长，仰即克日就职，具报备核由：

查该校长杨明晖畏罪潜逃，于接管时，业经委派左淑东为临时校务委员会主任委员，陈蕙瑛为副主任委员，共同主持校务。兹派左淑东代理该校校长，陈蕙瑛代理该校副校长，除填发派令，并请委外，仰即克日就职，并将就职日期具报备核。[9]

与此同时，学校的职员也基本就位，根据《上海市立务本女子中学填发教职员聘书一览表》，有教导副主任郭祖鑫，事务主任吉菊潭，教导员张咏真、张吟侬、吴鸿城，事务员陈爱菊、李文绚、汪明芬、孙思复等。[10]

9月13、14日，务本分别举行初中和高中新学期开学仪式，9月15日，新学期正式开学。初、高中均实行三年制，初中各级4个班，高中各级2个班，共18个班，在校学生809名，在校教职员52人，兼职教师2人。这既是一个全新学期，更是务本迈向全新征程的开始。在开学仪式上，左淑东校长对全体学生和教职员们说："今天我们开学了，这是一个新的学期开始，而且是一个在人民领导下，实行新民主主义教育的开始。""市立学校是一个人民的学校。我们在务本的老师和同学、工友们应该一心一意，同心同力，来改造我们的务本。在这建设、改造的过程中，应该注意，通过建立新的秩序、新的关系、新的组织，来达到建设新民主主义教育的目的，真正地为人民服务。今后，不论在哪一方面，我们都应该围绕这一目标，有步骤、有计划的来进行。"[11]（图5-6）

随着务本的顺利接管，各类组织也相应建立健全。首先是党组织开始公开活动。据1950届学生屈英铭回忆，上海解放时务本只有学生党员7名，即高中的屈英铭、张月、方如英、陈文慧、任令仁，初中的陈明慧、陈月，另外，高二甲班姚玲同学，上海解放前被外校发展为党员，上海解放后转入学生支部。随着左淑东、陈蕙瑛两位校长的到来，教职员和学生党员就合并为一个支部，由地区区委领导，支部书记由陈蕙瑛担任。1950年2月，陈蕙瑛调市一女中任校长，支部书记由从老区来的石岚同志担任，她的行政职务是教导处副主任。当时，党还没有在学校公开活动，支部会都在外面开，一般在区委机关找一个地方开，有时也会在支部书记家中开。不久，

图5-6 1951年学校党支部成员合影

务本所在的常熟区决定,以务本为试点,开始推进学校支部从秘密走向公开。这工作由区委书记田辛同志直接抓,大家先学习有关文件,统一了认识。党支部公开时,由于方如英去中央团校学习,陈文慧到市委党校学习,任令仁去西安念书,姚玲参加文工团,学生党员只剩屈英铭、张月、陈明慧、陈月4人,加上教师党员左淑东、陈蕙瑛、石岚、周似春4人,务本的第一届党支部成员共8人。1950年5月19日,务本中学正式支部大会在学校图书馆召开。事先贴了公告,热情邀请全校教职员和学生自愿参加并请他们向支部和党员提意见和要求。开会时,会场上坐满了师生。这次公开会区委十分重视,区委书记田辛同志亲自参加。首先由支部书记向大家公布学校党员的名单以及支部的分工,并汇报了支部的近期工作,让全校师生都知道党组织到底在忙什么,为学校干了哪些事,并听取大家的意见。有些社会活动很积极的同学对上海解放前不发展她们,有些埋怨情绪,事后支部做了不少安抚工作。在会上,师生们对支部还提出了一些意见,最集中的是觉得党员脱离群众,工作包办代替。同学们认为学生党员于上海解放后在班级待的时间太少,老师则对她们课业成绩下降表示惋惜。另外,教员对支部书记作风生硬提了不少意见。石岚同志是老区来的,她还不善于和上海当地的知识分子打交道,工作方法有点简单。区委书记田辛同志最后做了总结发言,他十分中肯地说,学校不是几个党员的,党员不是救世主,一定要依靠全校师生,共同办好学校。会后支部召开了第一次公开支部会,开展了批评与自我批评,大家一致认为,群众对党员期望很高,支部的思想准备还是不够。[12]同年9月,李广塘同志来校任支部书记。1951年10月,支部改选,由左淑东同志任支部书记。同年11月,左淑东同志到农村参加土改,李广塘同志代理支部书记。[13](图5-7、图5-8)

务本的团组织由沈正芳同学负责,她是务本女中唯一的一位市建团工作委员会委员。经她介绍,1952届毕业生赵平萍等成为第一批加入新民主主义青年团的团员。沈正芳读到高二后,由于革命工作需要,她停止了学业,去华东团校学习。[14]到1950年底,务本已有党员16名,团员从原来只有2名发展到132名(学生团员127人,教师团员5人),这些党团员在各项工作中起了带头作用,也为学生参军、参干工作顺利进行做了思想准备和组织准备。1949年10月24日,学生会成立,1953届学生,时任学校党支部副书记的陈明慧当选为学生会主席,此后她还当选上海市学联执委,并被全市学生投票选举为市人大代表。[15](图5-9)

学校党政领导在改造旧学校的同时注意加强

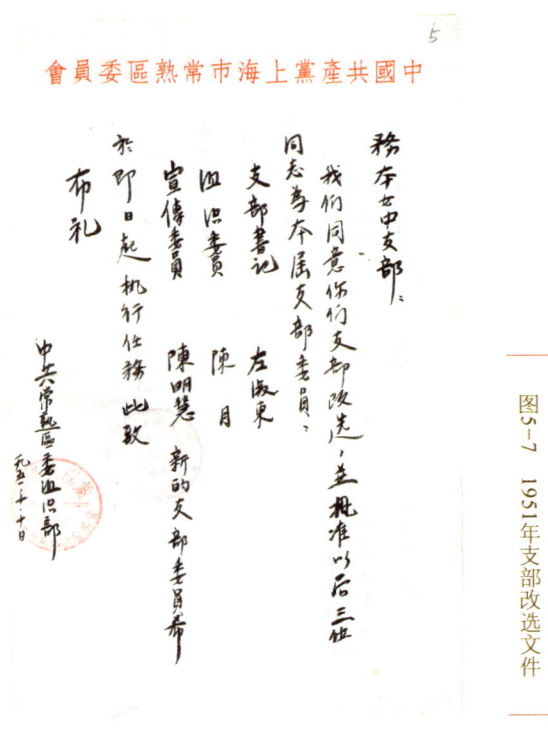

图5-7 1951年支部改选文件

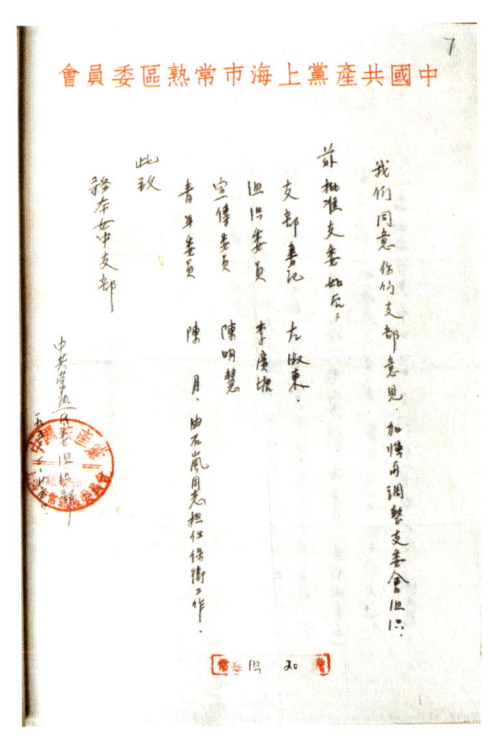

图5-8 1952年支委调整文件

思想政治工作，调动师生的积极性，发扬务本学生学习勤奋、生活俭朴、敢于斗争的好传统，组织师生开始了一系列的政治教育。上海解放不久，银元贩子兴风作浪，搞乱市场，破坏金融，引起物价波动。早在学校尚未被接管的6月11日，军管会就派王沁静同志来校集合全体同学演讲宣传拒用银元。此后，全市人民开展反银元投机斗争，学校师生也积极参加，得到初步锻炼，受到了教育。10月1日，开国大典在北京举行，学校组织了一系列的庆祝中华人民共和国成立的活动。10月1日当天，学校举行集队庆祝和师生员工联欢大会。10月2日，学校举行了第一次升旗典礼，五星红旗第一次高高飘扬在学校上空。8日，学校又组织师生员工参加了保卫世界和平、庆祝新中国开国大典示威游行。此后，学校又组织校庆纪念，进行新旧对照。"二二六"轰炸时，又开展了反封锁、反轰炸教育，通过这些活动提高了广大师生的觉悟。1950年10月，应朝鲜的请求，中国人民志愿军开赴朝鲜战场。对广大师生进行抗美援朝、保家卫国的教育显得特别重要。务本也和许多学校一样订立并履行爱国公约，开始了多种形式的课外活动，进行爱国宣传。11月27日，学校成立抗美援朝、保家卫国运动委员会，发起劝募捐献子弹运动。12月1日，举行抗美援朝动员大会。初二秦裕容同学控诉美帝国主义唆使匪特杀害其父。12月9日，又组织师生参加"一二·九"及抗美援朝、保家卫国运动示威大游行。（图5-10、图5-11）

1950年12月1日，中央军委和国务院发布《关于招收青年学生、青年工人参加各种军事干部学校的联合决定》，当时务本有很多学生积极响应号召，参加国防建设，报名参加军事干

图5-9 1949年沈林仙参加第一届学代会

图5-10 学生上街宣传反帝（20世纪50年代）

图5-11 学生上台演讲，反抗美帝侵略

图5-12　1951年1月务本女中同学参加军事干部学校留影

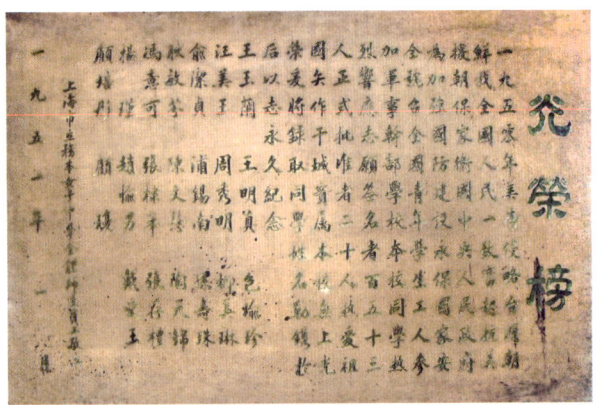

图5-13　1951年1月参加抗美援朝20位同学名录

图5-14　1950年务本女中学生在操场上学骑自行车
（左为居欣如，右为马玓）

校。12月12日，务本召开了志愿报名军事干部学校动员大会。至26日，本校签名同学153人，报名101人，录取了俞洁贞等20人。此后，1951年1月20日，赵似兰等8人被防空学校及其他干校录取。7月11日，洪安球等11人又为军干校录取（图5-12）。30日，姚景琳等24人被录取参加市政建设工作。[16]务本的党团组织在这期间起到了中坚作用。1950年参军报名的同学中，团员占了60%；1951年参干，团员在同学报名数中占62%。被批准的学生中，85%是党团员，未能参军参干的团员和同学也积极捐款捐物，制作御寒手套、慰问袋等支持抗美援朝，显示了师生的爱国热忱。[17]1954届毕业生，日后成为中科院院士的张锦秋回忆，当时她们组织起来加工针织手套、卖棒冰，挣钱支援前线，捐献购买飞机大炮。大家都积极报名"参军参干"，为了能如愿入选，每天升旗早操活动之前，很多学生都会自动提早来学校进行操练。抗美援朝游行队伍要有化装的和平女神和战争贩子麦克阿瑟。女孩子都愿意扮漂亮的和平女神，张锦秋自告奋勇当战争贩子。戴上了纸糊的高筒帽，抹上了白鼻子，还穿了一双高筒雨鞋权充马靴，虽然走路蹒跚，却也十分得意。[18]学校还组织学生和志愿军战士通信，学生屠鹤云在1951年元旦收到了志愿军同志的来信，志愿军同志鼓励她参加新民主主义青年团，要坚决地为新民主主义事业奋斗到底。她很快地就写回信给志愿军同志，并向他保证要努力学习、搞好工作、团结同学，培养入团条件，争取入团。经过了一学期学习，她比以前进步了，在9月21日被批准为正式的青年团员。[19]学生们意气风发。这是一个激情燃烧的时代。（图5-13至图5-15）

教育者必须首先受教育。新中国成立后，政

府十分重视教师的自我教育，曾会同教师联合会以及后来的教师工会，在教师中普遍进行《中国人民政治协商会议共同纲领》和《社会发展史》的学习，也为广大教师逐步转变思想、学习辩证唯物主义、批判唯心主义、建立正确的人生观、树立全心全意为人民服务的思想奠定了一定的基础。1951年9月起，全国开展了一场声势浩大的知识分子思想改造运动。是年冬，华东学习委员会上海市教育工作者分会先后在10所中学和1所小学进行思想改造试验。1951年11月，左淑东校长被选派至皖北宿县做土改工作，受到了生动的阶级教育，1952年1月寒假期间，左淑东、石岚、郭绳武、朱怡之、庄涌、赵宇昂又被选派参加了思想改造学习。暑假期间，全体教师都集中参加了思想学习。1952年起，全校又相继开展了"三反""五反"斗争，这一系列的政治运动提高了教师的阶级觉悟，增强了为人民服务的思想。[20]

新中国成立前，劳动人民子女基本上无权入学，新中国成立后，劳动人民翻身做了国家的主人，他们的子女应该有享受教育的权利。但当时劳动人民经济上还很困难，读不起书。教育如何向工农开门？各级各类学校如何逐步吸收劳动人民子女入学？教育向工农开门是新中国教育面临的重要政治任务。1949年12月召开的第一次全国教育工作会议即明确指出："学校要为工农子女和工农青年开门。"此后，上海市教育局专门采取了一系列的措施，落实"教育为国家建设服务""学校首先为工农服务"的精神，采取了一系列的措施。当时，新成立的人民政府规定，不论是市校或私校，都要设25%的减免费学额；每年招收新生，对工农成分的学生适当降低录取考分，并把吸收劳动人民子女的百分率统计汇报，要求逐年增加比重，以此作为考绩。[21]新中国成立以后务本积极贯彻向工农子弟开门的方针，注意吸收工农子弟入学。为了减少工农子弟入学困难，一是建立了人民助学金和减免费制度，减轻工农家庭的教育费负担；二是招生时降低分数优先录取工农子弟，如1952年，高、初中共录取新生382名，其中工农子弟245人，占新生总数的64%，进一步提高了工农子弟在校学生中的占比。[22]学校对困难学生倾注了特别的关心。当时在读高二的倪觉生至今还记得，她在高二下学期期末考试获得年级第一名，但因家里弟妹多，家境困难，不允许她继续求学。左淑东校长了解后，就鼓励她，让她免缴学费，还买了一打铅笔和一打笔记本送给她。面对左校长慈祥的笑容，倪觉生感动得眼泪簌簌往下落，心中暗自下决心：今后一定不忘恩师的培育，一定要将全部热情投身祖国社会主义建设事业。她后来从事新中国的铁路建设，曾获得1956年"全国铁路系统先进工作者"光荣称号，受到毛泽东和周恩来的接见。[23]党员屈英铭家境困难，一时又无处住宿，左校长在校内特开辟了一间学生宿舍，让困难学生居住，屈英铭的全部伙食费都由左校长支付。当时，还有很多困难学生，在左校长关怀下，得以继续求学。[24]

政府还规定市立中学必须开办夜中学，为失学学生和在职职工提供方便。原在新中国成立前，在务本女中同一教学大楼内还有一所市立沪西补习学校，沪西补习学校前身为劳作中心站，由陆尔强创建于1947年2月，1948年改名为沪西补习学校，设初中每级一班，共3个班，高中只有一个会计班，学生大多数是失学或失业青年，少数为在职青年，学生150余人，教职员工10人左右，流动性较大，多为兼职。上海解放后，陆尔强调任。1949年11月，市教育局委派赵培德任校长，1950年3月起，先由应琳代理校

图5-15 1951年1月务本女中全体教职工欢送本校参加军事干部学校同学留影

长，一学期后，改由茆祥麟代理校长。1951年2月9日，经上海市教育局批准，沪西补习学校并入务本女中，为务本女中附设夜中学，任命卢梦生为夜中主任，茆祥麟为副主任。（图5-16）

务本历史悠久，声名远扬，虽然学校有着坚实的革命基础，但由于前任校长杨明晖的影响，国民党在这里也有一定的势力，人事关系也比较复杂，因此新中国成立初的这一阶段是务本转型的关键时期，左淑东校长为此付出了相当多的努力。时隔多年以后，很多学生都记得对左校长的第一印象，当时只有30多岁的左校长一头短发，戴着眼镜，一张秀气而端庄的脸，穿着一身浅蓝色的阴丹士林布旗袍，白色跑鞋，朴实而可亲。如何将务本从国民党手里接管过来并办好，对于左淑东校长来说是一个崭新而艰巨的任务。她始终思考着：怎样代表执政的共产党，做到一言一行不失共产党员的形象，真心实意依靠群众把学校办好，这是最重要的。团结群众，靠的就是奉献和忠诚。当时，学校工作千头万绪，左校长想到的是深入群众，了解群众，依靠群众。她首先对学校的情况做了大量细致的调查，判断学校的情况是：进步教师比较少，政治上的反动势力也不强。大部分教师都是高水平的人才，只不过思想情况各有不同：有的学识渊博，业务水平高，但比较清高孤傲；有的认定"靠本事吃饭，过去不靠国民党，现在也不靠共产党"。左校长抱定以诚待人、虚心求教、不耻下问的宗旨，真正做到虚心求教于决策之前，个别谈心于执行之中。原教导主任郭练纲，为原校长杨明晖重用，但政治上并不反动，抓教学却有一套。左校长就大胆启用，找他谈心，要他放下思想包袱，并放手让他抓教务处的工作。对于务本一批学有专长、献身教育的老师，如地理教师袁明若、英语教师金锡祚、数学教师叶懋英等，左校长认定这样

图5-16 1950年7月市立沪西补校学生会主办义务识字班全体师生合影

一批教师是搞好教学的依靠和骨干力量。对于学校里的重大事宜，从教学安排到行政管理、人员调动或教师待遇，她均广泛听取校务委员会成员意见，真正做到民主。党员干部的行动是最有说服力的动员和号召，教师们从眼见的事实和切身利益中，真正感受到了"当家做主"的精神，真正体会到共产党办事公道正派、大公无私的作风。这一桩桩一件件的事实，使教师们从内心感到左淑东确实是一位真心实意为大家办事的领头人，确实是一位平易近人、作风民主的好校长。她那种从早到晚没日没夜扑在工作上的干劲，面对困难一往无前的精神，深深打动了他们。知识分子的清高、隔阂消融了，无形的距离消失了。他们接受了左淑东，也就是说，他们从内心深处接受了共产党。

左校长在务本一手抓正常教学秩序，提高教学质量；一手抓政治思想教育，提高师生觉悟。除了认真组织和发动全校师生积极参加各项爱国活动外，她还在务本增设了许多实践应用型课程，并特邀社会知名人士和专家学者来讲课。如：邀请上海市副市长金仲华讲国际形势，邀请历史学家平心、复旦大学党委书记李正文来校为学生做中外历史、政治教育讲座。她还聘请俄语教师开设俄语课。同学们听了报告，思想上得到武装，树立了主人翁意识和社会责任感，同时也激发了学生学习的自觉性和积极性，壮大发展了党团力量，培养输送了各种人才。中学时代良好的教育和熏陶，以左校长为代表的共产党人的楷模和形象，深深镌刻在这一代青年人的纯洁心灵中，化为无穷力量。

左淑东到校后，不分白天黑夜地干，常常连家也不回，最后她搬进了校内宿舍，吃住都在学校，一头扎进了繁忙的工作中。之前，务本的校长很少直接给学生讲课，校长和学生之间往往有距离。左淑

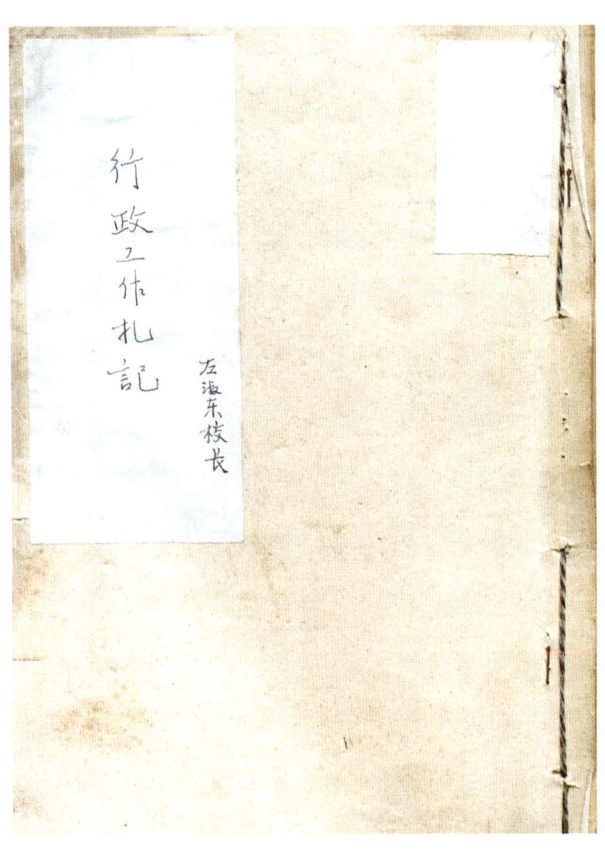

图5-17 左淑东校长行政工作札记

东担任校长后，情况却截然不同。到校后短短的几个月，就和学生打成一片。她平易近人，一点没有校长的架子，对学生有一种吸引力。学生们有空就喜欢听她讲述参加革命的事迹、危险的地下斗争及党的历史。除了受教育以外，学生们深切地感到她对每个同学都是真诚的关怀和爱护的，她从来没有以学生成绩的好坏来选择教育对象，她对学生和学校的爱是出于她对党和国家的重托的责任感。[25]1949年的除夕，务本的毕业班举行了最后一次除夕晚会。当1950年元旦钟声敲响后，左校长在全校各个教室中巡回祝贺，学生们又回访左校长，在她宿舍中畅谈狂想。左校长说：全国还有西南地区尚未解放，上海也解放不久，社会各界和祖国的南北需要各种各样的建设人才，你们可能会上军政大学，南下参加革命，直接参加市政建设或报考大学等，分兵各路。不论你们在哪儿任职，都是国家需要的革命工作，应该服从需要让祖国挑选。毕生努力为党和国家工作，就是做出贡献。她笑着对学生说："几十年后我头发白了，我们会共聚一堂开庆功会，那时你们应该有军事家、政治家、科学家、工程师、医生、艺术家等等。"1950届的学生徐燕回忆，不要让左校长失望，始终是她日后前进的动力，每当她工作十分紧张或遭到挫折的时候，总是将左校长的期望化成一种压力和推动力，想想自己是不是做到了尽最大努力，要继续再干一干，往往在坚持中也就艰难地跨上一步，为自己增添一分信心。[26]左淑东校长虽然在务本的时间不长，前后不过三年，但她和学生们的联系却并没有因为她离开而中断，很多学生毕业之后还经常相聚于她家中，学生们离开上海到祖国各地工作，一旦返回上海，最大的心愿就是见左校长一面，她永远是学生心目中的好校长。[27]（图5-17）

除了左淑东校长之外，学生们对石岚老师也印象深刻。她来自老解放区，身穿灰蓝布的列宁服，束一根腰带，和蔼可亲，热情奔放，还带着一些亲切的乡土气息，课余领着学生们扭秧歌，高唱"解放区的天，是明朗的天"。[28]她经常在礼堂给学生做国内外形势、思想教育等内容的政治报告，纯正的普通话娓娓动听，说理深入浅出，学生都全神贯注，也让学生们头一次在现实生活中领略到了革命老区新型知识分子的风采。[29]正是在左校长等人的带领下，当时全校师生员工的思想真是有了突飞猛进。他们传授的新

图5-18 1950届乙班居欣如（左四）等同学在教学楼前的合影

图5-19 1952年7月，上海市第二女子中学全体教职工欢送工作组同志和左淑东校长

思想、新观点，让这群青少年第一次接受世界观、人生观的启迪，这种启迪是那样的深入人心。这种影响，也许连左校长她们也是始料不及的。（图5-18、图5-19）

第二节　成为重点中学的"市二女中"

1951年，原所有市立中学的"市立"二字取消。4月26日，务本遵照指示，将校名改为上海市务本女子中学。1952年开始，各地中学一律以序号命名，7月12日，学校正式改名为上海市第二女子中学。

图5-20　1952年7月12日，上海市第二女子中学换校牌

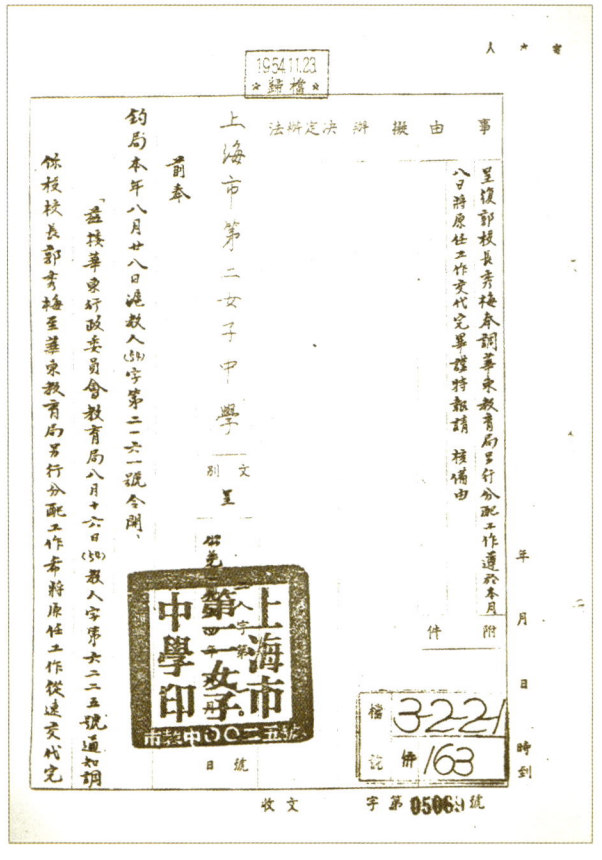

图5-21　上海市人民政府教育局关于调任上海市第二女子中学校长郭秀梅的文档（1954年）

（图5-20）也就在此时，左淑东校长被市教育局选中创办上海市幼儿师范，她依依不舍地离开了工作三年的务本。新的校长是原圣玛利亚女校校长，著名宗教爱国人士丁光训先生的夫人郭秀梅女士。1953年1月，支部改选，石岚同志担任支部书记。1954年3月，石岚调任市七女中校长，支部书记由励志扬同志担任。同年2月，著名作家柯灵的夫人陈国容同志来校任副校长。8月28日，上海市人民政府教育局学校人事科下发沪教〔54〕字第02161号文，调郭秀梅校长至华东行政委员会教育局另行分配工作，免去校长职务（图5-21）。[30] 陈国容同志任校长兼任支部书记。由于陈国容校长身体不佳，1955年，程迪和来校任副校长并代理支部书记，主持校务工作。[31]

1953年5月，毛主席提出、党中央决定"要办重点中学"。26日，教育部发出通知，要求在全国积极充实和重点办好高级中学。确立全国办重点中学149所，其中上海10所。1954年1月28日，上海市政府批准市东中学、市西中学、上海中学、育才中学、继光中学、复兴中学、虹口中学，以及第一、第二、第三女中10所中学为重点中学，市二女中名列其中。

为了做到更好地向工农开门，新中国成立初期，很多学校不断扩大学生规模，但是与校舍有限形成矛盾。从1952年下半年开始，上海市一些中学就开始施行二部制。最先由市东中学试行"七班六教室"的办法。1953年上半年，又在晋元中学采取另一种形式：试行二部制，将初中16个班级分成甲、乙两部，实行"二班一教室"，使用8个教室。后将该办法推广到市一女中、市二女中、市北中学、五爱中学4校试行。上述6所中学因试行二部制，共增收学生43个班级，2408

人。[32] 1954年，市二女中规模较之新中国成立初已经扩大近一倍。当时有班级共33个班，其中高中10个班，初中23个班；有学生1765人，其中高中514人，初中1251人。另有教职员工教员72人，职员21人，公务员19人。"二班一教室"每天全校上课总节数须排10节，上午5节、下午5节，这样导致了早晨学生到校时间过早，下午放学时间又过迟。

1954年，市二女中名列10所重点中学后，上海市教育局要求这些重点中学不要规模过大，要努力改善各种条件，认真办好，取得经验。市教育局中教处认为，对于重点学校规模问题必须慎重、科学地进行研究。10所重点学校的规模一般均已较大，故1955年招生时原则上不再发展，必要的话可以适当缩小，主要是看各校的现有物质条件，以及行政领导力量如何而定。已经采用二部制的学校，必须逐年紧缩，做到重点学校不采用二部制。然而如果不采用二部制，在短时期不可能大规模缩减学生数量的情况下，市二女中现有的校园显然已经无法承受这么多学生了。

学校在给市教育局打的申请报告中，指出教室、办公室等方面存在很多问题。比如实验室中，化学、物理都无储藏室，面积也太小，化学室装置仅一水盘、三个小龙头及一煤气管，此系前法国小学为小学生示范用，目前已不能适应中学教学需要。物理室系一面西之狭长房间，放置仪器后，空间已很小，仅能容20多人实验，装置全无。生物实验室无储藏室，只是用木板隔为二间，一间作为生物教师办公室。办公室中，校长室兼作会议室，与教导、事务二处及各教研组不在同一层楼，联系工作很不方便。事务处太小，缺乏储藏室。教师办公室不集中，体育科办公室仅20平方米，有5个教师办公，还要安放一切体育用具，导致非常零乱。其他各教研组也非常拥挤，连安放簿籍、教具都有困难，甚至还有二人合用一张单人办公桌的，做不到让每一教研组单辟一室。一部分办公室光线很差，对批改作业等很不方便。卫生室空气不好，太小，缺乏安静休息的地方。图书馆书已放不下，同学阅览地方也非常不够，只有两张桌子，仅能容纳30人。学生会和团支部合并在男教师宿舍中的一个小间内，既小又不方便。少先队活动室在前部大门口，地位不适当，而且太小。礼堂过小，仅170平方米，能容500余人，然而目前本校学生加员工近1880人，如要召开大会，极为不便。宿舍方面，女宿舍中间辟作教室，男宿舍中的一间辟为团支部，所以宿舍也很不够，不但拥挤，甚至有教师因用双层床，以致从上层跌下的事情发生。公务员宿舍更是大多在扶梯下或小阁楼上等极不合理的地方。储藏室都是极小的暗室，又是分布在二、三楼，也极不便。礼堂平时也用作饭堂，饭堂太小，厨房也小，盛菜的地方不够，储藏柴米的地方也没有。而且厨房就在礼堂旁边，常有油味、烟气冲出，有时油锅声、切菜声响亮，甚至会影响大会报告。操场可活动的面积仅3000平方米，5亩光景，有时5个班体育课同时上课，无法安排，最多只能容纳3个班，文体活动的开展受到极大影响。而且操场在教室前，影响上课，教室面临操场，灰沙很大，环境嘈杂，空气不干净。

为了解决学校资源紧张的问题，1954年，经市教育局同意，征用北首空地（复兴中路1315弄，即丁家弄10号），建造混合结构三层教室楼一幢，屋前有草地，和原有教室楼相通。当时原有校舍占地面积7603.5平方米，新校舍3395平方米，总计面积突破了1万平方米，在一定程度上解决了学校的困难。

图5-22-1　发报机键，收报机（20世纪50年代）

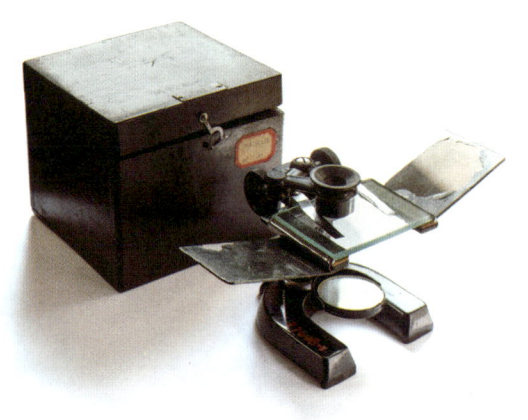

图5-22-2　解剖放大镜（20世纪50年代）

图5-22-3　蒸汽机模型（20世纪50年代）

图5-22-4　化学试剂（20世纪40—50年代）

但是这并不能根本解决学校校舍空间不足的问题，而且还产生了一些新问题。一是操场较小，且位于校门与教学大楼之间，容易造成伤害事故。二是新建之教室位于校舍后面，进出必须经过两个操场，且非常狭窄、拥挤。学校一方面尝试把校门开在汾阳路上，以解决后排教学大楼的出路及现用操场可能产生的伤害事故，另一方面，继续向市教育局打报告，申请进一步扩充校舍。[33]当时，根据市教育局财务科、基建科意见，在中教处尚未确定各校规模之前，各校基本建设和改建都不考虑。而且由于各重点学校规模都要考虑缩小，因此一般情况下，都不同意进行基本建设，只有部分学校需征地绿化等配套建设，可列入基本建设。不过考虑到市二女中当时的困难

情况及作为二部制试点单位带来的一系列问题,市教育局最终同意了市二女中的基建方案。(图5-22)

邻近市二中学的汾阳路77号,产权系董姓业主所有,业主本人在香港,其兄董友甫代管,当时租与华东行政委员会公安部队使用。不过随着华东行政区取消,公安部队也将迁离。这一地块土地面积约3570平方米,房屋基地500平方米,为三层洋房,房屋四周有树林空地。市教育局经过研究后,同意市二女中征用校后董姓土地约5亩,建造新的教学楼。[34]新教学楼让学校增加了15个教室、3个办公室,并增添了一些教育设施,至此,市二女中的校舍问题得到了基本解决。

第三节 百花齐放的校园文化

20世纪50年代中期以后,市教育局对学校的指导日益具体,要求日益明确,学校也有了较具体的计划,教师通过总路线学习,政治思想有了进一步的提高,对教学工作也有了较明确的方向,各项工作陆续推进。1953年12月,郭秀梅校长在《文汇报》上发表了《在总路线的学习中认识我们的学校工作》一文(图5-23),她指出,要做好教育工作,提高我们的思想水平,认清我们的努力方向,就必须使我们的思想、工作符合总路线所指引的轨道前进,稍稍离开它,就必定要走弯路。她认为学校所培养的学生就是要直接参加社会主义建设工作的,所以需要加强自己的责任心,一定要教育学生成为合乎规格的社会主义建设人才。同时,她认为,一个教育工作者如果立场、观点模糊,就必定会在教学过程中给同学以不良影响,这样的教学当然不可能搞好的。学校要以社会主义思想去教育学生,首先就要求教育工作者本身明确树立起工人阶级的思想,否则就不可能完成祖国和人民交给我们的光荣任务。因此,作为一个领导学校工作的行政人员来讲,就不仅要关心教学业务,并且要加强思想领导工作,使学校中的政治空气活跃起来。[35]这一时期,学校贯彻执行教育部颁发的《中学暂行规程》《中学教学计划》《中学生守则》等教育法规和党的知识分子政策,教育事业稳步发展,学校保持着优良的校风和较高的教育质量,呈现出百花齐放、欣欣向荣的景象。

1952年6月,毛泽东发出"要使青年身体好、学习好、工作好"(简称"三好")的号召后,各中学开展培养目标教育、集体主义教育和共产主义道德教育,把共产主义的理想、道德、情操教育融入"三好"活动之中。团、队组织积极引导学生,中学初一、二学生是少先队员,初二下学期班级中建有团小组,初三、高中各年级的班级有团支部,形成共同进步、生动活泼的局面。学生思想政治品德教育的一大特色是向英雄人物学习。当时,书报刊物和电影广播配合学校教育,全方位地宣传英雄人物的先进事迹,《钢铁是怎样炼成的》《青年近卫军》《卓娅与舒拉的故事》等,是青少年普遍喜爱的读物。往往一个班级的同学同读一本书,同看一部影片,然后讨论激发向英雄人物学习的热情。是年11月,上海市第二女子中学高一甲班学习苏联卫国战争中的青年女英雄卓娅,把班级命名为"卓娅班"。该班学生学习上勤奋刻苦,行动上主动自觉,关心他人,生活上勤俭、朴素,文体活动积极,班级活动丰富多彩。英雄的精神激励着她们前进,很快这个班成为全校的一面旗帜,她们曾向党中央领导写信表示自己立志成

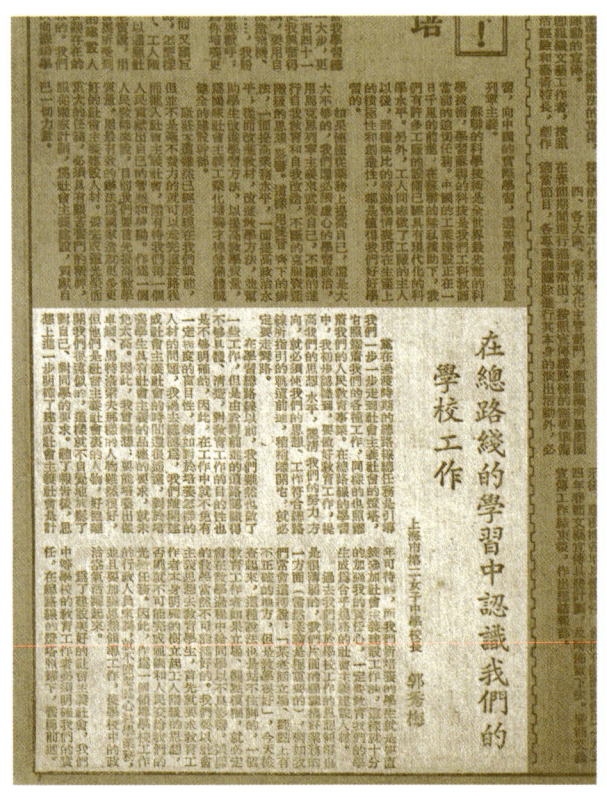

图5-23　上海市第二女子中学校长郭秀梅撰写的文章，《文汇报》1953年12月12日第3版

才的决心，得到党中央的鼓励。此后"卓娅班"成长为全市青年学生的先进典型，其事迹曾在《文汇报》上被长篇报道。1955年毕业时，全班52名同学都是共青团员，高考时被清华大学录取9人，考取交通大学5人。1956年，苏联卓娅与舒拉的母亲来上海访问期间，接见了该班代表常美英同学，并一起拍照留念。[36]值得一提的是，"卓娅班"并未至高一甲班毕业之后即告结束，此后相继成立了三届"卓娅班"。1958年，高二（1）班和高一（1）班为争取"卓娅班"称号进行了激烈的竞争，两个班级所有同学都自觉行动起来，争取消灭每一个"死角"，同学间空前团结，显示出相当强的集体凝聚力，无论在学习上，纪律上，学毛著上，做好事上，体育锻炼上，都走在全校的最前列。最后结果出来后，高一（1）班获得"卓娅班"称号，高二（1）班虽然失利，也提出了一个新的口号：做一个没有"牌"的卓娅班！在"卓娅班"的授牌仪式上，高一（1）班邀请了高二（1）班全体同学。卓娅和舒拉的母亲再次访问上海并亲临市二中学时，高一（1）班、高二（1）班均派代表参加。争取"卓娅班"的过程成为几代市二学生最难忘的一段珍贵回忆，她们的精神世界在这段日子里获得最明显的升华。[37]除了"卓娅班"，其他各班也相继以解放战争中的董存瑞、抗美援朝战争中的黄继光、社会主义建设中的邱财康等英雄模范名字命名班级，以他们的思想和业绩为学习的榜样，把教育与学习革命英雄模范人物结合起来，全校学生的精神面貌有了明显改观。（图5-24、图5-25）

当时市二各教研组均拥有一批骨干教师，熟谙业务，经验丰富，教学有方，深受学生爱戴。1954—1957年在市二就读，日后成为著名导演的赵玉嵘就说，小学时她就听说市二女中以治学严谨著称，这也是众多学生投考市二的主因。入校后，她真切地感受到，这所学校果然名不虚传，无论语文、历史、地理，还是算术、几何、物理、代数，学校每门课的教师个个都是教学认真且颇有实力的。记得那时，老师们并没有给她们留很多的课外作业，可他们在课堂上深入浅出、生动形象所讲述的知识，总能很清晰地印刻在她的脑子里。[38]曾获评上海市"三八红旗手"的航空专家斯而健也说，令她最难忘的是母校的老师们。他们教学经验丰富，教学方法由浅入深，灵活多变，概念清晰，逻辑性强；他们对

学生严格要求,严格训练;既教书又育人。不论是几何老师严厉的堂上提问或下课前十余分钟的即席小测验,还是外语老师不放过一个标点符号的听写训练,不论数理化还是文史地,诸学科老师各有特色,功底深厚,循循诱导,一丝不苟。这一切深深留在她的记忆中,对她产生深刻的影响。[39]同样是航空专家的1953届毕业生邹从青印象最深的是教几何学的郭绳武老师,他上课语言简洁准确,板书极有功力,可以信手在黑板上画出正圆、正方而不需圆规和三角尺,上他的课真可谓是一种享受。她日后参加工作,只要遇到与几何学相关的问题时,都会感受到郭老师所教的内容,真是句句入耳,长记不忘。教三角的叶懋英老师则有种女强人的气质,她在讲台上那娴熟的演练,令同学们无不敬佩。教政治的励志扬老师当时比学生大不了几岁,可留给学生的印象却是讲课有条不紊,是那样的平易近人而又充满自信。语文老师徐叔岩教书时十分投入,写得一手漂亮的黑板字,给人以笔下生风的感觉。邹从青记得,有一次作文题目是"我的童年",在文中,她写了对当时孩童们的羡慕,联系到自己的童年却烙上了日寇奴役的伤痛,徐老师阅后在卷末评语是"感叹良深"四个大字,并在课后勉励她,大意是"好好习作,真情所至,文必感人"。这番开导,令她顿时觉得领悟了一种作文的要领。由于徐老师在作文上常给出针对性很强的批注和修改,她从不太善于作文而变得有点喜欢作文了。[40]1954届毕业生、中国工程院院士张锦秋对徐老师的印象也非常深刻,尤其是用上海普通话为学生们诵读和讲解古文、唐诗、宋词是那样地传神。她从徐老师那里不仅学到了语文知识,还培养起对文学浓郁的兴趣。张锦秋院士至

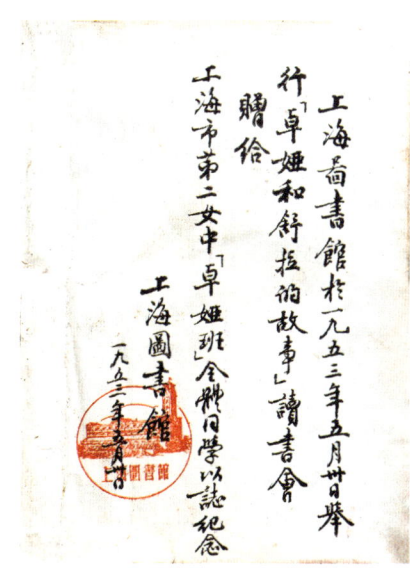

图5-24 上海图书馆赠给上海市第二女子中学"卓娅班"的读书会纪念(1953年)

图5-25-1 "卓娅班"创作集(1958年)

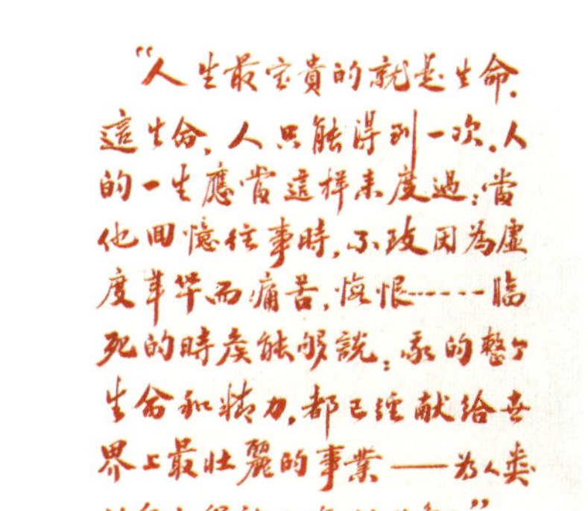

图5-25-2 程迪和校长对第三届"卓娅班"的寄语(1958年)

希玉和姚荷卿等许多老师的基础课教学或政治思想工作,都给她留下深刻的印象,使她感到在学校里每天都有新的收获,不断增长新的知识。[42]（图5-26）

教师们不仅传授知识,还关心着学生们的成长。学生们都记得程迪和校长一直教育女生们要克服自身生理和心理的弱点,不能自卑,要自强。[43]邹丛青的高三班主任周玉英老师,经常到教室来和学生们谈心,知道她一个人住在上海,对她特别关心,让她永远感念。[44]张锦秋院士也记得,美术老师听说学生们要报考建筑专业,主动业余为她们教授素描写生。[45]（图5-27、图5-28）

1950年,教育部颁发的《中学暂行教学计划（草案）》中便指出:"课外自修、生产劳动、文娱活动及社会服务等,应有计划地配合正课进行,达到学好正课的目的。"1954年7月,教育部提出:"在学生中适当开展有益于学习,能够丰富与扩大知识领域的课外活动。"市二女中在务本时代就有重视文体的传统,新中国成立后,这一传统继续得到发扬光大。在全面发展教育方针的指导下,50年代里,学校在学生中组织课外学科小组、课外兴趣小组、课外科技小组,以形式多样、内容丰富、适合学生特点的课外活动,扩充学生求知的渠道,培养学生的多方面爱好。赵玉嵘至今还记得,当时在体育老师的指导下,学生们在操场上跳高、跳远、短跑、长跑、攀爬,在遮阳挡雨开放式的健身大厅里,学生们翻筋斗、穿独木桥、玩高低杠、练柔软体操;乒乓桌前、篮球架下也不乏学生们活跃的身影。在音乐教室里,她们接受了视唱练耳训练,在老师的指导和伴奏下,她们学会了许多日后一生都钟爱的

图5-26 市二女中学生在后花园读书场景（20世纪50年代）

今还记得,教高等几何的女老师总是把复杂的问题讲得浅显易懂,学生们根本不用死记硬背,凭理解就可以顺利通过考试。生物老师能把枯燥的生物课讲得充满生气,通过解剖青蛙等形象的教学,好几位同学迷上了生物课,得益于这位老师的教诲,后来她们都相继报考了生物和医学专业。历史老师上课好像是在讲故事,深刻的寓意和历史唯物主义就渗透其中。[41]对于著名水产专家、1959届毕业生陈月英来说,当时张蘅芗、张

中外经典歌曲。她还记得，学校组织到昆山、南翔的春游，让学生们亲近了自然、拓宽了视野；学校多次举办的文艺晚会，让学生大胆发扬创新精神，把自己创作排练的节目搬上舞台，供全校同学欣赏。她印象最深刻的是初二那年，班级演唱了苏联著名的歌曲《五个女儿五朵花》，获得了学校众多师生的欢迎。参加这个节目的学生即使年逾花甲，每逢迎来欢聚之时，总还会情不自禁地重新唱起这首当年让她们心花怒放的歌曲。[46]（图5-29、图5-30）

图5-27　1951届学生沈林仙（右一）和叶懋英老师（中间者）合影

许多学生都记得那位个子不高的体育老师刘景侃先生。在市二女中任体育教师期间，他把垒球运动列入了学校教学大纲，每周4节垒球课。从初中到高中，他与陈民老师、许维英老师三人一起进行垒球教学，取得了很多成绩。他组建了市二中女子垒球队，请著名垒球教练梁扶初老先生来校任教，每周一次训练是义务的。市二女中这支垒球队，在梁老的指导下赛出了惊人的成绩，当时全上海没有一个学校垒球队能战胜市二女中队。1957年，上海《青年报》社体育记者吴毓妹专程来市二女中采访，并在《青年报》上刊登了专访《为何市二女中垒球队上海无敌？》，当时市二中学垒球队50%以上的学生进入了垒球重点大学上海第一医学院，如著名的投手刘运礼、游击手孙廷蔚、二垒手司徒薇、内场手陈祖英，还有周履复、张黛梅、宁佩蕾等。这些队员都参加过第一届全运会垒球比赛。[47]（图5-31、图5-32）

市二女中体育成绩不仅表现在垒球上，从球类到田径，几乎是全面开花。1951年毕业生李君梅在20世纪50年代，代表学校参加了市妇女体育运动会，并获掷铁饼第二名。[48]1960届毕业生陈润元记得当时学校有不少同学被选拔参加上海市

图5-28　潘伯英老师（后排右一）与学生合影（20世纪50年代）

的射击、垒球、篮球等队的集训。[49]日后成为著名建筑师的彭璨云从初三开始突然长个子，身高达到1.70米，被刘老师选拔参加了学校篮球队、排球队的训练，入选了第一批上海市少年体校排球训练班，也就是后来的上海市少年排球队的基础班底。近三年专业队的训练使她打下了排球运

图5-29 市二女中在实验室（观察金鱼）（20世纪50年代）

图5-31 务本女中同学打篮球（1950年）。居欣如校友提供

图5-30 上海市第二女子中学参加市少年儿童合唱，获得优胜奖（1957年）

图5-32 学生在操场上短跑（1953年）

动的良好基础，进大学后成为当仁不让的校排球队主力队员，参加全市比赛和全国系统的比赛，还获得"一级运动员"的称号，更重要的是从此改变了她过去柔弱的性格与体质。[50]张锦秋院士也回忆，刘老师给学生们传授体育知识，更让很

多学生从此都热爱上了体育活动。放学后同学们时常活跃于风雨操场中的乒乓球桌旁或由黄沙铺成地、后改为混凝土浇成的篮球场上，直到天快黑才收场回家。[51]日后成为著名妇产科专家，第四、五届全国人大代表，中共十四大代表，上海

卫计委党委书记的1958届初中毕业生周剑萍虽然只是学校篮球队的小球迷，但校队的拼搏精神深深感染了她，每逢参加市里比赛，她总是充当热心的拉拉队员，为校队夺冠摇旗呐喊。正是通过体育运动，学校营造了鼓励学生顽强拼搏、奋发向上的氛围和要"争第一"的精神，这种不服输的精神影响了她一生。[52]（图5-33、图5-34）

当时市二的文娱活动也丰富多彩，张锦秋院士记得，当时她们有一支很神气的腰鼓队，在一位姓张的同学的带领下练出了高水平，经常被市、区邀请去参加各种活动，甚至被邀请到当时上海最高级的兰心剧院进行演出，至今她还感觉非常自豪。她的班里有位施雪柔同学，多才多艺，能歌善舞，还会演话剧。在她带动下，班里经常课余自编自演一些舞蹈、朗诵、短剧，常有机会在礼堂的舞台上向全校演出。每当新年之夜，更是学生们纵情欢乐、表演、聚餐的不眠之夜。当时张锦秋非常热衷于文艺表演，甚至曾经想报名参加正式的文工团。[53]（图5-35、图5-36）

赵玉嵘从小学四年级始，就开始涉足电影艺术。进入市二女中之后，学校对她的这些特长很是看重，又给她创造了许多条件，让她的个性得到了进一步的张扬。入学之初的开学典礼上，是老师把她抱上讲台，让她代表全体新生做了讲话；同学们推举她在学校的少先队里担任大队文艺委员；更是学校的推荐，让她两次参加了区里的文艺会演并都获得了奖项。学校在支持她参加市少年宫"小伙伴艺术团"活动的同时，还多次让她为区"少年之家"的演出提供节目并兼任报幕。在她获得演电影的新机会时，学校总是为她大开绿灯。在儿童故事片《小伙伴》一片中，她担纲了饰演女主角的重任。学校担心她拍片结束后跟不上学习的进度，还鼓励和她要好的袁兆渝同学帮她做好课堂笔记，使她没有因为拍片而在学习上掉队。由于缺课多了，她的学习成绩还是有所下降的，但学校从未在学习成绩上对她有过苛求，班主任兼教几何课的李月华老师总是对她说："尽管去发挥你的艺术特长吧，你不一定要面面俱到，门门功课都得高分。"[54]（图5-37、图5-38）

图5-33 务本初中女排队（1951年5月）

图5-34 务本高中女排队（1951年5月）

图5-35 务本女中团体操训练（1951年）

图5-36 "红五月"务本女中各班团体操比赛（1953年）

图5-37 三八妇女节游行队伍中的务本女中红星队（在游行队伍之首）（1951年）

图5-38 三八妇女节游行队伍中的务本女中乐队（1951年）

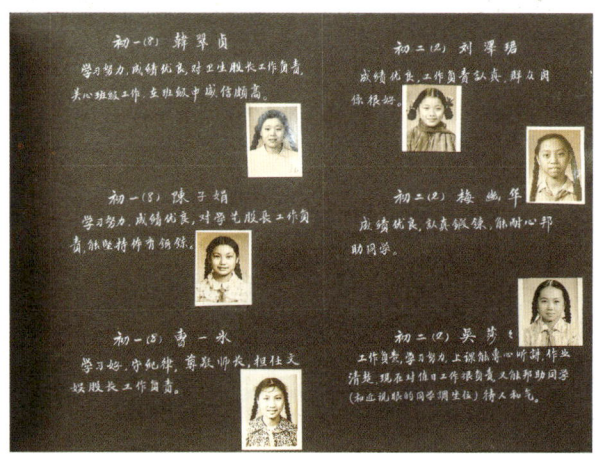
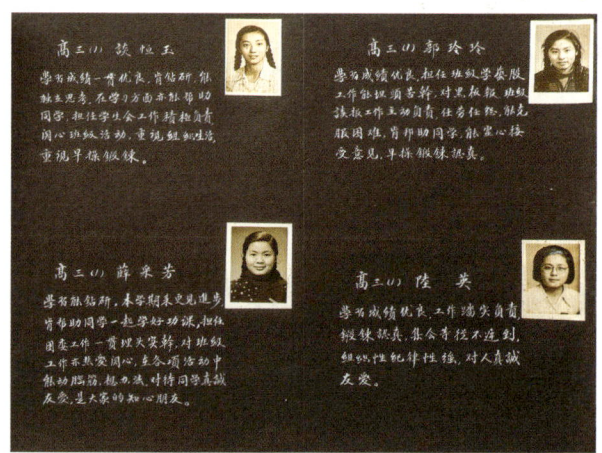
图5-39 上海市第二女子中学学生优秀事例（摘选，1956年）

当时，市二女中的学生有相当的自由度发展自己的课余爱好。张锦秋院士还和同学韩慧居、李露等几个爱好外语的人，每天清晨5点过后在自己家坚持听俄语广播学校的课，通过几次正式考试，她们获得了毕业文凭，具备了当时在上海担任俄语教师的资格。到了清华大学后，经过考试，她的俄语被准予免修。张院士至今还记得市二女中的教学楼东端有个凸出的半圆形的厅，图书馆就设在这里。书柜里摆满了古今中外的文学名著，从高玉宝到高尔基，从托尔斯泰到巴尔扎克。她几乎两天读完一本。放学后除了完成作业就是看小说，真是如醉如痴。有一天图书馆老师对她说："张锦秋，这里的书你差不多都看完了。你到市图书馆借书看吧。"于是她真的到市图书馆去办了借书证，看那里的书，参加那里的读者活动。其中有一次她和同学去听了苏联《暴风雨》的作者爱伦堡来沪与读者见面所做的报告。[55]（图5-39）

在水产专家陈月英心中，市二女中是她健康成长的沃土，母校不仅为她顺利完成大学学业以及此后长期从事科研工作打下了坚实的基础，并且对她树立正确的人生观、世界观产生了深远的影响，使她在往后几十年的人生历程中能够不畏艰难。50年代成长起来的这批市二学生在日后大多会面临生活上、工作上的种种困境，但是她们都能克服种种困难，成为各行各业的骨干、带头人，为祖国的繁荣与发展贡献自己的智慧和力量。[56]

在朝气蓬勃的上海市第二女子中学校园，充满着青春活力的学生对未来有着无限的憧憬。

注 释

[1] 《大事记录本》,上海市第二中学档案室提供。
[2] 杭苇:《接管上海中小学的一些回忆》,载政协上海市委员会文史资料工作委员会编:《上海文史资料选辑》第46辑,上海人民出版社1984年版,第366页。
[3] 《大事记录本》,上海市第二中学档案室提供。
[4] 王厥轩:《上海幼教事业的奠基人、先驱者和总指挥》,载《浇灌上海:上海教育60年见证》,上海辞书出版社2010年版,第83页。
[5] 《上海市军管会文化教育管理委员会市政教育处为指定务本临时校务委员会委员事》,上海市第二中学档案室提供。
[6] 《上海市军管会文化教育管理委员会市政教育处核发该校首批留用教职员名单并仰在聘书未发前由该校主管人员召集核定人员共商分工负责校务由》,上海市第二中学档案室提供。
[7] 《上海市立务本女子中学被裁员工调查表》,上海市第二中学档案室提供。
[8] 《左淑东校长工作札记》,上海市第二中学档案室提供。
[9] 《上海市军管会文化教育管理委员会市政教育处为派左淑东代理该校校长,陈蕙瑛代理该校副校长,仰即克日就职,具报备核由》,上海市第二中学档案室藏。
[10] 《上海市立务本女子中学填发教职员聘书一览表》,上海市第二中学档案室提供。
[11] 《左淑东校长工作札记》,上海市第二中学档案室提供。
[12] 屈英铭:《中共务本女中党支部从秘密走向公开的一次大会》,载上海市第二中学编:《饮水思源:上海市第二中学建校110周年校友纪念文集》,第49—50页。
[13] 《大事记录本》,上海市第二中学档案室提供。
[14] 赵平萍:《饮水思源念母校》,载上海市第二中学编:《饮水思源:上海市第二中学建校110周年校友纪念文集》,第55—56页。
[15] 《大事记录本》,上海市第二中学档案室提供。
[16] 《大事记录本》,上海市第二中学档案室提供。
[17] 上海市第二中学:《上海市第二中学简史》,载政协上海市徐汇区委员会文史资料工作委员会编:《徐汇文史资料》第3辑,第50页。
[18] 张锦秋:《我的多梦岁月》,载上海市第二中学编:《饮水思源:上海市第二中学建校110周年校友纪念文集》,第68—69页。
[19] 屠鹤云:《志愿军同志鼓舞了我进步》,《文汇报》1952年10月3日第7版。
[20] 《大事记录本》,上海市第二中学档案室提供。
[21] 杭苇:《接管上海中小学的一些回忆》,载政协上海市委员会文史资料工作委员会编:《上海文史资料选辑》第46辑,第374页。

[22] 上海市第二中学:《上海市第二中学简史》,载政协上海市徐汇区委员会文史资料工作委员会编:《徐汇文史资料》第3辑。
[23] 倪觉生:《我爱"务本"》,载上海市第二中学编:《饮水思源:上海市第二中学建校110周年校友纪念文集》,第33—34页。
[24] 居欣如:《一位真正的共产党人:左淑东校长追思》,载《心语·居欣如自选集》,上海三联书店2011年版,第228页。
[25] 居欣如:《一位真正的共产党人:左淑东校长追思》,载《心语·居欣如自选集》,第223—228页。
[26] 徐燕:《师长的言行永远是学生的楷模》,载上海市第二中学编:《饮水思源:上海市第二中学建校110周年校友纪念文集》,第38—39页。
[27] 邹丛青:《五十年后的母校回忆》,载上海市第二中学编:《饮水思源:上海市第二中学建校110周年校友纪念文集》,第61—62页。
[28] 邹丛青:《五十年后的母校回忆》,载上海市第二中学编:《饮水思源:上海市第二中学建校110周年校友纪念文集》,第61—62页。
[29] 张锦秋:《我的多梦岁月》,载上海市第二中学编:《饮水思源:上海市第二中学建校110周年校友纪念文集》,第68—69页。
[30] 《呈复郭校长秀梅奉调华东教育局另行分配工作》,上海市档案馆藏,档案号:B105-5-1054-27。
[31] 上海市第二中学:《上海市第二中学简史》,载政协上海市徐汇区委员会文史资料工作委员会编:《徐汇文史资料》第3辑,第51页。
[32] 蒋纯焦主编:《上海教育史》第3卷,上海教育出版社2016年版,第47页。
[33] 《上海市教育局关于十所重点学校改造计划》,上海市档案馆藏,档案号:B105-5-1178-17。
[34] 《上海市人民政府文化教育委员会第二女中基建计划任务书希重行考虑由》,上海市档案馆藏,档案号:B105-5-1149-13。
[35] 《文汇报》1953年12月12日第3版。
[36] 《卓娅班日记》,上海市第二中学档案室提供。
[37] 钱若华:《市二,我生命中最欢快的乐章》,载上海市第二中学编:《饮水思源:上海市第二中学建校110周年校友纪念文集》,第79—81页。
[38] 赵玉嵘:《放飞,我的青春小鸟》,载上海市第二中学编:《饮水思源:上海市第二中学建校110周年校友纪念文集》,第76—78页。
[39] 斯而健:《母校是我心中的骄傲》,载上海市第二中学编:《饮水思源:上海市第二中学建校110周年校友纪念文集》,第70页。
[40] 邹丛青:《五十年后的母校回忆》,载上海市第二中学编:《饮水思源:上海市第二中学建校110周年校友纪念文集》,第61—62页。
[41] 张锦秋:《我的多梦岁月》,载上海市第二中学编:《饮水思源:上海市第二中学建校110周年校友纪念文集》,第68—69页。
[42] 陈月英:《市二,成长的沃土》,载上海市第二中学编:《饮水思源:上海市第二中学建校110周年校友纪念文集》,第71—72页。
[43] 陈润元:《市二,我们全家的母校》,载上海市第二中学编:《饮水思源:上海市第二中学建校110周年校友纪念文集》,第75页。

[44] 邹丛青:《五十年后的母校回忆》,载上海市第二中学编:《饮水思源:上海市第二中学建校110周年校友纪念文集》,第61—62页。

[45] 张锦秋:《我的多梦岁月》,载上海市第二中学编:《饮水思源:上海市第二中学建校110周年校友纪念文集》,第68—69页。

[46] 赵玉嵘:《放飞,我的青春小鸟》,载上海市第二中学编:《饮水思源:上海市第二中学建校110周年校友纪念文集》,第76—78页。

[47] 刘景侃:《我的棒垒球生涯》,载梁友德主编:《基层棒球:我们共同的事业》,文津出版社1999年版,第179—180页。

[48] 李君梅:《毕业六十年》,载上海市第二中学编:《饮水思源:上海市第二中学建校110周年校友纪念文集》,第54页。

[49] 陈润元:《市二,我们全家的母校》,载上海市第二中学编:《饮水思源:上海市第二中学建校110周年校友纪念文集》,第75页。

[50] 彭璨云:《难以忘怀的母校操场》,载上海市第二中学编:《饮水思源:上海市第二中学建校110周年校友纪念文集》,第73—74页。

[51] 张锦秋:《我的多梦岁月》,载上海市第二中学编:《饮水思源:上海市第二中学建校110周年校友纪念文集》,第68—69页。

[52] 周剑萍:《我爱你,母校》,载上海市第二中学编:《饮水思源:上海市第二中学建校110周年校友纪念文集》,第83页。

[53] 张锦秋:《我的多梦岁月》,载上海市第二中学编:《饮水思源:上海市第二中学建校110周年校友纪念文集》,第68—69页。

[54] 赵玉嵘:《放飞,我的青春小鸟》,载上海市第二中学编:《饮水思源:上海市第二中学建校110周年校友纪念文集》,第76—78页。

[55] 张锦秋:《我的多梦岁月》,载上海市第二中学编:《饮水思源:上海市第二中学建校110周年校友纪念文集》,第68—69页。

[56] 陈月英:《市二,成长的沃土》,载上海市第二中学编:《饮水思源:上海市第二中学建校110周年校友纪念文集》,第71—72页。

第六章 困难与调整时期

困难与调整时期

图6-1　市二女中潘伯英老师带领学生做春小麦实验（20世纪50年代）

　　从1957年反右斗争开始，市二女中和全国其他地方一样也都卷入到了政治运动之中，一些好的做法逐渐被抛弃，"左"的思想日益发展。此后1958年的"大跃进"，更是让教育事业的发展陷入了混乱的局面，学校教学秩序被打乱，教育工作背离客观规律，教育质量降低。进入60年代，随着"调整、巩固、充实、提高"的八字方针推进，学校的发展又走向正轨。1963年，教育部部长杨秀峰在上海对"如何办好社会主义学校问题"进行考察时，表彰了市二女中"学生勤奋学习，生活朴素"的"务本"精神。1964年，中共上海市委教育卫生工作部确定市二女中为全市教改试点单位，当时兼任教育卫生部部长的市委副书记杨西光亲自来校蹲点。但不久"文化大革命"爆发，学校管理体制被肢解，上海市第二女子中学改名为上海市第二中学，开始兼收男女生，教师队伍被离散，教学设施被破坏，课程设置被打乱，学校正常教学秩序无法建立。1975年，市二中学更陷入"反击右倾翻案风"典型的旋涡。不过，市二中学的广大师生对"文化大革命"期间的种种倒行逆施，曾进行不同方式和不同程度的抵制和斗争。（图6-1）

第一节 "大跃进"中的市二女中

1957年2月27日，毛泽东在最高国务会议上做了《关于正确处理人民内部矛盾的问题》的讲话，指出："我们的教育方针，应该使受教育者在德育、智育、体育几方面都得到发展，成为有社会主义觉悟的有文化的劳动者。"1958年1月，毛泽东又提出了"两个必须"（即教育必须为无产阶级政治服务，必须同生产劳动相结合），提出劳动人民要知识化，知识分子要劳动化，这些讲话在当时具有深远的影响。由此，一场以正确处理人民内部矛盾为主题，以反对官僚主义、反对宗派主义、反对主观主义为内容的整风运动在全国兴起。4月27日，党中央发出《关于整风运动的指示》。5月6日，教育部党组发动全体教师帮助党整风，并具体订出五项办法。5月11日，中共上海市委第一书记柯庆施在市委宣传工作会议上做了长达三小时的报告，宣布上海整风运动开始。上海教育系统各单位按中央和市委的部署进行整风，先"小鸣小放"，后"大鸣大放"。4月26日，柯庆施举行中小学校、职工业余学校和体育界知识分子座谈会，号召普遍发动全市中小学教师，大胆将对于教育行政领导部门与学校行政领导的意见提出来。[1]5月8日，市教育局邀请部分中小学教师座谈，进一步要求广大中小学教师大胆地"放"，勇敢地"鸣"。[2]

但是不久，整风运动就发展为反右派运动。1957年6月8日，《人民日报》发表社论《这是为什么？》，号召全国人民行动起来"打退右派分子的进攻"，全国反右派运动的序幕由此拉开。由于严重扩大化，当时市二女中有多名教师也被划为"右派"，不公正地受到降职降薪、开除公职甚至劳动教养等处分。1958年6月23日，体育教师刘景侃就被扣上"右派"帽子，下放朱行乡劳动。不过好在1959年12月25日，他得到了第一批"摘帽"的机会，并于1960年9月回到了市二女中任教。[3]值得一提的是，当时市二女中主持工作的施纫秋和程迪和两位校长一直没有公布学校中所谓的"地富反坏右"名单，尽可能地保护了他们。施纫秋校长原名施景兰，崇明县人，1941年沪江大学读书期间加入中国共产党，此后一直在教育战线从事地下工作。上海解放后，在市委调查部工作，改名施纫秋，此后又调至上海煤矿设计院工作。由于她热爱教育事业，一再向组织请求重新到教育部门工作，故于1958年调任市二女中任副校长，1959年升任校长，1962年又调任新沪中学校长。[4]

贯彻毛泽东关于教育方针的讲话精神另一项重要措施是推动学校劳动教育和勤工俭学的开展。1957年6月5日，《人民日报》发表了题为《一面劳动，一面读书》的社论，从1957年下半年起，中学教学计划中便已经正式列入了农业基础知识课，安排在初、高中三年级，每周各2课时。1958年1月，共青团中

图6-2 开展学工活动（具体时间不详）。上海市第二中学档案室提供

央做出了《关于在学生中提倡勤工俭学的决定》，教育部于2月间发文支持决定。从本年起，将生产劳动列入中学的正式课程，安排初、高中各年级，每周2课时。1958年8月13日毛泽东在天津大学视察时提出"学校办工厂，工厂办学校"。9月12日在视察武汉大学时，他肯定了学生自觉要求实行半工半读是好事情，是学校大办工厂的必然趋势，应给予支持和鼓励。[5] 在毛泽东的号召下，学校办工厂蔚然成风。市二女中为响应这一号召，1958年8月在校内建立了金工、电工、橡胶加工等车间的附属工厂，这样，学生便有了固定的参加生产实践的场所，每班轮流定期参加劳动。1960届毕业生陈润元回忆，当时学校有校办工厂和学农基地，学生们在校办工厂里绕线圈，还要背着背包，行军几十里到闵行附近的黄二大队，自己造砖，自己建房，定期来此劳动，以锻炼学生们的意志，培养和劳动人民的思想感情。[6]（图6-2）

1958年，中共中央开始实施第二个五年计划，并制定了"多、快、好、省地建设社会主义"的总路线，且提出"大跃进"的口号。1958年3月24日至4月4日，教育部在第四次全国教育行政会议上提出"反掉保守思想，促进教育事业大跃进"。9月，毛泽东又提出了"教育大革命"。这次教育革命从两方面进行，一是教育事业方面的"大跃进"，二是学校内部教育秩序、教育内容、方法与组织形式的改革。教学方面，结合政治，结合生产，结合实际，在形式和方法上也进行了种种革新。10月，中共上海市委教育卫生工作部召开万人大会，副市长刘季平就如何认真学习《关于教育工作的指示》做动员，要求在全市教育部门掀起学习热潮。通过"大鸣大放大辩论"，充分展开讨论，"学透、放透、辩论透"，以便更加深入地进行"教育革命"，促进全市教育工作"跃进再跃进"。

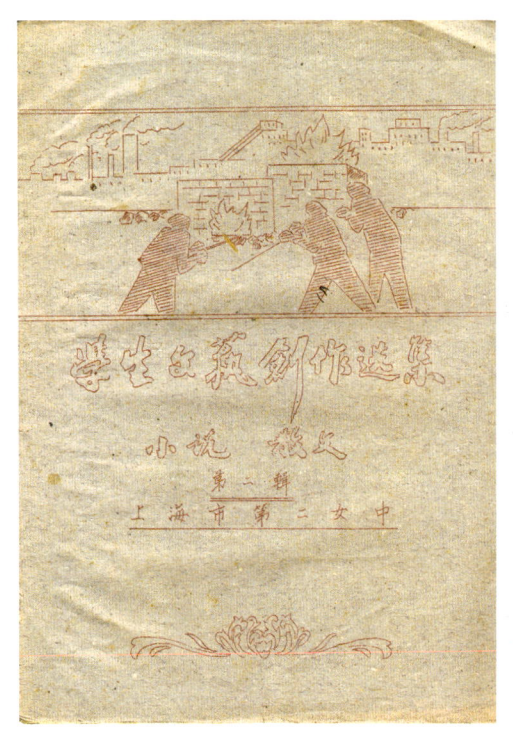

图6-3 《学生文艺创作选集》第二辑（1959年）。宋景香提供

这时，在全民大炼钢铁的背景下，市二女中也在操场上建起了土坯炉。当时"卓娅班"高三（1）班的学生在作文《大跃进中的一日》里这样描述女学生们为大炼钢铁做的准备工作：要炼钢首先要架高炉，架高炉需要耐火砖，又需要铁桶，炉泥以后还要人的头发，这些困难要一一解决。"为了钢，我们可以剪辫子。"至于其他材料，马上各自东西分头去找。遇着了一酒坛泥，一共九块，全包了下来。好不容易找到一堆砖头，拿回去给老师看，发现不是耐火砖，于是急急忙忙到同学家动手拆灶，可是灶里却没有耐火砖。又找出些废铁，看到一个水锅炉，想着问房产公司也要拆掉。学生还在《一切为了钢》这首组诗中详细介绍了大炼钢铁的详细情况："市二女中热情高，师生员工动手搞。分头都把材料找，连夜就把高炉造。""许多老师不睡觉，克服困难把炉造。为了炼出第一炉，开动脑筋窍门找。"根据"卓娅班"的总结，全班同学当时苦干了六小时，炼出了710公斤钢，同时还用短短两个星期完成了一本名为《源源》的创作选集，编写和排演了两个大型的戏剧，三幕话剧《卓娅》和三幕歌舞剧《下凡》。同学们还下乡，完成了一个晚上挖萝卜2000斤、突击拣棉花40斤；下工厂，到华通开关厂的氧化铜车间安装整流器等任务。[7]（图6-3）

由于不尊重客观规律，"大跃进"运动和随之而来的"三年自然灾害"导致了全国性的资源紧缺，市二女中响应号召，把以粮、钢为中心的增产节约运动作为政治思想教育的中心内容。师生们利用学校的土地和家里的零星土地，种上了胡萝卜、山芋、鸡毛菜。支部组织教师到工厂参观访问，下乡支援农业生产；还请公社负责同志做报告，请下乡回来的同志谈思想收获，不断加深与提高教师的思想认识。各教研组和校务办公室还清理出100多件教学仪器设备，去支援农业中学。[8]

在1958年起开展的"教育革命"过程中，市二女中开展了"批判学术权威""拔白旗""兴无灭资""批白专道路"等群众运动，伤害了一批有才华的教育工作者。受"大跃进"运动影响，学校师生参加政治活动过多，参加生产劳动过多，学校教学秩序被打乱，教育工作背离客观规律。

但总体而言，在"大跃进"期间，由于施纫秋和程迪和两位校长始终把握正确的方向，市二女中受影响并不大。不过，"文化大革命"期间这也成为他们"执行修正主义教育路线"的一项罪名，两位校长为此均遭受了厄运。

第二节　进入调整时期

1961年1月14—18日，中共八届九中全会在北京召开，会议听取了《关于1960年国民经济计划执行情况和1961年国民经济计划主要指标的报告》，正式通过了"调整、巩固、充实、提高"的八字方针。各项建设事业进入收缩整顿阶段。1961年以后，根据"调整、巩固、充实、提高"的方针，中央对教育工作政策进行了调整。1963年3月23日，中共中央批准试行《全日制中学暂行工作条例（草案）》（简称《中学五十条》）。随着贯彻"调整、巩固、充实、提高"的方针，学校对校办"三场"进行整顿，师生参加劳动时间减少。自此学校工作重点转入以教学为中心，

图6-4　20世纪60年代区委前来调研，程迪和副校长（右二）参加

全面贯彻教育方针，提高教育质量、探索教育规律的轨道。这一阶段，市二女中在教育思想和教学实践方面进行了比较大的变革，一些符合教学规律的做法推动了教学工作。学校提出了深入了解学生实际，了解学生预习情况与接受知识的规律；根据学生实际情况钻研教材，找出教材的内在联系，精练教材，改进教法及加强复习巩固和学生作业指导等要求，对当时调动师生的教学积极性、提高教学质量是有益的。因此，学校在1960年5月被评为上海市教育和文化、卫生、体育、新闻方面社会主义建设先进单位。程迪和副校长作为代表出席了上海市的"群英大会"。（图6-4）

程迪和校长毕业于复旦大学，毕业后与同学一起创办了树群义务夜中学，开始接受党的影响。1952年，他加入中国共产党，次年进入市二女中任教。他在主持工作期间，尊重知识、尊重人才，总是努力坚持把提高教育质量，使学生在德、智、体、美各方面得到全面发展放在首位。为了研究女生的特点，更好地培养教育女生，他做过大量的调查研究，同其他教师一道，共同写了分析女生特点的论文，1963年，《对中学女生一些特点的探索》在《上海教育》杂志上发表。[9]这篇论文在当时，是从心理学角度研究中学女生特点的可贵尝试。他一贯尊师爱生，充分发挥教师的教学积极性，鼓励学生在校树立正确的人生观，努力学习科学文化知识，争取像居里夫人那样，长大后报效祖国。在学校党支部的带动下，营造了市二女中优良的校风。他经常邀请一些科学家来校做报告，又带领女学生学习居里夫人刻苦钻研，把自己一生交给科学事业的雄心壮志。[10]

1963年，为了培养学生成为具有社会主义觉悟、德智体全面发展的接班人，程校长向全体学生提出要保持艰苦朴素、勤奋学习、敢于斗争的优良传统。发奋图强，好好学习，透彻牢固地掌握知识等要求。同时学校也创设了多样化的学习环境，组织了内容丰富、形式多样、以学生为主的课外学科活动。

如语文晚会、别字相声、标点符号大检阅、各科学习的意义与方法、科学晚会、外文晚会、数学晚会等。教师们设计了生动有趣的活动，做了内容深入浅出的讲座。如数学教师提出了学习数学必知："错误必须订正，解题条理清楚，独立完成作业，认真进行检查，独立思考，作图力求精确，运算简捷合理，书写格式美观"等。这些适合学生情况的科学的总结在学生中逐渐形成了良好的作风，有的甚至延续至今。[11]（图6-5）

市二女中的课堂教学作为探究式教学法的先行校，尽管那时还没有现代那么明确的探究式教学理念，但彼时市二的课堂教学已充满探究式教学模式。如在上数学课时，老师演示一题多解，在老师用一种方式解题后，启发学生自己寻求多解；语文老师则充分开发学生的想象力，看图成文，看句写文；理、化老师用实验引探理论及公式；生物老师带领学生们观察异叶等各种现象；外语老师开发学生们的各种记忆能力，如形象记忆某个单词。市二女中的各科老师还开发学生的永久性记忆，用"无心插柳柳成荫"的方法，理解、记忆应用公式、概念、单词。这种探究式的课堂教学，开发了学生的观察能力、分析能力、记忆能力、想象能力、思维能力和创新能力。1966届毕业生江介华回忆：当时老师们采取多种调动学生学习主动性的教学方式，提高了学生们的自学能力。[12] 1962届毕业生、日后成为全国人大常委会副委员长的严隽琪回忆，作为市级重点中学，市二对学生的学习是抓得很紧的，初中时学校实行晚自习制度，每天晚饭后，同学们又赶到学校，在本班的晚自习教室里"挑灯夜战"，做练习，也会三三两两地讨论。当时并没有老师"督阵"，可是教室里自会有一股严肃认真的气氛。在她的记忆中，市二的老师上课语言生动，对学生十分关切。她初中的班主任王佩英老师是福建人，念起课文抑扬顿挫。教政治的余臣老师，矮矮的个子，把党史课讲得有声有色。到了高中，因为是理工班，格外受到学校的关注，派来的任课老师都是"名牌"教师，如教数学的嵇老师与戚老师，教物理的曹毓梁老师，教化学的朱文炳老师，教语文的宗大琴老师，等等。这些老师在向学生传授知识的同时，始终让她们保持着浓厚的求知欲和学习的兴趣，她（他）们的音容笑貌至今深深地印在她的脑海里。[13] 1961届学生钱若华多年以后仍然对三位物理教师印象深刻。张老师是当年她们"大炼钢铁"的"总工程师"。他讲电学、磁学，讲得非常生动，常有一些形象的比喻和记忆方法。比如电磁感应，电生磁和磁生电，究竟哪个用左手，哪个用右手，他说，右手有力，有力就能发电，所以磁感生电就要用右手定则。教力学的是一位女老师钱学元，家学渊博。高三班主任是毕老师，脸上总是和和

图6-5 市二学生在实验室里
（20世纪60年代）

图6-6 20世纪60年代初市二学生学习射击

气氛的,讲课也低声细语,然而课堂上反而鸦雀无声,同学们的注意力完全被他的讲解吸引住了。他善于分析比较和归纳,突出重点,抓住关键。所以钱若华的高三物理学得很轻松。正是三位物理老师的不同特点,让她在选择志愿时,毫不犹豫地填了电机,考取了清华大学电机系。[14] 同样受到老师影响,由此决定自己人生选择的是1962届毕业生翁蕴珍。当时她高中毕业填写志愿书时把志愿都填上"物理系",就是出于对钱学元老师的敬佩、仰慕,钱学元老师花费了很大的功夫把物理课教得生动活泼,启发每个学生跟着老师一起思考,一起问"为什么",又一起解答难题。这使得翁蕴珍在中学时老是盼着上物理课,觉得真是其乐无穷。记得当时钱学元老师还开了公开课,大家称赞她的教学是"启发式"。受老师的影响,她还成为学校阅览室《知识就是力量》《科学画报》的忠实读者。终于,她毕业后也终于如愿以偿,考上了华东师范大学物理系,并成为一名优秀的物理老师。[15](图6-6)

除了探究式课堂教学,市二女中还有丰富的活动课程,供学生自主选择,并创设各种条件让学生参与少年宫、青年宫、少年科技站的各项活动,使学生在校内外拓展科技视野。市二女中当年的实践课程也很活跃,学业校内有制作变压器的小作坊,每周组织学生去各类工厂参加实践活动,开发学生的实践能力、动手能力。严隽琪曾回忆,当时学校很注重对学生们多方面能力的培养。她自己就曾参加过多次区、市级的数学、物理竞赛,参加过由学校推荐到区少年科技站的矿石收音机小组,还在初三时获得全年级语文演讲比赛第一名。[16] 钱若华也在高中期间参加了上海市航海俱乐部的通讯学习班,相继学习了手旗通讯、灯光通讯、无线电报务和挂旗通讯等项目,也学习了舢板技术。她还被带到军舰上去见识灯

光通信设备。[17]（图6-7、图6-8）

当时市二的文体活动也非常丰富。1965届毕业生周智莉当时是学生会主席，她记得当时丰富多彩的文体活动此起彼伏；排球赛、篮球赛、黑板报比赛，有声有色；卫生评比、学习竞赛经常进行……[18] 严隽琪记得，学校每年都会被市里选中参加上海市国庆大游行的团体操表演。暑期里，先在学校操场上由体育老师带领着操练，然后再到人民广场由市里集中操练。一个暑期下来，人人晒得黝黑，但个个精神饱满。"十一"那天，由老师带着早早地在福州路上等着。等到音乐声起，大家身着彩装，挥舞道具，以训练有素的步伐、变化有致的队形，走过主席台前，接受市领导与贵宾们的检阅。[19]（图6-9、图6-10）

1963届毕业生温敬平、章圣泮、陶璘进入市二女中时，高中设有6个班，其中五班和六班是两年制的理工班，另外4个班是三年制的普通班。温敬平她们虽然是在普通班，但由于集中了整个年级的运动员，特别是当时上海市徐汇区区队的体操运动员集中安排在这一班，所以大家称为"体育班"。同学中体育人才济济，涉及许多运动项目。其中有上海市赛艇队的翁忆德；上海市垒球队的一级运动员、印尼华侨俞建霞；上海市少体校的田径运动员汪瑾、孙含光、杨积蓉和江觉奋；徐汇区体操队的一级运动员温敬平、陶璘、袁志洪和步祝平，二级运动员田心、盛祖倩和章圣泮；徐汇区跳水队的赵莉莉、章圣泮和盛祖倩等。每天放学后同学们背起书包到不同的运动队参加训练，晚饭后才开始做作业。上课，考试，训练，比赛，学生生活既紧张又丰富，充满了活力。除了一些同学参加体校训练外，班上的体育活动也非常活跃，特别是班上的篮球队水平比校队还高，还有一次和学校男老师篮球队比赛，打败了男老师队。在学校田径比赛上，这个班的同学也总是名列前茅。她们都记得体育老师刘景侃对同学们因材施教，发挥各自的特长，还教学生们好些教学大纲之外的东西，如扔铁饼等。记得高三那年校运会的跳高比赛，前三名都是她们班的，又是以三种不同的姿势跳的。汪瑾是跳跨越式从右面上杆，步祝平跳俯卧式从左面上杆，章圣泮跳剪式从中间上杆，比赛就成了她们的表演项目。体操更是这个班的特色，每天早上全校同学做早操时，在乒乓球桌搭起的领操台上总是这一班的体操队同学在上面领操，她们的动作既准确又漂亮，常博得老师和同学的赞扬。参加区体操队集训的同学曾多次代表徐汇区参加上海市运动会的体操比赛，取得优异成绩，为徐汇区争得荣誉。体育班的同学四肢发达头脑也发达，学习成绩都很优秀，不少运动员的学习成绩在班上名列前茅，高考时有三个人考上清华，五个考上复旦，一个进了南京大学天文系，还有考上同济、西安交大、华东师大、华东政法学院、北京国际关系学院、一医、二医、上外等。进大学后同学们又成了各自大学的体育骨干，在学校的各级运动会上大显身手。体育委员章圣泮是南京大学体操队的主力队员，屡获南京市高校体操比赛冠军，她还参加大学的田径、乒乓、篮球、游泳等比赛，都取得好成绩。步祝平是上海师院体操队的，袁志洪是一医体操队的，盛祖倩是上海科大体操队的，她们都代表学校参加上海市高校体操比赛，同场竞技，各自取得好成绩。汪瑾和黄维衍是复旦篮球队的，黄维衍还是复旦篮球队的主力前锋、投篮高手，周美燕是二医篮球队的，翁忆德是西安交大篮球队的，她还被选入陕西省高校队参加全国高校篮球比赛。[20]（图6-11至图6-14）

图6-7　市二中学少先大队上街宣传（20世纪60年代）

图6-8　市二中学学生军训（20世纪60年代）

图6-9　市二女中学生参加1965年国庆节活动，在上海人民广场表演团体操

图6-10　市二女中学生参加1965年国庆节活动，在上海人民广场表演团体操

图6-11 市二女中学举行排球比赛（1959年）

图6-12 "我们班4个体操一级运动员"，长风公园合影，每人胸前配带的是国家一级运动员证章，左起：袁志洪、陶璘、步祝平、温敬平（1962年）

图6-13 市二女中学生在学校大操场表演自由体操（1963年）

图6-14 市二女中学生考上清华大学，合影于清华园，左起：陶璘、田心、温敬平（1963年）

周智莉回忆，市二几乎每学期都要举办全校歌咏比赛或文娱会演，她是总指挥，每个班级有小指挥，每周教新歌，班班有歌声。当时流行的歌曲，人人会唱。她指挥过大学的乐队与市二校歌咏队的演唱、演奏。在上街示威游行时，组织过上千名同学，步调一致地齐唱《团结就是力量》，两旁观看的群众无不惊讶：百米长的行进队伍居然能从头到尾整齐地高唱着一个调。他们纷纷称赞：这是群训练有素的市二学生。特别令她自豪的是由学生们自编自导自演、由她来指挥的120人大联唱：《一颗红心向着党》。经过区、市层层选拔,最后参加了第六届"上海之春"的专场演出,这也是唯一一所普通中学入围,可以说是极高的荣誉。学生们经过不断修改,提炼节目的内涵、外延,不断穿梭奔波于全市各大剧场的舞台上,前前后后共参加了几十次比赛、演出;电台、电视台里留下了她们的录音和录像,青年宫的画廊里悬挂着她们演出时的大幅照片。在1965届高中即将毕业前夕,上海唱片厂将其灌制成了唱片,在全国发行。[21]（图6-15）

在体育班里,外号为"导演"的周美燕与翁亿德、黄旦丽、孙含光、赵莉莉、盛祖倩等同学为使全班文娱活动搞得有声有色,积极主动、极具创造性地展开了许多新颖的活动。她们利用课余和节假日去上海电影院、艺术剧场,观看电影、话剧,然后再在班里物色外貌相似的演员;自己查找剧本资料编写故事,再认真地进行排练。高中三年排演了很多剧目,如话剧《革命家庭》《战火中的青春》《第二个春天》《以革命的名义》《奥罗》《吝啬鬼》,歌剧《松花江上》《红霞》等节目。班上同学诸惜时的甜美女高音名扬校内外,1961年被选入南京空政文工团,成了一名专业歌唱家,她领唱的《松花江上》更被推荐参加区汇报演出。当时全班同学观看电影《以革命的名义》后,决定排演话剧,参加全校汇报演出。顾宗芯等用黄鱼车拖着借来的落地窗、沙发、吊灯等作布景;剧中人物穿的服装都是大家从家中翻箱倒柜找出来的,扮演男主角列宁的汪瑾披着灰色西装大衣、贴着山羊胡须,演捷尔任斯基的翁亿德戴着红军帽、穿着皮夹克,相当神气！田心、章圣泮穿着蓝白相间的海军衫、崭亮的皮靴,非常帅。女主角赵莉莉穿着徐大纬妈妈年轻时心爱的晚礼服,显得那么时髦漂亮,周美燕特地到淮海中路理发店染黄了头

图6-15 在班级元旦晚会上表演绸巾操（1963年）

发,吹了个俄式大包头。1963年元旦下午,在班主任季佩玉老师的亲切关怀下,全班50多名同学个个排戏,人人化装,举行了一场别开生面的庆祝元旦晚会。生物老师徐尧康特地拿来生物实验室的大瓦数灯泡照亮,给50多个逼真的角色,10多个中外名著、舞蹈、戏曲等节目摄下了珍贵的瞬间。这次活动从组织到演出,给大家留下了深刻的印象和美好的回忆,终生难忘。[22]

由于市二女中是市重点中学,作为上海教育系统的一个窗口,经常还要承担大量的外事任务。1966届毕业生徐莹在1962年夏天还是初二（2）班的学生,当时名字叫徐琍琍。那天学校已放暑假。因有迎宾任务,她和另外几个拉手风琴的同学跟随学校的迎宾队伍去虹桥机场迎宾。这次是欢迎索马里的总统舍马克到我国访问。上海是他来访中国的第一个城市。当她们静候迎宾的中央首长的到来时,只见右前方一队人群缓缓走来,走在最前面的是敬爱的周总理。总理走到停机坪,但没有停下,而是转向朝迎宾的群众走来。顿时全场呼声雷动,大家挥舞着手中的鲜花向总理致敬。就在这一刹那,徐莹看见总理高大的身影正向她走来,那双炯炯有神的眼睛慈祥地望着她,一只手亲切地向她伸来。在万分惊喜中她赶快伸手,紧紧地握住了总理宽厚温暖的手,激动得说不出话来。她的心里充满了阳光,充满了爱。她还没缓过神来,只听见总理亲切地问大家:"你们怎么有好几个都戴着眼镜？学校里近视眼的同学很多吗？"接着又听见总理指着她们说:"你们怎么站在水塘中？挪过去点么！"她们立刻按总理的指示向左挪了几步,避开了地上的水塘。迎宾任务结束,在乘车回校的路上,大家都仍然沉浸在与总理相见的喜悦中,这和周总理握手的那一刻,多年以后,她仍然记忆犹新。[23]当时在学校学的外语是俄语,1964届毕业生戴仪还记得,1960年她读初中二年级时,有一天在俄语课上,老师让叫到名字的同学来到讲台前,每人发给一封苏联学生写来的交友信。她拿到的信是从苏联加里宁省一个小镇寄来的,信中说寄信者名叫柳霞,读小学四年级,已经11岁,她希望和中国学生通信,彼此成为好朋友。从此她和柳霞一直保持着通信,即使20世纪60年代初中苏交恶也没有改变,直至1966年"文化大革命"爆发后,方才被迫中断。1987年,音信全无二十七年后,戴仪和柳霞重新联系上了。2011年,半个世纪之后,两人终于见面,她们两人历时五十多年,屡经波折的友谊由此成为一段佳话。[24]

在当时的市二女中,老师非常关心学生,学生也非常尊重老师,师生关系相当和谐。这种和谐在日常的学习和生活中无处不见。1961届毕业生沈珍娣家庭不富裕,兄弟姐妹一共有7个,她是老大,三年初中期间,她都是帮家里缝手套贴补家里生活,李德蔚老师在家访时了解情况后,专门帮她申请了8元助学金。这对当时的她来说可谓是雪中送炭,直至今天都难以忘怀。由于家境困难,母亲不想让沈珍娣读高中,丁玉瑛、李逸云、李德蔚三位老师轮流去做她母亲的工作,最终说服母亲让沈珍娣读上海船校,由此改变了她的一生,日后沈珍娣成为了一名杰出的航海专家,先后参加了远望号测量船、向阳号南极考察船等设计,荣获国家特等奖。[25]

学校还十分重视学生的思想道德水平。曾任上海市卢湾区委副书记、上海市黄浦区人大常委会主任的1966届学生江介华清晰地记得,自己曾受到老师一次善意而又严厉的批评,那是因为几个学生干部经常自顾自活动,忽视了与其他同学的联系而引起的。老师提醒她,学生干部要与广大同学交知心朋友，这让她铭记一生。[26] 60年代初，学校里掀起了"学雷锋"的热潮，学校要求学生们发扬雷锋的"钉子"精神，刻苦钻研，改造自己的思想，树立正确的人生观、世界观。雷锋成了学生们心中的"偶像"。很多学生从此就一直以堂堂正正做人、认认真真做事来要求自己，以身作则，严于律己。1962届毕业生杨永青回忆，当时学校团委李心立老师经常组织革命传统和人生观的教育，请革命老一辈讲过去地下工作的经历；程迪和校长每周富有激情的国内外大事的报告，给她留下深刻的印象，使她思考自己的人生应当怎样度过。当时，许多学生毕业后响应党的号召到祖国最需要的地方去，不少学生在填写报考大学志愿时把国家利益和个人志愿结合起来，报考祖国建设需要的专业。[27]温敬平她们也记得，那时是高考前填志愿的，当年要求每人必须填一个外地学校，否则志愿表不算数，这在她们班根本不存在这个问题，每个人都愿意到祖国各地去闯一闯，见见世面，为此班主任季老师特别感到欣慰。1963年，上海市委、市政府根据党中央、国务院的要求和上海的实际情况，开始大规模动员知识青年到新疆去参加边疆的开发和建设（图6-16至图6-18）。温敬平班上有5位同学（黄丹丽、赵莉莉、金雪芬、江觉奋、毕爱林）履行了她们的诺言，响应国家号召，离开繁华的上海，告别父母亲友，到千里以外的新疆建设兵团，支援新疆建设。[28]杨永青当时体检不合格，被取消考大学的资格。此时，母亲就动员她一起到香港去找父亲生活。她想到自己是共青团员，应该参加社会主义建设，不应该到香港去，就谢绝了母亲的安排。1964年5月，她放弃上海商业工作到新疆生产建设兵团，从此扎根边疆。1965年7月5

图6-16 市二女中参加新疆建设高、初中毕业生留念（1963年9月）

图6-17 市二女中参加新疆建设高、初中毕业生与校领导合影（1963年9月）

图6-18 市二女中参加新疆建设高、初中毕业生与校领导合影（1964年9月）

日，她因为在边疆表现出色，受到周恩来总理和陈毅副总理接见。陈毅副总理听她说，因身体不好没有上大学，就意味深长地说："这里就是大学，是劳动大学。"[29]

严隽琪日后回忆，在市二女中读书时，也就是她人生观、价值观、道德观形成的关键时期。老师们不仅为她奠定了坚实的文理科基础，而且培养了她求知的乐趣，塑造了她的人格精神。[30] 也有一些学生谈到市二女中使她们拥有了很强的学习能力、实践能力、科学思维能力，终生受用。此后，一些学生正常的人生道路被打断了，相继遇到了各种挫折，但她们最终仍然在各自的岗位上脱颖而出，虽然她们也许没有达到当年学校的口号"培养居里夫人式人才的摇篮"登上诺贝尔奖领奖台，但每个人都在各自的岗位上做出了应有的贡献，并显示了市二学生的优势，这就是学校的成功。

第三节 教育改革的"实验田"

1963年1月31日至2月6日，教育部部长杨秀峰在上海召开上海、江苏10所著名中学领导干部座谈会，交流办学经验，研究如何办好一批全日制中学的问题。参加会议的有江苏省的南京一中、南京师院附中、苏州高中、扬州中学、常州高中，以及上海市的上海中学、南洋模范中学、育才中学、华东师大一附中、上海市第二女中10校的校长及苏、沪教育厅、局长等有关人员。座谈会由杨秀峰部长主持。参加会议的校长汇报了办学经验（包括新中国成立前的办学经验），讨论了三个问题：一是思想教育问题，包括培养革命后代、劳动教育等问题；二是教学问题，包括提高教学质量、因材施教等问题；三是学校领导问题，包括党支部与学校行政的关系、以教学为主与全面安排等问题。会议结束后，2月9日和11日，杨秀峰部长专程来到市二女中视察，他听了课，了解了学生的伙食情况、作业负担、女生健康状况及学生参加勤工俭学的情形，他还和教师、学校领导见了面，进行了座谈，参观了学校设施，详细询问了学生数，他在讲话中多次提到了务本的优良传统："学生勤奋学习，生活朴素。"并指出："勤奋学习的传统，贯彻党的教育方针，把旧的传统为今天服务，继续发扬。"3月17日，杨秀峰回北京后，给中央做了《关于上海、江苏调查研究普教工作几个问题的汇报》，汇报中提及："据座谈会上反映，近两年来，学生中个人主义思想有不同程度的滋长，集体观念淡薄，不守纪律的现象也比前多了，值得注意。""但是，有些学校也有好的经验。例如上海市第二女中（解放前市立务本女中）一向注意'学习勤奋、生活朴素'的教育，形成一种比较好的校风。"[31]

杨秀峰部长主持的这次会议在办好重点中学、贯彻因材施教原则、保持发扬学校办学优良传统、办出特色等方面起了推动作用。根据教育部《关于有重点地办好一批全日制中小学校的通知》，上海市教育局于1963年2月拟订《关于提高中小学教育质量，保证高一级学校的质量和有重点地办好一批学校的初步意见（草稿）》，决定从全市选择中学13所、小学20所，作为首批要办好的学校，对这些学校实行市、区（县）双重领导，市二女中入选13所中学之中。市教育局工作纲要中把切实办好重点中学作为重要任务之一，并提出四条措施：加强学校领导力量，分配质量较好的大学本科毕业生充实重点中学；改善校舍条件，全部实行一部制，中学实验仪器逐步做到两人一套；适当扩大招生范围，择优录取，寄宿学校可在全市招生。这些措施都得到了落实。1962、1963年为重点中学配备了较强的本科生381人；市教育局普教处设重点学校工作组，经常有视导员深入学校检查、指导工作。市教育局基本上每学期召开中学会议，统一指导思想，布置工作，交流办学经验。[32]1962年入市二读初中的1968届毕业生潘惠新就记得，那些年学校先后来了一大批青年教师，如陈润元、王凤仪、陆惊帆等，既是老师，又像兄长，可敬可亲，在教学上，他们认真而严谨，在传授知识的同时，更注意教会学生们学习的方法；在日常处事方面，还会不时地给学生们灌输些辩证法，让她们朦朦胧胧地感知了"一分为二"。[33]

1964年，上海市委教育卫生工作部确定市二女中为全市教改试点单位，并委派孙家琮来本校任副校长。当时市委副书记杨西光也亲自蹲点。学校开展了更大规模的教改。这期间的教改中，强调了教改的目的为要"使学生在德、智、体诸方面生动活泼地主动地得到发展，成为有社会主义觉悟有文化的劳动者"。在一些具体的方案中也提出了改革课程，增加劳动，发挥学生的积极主动精神，提出要"精简课堂教学内容、突出重点，教得生动活泼，扎扎实实打下基础""作业要在课内完成""增加学生自由支配时间，在学生每周48小时的活动总量中要留出三分之一的时间由学生自由支配"。这些措施对减轻学生作业负担起了积极的作用。另外，在改革教学方法中也提出了要"丰富教学活动""贯彻少而精、启发式的原则""采取启发式、废除注入式，培养学生自学和独立工作的能力，把基础知识学好、学活、学扎实"。在教学中提倡"发扬教学民主，促进教学相长，建立新型的师生关系"[34]。

1964年5月4日，中共中央和国务院批转《关于克服中小学学生负担过重和提高教学质量的报告》，针对中小学所谓"片面追求升学率"问题，提出了六点"减负"意见。1965年7月17日，上海市教育局、共青团上海市委共同发出《关于减轻学生负担，改进学校工作的报告》，提出了减负"六条"。为了贯彻相关指示，这一时期上海市各中等学校将减负作为工作的重心。中共上海市委派工作组先到育才中学帮助教改。1965年8月23日，杨西光书记针对市二女中贯彻"六条"，提出了四点意见：一是学校要把每周48小时的活动总量控制好，安排好。二是安排好34小时的课业负担量。三是要发扬民主。四是要解决教师的问题。1965年10月16日，市二女中召开全体教工会议，程迪和校长做《教改动员报告》，宣布了杨西光书记亲自领导市二女中教改工作。[35]

1965年8月，为了贯彻市教育局党组、共青团市委的"六条"，市教育局工作组曾对学校负担情况做了调查。调查认为，一般学生每天的一切活动时间总量达9—10小时，学生干部达到11小时，学生负担重，主要表现在：一是课外作业负担重，有些习题难，复习时布置习题过多，学生平时要花2小时或2小时以上，有时达3小时。负担过重的科目主要是外语和数学。二是政治活动存在"六多"：听大报告多，写思想小结多，写日记多，学生干部还有会议多、总结多、个别谈话多。学生思想小结有政治学习小结、劳动小结、政治课小结、五四评比小结，有的教师还要求小结写得长。日记也很多，有工作日记、好人好事日记、小队日记、团支部日记、团小组日记，有时一个学生要写三种日记。学生干部一周社会工作时间达10小时以上，团委委员、团支书、班主席、大队委员每周要开四个以上的会议，光参加会议，就要花6小时以上，还要订计划，做总结，学期快结束就忙于做总结，有班级工作总结、团支部工作总结、小队工作总结。每次做总结都很紧张。高二（3）班五四评比时写班级工作总结有15人参加，共花了215个小时，有9个学生开了夜车，总结写完了，有4人请了11节课假睡觉。学生干部找同学个别谈话的时间更多，每周一般都要5—6小时，个别老师还要干部帮助老师进行家庭访问。三是学生体育活动有大运动量的情况，文艺演出过多，1964年自编的《一颗红星向着党》大合唱，有130人参加，到校外演出14场。各班级经常不断地搞自编自唱的节目。每演出一次都要排练很多时间。学生参加劳动和体育锻炼，没有注意女学生的生理特点，有些女学生在月经期间也干重活、参加运动量较大的体育活动。由于学生负担过重，睡眠不足，学生干部一般是睡7小时，有时睡6小时，影响了健康和学习。8个团委委员6个有胃病，学习上忙于应付，没有主动权。针对以上这些问题，工作组提出了一些改进措施：一是提高领导干部水平，改进工作作风和工作方法。二是改进教学工作，减轻学生课业负担，提高教学质量。规定课外作业最多每天高中不超过1小时半、初中不超过1小时。合理安排课表，每天需布置作业的科目，不超过三项，适当安排自修课，高中每周5—6节，初中4节，使学生在校内能完成一定的作业，逐步做到离校时不带作业回家。同时减少课时，初中一年级地理全学年减少40课时，生物每周减少2课时（和农业知识结合教），数学有两个班级每周减少1课时，初二历史每周减少1课时，初二至高三数学每周各减1课时，外语初二到高三每周各减1课时，语文高中每周各减1课时，平均最多课时，初三年级27小时，最少高一年级24小时。三是提高政治思想工作质量，克服形式主义烦琐哲学，减少学生会议活动负担。学生每周政治活动总量，高中4小时，初中3小时，其中包括政治辅导课、校班会、团队活动。全校性大报告原则上规定每月不超过1次，每次1小时半左右。学生政治思想小结应在课内进行，除政治课和劳动以外，其余一律不布置学生书面思想小结，书面思想小结每学期不超过两次。四是减少学生干部负担。学生干部每周社会工作量不能太多，最多不超过3—4小时。学生一人一职。精简干部会议，团、队活动，每周开会1次，每次1小时半，团支委、中队委每周开会1次，每次1小时。团委、大队委召开支部委员或中队委员开会应在每周一次支委会或中队委时间进行。学生会，团、队委员会，班委会，均每两周开会1次，每次1小时半，同时，逐步实行干部限制任期制度。五是学生文体活动要适当，有利于学生健康。全校性和班级之间的体育比赛每学期各1次，学生文工团活动每周1次，每次1小时半。[36]

此后，市二女中又根据指示，对课程、课时设置进行调整。这一方案规定，政治与体育仍然每周2课时。语文初一至初三每周6课时，计划用3课时讲课文，3课时作文与作文评讲。高一至高三每周5课时，计划用2课时讲课文，3课时作文与写作评讲。外语初一每周6课时，增加1课时，总的是多给学生一些听说的练习机会，培养学生听说能力，初二至高三每周5课时。数学初一使用中改课本的班级，每周5课时；使用苏步青主编课本的班级，每周6课时；初二每周5课时；初三每周6课时；高一每周6课时，代数3课时；三角3课时；高二每周5课时；立几3课时；代数2课时；高三每周4课时，全部解析几何。物理，初三每周4课时，高二、高三每周4课时。化学，初二每周2课时，高一、高二每周3课时。初三设农知课(农业知识),每周2课时(包括生物课内容);初一生物砍掉3课时。历史初二每周2课时,以讲中国史,尤以现代史为主,时间一学期,世界史结合时事形势,开设讲座。地理设在初一,每周2课时,一学期教完地理学科基本知识。音乐和美术设在初一、初二,每周1课时。原设在初三第一学期的生理卫生课改为讲座。具体课程安排详见表6-1。

表6-1 上海市第二女子中学课程、周课时设置一览表(1964—1965年)

课程\年级	初中			高中		
	一年级	二年级	三年级	一年级	二年级	三年级
政治	2	2	2	2	2	2
语文	6	6	6	5	5	5
外语	6	5	5	5	5	5
数学	5—6	5	6	6	5	4
物理			4		4	4
化学		2		3	3	
生物农知			2			
历史		2				
地理	2					
体育	2	2	2	2	2	2
音乐	1	1				
美术	1	1				
合计	25—26	26	27	24	26	22

*资料来源:《市二女中课程、课时设置方案说明》,《上海市二女中教改工作情况汇报》,上海市档案馆藏,档案号:A23-2-1094。

1965年11月6日,杨西光在市二女中对学校领导和工作组讲话时,针对教改又提出了新的意见。一是课程改革不用砍的办法,用改变教学形式的办法。比如史地课可以开讲座,与形势教育结合起来;生物(农知)与农业生产劳动结合起来;体育课主要是体育锻炼,音乐、图画与课外活动结合。二是做好学生工作,培养学生独立思考、自觉学习的气氛。三是重视教育质量,所谓教育质量,既包括"反修""防修",又要强调为社会主义建设培养人才。这次讲话中,他提出了半工(农)半读是促进知识分子与劳动人民相结合的好途径。但是他也承认市二这样的学校与半工(农)半读学校有差别。他也指出,升学太多也有危险性,要把追求升学率这个思想扭转过来,但不要把升大学这个思想扭掉。[37]

不过此时的大气候已经发生了变化,教改也已经不那么单纯了。就在市二女中开始大规模推进教改时,掀起了一场由学生作文引起的风波,这就是当时著名的"茉莉花"事件。《茉莉花》是当时还在初中就读的张玮写的一篇作文。1964年暑假,语文老师翁梅贞布置同学写《生活小记》。开学后,张玮交上来的这篇《茉莉花》引起了老师的注意。这篇短小精悍的抒情散文,以朋友相赠的茉莉花象征纯洁的友谊,记述了自己在一个夏日为从雷阵雨中抢救它而"又丢拖鞋又跌跤"的一段插曲。文笔细腻,感情真挚,颇耐人寻味。潘惠新至今也忘不了,在作文讲评课上,翁老师评价这篇作文所表现出来的高兴劲,她告诉学生们要写出好作文关键是"热爱生活,注意观察,融入感情"[38]。不过翁老师在当时的政治气候下,也不能不考虑到文章的思想性不合时宜,并不敢把它当范文印发。可结果,全班同学都十分欣赏,一时传阅,不胫而走。

不过争议也由此而来,有些人不同意翁老师的评价,随之在学校语文教师中引起了一场辩论。当时学校的教师们对《茉莉花》有三种不同看法。一种意见认为,这是一篇好文章,写得有感情、有技巧,不落俗套,引人入胜。第二种意见认为,这篇文章有一定的缺点,思想性较差,但文字技巧很好,是用相当成熟的笔墨写出来的,仍然不失为一篇好作文。第三种意见认为,这是一篇不好的文章,思想内容不健康,情调不好。一个月之后,张玮又写了一篇作文,名为《当我升上初三的时候》,文中写道:"是党和人民用血汗把我这样一个劳动人民的子弟,培养成初三学生的。在这初中生活的最后一年头,我应该好好学习,要对得起党,对得起人民。再过一年,我也要和他们一样,接受祖国的挑选。""如果人民需要我上农村,到边疆,我一定毫不犹豫地奔赴第一线。如果人民需要我继续升学,那我一定不辜负人民的期望,以优异的成绩向祖国汇报。"翁老师觉得这篇文章的段落突兀,衔接不当,病句较多。作文中的抒情句子虽好,但摆在这里却格格不入,有些地方思想虽然拎得很高,可是没有写出曲折复杂的心理活动,不能达到作文的要求。因此,她认为这篇文章没有《茉莉花》那篇写得好,她对这篇作文的总评是"内容空泛"。学校里对于这篇文章也有三种意见。一种认为想法太简单,写法太单调,思想空洞。另一种意见认为,它思想内容好,感情健康,但文字结构不如《茉莉花》。第三种意见认为,这是一篇好作文,主题好、内容好、表达也好。[39]

从1965年1月16日起,《文汇报》针对这件事开展了"如何指导和评价学生的作文"的讨论,同时发表了《茉莉花》和《当我升上初三的时候》两篇文章,并加了编者按语。[40]此后报纸上,还刊登了由市二女中另外两名教师写的文章,文章称:"在我们教师中,有些人在作文提示时总是要求什么'取材新颖''构思巧妙''语言清新'等等,而往往忽略了政治思想的要求。学生照着老师的话去做,甚至一味迎合老师的口味,揣摩老师的心理,这样怎么能够写出学生自己的真情实感来呢?"

这场讨论历时八个多月,涉及的问题有评价学生作文的标准、作文的题材、作文教学与教师思想感情的关系等。讨论中,教师议论纷纷,有的学校还组织语文教师座谈。[41]某些人指出,学生写出《茉莉花》这类文章绝非偶然,是最近几年来整个上海语文教学现状的反映。其主要原因可归纳为三点:一是《文汇报》1961年12月3日发表的《试论语文教学的目的任务》社论,对语文教学目的任务的提法不正确;二是近几年语文教材在这样的指导思想下编写,不少是描写封建主义、资本主义一套东西的;三是近年高考中也有类似描写自然景物的试题,如《雨后》等,致使不少师生过多追求写景,学生作文缺乏思想内容。[42]

据时任复旦附中校长的姜拱绅回忆，当时，市里召开各区（县）教育局长及重点中学校长会议，集中讨论此事。会前，毕业于务本、时任市教育局的局长孙兰和他议论了一下，她对此也很有保留意见，且表示忧虑。会上，有些同志调门很高，认为这篇作文不能及格。姜拱绅表示，一个初中学生能写出这样的练笔文章，是难能可贵的，这篇文章所反映的是一个女孩子天真诚挚的友情，没有必要过多去评价它属于什么阶级意识，纵有缺点，也稍加引导即可，对一株好苗，一定要爱护好。孙兰局长接着婉转地同意了他的意见，并特别指出作者还是小孩子，无论如何要爱护。但事实上，他们都没想到，这是某些人在利用这篇文章为即将到来的"文化大革命"打开场锣鼓。[43]在这种情况下，姜拱绅们的声音只会越来越微弱，并很快被淹没。教育部门更是开始

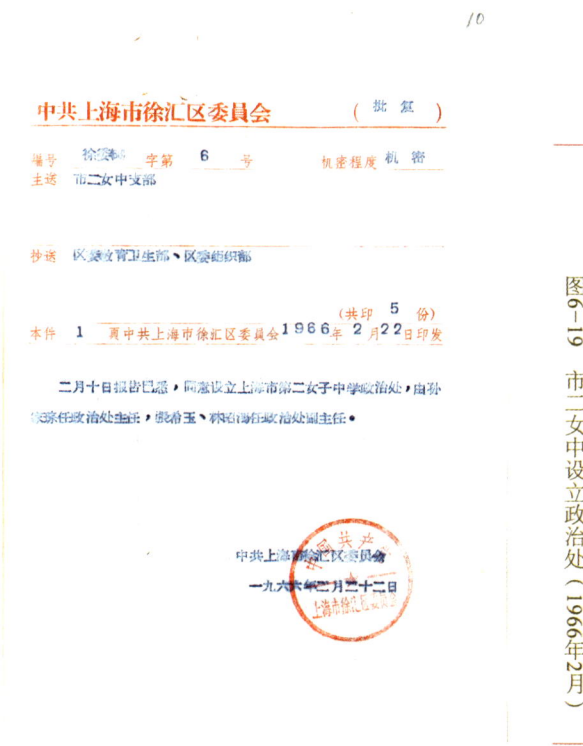

图6-19 市二女中设立政治处（1966年2月）

调查翁梅贞老师，指出她的思想有明显问题。很多老师意识到："今后批作文要注意些了，文艺界都在大扫除，不要被扫到了。"有教师还说："对两篇习作持何种态度，它提醒和督促我还需要不断地兴无灭资，破旧立新，'化'到无产阶级立场上来。"随着1965年下半年，大多数学校开展了关于《海瑞罢官》问题的讨论，不少教师已经开始感到"过去认为对的问题，现在都不对了"，现在是"山雨欲来风满楼，一场风暴即将到来了"。[44]

1966年2月22日，根据安排，学校为了加强学生思想政治工作，在学校行政体制上也做了相应改变，增设了政治处（图6-19），由副校长孙家琮兼任政治处主任，另设专职副主任，统校共青团、校少先队、政治教师于一处，以利于集中力量，统筹安排，做好学生的思想政治工作。[45]同年，为了适应教育、教学需要，学校新建了实验大楼（四层，建筑面积7533平方米），扩大了校办厂，并在上海县委的支持下，征用了北桥公社黄浦二大队一亩多土地，投资12500元，经过师生共同劳动，在这块土地上造起了一排二层楼的房舍，作为学生的农村劳动基地。同时还确定了三个条件较好的工厂作为平时的劳动基地。[46]

在潘惠新记忆中，她们这届最多机会的要数下乡劳动了，参加"三秋"劳动，在马桥公社与农民同吃同住。那时睡的是农民家的泥地，铺上稻草放上被褥，就算是床了。同学们往往争抢的是条件最差、紧靠大门口的铺位。[47]1966年4月20日到5月8日，高中、初中30个班级，500余名师生到上海县塘湾公社

图6-20 市二女中学生参加学工活动（20世纪60年代）

吴泾大队参加劳动，同时还配合正在进行的"四清"运动，创作和演出了不少反和平演变的文娱节目。当时有很多学生、家长和教师对高三、初三毕业班同学在复习迎考的关键时刻参加劳动表示不解，已经有人开始质疑，教育质量会降低。他们认为，加强劳动是为了锻炼，不是为了培养学生当普通劳动者，这时下乡劳动，肯定吃亏。所以有很多家长还要求教师上课多讲，多布置作业，多批改。但是他们都没想到，此时风向已经彻底改变了。[48]（图6-20）

1966年3月6日，杨西光对市二女中工作做出新的指示，表示要考虑将学校改成半工半读。他认为市二女中既是重点中学，又是女中，改过来意义大。现在每年劳动已增加到两个月，如果增加到四个月份，就是半工半读。教育改革的根本道路就是将来学生又读书又劳动。同时青年教师也可以搞一些半工半教。不过他仍然强调，改变教学形式，不是不要学习，是相信学生可以学好，知识不是今后不需要了，所以他希望学校要以积极态度来改革。[49] 4月7日，他又指出，学校要安排三个月农村或工厂劳动，至少连续搞三个月，把劳动搞好了，课程安排和改革就有希望。他要求全年都有学生在农村劳动。至于考试问题，可彻底搞，不考试，要彻底解放，不受高考那一套束缚。他再次强调，市二女中改革培养的学生，还是要做普通劳动者，不是搞专业性质。根据市里指示，这一年的上半学期，学校取消了期中考试，改为学生复习小结的办法。学校认为，这样的话，教师出题没有受分数束缚，敢于出比较活泼的题目；学生有较充分的思考余地，允许学生带回家去做，直到弄懂为止；教师还积极鼓励学生积极主动地进行小结，找出文化知识、学习态度、学习方法上存在的问题，教师进行必要的帮助。杨西光在对市二的讲话中，提出了一个问题，现在是革命精神不够，还是左了呢？他也承认，现在过头的地方也有，市二女中有些少数学生不读书，吊儿郎当的，希望学校注意教育。[50]这一刻，无论是学生、家长、老师还是杨西光其实心中都有一些困惑，未来的路究竟会怎么样呢？当时谁都无法预测。

第四节 改名上海市第二中学与"文化大革命"十年

1966年5月开始在中国发生了"史无前例"的"文化大革命"，整个国家陷入空前的浩劫中，给中国人民带来了巨大的灾难和创伤。教育领域在"文化大革命"中是首当其冲的部门之一，也是"重灾区"，教育领域在此期间所遭受的破坏，在历史上是罕见的。上海教育系统的大多数学校学生和教职员工卷入了运动，市二女中党政组织瘫痪，领导干部和教师遭到残酷的批判斗争，学生德智体全面发展受到了严重破坏，国家财产蒙受巨大损失。

1966年5月7日，毛泽东在一封信中说：学生"不但学文，也要学工，学农，学军，也要批判资产阶级。学制要缩短，教育要革命，资产阶级知识分子统治我们学校的现象，再也不能继续下去了"。1966年5月16日，中共中央政治局扩大会议通过了《中国共产党中央委员会通知》（即《五一六通知》），由此拉开了全国"文化大革命"运动的序幕。5月17日以后，市二女中每一年级的学生与全体教职员工前后举行了7次批判"三家村"的声讨会。

6月1日，全国广播了北京大学聂元梓等人攻击北大党委的一张"大字报"，同时《人民日报》连续发表了《横扫一切牛鬼蛇神》等6篇社论。当天晚上，市三女中党支部开会，号召全体党员和全体师生积极投入到这场伟大的无产阶级"文化大革命"中去，写"大字报"，揭发批判学校一切有问题的人和事。6月2日下午，市二女中举行了全校师生员工声讨所谓北京大学陆平之流黑帮的声讨大会。6月4日清晨，教师和学生听到中共中央改组北京市委的决定后，又举行了半小时的集会，表示积极拥护中央决定，学生们立即写了2000多篇批判"三家村"以及"坏电影"《兵临城下》《舞台姐妹》等的文章。6月4日下午，高三（1）班同学贴出了第一张批判本校教师的"大字报"，一个上午，大礼堂和一部分走廊即贴满了类似的"大字报"，几天内达到600多张。全校教师职员111人中，有80人被占了名，占72%，学校领导干部8人，教师62人，职员10人。"大字报"中对程迪和、许德基、寿湖山、夏秋莲等11人意见最为集中，认为学校领导与教师奉行资产阶级教育路线，学校追求智育第一，片面追求升学率；经常请科学家、作家、名演员做报告，宣传个人奋斗、成名成家的道路；新生入学，大谈学校"光荣传统"，介绍升学率百分之百，介绍大学生校友的成绩；"地富反坏右"名单不向学生公布，丧失了阶级立场，等等。[51]

6月10日，市委在文化广场召开全市万人党员干部大会。市主要负责人做了《关于进一步开展无产阶级文化大革命的动员报告》。随即，市二女中在党、团员和积极分子中做了传达，进一步明确了"文化大革命"是一场资产阶级阴谋复辟和无产阶级反复辟的你死我活的斗争，明确了"文化革命"的形势和任务以及党的政策。学校里的"大字报"越来越多，许多教师人心惶惶。翁梅贞老师过去受到批判，看看"大字报"数量不少，担心自己是不是"牛鬼蛇神"。有些老师直接提出了退休申请。学生贴"大字报"，说青年教师宣之刚的观点和胡适一样，他就去和学生辩论，结果被学生包围了两次。[52]即使是学生江介华也被作为资产阶级教育路线的产物——"五分加绵羊"的典型，受到不点名的批判。[53]"大字报"基本上否定了之前市二女中的成果，认为一是没有真正以毛泽东思想挂帅，选教材和教学的指导思想是单纯灌输"知识"，而不是突出政治思想教育；二是在教学过程向学生宣扬、灌输了资产阶级的甚至封建主义的思想毒素；三是各课分割，课时过多，内容重复、烦琐，浪费时间，不利于增加劳动时间；四是基本关门读书，脱离三大革命运动实际，不能活学活用。其主要锋芒指向所谓的"地富反坏右"和校长程迪和，其中程迪和已经被戴上了"资产阶级代理人"的帽子，认为他坚持剥削阶级立场，重用剥削阶级分子，丧失立场；大肆宣扬唯有读书高和片面升学率的观点；以研究女学生特点为名，大力贩卖资产阶级人性论；只抓业务，引导青年教师走只专不红的道路；黄色、低级、庸俗下流；追逐个人名利,对党不满。

1966年6月13日,中共中央和国务院发出《关于改革高等学校招生考试办法的通知》,认为招生考试"基本上没有跳出资产阶级考试制度的框框""必须彻底改革",并决定当年高校招生工作推迟半年。同日,中共中央和国务院批转教育部《关于改革高级中学招生办法的请示报告》,废除高级中学招生考试,走群众路线,实行推荐与选拔相结合。之前正期待着奋斗两年或三年后考进大学,接受高等教育的1968届学生冯艾弥感觉到了自己的高考梦从此破碎。[54]

7月5日,市委主管教育的负责人在对市二女中工作组和学校领导的谈话中,指出现在应该把学校里的资产阶级思想、资产阶级代表人物彻底批判一下,这样才能彻底改变学校面貌,要让全校学生明确重点是谁,应该批判斗争的是谁,应该批判后团结起来的是谁。他认为,对学生不能要求过高,学生犯小错误没有什么不得了,打几个人没什么了不得。用打的办法力量不大,必须经过批判才能把他们打倒。他希望党组织、团组织要发挥作用,运动是党领导的,有问题应该在党内、团内揭发、批判。党员犯了错误,贴了"大字报",应该勇敢地站起来自我检查,站在运动前头,不要因此认为运动搞糟了,不要患得患失。运动怎么继续搞下去,可以发动学生议,议一段后转入重点批判,再搞教育革命。此时,他还指示学校要贯彻教改方案。[55](图6-21、图6-22)

然而这场运动根本不受个人的控制,其后续的发展更加出乎大多数人的预料。虽然强调党组织、团组织要发挥作用,但是由"大字报"煽动起来的"造反"风潮,严重冲击了学校的正常秩序。8月1日

图6-21 1967届校友顾林妹初中同学合影(1961年7月至1964年7月)。上海市第二中学档案室提供

图6-22 1967届校友顾林妹插队落户前夕,离校前拍摄的一组校园及附近照片(1969年2月)。上海市第二中学档案室提供

召开的中共八届十一中全会期间，印发了毛泽东《给清华大学附属中学红卫兵的信》和毛泽东《炮打司令部：我的一张大字报》。8月5日，市委在文化广场召开大专学校、中学师生"文化革命"积极分子大会。此后，市二高三（4）班首先贴出"大字报"要求教改工作组迅速撤走。8月8日，中共八届十一中全会通过《中国共产党中央委员会关于无产阶级文化大革命的决定》（简称"十六条"）。"十六条"对学校教育中的"文化大革命"表现出了高度关注，提出："在学校中，文化革命小组、文化革命委员会、文化革命代表大会，应该以革命学生为主体，改革旧的教育方针和方法，是这场无产阶级文化大革命的一个极其重要的任务。在这场文化大革命中，必须彻底改变资产阶级知识分子统治我们学校的现象。……学制要缩短，课程设置要精简，教材要彻底改革，有的首先删繁就简。学生以学为主，兼学别样。也就是不但要学文，也要学工，学农，学军，也要随时参加批判资产阶级的文化革命的斗争。"[56]

8月15日，在市二女中分别召开部分教师和学生的座谈会，征求对教改工作组是否撤走的意见。会议认为，教改工作是整个"文化大革命"的一部分，主要依靠群众自己搞，教改工作组已无存在必要。最多只能留几位以常驻联络员身份作为支部领导"文化大革命"的参谋。[57] 至此，从1963年开始的市二女中教改就这样结束了其历史使命。随即，主持教改的杨西光、常溪萍、孙兰相继遭遇了厄运。

从1966年底至1967年初，上海也上演一系列具有全国影响的夺权暴行。1967年1月6日，上海市工人革命造反总司令部（简称"工总司"）组织上百万群众，在人民广场召开批斗大会，批斗陈丕显、曹荻秋，数百名局级以上干部陪斗。他们还到处造声势，使上海市委、市人民委员会的所有机构陷入瘫痪。1月7日，上海市教育局机关的造反组织宣布正式接管市教育局，并召开了砸烂"旧教育局"大会，孙兰、潘文铮、杭苇等30多位局、处级干部遭批斗。[58] 1967年2月5日，"上海人民公社"成立，"一月风暴"的夺权行动以造反派的胜利作结。2月24日，"上海人民公社"改为"上海市革命委员会"，由张春桥任主任，姚文元、徐景贤为副主任。市二中学也于1966年底陆续成立了许多造反组织，并于1967年9月实现了所谓造反派"革命的大联合"。

由于当时学校教育基本处于瘫痪状态，学生大量涌向社会，影响了人们正常的生产、生活，引起群众的不满。1966年12月31日，中共中央和国务院发出通知，委托人民解放军对大、中学师生进行短期军政训练。1967年2月19日，中共中央发出《关于中学无产阶级文化大革命的意见（供讨论和试行用）》，规定自3月1日起，中学师生一律返校，一边上课，一边"闹革命"。上海市动员中等学校的造反派立即停止串联，一律回校，紧急行动起来，"复课闹革命"。1967年2月27日，上海警备区某部指战员开进控江中学，对红卫兵和"革命"师生实行军政训练，这是上海市第一所实行军政训练的学校。3月7日，中共中央又发出《关于大专院校当前无产阶级文化大革命的规定（草案）》，规定3月20日前，师生一律返校，分期分批进行短期军政训练。同日，毛泽东发出"三七指示"说："军队应分期分批对大学、中学和小学高年级实行军训。并且参与关于开学、整顿组织、建立'三结合'领导机关和实行斗、批、改的工作，先行试点，取得经验，逐步推广。"不久，上海市万余名中学师生便在文化革命广场召开了"坚决贯彻《中共中央关于中学无产阶级文化大革命的意见》——杀回学校去，复课闹革命誓师大会"，学生们逐渐回校复课。但是回校后，仍然继续"闹革命"，继续批判"资产阶级反动路线"。

1967年11月，学校改名上海市第二中学，开始按地区就近招收学生，兼收男女生。1968年1月25日，上海市第二中学（简称"市二中学"或"市二"）建立了"三结合"的革命委员会，校革委会由6名教工代表和10名学生代表组成。区革委会要求学校革委会紧跟和掌握斗争大方向，搞好革命大批判和本单位"斗、批、改"；巩固和发展革命的大联合和革命的"三结合"，紧紧依靠无产阶级革命派和广大革命群众掌好权、用好权，在"无产阶级文化大革命"中立新功。[59]为稳定学校秩序，中共中央决定派临时工作队进驻学校。由于大量干部在"文化大革命"中被打倒，知识分子又不被信任，只有派工人前往。这支工人的队伍被称为"工人毛泽东思想宣传队"，简称"工宣队"。早在1967年8月25日，中共中央、国务院、中央军委、中央文革小组便发出《关于派工人宣传部进学校的通知》，要求各地仿照北京的办法，"把大中城市的大中小学校逐步管起来""以优秀的产业工人为主体，配合人民解放军战士，组成毛泽东思想宣传队，分批分期，进入各学校"。1968年9月初，上海市组织了几万名产业工人陆续进驻上海市1700多所中小学、中等专业技术学校和幼儿园。市二中学也进驻了工宣队。同年9月上海人民电器厂、上海铝线厂工宣队进驻学校（后调换上海针织四厂工宣队）领导所谓的"斗、批、改"。12月，工宣队还进驻上海市教育局，主持教育局的工作，各区县的教育部门也逐渐由工宣队把持。工宣队到校后，即与军宣队、师生员工中的"革命派"实现所谓的"三结合"，取得学校领导权，开展"斗、批、改"，"天天学习毛泽东著作，日日批判资产阶级"，成为师生员工的必修课。[60]此后，遵照"教改的问题，主要是教员问题"的指标，组成工农兵讲师团，"占领"讲台，往教师队伍中"掺沙子"，参与学校的教学工作。市二中学所在的徐汇区在1969年组成了一支工人讲师队伍，这些工人讲师在上文化知识课时，宣称要把转变学生思想放在第一位，引导革命师生走开门办学的道路，用所谓"无产阶级的阶级性、战斗性、科学性，取代了陈腐的资产阶级、修正主义所谓的系统性、严密性、科学性"，1970年，还在市二中学组织了有1000多人参加的大型实践课，由10多名工人讲师进行示范教学。[61]

1968年元旦，"两报一刊"又提出要彻底清查所谓混在阶级队伍内部的一小撮叛徒、特务、党内走资派以及没有改造好的"五类分子"，于是清理阶级队伍的运动在全国展开。此后，上海教育界在驻校军队和工宣队的领导下，开展了"清理阶级队伍"。许多优秀的教师被戴上"反动学术权威"的帽子，受到不同程度的迫害，许多人不堪摧残，含恨而死，也有一些教师被打成"牛鬼蛇神"后，精神上受到折磨。市二中学也开始清队工作，特别在工宣队进驻后，发动全校革命师生大揭大议，大查敌情，教工30余人先后被点名、批斗、隔离审查，揪出了审查对象27名（其中已退休职工2人），经定案处理及二次清队复查，戴帽实行群众专政的3名（2名是运动前戴帽，当中1名"右派"又成为"现行反革命"），敌我矛盾作人民矛盾处理的3名，属人民内部矛盾而解放的15名，揪出后自杀的2名，戴帽专政对象揪出后死亡的1名。程迪和校长也死于非命。[62]

1968年12月，为响应毛泽东关于"知识青年到农村去，接受贫下中农再教育很有必要"的号召，上海从1969年1月开始组织中学生上山下乡。1968届学生基本上都上山下乡，冯艾弥在《那一年》的诗作中写道:"那一年1968,本该有证在手顺利毕业,怎奈雷电粉碎知识学堂,风雨打折娇嫩树枝。毕业证无影无踪,六八届统统去农村,卡车载着学子驶出校门,我们是六八届高中生。那一年1973,辛勤劳作在穷乡僻壤,有路的早已去了高处,没路的暗暗在屋角抽泣。遍体鳞伤血泪斑斑,拖着疲惫的脚步,走着漫长灰暗的路,我们是六八届高中生。"[63]据不完全统计,截至1975年底,全校已有1996人先后上山下乡。[64](图6-23)

1969年5月12日,《人民日报》发表吉林省梨树县革委会的《农村中、小学教育大纲(草案)》,强调要把"活学活用"毛泽东思想放在学校一切工作的首位,《人民日报》编者按中更称大纲为"今后的农村教育革命提出了方向"。上海的"文革"领导者见势也急欲摸索出一套"城市中小学教育大纲",遂于1969年5月下旬至6月上旬连续三次召开教育革命座谈会。6月19日,以市革委会文件的形式印发了《上海市中小学教育革命纲要》。这份纲要相当于上海中小学教育的一个纲领性文件,要求中小学要办成无产阶级新型学校,由工宣队直接领导;学生要发扬"造反有理"的精神,参加阶级斗争、生产斗争、科学实验三大革命运动;中小学学制由十二年缩短为九年,市区"五四"分段,郊县"五二二"分段。1970年起,市二中学实行四年一贯制,年级称为连,班级称为排。

当时教材上强调政治挂帅和阶级斗争,篇幅比以前小,知识内容比以前浅,充斥着大量的阶级斗争思想内容和反智主张,存在着严重的形式主义,且违背学生的认知规律。在考试制度方面,取消考试,即使考试存在,内容和形式已大不相同,基本形同虚设。1970年起,高中恢复招

图6-23 市二中学高中部分女生在校门口合影(1968年)

生,当时采用的招生办法是"自愿报名,群众推荐,学校审核"。1971年以后,则采取推荐与考试相结合的办法招收新生。这一切所谓"教育改革"的结果诚如史家所言:"教学内容混杂、跳跃,不成系统,既削弱了基础知识、基础理论教学,又没有科学地反映工农业生产实践的知识、技能;既脱离学生的认识规律与实际水平,又脱离教师的实际。"由于大搞学工、学农、学军和其他政治活动,大量时间被占去,文化课程的教学时间被挤掉了。

1971年4—7月,全国教育工作会议出台了《全国教育工作会议纪要》,对新中国成立后十七年的教育成绩做出了所谓的"两个基本估计",即"教育战线推行了一条反革命修正主义教育路线,毛泽东的无产阶级教育路线基本上没有得到贯彻执行,原有的教师队伍的大多数世界观基本上是资产阶级的,是资产阶级知识分子,各级

各类学校是封、资、修的大染缸"。在这种情况下，对于市二新中国成立以来的成就，也做了全盘的否定："解放后十七年期间，虽然学校接管了，领导人也换了，教学内容有了些改变，但是没有根本改变，学校搞的是封、资、修一套，培养资产阶级精神贵族，仍然是资产阶级专我们的政。"[65] "在修正主义教育路线统治下，为了保证这所重点中学的所谓知识质量，采取了一整套措施，把学生禁锢在高墙深院中，鼓励他们闭门读书，走居里夫人的道路，高薪聘请了'业务上有一套'的人来掌握学校大权，13个教导主任和教研组长中就有11个是资产阶级右派。"[66] 这种不加分析，否定一切的做法，给教育事业带来了更加严重的灾难。当时社会中流传着"知识越多越反动"的言论，"读书无用论"思想广泛流行，导致学生思想被毒害，有些学生在"造反有理""反潮流"等精神的鼓舞下，目无法纪，恣意破坏学校秩序，打架斗殴，损坏公物犹如家常便饭。学校正常教学秩序无法建立，教育质量受到严重影响。

1972—1973年，周恩来提出"落实政策"，恢复了以前的一些合理做法。从1972年7月起，《人民日报》连续报道各地整顿学校秩序、落实知识分子政策、教师陆续回到教学岗位的消息。《光明日报》也发表相应文章，要求坚持对教师"大胆使用，并在使用中加强教育与改造"。1972年4月24日《人民日报》发表社论《惩前毖后，治病救人》，指出对一切犯错误的同志，要以教育为主，要"团结—批评—团结"，指出新老干部都是党的宝贵财富。据此，上海教育系统的一批干部教师开始从"五七干校"和其他地方调回学校，恢复工作。

1972年上半年，上海市召开了一系列中小学教育革命座谈会和教育工作会议，提出中小学教育工作的六条意见，除了继续开展"批林"等政治运动外，还提出要努力提高教育质量。在教学上也有不少恢复性举措，如语文课重新加强基础知识教学，数学课加强代数、几何、三角等基础知识教学，将文艺课中的音乐、美术重新分开设课。许多教师出于职业道德和责任意识，重新整治学校教学秩序，为提高教学质量确实花了不少心血，他们找补充教材，不厌其烦地一次次讲解，让同学能够在有限的时间内掌握基础知识和基本技能，以便为国民经济的恢复增长造就建设人才。

市二中学在1969年5月下旬至8月上旬进行了整党，此后在清队复查的基础上于12月又进行了整党。1969年12月26日，恢复了党的组织生活。1970年3月25日，建立中共上海市第二中学支部委员会，由庄中文任支部书记。[67] 随着党组织的建立健全，在学校领导和教师的共同努力之下，很快就恢复了井然有序的教学秩序。学校在开门办学的同时，坚持文化基础知识教育，为学生的发展打下较扎实的基础。

1969届毕业生余正湖回忆，在那人妖颠倒的日子里，不少教师克服种种困难，坚持给学生上课，传授知识，至今他还清晰记得1969届（7）班班主任陈同恺和李心立、张盛峻、吴中英、吉传锦、荣源、张鑫钟等老师给学生们授课的情景，是这些老师在那动乱年代，坚持给学生传授一些最基础、最基本的数理化和语文等知识，并以他们自身的榜样，教育学生要做一个正直的对社会有益的人。他特别记得陈同恺老师要他积极向上，永不停步，做一个能为人民、为党的事业有所贡献的人的教诲，这始终铭记在他心上，成为他人生的强大动力。[68] 1974届毕业生薛建明清晰地记得，在那个混乱的年代，老师认真钻研业务，学生认真读书被批为走"白专道路"。但市二中学始终很注重学风。他当时的班主任是王凤仪

图6-24 市二中学校办工厂

老师，与其他老师一起坚持在教坛勤奋耕耘，认真地教书育人。认认真真做事、认认真真做人是母校老师们留给他最珍贵的记忆。[69]1975届毕业生黄仲兰在那个不正常的年代，受"交白卷"的张铁生一类人的影响，英语考试故意不答，也交了白卷，还觉得挺有"造反"精神。可英语老师曹雅梅把她叫到办公室说："你是不是想成为一个伟大的人，你知不知道象达尔文、居里夫人那些大学者都至少掌握了一门以上的外语，象你这样连英文这门最通用的语言都不能掌握，还指望能有什么成就呢？"这番话对她的冲击很大。（图6-24）

当时市二中学仍然保持着20世纪50、60年代的教学传统，对于学生全面发展非常重视。黄仲兰记得很清楚的是当时学校有一个天文组，他们常常在星光灿烂的夜晚爬上楼顶，用一架老式射电望远镜观察天体，在夜幕下，老师给学生们讲授宇宙、星云、自由落体；讲伽利略、哥白尼、达尔文，正是这些课外活动，让他的视野拓展到身边生活以外的宇宙和西方的科学精神中去。当时他担任了"排长"，负责一个班的工作，同时又是一个理论小组的组长，和同学广泛地讨论了黑格尔、康德等哲学家的理论。[70]1976届毕业生邓菲进入市二中学不久，就成为市二中学文艺宣传小分队的一员。她记得那时每天早上6点半，她就和队员准时到学校大礼堂，在队长张辰清脆、响亮的口令声中，下腰、踢腿、劈叉、大跳……一个个练得汗流浃背。7点三刻，训练结束，开始一天的文化课程。进入初二，一个偶然的机会她参加了话剧《一分之争》的排演，辅导她们排练的是儿童艺术剧院的夏克强、朱曼芳（著名影星、1981届校友邬君梅的母亲）等老师。她们精湛的艺术表演和敬业精神，至今还深深地印在她脑海里。在

图6-25 1975届（2）班同学合影

强化训练下，剧组成员每星期总有那么几天都要排练到晚上七八点钟，演技突飞猛进，从学校一直演到了市里，后来还被拍成了电影。而张辰也差点成为此片的女主角。[71]

但是从1973年元旦起，全国风向突变，开始从批"左"转向批"右"。至此，纠"左"的努力被迫中断，极左思潮再度在教育领域泛滥成灾。随之，"批林"与"批孔"联系在一起。

1973年11月28日，《光明日报》以"一所深受贫下中农欢迎的大学"为题，发表辽宁农学院朝阳分院的调查报告。随后，1974年12月21日，国务院科教组、农林部、辽宁省委联合召开学习朝阳农学院"教育革命"现场会，会上总结和宣传了"坚持在农村办学，分散分学，教学工作实行'三上三下'，学生'社来社去'"的"朝农经验"。1975年1月6日，上海市革委会文教组开会传达学习"朝农经验"现场会精神，要求各级学校都要学习研究"朝农经验"，把学农、爱农、务农作为学生思想政治工作的重要内容。1975年3月24日，为了进一步贯彻毛主席的教育革命路线，学习朝阳农学院的开门办学经验，巩固无产阶级专政，缩小三大差别，市二中学党支部决定在上海县北桥人民公社黄二大队创办农村分校。1975届（1）班和（2）班的同学作为农村分校的首批创业者，在"黄二"这块广阔天地里学习生活了两个月，据1975届毕业生杨炜回忆，根据农村分校的教学计划，同学们都要安排到黄二大队的一些地方参加劳动，并和那里的贫下中农结成对子。为了把学到的知识用于实践，农村分校成立了数学测量小组，在数学老师刘国兰的指导下，同学们利用小平板仪，运用三角定位的方法为黄二大队下属各生产队绘制平面地图，以方便各生产队规划农田水利改造。学生还上工业基础知识中的内燃压缩机原理课，组织学开手扶拖拉机。[72]（图6-25、图6-26）

1975年，邓小平复出，在全国开展了雷厉风行、大刀阔斧的整顿，上海教育界也开始出现了抵制"四人帮"势力倒行逆施的努力，但不到一年，1976年初发起了"批邓""反击右倾翻案风"，政治气氛再次骤然紧张，上海教育整顿的成绩也在一系列的运动中丧失殆尽。1975年11月底，上海的报纸、广播、电视里，相继报道了市二中学批所谓"智育第一"的"先进经验"。市二中学其实是当时抓智育比较好的一个学校，邓小平主持中央工作后提出了要整顿教育。在这种情况下，上海市委便派一个调查组去市二中学，总结这个学校抓好智育、提高教学质量的经验，准备开现场会，并要报纸、电台采写报道，为自己评功摆好。可是现场会还没有来得及开，报道、文章还没有来得及见报，有些人开始挑起了教育战线上的所谓大辩论，大批所谓"右倾翻案"和"右倾回潮"，"政治气候"一变，上海市委就立刻指令新闻单位把原来准备好的稿子通通推倒重来，彻底改写，并迅速见报。市二中学这个抓智育比较好的先进单位，一下子变成了批所谓"智育第一"的"先进单位"；该校师生曾经开展过要不要抓智育的争论，也一下子变成了曾经开展过要不要批"智育第一"的争论。[73]某些人声称市二中学"近几年来坚持党的基本路线，全面贯彻党的教育方针，取得了较好成绩，积累了一些经验。紧密联系学校阶级斗争、路线斗争实际，发动师生学习革命理论，批判修正主义，批判资产阶级，在文化学习各个环节中坚持政治统帅业务，并发动广大革命小将，通过建立马列小组，记红色日记，互帮互学等合作形式，开展群众性深入细致的思想政治工作，开门办学。在教学改革方面，不断批判修正主义。认真贯彻团

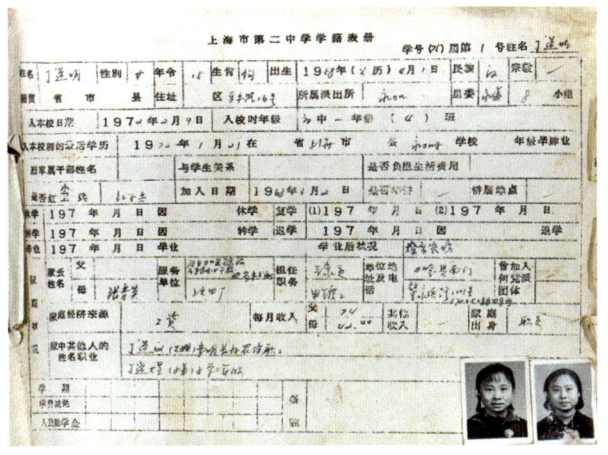

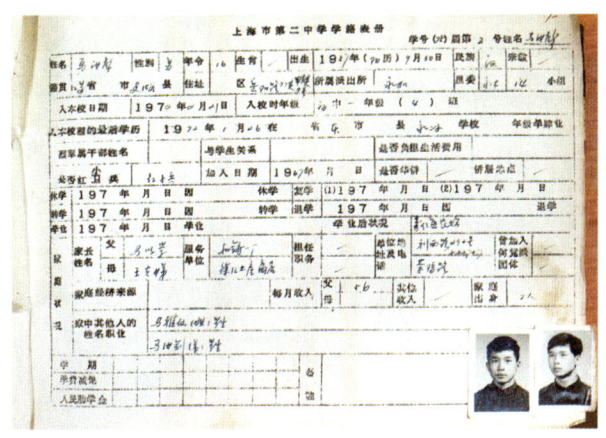

图6-26　上海市第二中学1975届学籍表册

结、教育、改造知识分子政策，比较充分地调动了教师社会主义的积极性"。

1976年1月14日，市革委会文教组在市二中学召开"反击右倾翻案风"现场会。参加会议有各区委分管中小学工作的书记，各区教卫组负责人，每个区中学党支部领导，各区教师红专学院领导，各县文教局负责人，还有上海师范大学、上海人民出版社、《文汇报》、《解放日报》相关单位参加。现场会后，还安排十天左右时间，由各区委组织中小学领导，学习市二中学经验，分析形势，统一认识。最后在万人体育馆召开中小

图6-27　1975届和1976届上海市第二中学校女篮队师生

图6-28　市二中学红卫兵团在跳水池组织的游泳训练

学教师大会,交流市二中学经验。[74]这个现场会以总结经验为名,从批"智育第一"入手,着重批判教育部部长周荣鑫,不点名地诬陷邓小平等中央领导人。市二中学转身成了"窗口",约有17万人次前往参观,印发相关材料5000份。1月15日,《人民日报》随即发表署名"梁效"的文章《教育革命与无产阶级专政》,其中说:"树欲静而风不止,斗争并没有停息。1975年7、8、9三个月,教育战线出现的那种刮右倾翻案风的奇谈怪论,就是代表资产阶级反专对无产阶级的修正主义路线的突出表现。"但这次批邓虽然气势汹汹,但响应者寥寥无几。[75]（图6-27、图6-28）

市二中学校的广大教师对这种倒行逆施,也进行了不同方式和不同程度的抵制和斗争,他们利用一切有利的机会,排除干扰,坚持教学和科研工作,抓教学质量,将对学校造成的损失降到最低限度。周恩来总理去世的消息传来,市二中学四年级700多名师生,噙着热泪跑遍周围的百货商店,选购了1000多块素色手帕,连夜制扎手帕花圈,献给敬爱的周总理。为了召开批"右倾翻案风"的现场会,有关方面强制学校在首都追悼大会之前拆除灵堂,搬掉花圈,挂上红布横幅。师生们感到无比愤慨。他们含着眼泪每人保存一朵手帕花,作为对周总理的永远纪念。[76]

1976年10月,"文化大革命"结束。此后,上海市第二中学开始进行拨乱反正,逐步清理和清除"左"的错误影响。学校迎来了一个新的办学时代。

注 释

[1] 《中共上海市委书记柯庆施号召全市中小学教师大胆提意见》,《文汇报》1957年4月27日。

[2] 《要求教师大胆提意见》,《文汇报》1957年5月10日。

[3] 刘景侃:《我的棒垒球生涯》,载梁友德主编:《基层棒球:我们共同的事业》,第180页。

[4] 《一位热情、果断、令人难忘的共产党员》,载中共上海市委党史资料征集委员会主编:《抗日战争时期上海学生运动史》,上海翻译出版公司1991年版,第432页。

[5] 中国教育科学研究所:《中华人民共和国教育大事记（1949—1982）》,教育科学出版社1983年版,第229页。

[6] 陈润元:《市二,我们全家的母校》,载上海市第二中学编:《饮水思源:上海市第二中学建校110周年校友纪念文集》,第75页。

[7] 上海市第二中学档案室所藏档案。

[8] 《结合大好形势进行教育,激励广大师生勤俭办学:上海市第二女中以增产节约运动为中心加强政治思想教育工作》,《文汇报》1960年10月10日第1版。

[9] 程迪和:《对中学女生一些特点的探索》,《上海教育》1963年第1期。

[10] 杨文鹃:《追随革命,献身教育:记市二女中党支部书记兼副校长程迪和》,上海市第二中学档案室提供。

[11] 上海市第二中学:《上海市第二中学简史》,载政协上海市徐汇区委员会文史资料工作委员会编:《徐汇文史资料》第3辑,第53页。

[12] 江介华:《成长的路,从"市二"开始》,载上海市第二中学编:《饮水思源:上海市第二中学建校110周年校友纪念文集》,第103—104页。

[13] 严隽琪:《美好的回忆》,载上海市第二中学编:《饮水思源:上海市第二中学建校110周年校友纪念文集》,第84—85页。

[14] 钱若华:《市二,我生命中最欢快的乐章》,载上海市第二中学编:《饮水思源:上海市第二中学建校110周年校友纪念文集》,第79—81页。

[15] 翁蕴珍:《老师,"您好!"》,载上海市第二中学编:《饮水思源:上海市第二中学建校110周年校友纪念文集》,第91页。

[16] 严隽琪:《美好的回忆》,载上海市第二中学编:《饮水思源:上海市第二中学建校110周年校友纪念文集》,第84—85页。

[17] 钱若华:《市二,我生命中最欢快的乐章》,载上海市第二中学编:《饮水思源:上海市第二中学建校110周年校友纪念文集》,第79—81页。

[18] 周智莉:《为校争光》,载上海市第二中学编:《饮水思源:上海市第二中学建校110周年校友纪念文集》,第101—102页。

[19] 严隽琪：《美好的回忆》，载上海市第二中学编：《饮水思源：上海市第二中学建校110周年校友纪念文集》，第84—85页。

[20] 温敬平、章圣泮、陶璘：《德智体全面发展的体育班》，载上海市第二中学编：《饮水思源：上海市第二中学建校110周年校友纪念文集》，第94—97页。

[21] 周智莉：《为校争光》，载上海市第二中学编：《饮水思源：上海市第二中学建校110周年校友纪念文集》，第101—102页。

[22] 周美燕、翁亿德：《珍藏在心底的点滴美好追寻》，载上海市第二中学编：《饮水思源：上海市第二中学建校110周年校友纪念文集》，第92—93页。

[23] 徐莹：《回忆我和周恩来总理握手》，上海市第二中学档案室提供。

[24] 戴仪：《我和俄罗斯女孩柳霞的友情》，《上海滩》2014年第2期。

[25] 沈珍娣：《感恩母校》，载上海市第二中学编：《饮水思源：上海市第二中学建校110周年校友纪念文集》，第82页。

[26] 江介华：《成长的路，从"市二"开始》，载上海市第二中学编：《饮水思源：上海市第二中学建校110周年校友纪念文集》，第103—104页。

[27] 杨永青：《榜样的力量》，载上海市第二中学编：《饮水思源：上海市第二中学建校110周年校友纪念文集》，第89—90页。

[28] 温敬平、章圣泮、陶璘：《德智体全面发展的体育班》，载上海市第二中学编：《饮水思源：上海市第二中学建校110周年校友纪念文集》，第94—97页。

[29] 杨永青：《榜样的力量》，载上海市第二中学编：《饮水思源：上海市第二中学建校110周年校友纪念文集》，第89—90页。

[30] 严隽琪：《美好的回忆》，载上海市第二中学编：《饮水思源：上海市第二中学建校110周年校友纪念文集》，第84—85页。

[31] 杨秀峰：《杨秀峰文存》，人民法院出版社1997年版，第713页。

[32] 吕型伟主编：《上海普通教育史（1949—1989）》，上海教育出版社1994年版，第235—236页。

[33] 潘惠新：《母校留给我的回忆》，载上海市第二中学编：《饮水思源：上海市第二中学建校110周年校友纪念文集》，第106页。

[34] 上海市第二中学：《上海市第二中学简史》，载政协上海市徐汇区委员会文史资料工作委员会编：《徐汇文史资料》第3辑，第53页。

[35] 《杨书记对市二女中谈贯彻〈六条〉的意见》，《杨西光对上海市二女中教学改革所作的指示讲话记录》，上海市档案馆藏，档案号：A23-2-1092。

[36] 《上海市第二女中学生负担情况和改进措施》，《上海市二女中教改工作情况汇报》，上海市档案馆藏，档案号：A23-2-1094。

[37] 《杨书记在市二女中对学校领导和工作组讲话的记录》，《杨西光对上海市二女中教学改革所作的指示讲话记录》，上海市档案馆藏，档案号：A23-2-1092。

[38] 潘惠新：《母校留给我的回忆》，载上海市第二中学编：《饮水思源：上海市第二中学建校110周年校友纪念文集》，第106页。

[39] 蒋纯焦主编：《上海教育史》第3卷，第219—222页。

[40]《如何指导和评价学生的作文?》,《文汇报》1965年1月15日第1版。

[41]《〈茉莉花〉是怎样写出来的?》,《文汇报》1965年1月25日第2版。

[42] 吕型伟主编:《上海普通教育史(1949—1989)》,第257—258页。

[43] 姜拱绅:《想起了〈茉莉花〉》,载新民晚报副刊部编:《夜光杯文粹:1982—1986》,远东出版社1999年版。

[44] 吕型伟主编:《上海普通教育史(1949—1989)》,第258页。

[45]《同意设立上海市第二女子中学政治处》,上海市第二中学档案室提供。

[46]《市二女中工作情况汇报》,《上海市二女中教改工作情况汇报》,上海市档案馆藏,档案号:A23-2-1094。

[47] 潘惠新:《母校留给我的回忆》,载上海市第二中学编:《饮水思源:上海市第二中学建校110周年校友纪念文集》,第106页。

[48]《高初三毕业班的下乡劳动和教改的总结》,《上海市二女中教改工作情况汇报》,上海市档案馆藏,档案号:A23-2-1094。

[49]《杨西光同志对市二女中工作指示》,《杨西光对上海市二女中教学改革所作的指示讲话记录》,上海市档案馆藏,档案号:A23-2-1092。

[50]《杨西光同志对市二女中工作指示》,《杨西光对上海市二女中教学改革所作的指示讲话记录》,上海市档案馆藏,档案号:A23-2-1092。

[51]《学校中学生贴大字报的动态》,《上海市二女中教改工作情况汇报》,上海市档案馆藏,档案号:A23-2-1094。

[52]《情况汇报二一》,《上海市二女中教改工作情况汇报》,上海市档案馆藏,档案号:A23-2-1094。

[53] 江介华:《成长的路,从"市二"开始》,载上海市第二中学编:《饮水思源:上海市第二中学建校110周年校友纪念文集》,第103—104页。

[54] 冯艾弥:《母校,大学梦》,载上海市第二中学编:《饮水思源:上海市第二中学建校110周年校友纪念文集》,第107—109页。

[55]《杨西光同志对市二女中工作组和学校领导的谈话》,《杨西光对上海市二女中教学改革所作的指示讲话记录》,上海市档案馆藏,档案号:A23-2-1092。

[56]《中国共产党中央委员会关于无产阶级文化大革命的决定》,《人民日报》1966年8月9日。

[57]《关于市二女中教改组工作组情况汇报》,《上海市二女中教改工作情况汇报》,上海市档案馆藏,档案号:A23-2-1094。

[58] 吕型伟主编:《上海普通教育史(1949—1989)》,第356页。

[59]《关于建立中共上海市第二中学支部委员会的批复》,上海市第二中学档案室提供。

[60]《驻上海高校工人宣传队首战告捷取得经验》,《文汇报》1968年9月21日。

[61]《工人师傅上讲台》,上海人民出版社1975年版,第3—4页。

[62]《关于调整充实完善第二中学革命委员会领导班子的请示报告》,上海市第二中学档案室提供。

[63] 冯艾弥:《那一年》。另参见冯艾弥:《母校,大学梦》,载上海市第二中学编:《饮水思源:上海市第二中学建校110周年校友纪念文集》,第107—109页。

[64]《以阶级斗争为纲,反击右倾翻案风:市二中学深入开展教育革命大辩论》,载上海师范大学教育革命组编:《无产阶级教育革命万岁上·上海市中小学教育革命经验选》,上海人民出版社1976年版,第78页。

[65]《以阶级斗争为纲,反击右倾翻案风:市二中学深入开展教育革命大辩论》,载上海师范大学教育革命组编:《无产阶

级教育革命万岁上·上海市中小学教育革命经验选》，第85页。

[66]《牢记工人阶级历史使命，同党内资产阶级斗争一辈子》，上海市档案馆藏，档案号：B200-3-905-7。

[67]《关于建立中共上海市第二中学支部委员会的批复》，上海市第二中学档案室提供。

[68] 余正湖：《难以忘却的记忆》，载上海市第二中学编：《饮水思源：上海市第二中学建校110周年校友纪念文集》，第115—116页。

[69] 薛建明：《母校教我认真做事，正直为人》，载上海市第二中学编：《饮水思源：上海市第二中学建校110周年校友纪念文集》，第121页。

[70] 黄仲兰：《母校和我》，载上海市第二中学编：《饮水思源：上海市第二中学建校110周年校友纪念文集》，第124—125页。

[71] 邓菲：《在市二中学文艺宣传小分队的日子》，载上海市第二中学编：《饮水思源：上海市第二中学建校110周年校友纪念文集》，第32—133页。

[72] 杨炜：《广阔天地，大有作为：上海市第二中学1975届学生农村分校散记》，载上海市第二中学编：《饮水思源：上海市第二中学建校110周年校友纪念文集》，第128—130页。

[73]《造谣新闻的毒要彻底清除》，《新闻战线》1979年第1期。

[74]《关于召开市二中学教育革命经验交流现场会议的请示报告》，上海市档案馆藏，档案号：B61-2-90-1。

[75] 蒋纯焦主编：《上海教育史》第3卷，第310页。

[76]《深切的怀念　愤怒的控诉：上海人民在纪念周总理逝世一周年的日子里》，载《永远怀念周总理，愤怒声讨"四人帮"》，山西人民出版社1977年版，第93页。

第七章

因改革而兴的市二中学

因改革而兴的市二中学

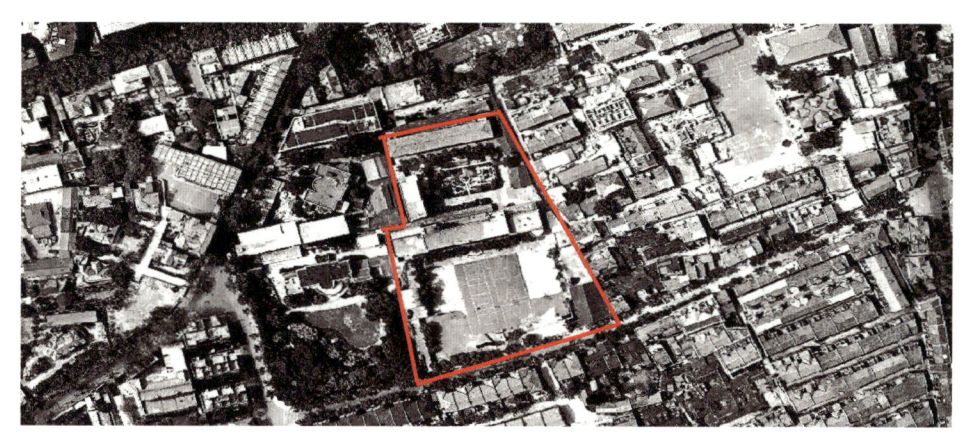

图7-1　上海市第二中学校园及附近航拍图（1979年）。上海市第二中学档案室提供

"四人帮"被粉碎后，上海市第二中学迅速从"文化大革命"的阴霾中走出，拨乱反正，落实知识分子政策，充分调动广大教职员工的积极性，逐渐恢复正常教学秩序。学校通过多种途径，利用各种方法，努力营造稳定、安宁的校园环境，鼓励学生自主学习，培养读书兴趣，开展丰富多彩的校园生活，教学质量稳步上升。全校师生员工振奋精神，同心同德，以崭新的姿态迎接改革开放的时代。

1978年1月上海市教育局根据教育部《关于办好一批重点中小学试行方案》，确定了上海市第二中学在内的一批重点中小学。此后至1999年间，作为上海市重点中学的上海市第二中学开拓进取，积极实行各项改革措施。其间，学校成功完成教师职称改革和一、二期课改等试点任务，确立"和谐发展教育"的办学理念，以及德、智、体、美、劳五育和谐发展的培养目标，强调"严谨、活泼、求实、进取"校风，加强师资队伍建设，完善学校各项规章制度，切实提高教学质量。这一时期的上海市第二中学办学卓有成效，改革声名远播。（图7-1）

百年名校竞风流。上海市二中学的前身是务本女塾，诞生于特殊的时代，在这所学校的发展历程中，始终贯彻着一条主线：因图强而生，因改革而兴，因人才而生。几代办学者一直围绕着"培养什么样的人，怎样培养人"，以及"办什么样的学校，怎样办学校"，不断革新，艰辛探索。

第一节　重点建设的学校

图7-2　1978年2月，上海市确定一批重点中小学，徐汇区上海市第二中学名列其中

1977年2月，上海市第二中学新学期开学后，学校即刻组织师生深入揭露批判"四人帮"，进行正面教育。同时，学校也开展"学雷锋、争三好"活动，提出相应的纪律要求，以进行校风、校纪的整顿。[1]是年，国家恢复高等学校招生考试制度，学校为了帮助学生们实现"上大学"的梦，特办了高考班。据学生吴海庆回忆："正是由于市二的基础教学培养，自己有幸能高分考入上海交通大学。当时高考班的班主任马本麟老师在得知了他的学生们的高考成绩后，马上亲自骑车去向考高分的学生家庭一一通知好消息。我至今还记得马老师当时与我父母说话时那得意的笑容。"[2]这时，无论是吴海庆、市二中学还是整个国家都将迎来一个全新的充满希望的明天。一个新的时代就此开启。

1978年1月，经国务院批准，教育部颁发《关于办好一批重点中小学试行方案》。上海市教育局根据国务院批准、教育部《关于办好一批重点中小学试行方案》的通知，确定了上海的一批重点中小学，位于徐汇区的上海市第二中学名列其中。市教育局要求对所确定的市二中学等重点中小学，要认真进行一次整顿，"要重点把领导班子整顿好，配备好，充实和加强教师力量，健全各项必要的规章制度"[3]。对于这些重点学校的物质、经费安排，在自力更生、艰苦奋斗、勤俭办学的前提下，上海市有关方面给予必要的支持，尽快充实和改善这些学校的仪器、图书等教学条件，保证这些学校在当年秋季开学后，能根据新的教学计划、教学大纲和教材进行教学。市二中学经批准恢复为上海市重点中学后，即"明确以教学为主，全面贯彻党的教育方针的办学指导思想。组织上加强教研组建设，先后恢复团委、少先队、工会、学生会等组织"[4]。这一年，市二中学英语老师陈美兰被评为上海首批特级教师。（图7-2）

1979年7月，鲁夫出任上海市第二中学校长。作为一所重点建设的学校，市二中学在鲁夫校长的带领下，开始逐步恢复与振兴。为了深刻贯彻落实国家"调整、改革、整顿、提高"的方针，学校对教师队伍、思想政治工作以及管理体制等各方面都进行了一定的调整。（图7-3）

第七章　因改革而兴的市二中学

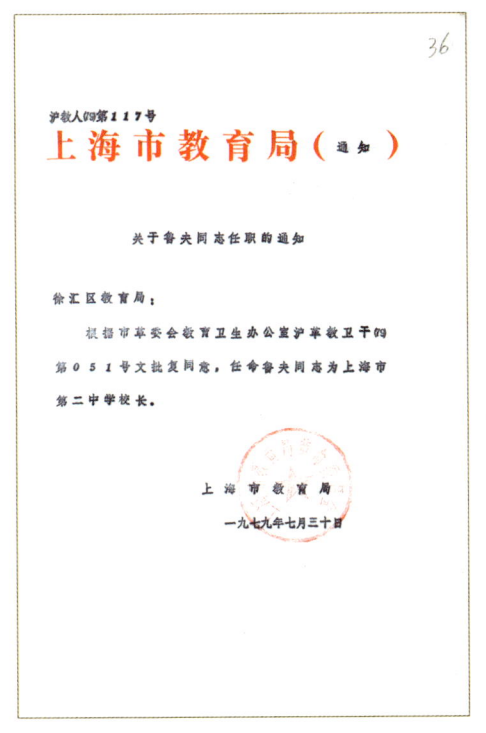

图7-3　1979年任命书，任命鲁夫为上海市第二中学校长，学校档案资料选

1982年1月，教育部发布《关于当前中学教育几个问题的通知》，要求继续办好重点中学。《通知》中强调："近两年来，各地集中一定力量办了一批重点中小学，起了积极作用，应当继续办好。我部1980年10月经国务院批准所发的《关于分期分批办好重点中学的决定》，各地应结合实际，继续贯彻执行。"[5]市二中学为了落实相关决议，在当月就召开第一届教工代表大会。经过校方领导和与会代表的积极讨论，最终制定《关于贯彻教育部五条规定的八点具体措施》和《关于开展"五讲四美"为人师表活动的决议》。此次教工代表大会过后，学校进一步端正了办学思想，明确了对教工的具体要求。学校开始注意加强学生的思想政治工作，并且开始调动学生的学习积极性，以发挥其主体作用。同时，学校也在教学方法以及考试形式上进行初步的改革，不断尝试提高教学质量。[6]

1984年，为了适应"四化"建设的需要，更好地贯彻党的教育方针，学校在管理体制上又进行了一些改革。是年，市二中学提出《上海市第二中学管理改革初步设想》（简称《设想》）。该《设想》主要针对行政机构做出重大调整，具体内容为：将政教处并入教导处，以便校方实行统一指挥与统一管理；并且还新增了教育科研办公室和校务办公室，来加强教育、科研和校务等工作。值得留意的是，这时已提到"进行了工作量制的改革探索"[7]。此后，市二中学领导班子得到充实，理顺关系，对原有的教育教学管理体制进行改革。同时，也开始加强学校的制度建设，推行与实施教师岗位责任制和对各部门实行监督、评估、奖励等制度。学校积极落实知识分子政策，全面复查并清理"文革"时期教师中的冤假错案和此前的历史案件，为恢复正常教育教学活动奠定基础。

通过学校不断的调整与改进，市二中学的教学质量得到初步恢复，并逐渐得以提高。在教师方面，市二教师们刻苦钻研教学方法，在一些领域挑战自我、不断变革，取得了一定成效。继1978年陈美兰老师成为上海市首批特级教师后，1979年曹毓梁老师被评为上海市先进工作者；1981年袁淑荣老师被评为上海市先进工作者（上海市工会积极分子），杨吉生老师被评为上海市先进工作者（上海市体育先进）。值得一提的是，1981年3月，由上海《文汇报》、上海市教育局和教育工会联合发起了一项评选沪上优秀人民教师和先进教师的活动。经过数十万群众的推荐以及学校、区（县）、市三级的预选、初选、审核，评委会最终于8月选出了107名优秀人民教师和421名先进教师。其中，市二中学英语教师曹树

图7-4 上海市第二中学青年英语教师曹树华成为上海普教战线新秀,《光明日报》1981年9月1日第1版

华就因其"坚持自学外语,讲语法通俗易懂,他所教的班级在各种考试中英语成绩总是列为前茅"[8],成为优秀教师的典型,其事迹被刊登在《光明日报》上,他还获得了奖金100元。1983年,陈美兰老师被评为全国"三八红旗手"、杨雪冰老师被评为全国"五讲四美优秀教师"、沈瑞英老师被评为全国优秀班主任。[9]据统计,在1978—1984年内,市二中学有近100位教师获得校、区先进工作者。[10](图7-4)

在学生方面,随着国家招生考试制度与正常学制的重新恢复,鲁夫校长积极调整,市二中学学生的学习状态逐步走向正轨,学业成绩在这段时期内也有了较大提升。1978年,市二有高中毕业生共9个班级,约400人。1979年有初、高中毕业生各约420人,且各分为8个班级。到了1980年,初中毕业生降至4个班,共200人左右,而高中毕业生则增长到12个班,约600人。在1981—1982年这两年内,市二中学的初、高中学生人数基本维持在600人左右,班级数也均为11个,几乎没有变动。1983年,市二中学的高中毕业生自动向三年制高中过渡,因此这一年只有200名初中毕业生,并无高中生毕业。1984年,市二中学的初中毕业生与高中毕业生均为200人,共计400余人,各为4个班。[11]在这些毕业生中,被全国知名大学录取者甚多,成绩斐然。当时市二的学生"在学习上既踏实又活泼,并富有创造性"[12]。有不少学生获得了上海市级荣誉奖项。如1981—1984学年,唐海琳、汤明红、陈骅三人分别获得"上海市三好学生"的称号,其中唐海琳同学更是包揽1981—1983学年连续三年的"上海市三好学生"称号,实属不易。包吉氢和孙卫东两位同学则在1984学年获得"上海市优秀学生干部"的称号。此外,还有数十位同学获得了各类区级奖项,硕果颇丰。(图7-5至图7-8)

图7-5 上海市第二中学全校三好学生与老师合影（1978年）

图7-6 上海市第二中学1979届全体高中毕业生合影

图7-7 上海市第二中学1978届（9）班毕业留影（1978年1月）

图7-8 上海市第二中学1984届高中被推荐的优秀毕业生合影留念

经过鲁夫校长与全校师生的共同努力,上海市第二中学的办学声誉迅速恢复。学校的风气优良,师生之间互相帮助、共同进步,形成了教学相长的良性循环,整个校园充满了生机,朝气蓬勃,积极向上。(图7-9)

当时,有一位名叫陈骅的市二中学学生,她的故事在社会上引起很大的反响。1980年,年仅14岁、酷爱弹琴的陈骅被医院查出左臂上长有肿瘤,需要立即住院化疗并且截肢。手术后,陈骅受到了化疗与剧痛的双重折磨。但是凭借着对重返校园学习生活的向往,她拒打可能会影响智力的止痛针,熬过了痛苦的分分秒秒。在陈骅住院期间,她的班主任和许多同学多次前来探望,老师与同学的关心和陪伴感动了陈骅的内心,她更加努力地进行康复训练。作为一个截去肩部的三分之一、左臂全切除的病人,她康复的进度令医生都为之惊叹。陈骅出院后,为了能跟上学校的进度,她制订了严格的休学期间自学计划。在努力练习下,她不仅能够流畅写字,甚至还学会了作图,重拾了弹琴。不久,陈骅回到了市二中学。由于化疗,陈骅的头发几乎掉落殆尽,她只能戴着帽子上课。但是,市二中学的老师和同学们并没有因此嘲笑她,反而带给了她无数的温暖。《文汇报》对此做了详细报道。(图7-10)

图7-9 20世纪80年代上海市第二中学校门

图7-10 记录陈骅事迹的报告文学《没有失去的青春》,《文汇报》1981年9月11日第3版

图7-11-1 上海市第二中学初三(2)班毕业留影（1982年6月18日）

图7-11-2 上海市第二中学高二(1)班毕业留影（1982年6月18日）

在老师和同学的帮助下，加上陈骅自身的努力，她得到了很大的进步。尽管脱了大半学期的课程，但是当学期结束时，陈骅的总分依然名列全班第三。不仅如此，她还参加了全校的数学竞赛、全区的外语朗读表演以及江苏省、上海市、《语文学习》编辑部举办的中学生听读讲写的邀请赛。在这次邀请赛中，她用真挚的语言在口头作文《我的同桌》中表达了对同学、师长的感谢，她说道："每当我需要的时候，好像自己并不是只有一只手的残疾的人，总会有另一只手帮助我按住本子，擦橡皮，整理书包，放好课桌椅，甚至揩去我额上的汗水。……这就是她，我的同桌王文伟，她待我胜似亲姐妹。她普通微小的一举一动却使我悟出了一个真理，疾病夺去了我躯体的近四分之一，可是夺不走我在集体中享有的幸福，夺不走我和同学们一起学习的权利和责任，更夺不去我胸腔中一颗热爱生活的火热的心。所以，我感到自己什么也没有失去……"[13]赛后，陈骅不仅赢得了奖项，更是让众人为其坚强的意志与市二中学师生之间紧密的情谊所动容。在之后的学习生活中，陈骅依旧凭借她的精神、她的意志，在老师与同学的帮助下，茁壮成长。[14]

市二中学师生互助、团结友爱的优良风气得到了社会各界的肯定。1981年8月，上海市教育局、共

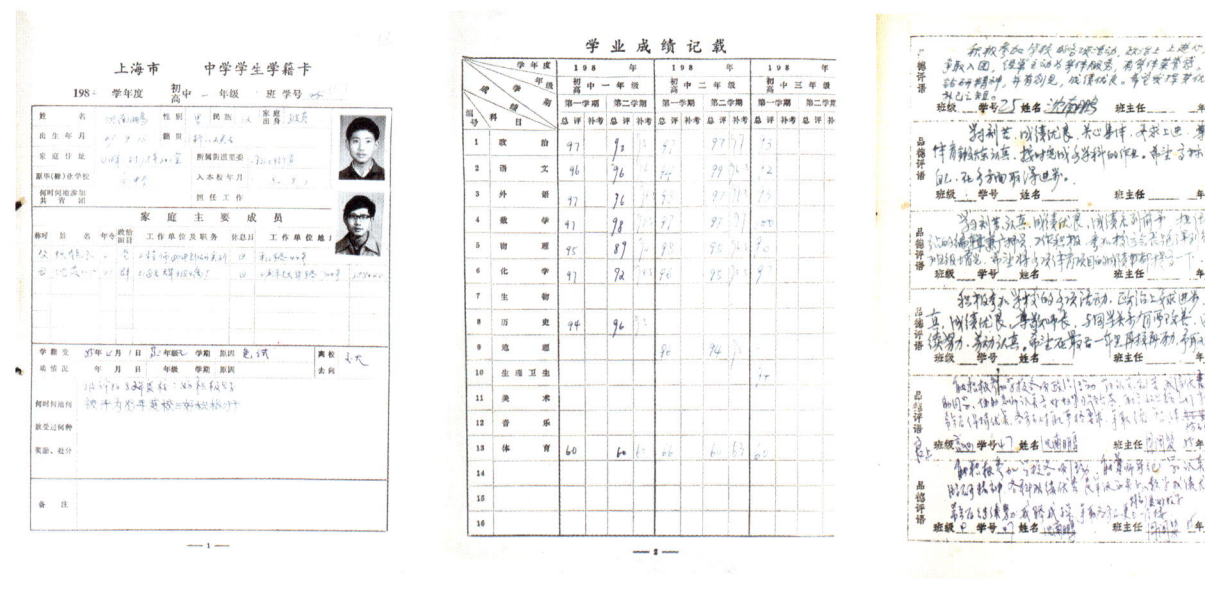

图7-12　上海市二中学学籍卡（摘选，20世纪80年代）

青团上海市委以及中共上海市委联合评选市二中学初三（2）班为《学雷锋》创"三好"先进集体。这一年的12月，上海市教育局、团市委和青年报社授予市二中学初三（5）班、高二（1）班"1981年市中等学校文明班级"称号。[15]（图7-11）

经过一段时期的恢复与调整，市二中学重新"走在上海中教界的前列"[16]。作为一所老校、名校，受到各界瞩目。（图7-12）

第二节　吴小仲校长与市二中学的改革

1976—1984年的市二中学，处于恢复与振兴时期，同时也是在养精蓄锐，蓄势待发。

这是一个改革的时代，彼时各行各业都在呼吁变革，并涌现了大量时代人物。

1985年之后，市二中学也开始进行大刀阔斧的改革。就在这时，市二中学也迎来了一位改革的校长——吴小仲。

吴小仲自20世纪60年代初走上教育岗位，80年代初任上海中学副校长。1985年3月，吴小仲调任上海市第二中学副校长。7月，经学校支部改选，由中共徐汇区委任命韩志斌为校党支部书记。11月，鲁夫校长离休，由吴小仲副校长主持行政工作。1987年7月，吴小仲正式被任命为市二中学校长。[17]事实上，在吴小仲自出任副校长后，就着手调研，开始全面了解学校的工作。在吴校长正式主持工作后，就谋划改革，以推动市二中学各项事业的整体发展。（图7-13）

首先,在1986年,吴小仲校长确立了市二中学"和谐发展教育"的办学理念,提出德、智、体、美、劳五育和谐发展的培养目标。对于为何将"和谐发展教育"作为学校的办学理念与目标,吴校长进行了详细阐述:

> 市二中学是一所有着悠久历史的老学校,当时(1986年)已有80多年的历史。在80多年中有19位校长,我是第20任。我明白,作为校长必须在任职期间提出明确的办学目标,带领全体教职员工为实现办学目标努力向前。
>
> 办学目标的确定首先是要符合党的教育方针、时代对培养青少年的要求。其次,目标必须符合学校的实际,新老教职工都能接受,愿意为之奋斗。第三,目标必须有理论支撑,有可持续发展的空间。
>
> 由于80多年中校长调动频繁,各位领导还来不及提出明确的办学宗旨,但是19位校长有一个共同的特点,就是他们都按照教育规律、认认真真引领学校和师生向前,所以才能取得辉煌的业绩。这是我要坚持的,也是我提出"和谐发展教育"办学目标的基础。
>
> 毛泽东同志的《矛盾论》《实践论》是"和谐发展教育"办学目标提出的理论支撑。和谐是相对的,不和谐是绝对的。对学校来说教育、教学之间、各学科之间(如:数理化、音体美)、校内和校外、课内和课外、学校和家庭学校和社会、党政之间、行政各部门之间等等不和谐是绝对的。就是学生在德、智、体、美、劳五个方面发展不和谐也

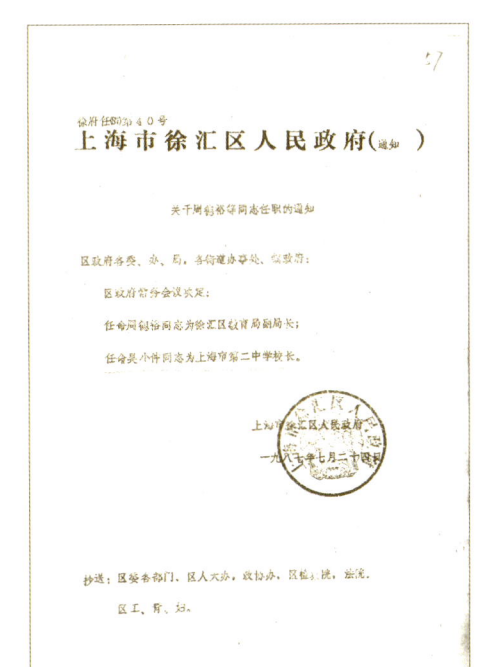

图7-13 1987年任命书,任命吴小仲为上海市第二中学校长

> 是绝对的,学校教育的功能,组织管理的功能就是要使他们(它们)从不和谐向和谐发展,从而螺旋上升,永不停步。
>
> "和谐发展教育"是一个动态的过程,所以它可持续发展。就是校长更替了,接任的校长仍有许多不断前进的空间,能保持学校发展的稳定性。[18]

在吴校长明确了市二的办学目标后,学校开始分德、智、体、美、劳几个方面进行管理,以科研为指导方向进行教育实践,学生的兴趣爱好与个性特长均得到培养。学校实施"和谐发展教育"的具体做法是:

第一,自觉运用统筹法。学校工作千头万绪,五育之间也会发生"打架"现象,失去平衡,这就要求组织者善于抓住五育渗透

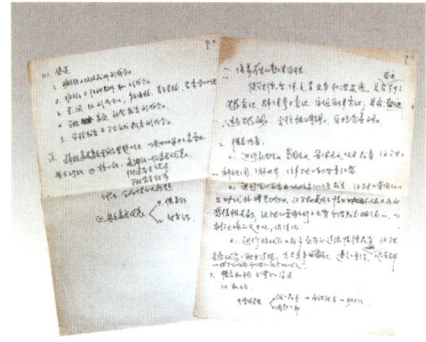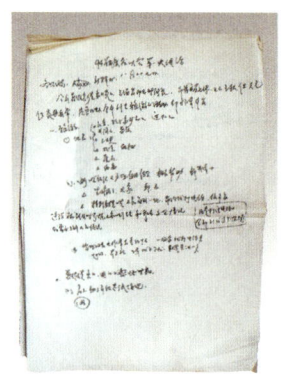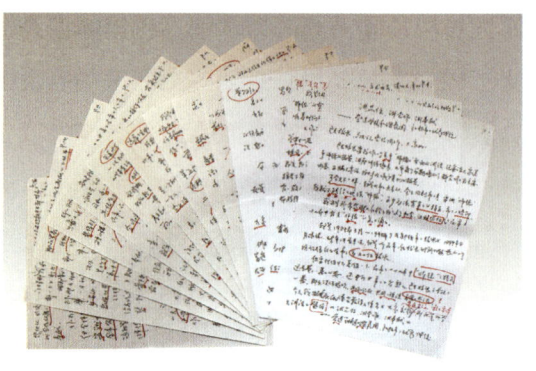

图7-14 吴小仲校长手稿

交叉的结合点与内在联系，减少忙乱。具体做到：时间上统筹——疏密有致、合理安排；人力上统筹——能力、年龄上搭配合理，工作上考虑稳定性、连续性、长远性；财物上统筹——分清轻重缓急。

第二，自觉运用系统工程管理法。学校工作是系统工程，从系统工程角度看，任何管理机构都是作为实现某一目标的有机联系整体存在，而不是孤立的。因此建立网络系统，把结合点、交叉点找准找好，形成合力至关重要。

第三，建立教师教学质量与职称评定、考评、奖惩系列，完善教育教学管理网络，形成精干、高效的教师队伍。[19]（图7-14）

市二中学在"五育并举"中突出两个重点。一个重点是德育，学校始终认为德育是基础，因此在构建德育管理网络上，学校做了许多工作。德育管理网络是遵循"人人都是德育工作者"的理念而形成的五个合力集合体，这五个合力分别是为"班主任和政治老师；班主任和其他教师、职工；教师和学生自我教育；党、团、队；学校、家庭、社会"[20]。为实现德育管理网络的有效运行，学校相继与吴泾化工厂、上海县莘庄乡明星村、海军东海舰队训练四大队、协昌缝纫机厂、上海交通电器有限公司等单位建立了挂钩关系，以扩大学生的社会实践基地，来加强学校与社会的联系。另外，学校还于1989年3月3日成立了家长委员会，以进一步加强校外合力。通过各种努力，市二中学建成了富有成效的德育管理网络。

另一个重点是抓教学质量。学校通过建立校领导、教师、学生三个层面横向与纵向并存的课堂教育质量自我管理网络，有效地实施了自我反馈调节功能与逐级管理反馈功能，调动了教、学两方面的积极性。在教学质量管理网络方面，主要分为三级自我管理的网络，即学生学习质量自我管理、任课教师教学质量自我管理和领导教学质量自我管理。吴校长认为这一网络的形成主要是为了"提升学生、教师、领导的自主意识、责任意识。学会分析、学会看到分数背后的问题；学会针对问题寻找解决问题的途径和方法"[21]。

1989年11月9日，召开市第四届教代会第三次会议扩大会议，吴小仲校长做《市二中学整体改革规划》报告。[22]在报告中，吴校长明确提出市二中学的办学指导思想从"为高一级学校输送合格人才转到全面提高学生素质上来报告，特别强调以教育科研促进学生素质全面提高，促进学生德、智、体、美、劳五育和谐发展，并对五育提出了明确的目标要求。按照教育、教学、师资队伍建设、学校管理四个部分，提出了具体的改革措施，以保证目标的实现"[23]。此次报告除了再度完备市二中学"和谐发展教育"的办学目标外，还获得了政府有关部门的关注，此后在指导思想、改革规划以及设备经费等方面，有关方面都提供了大力支持。学校开始"进一步实施学校教育内各教育过程和各个环节的整体优化为中心内容的整体改革方案"[24]。

1986年8月，为了进一步贯彻《中共中央关于教育体制改革的决定》的精神和三个面向的要求，经过吴小仲校长与老师们的反复酝酿讨论，提出"四风"（即校风、教风、学风、领导作风）要求：

  校风：严谨、活泼、求实、进取。
  教风：为人师表、管教管导、备课教学、勤于创造、严格扎实、启发诱导、拔尖补差、因材施教。
  学风：勤奋、刻苦、主动、创造。
  领导作风：公正、自律、高效、实干。[25]

同时，学校还制定了《教师工作规范》《教研组长工作常规》《年级组长工作职责和考核要求》《班主任职责和考核要求》《新教师实习期工作要求》等规章制度，以加强师资队伍的建设，提高教学质量，规范相关工作，与"四风"相呼应。[26]

此外，吴校长与她的同事们在课程与教材方面也开始了相关改革。1990年12月1日，学校启动课程教材改革实践。市二中学开始组织全体高级教师与骨干教师，学习上海市课程教材改革的基本思路，并在高一年级以及1989年新增设的预初一年级实施课程设置改革。具体课程分为基础课、选修课、活动课三大类。"学生在学习基础课的同时，选修一二门学科拓展的新课程，参加一二门培养学生动手能力的活动课程。"[27]1991年2月28日，预初一年级正式实施课程设置改革，要求每周都有一个半天用来开设选修课和课外活动课。（图7-15）

吴小仲接任市二校长后，改革与开放相结合，还特别重视学校的对外交往与开放办学。1985年12月，市二中学为了加强对外联系，经

图7-15 苏联话剧《祝你成功》片段剧照，左起：陆红斌、祝颖、陈浞钦、嵇晓宇（1984年）

图7-16 上海市第二中学全体女教工合影留念（摄于1986年）

图7-17 上海市第二中学内部刊印的研究性书籍一览

市外办介绍，与日本泉佐野市新池中学建立了友好学校关系。1987年，市二中学代表团访问新池中学。1988年2月，日本泉佐野市少年友好访问团一行14人来校访问，友好学校日本泉佐野市新池中学校长曾我勋任该访问团副团长，团员中亦有不少该校学生代表，两校借此机会相互增进了解，加强友谊。1989年5月9日，是徐汇区与日本泉佐野市友好交往五周年的纪念日，市二中学的11个班级参加了庆祝大会。日本新池中学向市二中学赠送了校刊，市二也回送了黄杨木雕一只。此外，学校还先后与日本草津市中学、美国尼达翰姆高中等学校建立友好关系，并长期保持友好的交往。[28] 自1990年起，市二中学开始从国外聘请外语教师来学校任教。1990年9月8日，美籍英语教师Warmbo Loca Berneice由美国来校任教高一、高二年级口语课。1991年3月1日，澳大利亚外籍教师Barbara Willis来校任教口语课。9月2

图7-18 上海市第二中学在日本新池中学参加篮球比赛（1987年）

图7-19 上海市第二中学欢迎草津市教育代表团来访（1993年8月）

日，澳大利亚昆士兰教师Renee来校任教口语课。这些外教的加盟使得市二中学的师资力量与课程形式的丰富化都得到了较大的加强。市二这一系列开放办学也扩大了学校的国际影响力，当时市二中学接待外宾的任务很多，为此学校还专门成立了外宾接待小组，负责这方面的事宜。1992年11月6—7日，日本NHK电视台来校拍摄，开展宣传报道，反响较好。1995年9月21日，吴小仲校长率李文思、张辰老师及邢晓春、胡歌、朱家骏、张捷、王琦5名学生组成的师生代表团受邀出访日本大阪府泉佐野市，进一步促进了市二中学的国际交流。[29]（图7-16至图7-19）

市二中学推行的一系列改革，有力推动了学校各项事业的发展，提升学校的知名度，扩大社会影响力。上海市有关部门也把市二中学列为教育教学改革的实践基地，将一些具有开创性的改革项目放到市二中学进行实验、试点。

1986年9月，学校接受了上海市普教系统评定专业技术职称试点任务。学校随后即着手做好准备工作。1987年2月，根据市职改办的要求，学校成立职改领导小组和校职改评审小组，由吴小仲校长任组长，主管教师职称改革试点工作。[30]关于教师的职称改革，是学校改革的重点，涉及每一个教师的切身利益，关系到师资队伍建设，以及如何发挥教师的工作积极性，进而影响到教学质量的稳定乃至一所学校的办学水平。教师职称改革的意义重大，但这也是一项艰巨的任务，面临诸多困难，如当时市二中学的教师在写论文方面的经验几乎为零，这就给工作的实施带来了很大的麻烦。

对于为何要接受这项具有挑战性的任务，吴小仲校长说道："我感到这项工作能帮我在最短的时间对市二中学将近100名教师的师德、教育教学能力等情况有一个比较详细的了解，因此我欣然接受了这项任务。"[31]在市二中学实行教师职称改革试点的过程中，吴校长亲自听课，发现教师教育、教学的特点，帮助他们总结经验，提升教育思想。然后再将这些内容转换成文字，撰写成论文，寻找渠道予以发表。这样一来，教师们发表了教学论文，有了科研成果，同时也获得了成就感，由此迈出了关键的第一步。在此基础上，教师们基本消除了畏惧情绪，在此后的工作中也会更加积极、更加主动地参与到教师职称改革的任务中来。市二同时也承担了对各级教师考评指标的实践，这项工作虽然时间紧、任务重，但每个市二人都全身心地投入其中，取得了令人瞩目的成绩。此次试点也将市二中学的人性化管理体现得淋漓尽致，为了奖励市二中学教师们在工作中的无私奉献与先行精神，全体教师的工资都提前一年得到了晋升。吴小仲校长事后对这次职称改革试点工作有一段回顾："职称改革试点工作，对我这个刚到市二担任工作的校长来说，不仅很快地融入了市二，更重要的是在市教育局老同志的带领下我学会了'阅读政策领会精神'，我学会了设计操作流程，我学会了宣讲政策和实践经验（当时四个主报告都是我在全市校长会议上做的），更让我学会了如何把政策和群众的切身利益结合起来。"[32]

1991年，上海市第二中学成为课程改革高中教材第一轮试点单位。一期课改的宗旨和内容十分广泛，几乎涵盖了学校工作的全部内容："它涉及了教育思想和教学方法的转变；涉及课程结构、课程标准、教学管理等诸多的变化。"[33]由此可见，作为第一轮试点，要想取得课改的成功，确实也面临着不小的挑战。但是，作为一所重视改革的市重点中学，市二中学面对困难，迎难而上。由于先前学校就已在课程教材改革方面积累了丰富的经验，如市二在课改之前就开设了大量的选修课与课外活动课，市二中学在这一板块的改革基础较为扎实。对于市二来说，实现课改成功的关键是要掌握好"新教材"。当时学校在"新教材"的理解上还略显不足，有点陌生。所以，那时不仅需要得到家长、学生、社会的谅解与支持，还需得到教师对教材的认可，确认教师对课时的把控。面对学生，需要根据不同年级制定相对应的工作目标；面对教师，需要根据课改的各项内容，培养符合要求的师资队伍。[34]于是吴小仲校长针对当时市二中学的实际情况，提出了"上好必修课，试好新教材"的建议。[35]该提法得到了课改领导小组的重视，之后吴校长就这一问题在市教研员会议上做专题发言。一期课改试点，也给市二中学的发展带来了机遇。其中最为突出的就是教师队伍的成长，教师们的教学水平、教学方法与教学质量都有了明显的提升。有一些老师在与编写教材的专家对话、交流后，对教材的内容与意义有了更深层次的了解；还有许多教师成为市、区教学研究的核心成员，获得了很多市、区承担公开课、研究课的机会；另有好几位教师在一期课改中成为区的学科带头人，被评为高级教师，在这基础上后来也有老师被评为特级教师。吴校长曾感叹说："市二在一期课改中最大的收获是：锻炼和培养了校长、各级领导和教师两支队伍；实事求是，一切从实际出发的'有效性'是我们追求的目标。"[36]（图7-20）

在学校教育教学改革取得一系列成绩基础上，学校党支部开展上海市的基层党建"凝聚力工程"试点。人际关系的和谐是一切和谐的基础，这与学校"和谐发展教育"的办学目标相一致，因此吴校长欣然接受了这项任务。1994年9月25日《文汇报》刊登专访《追求和谐——记市二中学校长吴小仲》。1994年12月27日，学校党支部召开"凝聚力工程"现场展示会，上海市主要媒体对此予以报道。是月，学校被上海市教育局命名为"上海市中学生行为规范示范学校"。1995年2月23日，中共上海市委常委、组织部部长罗世谦来校听取党建工作，即凝聚力工程汇报。4月3日，上海市委组织部在学校召开"凝聚力工程"现场会。6月16日，中央党校摄制组来校拍摄有关凝聚力工程录像。10月7日，参加中共上海市委组织部主办的上海市"凝聚力工程"空中展示——《校园中的爱之歌》。1996年，上海市二中学"凝聚力工程"工作成绩显著，被评为上海市基层先进党组织。[37]在市二开展"凝聚力工程"活动之后，全校师生真正做到吴小仲校长所提倡的"人人是凝聚力工程的参与者和建设

图7-20　吴小仲校长主编的教育改革论文集（摘选）

者"[38]，学校有了新面貌、新气象。在此分享几个暖心的小故事：

>一位教师身患重病住在医院，因父母年迈，又没成家，全校教职工安排了全天24小时轮流陪护，大家都主动参加毫无怨言。
>
>已放学多时了，看到一位外地来市二的新教师在办公室流泪，老教师一问才知道今天是她的生日，想家了，马上打电话到校长室问有没有小礼品，能不能晚饭时让食堂烧一碗面？事情立刻就办妥了。
>
>一位教师，医院发出了病危通知，当校长赶到医院时没想到他提出的要求是：用车送我到卢湾体育场，让我看一看明天运动会各种器材是否到位，这是我负责的。
>
>一位老师上公开课，除了备课组、教研组在学科上提供帮助外，年级组，后勤组全员都会出手帮忙。大家有一个共识：一人成

功,大家光荣,因为我们都是市二人。[39]

"凝聚力工程"的成功开展,不仅使市二中学获得了很多荣誉,更重要的是,学校在此期间形成了"讲品位、讲合作、讲奉献"的师德精神,师生之间尽显和谐的氛围。

市二中学在进行一些改革与试点任务的同时,还围绕"和谐发展教育"的办学目标,进一步加深各类改革的效果,使学生们在常规教育之外也能不断地、多渠道地加强思想教育,注意加强学生的社会实践活动,"在组织学生志愿者服务队的基础上,逐步完善了学生参加军训、学农、学工社会实践活动的机制"[40]。

市二中学重视学生的道德教育。吴小仲校长是中小学生伦理道德教育的坚定拥护者,她曾说过:"现在的学生是新世纪的建设者,他们的综合素质直接关系着国家未来。因此,学校不能只重分数、只重升学率,而应该要求学生德、智、体、美、劳全面发展。加强伦理道德教育,我们基础教育工作者是责无旁贷的。"[41]1994年9月,学校开展了以"孝心"为内容的教育活动,要求同学们做到"在政治上要求进步让父母放心,在学习上刻苦努力让父母称心,在生活上学会自立让父母少操心"[42]。学校先是组织学生学习《东方伦理道德小故事》丛书,邀请华东师范大学等院校的伦理学专家来校做如何继承传统美德的报告,并邀请学生、家长代表与老师一起讨论、制定活动的措施。随后学校会根据不同年级的特点,开展不同形式、不同内容的活动。针对初中年级,学校会将重点放在培养学生的自理能力上。比如洗衣服、削水果、叠被子等基本技能都是学校希望初中年级的同学能够自己做到的。而对于高中年级来说,他们的独立自主意识增强,叛逆情绪加重,学生与家长之间的交流日益减少,这时活动的主要目标就是创造机会加强两代人之间的沟通,让学生能在沟通中受教、在沟通中成长。此次"孝心活动"在社会上引起了高度的反响,1996年5月10日,广东电台采访学校"孝心活动",由苏平、吕士堃、张辰老师做宣讲。7月7日,广东电台再次采访学校"孝心活动",吕士堃老师做十分钟直接连线对话。10月10日,中央人民广播台报道学校"孝心活动"。此后,上海市政府信访办予以关注,《人民日报》《中国青年报》《文汇报》《解放日报》《北京教育》等,还有来自江苏、浙江、陕西、广东等各地媒体都对"孝心活动"进行报道。[43]市二中学的"孝心活动"取得了一定的成效,许多家长反映他们的孩子都有了明显的变化,变得更成熟、更懂事了。更令人可喜的是,有一些同学甚至完成了从关心父母到关心他人的转变。总之,"孝心活动"所带来的影响是多元的,学生们不仅懂得了如何孝敬父母、帮助他人,还加强了各类能力,提升了综合素质。[44](图7-21)

改革的年代,也让改革者收获了丰硕的成果。自1985年到1998年,吴小仲与她的同事们顺应改革开放的大时代,在市二中学进行了一系列改革,这一时期的市二中学教育教学成绩突出,"学校曾荣获全国社会实践先进集体、上海德育先进集体、上海市中学生行为规范示范校、市教育科研先进集体、市爱国卫生先进单位、市体育达标先进单位、市勤工俭学先进单位称号。该校少先队被评为上海市金星大队,共青团被评为市红旗团组织,学校党支部被评为上海市先进基层党组织,学校连续六次被市政府命

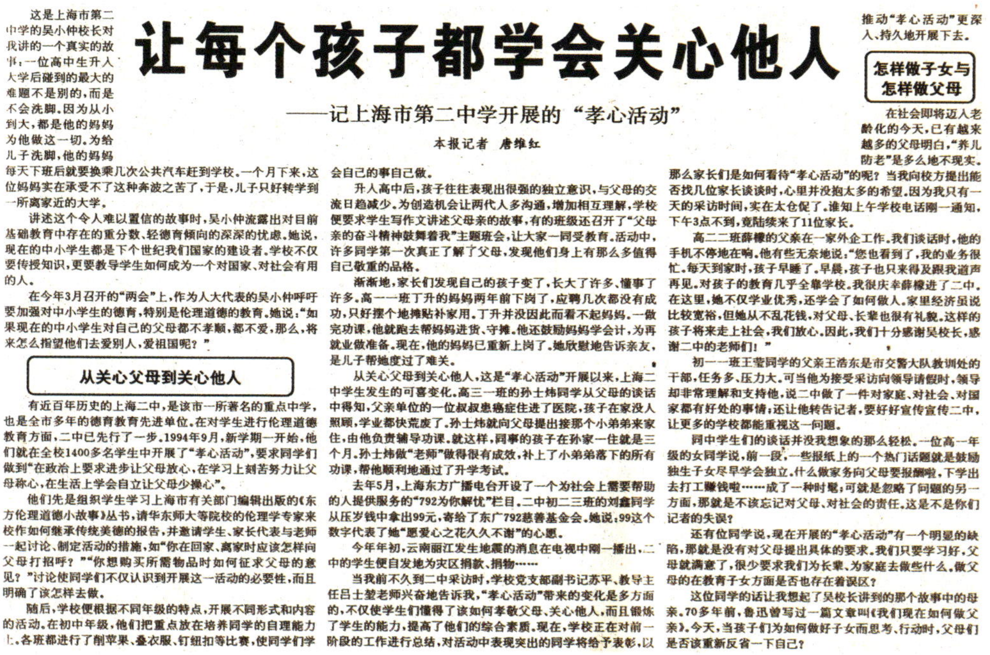

让每个孩子都学会关心他人

——记上海市第二中学开展的“孝心活动”

本报记者　唐维红

这是上海市第二中学的吴小仲校长对我讲的一个真实的故事：一位高中生升入大学后碰到的最大的难题不是别的，而是不会洗脚。因为从小到大，都是他的妈妈为他做这一切。为给儿子洗脚，他的妈妈每天下班后就要换乘几次公共汽车赶到学校。一个月下来，这位妈妈实在承受不了这种奔波之苦了，于是，儿子只好转学到一所离家近的大学。

讲述这个令人难以置信的故事时，吴小仲流露出对目前基础教育中存在的重分数、轻德育倾向的深深的忧虑。她说，现在的中小学生都是下个世纪我们国家的建设者。学校不仅要传授知识，更要教导学生如何成为一个对国家、对社会有用的人。

在今年3月召开的“两会”上，作为人大代表的吴小仲呼吁要加强对中小学生的德育，特别是伦理道德的教育。她说：“如果现在的中小学生对自己的父母都不孝顺，都不爱，那么，将来怎么指望他们去爱别人，爱祖国呢？”

从关心父母到关心他人

有近百年历史的上海二中，是该市一所著名的重点中学，也是全市多年的德育教育先进单位。在对学生进行伦理道德教育方面，二中已先行了一步。1994年9月，新学期一开始，他们就在全校1400多名学生中开展了“孝心活动”，要求同学们做到“在政治上要求进步让父母放心，在学习上刻苦努力让父母称心，在生活上学会自立让父母少操心”。

他们先是组织学生学习上海市有关部门编辑出版的《东方伦理道德小故事》丛书，请华东师大等院校的伦理学专家来校作如何继承传统美德的报告，并邀请学生、家长代表与老师一起讨论、制定活动的措施，如“你在回家、离家时应该怎样向父母打招呼？”“你想购买所需物品时如何征求父母的意见？”讨论使同学们不仅认识到开展这一活动的必要性，而且明确了该怎样去做。

随后，学校便根据不同年级的特点，开展不同形式和内容的活动。在初中年级，他们把重点放在培养同学的自理能力上。各班都进行了削苹果、叠衣服、钉纽扣等比赛，使同学们学会自己的事自己做。

升入高中后，孩子往往表现出很强的独立意识，与父母的交流日趋减少。为创造机会让两代人多沟通，增加相互理解，学校便要求学生写作文讲述父母亲的故事，有的班级还召开了“父母亲的奋斗精神鼓舞着我”主题班会，让大家一同受教育。活动中，许多同学第一次真正了解了父母，发现他们身上有那么多值得自己敬重的品格。

渐渐地，家长们发现自己的孩子变了，长大了许多、懂事了许多。高一一班丁升的妈妈两年前下岗了，应聘几次都没有成功，只好摆个地摊贴补家用。丁升并没因此而看不起妈妈。一做完功课，他就跑去帮妈妈进货、守摊。他还鼓励妈妈学会计，为再就业做准备。现在，他的妈妈已重新上岗了。她欣慰地告诉亲友，是儿子帮她度过了难关。

从关心父母到关心他人，这是“孝心活动”开展以来，上海二中学生发生的可喜变化。高三一班的孙士炜同学从父母的谈话中得知，父亲单位的一位叔叔患癌症住进了医院，孩子在家没人照顾，学业都快荒废了。孙士炜就向父母提出接那个小弟弟来家住，由他负责辅导功课。就这样，同事的孩子在孙家一住就是三个月。孙士炜做“老师”做得很有成效，补上了小弟弟落下的所有功课，帮他顺利地通过了升学考试。

去年5月，上海东方广播电台开设了一个为社会上需要帮助的人提供服务的“792为你解忧”栏目。二中初二三班的刘鑫同学从压岁钱中拿出99元，寄给了东广792慈善基金会。她说：99这个数字代表了她“愿爱心之花久久不谢”的心愿。

今年年初，云南丽江发生地震的消息在电视中刚一播出，二中的学生便自发地为灾区捐款、捐物……

当我前不久到二中采访时，学校党支部副书记苏平、教导主任吕士堃老师兴奋地告诉我，“孝心活动”带来的变化是多方面的，不仅使学生们懂得了该如何孝敬父母、关心他人，而且锻炼了学生的能力，提高了他们的综合素质。现在，学校正在对前一阶段的工作进行总结，对活动中表现突出的同学将给予表彰，以推动“孝心活动”更深入、持久地开展下去。

怎样做子女与怎样做父母

在社会即将迈入老龄化的今天，已有越来越多的父母明白，“养儿防老”是多么地不现实。那么家长们是如何看待“孝心活动”的呢？当我向校方提出能否找几位家长谈谈时，心里并没抱太多的希望。因为我只有一天的采访时间，实在太仓促了。谁知上午学校电话刚一通知，下午3点不到，竟陆续来了11位家长。

高二二班薛檬的父亲在一家外企工作。我们谈话时，他的手机不停地在响。他有些无奈地说：“您也看到了，我的业务很忙。每天到家时，孩子早睡了。早晨，孩子也只来得及跟我道声再见。对孩子的教育几乎全靠学校。我很庆幸薛檬进了二中。在这里，她不仅学业优秀，还学会了如何做人。家里经济虽说比较宽裕，但她从不乱花钱，对父母、长辈也很有礼貌。这样的孩子将来走上社会，我们放心。因此，我们十分感谢吴校长，感谢二中的老师们！”

初一一班王莹同学的父亲王浩东是市交警大队教训处的干部，任务多、压力大。可当他为接受采访向领导请假时，领导却非常理解和支持他，说二中做了一件对家庭、对社会、对国家都有好处的事情；还让他转告记者，要好好宣传宣传二中，让更多的学校都能重视这一问题。

同中学生们的谈话并没我想象的那么轻松。一位高一年级的女同学说，前一段，一些报纸上的一个热门话题就是鼓励独生子女尽早学会独立，什么做家务向父母要报酬啦，下学出去打工赚钱啦……成了一种时髦；可就是忽略了问题的另一方面，那就是不该忘记对父母、对社会的责任。这是不是你们记者的失误？

还有位同学说，现在开展的“孝心活动”有一个明显的缺陷，那就是没有对父母提出具体的要求。我们只要学习好，父母就满意了，很少要求我们为长辈、为家庭去做些什么。做父母的在教育子女方面是否也存在着误区？

这位同学的话让我想起了吴校长讲到的那个故事中的母亲。70多年前，鲁迅曾写过一篇文章叫《我们现在如何做父亲》。今天，当孩子们为如何做好子女而思考、行动时，父母们是否该重新反省一下自己？

图7-21 《让每个孩子都学会关心他人——记上海市第二中学开展的『孝心活动』》，《人民日报》1996年6月11日第10版

名为上海市文明单位”[45]。（图7-22、图7-23、表7-1）

表7-1　1986—1998年上海市第二中学获得市级以上（含市级）荣誉或称号（据不完全统计）

荣誉名称	颁发机关	颁发时间
上海市体育先进集体	上海市体育运动委员会	1986
上海市文明单位	上海市人民政府	1987
上海市“体锻达标”先进学校	上海市体委、市教育局	1987
上海市中学生服务队	上海市教育局、团市委	1989
上海市少先队优秀中队	上海团市委、市教育局、市少先队工委	1990
1989—1990年度上海市文明单位	上海市人民政府	1991
上海市普教教科研先进集体	上海市教育局	1992
1991—1992年上海市爱国卫生先进单位	上海市爱国卫生运动委员会	1993
上海市“体锻达标”先进学校	上海市体委、市教育局	1993
1991—1992年度上海市文明单位	上海市人民政府	1993
国家“体锻达标”上海市先进学校	上海市体委、市教育局	1994
上海市日常行为规范示范校	上海市教育局	1994
上海市中小学德育工作先进集体	上海市教育局、市中小学教育奖励基金	1994
1993—1994年上海市爱卫生先进集体	上海市爱卫会	1995

（续表）

荣誉名称	颁发机关	颁发时间
国家"体锻达标"上海市先进学校	上海市体委、市教委	1995
1993—1994年上海市文明单位	上海市人民政府	1995
上海市体育传统项目学校	上海市体育运动委员会、市教育委员会	1995
1995—1996年上海市爱卫先进单位	上海市爱委会	1996
上海市实验专用室建设与管理先进学校	上海市教育委员会	1997
1995—1996年上海市文明单位	上海市人民政府	1997
上海市学校卫生工作先进单位	上海市教育委员会、市卫生局	1997
1995—1997年上海市"体锻达标"先进学校	上海市体委、市教委	1998
上海市中小学生日常行为规范示范学校	上海市教育委员会	1998
1997年度上海市无吸烟先进单位	上海市爱委会、市精文明办、市卫生局等	1998

*资料来源：据上海市第二中学提供资料汇总。

这一时期的市二中学，学生成绩优异，在高考上屡获佳绩，捷报频传；在综合素质方面，德、智、体、美、劳全面发展。1995年上海市高考理工科最高分获得者就是来自上海市第二中学的陈宇，得了538分（总分660分）。7月25日，上海教育电视台来校采访，并在当天晚上电视新闻中播放。7月27日，《文汇报》也予以报道。

同时，学校拥有一支优秀的教师队伍，市二中学的老师教学能力强，教学质量高。刘建胜、姚国超、胡增荦、钱玉珍、戈萃、周闺贤、金人玉、张辰、张耀华、吕士堃、薛珂等老师先后获得国家、上海市级等荣誉。表7-2为1983—1999年上海市第二中学教师获得全国荣誉称号名录。

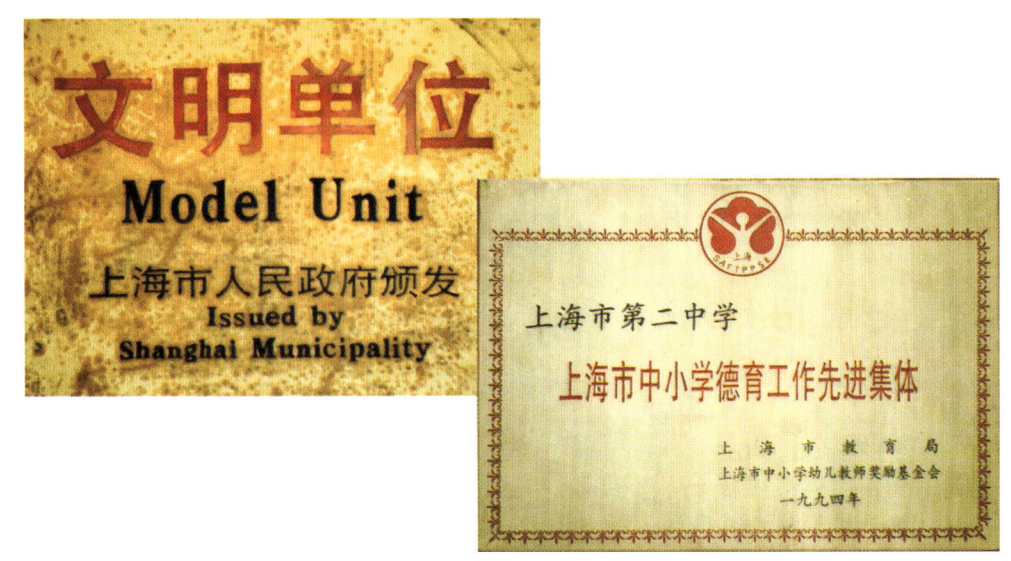

图7-22 市二中学被上海市人民政府授予"文明单位"称号（1997年）

图7-23 市二中学获得"上海市中小学德育工作先进集体"称号（1994年）

表7-2　1983—1999年上海市第二中学教师获得全国荣誉称号名录（据不完全统计）

时间	获得荣誉称号	获得者姓名
1983	全国"三八红旗手"	陈美兰
1983	全国"五讲四美优秀教师"	杨雪冰
1983	全国优秀班主任	沈瑞英
1987	全国传统项目学校优秀工作者	胡增荦
1989	全国优秀教师	吴小仲
1989	全国优秀教育工作者	戈萃
1992	全国优秀体育工作者	张耀华
1995	全国教育系统劳动模范、全国优秀校长	吴小仲
1999	全国学校体育卫生工作先进个人	汪青

*资料来源：据上海市第二中学提供资料汇总。

吴小仲是上海市第二中学的校长，同时还是全国人大代表、语文特级教师、大学兼职教授、国家教委培训中心特邀讲师等。作为校长，她是一名杰出的管理者、优秀的改革者。她任市二中学校长期间，相继获得"上海市优秀教育工作者""上海市劳动模范""全国优秀教师""特级教师""上海市优秀中小学校长""全国教育系统劳动模范""全国优秀校长"等荣誉或称号，享受国务院颁发的政府特殊津贴。[46]吴校长身体力行，在自己的岗位上勇于创新、甘于奉献。（图7-24）

改革让上海市二中学充满活力，也让学子们受益匪浅。后来毕业生们回忆起他们在市二的求学经历，讲述他们的学习、生活情况时，1988届的毕业生谢阳谈及他们的1988届高中（6）班集体：

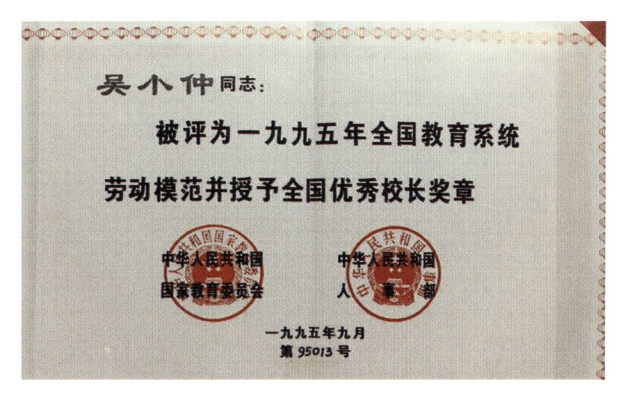

图7-24　1995年9月，吴小仲被评为全国教育系统劳动模范并授予全国优秀校长奖章

这个集体曾经有非常值得骄傲的篇章：我们的班主任姚国超老师曾荣获"上海市劳动模范"的称号；我们的集体曾培育出一名"中学生党员"；我们的集体也曾有一位同学荣获"上海市三好学生"的称号。我们的班队曾三届蝉联年级的篮球联赛冠军；高中毕业时全校免试直升上海交大和复旦大学的每一个名额当之无愧地落入我们班中；高考结束后，全班四十四位同学四十二位进入全国重点高校，其中上海交大十三位，复旦大学十位，上医大六位；目前去国外定居、生活、工作、学

图7-25　上海市第二中学1988届高中毕业留影（1988年6月）

习的同学超过二十位；其中不乏取得麻省理工学院材料科学系（该系在全美排名第一）博士学位后进入纽约华尔街工作的男生，也有取得普渡大学化学系博士学位后进入默沙东公司（全世界排名第一的药业托拉斯）从事科研开发工作的女生；更有六位同学最后分别走到一起，同结连理，三对伉俪传为佳话……在这样的一个集体中学习与成长，我得益匪浅。它教我做人及做学问的基本方法。做人之道，莫过于"诚实、诚恳、乐于助人"。[47]

的确，也如严如祥在《五育并举，和谐发展——记特级教师、上海市第二中学校长吴小仲》中所写的那样："在改革开放的春风沐浴下，学校实施了'和谐发展教育'，为高等学校输送了许多优秀的毕业生。一代新人在这里成长……"[48] 市二中学成为众多学子成才的"摇篮"。（图7-25）

在改革中，市二中学得到了全面发展，各项事业整体推进。学校规模比以前有所扩大，师资队伍日益壮大，办学条件进一步完善：

（1989年）学校有28个班级，高中3个年级，每级4个班，初中4个年级（初三、初二、初一、预初一）每级4个班，在校学生总人数1326人，教职员工134人，其中任课的88人（其中中学高级教师21人，中学一级教师52人）。学校占地面积17.50亩，建筑面积10644平方米，绿化面积1105平方米，设备齐全，有符合规格要求的教室28间，有三个物理实验室，三个化学实验室，二个生物实验室，还有微机、语音、打字、音乐、美术、科技等专用教室和一个室内体操房，一个室内乒乓房，有3944平方米室外运动场。图书馆占用了一个楼面，使用面积300多平方米，有宽敞明亮的阅览室，学生借书实行开架，目前藏书九万余册，并订有期刊杂志一百多种，供学生自由借阅。有教工专用的活动室，并设有男女浴室，对外有专用的接待室。学校还附设校办工厂……[49]（图7-26、图7-27）

第七章　因改革而兴的市二中学

图7-26　化学实验课（20世纪80年代）

图7-27　笛子独奏乐（1982年）

在市二中学的发展中，还要提到一所中学的改名。这所中学就是嘉善中学，1997年改名为"上海市第二初级中学"。为何要改名，这也涉及当时的教育改革。这里，需要简要回顾嘉善中学的办学历史。

1962年7月，在嘉善路240弄26号的三排低矮平房里，民办嘉善中学成立。彼时国家正值经济困难时期，政府扶持有限，办学条件较为艰苦，简陋的教室与旧式工厂毗邻，10间房间6个教室，300平方米的面积，教学设备简陋，课桌椅靠也是从其他学校调拨支援的。1964年秋季，学校迁至永嘉路56弄4号，办学规模有所扩大，学校的组织编制逐渐健全，开始设立行政管理机构，添置了一些教学设备。1965年，首届学生毕业，全部进入各类学校学习。十年"文革"，学校教学质量下降，办学更为艰难。1976年2月，在市、区有关部门的大力支持下，学校迁到嘉善路177号，上海市嘉善中学正式挂牌，教学秩序和校风校貌有了明显改观。1980年，嘉善中学改为初级中学。在改革开放的大时局中，嘉善中学也在不断变化，快速发展：

嘉善路的校舍于1981年开始整修，木质结构换为钢质建材，墙内外粉刷修葺，增建绿化带。1987年新建实验楼，翻建电化阶梯教室，校容校貌焕然一新。至此，学校占地面积4000平方米，拥有正规教室18个，理化生实验室3个，劳技、音乐及电化专用教室3个，食堂面积达100平方米，学生课间活动和参加体育锻炼的操场面积已有1847平方米。1995年教学大楼增至四层，扩大了教室数量，并增设语音室和英文打字机设备，班级数由原来的15个增加到20个，学生人数从566人增加至900人。[50]

嘉善中学的办学质量也在逐渐提高，据统计，"1988年到1997年，共有34名学生在市、区各项比赛中获得各类奖项，12个项目获团体奖"[51]。从一所"菜场学校""弄堂学校"，发展到区公办初中，嘉善中学走过了一段不寻常的办学之路。（图7-28至图7-31）

1997年，徐汇区为了大力提携一些初中学校的发展，其中提到"把上海市第二中学的名牌嫁接到嘉善中学",希望将嘉善中学打造成为"与具有百年历史的上海市重点中学——上海市第二中学资源共享、特色衔接的初级中学",发挥名牌学校的效应,"开创学校发展的新纪元"。[52]是年6月16日,上海市嘉善中学正式更名为"上海市第二初级中学",有关部门的负责人与市二中学吴小仲校长等参加了学校的揭牌仪式。此后,市二中学初中停止招生,学校转变为高级中学。经过调整,2017年市二中学的规模较以往又有了一些扩大,全校共有30个高中班级,学生总数将近1200人,教职员工130人。[53]（图7-32）

在吴小仲校长的主持下,上海市第二中学因改革而兴,声名鹊起。

图7-28　徐汇区民办嘉善初级中学校园（1962年）。
上海市第二初级中学档案室提供

图7-29　上海市嘉善中学分部校门（1964年）。
上海市第二初级中学档案室提供

图7-30　嘉善中学校门（1988年）。
上海市第二初级中学档案室提供

图7-31　嘉善中学校门（1995年）。
上海市第二初级中学档案室提供

图7-32 上海市第二初级中学挂牌仪式合影留念（1997年）

第三节 教育改革的新探索

上海市第二中学在改革中前行，也在改革中不断突破自己，实现自我完善。

1998年，吴小仲校长退休。6月，任博生任副校长，主持工作。市二中学的新领导班子继续深化学校的教育改革。

任博生校长上任后，觉得压力很大："二十三年前，我开始了在市二中学的办学管理工作。面对崭新的挑战，如何促进学校发展？我翻阅前辈们留下的'精神财富'，深受启发。"所以他也下定决心："励精图治，不断改革是市二的光荣传统。唯有坚持改革，才能使百年老校永葆青春。"[54]从1998年6月上任，到1999年9月调离市二中学，任博生校长最主要的工作就是参加上海市第二期课程改革的试点。

1998年，上海市第二中学作为第二期市课程改革的试点单位，是在学校课程改革基础上将课程变为基础型、拓展型、研究型三类课程，其中，研究型课程建设尤为重要，但难度也相对较大。对此，市二中学在任校长的主持下，勇于创新，坚持改革，最终突破了研究型课程建设的瓶颈，促进了二期课改的深化。

关于上海此次课程改革的背景，任校长后来回忆：

上个世纪90年代，上海教育界一批领军人物，走出国门，考察国际教育，对中外教育作比较研究，我也参加了专题系列研讨。教育家吕型伟先生说道："研究性学习这种新的学习方式，国际上一些国家正方兴未艾，我国与他们处于同一起跑线上，要抓住机遇，勇于改革，形成经验。"从1998年底开始，我动员组织一批骨干教师，比较系统的对研究型课程展开研讨，确立了市级课题《研究性课程的建设》。研究型课程强调培养学生创造精神和创造能力，学生在老师指导下，以兴趣为起点,自主探究,重在参与,在研究过程中获得各种经历与体验,并致力于培养学生的态度、情感和价值观。[55]

在第二期上海市课程改革中,市二中学传承吴小仲校长时期的改革精神,重点就研究型课程建设进行突破。学校成立课程领导小组,对课题实施统一协调。调动各方资源,保障课程建设落实到位。学校以高一年级组老师为主,各教研组积极支持,要求每一位老师"多一点创新,多一点协作,多一点理解,多一点奉献",共同参与课题的实施。教师的观念与知识的更新是课程建设重要基础。学生的自主探究发展促进了老师的自主发展,教师的专业成长又为学生的自主发展提供指导。教师与学生相互促进,共同探讨研究型课程建设。

市二中学充分发挥教师们的积极性、创造性,学校"先后有40多位老师指导学生开展课题研究,体育组就有5位老师在研究型课程建设中发挥骨干作用,承担了学生提出的20多项课题指导,杨老师指导的《青少年肥胖》问题研究,田老师指导下的《学生睡眠情况调查》《研究型课程:从培养学生学会研究开始》等,其中指导学生的《上海市地下车库现状和发展》案例,入选当年上海市中学生十大研究课题,刊登在《中学生学习报》上"[56]。课程改革中,学生也是重要的一方,是课改的主体,任校长回忆:

> 我的记忆中,学生进行课题研究的热情很高。我两次参加了学生的开题报告认证会,各课题组在大会上报告了自己的研究设想,接受了同学与老师的质疑,听取意见和建议。一年多来,市二学生先后确立了近百个课题展开研究,如:《寻找"形象"的足迹——校服与中学生形象研究》;《流浪在上海——二战时期的上海犹太人》;《浅谈家庭理财》;《中外"动漫"之比较》;《多媒体动画的制作与应用》;《当代独生子女人际关系的调查》等等。其中不少课题收录在上海市教委编写的《高中研究型课程案例》一书中。科研室主任陆老师发挥了领衔的作用,在他指导下,一个学生小组确立课题《城市的垃圾与垃圾处理》。从城市垃圾的产生、垃圾的危害、垃圾的堆放、城市垃圾的收集和运输、垃圾的处理、垃圾处理的前景等多个方面展开调查,收集大量信息,又结合化学课的知识,进一步拓展研究的内涵。总结这一课题实践的全过程,成了上海市中学生自主探究的经典案例。[57]

通过"二期课改",市二中学在研究型课程方面的探索取得较大的成功,一些优秀的课题被收录到上海市教委编写的《高中研究型课程案例》书中。学校确立的《研究型课程的理论与实践》课题研究,获徐汇区教科研成果一等奖、上海市科研成果二等奖。

在市二中学研究型课程的建设过程中,逐步将研究性学习融入基础课程的教学,进一步培养学生的创新精神和动手能力。另一方面,为支持二期课改与研究型课程建设,学校设立了创新能力实验室,并依托华东师范大学等高校开设了创新能力实验课,成效显著。[58]在二期课改取得了阶段性的成果后,市

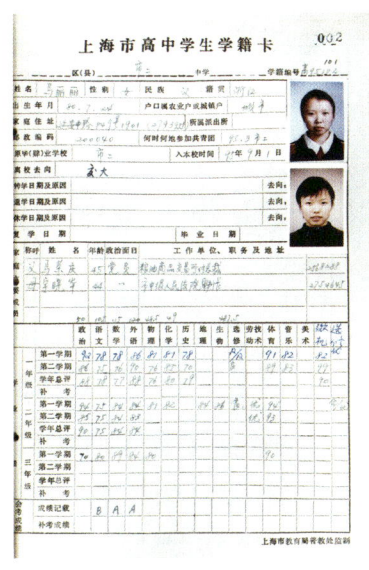

图7-33 市二中学学籍卡（摘选，20世纪90年代）

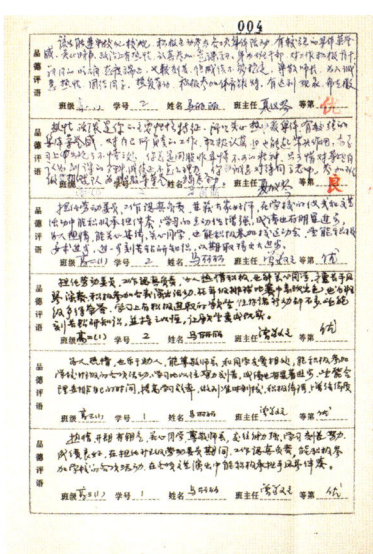

图7-34 市二中学学生论文（20世纪90年代）

二中学陆续向市、区展示交流课程改革实践的成果。1999年11月25日，学校课程改革教学展示活动，上海市有关部门负责人、专家到校听课讲评，获得了一致好评。[59]（图7-33、图7-34）

在承担上海市二期课改试点任务的同时，市二中学还积极参与创建上海市实验性示范性高中的申报工作。学校领导意识到，创建上海市实验性示范性高中是学校发展的一个机遇。1998、1999年间，上海市启动创建实验性示范性高中建设的工作。创办实验性示范性高中，是上海市扩大优质教育资源，满足百姓对教育需求的一大措施，也是贯彻上海市教育工作会议的具体行动，旨在采用新的机制，调动各方办学的积极性，从整体上提高上海高中的办学质量。上海市第二中学办学历史悠久，享有良好的社会声誉，且长期以来致力于教育改革，以"和谐发展教育"为办学理念，在创建实验性示范性高中方面具

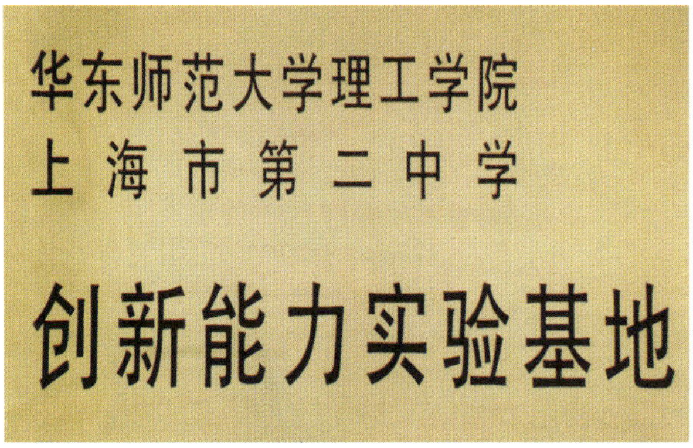

图7-35 市二中学与华东师范大学理工学院共建"创新能力实验基地"

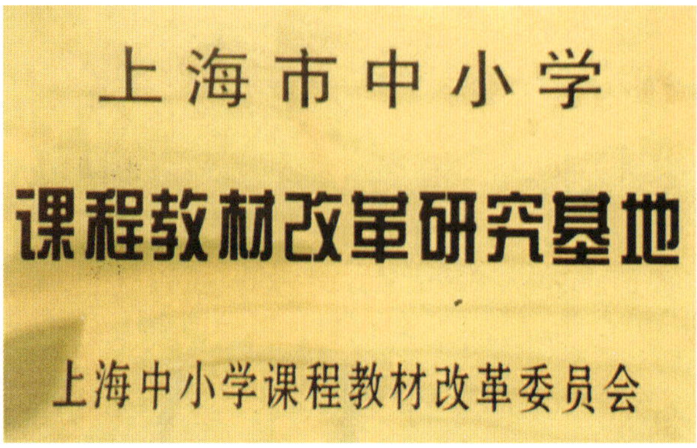

图7-36 市二中学成为"上海市中小学课程教材改革研究基地"

图7-37 上海市第二中学初中举办艺术节汇演（2000年）。上海市第二初级中学档案室提供

图7-38 上海市第二中学举办"深情的爱"合唱音乐会（1999年4月1日）。上海市第二中学档案室提供

图7-39 上海市第二中学组建女教师合唱队（20世纪90年代）。上海市第二中学档案室提供

图7-40 上海市第二中学举行篮球赛（拍摄时间不详）。上海市第二中学档案室提供

有基础条件好、课改成果突出等优势。随后，学校成立领导小组，着手制定学校的三年发展规划。分别召开专题研讨，让广大教师参与规划的讨论。回忆当年的申报工作，任校长仍历历在目：

> 一年来，无数次走进课堂与老师交流，讨论教学热点，听取对规划的意见。记得，推门走进语文教学的课堂。小杜老师富有激情的语文课深深打动着学生，成为老师与学生们"魂牵梦萦"的天堂。在市二中学这片崇尚人文的沃土上，小杜在教育理念、教学思路、课堂设计和训练手段上不断提高，逐步形成自己有个性的教学风格——有激情的语文课，即教学目标求精、课程设计求新、训练手段求活。温文尔雅、沉稳谦和的小陆老师是政治学科教学的"明星"，也是学生喜欢的"文青"知己，亦师亦友的人生"导师"。
>
> 市二的课堂教学，教师全身心地热爱学生，投入教学，所得到的回报远远不是一节课所带来的欢愉，而是学生由衷的尊重以及师生间深厚真挚的情谊，由此老师们收获了"粉丝"一批，成就了"思念"一生。市二中学的教育教学中，充满着浓厚的人文精神，学校发展的规划突显出学生发展为本的理念。教师们一边研讨学习，一边实践摸索。在形成共识的过程中，我们制定的《创建实验性示范性高中的三年规划》，有了较为扎实基础。[60]

1999年，任博生与他的同事们共同开启创建实验性示范性高中的第一阶段工作，为之打下了坚实的基础。1999年9月，任博生调离市二中学，由姚国超副校长主持工作。2000年10月，姚国超任校长。是年11月，学校党支部升格为党总支，苏平任党总支书记，学校下设高一年级、高二年级、高三年级、行政总务四个党支部。此后，学校在姚校长、苏书记的主持下，继续开展创建实验性示范性高中的建设工作，在全校师生的努力共同下，于2005年成为"上海市实验性示范性高中"。（图7-35至图7-40）

上海市第二中学锐意改革，在多个方面取得了较好的成绩。1999年5月，市二中学被上海市人民政府命名为"上海市文明单位"。12月，市二中学被上海市中小学课程教材改革委员会确定为"上海市中小学课程教材改革研究基地"。是年，邹伯文、柴征、陆军、汪青、陆葆谦、沈建华、谭英瑜、徐祖贻、莫启秀、曾敬元等老师获得区、市级等各项荣誉称号，其中，汪青老师被评为全国学校体育卫生工作先进个人。

市二中学的学生在一些竞赛中也是屡创佳绩。以参加全国青少年车辆模型比赛为例。1998年8月，市二学子获得全国青少年车模锦标赛团体第三名。1999年8月，市二中学在"罗湖科技"杯全国车模锦标赛上夺得团体第二名。[61]市二中学的车模运动队一直有很高的知名度，早在1987年8月15日《文汇报》就有《上海车模选手成绩良好》，提到在举行的全国青少年车辆模型比赛中，上海市第二中学和上海其他学校的选手共夺得一金二银二铜的好成绩。[62]此后，市二中学车模队一直受到关注。《文汇报》1999年8月10日就刊登《操场似火炉，汗衫湿半截：车模队员赛前集训忙》，报道市二中学的车模队。（图7-41、图7-42）

上海市第二中学在传承中创新，不断焕发出新的活力。（图7-43、图7-44）

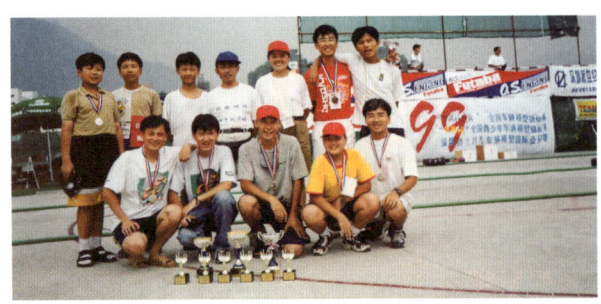

图7-41　上海市第二中学车模队（1999年）

操场似火炉　汗衫湿半截

车模队员赛前集训忙

进入暑期以来，上海市第二中学车模运动队的队员们仍然每天赶往学校，为参加即将在深圳举行的全国青少年车辆模型锦标赛等五项大赛作积极的准备。记者日前在市二中学目睹了队员们挥汗训练的情景。

约40多平方米的车模车间内，4只吊扇在头顶上使劲地转动，但仍驱散不了室内的闷热。满身是汗的队员们有的在安装调试自己的车辆模型，有的在为赛车的电池放电、充电，还有的利用空气压缩机清理赛车，他们的手上脸上都沾上了油污，还不时地在互相打趣。在4个篮球场大小的被烈日烤得发烫的水泥操场上，不规则地摆放着一只只橡胶轮胎，几位赛手正在旁边操纵手中的遥控器，一辆绿色的内燃越野车、一辆白色的电动公路赛车和一辆红色的内燃房车在轮胎之间穿行疾驰……

曾为市二中学培养出一大批优秀车模运动员的徐祖贻教练告诉记者，车模运动是该校的传统特色项目。学校车模队每年在国内外比赛中获奖，1985年至今共荣获了团体奖项40个，个人奖项279个。小队员们年年暑假都是如此训练的。赛前的集训主要是对车辆进行调试和熟练操纵技术。队员们要将自己赛车车轮的角度、车辆避震的软硬度调试到最佳状态，这是取得比赛好成绩的重要条件之一。一辆赛车在赛前的清理、装配和调试要花3个多小时才能完成，所以平时要多练。提高操纵技术则要求队员熟悉赛车场地线路，对180度、90度、36度等各种角度的转弯，要控制好车速。原来，操场上的那些轮胎，是代表车辆的拐弯处。

12名车模运动员除了卢迪和徐柏旻是高二学生外，其余都是初中生。一些家住浦东、梅陇、闵行的队员也天天早上8:30到校，晚上6:30离校，中午就在学校附近吃盒饭。当问及如此辛苦为何仍坚持不懈时，家住朱行的小胖张圻撩起已湿了大半截的汗衫擦一擦脸，乐呵呵地说，一来是要为学校争光，争取在今年的比赛中再夺名次，二来我们都很喜欢这项运动，所以就不觉得苦和累，再说乘此机会还可以让自己减减肥呢！　本报记者　陈红

暑期寻访

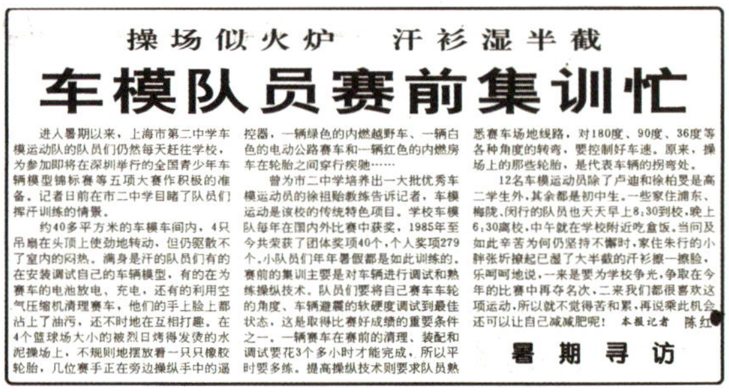

图7-42　《操场似火炉，汗衫湿半截：车模队员赛前集训忙》，《文汇报》1999年8月10日

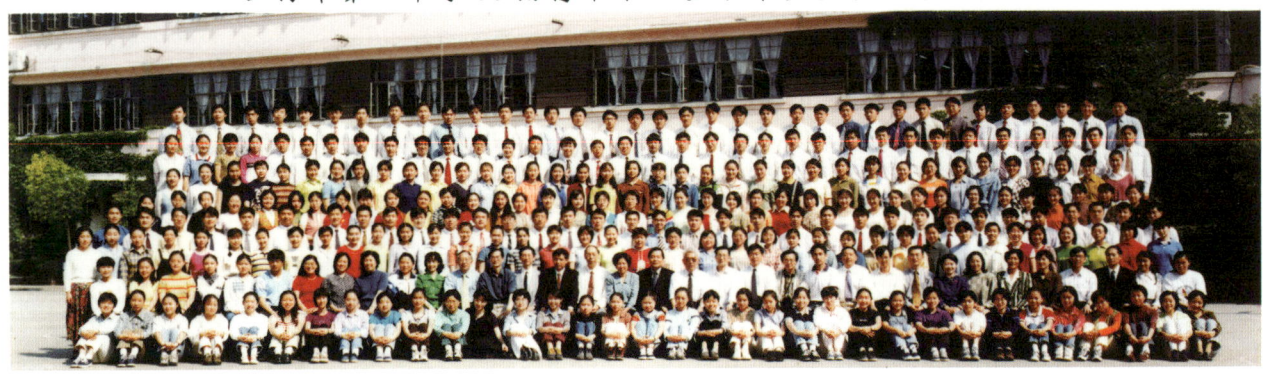

图7-43　上海市第二中学1999届高中毕业全体师生合影留念（1999年5月）

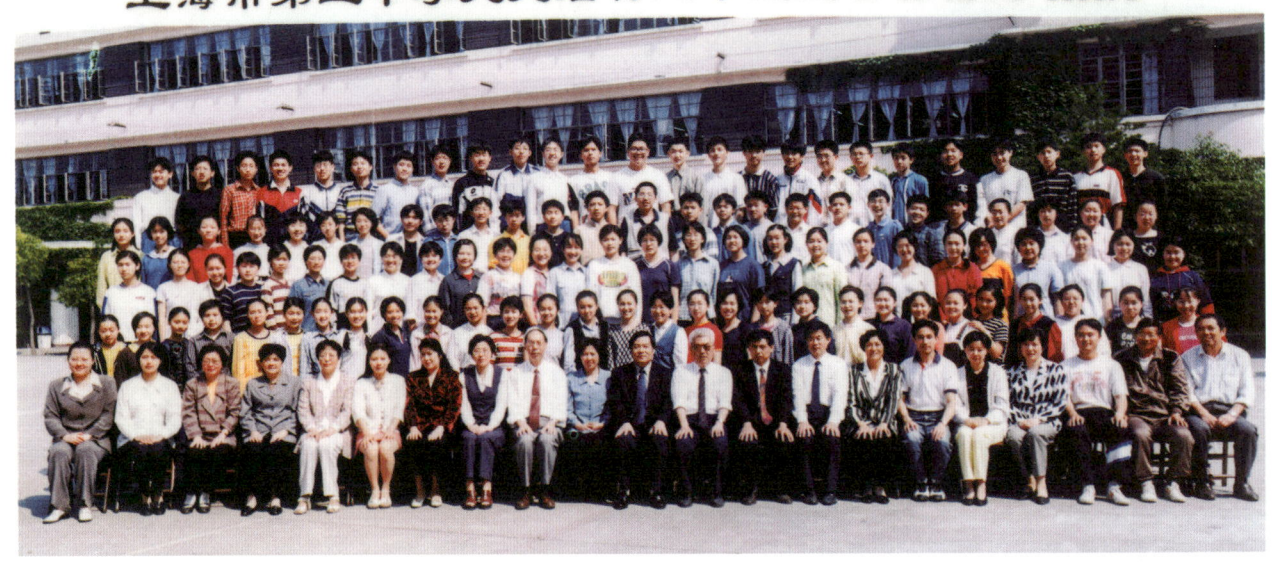

图7-44　上海市第二中学1999届初三毕业生合影留念（1999年5月）

注 释

[1] 上海市第二中学编:《欣然回首：上海市第二中学历史概述》，第13页。
[2] 吴海庆:《市二：梦想的摇篮》，载上海市第二中学编:《饮水思源：上海市第二中学建校110周年校友纪念文集》，第135—136页。
[3] 《本市确定一批重点中小学》，《文汇报》1978年2月1日第1版。
[4] 《上海市第二中学大事记》，上海市第二中学校长办公室提供。
[5] 《中国教育年鉴》编辑部编:《中国教育年鉴（1949—1981）》，中国大百科全书出版社1984年版，第168页。
[6] 上海市第二中学编:《欣然回首：上海市第二中学历史概述》，第13页。
[7] 上海市第二中学编:《欣然回首：上海市第二中学历史概述》，第13页。
[8] 《上海普教战线新秀辈出，新评选出的五百余名优秀教师受到表彰和奖励》，《光明日报》1981年9月1日第1版。
[9] 《上海市第二中学大事记》，上海市第二中学校长办公室提供。
[10] 《上海市二中学历年获荣誉称号（奖）教师名录》，上海市第二中学档案室提供。
[11] 《上海市第二中学百十年毕业生名录》，上海市第二中学档案室提供。
[12] 上海市第二中学编:《欣然回首：上海市第二中学历史概述》，第13页。
[13] 晓敏:《没有失去的青春》，《文汇报》1981年9月11日第3版。
[14] 晓敏:《没有失去的青春》，《文汇报》1981年9月11日第3版。
[15] 《上海市第二中学荣誉档案》，上海市第二中学档案室提供，档案号：R.1-1、R.1-2、R.1-3等。
[16] 马联芳:《名校春秋》，上海教育出版社2010年版，第198页。
[17] 1989年，韩志斌书记、朱叔廉副校长退休，由吴小仲校长兼支部书记，李立农担任副校长。
[18] 《吴小仲校长口述》，2021年12月，上海市第二中学校长办公室提供。
[19] 严如祥:《五育并举，和谐发展——记特级教师、上海市第二中学校长吴小仲》，载上海市第二中学编:《欣然回首：上海市第二中学历史概述》，第33页。
[20] 《吴小仲校长口述》，2021年12月，上海市第二中学校长办公室提供。
[21] 《吴小仲校长口述》，2021年12月，上海市第二中学校长办公室提供。
[22] 《上海市第二中学大事记》，上海市第二中学校长办公室提供。
[23] 上海市第二中学编:《欣然回首：上海市第二中学历史概述》，第13—14页。
[24] 《徐汇区志》编纂委员会编:《徐汇区志》第二十五编《教育》之第三章《中学教育》，上海社会科学院出版社1997年版。
[25] 《上海市第二中学大事记》，上海市第二中学校长办公室提供。
[26] 上海市第二中学编:《欣然回首：上海市第二中学历史概述》，第13—14页。
[27] 《上海市第二中学大事记》，上海市第二中学校长办公室提供。
[28] 上海市第二中学编:《欣然回首：上海市第二中学历史概述》，第15页。

[29]《上海市第二中学大事记》,上海市第二中学校长办公室提供。
[30] 上海市第二中学编:《欣然回首:上海市第二中学历史概述》,第14页。
[31]《吴小仲校长口述》,2021年12月,上海市第二中学校长办公室提供。
[32]《吴小仲校长口述》,2021年12月,上海市第二中学校长办公室提供。
[33]《吴小仲校长口述》,2021年12月,上海市第二中学校长办公室提供。
[34] 吴小仲:《课程教材改革方案实施步骤科学化探索》,上海市第二中学档案室提供。
[35]《吴小仲校长口述》,2021年12月,上海市第二中学校长办公室提供。
[36]《吴小仲校长口述》,2021年12月,上海市第二中学校长办公室提供。
[37]《上海市第二中学大事记》,上海市第二中学校长办公室提供。
[38]《吴小仲校长口述》,2021年12月,上海市第二中学校长办公室提供。
[39]《吴小仲校长口述》,2021年12月,上海市第二中学校长办公室提供。
[40] 上海市第二中学编:《欣然回首:上海市第二中学历史概述》,第15页。
[41]《中小学应加强伦理道德教育——访全国人大代表、上海市第二中学校长吴小仲》,《人民日报》1996年3月9日第2版。
[42]《让每个孩子都学会关心他人——记上海市第二中学开展的"孝心活动"》,《人民日报》1996年6月11日第10版。
[43]《上海市第二中学大事记》,上海市第二中学校长办公室提供。
[44]《让每个孩子都学会关心他人——记上海市第二中学开展的"孝心活动"》,《人民日报》1996年6月11日第10版。
[45] 严如祥:《五育并举,和谐发展——记特级教师、上海市第二中学校长吴小仲》,载上海市第二中学编:《欣然回首:上海市第二中学历史概述》,第34页。
[46]《上海市第二中学大事记》,上海市第二中学校长办公室提供。
[47] 谢阳:《成长的摇篮》,载上海市第二中学编:《饮水思源:上海市第二中学建校110周年校友纪念文集》,第161页。
[48] 严如祥:《五育并举,和谐发展——记特级教师、上海市第二中学校长吴小仲》,载上海市第二中学编:《欣然回首:上海市第二中学历史概述》,第34页。
[49] 上海市第二中学编:《欣然回首:上海市第二中学历史概述》,第14—15页。
[50] 上海市第二中学编:《欣然回首:上海市第二中学历史概述》,第240页。
[51] 上海市第二中学编:《欣然回首:上海市第二中学历史概述》,第240页。
[52] 上海市第二中学编:《欣然回首:上海市第二中学历史概述》,第241—242页。
[53] 上海市第二中学编:《欣然回首:上海市第二中学历史概述》,第16页。
[54] 任博生口述:《继承传统,开创未来》,2022年1月,上海市第二中学校长办公室提供。
[55] 任博生口述:《继承传统,开创未来》,2022年1月,上海市第二中学校长办公室提供。
[56] 任博生口述:《继承传统,开创未来》,2022年1月,上海市第二中学校长办公室提供。
[57] 任博生口述:《继承传统,开创未来》,2022年1月,上海市第二中学校长办公室提供。
[58] 上海市第二中学编:《欣然回首:上海市第二中学历史概述》,第16页。
[59]《上海市第二中学大事记》,上海市第二中学校长办公室提供。
[60] 任博生口述:《继承传统,开创未来》,2022年1月,上海市第二中学校长办公室提供。
[61]《上海市第二中学荣誉档案》,上海市第二中学档案室提供,档案号:R.1-1、R.1-2、R.1-3。
[62]《上海车模选手成绩良好》,《文汇报》1987年8月15日第8版。

第八章

新世纪、新气象

新世纪、新气象

图8-1　上海市第二中学永康路校区及附近（2021年10月12日）

跨入21世纪后，上海市第二中学继承历史上办学的优良传统，遵循办学规律，根据国家与社会需要，结合本校的实际情况，适时更新教育教学理念，自觉提出了符合时代要求与特点的改革新思路，与时俱进，创新发展。在不同的阶段发展侧重不同，市二中学的教学改革由此也不断深化。（图8-1）

2005年9月，上海市第二中学被命名为上海市实验性示范性高中，同时授予"上海市艺术教育特色学校"等称号。上海创建实验性示范性高中，主

图8-2 上海市第二中学被命名为「上海市实验性示范性高中」（2005年9月）

要是为了扩大优质教育资源，采用新的机制，调动各方办学的积极性，整体提高学校的办学质量。成为上海市实验性示范性高中后，市二中学的发展也跨入了一个新阶段。学校进一步明确"和谐发展教育"办学理念，并在新时期赋予了新的内涵，提出以学生为本，以终身学习为目标，确立学校的发展目标：建成校园文化高雅、教育教学优质、学校管理科学、师生发展和谐的有特色、有示范功能的上海市精致型品牌高中。（图8-2）

如今的上海市第二中学，以育人为本，以兴邦为责，以其深厚的历史底蕴和显著的办学特色，愈来愈受到海内外各界的关注。

第一节　优质发展和特色办学

进入新世纪后，上海市第二中学以创建上海市实验性示范性高中为契机，深化教育教学改革，大力推进学校的现代化建设。继续走"科研促教""科研兴校"之路，深入开展教育教学科研，深化一系列教学实践，探索适合时代要求的教学方式和学习方式。

一、被命名为"上海市实验性示范性高中"

在20世纪末，市二中学开始围绕创建上海市实验性示范性高中做了一些工作，并取得一定的成效。1998年2月，学校被上海市教育委员会命名为"上海市中小学生日常行为规范示范学校"。6月，学校党支部被评为上海市教育系统先进党组织。学校加强教学科研，提交的《和谐发展教育的研究》获上海市第六届教育科学研究成果二等奖。和谐发展教育的办学理念进一步深化。1999年3月19日，开始实行教职工聘用合同制。学校参加上海市第二期课程改革试点，将课程变为基础型、拓展型、研究型三类课程，并逐步将研究性学习融入基础型课程的教学。学校成立创新能力实验室，依托华东师范师大开设了创新能力实验课，培养学生创新精神和动手能力，成效显著，陆续向市、区展示交流课程改革实践的一些成果。[1]（图8-3）

1999年，任博生调离市二中学，由姚国超副校长主持工作。2000年10月，姚国超任校长。2000年11月，上海市第二中学成立党总支，苏平任党总支书记。学校下设高一年级、高二年级、高三年级、行

第八章 新世纪、新气象

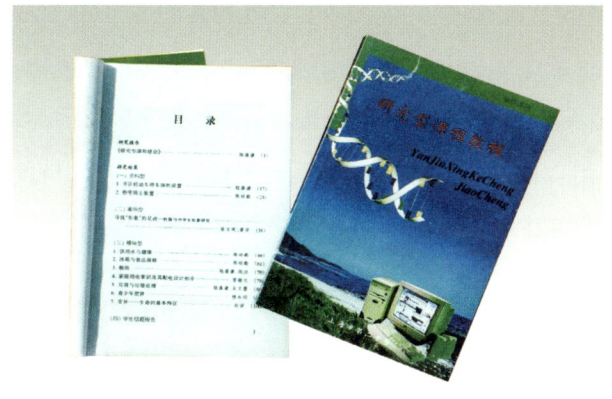

图8-3-1 市二中学研究型课程教材

图8-3-2 教师学科德育论文集锦

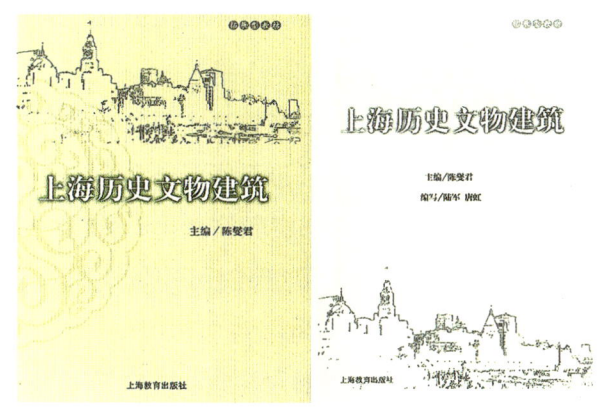

图8-3-3 拓展型教材《上海历史文物建筑》

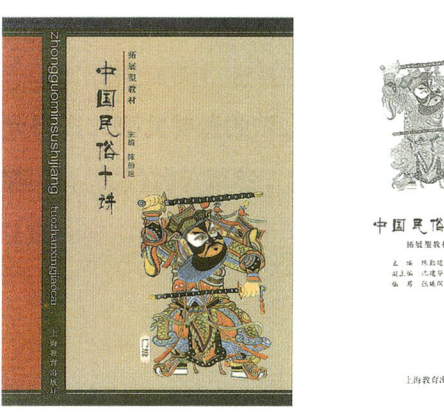

图8-3-4 拓展型教材《中国民俗十讲》

政总务四个党支部，学校的领导班子得到了充实。此时，学校主要按照"传承、发扬、创新、发展"八个字开展工作。对此，姚国超校长后来有一段总结：

"传承"即传承市二的务本精神，务爱党、爱国、爱人民之本，使"勇于创新、追求一流、德育领先、基础扎实、人文建成、综合发展"成为市二的传统。

"发扬"即倡导：市二校风是严谨、活泼、求实、进取；教风是为人师表，勇于创造，严格扎实，因材施教；学风是勤奋、刻苦、主动、创造；领导作风是公正、自律，高效、实干；得到发扬光大。

"创新"即把市二办成一所精致型的、和谐发展的实验性示范性重点高中，这也是市二的办学目标。……学校继成功完成上海市首批课程改革，实施新教材的试点任务后，又在1998年到2000

年，担当了市第二期课程改革实验及探索整体基础型、拓展型、研究型三大课程板块建立和实践的试点。学校在跨世纪的年代完成的跨越式课程改革实践经验，多次向全国、全市、全区展示，并获得成功。

"发展"即2000年到2002年，学校又在顺利完成二期课改的基础上，接受和通过了成为上海市首批实验性示范性高中的规划评审。可以说，这是市二建校发展史上的重要里程碑。[2]

2000年12月25日，学校参加上海市实验性示范性高中规划初期评审。2001年4月，学校组织人员撰写《上海市第二中学创建实验性示范性高中三年规划宣讲稿》。[3]是年，市二中学正式接受首批上海市高中实验性示范性三年规划的评审。2002年6月，学校接受中期评审，在会上，姚国超校长向专家组做了《上海市第二中学创实验性示范性高中三年规划中期汇报》。[4]（图8-4至图8-6）

评审有一个过程，这一时期的市二中学有针对性地推进各项工作。办学的亮点与特色，主要包括：（一）加强德育教育，开展凝聚力工程。2001年3月5日，邀请周恩来原卫士高振甫将军等为全校师生做报告。9月，为弘扬学校传统，加强对学生的人格教育，努力创造先进的班级集体，营造了良好的班风，学校开展争创"周恩来班"的教育活动。高一（9）班在争创过程中，成绩显著，由中央文献室周恩来文献研究室主任赵春生来校为该班命名"周恩来班"。是年该班被评为上海市先进集体，班主任为刘小萍老师。学校继续推进以"孝心工程"为核心的全员德育教育项目。学校连续十年被评为上海市文明单位，并被评为优秀基层党组织，学校工会也被评为上海市优秀教育工会。（二）学校进一步明确以"和谐发展教育"为办学目标，并不断丰富其内涵，提出以学生为本，以终身学习为目标，以课程改革为重点，全面实施素质教育，学校教育质量稳步提高。2001年3月14日，学校被命名为首批上海市教科研基地科教研究所实验学校。同时，学校将语文、外语、化学、人工智能信息技术、车模、合唱、舞蹈、乒乓、篮球、排球等学科发展为优势学科和特色项目。如市二车模队在全国乃至国际车模比赛中屡夺金牌，成为学校在科技活动方面取得突破的标志性成果。（三）校园环境、办学条件有了较大的改善。其间，学校根据评审组的意见，装修了1994年出租给光大公司的一幢房子，并翻建可容纳500多人的大礼堂，新增教学面积2000多平方米，改善了办学条件。学校还相继完成食堂煤气管道设备建设工程，建造创新能力实验室、文理科工作室、美术、多媒体语音电子阅览室和校园网信息平台、档案室、外宾室，有的是改建而成，有的为配制。2002年，学校多功能大礼堂竣工使用。

2002年6月，沈建华任上海市第二中学校长。学校继续以创建上海市实验性示范性高中为目标，扎实推进。主要工作有：

> 2002年，上海市第二中学被市教委确定为二期课改新教材实验学校。学校克服学校场地较小、设施、设备陈旧等困难，积极参加二期课改新教材的实验，在新教材研究使用、课堂教学改革、实验手段更新等方面勇于探索，取得一定经验和成绩，在市、区学校进行介绍、交流。

第八章 新世纪、新气象

图8-4 2000年12月25日，学校参加上海市实验性示范性高中规划初期评审

图8-5 2000年12月25日，学校参加上海市实验性示范性高中规划初期评审，姚国超校长发言

图8-6 2002年6月10日，创建上海市实验性示范性高中规划实施中期检查，市二中学汇报会

2003年3月，根据上海市教委和区教育局有关要求，上海市第二中学开始筹办上海市学生艺术团影视剧团。由市二高中联手市二初中、高一小学形成影视剧团生源通道。区青少年活动中心参与艺术培训，聘请何莹、吕凉、奚美娟为艺术指导顾问。上海市学生艺术团影视剧团成立后，成为上海市中、小学生的重要艺术团体，在全国中、小学生影视剧、话剧比赛中多次获得特等奖和一等奖。

2003年下半年，上海市第二中学被区教育党工委确定为校务公开、民主管理试点单位。经过不断摸索和制度创新，充分发挥广大教职工的主人翁精神，正确发挥学校教代会知情权、监督议事权和表决权，教职工的工作积极性大大提高，形成了良好的干群关系和上下一心办好学校的氛围。2005年，学校被评为区校务公开先进单位。在此前后十几年，学校连续被评为上海市文明单位。[5]

2004年10月，学校提交《务实创新、和谐发展：上海市第二中学创建实验性示范性高中总结报告》，11月，市二中学完成上海市实验性示范性高中终期评审。[6] 2005年3月，学校被命名为"上海市行为规范示范校""上海市普教系统德育工作先进集体"。是年9月，学校被评为上海市艺术教育特色学校。

2005年，经过多年的教育、教学及二期课程改革的实践和探索，学校通过上海市实验性示范性高中的评审验收，被市教委命名为"上海市实验性示范性高中"。2005年9月1日，上海市实验性示范性高中挂牌，这是市二中学办学史上取得的重大成绩，具有重要意义。

二、市二的办学成就

上海市二中学的特色在哪里，如何承接历史上办学理念，如何在新的时期又能有更大的突破，这是改革开放以来历任校领导思索的重点、探求的焦点、努力的方向。

作为一所具有深厚文化底蕴的老校、名校，市二中学不断丰富与完善自己的办学理念，并赋予其内在的驱动力，学校在章程制度、校本教材、校本教研、体育、美育、演讲、社团等方面，切实做好传承与发展工作，在全市乃至全国产生一定影响。

课程建设，是一所学校教学的核心内容。市二中学积极推进富有本校特色的课程建设。除培育特色课程、研究（拓展）课程外，学校的体育、艺术、课外科技、文娱活动也蓬勃开展。有关学校的社团组织与活动情况，详见本章第三节"精彩的校园文化"。

自2000年以来，学校获得大量荣誉称号。表8-1为《2001—2021年上海市第二中学获得国家、上海市级主要荣誉一览》。

表8-1　2001—2021年上海市第二中学获得国家、上海市级主要荣誉一览（据不完全统计）

荣誉名称	颁发机关	颁发年份
上海市1999—2000年度上海市文明单位	上海市人民政府	2001
2001—2002年度上海市文明单位	上海市人民政府	2003
上海市实验性示范性高中	上海市高中教育管理专业委员会	2005
上海市艺术教育特色学校	上海市教育委员会	2005
2003—2004上海市爱国卫生先进集体	上海市爱卫会	2005
2003—2004年度上海市文明单位	上海市人民政府	2005
2003—2005年上海市安全文明校园	上海市社会治安综合治理委员会办公室 上海市教育委员会	2006
2006年度上海市平安单位	上海市社会治安综合治理委员会办公室	2007
2006年度上海市五四特色团组织	共青团上海市委	2007
2005—2006年度上海市文明单位	上海市人民政府	2007
上海市第十三届精神文明单位	上海市人民政府	2007
上海市建设健康城市2006—2008年度健康单位示范	上海市爱卫会	2008
2006—2007年度上海市安全文明校园	上海市社会治安综合治理委员会办公室	2008
2007—2008年度上海市文明单位	上海市人民政府	2009
2009全国群众体育先进单位	国家体育总局	2009
2008年度上海市五四红旗团委	共青团上海市委	2009
2008—2009年度上海市安全文明校园	上海市综治委学校及周边治安综合治理工作领导小组	2010
2009—2010年度上海市文明单位	上海市人民政府	2011
上海市艺术教育特色学校	上海市教育委员会	2010

（续表）

荣誉名称	颁发机关	颁发年份
2011年度上海市安全文明校园	上海市综治委学校及周边治安综合治理工作领导小组	2012
2011年度上海市平安单位	上海市社会治安综合治理委员会	2012
2011—2012年度上海市文明单位	上海市人民政府	2013
2012—2013年度上海市安全文明校园	上海市综治委学校及周边治安综合治理工作领导小组	2014
2013年度上海市平安示范单位	上海市社会治安综合治理委员会	2014
上海市中学共青团工作示范单位	共青团上海市委	2014
2014年度上海市平安示范单位	上海市社会治安综合治理委员会	2015
2013—2014年度上海市文明单位	上海市人民政府	2015
2015年度上海市安全文明校园	上海市综治委学校及周边治安综合治理专项组	2016
2015年度上海市平安示范单位	上海市社会治安综合治理委员会	2016
上海市五一劳动奖状奖牌	上海市总工会	2016
2015—2016年度上海市文明单位	上海市人民政府	2017
全国巾帼文明岗（英语组）	全国妇联	2017
2016年度上海市平安示范单位	上海市社会治安综合治理委员会办公室	2017
2016—2017年度上海市安全文明校园	上海市综治委校园及周边治理专项组	2018
2017年度上海市平安示范单位	上海市社会治安综合治理委员会	2018
上海市行为规范示范校	市教委、市精神文明办	2018
上海市家庭教育示范校	市教委	2019
2018年上海市首届文明校园	上海市人民政府	2019
2017—2018学年度上海市安全文明校园	上海市教育委员会	2020
上海市教育系统巾帼文明岗证书（艺体组）	上海市教育委员会女工委	2020
2019—2020年度上海市文明校园	上海市人民政府	2021
上海市依法治校示范校	市教委	2021
上海市绿色学校	市教委	2022

* 资料来源：《上海市第二中学荣誉档案》，上海市第二中学档案室提供，档案号：R.2、R.3。

围绕特色学校的建设，市二中学在实践中不断总结、不断完善，推动学校事业的整体发展。（图8-7至图8-9）

三、发展特色、提升品质

市二中学被命名为"上海市实验性示范性高中"后，继续前行。学校坚持"和谐发展教育"的办学理念，并将"和谐发展教育"作为学校教育研究主课题列入学校发展计划。2008年，经过三年实践和研究，"和谐发展教育"课题完成，课题研究报告在《上海师范大学学报》发表，市二中学的"和谐发展教育"理念与办学经验多次在全国、市、区进行介绍、推广。[7] 2006年,学校又开始探索建立市二高中、市二初中一体化管理体制和机制。学校注重建章立制,2006年12月,《上海市第二中学办学章程》在学校教代会上投票通过,自此,办学有了法规。

接任沈建华的是王民政,他于2010年5月调至市二中学,任党委书记、校长。2011年8月,以"衔接、融合、跨越"为主题的市二初高中一体化启动仪式举行,从领导机制、组织架构、队伍建设、教育科研、考核评价、信息公开、重点工作、项目建设、大型活动各个方面开展一体化建设,市二初高中在加强管理、教学互动、特色衔接、资源共享等方面进行了积极、有益的探索,推动了初高中的发展。市二中学开启了"初高中一体化"时代。[8] 与此同时,办学理念也有了新发展。2013年,学校将"和谐发展教育"引申为"和谐教育,适性发展"的教育理念,"适性"的教育是以育人为本,适性而教、适兴而学,是基于人本主义以"学生为中心"和基于"以学习为中心"的因材施教,科学对待每位学生的独特性,认真满足每位学生的健康成长需要。围绕"和谐教育、适性发展"办学理念,将其精神内涵渗透于学校管理、校园环境、校本课程、课堂教学、主题教育、社会实践、社团活动等各个教育教学环节之中。[9] 王民政校长注重学校的内涵发展。2019年,学校先后以"凸显学生研究能力培育的学校课程体系建设""凸显学生研究能力培育的单元教学实践研究"为研究项目,被立项为上海市第三轮课程领导力项目学校。以"双新"育人要求为基准,将学校课程体系建设、学科单元教学作为研究的落脚点,学生

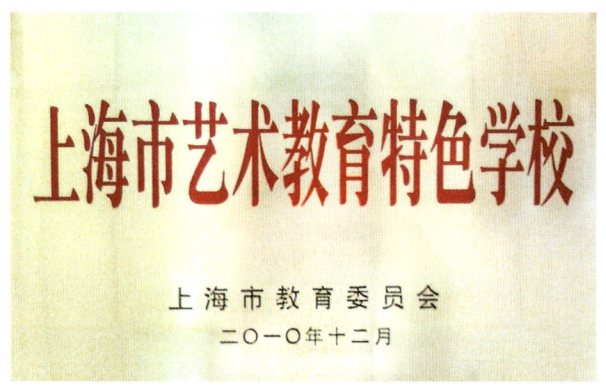

图8-7 上海市第二中学被评为"上海市艺术教育特色学校"

图8-8 上海市第二中学被授予"上海市五一劳动奖状"

图8-9 上海市第二中学被上海市人民政府授予首届"文明校园"称号

研究能力培育作为研究的抓手，学生核心素养的落实作为研究的目标。学校重点加强高中阶段学生在学习中能自主发现问题、提出问题，初步掌握运用常见的研究方法，如调查法、实验法、文献研究法等，协调研究资源，经历分析问题、提出解决方案、体验问题解决的过程，加强阐述观点的能力，为进入高等教育阶段独立开展学术性研究奠定基础。学校提出以"学科课程建设、单元教学设计、研究能力培育"三个重要关联点推进研究。[10]

2020年11月，陆军接任校长，2021年4月任党委书记。市二中学在长期发展过程中，学校领导与广大教师不断探索教育改革，努力争创特色，在传承中发展特色，在创新中提升品质。

1. 打造"人文市二"特色品牌

学校的总体思路是"固特色基础，扬特色项目，炼学校特色，建特色学校"，具体措施为：

营造精致高雅的校园环境文化。校园环境包括教学设施、校园布置等硬环境，也包括师生素养、师生关系、生生关系等软环境。在硬环境中通过橱窗、标语、雕塑、黑板报等外显形式体现人文气息，建设高品位的文化氛围，弘扬先进的时代文化，营造书香满溢的校园，让师生在书海中回味无穷；关键在软环境中，管理者以人为本，时刻体现人文关怀，充分依靠教师、尊重教师、发展教师，努力建立人本和谐的管理文化，调动教师的积极性、主动性和创造性；教师积极营造修身务本的校园文化，注重行为规范、文明礼仪、品德人格等内涵修养，把教育、引导、激励和尊重、理解、关爱相结合，遵循教育规律开展育人实践。

构建渗透人文的课程体系。课程是培养学生人文精神的主要载体。市二中学以学生为本，挖掘国家必修课程的人文内涵，校本化建设选修课程，拓宽教学内容，改进评价体系，加强社会实践。学校优化学科教学内容的统整，精心设计教学过程，发挥特色课程优势，拓展延伸教学空间，潜移默化地渗透人文精神教育，实现知识性和人文性的统一。在探索德育实践中，学校以活动为载体，建设系列化课程，形成"123456"格局：一个核心——爱国荣校。两大系列——构建德育认知的课程体系和德育体验的五项德育活动板块。三三模式——建构全员、全程、全面的"三全"育人模式和学校、家庭、社会三位一体的育人网络。四项主题——"立志""修炼""科学""爱国"。五种途径——五大系列活动：思想教育专题、爱心孝心活动、重大纪念日活动、社会实践活动、校园文化活动。六六特色——实现六个100%和形成了六个传统项目：100%的学生参加"三寻访"（寻访校友、寻访城市、寻访烈士）；100%的学生开展社会实践；100%的学生参加志愿者服务；100%的学生加入社团或某一项目；100%的学生体验不同方面的成功；100%的学生明确生涯发展规划。形成创建英雄模范班、务本讲坛、三寻访树"三魂"（优秀市二魂、传统文化魂、不朽民族魂）、社会实践锻炼、陆瑾爱心传递、学生青年党校德育传统项目。（图8-10）

搭建提升师生人文修养的平台。教师是人文精神的实践者，更是学生人文精神的引导者。市二中学实施教师人文精神深化工程，针对不同学科教师提出不同要求，铺设教师发展平台与特长发挥平台，加强教师人文底蕴，提升教师人文素养，实现教师价值，从而提高学生和社会对教师的满意度。学校发掘校友和校外资源，创建"务本讲坛"，引领学生生涯规划指导。校友讲师团由一批毕业于市二中学的业

图8-10 吴小仲老校长与学生读书分享会（2021年）

图8-11 务本讲坛第43期，史季校友主讲

界精英组成，他们回母校为师生分享走出校园后的探索经历、工作业绩，一路走来的心路历程和人生感悟，介绍自己所从事的职业特点，丰富学生对各行各业的了解。讲坛内容包括校史、人生、慈善、媒体、医学、援疆、旅行、信仰、英雄、城市、科技、数学、朗诵、体育、艺术、职业素质等，市二中学党委参与决策，把握方向；校友理事会提供资源，牵线搭桥；学校团委制定方案，组织实施。每学期安排1—2次，已成为深受学生欢迎的人文修养课程。（图8-11）

2.建设校本传统特色项目

市二中学以影视剧表演为特色项目，本着育人的宗旨，让学生在戏剧（影视）作品中感受真、善、美，在艺术实践中塑造良好的人格品质，使学生的艺术素养和审美能力得到提高。学校常年开设"戏剧表演""播音主持""剧本创作""摄影摄像""DV策划与制作""影视鉴赏""台词艺术"等近10个影视戏剧类课程供学生选择，提升学生们的艺术专业能力及综合素养。学校先后被授予"上海市艺术教育特色学校""上海市戏剧特色学校""上海市戏剧联盟单位""上海市学生艺术团影视剧团""徐汇区高中艺术学科德育基地"等荣誉称号。学校开设的艺术基础课使100%的学生提高戏剧（影视）鉴赏和审美能力。开设的艺术拓展课、社团、兴趣小组使60%—70%的学生在影视创作、表演、拍摄等方面有所提高。近年来，学生自主研究的影视戏剧类课题多达30余个，如"对电影中台词艺术的研究""探究中国动画产业的问题及发展方向""对电影中的配乐和情感表达关系的研究""对上海滑稽戏，一个被遗忘的本土文化的研究"等课题。有的课题已成论文发表，有的先后获奖，成果颇丰。学校市级学生艺术团——影视剧团，让有志于从事表演的学生走向专业的艺术之路。教师结合学生年龄特点，自编教材，把教学和实践相结合。学校场地设施给予保障，徐汇本部和梅陇校区配备了多个戏剧（影视）专用教室和舞台，包括大剧场、小剧场、影视展厅、形体房、配音室、演播厅、排练室、影视创作工作室、朗读

图8-12 《我的祖国，我的母亲河》荣获全国第六届中小学生艺术展演上海市朗诵专场一等奖，集体合影

图8-13 在2009年全国中学生运动会排球比赛中，来自上海市第二中学的吴融瀚同学所在的上海市男子排球队获得全国比赛的第二名

亭、后期编辑室等，近3000平方米。学校连续承办"市二杯"徐汇区中小学生艺术单项朗诵比赛，为全区热爱朗诵表演的学生搭建平台，在全区乃至全市起辐射和引领作用。近年师生创编的原创作品达30余个，参加各级各类的比赛和演出，有100多人次在配音、微电影、戏剧表演、朗诵等方面具有市级以上的获奖纪录，包括全国艺术展演获奖12人次、上海市戏剧节获奖40人次、全国中小学生艺术展演上海市比赛获奖32人次、上海市艺术单项比赛朗诵专场10人次、故事专场5人次等。其中戏剧节目《裙儿飘飘》、朗诵节目《中国梦》分别荣获全国第五届、第六届中小学生艺术展演表演类二等奖，上海市一等奖，多部校园剧、音乐剧、微电影、朗诵、配音等作品荣获上海市一等奖。（图8-12）

排球项目在市二中学有着广泛的基础，走出了以原国家女排队员、上海女排队长诸韵颖为杰出代表的一批排球人才，以及众多热爱排球运动的广大爱好者。学校注重校园排球文化建设，通过体育文化节、年级排球联赛、课外趣味排球竞赛、体育摄影、绘画、征文等形式，开展具有市二特点的排球活动。在课程设置中，本着"课内与课外相结合，普及与提高相结合，校内与校外相结合"的教学原则，因地制宜开展形式多样的校园排球活动，进行排球教育教学的研究，每周开设排球专项课、拓展课，修订、完善排球项目的校本教材，形成排球项目校本课程和评价标准。利用梅陇校区的场地与设施、设备等优质资源，学校积极组织承办市级高水平排球比赛。发现、挖掘运动能力突出的优秀运动员，邀请、聘请市级知名排球专家和教练员及团队入校开展专业培训及指导，运动队比赛成绩不断突破，参加全国、市区级比赛，成绩斐然，也定期为上一级专业运动队和高校输送了一定数量的排球专业后备人才。（图8-13）

市二中学遵循"培养全体学生的科技素养"原则，以全员性参与为特点开展科技特色项目，学校的科技活动丰富多样。开设以机器人为主的科技课程，每学期举办科普讲座，每年5月举办科技节，并将科技活动周作为新一轮市区科技竞赛的启动仪式。以上海市青少年创造发明设计竞赛活动为契机，组

图8-14 钱靳戚老师在人工智能实验室上课

图8-15 智慧学习信息化助力课堂

织全校学生关心和探索身边的科学，推动发明方案设计。学校加强科技教师队伍建设，建立了一支以科技辅导员为核心，以理科教师为主体的科技辅导队伍，定期进行业务指导，鼓励教师寻求科技教育与学校课改相结合的新思路，撰写科技教育校本课程。学校利用高校、科研院所、科普教育基地等社会资源，有计划、有重点地组建一支多种类、多层次的科普专家队伍，聘请他们担任兼职科技辅导员，通过专题科普讲座，辅导学生开展科技活动等方式，探索科技课程与校外科技活动相结合的教学模式。学校克服物理空间不足，整合空间资源，一室多用，陆续建设了物理DIY创新实验室（同济大学物理工作站）、工程与智能机器人工作室（与上海交通大学电气工程学院合作）、生命科学实验室（引进双新平台课程）、化学探究实验室（与华东理工大学化学院合作）等实验中心，不但有固定的课程供选择，更多的是指导学生自选课题，选用实验设备，开展实验创新，学生连续在全国、上海举办的创新大赛中获得一、二等奖。（图8-14）

信息化项目是市二中学最近几年一直在探索的特色项目。在王民政在任校长时期，就提出了要创造机遇，建设"上海市教育信息化应用标杆培育学校"的目标，自2016年起，学校着力研究以信息化为背景、学生为主体的"智慧课堂、自主学习、学生成长"三大空间构建，"通过探究发现各空间、各系统数据互通，其衍生价值远大于自身价值，这是信息化与教育融合的目标增值。2019年，市二中学成功创建为'上海市教育信息化应用标杆培育学校'，这是学校追求内涵发展、探索教育教学新形态的重要实践"[11]。学校积极推动以信息化为基础的智慧校园建设，重构跨校区"一校三部"的教育教学与管理模式，探索"精准、个别、跨界、智能"为特征的"教、学、管"新路径，发挥课题引领作用，提升师生信息素养，设计"以学习者为中心"的学程，以期实现育人变革。在顶层设计中，"智慧课堂"空间实现"智能环境、精准教学、多元交互、创新学习、高效评价"；"自主学习"空间实现"学业诊断、自主学习、微课资源、有效推送、记录评价"；"学生成长"空间实现"校本综评、身心健康、数字化想、生涯规划、智能阅读"；"教师成长"空间实现"智能备课、教学研修、课程建设、教育科研、学习共同体"。完善"云服务器、校园网络、门户网站、数据中心,各系统打通、统一身份认证,教室配置多媒体与交互记录设备、移动终端等"的学校硬件建设;完善"3D打印、数字影视制作、无人机编程、机器人编程和AI人工智能"的信息素养课程;完善"基于网络与信息化大数据的学校管理与工作流程"的智慧服务管理,包括涉及学生的住宿制管理、考勤签到、行为规范管理、卫生晨检等,涉及教师的校园OA系统、采购审批、专用室申请、设备维修、校车使用等,涉及学校管理的共享打印、公共PC终端"云桌面",财产管理、智能门禁、学校微信公众号、学校宣传终端信息推送系统等。学校已建设"124"体系信息架构:一个校园一体化服务平台,包括个性化自主学习系统和自适应学习平台的两项开发,还有智慧教学、精准学习、智慧体育、智慧微课四个系统。组建了专家指导团队、骨干教师团队和信息技术支持小组,紧紧围绕"和谐教育,适性发展"的办学理念,基于学校现实问题,以课题引领"上海市教育信息化应用标杆培育学校"建设。学校研发的"书香校园"智能阅读系统获得专利,两个校区各建成一个AI创客实验室,开设"无人机编程"选修课程等,使师生信息素养不断得到提升。(图8-15)

加强课程建设,做到优质办学,关键在于师资。经过长期的培育,市二中学逐渐拥有一支精良的教师队伍。据2021年9月底的统计,全校有教职员工150人、专任教师125人,获得高级职称的53人,其中特级教师4人、教授级高级教师2人。历任教师中享受国务院颁发的政府特殊津贴专家1人(吴小仲退

图8-16 上海市第二中学陈美兰老师,1978年被评为上海首批特级教师,1991年被上海市中小学幼儿教师奖励基金会授予"上海市园丁奖"

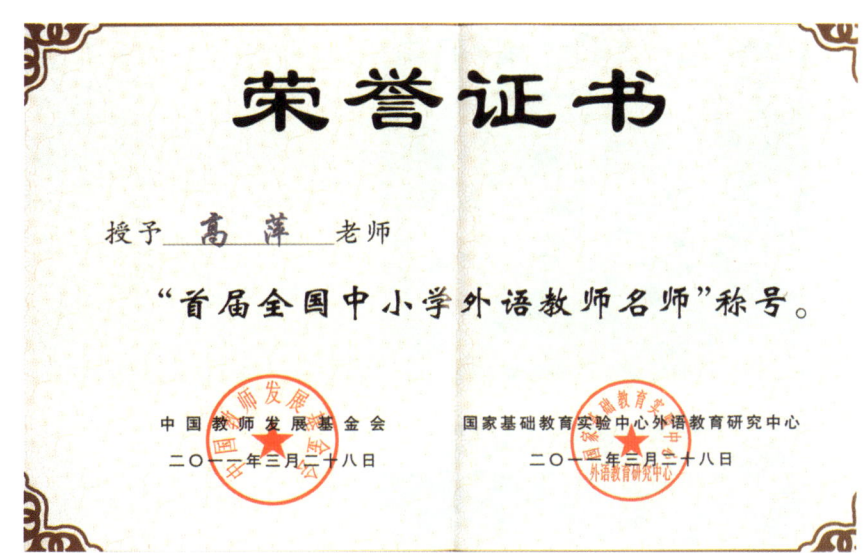

图8-17 2011年3月28日,高萍老师被授予"首届全国中小学外语教师名师"称号、证书

务实本正

图8-18-1 上海市首批英语特级教师陈美兰

图8-18-2 语文特级教师吴小仲

图8-18-3 特级书记苏平

图8-18-4 特级校长沈建华

图8-18-5 数学特级教师胡兰田

图8-18-6 物理特级教师王洪林

图8-18-7 化学特级教师刘斌

图8-18-8 化学特级教师王苹

图8-18-9 特级校长王民政

图8-19-1 特级教师、正高级英语教师王雅芬

图8-19-2 正高级历史教师张曦琛

图8-20 2011年3月28日，高萍老师被授予"首届全国中小学外语教师名师"称号

图8-21 2010年9月，张菁获评全国百佳语文教师

图8-22 郑旭忠荣获2015年全国体育观摩展示活动一等奖

图8-23 周靖毅荣获2016年第十二届全国中学物理青年教师教学大赛高中组一等奖

图8-24 孙申磊荣获2008年全国第六届初中数学教师优秀课观摩与评选一等奖

休），全国教育先进工作者和优秀教师9人（均退休），上海市劳动模范4人（均退休）、上海市园丁25人、师德楷模18人、上海市普教系统优秀青年校长后备人选1人，上海市普教系统优秀青年教师后备人选1人。[12]（图8-16、图8-17）

这里，有一组市二中学校长办公室、档案室提供的"名师风采"照片。其中有特级教师、特级书记、特级校长、正高级教师。一些教师在全国、上海市获得各类奖项或荣誉证书。（图8-18至图8-24）

四、开放办学

坚持特色办学、优质办学。在这一过程中，上海市二中学拓展视野，积极开展多种层次、多种形式的合作与交流，具体包括：建立校外基地，拓展学生的活动空间；与著名高校、科研院所的合作，陆续建立科学、人文、艺术等研究基地，聘请一批专家学者，了解学科前沿，开拓师生视野，引导学生往更高的阶段发展；积极做好与家长的联络、沟通，招募家长志愿者等；建立与校友的联系，合理利用校友资源；积极引进社会、社区资源，实行资源共享。通过各种渠道，让学校教育教学融入相互影响、相互促进的协同办学的开放体系中。

在开放办学中，还有一项重要内容就是与海外学校的交流。进入21世纪，学校更加重视对外交流，在交流中拓展视野，在交往中增加见识。开放办学，让市二中学师生有了更广阔的平台，也为学校了解世界开辟一条新渠道。（表8-2、图8-25至图8-30）

表8-2 上海市第二中学缔结的国外友好交流学校一览

国家	友好交流学校名称	缔结时间
美国	尼顿高中（Needham High School）	1999年4月
德国	艾夏赫德意志骑士完全中学和艾夏赫维斯特巴赫实科中学（Deuts-chherren-Gymnasium Aichach、Wittelsbacher-Realschule Aichach）	2006年10月
英国	齐泽赫斯特女子学校（CHISLEHURST School for Girls）	2018年7月

*资料来源：上海市第二中学校长办公室提供，2021年9月。

此外，建立友好学校的还有：2012年4月，台北市立丽山高级中学；2017年4月，江西省玉山县第一中学。

自改革开放以来，学校的国际交流活动每年都保持着一定的数量，1978—1980年这三年来访为最多，分别有24、28、20批次。进入21世纪后，对外交流日益频繁，来访人次最多的是2010年，为55人次；出访人次最多的是2016年，为39人次。最近几年，受新冠肺炎疫情的影响，交流活动减少，一些会

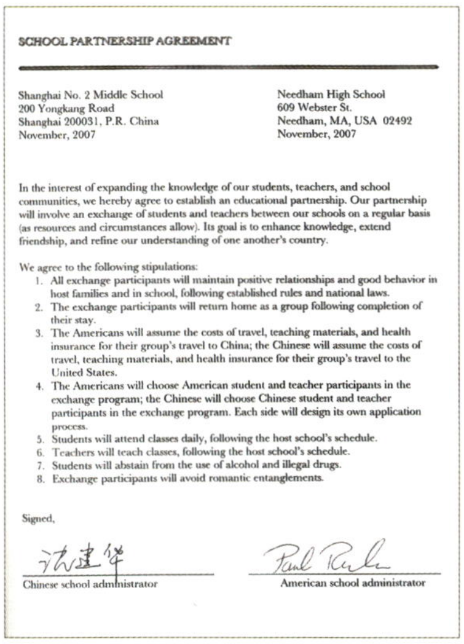

SCHOOL PARTNERSHIP AGREEMENT

Shanghai No. 2 Middle School
200 Yongkang Road
Shanghai 200031, P.R. China
November, 2007

Needham High School
609 Webster St.
Needham, MA, USA 02492
November, 2007

In the interest of expanding the knowledge of our students, teachers, and school communities, we hereby agree to establish an educational partnership. Our partnership will involve an exchange of students and teachers between our schools on a regular basis (as resources and circumstances allow). Its goal is to enhance knowledge, extend friendship, and refine our understanding of one another's country.

We agree to the following stipulations:

1. All exchange participants will maintain positive relationships and good behavior in host families and in school, following established rules and national laws.
2. The exchange participants will return home as a group following completion of their stay.
3. The Americans will assume the costs of travel, teaching materials, and health insurance for their group's travel to China; the Chinese will assume the costs of travel, teaching materials, and health insurance for their group's travel to the United States.
4. The Americans will choose American student and teacher participants in the exchange program; the Chinese will choose Chinese student and teacher participants in the exchange program. Each side will design its own application process.
5. Students will attend classes daily, following the host school's schedule.
6. Teachers will teach classes, following the host school's schedule.
7. Students will abstain from the use of alcohol and illegal drugs.
8. Exchange participants will avoid romantic entanglements.

Signed,

沈建华
Chinese school administrator

American school administrator

图8-25　2007年11月8日，上海市第二中学与美国尼顿高中签订交流协议

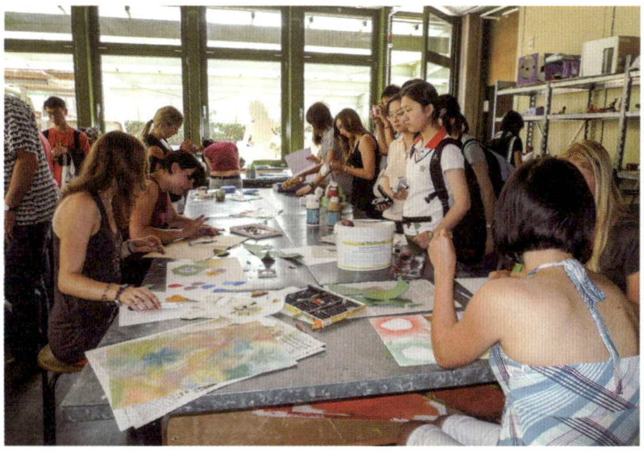

图8-28　2009年7月5日，上海市二中学师生赴德参加交流活动

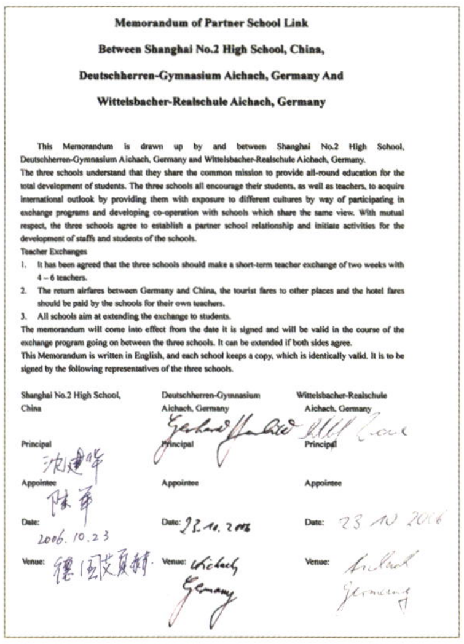

Memorandum of Partner School Link

Between Shanghai No.2 High School, China,

Deutschherren-Gymnasium Aichach, Germany And

Wittelsbacher-Realschule Aichach, Germany

This Memorandum is drawn up by and between Shanghai No.2 High School, Deutschherren-Gymnasium Aichach, Germany and Wittelsbacher-Realschule Aichach, Germany.

The three schools understand that they share the common mission to provide all-round education for the total development of students. The three schools all encourage their students, as well as teachers, to acquire international outlook by providing them with exposure to different cultures by way of participating in exchange programs and developing co-operation with schools which share the same view. With mutual respect, the three schools agree to establish a partner school relationship and initiate activities for the development of staffs and students of the schools.

Teacher Exchanges

1. It has been agreed that the three schools should make a short-term teacher exchange of two weeks with 4 – 6 teachers.
2. The return airfares between Germany and China, the tourist fares to other places and the hotel fares should be paid by the schools for their own teachers.
3. All schools aim at extending the exchange to students.

The memorandum will come into effect from the date it is signed and will be valid in the course of the exchange program going on between the three schools. It can be extended if both sides agree.

This Memorandum is written in English, and each school keeps a copy, which is identically valid. It is to be signed by the following representatives of the three schools.

Shanghai No.2 High School, China	Deutschherren-Gymnasium Aichach, Germany	Wittelsbacher-Realschule Aichach, Germany
Principal 沈建华	Principal	Principal
Appointee 陈华	Appointee	Appointee
Date: 2006.10.23	Date: 23.10.2006	Date: 23 10 2006
Venue: 德国艾夏赫	Venue: Aichach Germany	Venue: Aichach Germany

图8-26　2006年10月23日，上海市第二中学与德国艾夏赫两所学校签订友好协议书

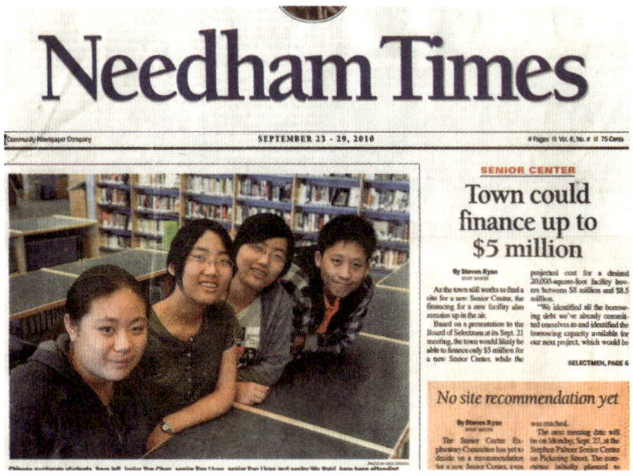

Needham Times

Community Newspaper Company　SEPTEMBER 23 - 29, 2010

SENIOR CENTER

Town could finance up to $5 million

By Steven Ryan

As the town still works to find a site for a new Senior Center, the financing for a new facility also remains up in the air.

Based on a presentation to the Board of Selectmen at its Sept. 21 meeting, the town would likely be able to finance only $5 million for a new Senior Center, while the projected cost for a desired 20,000-square-foot facility hovers between $8 million and $8.5 million.

"We identified all the borrowing debt we've already committed ourselves to and identified the borrowing capacity available for our next project, which would be

SELECTMEN, PAGE 6

No site recommendation yet

By Steven Ryan

The Senior Center Exploratory Committee has yet to decide on a recommendation for a new Senior Center, even was reached.

The next meeting date will be on Monday, Sept. 27, at the Stephen Palmer Senior Center on Pickering Street. The committee initially planned to

图8-29　2010年9月1日—10月6日，英语老师陈达和潘榴烨、潘榴煜、岳晨、吴乃易4名学生抵达姐妹学校美国波士顿尼顿高中，进行为期一个月的交流活动

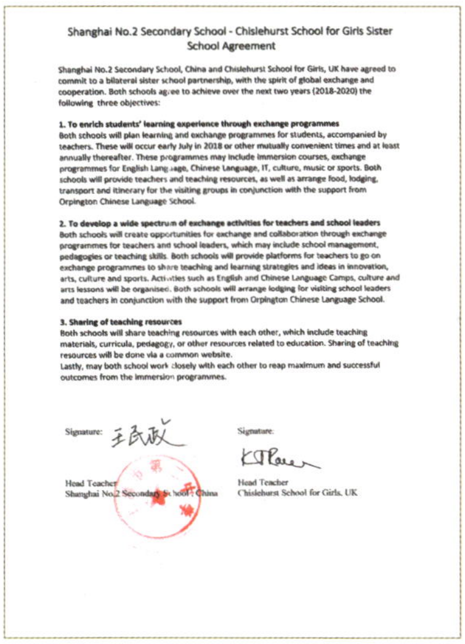

Shanghai No.2 Secondary School - Chislehurst School for Girls Sister School Agreement

Shanghai No.2 Secondary School, China and Chislehurst School for Girls, UK have agreed to commit to a bilateral sister school partnership, with the spirit of global exchange and cooperation. Both schools agree to achieve over the next two years (2018-2020) the following three objectives:

1. To enrich students' learning experience through exchange programmes

Both schools will plan learning and exchange programmes for students, accompanied by teachers. These will occur early July in 2018 or other mutually convenient times and at least annually thereafter. These programmes may include immersion courses, exchange programmes for English Language, Chinese Language, IT, culture, music or sports. Both schools will provide teachers and teaching resources, as well as arrange food, lodging, transport and itinerary for the visiting groups in conjunction with the support from Orpington Chinese Language School.

2. To develop a wide spectrum of exchange activities for teachers and school leaders

Both schools will create opportunities for exchange and collaboration through exchange programmes for teachers and school leaders, which may include school management, pedagogies or teaching skills. Both schools will provide platforms for teachers to go on exchange programmes to share teaching and learning strategies and ideas in innovation, arts, culture and sports. Activities such as English and Chinese Language Camps, culture and arts lessons will be organised. Both schools will arrange lodging for visiting school leaders and teachers in conjunction with the support from Orpington Chinese Language School.

3. Sharing of teaching resources

Both schools will share teaching resources with each other, which include teaching materials, curricula, pedagogy, or other resources related to education. Sharing of teaching resources will be done via a common website.

Lastly, may both school work closely with each other to reap maximum and successful outcomes from the immersion programmes.

Signature: 王民政
Head Teacher
Shanghai No.2 Secondary School, China

Signature:
Head Teacher
Chislehurst School for Girls, UK

图8-27　2018年7月，上海市第二中学与英国齐泽赫斯特女子学校签订友好协议书

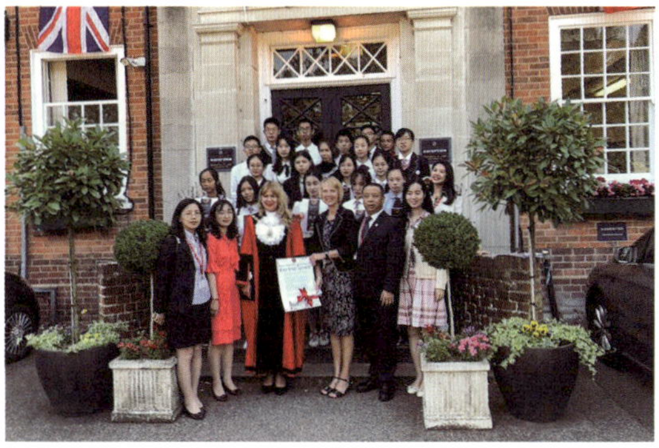

图8-30　2018年7月，上海市第二中学与英国齐泽赫斯特女子学校签订友好协议书，合影留念

议在"线上"举行。

从务本女塾到上海市第二中学,学校在港澳台地区也享有很高的声誉。表8-3为1979—2019年上海市第二中学与港澳台地区一些学校交流活动的统计。

表8-3 1979—2019年上海市第二中学与港澳台地区一些学校交流活动统计(据不完全统计)

年份	来访批数	出访批数	出访人次
1979	2		
1980	1		
1994	1		
1998	1		
1999	1		
2001	1		
2010	1		
2011	1		
2012		1	19
2015	1		
2016	1	1	26
2017	2		
2018		1	4
2019	1		

*资料来源:上海市第二中学校长办公室提供,2019年12月。

上海市第二中学在历史的传承中,厚积薄发,焕发出勃勃生机。作为一所办学有特色、教学有特点、学生有特长的百年老校,上海市第二中学一直保持着很高的知名度。

第二节 市二校区的变迁

从务本女塾到市二中学,几易校址。早期的校址、校园,在此前的章节都做了介绍。自迁入永康路后,市二中学的校园相对稳定。这是一个独特的"时空",承载着市二学子的独特记忆,寄托着他们的情感与思念。

一、永康路校区的演变

先看不同时期校友的一些回忆。1954届毕业生张锦秋回忆:"我进了上海市二女中,当时校名为务本女中,现在是上海市第二中学。1949年到1954年在温馨的母校度过了我少年的多梦岁月。"六年市二女中的校园生活,在张锦秋看来是"繁花似锦,多姿多彩",她从上海市第二女中的校园,走进了北京清华园,"我选择了终身事业的方向,当了一名人民的建筑师。从繁华的上海,到壮丽的北京,再到了辽阔的西部,我始终怀念在上海市二女中的那段美好时光"[13]。日后成为著名建筑师的彭璨云曾撰《难以忘怀的母校操场》,提到了学校的校园,特别是操场:

> 市二女中的前身是上海务本女子中学,它的校园不及市三女中宽阔,但两幢宏大的教学楼很有气魄,一进校门就踏入宽广的操场,面积大约有1公顷,除了紧张严肃的各种课程学习生活之外,操场上的体育课是我们最轻松和欢快的课程了,也就是在这片操场上,我们高中部的体育任课教师刘竞开给我们上体育课。……刘老师非常高兴看到我终于在他的调教下成为一个不错的排球选手,当然我也成了市二女中排球队的校队队员,记得在学校操场上我们校队经常与外校比赛,各班同学来为我们加油喝彩……市二女中教学楼前的那片操场是我健康体魄的摇篮,刘竞开老师对我的培养和鼓励成为我终身的精神财富。如今离开母校已半个多世纪,我仍然对这片操场怀着深深的情感。当母校成立100周年纪念,于2000年,我返校踏上这片操场时,我都想大声抒怀。如今又要纪念母校110年校庆了,我还要重新踏上这片操场,对它说:我会永生怀念母校和这片操场,怀念敬爱的刘竞开老师。[14]

再读一位20世纪80年代学子的回忆:

> 犹记得,33年前临近夏末的那个晴朗的日子,我被父亲宽厚的大手牵着,第一次踏进了母校。啊,那是一个多么宽大的操场呵,仿佛一眼都望不到头似的。操场北端,蓝天白云下,赭黄色的教学大楼巨人一般,巍巍然矗立着。楼前正中央,翻飞招展的五星红旗在风中猎猎作响。饱吸了整个夏季雨水的树木花草,或高大魁梧,或低矮壮硕,围绕、点缀在操场四周,枝繁叶茂,蓬蓬勃勃……
>
> 犹记得,后大楼里,春日下午的语文课上,暖暖的太阳稍稍西斜了,绿色木框的窗户扇扇洞开着,薄薄的天蓝色的布帘子在微微吹来的小风中,好似活泼少女的裙裾一样,一忽儿轻轻飞卷起来,一忽儿又静静垂落下去。楼前的小花园里,茶花、木桃、月季大约盛开了吧,空气中裹挟着丝丝缕缕的清香,时不时送进窗户里来……
>
> 犹记得,体育课上的八百米测试,要求绕着前大楼跑四圈……

呵，母校，在你的怀抱里，我度过了多么快乐明朗、趣味盎然的少年时代啊![15]

这里的一砖一瓦，一草一木，都成了学子们的回忆。（图8-31至图8-33）

自1946年以来，市二中学的师生就一直在永康路校区学习、工作、生活。数十年来，学校的校址未变，但校园环境与景观还是发生了很大的变化。根据相关档案资料与学校大事记，此以编年形成予以记录（节选部分）：

图8-31　永康路校园，1948年航拍图。
上海市第二中学提供

图8-32　1954年百叶窗气象小组学生每天做记录。
上海市第二中学档案室提供

图8-33　20世纪五六十年代的校园。
上海市第二中学档案室提供

1954年，经教育局同意，征用北首空地（复兴中路1315弄，即丁家弄10号），建造混合结构三层教室楼一幢，屋前有草地，和原有教室楼相通。

1955年，学校征用校后董姓土地约五亩，建造新的教学楼。

1958年8月，在校内建立了金工、电工、橡胶加工等车间的附属工厂。

1966年4月，为了适应教育、教学需要，学校新建了实验大楼（四层，建筑面积7533平方米），扩大了校办厂，并在上海县委的支持下，征用了北桥公社黄浦二大队一亩多土地，投资12500元，经过师生共同劳动，在这块土地上造起了一排二层楼的房舍，作为学生农村劳动基地。同时还确定了三个条件较好的工厂作为平时劳动基地。

1987年11月，新建实验大楼和新校门动工，新实验大楼五层，建筑面积1930平方米。

2003年12月10日，徐汇区教育局将沪新中学校区占地面积6.2亩、建筑面积6400平

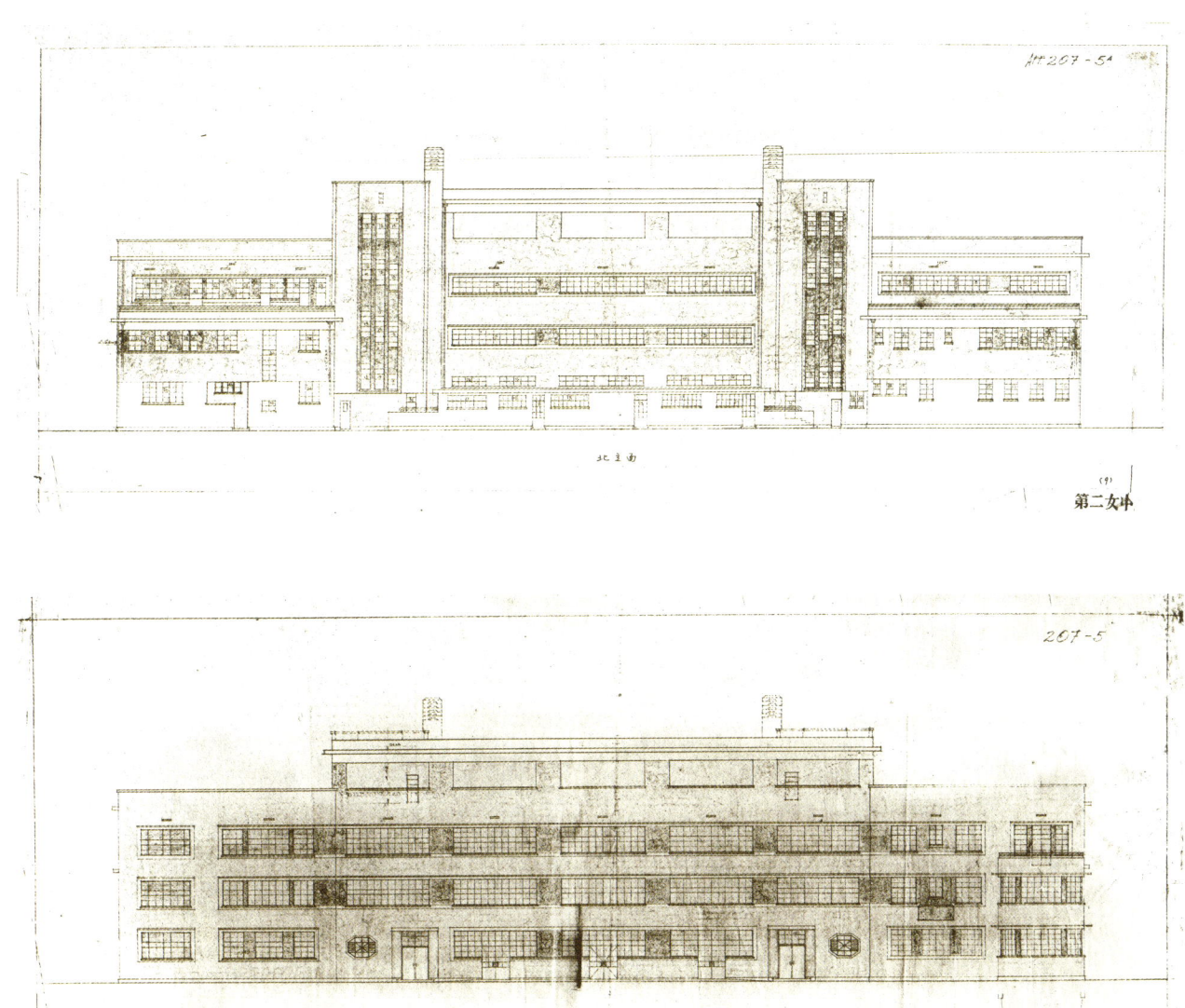

图8-34　上海市第二中学永康路校区建筑，北、南立面图纸。上海市第二中学档案室提供

方米划给市二中学。[16]（图8-34）

这里，需要提到一件事，就是2011年校舍改建中的搬迁过渡。2011年1月，校园需要整体改造，高一、高二年级到原华育中学（罗秀路99号）过渡，高三年级到南洋模范初级中学（天平路200号）过渡。为了不给正常的教学和学生的学习带来影响，全体教职工勇对困难，团结互助，做好宣传解释工作，消除学生和家长的顾虑。"罗秀路99号也应写进我们的校史，我们在那里洒下18个月的汗水，老师们克服

图8-35 上海市第二女子中学庆祝建校六十周年大门口

图8-36 学校操场（2008年）

图8-37 20世纪80年代市二中学校门

路途遥远、交通不便的困难，保证了我们的教育教学质量。两处人员在两次搬迁过程中，不叫苦、不叫累，事事处处为一线教师着想，保证了学校的正常运转和两次搬迁的顺利。"[17]王民政校长的这段口述，为市二校史保留了一段特别的记忆。2012年7月，永康路200号校区改造后整体启用，学校从罗秀路临时校区搬回原校址。校园面貌焕然一新，新建了教学楼、校史陈列室、地下车库。

我们选取了一些校园老照片及部分建筑图纸，以"图说"形式反映学校各个时期的样态与风貌。（图8-35至图8-37）

二、梅陇新校区的建设

进入21世纪后，上海市第二中学迎来新的发展机遇，其中重要的变化就是梅陇新校区的建设。

上海市第二中学是上海市实验性示范性高中，学校拥有很高的办学声誉、办学质量和社会知名度。经过徐汇、闵行两区政府的沟通、协商和论证，初步决定在闵行区梅陇镇开设市二中学梅陇校区。2008年6月，徐汇区教育局与学校协商，在闵行区办一个上海市第二中学分校区，双方形成一致意见。为了保证上海市第二中学梅陇校区合作办学的顺利推进，徐汇区教育局和闵行区在双方区委、区政府领导下，成立筹建工作小组，具体协调双方合作办学的相关事项。有关事项报市教委批准或备案。

2009年11月25日，闵行区教育局、徐汇区教育局共同撰写《关于建设市二中学（梅陇校区）的可行性报告》，其中谈到合作办学的目的与意义：

> 市二中学在梅陇地区开设梅陇校区，是两区政府实现基础教育领域合作共赢，促进双方社会事业共同发展的有力举措。
>
> （一）引进市二中学优质教育资源，有利于更好地实现闵行全区高中教育资源布局的合理调整，满足人民群众对优质教育资源的需求。梅陇镇地处闵行与徐汇的交界地，规划人口30万，随着经济、社会的快速发展，人民群众对教育尤其是优质教育资源的需求日趋强烈，市二中学梅陇校区的设立，可以有效促进梅陇及闵行地区经济和社会事业的同步发展。
>
> （二）有利于实现区域教育联动发展。徐汇、闵行相互比邻，有着各方面紧密的联系。随着城市建设的推进，徐汇等中心城区的人口大量向郊区导出，教育资源也应随着人口的迁移而迁移。去年市政府作出了中心城区优质教育资源向郊区辐射的重大决策。市二中学开设梅陇校区既符合市政府的重大决策，同时，通过两区合作办学，实现区域教育的联动发展，更好地满足人民群众对优质资源的需求。
>
> （三）有利于市二中学的进一步发展。由于历史的原因，市二中学受到场地、生源的影响，制约了学校的进一步发展，通过合作办学，在梅陇地区开设市二中学梅陇校区，扩大学校的办学规模，有利于学校进一步办出特色，有利于学校可持续发展。[18]

该报告结合新时期上海城市发展的实际，也考虑到实现教育资源均衡优质发展的需要。2008年，根据国务院的总体部署，上海正式启动《上海市中长期教育改革和发展规划纲要（2010—2020年）》（以下简称《纲要》）的研究制定工作，"通过城乡基础教育一体化建设工程，基本实现教育资源均衡合理布局"成为《纲要》的重要发展项目，推进了实施中心城区优质教育资源向人口导入区辐射的举措。[19]中心城区的优质教育资源辐射可以更好更快地满足广大群众"上好学"的愿望，也为"推进城乡一体化、促进中心城区人口向郊区新城疏解"发挥积极作用。

对于市二中学的发展来说，开设梅陇校区不仅必要而且迫切。自2000年以来，市二中学的办学规模不断扩大，从1998年一届毕业6个班到2000年开始的一届毕业8个班、10个班，直到2004年达到最大规模，一届毕业12个班，学生人数大幅度增加，但由于历史的原因，校园占地面积18.2亩，场地的狭小、生均运动面积的缺乏越来越成为学校发展的瓶颈，学校急需扩大校园面积、增加学生活动场所，来提高办学标准、完善办学条件、扩大办学规模、以进一步办出特色，促进学校的可持续发展。

就闵行区梅陇镇发展而言，引入市二中学也是一个利好消息。梅陇镇位于上海市闵行区的东面，地处闵行区与徐汇区的交界，是闵行区重要的对外交通枢纽、都市型工业基地、现代居住区和区域性商贸中心，与徐汇区有着各方面的紧密联系。随着城市建设的推进，经济、社会的快速发展，徐汇等中心城区的人口源源不断地流入梅陇镇。梅陇镇规划人口30万，但缺少高中学校的规划布局，人民群众对教育尤其是优质教育资源的需求日趋强烈，需要引进优质高中资源，来完善闵行区教育配套设施建设，使闵行高中教育资源布局更加趋于完善，推动闵行区经济社会事业的进一步发展。上海市第二中学开设梅陇校区，是徐汇区和闵行区两区合作具有远见卓识的战略谋划，既符合市政府的重大决策，又可以实现区域教育的联动发展，也为上海市第二中学提供良好的发展机遇，为闵行教育提升品质。这是一项互惠互利、合作共赢、全面推进上海基础教育均衡发展的惠民工程。

关于梅陇校区的规划。（1）校址及面积。地处莲花路以东、银都路以北、春申路绿化带以南的梅陇新中心A街坊东侧，占地面积近80亩，实际使用面积近67.7亩。办学规模24个班，校区规划用地面积44835平方米，地上建筑面积约为32173.96平方米（计入容积率面积：31880.75平方米），地下车库面积3125.70平方米。（2）校园的设计。传承学校文化，发扬地域特点，使校园与周边环境达到物质和非物质的双重和谐，成为该地区城市建设中一个重要的篇章。以"书、院、序"的设计来升华"十年树木，百年树人"的教育理念。在设计上综合考虑符合人性化、城市美观、经济性、可持续性发展、安全性等原则。（3）在空间布局方面，在"书、院、序"所形成的景观轴上加强布置整体绿化，通过多树种、多种植的形式，多绿化的手法营造活泼向上的活动开放空间，以"树木"来呈现教育的"树人"。

梅陇校区的具体功能安排。校区的南北两个区域分为"动区"和"静区"，既相互独立又相互联系。校区北侧的"静区"设置"行政教学区""普通教学区""公共教学区"和"生活区"，包括行政图书楼、教学及实验楼群、男生宿舍楼、女生宿舍楼、食堂等设施。教学及实验楼群为独立的内院式围合功能布局，四周的绿化成为隔音的最好屏障，将噪声减少到最低限度，以确保教学区的宁静。校区南侧的"动区"设置运动场地，包括篮球场、网球场、标准田径运动场和体育馆，可由学校的次入口直达，无须经过北侧的教学区和生活区，这使得运动场地不只成为学校的一部分，也为体育设施对外开放提供了可能。校园内人车分流，确保师生安全。校园引入庭院绿化，形成整体绿化布局，为城市、校园和师生提供一个变换丰富的使用空间。（图8-38）

在闵行区教育局、徐汇区教育局共同撰写的《关于建设市二中学（梅陇校区）的可行性报告》中，还提到了合作模式、功能定位、办学规模、产权和资金安排等。在合作模式上，"市二中学梅陇校区属于市二中学的分支机构，为公办性质的非独立事业法人，学校由市二中学统一管理、实行一校二区的管理模式，学校教师以现市二中学教师为主，不足部分由市二中学向全市、全国招聘。每年市二中学梅陇校区学生招生名额的60%用于招生闵行区学生，40%面向全市招生，学校享受市实验性示范性高中的同等待遇"[20]。市二中学梅陇校区为市实验性示范性高中，初步办学规模为24班（第一、二年的招生数根据实际情况，由双方协商确定），招收学生960名，按寄宿制高中的要求设计建造。

2010年3月10日，徐汇区人民政府、闵行区人民政府合作举办上海市第二中学（梅陇校区）签约仪式在闵行区梅陇镇镇政府举行。合作办学协议书的签订，标志着梅陇校区正式进入建设阶段。（图8-39）

图8-38　梅陇校区鸟瞰图。上海市第二中学校长办公室提供

2013年10月31日上午，对于市二中学来说，这是一个值得纪念的日子。这一天，上海市第二中学梅陇校区开工仪式在项目基地现场隆重举行。[21]为了完整记录新校园建设的全过程，学校有关部门与人士有意识选择一些"镜点"进行连续拍摄，此为校史研究留下了宝贵的画面。[22]在这里，选用部分图片加以呈现。（图8-40至图8-44）

梅陇校区主要建筑有行政图书楼、男生宿舍楼、女生宿舍楼、教学楼、食堂、体育馆、大型体育运动场等，从建筑风格到内在的文化布置，都非常注重与永康路校区的传承与融合。校园内的楼宇、场馆、道路、亭榭乃至树木，既是学校重要的基础设施，也是校园文化环境的组成部分；它们既是一所学校独特人文风貌的集中展示，也是学校办学理念、文化传承和价值追求的集中体现。

图8-39　2010年3月10日，举行徐汇、闵行合作举办市二中学（梅陇校区）签约仪式

上海市第二中学梅陇校区在上海市教委、徐汇区政府、闵行区政府、徐汇区教育局、闵行区教育局、梅陇镇政府的关心指导下，于2015年8月正式建成。同年9月1日，上海市第二中学梅

图8-40　梅陇校区施工照片（2014年4月3日）。上海市第二中学校长办公室提供

图8-41 梅陇校区建设工地：教学楼、宿舍楼（2014年5月23日）

图8-42 梅陇校区施工进展：体育馆车库基础和教学楼南区（2014年5月29日）

图8-43 梅陇校区施工照片（2014年7月10日）。上海市第二中学校长办公室提供

图8-44 王民政校长前往梅陇校区建设工地考察（2014年7月30日）。吴明欢提供

陇校区举行落成仪式暨首次开学典礼。以高标准、高起点、新思路建成的上海市第二中学梅陇校区，继承学校办学理念和办学传统，又依托优良硬件开展创新教育，带着百余年"务本精神"，到闵行区梅陇镇，落地生根，励精图治，严谨办校，把上海市第二中学梅陇校区办成一所社会满意、师生向往、人才辈出的好学校。（图8-45至图8-48）

市二中学梅陇校区的建成，被时任校长的王民政称为是学校"战略新布局"，它的建成对于市二的发展具有重要意义：

第八章 新世纪、新气象

图8-45 梅陇校区（2015年8月25日）。
上海市第二中学校长办公室提供

图8-46 梅陇校区（2015年8月26日）。
上海市第二中学校长办公室提供

图8-47 梅陇校区（2015年8月29日）。
上海市第二中学校长办公室提供

图8-48 梅陇校区（2015年8月29日）。
上海市第二中学校长办公室提供

图8-49　上海市第二中学梅陇校区（2021年10月12日）

图8-50　上海市第二中学梅陇校区（2021年10月12日）

图8-51　上海市第二中学梅陇校区（2021年10月12日）

图8-52　上海市第二初级中学校门（2006年）

图8-53　上海市第二初级中学校门（2012年）

图8-54　2015年，上海市第二初级中学搬迁至永嘉路388号

（一）寄宿制新探索。我们从暑假紧锣密鼓的人力、物力、工作机制讨论筹备，多次组织相关人员前往位育、南洋、南模等学校参观学习，制定《市二中学梅陇校区住宿守则》，在出缺勤、作息时间、寝室卫生、违规违纪处理方面做了严格规定，形成了有效机制。（二）一体两翼齐飞，教育教学同步。一日横跨两区教学，本部教研组做后盾，众志成城破难点、探新路。教学方面，教学进度、教学要求、教育活动与本部保持一致。考试采用网上阅卷，将梅陇的3个班级和高一其他7个班级进行统一的质量分析。德育方面，东方绿舟、志愿者活动、主题班会、学生运动会及艺术节等活动让学生充分感受市二的氛围，体会市二的特色，树立起"我是市二人"的信念。社团，积极发挥团委和学生会的力量，开展了一些社团活动，并且成立了学生分会，尤其在纪检方面，充分发挥学生的主观能动性，起到了较好的监督作用。[23]

这是一座现代化的校园，教学楼宽敞明亮，实验室、多功能电化教室、大阶梯演示厅、电脑房、电子阅览室、创新实验室、学生活动中心、音美室、运动场馆一应俱全，图书馆藏书丰富，校园建有完整的网络系统，各种设施功能完备。绿草如茵，花团锦簇，香樟成荫，绿化、科技与人文景点交相辉映，融汇成优美宜人的校园环境。这座新校园，必将成为市二学子的新记忆。为了保存这些"记忆"，课题组于2021—2022年间也曾多次前往梅陇校区，拍摄了一些照片。（图8-49至图8-51）

具有一百二十年建校史的上海市第二中学，如今不仅拥有永康路校区、梅陇校区，还有一所"一体化"发展的初级中学——上海市第二初级中学。这里选取几张有关市二初级中学校园的照片。（图8-52至图8-54）

第三节　精彩的校园文化

上海市第二中学作为一所办学历史悠久的名校，拥有自己一以贯之的独特文脉。重视校史研究，构建历史记忆，传承自己文脉，成为近年来一些百年名校的一项重要内容。市二中学拥有自己的校史馆，展示自己厚重的历史与独特的文脉。在学校的图书馆，也珍藏着一些老版本的图书。与此同时，师生们也一直在努力营造富有特色的校园文化。这方面包含的内容非常广泛，如注重守护自己的校园文化，开展多种多样的社团活动。这里，选取几个方面予以反映。（图8-55、图8-56）

首先，学校的校训、校徽与校歌。

民国二十三年（1934）刊印的《上海市立务本女子中学概况》，就出现了务本女子中学校歌、校训、校徽、校旗等。此后，随着时代的演进与学校的发展，出现了一些变化。由此，需要对现有的校徽、校训、校歌等进行解读。

（1）关于校训。创办历史悠久的学校，都有自己别有蕴意的校训，这是一所学校的灵魂。校训的字数不多，却是这所学校办学的精髓所在。一所学校的校训，与其创办人、创立背景、办学理念、治校精

图8-55-1　上海市立务本女子中学校图书室藏书章　　图8-55-2　上海市第二中学图书馆藏书章　　图8-56　上海市立务本女子中学校图书室藏书

神与文化传统有着密切关系。

学校校训的演变。务本女中时期的校训为"勤朴勇诚"。市二中学秉承这一校训，同时赋予新的内涵，诠释如下："勤"，取之于"业精于勤而荒于嬉"，是"勤奋学习"之意。市二的勤，不仅是身勤，还要善勤，会思考、勤在点上，勤于为终身发展奠基。"朴"，指生活简朴，为人朴实。市二师生做事要"踏实务本"，做人要"纯真朴实"。"勇"，就是要敢于挑战自我，走出家门，求知报国。如今的寓意是市二人要有"顽强拼搏，敢为人先"的勇气，具备勇于探究、创新和实践的闯劲和能力。"诚"，取之于《礼记·中庸》"诚者天之道也，诚之者人之道也"，是人格的基础。"诚笃诚信"是市二人立身、处世的特征，做市二人当以诚信为本。[24]

务本女中校训"勤朴勇诚"，较早出现于《上海市立务本女子中学概况》。2012年的一百一十周年校庆之前，2011届校友施寰宁的父亲、书法家施元亮手书校训"勤朴勇诚"作品，赠给儿子的母校。2012年8月，在永康路200号上海市第二中学校舍义保修缮工程竣工后，在诚勇楼东面墙镶嵌铜字校训"勤朴勇诚"。2015年9月，上海市闵行区务本路351号上海市第二中学梅陇校区建成开学，在务本楼南面墙镶嵌铜字校训"勤朴勇诚"。2018年9月，在上海市第二中学梅陇校区校园中心位置的巨型黄蜡石上，镌刻校训"勤朴勇诚"。2019年1月，在上海市第二中学梅陇校区务本楼开放型大厅的校园文化墙上布置校训"勤朴勇诚"和说明。

（2）关于校徽。也称校标，"以'务本楼图案'为主题的圆形图案，周围围绕学校中、英文校名"[25]。其图案具体说明为：图案正中是具有近百年历史的教学大楼图形，下面是紫藤花图案和五个似"人"的图形，周围围绕的是上海市第二中学以及英文名称SHANGHAI NO.2 HIGH SCHOOL。[26]整个图案，外形圆顺，虽朴实但很高雅。象征学校历史悠久，师生关系融洽。寓意学校和谐发展的教育理念。（图8-57）

（3）关于校歌。务本女中时期的校歌，出现于20世纪30年代：

江之流兮海之陬,女校勃兴兮务本惟首,俯敷内美,仰法前修;既滋兰之九畹又树蕙之百亩。时代潮流怒吼,民族生存争求,勉矣哉吾女学之同俦,勤朴勇诚,和平奋斗,长怀吾学校,长耀吾神州。[27]

该校歌是务本女子中学时期创作的校歌,沿用至今。此校歌由胡周淑安作曲、俞长源作词。胡周淑安(1894—1974),中国现代第一位专业声乐教育家、第一位合唱女指挥家、第一位女作曲家。俞长源为近现代知名作家,曾在沪江政法大学、上海中学等校任教国文教师。由这两位大家联合创作的这首务本校歌,歌词内容振奋昂扬、积极向上,朗朗上口,又蕴含女子教育柔中带刚之味。"江之流兮海之陬,女校勃兴兮务本惟首",点明了务本女中作为国人最早创办的女校之一,身处长江之滨的上海,在兴办女子教育方面所取得的成绩。"俯敷内美,仰法前修",是对学子品性高尚的要求。"既滋兰之九畹又树蕙之百亩",兰和蕙都是清香雅致的植物,是纯洁美好的事物,畹与亩是量词,古代称三十亩地为畹。即希望务本女中的学生像栽培的兰、蕙一样,成为杰出、品格高尚的人,成为伟大祖国的根根脊梁。在民族危亡与国难当头的时刻,抗日战争的烽火岁月里,务本女学为躲避战火几经搬迁,却从未忘记务本人的时代使命,把这一切糅进了"勤、朴、勇、诚"务本校训之中,呼吁学生们坚持奋斗,努力报效祖国。教育可以拯救民族精神,启蒙并唤醒中华民族救亡图存的坚定意志。一个国家,只要教育没有灭亡,它就将保留星星之火,传承不灭的民族精神与家国情怀。歌声穿越历史的帷幔,务本学子走过战火纷飞的年代,迈入新的世纪。如今,当"江之流兮海之陬,女校勃兴兮务本惟首"的歌词唱响校园时,新时代的市二学子仍感受到校歌庄严而美好的意境,受到时代责任的感召与激励。[28]

据学校介绍,民国二十九年(1940),务本女中还有校歌,歌词为:

千寻之木始于苗,百川之水朝宗遥,海上首创女学校,胚胎国民此其兆;生男勿喜女勿恼,从今民我皆同胞。学界兮光昭,女界兮光昭,宏母教兮兼容并包。

海滨之俗趋奢豪,教育之界多风潮,惟我校风清且矫,浮华洗净无尘嚣,卓然不屈亦不挠,凭他天演汰与淘。人格兮高超,志趣兮坚牢,与有责焉,我曹汝曹。[29]

如今,这首校歌已作为市二中学上下课的铃声,颇有意味。

其次,提倡自主,积极开展学生社团活动。

图8-57 2018年更新的校徽

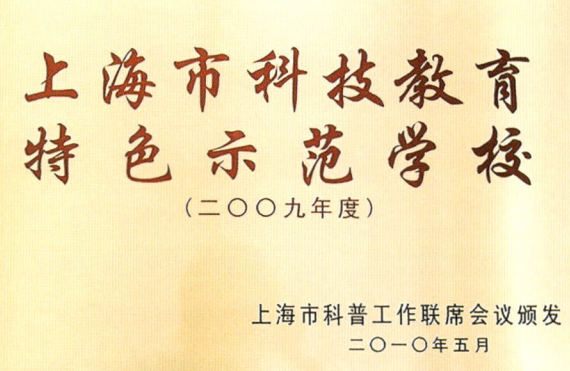

图8-58　上海市第二中学被评为"上海市科技教育特色示范学校"（2010年5月）

图8-59　上海市第二中学成为2015—2017年度"上海市体育传统项目学校"（篮球、排球）

自改革开放以来，市二中学的校园生活丰富多彩，精彩纷呈。学校创造条件，组织各种社会实践，成立了一些学生社团，以丰富学生的课余生活。以文学社团为例，1990年9月29日成立的学校文学社，就曾专门邀请著名儿童文学作家陈伯吹以及《萌芽》杂志总编、《上海教育》杂志总编等担任顾问，令学生们受益良多。市二中学注重学生的全面发展，成效显著。2005年和2010年，学校两次被评为"上海市艺术教育特色学校"；2010年，学校被评为"上海市科技教育特色示范学校"；2015年，学校成为"2015—2017年度上海市体育传统项目学校"。（图8-58、图8-59）

在校园文化建设方面，学校秉承办学传统，提倡学生自主活动，鼓励学生自主建立社团，以年级为单位组织。每学期开始，老社团招募社团成员，学生也可以自主组建新社团。学校现有的学生社团见表8-4、表8-5。

表8-4　2000年以来上海市第二中学永康校区社团表

社名	成立年份	社名	成立年份
剧社（现名为影视剧团）	1922	室内乐队	2001
女排社	1929	心理社	2002
遥控车模社	1985	动漫社	2003
文学社	1990	机器人社	2004
广播社	1992	吉他社	2007
男篮队	1992	飞镖队	2009
男排队	1992	物理社	2009
合唱团	1993	桌球社	2010
电视台	1995	舞蹈队	2010

(续表)

社名	成立年份	社名	成立年份
企业家社	2010	艺绘社	2014
环境社	2010	女篮社	2014
广播剧社	2011	模联社	2014
信息技术社	2011	单车社	2015
摄影社	2011	魔方社	2016
美剧社	2011	示爱剧社	2016
足球社	2011	欧美社	2016
乒乓社	2011	声悦社	2017
邻人部	2011	vocal社	2018
辩论社	2011	青马国政社	2018
武侠社	2011	模型社	2018
街舞社	2011	说唱社	2020
奔跑社	2011	滑板社	2021
羽毛球社	2012	元音社	2021

*资料来源：上海市第二中学校长办公室提供，2021年9月。

表8-5　2015年以来上海市第二中学梅陇校区社团表

社名	成立年份	社名	成立年份
篮球社	2016	辩论社	2017
足球社	2016	阿卡贝拉社	2017
摄影社	2016	魔音社	2017
电视台社	2016	羽毛球社	2018
舞蹈社	2016	志愿者社	2018
排球社	2016	乒乓球社	2018
模联社	2016	动漫社	2018
心理社	2016	文学社	2019
电台社	2017		

*资料来源：上海市第二中学校长办公室提供，2021年9月。

上海市二中学出现了众多的学生社团，表现为其数量多，涉及门类广，参与人数众，举办活动的质量高。这是值得关注的现象。这里，选取其中的几个社团予以介绍：

务实本正

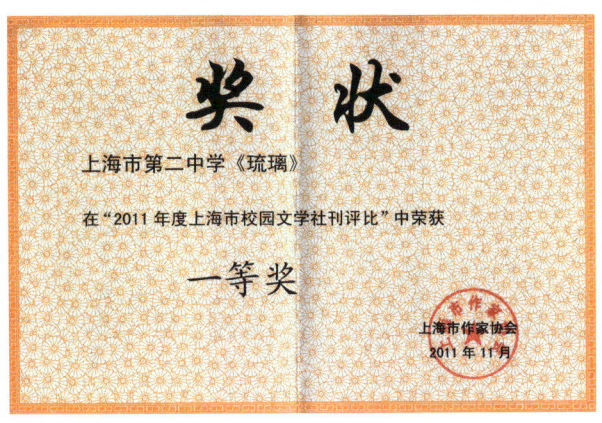

图8-60 上海市二中学校刊《琉璃》被评授上海市校园文学社刊一等奖,上海市作家协会2011年11月颁发

图8-61 2012年12月7日市二中学琉璃文学社获得"公益先锋社团"荣誉称号

图8-62 2008年11月,市二中学车模队在科技总指导徐祖贻老师带领下参加全国青少年车模锦标赛

文学社:成立于1990年9月29日,儿童文学家陈伯吹先生曾任顾问。1997年,伴随着由吕增耀、丁晓民老师指导的校刊《琉璃》前身《七色光》的创刊,文学社开始了探索创新的漫漫征途。现任文学社的指导老师为张晶晶老师。历届社长/主编有周瑶、庾里翔、金世昌、温馨、孙雨薇、徐锦蝉、邓颖康、戚圣杰、吴炫、宋铄运等同学。文学社多年以来通过校刊《琉璃》传递文学热情,《琉璃》曾获评2010年"《新闻晨报》杯"优秀校刊三等奖、2011年度上海市校园文学社刊一等奖、"上海市中学十佳校刊"。同时,文学社积极组织社员参加各项文学交流活动和比赛,如新概念作文大赛、黑马星期六作文大赛等,多名社员取得不俗成绩。此外,文学社定期组织线上、线下文学沙龙活动,并与学校其他社团,如微电影社、声悦社等多次合作。文学社秉持对文学的热爱,充分融入校园生活,陪伴市二校园中的文学爱好者们更好地热爱文学,享受文学。(图8-60、图8-61)

遥控车模社:成立于1985年,一直是学校的传统特色项目。徐祖贻(中学高级教师,车模社的创始人,现已退休)指导学生获得各项大赛名次不计其数,对车模社团的贡献功不可没。为了更好地配合国家教育事业育人的标准,提倡素质教育,市二中学全面提升学生在各方面能力的培养,对车模方面倾注不少心血。从第一代遥控车模,到现在的无线电竞技遥控车模,培养出许许多多的好选手及爱好者,有的学员提高了动手能力,有的学员提高了机械方面的实践能力,还有的提高了自己的应急反应能力……遥控车模社团为国家输送了大量的综合性人才,也得到了许多

家长及学员的肯定。曾任指导教师还有顾劼隽、沈沉。（图8-62）

机器人社：成立于2004年10月。前身是学校创新能力实验室下的科技兴趣小组。历任指导老师有沈兰、俞欣，现任指导老师是钱靳戚。当时由一批对智能小车有浓厚兴趣的同学成立了这个社团，同学们自己安排计划、制定章程，挑选团员，确定正、副团长。社团的宗旨是：在自主研究的氛围中追求乐趣和成绩。学校对社团给予大力支持，为社团添置了器材、电脑、工具。社团活动每周一次，安排合理有序。成员相对稳定，相互之间团结合作，成为社团的一个好风气。每次比赛，每个人尽自己最大的努力相互协作，共同完成任务。老团员主动带新团员，毫无保留地把自己的经验教给新团员。每个新学年新旧成员都衔接很好，交替平稳。社团在全国、市级的比赛中，取得了很多成绩，比如制作的机器人参加海底探宝比赛，夺得上海市一等奖和三等奖；机器人足球队，取得了全国机器人大赛二等奖。2007年被评为上海市中学生优秀社团。（图8-63）

女排社：成立于1929年。曾经走出了以前女排国手诸韵颖为杰出代表的众多排球专业人才。市二中学的排球项目被列入上海市体育传统特色项目，历年来都深受学校的重视和学生的喜爱，尤其是女子排球社，更是学校的明星社团。女排社由学生自发组建，邀请有专业背景和丰富教学经验的外聘教练和体育教师进行指导。学生们利用课后业余时间，积极组织开展排球活动，提升对排球运动的兴趣。女排社旨在通过激发兴趣，提高排球专业技能，锻炼强健体魄，弘扬体育精神，传播排球文化，提升团队协作，勇于拼搏、

图8-63　上海市第二中学机器人社被评为"上海市中学生优秀社团"（2007年6月）

图8-64　校排球队在教练赵晔老师带领下参加2019年上海市校园排球联盟杯赛（中小学组）

坚持到底的优良品质。女排社团中的许多同学，都是学校校级运动队的成员，她们每年代表学校参加上海市各级各类的排球竞赛和文化交流活动，在获得众多荣誉和优异成绩的同时，还在推广普及校园排球文化中起到关键性的作用。（图8-64）

合唱团：组建于1993年9月，指导老师为邱

图8-65 2006年6月25日,市二中学合唱队参加中美音乐交流活动

图8-66 2010年7月5日,市二中学参加世博剧坛歌舞剧比赛,荣获一等奖

唯真,现任指导老师为朱恺怿。1902年务本女塾创办之时,沈心工先生就在此开设了学堂乐歌课。一百二十年来,悠扬的歌声在校园里久久回荡。2003年,合唱团被命名为"徐汇区学生艺术团队",同时正式名为"市二高中学生合唱团"。2004年出访德国演出,2006年6月25日在上海大剧院小剧场与耶鲁大学合唱队进行交流演出。2012年成为上海市学生合唱联盟单位首批成员,多次获得上海市高中合唱项目比赛一等奖。合唱团始终秉承学校办学理念,坚持务本精神,以立德树人为己任,在合唱中浸润学生心灵,在活动中提升学生修养,在合作中塑造学生品格。团队中多人次获得"徐汇区光启区长奖提名奖",同时为全国各重点高校输送了一批优秀合唱人才。(图8-65)

影视剧团:成立于2003年5月,是由上海市教委直接领导、上海市第二中学负责管理的市级学生艺术团。影视剧团拥有完整的领导班子、完善的管理制度和敬业的师资队伍,通过专业、系统的课程学习提升学生们在影视、戏剧、朗诵等方面的艺术表演能力及综合素养。近年来,影视剧团参加全国、市、区影视、戏剧、语言类比赛总计60余项,在国家教育部举办的全国艺术展演和市教委举办的上海市学生戏剧节中屡获佳绩。此外,有100多人次在配音、微电影、戏剧、朗诵等方面具有市级以上的获奖记录。影视剧团以影视、戏剧、朗诵为载体,充分发挥育人功能,努力把学生培养成有艺术素养、有健全人格、全面和谐发展的市二人。2020年12月,市二中学被评为上海市首批艺术"一条龙"戏剧项目龙头学校。(图8-66)

在学校的统一管理下,学生社团以自主参与为原则,社团负责人是学生,学校委派指导教师参与活动并予以指导。大量学生社团的涌现,极大丰富与活跃了学校的校园生活。

第四节　校友会与校庆活动

市二中学具有独特的文脉传承，其中的重要体现就在于学校注重与校友的联系，重视利用校友资源，营造了浓重的校友文化，这也是学校办学的一大特色。（图8-67、图8-68）

学校自创建以来，迄今整整一百二十年，培养了众多学子。他们活跃于政界、商界、科技、教育、文学、艺术、体育各个领域、各个行业，足迹遍布海内外。市二中学的校友利用不同途径，通过多种方式来表达对母校的热爱之心、感恩之情。有的校友尽管毕业多年，远在外地，每逢母校举行校庆活动，总是千方百计来到母校，与师长、同学相聚，共叙友情。有的校友始终关心母校建设，为母校发展积极献计献策。饮水思源，难忘母校。学校也始终重视校友会的作用，通过制定章程、举办活动，加强校友之间的联系，扩大学校的社会影响力。学校很早就组织了自己的校友会，定期召开校友会，在上海市档案馆、徐汇区档案馆以及学校档案室还保留了各个时期校友会的一些活动记录。

自务本女塾成立伊始，就非常重视自己的立校纪念，思源感恩。此后，这成为一大传统，一直延续下去。新中国成立后，也继续举行校庆活动。如1951年10月，学校举行抗美援朝、保家卫国作战一周年暨建校四十九周年活动，左淑东校长做发言。1959年10月24日，举行建校五十七周年庆祝大会，上海市教育局副局长、1910届校友

图8-67-1　1959年10月24日，举行建校五十七周年校庆。上海市教育局副局长、1910届校友吴若安来校

图8-67-2　1962年10月24日，学校庆祝建校六十周年校庆，历届校友与教职工合影

吴若安来校，与师生进行亲切交流。1962年10月24日，学校举行庆祝建校六十周年大会。上海市徐汇区文教部部长、1940届校友祝敏，第四女中校长、1937届校友黄景荷，程迪和校长等先后发言。其间，师生对上海市教育局副局长、1910届校友吴若安进行了访谈。会后校友们与全体教职工合影留念。"文化大革命"时期，校友会、校庆活动一度停止。改革开放以来，校友会的活动逐渐恢复，组织校庆活

图8-68　1982年10月，学校举行建校八十周年庆祝大会

动，并赋予新的内容与意义。1982年，经过一段时间的筹备，市二中学举办校庆庆典活动，开展校史展示。以后，每逢五、十周年，学校均要举办大规模的庆祝活动，发行纪念刊。

一、校友会的恢复与开展的主要活动[30]

1992年10月25日，上海市二中学建校九十周年校庆暨校友会成立。在此次校庆大会上确定了《上海市第二中学校友会章程》。[31]选举产生第一届校友理事会，左淑东、陈国容、鲁夫、陈育辛、朱可常、唐秀颖为名誉会长，黄景荷、彭毓泰、吴守中、孙家琮、李广塘、韩志斌为顾问，戈悦宽任会长，周仪凤等为副会长，王嘉遂等58人为会员，秘书长为苏平。2002年11月9日，召开校友联络员会议，经过各届校友协商推荐产生第二届校友理事会。2012年9月22日，召开上海市第二中学第三届校友理事会成立大会，通过校友会章程[32]，产生了新一届校友理事会。（图8-69）

校友会搭建了学校与校友间沟通交流的平台，校友会以及各位理事、联络员，为母校培养高素质的人才发挥独特的作用。按照规定，各届校友分会向校友理事会通报校友活动情况，每年出一期校友会简报。各届校友分会还根据实际情况组织校友每年10月聚会一次。近年来，市二中学校友会做了大量工作，主要体现在几个方面：

（一）收集、整理校史资料，参与编写校史、校志。近年来，市二中学先后刊印了《百年沧桑》（2002）、《百年辉煌：上海市第二中学建校一百周年纪念画册》（2002）、《百年情愫：建校一百周年校友纪念文集》（2002）、《劲松长青：百年校庆纪念》（2002）、《薪传：上海市第二中学建校110周年校友纪念》（2012）、《饮水思源：上海市第二中学建校110周年校友纪念文集》（2012）、《欣然回首：上海市第二中学历史概述》（2012），等等。校友会均积极参与。如《劲松长青：百年校庆纪念》，即由上海市二中学校友会、务本（怀久）分会编。校友是学校发展的见证者，他们的经历本身就是校史的重要组成部分。在校史研究中，校友们提供的资料、照片，尤其是提供的一些线索、细节，弥足珍贵。（图8-70至图8-74）

（二）校友自发组织回母校，开展主题活动。“长怀吾学校，长耀吾神州”，此为校歌所吟唱的歌词。市二学子秉承“勤朴勇诚”之校训，毕业后在各自的岗位中为国家的发展与兴盛奉献力量。同时，也不忘母校，难忘师恩。各届校友自发组织，经常回母校，举办各类活动，此也成为市二校友的传统，别有特色。此根据校友会提供的资料，选录几个年份，几个片段：

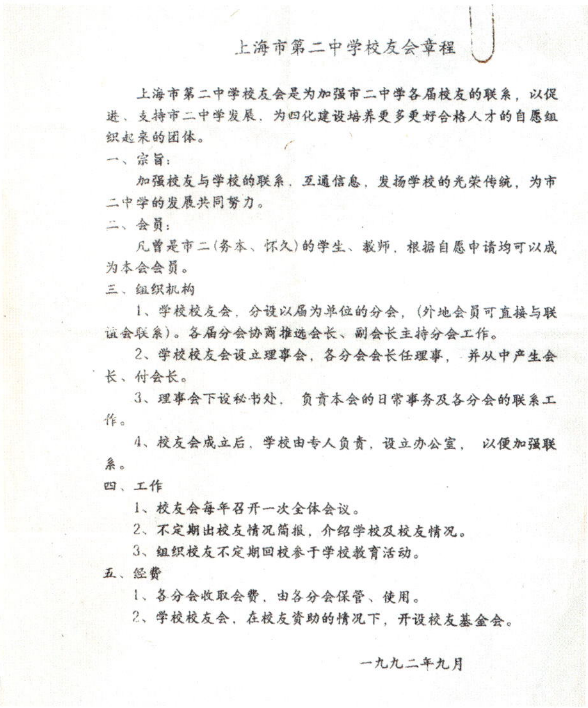

上海市第二中学校友会章程

上海市第二中学校友会是为加强市二中学各届校友的联系，以促进、支持市二中学发展，为四化建设培养更多更好合格人才的自愿组织起来的团体。

一、宗旨：

加强校友与学校的联系，互通信息，发扬学校的光荣传统，为市二中学的发展共同努力。

二、会员：

凡曾是市二(务本、怀久)的学生、教师，根据自愿申请均可以成为本会会员。

三、组织机构

1、学校校友会，分设以届为单位的分会，(外地会员可直接与联谊会联系)。各届分会协商推选会长、副会长主持分会工作。

2、学校校友会设立理事会，各分会会长任理事，并从中产生会长、付会长。

3、理事会下设秘书处，负责本会的日常事务及各分会的联系工作。

4、校友会成立后，学校由专人负责，设立办公室，以便加强联系。

四、工作

1、校友会每年召开一次全体会议。

2、不定期出校友情况简报，介绍学校及校友情况。

3、组织校友不定期回校参于学校教育活动。

五、经费

1、各分会收取会费，由各分会保管、使用。

2、学校校友会，在校友资助的情况下，开设校友基金会。

一九九二年九月

图8-69　1992年版《上海市第二中学校友会章程》

2006年2月3日，1961届高中和1958届初中的校友，假座母校召开“新春联谊会”，到会近70人。

2010年4月9日下午，在学校大礼堂，高一年级同学们用热烈而长时间的掌声欢迎从全国各地专程赶回上海的学姐们——1956届校友，她们中，有北大数学系、物理系的教授、博导，有长期坚持在中学教育岗位的特级教师，还有从事国家航空航天事业的杰出女性。

2011年4月25日，务本女塾的毕业生、嘉定第一位党员陈君起烈士的孙女曾见成来市二中学访问，学校共同参与嘉定电视台拍摄纪录片《陈君起》。

2012年9月4日，1952年卓娅班校友访问母校。

2013年6月13日，1948届初中校友、加拿大议员梁陈明任携子来校访问。

2014年8月17日，1975届的应征从军校友们返校，同时邀请当年任教的吉传锦、李心立两位老师。本届就有38位同学响应党和祖国的召唤应征入伍奔赴保卫祖国的一线，成为市二中学历届毕业生中参军人数最多的一届。其中两位校友在1979年参加对越自卫反击战并荣立战功。

2014年10月5日，1981届初中暨1984届高中全球同学联谊会举行，107位来自天南海北的同学与27位当年老师相聚，校友会1981届初中分会成立。

2015年9月19日，1961届校友回母校共叙“六十载市二情”。

2015年10月11日，1985届（暨1982届初中）校友庆祝毕业三十年，相聚母校，邀

图8-70 校庆九十周年刊印的纪念册

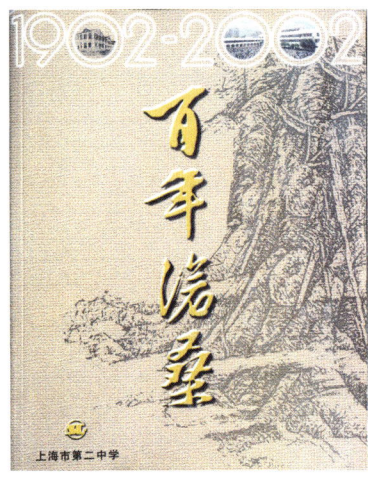

图8-71 校庆一百周年编写的纪念册

图8-72 校庆一百周年编写的纪念画册

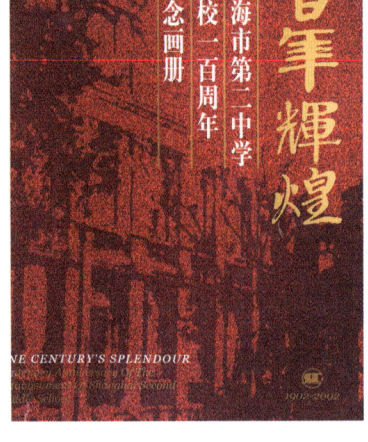

图8-73 校庆一百周年编写的纪念文集

图8-74 《饮水思源：上海市第二中学建校110周年校友纪念文集》（2012年）

图8-75 2011年5月29日,校友理事会召开会议,校友们听取学校的发展规划

请当年任教的20多位教师。

2016年4月16日,1975届校友共庆毕业四十周年,人数达350人,邀请到当年老师20多位。

2018年5月19日,1968届校友在母校举行毕业五十周年庆典活动。

2018年10月14日,"老三届"校友,包括1966、1967、1968届初、高中6届毕业生近600人回到母校,并请回当年的教师26位,包括曾是新四军的已年届九旬的老校长孙家琮女士,举行离校五十周年活动,并合影留念。

2020年12月23日,1985届邱少华校友委托夫人白奕女士及女儿,将自己家珍藏的几大包书籍赠送给母校树蕙楼"怀久书苑",供广大师生浏览借阅。同日,还捐赠一台珍贵的舒伯特立式钢琴。高二(1)班的吴天越同学用这台钢琴为大家现场演绎李斯特的《钟》作为试琴。[33]

值得一提的是,经学校及校友理事会研究决定,从2013年开始,把每年10月的第三个星期六定为"校友返校日"。这一年的10月19日,是学校第一次校友返校日,开放校史馆、教学楼、操场等活动场地供校友团聚。(图8-75)

(三)校友会与学校共同主办"务本讲坛"。"务本"作为"人文市二"的精神内核,学校十分注重"务本"文化传统的传承与弘扬。自2012年始,学校与校友会联合,通过设立"务本讲坛",邀请知名校友就生涯规划、社会责任、科学技术、文化艺术等不同领域分享自身经验,内容贴近学生生活,启迪学生思考,受到师生的欢迎,被称为市二中学"百家讲坛"。据统计,2012—2021年,学校先后举办"务本讲坛"43期,其中由校友主讲29次。内容包括校史、人生、体育、慈善、媒体、医学、援疆、德育、城市、科技、朗诵、数学、艺术、生涯规划、旅行、信仰、角色扮演、英语口语、求学经历、建模仿真、创新创业、大学生活、上山下乡、医学创新、世界城市日等。(表8-6、图8-76)

表8-6 "务本讲坛"校友主讲的报告

校友主讲报告内容	时间	校友主讲人
第1讲：和市二百年历史上第一流人才的对话	2012年3月23日	退休语文教师王镫令
第2讲：立足市二 定位自我 排除干扰 走向世界	2012年4月1日	1975届倪军校友
第3讲：体育与校园生活	2012年4月6日	1986届阎小娴校友
第4讲：因志而行 因愿而动	2012年5月4日	1996届戴浩然校友
第5讲：把握新闻视角 学习辩证思考	2012年5月25日	1975届郑蔚校友
第6讲：儿时梦想 一生追求	2012年9月21日	1987届徐德民校友
第7讲：我的边疆之路	2012年10月12日	1962届杨永青校友
第8讲：创建英雄模范班	2012年10月24日	1965届姜春龄校友
第9讲：畅谈城市转型发展 引领学子规划人生	2013年10月18日	1985届许如庆校友
第10讲：科技成就梦想	2013年12月13日	1985届童夫尧校友
第11讲：青年的社会责任	2014年4月21日	2011届单灏校友
第14讲：中国第一位数学女博士——市二校友徐瑞云	2015年6月26日	美国新泽西州海洋学院数学教授徐元钟先生
第15讲：高中生职业规划指导	2015年10月16日	1975届倪军校友
第19讲："信仰的颂歌"朗诵会	2016年11月25日	市二校友示爱剧社（1954届初中校友秦曾娴老师指导）
第22讲：务本求源 仁心济世	2017年5月5日	1986届成文武校友
第23讲：寻找生活之穴	2017年6月16日	1984届赵海音校友
第25讲：以科学建模技术探索未来生活	2017年11月17日	1975届倪军校友
第26讲：创新创业与高中学习实践的关系	2018年1月23日	1975届倪军校友
第27讲：我眼中的大学学习和生活	2018年5月8日	1985届殷志文校友
第28讲：保持学习心态 人生渐入佳境	2018年6月26日	1968届厉振民校友
第29讲：飞行梦，其实触手可及	2018年11月11日	2004届黄宇飞校友
第30讲：C语言程序设计基础和技巧	2019年1月25日	1975届倪军校友
第31讲：学而精之 精而深之 深而新之	2019年3月1日	1988届徐文东校友
第35讲："我和我的祖国" 庆祝建国70周年朗诵表演会	2019年8月21日	市二校友示爱剧社（1954届初中校友秦曾娴老师指导）
第39讲：心怀家国 笃志力行	2021年4月16日	1975届郑蔚校友
第40讲：从市二出发的一小圈	2021年5月7日	2008届杨辰兮校友
第41讲：笃行而致远，惟实方励新	2021年5月21日	1984届黄晨校友
第42讲：讲品位 讲合作 讲奉献 ——营造和谐氛围 弘扬市二传统	2021年7月2日	退休校长吴小仲
第43讲：当好人生舵手 驶向理想彼岸	2021年10月29日	1984届史季校友

*资料来源：上海市第二中学档案室、校友会提供。

图8-76 2012年4月1日1975届倪军校友主讲"务本讲坛"

图8-77 2006年成立务本教育基金会，雍景欣校友在开学典礼上向师生介绍成立务本教育基金的情况

（四）设立校友基金。市二学子饮水思源，懂得感恩母校，以各种方式回馈母校，报答母校。这里，主要介绍两个奖（助）学金。

一为务本奖（助）学金。2005年10月10日，为回报母校，鼓励、帮助母校学子努力学习、健康成长、学有所成，1985届校友沈南鹏和1987届校友雍景欣夫妇二人共同设立务本奖学（助）学金，出资100万元，分设奖学金、助学金、奖教金，用于奖励优秀学生和优秀教师。为此学校建立由学校领导和教导主任、政教主任组成的务本奖学助学金管理小组，负责该项奖励金的管理和评定工作。奖励资金来源：每年由沈南鹏、雍景欣校友提供人民币5万元作为奖励助学资金，年限为二十年（2005—2024）。每学年根据奖励金分成三部分：奖励学习成绩优秀或在学科竞赛中获市级以上奖项的学生；资助家境困难且学习成绩优良的学生；奖励乐于奉献、关爱学生，在育人方面取得出色成绩的教师。2021年11月9日，沈南鹏、雍景欣两位校友与学校协商，对已运行了十五年的上海市第二中学"务本奖"奖励基金进行调整：自2021学年起，务本奖（助）学金由每年人民币5万元提高到每年15万元，续期十年（2021—2030）。（图8-77）

二为陆瑾爱心基金。2003年高一新生陆瑾同学被查身患癌症，还未进学校上课，但她得到了全校师生的帮助，全校师生为她捐款4万余元。2004年陆瑾不幸去世，她的家长为完成她的生前心愿，把看病用剩的2万元在学校设立了陆瑾爱心基金，用于帮助校内外家境困难、品学兼优的学生。1985届校友邱少华、1986届校友成文武、2001届校友胡歌等多次向陆瑾基金捐款。2015年10月10日，在升旗仪式上，高三年级龚振衍同学将自己所得的唐氏奖学金一等奖1000元奖金，捐赠给陆瑾爱心基金。

许多校友为母校的建设、发展默默奉献。姚国超校长曾提到一件事："2002年为学校百年校庆献礼，建造市二多功能现代化大礼堂。建造过程中，涉及采光、视觉、音响，要比选最优方案。现代化大礼堂的设计（师）就是市二1987届毕业生程之春同学，该同学毕业于同济大学建筑系。他于2002年一个暑假，无报酬，为母校礼堂设计精美图纸，是一位为母校现代化发展做过贡献的无名英雄。"[34]

（五）校友会加强与在校师生联动。怎样才能通过过程的参与，达成对学校历史文化积淀的认可？如何把市二中学的历史底蕴呈现给每一届学生？学校与校友会多次合作，利用暑期组织高一青年党校的学生开展"学校史、访校友"活动，通过学习校史、阅读校友感恩母校的书信和在母校成长的经历，访问不同年代的校友等活动，了解校友在市二中学的学习情况、工作情况，了解市二中学的办学特色，以达到"爱吾校、立志向"的目的。近几年来，师生们采访过张锦秋、陈莉莉、杨礼敏、余正湖、朱可常、曹耶南、周剑萍、居欣如、朱敏华等近百位校友。

此外，校友会还通过组织一些社团，加强与师生的合作。如成立市二中学示爱剧社。2016年，在上海市举办的几次市级朗诵大赛上，参赛选手名单里都出现了一个新名字：市二中学示爱剧社。而这个团队之所以冠名市二中学，是因为其中的成员都曾经是市二中学的学生。事情要追溯到20世纪80年代，市二中学除了在日常教学上具有特色和强项、老师授课精湛、学生成绩优良，还开设有许多学生兴趣小组，朗诵和话剧兴趣小组也是其中之一。当年朗诵和话剧兴趣小组的指导老师是语文老师、1954届初中校友秦曾娴，参加的学生主要是1984届至1988届的一些同学，如1984届的祝颖、谢晶晶、嵇晓宇、杜谷平、史军等，1985届的王海虎、陈湜嵌、陆鸿冰等，以及以后几届的卢英姿、乔旸、陆滢、续偲、周曦、祝捷等。兴趣小组平时的活动主要是进行普通话朗诵的训练，而学习的成果则是进行语文课本剧的排练和演出。2016年初，一次偶然的校友聚会，其中包括雍景欣、张旭、梁山、朱枫、贝倩妮等，以及当年朗诵和话剧兴趣小组的秦老师和多位同学，由此促成了一群来自市二中学的朗诵表演爱好者的集合，提议组建"市二中学示爱剧社"。"示爱"，既是市二的谐音，表示了对当年兴趣小组的追忆和传承，也表达了对朗诵表演的共同兴趣和爱好。又如"韵颖体育俱乐部"与学校的合作。1993届校友诸韵颖注册成立的"韵颖体育俱乐部"，注重青少年排球运动的普及与培养，积极推动"以赛代练"，将体育健身与女排精神紧密融合，专注于为国家队输送优秀选手。2017年5月25日，市二中学邀请诸韵颖来到梅陇校区，为排球的进一步发展献计献策，诸韵颖即通过"韵颖体育俱乐部"与学校签约，共同培养优秀选手，推动母校女排运动发展。（图8-78）

二、举办重大校庆活动

对于一所学校来说，举办校庆纪念活动有着重要意义。通过举办校庆纪念活动，可以回顾、总结学校的办学历程和办学成果，进一步加强校友与学校、校友与校友、校友与在校学生之间的沟通交流，传递学校优良的办学传统，弘扬务本精神，凝聚各方力量，扩大社会影响。

1992年10月25日，市二中学举行建校九十周年校庆暨校友会成立。在此次校庆大会上确定《上海市第二中学校友会章程》。（图8-79）

1997年10月24日，学校举办九十五周年校庆展览，市、区各级领导发来贺信或题词。

2002年，学校迎来了上海市第二中学建校百年校庆纪念。百年华诞，学校高度重视。组织刊印

《百年情愫》《百年沧桑》《百年辉煌》的纪念册，布置校史展览。在《解放日报》《文汇报》等刊物上刊登校庆的消息。是年9月6日，学校举行创始任吴馨（怀久）铜像的落成典礼，吴馨之子吴天荫参加揭幕仪式（图8-80）。10月26日，3000多位校友从五湖四海赶来，参加上海市第二中学百年校庆典礼。学校的校舍尽管很小，但仍努力安排每一届校友可以在一个教室里聚会。11月，刊印《百年校庆简报》，对百年校庆活动予以报道，摘引如下：

金秋十月，桂花飘香，在上海市第二中学召开百年华诞庆典活动，各位老师和各届校友喜气洋洋回到母校。校门口学生穿着校服、敲着锣鼓迎接各届师生，两只大红气球飘扬在操场上空，整个校园洋溢着欢乐的气氛。

大礼堂主会场内有近500多位校友代表，其余校友在各教室观看庆典大会的电视转播。……（与会嘉宾）充分肯定市二中学的办学成绩，尤其赞扬了市二中学的历任领导都坚持弘扬学校崇尚改革、重视课程改革的传统，在市、区的中学课程改革中起到实验示范作用。学校培养了很多杰出人才，在社会上有一定知名度……最后学校戏剧小组的指导老师秦增娴校友以及戏剧小组各届校友卢英姿、祝颖、绪思、梁山、陈湜钦、陆鸿冰、祝捷、印轶青、张旭、贝倩妮、胡歌和现任团委书记张絮静表演了自编音乐诗《心中的曼德里》，向领导、校友们展示了严家五姐妹、陈宝鎏、姚明等校友的先进事迹、学校合唱团演唱了务本校歌。整个庆祝会气

图8-78　2017年5月25日，诸韵颖校友（中间者）来到梅陇校区指导市二中学体育传统项目排球座谈

图8-79　1992年10月，学校举行建校九十周年校庆暨校友会成立大会，吴小仲校长发言

图8-80　2002年9月6日，学校创始人吴馨之子吴天荫（左一）来校，苏平书记前去迎接

氛热烈，每个与会者都激动万千。[35]

……1955届的郭懋沁校友是我校老师郭绳武的女儿，她认识很多届的校友，并且在校庆前两个星期联络了北大、清华等在京各届校友飞来上海参加盛会。很多校友是姐妹校友、母女校友、母子校友，这次聚会更像是亲朋好友的聚会，如严隽琪五姐妹除了大姐因公出国不能来之外，其他四姐妹都来了。通过这次聚会，校友之间的感情更深了。……由于种种原因，还有很多校友不能亲自来校参加庆典，他们或发电报，或发E-mail，或写诗，或写信表达他们的祝福。如1950届倪觉生校友，1952届赵平萍校友，1954届张锦秋校友，1959届曹其真校友，1961届赵玉嵘、朱钟月、林荫宇、李健鸣校友，1965届沈秀芳校友，1985届孙卫东校友，1987届包吉氢校友……1952届校友看到学校珍藏的1952年"中朝团结万岁"全体师生签名画卷后纷纷拍照留念。老三届校友们更是积极参与校庆活动，胡晓岚、傅佩菜校友收集了大量材料，精心制作了六块展板，引起了各位校友尤其是经历过那个年代的师生共鸣。[36]（图8-81）

2012年，上海市第二中学举行建校一百一十周年校庆活动。特别在当年的教师节之前，为庆贺母校一百一十周年诞辰，1958届校友、上海市人口计生委党委书记周剑萍和1984届校友、上海电台《名医坐堂》工作室负责人祝颖一起策划了"仁心仁术敬师恩"活动，由历届从医校友回母校为退休教师和

图8-81 2002年上海市第二中学建校一百周年，在校庆会上校友表演《心中的曼德里》

第八章 新世纪、新气象

图8-82 2012年9月8日，上海市第二中学校友医生为母校教职工义诊

图8-83 2012年11月10日，上海市第二中学建校一百一十周年庆典。上海市第二中学档案室提供

图8-84 上海市二中学建校一百一十五周年，校庆操场上校友们在背景台前留影

图8-85 2017年10月21日，上海市第二中学庆祝建校一百一十五周年

教职员工义诊。活动一经提议就得到从医校友的大力支持和配合，他们有的在外地开会特意赶回来，有的提前调好自己的值班，还有一些校友虽然还是在读医学院的学生，都自告奋勇地加入活动志愿者的行列。从医校友们用他们仁爱之心、精湛医术回馈恩师、回报母校。真正体现了那句话："当年他们以市二为荣，今天市二以他们为荣。"（图8-82、图8-83）

2017年，建校一百一十五周年校庆。10月21日，历届校友齐聚校园，共同庆祝母校的生日，共同观看了上海市第二中学一百一十五周年校庆文艺会演。（图8-84、图8-85）

"弦歌不断声声远，事业如棋局局新。"2022年，上海市第二中学将迎来建校一百二十周年。学校与上海社会科学院名校校史研究团队合作，专门成立校史研究课题组。此后，课题组成员从海内外搜集与整理了一批原始文献档案，对学校校史进行系统梳理，深入解读。同时，从千余张图片中精选300多

张,采取以图释文的方式,撰写一部校史专著,在校庆一百二十周年之际由商务印书馆出版。校史是对一所学校发展历程的真实记录,是校园文化建设的重要内容。出版一部系统、完整、准确的校史研究著作,有助于彰显学校的办学特色,丰富学校的文化内涵,对提升学校的办学水平和扩大社会影响具有重要意义。(图8-86至图8-88)

自1902年肇创以来,从务本女塾到上海市第二中学,学校走过了整整一百二十年。

一百二十年来,风雨兼程,学校的办学性质层次因时而异,办学场所亦因地而易,历经磨难而坚韧不拔,屡受挫折而自强不息。

一百二十年来,求真务实,勤朴勇诚,学校在时代之境的变与不变、常与无常之间,演绎着文脉的起承转合,不断谱写学校创新发展的新篇章。

一百二十年来,桃李春风,学校为国家、为社会培养了大批毕业生,他(她)们活跃于各个领域、各个行业,足迹遍布海内外,在我国社会经济发展与现代科学技术、文化教育、文学艺术等领域取得令人瞩目的成就,以国家富强为己任,诚愿尽酬;于民族振兴之基图,砥柱中流。

一百二十年,是学校发展的里程碑,也是继往开来的新起点。寄托着社会各界殷切热烈的期望与信任,上海市第二中学必将志存高远,砥砺前行。

图8-86 上海市第二中学永康校区航拍图(2022年6月9日)

图8-87 上海市第二中学梅陇校区鸟瞰(2021年10月12日)

体教工合影

市二初中、市二高中　　2022.8.26

图8-88 上海市第二中学建校一百二十周年全体教工合影（2022年8月26日）

注 释

[1] 《上海市第二中学大事记》，上海市第二中学校长办公室提供。

[2] 《姚国超校长口述》，2021年11月20日。姚国超2000年10月至2002年6月任校长。

[3] 《上海市第二中学创建实验性示范性高中三年规划宣讲稿》，2001年4月，上海市第二中学档案室提供。

[4] 姚国超：《上海市第二中学创实验性示范性高中三年规划中期汇报》，2002年6月，上海市第二中学档案室提供。

[5] 《沈建华校长口述》，2020年12月29日。沈建华2002年6月至2010年5月任校长，2006年3月起任总支书记。2008年6月，成立中共上海市第二中学党委，沈建华任党委书记。

[6] 《务实创新、和谐发展：上海市第二中学创建实验性示范性高中总结报告》，2004年10月。上海市第二中学档案室提供。

[7] 《沈建华校长口述》，2020年12月29日。

[8] 《王民政校长口述》，2021年12月29日。王民政2010年5月至2020年11月任校长，2010年5月至2022年2月任党委书记。

[9] 《王民政校长口述》，2021年12月29日。

[10] 《王民政校长口述》，2021年12月29日。

[11] 《王民政校长口述》，2021年12月29日。

[12] 教师队伍数据，由上海市第二中学校长办公室提供。

[13] 张锦秋：《我的多梦岁月》，载上海市第二中学编：《饮水思源：上海市第二中学建校110周年校友纪念文集》，第68—69页。

[14] 彭璨云（1959届毕业生）：《难以忘怀的母校操场》，载上海市第二中学编：《饮水思源：上海市第二中学建校110周年校友纪念文集》，第73—74页。彭璨云，国家一级注册建筑师、教授级高级建筑师，曾任北京女建筑师协会副会长等职，为全国工程建筑标准设计专家委员会、首都规划委员会专家组成员。

[15] 阮征（1985届毕业生）：《母校琐忆》，载上海市第二中学编：《饮水思源：上海市第二中学建校110周年校友纪念文集》，第151—152页。

[16] 详见《学校大事记》，上海市第二中学档案室提供。

[17] 《王民政校长口述》，2021年12月29日。

[18] 闵行区教育局、徐汇区教育局《关于建设市二中学（梅陇校区）的可行性报告》，2009年11月25日，上海市第二中学档案室提供。

[19] 2012年，上海市人民政府印发《上海"城乡基础教育一体化建设工程"实施方案（2011—2015年）》，提出上海基础教育均衡优质发展的目标之一，就是要加快城郊结合部学校建设步伐，以优质教育资源共享和教师柔性流动为抓手，实现城乡基础教育整体质量水平显著提升。

[20] 《闵行区、徐汇区教育局关于建设市二中学（梅陇校区）的可行性报告》，2009年11月25日，上海市第二中学档案室提供。

［21］ 上海市第二中学梅陇校区建设单位为上海市闵行区闵盛投资发展有限公司，施工单位为上海建工五建集团有限公司。

［22］ 相关照片和书面介绍由吴明欢提供。

［23］《王民政校长口述》，2021年12月29日。

［24］《务本学生手册》，2019年刊印。

［25］ 参见《上海市第二中学章程》。该章程于2014年12月5日经上海市第二中学第十二届教代会第二次会议审议通过。

［26］ 上海市第二中学校长办公室提供，2021年12月。

［27］《务本女中校歌》，《上海市立务本女子中学校概况》（1934年）。

［28］ 对该校歌的释读，由上海市第二中学校长办公室提供。

［29］ 上海市第二中学档案室提供。该校歌后有说明："《务本女中校歌》，2000年4月见于上海市历史博物馆。"

［30］ 本节内容主要由上海市第二中学校友会提供，资料截止日期为2021年12月。

［31］《上海市第二中学第一届校友会章程》（1992年），上海市第二中学校友会、上海市第二中学档案室提供。

［32］《上海市第二中学第三届校友会章程》（2012年），上海市第二中学校友会、上海市第二中学档案室提供。

［33］ 上海市第二中学校友会提供，2021年12月。

［34］《姚国超校长口述》，2021年11月20日。

［35］《（上海市第二中学）百年校庆简报》，2002年11月刊印。

［36］《（上海市第二中学）百年校庆简报》，2002年11月刊印。

附录

附录一

学校沿革与校址迁徙表

- 光绪二十八年（1902）秋，吴馨在黄家阙路创办务本女塾

- 1913年，吴馨将务本女塾捐归县有，改为上海县立第一女子高等小学校

- 1916年，改名为上海县立务本女子中学校

- 1928年，改名为上海市市立务本女子中小学校

- 1929年，小学部改为附属小学，遂成为上海市立务本女子中学校。高、初中均双级，高中分普通与师范两种

- 1937年下半年，黄家阙路校舍被日寇炮火炸毁。学校改名为怀久女子中学，分南北校舍上课。南校在毕勋路（今汾阳路）77号，北校在威海卫路（今威海路），后迁到孟德兰路（今江阴路）九福里

- 1942年，日寇侵占租界，学校停办

- 1945年8月抗战胜利，10月务本女中复校，定名上海市市立务本女子中学，仍分南、北两校舍上课。南校仍在旧址，北校在欧阳路221号（原日伪学校旧址）

- 1946年3月16日，举校迁至永康路200号（即现址）原法国雷米小学校址

- 1952年7月12日，改名为上海市第二女子中学。1954年1月28日，学校经上海市政府批准为上海市首批重点中学

- 1967年11月，改名为上海市第二中学，开始男女生兼收

- 1978年1月，学校经上海市教育局确定为26所市重点学校之一

- 2005年9月，学校被评为上海市实验性示范性高中

- 2006年6月，上海市第二中学与上海市第二初级中学开始实行"两个法人单位，一套班子管理"的联动模式

- 2015年9月1日，上海市第二中学梅陇校区落成开学

* 资料来源：据学校档案资料，上海市第二中学校长办公室提供。

附录二

大事记

清光绪二十八年（1902）
是年，上海士绅吴馨（字畹九，号怀疚，后改怀久）在黄家阙路赁屋创设，分寻常、高等、特班三级。

是年，吴馨将西仓桥原家塾迁至花园弄，公开招生，定名为"务本女塾"。初，有学生7人。越二月，请求入学者甚多，新生大多为成年妇女。吴馨除处理塾务外，兼任教学，他禁止学生崇尚奢华，提倡学生放足，努力改革妇女中的陋习。

光绪二十九年（1903）
是年，废高等，改特班为专修科，设专修二级，寻常三级。

是年，学生增至80人，原有校舍不敷应用，又陆续添租俞家弄、大南门口民房为校舍。

光绪三十年（1904）
七月，添设幼稚舍。

是年，改专修为师范科，设师范、寻常各二级，中学一级。

光绪三十一年（1905）
是年，分师范为正科、预科、简科三级，废寻常级，设高等小学二级。

是年，举校迁到西门外生生里，塾舍稍大，增添一方小操场。在校学生155人，教职员工35人。

光绪三十二年（1906）
是年，购黄家阙营地为校址，师范及预科均分为甲、乙二级，小学增初等一级。

3月24日，《申报》记载，吴馨"请拨西门外十图凤凰山旧营基二十四亩九分，为建筑学堂之用，并认缴年租"。另据吴馨撰《务本女塾史略》："丙午（1906年）冬，始价购西门外黄家阙路旧营基地十一亩为校基，并续购附近地二亩有奇，自谋建筑校舍。"

光绪三十三年（1907）
是年，改预甲为师范丙级，中学增一级，小学高等增一级，废初等。

是年，巡道署月补助银三百圆。

光绪三十四年（1908）
冬，建筑校舍。

是年，设师范二级，中学一级，高等小学四级。

宣统元年（1909）
秋，校舍落成。事务、招待等室七，课堂二十，宿舍二十，平房七。另据吴馨撰《务本女塾史略》："计办事室、预备室、招待室等十幢，教室二十，宿舍二十五幢，厨房及置物室、操棚、游息场学，校园均粗备，建筑费合前购地凡银元八万有奇，图书器械校具五千有奇。"

是年，增师范、中学各一级。

是年，学校制订《务本女塾第五次改良规划》。

宣统二年（1910）
是年，减师范一级，增中学一级。

宣统三年（1911）
秋，上海道署补助费停止发给。

是年，减中学一级，增初等小学一级。

是年，吴馨受沪军督府民政总长李钟珏之委任，任上海县民政长（县知事）。务本女塾由曾钧（号公冶）代理校长。

1912年
遵照新历，改为民国元年正月元旦。
3月，校长吴馨迫于办学经费短缺，"通筹经济，公私俱觉为难"，宣告暂时停办学校。
6月，在校女学生发起创设务本同学会，通过集资募款，维持运转，请吴馨继续主持校务。
是年，停办一学期，至秋季开学。

1913年
8月，吴馨将务本女塾校舍连同基地、校具，一并捐归上海县所有，改组为上海县立第一女子高等小学校，高等科分文科、理科。
11月7日，《申报》记载："吴馨君慨将十余年来辛苦缔造之务本女塾，全数捐归上海县地方，统核该校动产、不动产各项，按照时值，估计折合银圆九万一千三百一元。"经上海县县议会决议，将吴馨所捐款项登记保管，并将务本办学经费纳入地方教育预算开支中，正式开启从私立向官办性质转变。
是年，由曾公冶任校长，经费由县款开支。

1914年
4月，上海县视学员视察县立第一女子高等小学校后认为，该校自去年捐归县有后，裁师范而留文理专修科，"名为高等小学，各教科均出高等小学之上"。
7月，兼设女子甲种师范讲习所（亦称女子甲种小学教员讲习所），改文学科为师范讲习科，初等补习科为附属小学科。同月，举办改归县立后的第一次毕业式，计高等文科16人，高等理科12人，高等小学科毕业计22人。
秋，学校呈请江苏省公署，改高等小学补习科为甲种师范讲习科，初等小学补习科改为甲种师范附属初等小学科。"所有务本前设之高等文科、高等理科，仍继续办理。"
是年，学生日益增多，已达二百五六十人。

1915年
是年，建操栅四间，用银2400元。
是年，停办师范讲习科一级，增国文专修科。校长曾公冶邀请教育界名宿黄炎培、沈恩孚、袁希涛、贾季英，以及前校长吴馨等江苏省教育会骨干成员莅校指导，就今后的学制定位展开讨论，经过众议，决定改设为女子中学。

1916年
夏，上海县知事呈准将附设的师范讲习科改为县立务本女子中学校，高等小学科、补习科仍如前附设。
7月14日，《申报》记载："于下半年起，县立第一女子高等小学名称改为县立务本女子中学校并附属高等小学校。"
秋，在中学科三年级设"模范家庭"，以校中三间屋子作为实习基地，分为卧室、客室、厨房。实习时，以家事教员为主任，实习者限于寄宿生，以六人为一组，寄宿于卧室中，以一月为满期，六人既有分工又有合作。
是年，以附设于第一女子小学校之小学教员讲习所改组，经费由教育局支给。
是年，分初中、高中两部，高中分普通及师范科共十二级。以国文专修科改中学两班，初小两级改称补修科。因师范所需生源程度不足，停办师范讲习科，前后仅持续两年，毕业学生两届，仅20余人。

1917年
8月，江苏省教育会小学教育研究会举行大会，校长曾公冶在会上报告该校高等科三年生家事实习之状况。
12月，上海县立务本女子中学校呈请江苏省公署准予立案，江苏省视学员郑鼎元在立案一文中，认为"该校各项规定大致尚符课程，虽与部章略有出入，但与地方情形、社会需要尚能适合，应准立案"。
是年，增中学为三级，高小为三级。分四教室。

1918年
7月，举行高等小学科第五届毕业式，各界人士前往参观者极多。
9月，建教室两幢，走廊、披屋两间，用银5713元，专供补修科之用。增中学一级，八年至十年中学、高小各四级，初等补修科三级。
是年，学校在江苏省属各校联合运动会上表演棍棒、舞蹈、室内球，获得过优等奖状。

1919年
5月26日，务本学生参加由52所上海公私立中等以上学校组成的"上海学生联合会"实行总罢课，并赴体育场举行罢课宣誓典礼。罢课后，务本学生又奋起响应上海学联，推动商界抵制日货。
是月，务本女塾创始人（务本女塾长）吴馨逝世。
6月，上海学生联合会特在学校设立"务本学生分会"，该组织成立后，奔走呼号，不遗余力，曾先后发出《劝告各界书》《致商界通启》，大力号召提倡国货，抵制日货。
秋，校长曾公冶因事辞职，由上海县地方绅士公推吴馨表妹、本校师范科毕业生张杏娟继长校务。
10月，务本学生分会，鉴于平民教育为当今之急务，于校内设立义务学校，招集男、女学生60人，授以国文、算术，时间在每天下午四时一刻至六时一刻。报名者颇为踊跃。

1920年
1月，校长张杏娟决定为兼顾"升学"与"致用"的需求，决定采用"分科"办法教授。升学者，增高外国语程度，免习手工；不升学者，减少外国语之时间，加授手工。
是年，学校编《上海县立务本女子中学校第二届毕业纪念录》。

1921年
10月，学校举行二十周纪念会，连续三天，观者不下3000余人。校庆经过情形，后编为二十周纪念录刊行。
是年，菲律宾华侨教育考察团来校观察过学生的家事实习，称其为"中国式模范家庭"。

1922年
7月，举行中学科第四届、高小科第九届毕业式。

1923年
6月，经校长召集教职员一再讨论，决定从秋季招收新生开始，按照教育部"新学制"或"辛酉壬戌学制"办理，而原先在校学生四级，向依旧制课程教授，仍照原定年限按年毕业。
秋，学校呈文上海县公署，拟改用中学分为初、高二级，并设小学部。

1924年
秋，减旧制中学一级，增新制中学两级，初中一、二年级均分甲、乙两组，三年级一组。小学部仍旧。
9—10月，江苏军阀齐燮元和浙江军阀卢永祥之间爆发"江浙之战"，双方在上海附近展开激战。受战事影响，风声吃紧，务本女中学暨附属小学，曾停课数日。

1925年
5月，务本女中学生参加由上海市学联组织的声援五卅工人运动。
秋，增设高中文科一级，原有旧制中学三级，待其毕业为止，不复增设。

1926年
3月，"三一八"事件中北平军阀残害女学生的消息传到上海，务本女中的学生举行了殉难烈士追悼会，教师朱大可写了祭文，会上由沈凤芝朗读，引起师生对军阀的愤恨。
夏，原旧制中学学生全部毕业，学校成为完全"三三制"之新制中学。
10月，举行创校二十五周年纪念会典礼，编辑发行《上海县立务本女子中学校二十五周年纪念册》。

1927年
3月，张杏娟校长辞职，学校公推朱汉阁为学校委员长。
4月，国民革命军北伐抵沪后，上海市党部于先后三次委派"接收务本女学委员"吴煦岵、刘尊一，以及青年部长冷隽、妇女部长张晴川，前往接收学校。接收后，暂设一临时委员会，处置校务。该委员会由市党部派1人、教育局1人，接收员2人，教职员1人，学生2人（高初中各推代表1人）共7人组成。
8月，在国民党与江苏省教育会争夺务本校权，相持不下的形势下，暂由教育界前辈、吴馨夫人王涵青女士出任校长一个学期。
10月，在校内附设女子平民夜校，开始招生，不限年龄及识字与否，凡愿就学者均可报名，以50人为一班，于当月15日开学上课。
下半年，上海县教育局委任务本理科教员贾观仁为校长，成为县立时期的最后一任校长。

1928年
7月，举行高中第一届、初中第四届、高小第五届毕业式。校长贾观仁报告，上海县政府代表余芷江给凭给奖，上海县教育局代表秦槐新、上海中学校长郑西谷相继演说。学生家属到会者已达2000余人，颇极一时之盛。本届毕业高中7人，而初中63人，小学62人，人数均远胜往年。
8月，改归国民党上海市教育局接收，定名为"上海特别市市立务本女子中小学校"（一般称"上海市市立务本女子中小学校"），仍由贾观仁任校长。增设高中师范科，招收一、二年级学生，初中招收一、二、三年级学生，增设幼稚舍一班。
秋，校长贾观仁聘请北京女子高师体育专业的蹇华芬到校执教后，务本的体育风气为之大变。
12月，上半年兴工建筑的大礼堂、科书馆、教室、校友办事室等落成，为西式楼房一大幢，落成费银13700两。上海特别市政府、上海市教育局、淞沪警备司令部派代表至落成礼训辞。

1929年
3月，校女排队参加上海第一次全市运动会中，得亚军资格，冠军为民立校友队，被选为上海女排球乙队，出席同年5月在杭州举办的全国运动会，获得亚军。

春，务本排球队正式成立，队员共24人，由蹇华芬任教练，公举薛志洁为队长。

7月，务本再次"易长"，国民党上海特别市教育局委派朱宝章接替贾观仁。

9月，王孝英出任上海市立务本女子中学校校长。

是年，小学部改为附属小学，遂成为市立务本女子中学校。高、初中均双级，高中分普通、师范二科。

1930年

1月，日本东京女高师校友会组成的来华女子教育参观团来沪，分期参观市立务本女中及其他小学，校长王孝英设宴招待，双方对中日女子教育问题颇有讨论。

9月，全校学生遵章组织自治会，由上海特别市党部代表黄谓苍会指导。

是年，实现高、初中完全双级。高中普通科三学级、高中师范科三学级、初中六学级，一应俱全。

1931年

3月，夺得"时报杯"首届女子排球锦标比赛冠军。

9月，在第二次上海全市运动会上，首次以三对一击败海星队，夺得上海全市女排锦标，并以冠军资格，全数选派为出席全国运动会女子排球之上海队。

是月，"九一八"事变爆发后，全校师生召开救国大会。校长王孝英报告开会宗旨，并议决各案如下：（一）停止一切娱乐；（二）实行经济绝交；（三）实施军事训练；（四）佩带团结一致徽章。同时，校长王孝英等发起召集9个妇女团体的代表，在务本召开会议，宣告成立上海市妇女团体联合会。月底，王孝英、曹一华等发起成立"务本女子中学教职员抗日救国会"。

秋，为解决妇女职业问题，呈准市教育局，将高中师范科一年级改为家事组。

10月，举办三十周校庆纪念，鉴于国难方殷，将原定一切娱乐及游艺等会暂行停止，仅在大礼堂举行庆祝典礼与公共体育场举行学生军检阅式，计420余人。上海市教育局局长徐佩璜、上海特别市政府党部代表出席训话。

11月，务本女子中学校教职员"抗日救国会"致电蒋介石，一致要求抗日。

1932年

1月，"一·二八"事变爆发，学生发起募款，宣传抗日，参加捐助和缝制军衣，尽力支援十九路军抗击日军。

1933年

9月，王孝英辞去校长职务，上海市教育局委任暨南大学、大夏大学教授阎振玉女士继任校长。

11月，学生因校长更替，以要求撤换新教务主任姜文宝为由，发生风潮，酿成群体罢课、肢体冲突，以及集体赴上海市政府请愿，惊动上海市教育局、上海市公安局、上海地方法院、国民党区党部，受到各方舆论关注，停课一星期之久，被称之为"务本风潮"。

是月，在务本教职员代表出面斡旋调解，风潮平息，正式恢复上课。

1934年

3月，学生余月保、吴守中等，鉴于在校同学自成立"抗日救国会"后漫无团结，遂发起组织学生自治会，举行成立大会，全体会员500余人。

春，师范科一年级，又改回普通师范，师范科二、三年级注重家事，称家事组。

7月，校长阎振玉宣布试办"新贤母良妻教育"，以国民政府"新生活运动"为方针，以礼义廉耻为经，以科学化、社会化、职员化、民众化为纬，从事于新道德之建设，获得家长的一致赞同。

是年，全校所有的学级编制，"高中普通科一、二、三年级三级，高中师范科一、二、三年级三级，初中一、二、三年级各两级，合计十二学级"，学生数合计462人。

是年，刊印《上海市立务本女子中学（校）概况》。

1935年

7月，校长阎振玉商请上海市教育局、上海市政府，计划迁地，建造新校舍。得到批准后，勘定上海市江湾的闸殷路一带，购地50余亩、筹建规模宏伟、设备完全之新校舍一座。

12月9日，北平学生反对华北自治，要求停止内战，一致对外，遭到国民党当局残酷镇压。16日，数百名务本女中学生冲破校方阻挠，参加南市区大、中学校声援"一二·九"运动被捕同学的游行。19日，务本女中部分同学又参加大、中学生集体赴江湾市政府请愿活动。

1936年

8月，阎振玉"因就他事辞职"辞去校长职务，上海市教育局局长任命法国巴黎大学文学博士胡兰女士接任。

是月，江湾新校舍开始兴工，规划分图书馆、教室、宿舍、膳堂、操场，建筑经费35万元。

10月，务本女中的学生参加公祭鲁迅先生和万人送殡大游行。

11月，教职员暨学生为支持绥远抗日，分别自由认捐，共计银300余元，用于购置棉背心，运寄前方。同时，全校吃素一星期，以节省所得膳费，充作捐款之用。

1937年

2月，教务主任袁哲，因调任上海市社会局专员，由留日学生、市社会局编译股副主任顾凤城继任。

3月，举行总理逝世纪念会，校长胡兰女士敦请本市训育主任、公民教员资历审查委员会喻仲标到校演讲。

8月25日，务本女中在《申报》上发布迁地开学通告。宣布务本女中已迁至法租界霞飞路青年中学内办公，并定于9月1日正式开学。

是月，学生到谢晋元孤军营慰问，其中余艳华（余叔）受谢团长抗日精神感染，毕业后成为新四军女兵。

10月7日，学校在霞飞路（今淮海中路）553号开学。

是月，上海学生界抗日救亡协会成立，怀久女中的学生代表伊素琴（即肖英）参加成立大会，并被选为17个理事单位之一。

11月，随着形势的变化，一批进步师生先后离校奔赴抗日前线，教师李万新、姚秀霞，学生周梅英、黄景荷、庄涛、高茜等去了延安，姚莲娟等参加了新四军，还有一部分进步学生如伊素琴、欧阳仪、龚兰婉、周月英则坚持"孤岛"进行斗争。上海学生界抗日救亡协会（简称"学协"）根据地下党的指示及时提出将工作重点转向校内。

是月，务本女中正式改组，以务本女中创始人吴馨之号"怀久"为名，定名为怀久女子中学。改组后的怀久女中设董事会，负责人为徐寄顷。顾凤城任代理校长一职，教务主任由高杰担任。

12月，黄家阙路校舍被大火焚烧殆尽。沈守梅任校长。

1938年

6月，怀久女中经上级党组织批准成立了第一届中共支部，伊素琴任支部书记，谭营生、欧阳仪为支部委员。

9月，伊素琴毕业离校，第二届支部书记是欧阳仪，支委是谭营生、邵幼青（即施英）。

是年，怀久女子中学扩为南北两部上课。毕勋路77号大厦为第一校舍，也即南校。原先的威海卫路校舍则被定为第二校舍，也即北校。

是年，沈守梅校长离沪赴港后，由凌宪文任代理校长，随后不久凌因故辞职，复由校长秘书顾凤城代为管理学校事务。

1939年

是年初，怀久女中第一次风潮爆发。

2月3日，第四次校董会正式通过杨明晖担任校长一职。3月14日，杨明晖正式接任怀久女中校长。学生罢课。17日，学校停课。20日下午4点30分，杨明晖校长在中社举行茶话会，与各方商议相关事宜。24日，怀久女中复课。是日，南校学生再度发生罢课举动，南校停课。27日，怀久女中开启学生甄别工作。4月2日，南校高中部在牛庄路691号的临时校舍内恢复上课，以观后效。3日，南校初中部复课。是月，欧阳仪、谭营生相继调离怀久，怀久支部为了便于开展工作，分为南、北两个支部，南校支部书记邵幼青，北校支部书记陶掌珠（即陶戈辉）。是月，地下党通过"学协"开展反汪斗争，学生自治会组织全校性的反汪大辩论。对一些"学生不应干预政治""学生没有实力，反汪只能惹祸，无济于事""埋头读书同样可以报效国家"等论点进行有力的反驳，参加辩论的同学列举日寇侵华罪行，说明"抗战则胜，投降必亡"，揭露汪精卫卖国的反动面目，明确反对汪派、反对投降是每个中国人的神圣责任。

6月，怀久女中第二次风潮爆发。

夏，怀久女中北校搬迁至静安寺路471号大厦。

秋，陶掌珠调女中区委工作，北校支部书记改由王淑贞担任。

1940年

2月，怀久女中成立党总支，陶掌珠任总支书记兼南校支部书记，王淑贞任总支委员兼北校支部书记。

3月，汪伪中央政府在南京成立。怀久女中的学生在地下党支部领导下，发动举行反汪怠课，散发反汪传单，开展多种形式的对敌斗争。

秋，陶、王毕业，党的工作由谢潜慧（现名李幸之）、薛焕珍（即薛若梅）二人具体负责。

1941年

是年初，薛焕珍因暴露，组织决定她退至苏北新四军，谢潜慧也被校方强令转学。上级党组织为了加强怀久，派原正行女中杨佩景、原中国女中郑惠娥、原泉漳中学徐联珠（即徐嘉）到校，并指定郑惠娥为南校支书，杨佩景、屈元为支委，徐联珠为北校支书。

2月3日，《申报》刊登怀久女子中学消息："系市立务本女中所改组创立，迄今已四十载。本年将举行四十周校庆纪念。该校教学素极认真，数理成绩最著声誉，学风更为淳朴。凡涂脂抹粉以及华服烫发等恶习，早经革除。校舍分南、北两部，南部在法租界毕勋路七七号，北部在公共租界孟德兰路八八弄。"

2月9日，《申报》再发消息："怀久女子中学，已于本月五日开学。南校仍在毕勋路七七号，北校仍在孟德兰路八八弄，并不迁移，北校设有高中师范科。师范生之学费，正请求关系方面予以免除。为再谋学生程度之提高，计本学期除将各主要科目之时数，酌予增加外，对于图书仪器设备，并将益求充实。"

夏，怀久女中南校搬迁至霞飞路1284号洋房。

1942年
是年初，由于太平洋战争爆发，日寇侵占租界，怀久女中停办。

1945年
8月27日，日本宣布无条件投降后数日，杨明晖等人随即开始筹办复校事宜。

9月3日，务本女中在《申报》上发表复校通知及招生告示。宣布自9月6日起，开始在静安寺路校区招收初中一、二、三年级，高中普通科一、二年级以及师范科一、二年级的新旧学生。

是月，务本女中开始接收寄存于漱兰中学的原怀久女中校产。10月9日，务本女中校方与上海市教育局一同协商接收新校舍的相关事宜，最终决议将"上海第一日本高等女学校"所在的欧阳路221号校址作为接收对象。11日，市教育局程督学与务本校方一同前往欧阳路221号视察新校舍的情况。经过考察，发现此地的校舍与设备均适于务本女中应用。12日，务本校方同盛振声先生相谈接收新校舍的事宜，双方意见并未达成一致。13日，校方再度前往欧阳路新校舍进行新一轮交谈。最终，在市教育局的指定下，欧阳路221号成为务本女中的新校舍。然而，当时欧阳路221号一直被日本伤兵占作医院使用，故务本的迁校日期不得不被延后。25日，市立务本女子中学正式上课，全校学生共计316人。由于欧阳路校址尚且未能使用，因此务本女中向民国中学租借了数间教室，以缓解校舍的压力。至此，务本女中大致分为三部，即静安寺路临时校舍、欧阳路新校舍和民国中学租借校舍。

12月6日，静安寺路校区的高二学生迁入欧阳路221号上课。是日，在民国中学就读的初二两班学生则迁回至静安寺路校区上课。

是年，中共地下党开始慢慢在校内组织进步力量。在中共上海地下党学委的指示下，徐静芸、张清澈、宋华英、蔡明慧、宋玉仙、沈丽英、陆维娟、吴耕星等地下党员考入务本女中，建立起了务本地下党支部，并由徐静芸担任党支部书记。当时由上级地下党派清永芬来务本与务本地下党支部书记徐静芸以及张清澈联系，传达布置任务，再由徐、张二人单线联系其他党员，传达指令，布置任务，开展工作。

1946年
是年初，由于务本女中三处校舍利用率都很低，拥挤问题依旧存在，因此校方在这段时间内仍在努力搜寻新的校址。经过数月的艰苦搜寻与上访诉求，教育局最终将永康路200号的雷米小学校舍原址借予务本女中充当校舍使用。

3月16日，务本女中全体迁入永康路校址上课。与他校学生共用同一校舍。永康路200号校舍是一座四层"一"字形的国际式建筑，分为左右两处，务本女中所占区域约为校舍面积的十分之三四。校舍拥挤问题仍然没有得到充分解决。

是月22日，包括务本女中在内的部分市立中学教师因要求改善待遇，发动怠教行动。23日，教育局召集有关校长谈话。24日，上午9时，10余所学校组成的市立中等学校教职员代表团推选了5名代表同教育局商讨相关事宜。双方谅解，达成协议，并于当日复课。

5月1日，市师附中的学生越入务本女中校舍区域，打毁务本校具。2日，学校被迫停课。教育局顾局长与谢校长来校对市师附中的学生训话。训话完毕后，顾局长将两校代表带至教育局谈话，共同商讨解决办法，以免此类事件再次发生。3日，教育局再派严督学前往市师附中监视学生行动。4日，60余名学生家长就此事前往学校进行紧急会议，呼吁严惩肇事学生，解决校舍问题。5日，务本全体学生集合前往市教育局、市政府等处请愿。6日，学校复课。8日，市参议会教育委员会举行第十二次会议，会上讨论有关务本女中被毁一事。会上决议严惩肇事人员，并将市师附中的学生归并于其他中学。

10月2日，市师附中的师生全部迁出永康路校区，务本女中终于拥有了属于自己的独立校址。

1947年
2月，全国掀起抗议美军暴行，反饥饿、反内战、反迫害的爱国学生运动。上海交通大学的学生来务本女中串联宣传，在党组织的领导下得到了务本女中学生的积极响应。

夏，暑假后，务本女中极大部分学生地下党员都毕业离校，因此由"学联"代替务本党组织领导相关活动。

是年，学生人数便达到了643人，大致恢复了战前规模。

1948年

4月，务本女中的进步学生突破重重阻拦，前去参加受反动派迫害而不幸牺牲的于子三烈士的追悼会。

1949年

是年初，临近解放，上海形势非常紧张，学潮、工潮此起彼伏。务本女中的进步学生成立了"迎春社"等组织，同学们相互学习从解放区传来的舞蹈与歌曲，准备迎接上海解放。

4月，校外的地下党组织发展了数十个务本进步学生入党。同时还成立了上海市保安队务本分队为上海解放做最后的准备工作，具体活动：建立护校联络网，发生问题相互联系；了解学校反动势力动向，监视他们的行动；学校在解放军攻打上海时住了国民党伤兵，纠察队就监视他们的活动去向，向他们宣传解放军的政策；保护学校。新中国成立前夕，杨明晖校长离沪去台，务本女中"群龙无首"。中共地下党组织与进步学生齐心协力、共同努力，最终成功保护了学校，保护了财产。5月，上海解放。

6月20日，市政教育处派王子修到校联系接管之事，安定教职工的情绪。

是月21日，上海市军管会任命杭苇为军代表到学校执行监督及办理接管事宜，左淑东、陈蕙瑛具体负责接管工作。

7月10日，务本奉令成立了临时校务委员会，由左淑东任主任，陈蕙瑛任副主任。改教务处为教导处，实行教导、教务分开。

9月12日，正式任命左淑东为校长，陈蕙瑛为副校长。陈蕙瑛任支部书记。

是月13—14日，务本分别举行初中和高中新学期开学仪式。

是月15日，新学期正式开学。学校初、高中均实行三年制，初中各收4个班，高中各收2个班，共18个班。在校学生809名，在校教职员52人，兼职教师2人。

10月1日，学校举行集队庆祝和师生员工联欢大会。

是月2日，学校举行了第一次升旗典礼，五星红旗第一次高高飘扬在学校上空。

是月8日，学校又组织师生员工参加了保卫世界和平、庆祝新中国开国大典游行。

是月24日，学生会成立，1953届学生、时任学校党支部副书记的陈明慧当选为学生会主席。

1950年

2月，陈蕙瑛调市一女中任校长，支部书记由石岚代理。

5月19日，务本中学正式支部大会在学校图书馆召开，学校党支部正式公开。

9月，李广塘来校任支部书记。

11月27日，学校成立抗美援朝保家卫国运动委员会，发起劝募捐献子弹运动。

12月1日，举行抗美援朝动员大会。

是月9日，组织师生参加"一二·九"及抗美援朝、保家卫国运动大游行。

是月12日，召开志愿报名军事干部学校动员大会。至26日，本校签名同学153人，报名101人，录取了俞洁贞等20人。

1951年

1月20日，赵似兰等8人被防空学校及其他干校录取。

2月9日，经上海市教育局批准，沪西补习学校并入务本女中，为务本女中附设夜中学，任命卢梦生为夜中主任，茆祥麟为副主任。

4月26日，务本女中校名改为上海市务本女子中学。

7月11日，洪安球等11人为军干校录取。

是月30日，姚景琳等24人被录取参加市政建设工作。

9月5日，务本工会宣告成立。

10月，支部改选，由左淑东任支部书记。

是月，举行抗美援朝保家卫国作战一周年暨建校四十九周年活动，左淑东校长做了发言。

11月，左淑东到农村参加土改，李广塘代理支部书记。

1952年

1月，寒假期间，左淑东、石岚、郭绳武、朱怡之、庄涌、赵宇昂又被选派参加了思想改造学习。

7月12日，学校改名为上海市第二女子中学。

是月，左淑东调任上海幼儿师范，郭秀梅来校任校长。

夏，暑假期间，全体教师集中参加了思想学习。

11月，上海市第二女子中学高一甲班学习苏联卫国战争中的青年女英雄卓娅，把班级命名为"卓娅班"。

1953年

1月，支部改选，石岚任支部书记。

12月，郭秀梅校长在《文汇报》上发表了《在总路线的学习中认识我们的学校工作》一文。

1954年

1月28日，上海市政府批准市东中学、市西中学、上海中学、育才中学、继光中学、复兴中学、虹口中学和第一、第二、第三女中10所中学为重点中学，市二女中名列其中。
2月，陈国容来校任副校长。
3月，石岚调任市七女中校长，支部书记由励志扬担任。
8月28日，郭秀梅校长至华东行政委员会教育局另行分配工作，免去校长职务。陈国容任校长兼任支部书记。
是年，经教育局同意，征用北首空地（复兴中路1315弄，即丁家弄10号），建造混合结构三层教室楼一幢，屋前有草地，和原有教室楼相通。
是年，市二女中开始试行二部制。

1955年

10月16日，苏联卓娅与舒拉的母亲来上海访问期间，接见了市二女中"卓娅班"代表常美英同学，并一起拍照留念。
是年，程迪和任副校长并代理支部书记，主持校务工作。
是年，征用校后董姓土地约5亩，建造新的教学楼。

1956年

是年，程迪和任支部书记。

1958年

8月，在校内建立了金工、电工、橡胶加工等车间的附属工厂。
是年，苏联卓娅和舒拉的母亲再次访问上海，并亲临市二女中。
是年，施纫秋任市二女中副校长。

1959年

10月24日，举行建校五十七周年庆祝大会，时任上海市教育局副局长、1910届校友吴若安来校，与师生亲切交流。
是年，施纫秋任市二女中校长。

1960年

5月，市二女中被评为上海市教育和文化、卫生、体育、新闻方面社会主义建设先进单位。程迪和副校长作为代表出席了上海市的"群英大会"。

1962年

夏，初二（2）班的学生徐琍琍在虹桥机场参加迎宾任务时与周恩来总理握手。
10月24日，举行庆祝建校六十周年大会，师生聚会在操场，聆听时任区委文教部部长、1940届校友祝敏和第四女中校长、1937届校友黄景荷讲述校史，程迪和校长做了发言。
师生对时任上海市教育局副局长、1910届校友吴若安进行了访谈。会后，校友们与全体教职工合影留念。
是年，施纫秋调任新沪中学校长，程迪和副校长主持工作。

1963年

1月31日至2月6日，教育部部长杨秀峰在上海召开上海、江苏10所著名中学领导干部座谈会，交流办学经验，研究如何办好一批全日制中学的问题。市二女中派员参加会议。
2月9日和11日，杨秀峰部长专程来到市二女中视察。
是月，上海市教育局拟定《关于提高中小学教育质量，保证高一级学校的质量和有重点地办好一批学校的初步意见（草稿）》，决定从全市选择中学13所、小学20所，作为首批要办好的学校，对这些学校实行市、区（县）双重领导，市二女中入选。
3月17日，杨秀峰部长给中央做《关于上海、江苏调查研究普教工作几个问题的汇报》，汇报中提及："据座谈会上反映，近两年来，学生中个人主义思想有不同程度的滋长，集体观念淡薄，不守纪律的现象也比前多了，值得注意。""但是，有些学校也有好的经验。例如上海市第二女中（解放前市立务本女中）一向注意'学习勤奋、生活朴素'的教育，形成一种比较好的校风。"
是年，程迪和校长在《上海教育》1963年第1期发表《对中学女生一些特点的探索》。

1964年

5月，1962届毕业生杨永青放弃上海商业工作到新疆生产建设兵团，从此扎根边疆。
是年，上海市教育卫生部确定市二女中为全市教改试点单位，并委派孙家琮来本校任副校长，市委副书记杨西光亲自蹲点。

1965年

1月15日，《文汇报》报道上海市第二中学教师对该校一名学生写的两篇作文的讨论情况。此后该报围绕《如何指导和评价学生的作文？》的问题进行讨论。
5月，市二女中大合唱《一颗红心向着党》，经过区、市层层选拔，参加了第六届"上海之春"的专场演出，这也是唯一一所普通中学参加"上海之春"演出。
7月5日，杨永青因为在边疆表现出色，受到周恩来总理和陈毅副总理接见。
8月，为了贯彻市教育局党组、共青团市委的《关于减轻学生负担，改进学校工作的报告》中提出的减负"六条"，市二女中开始对课程、课时设置进行调整。
是年，鲍志新出任市二女中副校长。

附录二 大事记

1966年

2月22日，根据安排，学校为了加强学生思想政治工作，在学校行政体制上也做了相应改变，增设了政治处，由副校长孙家琮兼任政治教育处主任，另设专职副主任，统共青团、少先队、政治教师于一处，以利于集中力量，统筹安排，做好学生思想政治工作。

4月，为了适应教育、教学需要，学校新建了实验大楼（四层，建筑面积7533平方米），扩大了校办厂，并在上海县委的支持下，征用了北桥公社黄浦二大队一亩多土地，投资12500元，经过师生共同劳动，在这块土地上造起了一排二层楼的房舍，作为学生农村劳动基地。同时还确定了三个条件较好的工厂作为平时劳动基地。

4月20日至5月8日，高初30个班级共500余名师生到上海县塘湾公社吴泾大队参加劳动。

5月17日，自本日起，市二女中每一年级的学生与全体教职员工前后举行了7次批判"三家村"的声讨会。

6月2日，下午，市二女中举行了全校师生员工声讨所谓"北京大学陆平之流黑帮"的声讨大会。

是月4日，下午，高三（1）班同学贴出了第一张批判本校教师的"大字报"。

8月15日，在市二女中分别召开部分教师和学生的座谈会，征求对教改工作组是否撤走的意见，最终决定撤走工作组。

1967年

9月，市二女中造反派实现了所谓的"革命的大联合"。

11月，学校改名为上海市第二中学，开始男女生兼收。

1968年

1月25日，学校建立"三结合"的革命委员会，校革委会由6名教工代表和10名学生代表组成。

9月，上海人民电器厂、上海铝线厂工宣队进驻学校（后调换上海针织四厂工宣队），领导所谓的"斗、批、改"。

1969年

5月下旬至8月上旬，市二中学进行了整党。在清队复查的基础上，于12月又进行了整党。通过大学习、大批判、大讲用、大评论，党员斗私批修，于12月26日，恢复了党的组织生活。

1970年

3月25日，重新建立中共上海市第二中学支部委员会，由庄中文任支部书记，朱纪民任副书记。

是月27日，市二中学革命委员会进行调整，庄中文为第一召集人，朱纪民为第二召集人，张希玉为第三召集人。

是年起，市二中学实行四年一贯制，年级称为连，班级称为排。

1971年

8月，市二中学进行支部委员改选。

1972年

6月，市二中学革命委员会进行增补、调动，庄中文任革委会主任。

1973年

12月3日，日本横滨市友好代表团访问上海市第二中学。

1974年

4月5日，日本福冈市青少年之船友好访华团访问上海，参观上海市第二中学的教学实验大楼、学生课外活动室和校办工厂。

是年，归顺康任市二中学副校长。

1975年

3月24日，为了进一步贯彻毛主席的教育革命路线，学习朝阳农学院的开门办学经验，巩固无产阶级专政，缩小"三大差别"，校党支部决定在上海县北桥人民公社黄二大队创办农村分校。

是年，市二中学排演了以"反击右倾翻案风"为主题的话剧《小将》，不久又由上海电影制片厂改编成同名电影上映。

1976年

1月8日，周恩来总理逝世。市二中学四年级700多名师生，噙着热泪跑遍了周围的百货商店，选购了1000多块素色手帕，连夜制扎手帕花圈，献给敬爱的周总理。

是月14日，市革委会文教组在市二中学召开"反击右倾翻案风"现场会。

4月26日，《人民日报》第3版报道，上海市第二中学郑蔚、王永进，曾经十几次向学校党支部表决心，给中共上海市委写信，要求到金训华战斗过的地方去，踏着英雄的足迹，完成英雄未完成的事业。

5月，朱纪民任支部书记，李骏修任副书记。

是月，朱纪民为革委会主任，归顺康为副主任。

9月7日，西萨摩亚国家元首马列托亚·塔努马菲利第二殿下等贵宾在上海参观访问，来到上海市第二中学，参观了课堂教学、校办工厂和丰富的课余活动。

1977年
1月10日，《人民日报》报道，在纪念周总理逝世一周年的日子里，上海市第二中学师生深切缅怀周总理。
2月，新学期开学，学校组织师生深入揭批"四人帮"，开展"学雷锋、争三好"活动，提出了对纪律的要求，整顿校风、校纪。
10月，任命鲁夫为学校党支部书记。

1978年
1月，经国务院批准，教育部颁发《关于办好一批重点中小学试行方案》。上海市教育局根据国务院批准教育部关于办好一批重点中小学试行方案的通知，确定了上海的一批重点中小学，位于徐汇区的上海市第二中学名列其中。恢复为上海市重点中学，市二中学明确以教学为主，全面贯彻党的教育方针的办学指导思想。组织上加强教研组建设，先后恢复团委、少先队、工会、学生会等组织。
是年，英语老师陈美兰被评为上海首批特级教师。
是年，张希玉任副校长。

1979年
7月，鲁夫任校长。
是年，曹毓梁老师被评为上海市先进工作者。

1980年
是年，学校执行教育部颁发的教学计划，初中开设政治、语文、数学、物理、化学、外语、地理、历史、生物、生理卫生、体育、音乐、美术、时事形势14门课。高中开设政治、语文、数学、物理、化学、外语、历史、生物、体育、时事形势10门课。

1981年
9月1日，《光明日报》刊载《上海普教战线新秀辈出，新评选出的五百余名优秀教师受到表彰和奖励》，其中有上海市第二中学青年英语教师曹树华，该报道介绍他坚持自学外语，讲语法通俗易懂，所教的班级在各种考试中英语成绩总是列为前茅。
是月11日，《文汇报》第3版刊登报告文学《没有失去的青春》，讲述上海第二中学的学生陈骅。

是年，袁淑荣老师被评为上海市先进工作者（上海市工会积极分子），曹树华老师被评为上海市先进工作者（上海市优秀教师），杨吉生老师被评为上海市先进工作者（上海市体育先进）。

1982年
1月，召开第一届教工代表大会，制定了《关于贯彻教育部五条规定的八点具体措施》和《关于开展"五讲四美"为人师表活动的决议》，进一步端正了办学思想，明确了对教工的具体要求。同时狠抓教学方法的改革，积极探索考试改革，不断提高教学质量。
10月24日，举行建校八十周年庆祝大会，市教育局副局长吕型伟，民进上海市委员会主任委员、1910届校友吴若安等来校并发言。校友们参观了校史展览。

1983年
是年，陈美兰老师被评为全国"三八红旗手"，杨雪冰老师被评为全国"五讲四美优秀教师"，沈瑞英老师被评为全国优秀班主任。

1984年
是年，学校提出《上海市第二中学管理改革初步设想》，为全面提高质量，进行管理体制改革。在行政机构的设置上将政教处并入了教导处，增设教育科研办公室和校务办公室。探索工作量制的改革。
是年，朱叔廉任副校长。

1985年
3月，吴小仲任副校长。
7月，经学校支部改选后，由中共徐汇区委任命韩志斌为党支部书记。
11月，鲁夫校长离休，由吴小仲副校长主持行政工作。
12月，经上海市外办介绍，与日本泉佐野市新池中学建立友好学校关系。
是年，刘建胜老师被评为上海市先进教育工作者。

1986年
8月，吴永健荣获上海市高考状元理工类第一名，8月20日《新民晚报》予以报道。
是月，经过反复酝酿讨论，提出"四风"要求（即校风、教风、学风、领导作风）：

校风：严谨、活泼、求实、进取。
教风：为人师表、管教管导、备课教学、勤于创造、严格扎实、启发诱导、拔尖补差、因材施教。
学风：勤奋、刻苦、主动、创造。
领导作风：公正、自律、高效、实干。
是月，制定《教师工作规范》《教研组长工作常规》《年级组长工作职责和考核要求》《班主任职责和考核要求》《新教师实习期工作要求》等，加强师资队伍建设，提高教育、教学质量。
9月，接受上海市普教系统评定专业技术职称试点任务，即着手内部准备工作。
是年，吴小仲校长提出"和谐发展教育"，学校开始实施。分德、智、体、美、劳、管理几个渠道，以科研为指导进行教育实践，取得显著成效。
是年，姚国超老师被评为上海市劳动模范。

1987年

2月，成立专业技术职称改革领导小组和职改评审小组，吴小仲任组长，主管这项工作。
7月，吴小仲任校长。
8月，在全国青少年车辆模型比赛中，来自华东师范大学第一附属中学、上海市第二中学和上海现代职业学校的选手夺得一金二银二铜的好成绩。
11月，新建实验大楼和新校门动工，新实验大楼五层，建筑面积1930平方米。
是年，吴小仲校长被评为上海市优秀教育工作者，胡增荦老师被评为全国传统项目学校优秀工作者。

1988年

2月，日本泉佐野市少年友好访问团一行14人来校访问，友好学校新池中学校长曾我勋任访问团副团长，团员中包括该校学生代表，增进了相互了解和友谊。
是年，吴小仲校长被评为上海市劳动模范，钱玉珍老师被评为上海市先进工作者。学校团委被共青团中央、农业部、中国科办联合授予"全国实践教育活动先进单位"称号。

1989年

3月，为了多渠道加强学生思想教育，成立家长委员会。
5月9日，徐汇区与日本泉佐野市友好交往五周年，学校11个班级前去参加庆祝大会。日本新池中学向我校赠送校刊。学校回送黄杨木雕一件。
8月29日，区高级咨询组朱家泽、鲁夫、张启昆、张令仪、姚民令等与区领导来校调研市二中学整体规划。
是月，经学校支部改选后，由中共徐汇区委任命吴小仲为党支部书记。
10月19日，学校向区领导汇报整体规划。
11月9日，召开第四届教代会第三次会议扩大会议，吴小仲校长做《市二中学整体改革规划》报告。
是年，吴小仲校长被评为全国优秀教师，戈苹老师被评为全国优秀教育工作者和上海市"三八红旗手"。
是年，学校规模扩大，增加预初一年级，共有七个年级28个班级，学生总人数1326人，教职员工134人，其中任课教师88人（中学高级教师21人，中学一级教师52人）。

1990年

2月12日，接上海唐君远奖学金基金会通知，正式批准学校设立此奖学金。
9月8日，学校开始从国外聘请外语教师，美籍英语教师Warmbo Loca Berneice由美国来校任教，教授高一、高二口语课。
是月29日，文学社成立，儿童文学作家陈伯吹先生以及《萌芽》杂志总编、《上海教育》杂志总编等应邀担任顾问。
10月22—27日，初三（1）班学生马菲葭同学参加上海市世界儿童和平会议代表团，去日本参加世界儿童和平会议。
12月1日，学校启动课程教材改革实践，组织全体高级教师以及骨干教师，学习上海市课程教材改革的基本思路。在预初一、高一年级实施课程设置改革，课程分为基础课、选修课、活动课三大类。学生在学习基础课的同时，选修一至二门学科拓展的新课程，参加一至二门培养学生动手能力的活动课程。
是年，周闰贤老师被评为上海市优秀教育工作者，金人玉老师被评为上海市优秀班主任，张辰老师被评为上海市优秀青年教育工作者。

1991年

2月28日，预初一年级课程设置改革，每周有一个半天开设选修课、课外活动课。
3月1日，澳大利亚外籍教师Barbara Willis到校任教口语课一年。
6月27日，国家教委、市教育局派员来校调研我校教师职称考评工作。
9月2日，澳大利亚昆士兰教师Renee来校任教口语课。
是月13日，上海市督导室来校听取课改一年的综合情况。
是月，苏平任支部副书记。
是年，学校开始进行课程改革高中教材第一轮试点。刘建胜老师被评为上海市劳动模范，周闰贤老师被评为上海市优秀教育工作者。

1992年

5月16日，高一（4）班的"动口动手动脑、学史明情"主题班会参加徐汇区"两史一情"展示活动，反映了高一年级课程改革新貌。

8月25日，中央卫生部检查团来校卫生检查，获得好评。

10月20日，国家教委来校督导。

是月25日，市二中学建校九十周年校庆暨校友会成立。吴小仲校长主持庆典。大会通过了《上海市第二中学校友会章程》。

11月6—7日，日本NHK电视台来校拍摄，开展宣传报道。

是年，张耀华老师被评为全国优秀体育工作者。

1993年

3月12日至4月2日，全国人大代表吴小仲校长出席八届全国人大一次会议。

是年，吕士堃老师被评为上海市优秀教育工作者，薛珂老师被评为上海市"三八红旗手"。

1994年

5月19日，国家教委在上海召开全国爱国主义教育经验交流大会，国家教委主任柳斌率全国代表团到校参加爱国主义主题班会展示课。柳斌对上海市二中学开展的爱国主义教育予以高度评价。

9月25日，《文汇报》刊登专访《追求和谐——记市二中学校长吴小仲》。

是月，上海市第二中学开展"孝心工程"教育活动，效果显著，被全国电视、广播、报纸杂志介绍。

12月27日，学校党支部召开"凝聚力工程"现场展示会，上海市主要媒体对此予以报道。

是月，学校被上海市教育局命名为"上海市中学生行为规范示范学校"。

1995年

2月23日，上海市委常委、组织部长罗世谦来校听取党建工作——凝聚力工程汇报。

4月3日，上海市委组织部在学校召开"凝聚力工程"现场会。

6月16日，中央党校摄制组来校拍摄有关凝聚力工程录像。

7月25日，陈宇同学取得上海市高考理科状元（538分），上海教育电视台来校采访，并在当天晚上电视新闻中播放。

9月7日，吴小仲校长赴天津参加全国优秀教师代表颁奖大会。

是月9日，《人民日报》头版刊登了李鹏总理亲切接见吴小仲校长的照片。

9月21日，吴小仲校长率师生代表团出访日本大阪府泉佐野市，成员有李文思老师、张辰老师及邢晓春、胡歌、朱家骏、张捷、王琦五名学生。

10月7日，参加中共上海市委组织部主办的上海市"凝聚力工程"空中展示——《校园中的爱之歌》。在学校教改、教育取得一系列成绩基础上，在区委组织部指导下，学校党支部开展基层党建"凝聚力工程"试点，取得成绩。

是年，吴小仲校长被评为全国教育系统劳动模范、全国优秀校长，袁振华老师被评为上海市优秀教育工作者。

1996年

1月，王孟瑞任支部副书记。

3月9日，《人民日报》刊登对上海市第二中学校长吴小仲专访《中小学应加强伦理道德教育——访全国人大代表、上海市第二中学校长吴小仲》。

5月10日，广东电台采访学校"孝心活动"，由苏平、吕士堃、张辰老师做宣讲。

6月11日，《人民日报》刊登题为《让每个孩子都学会关心他人——记上海市第二中学开展的"孝心活动"》的报道。

是月14日，上海市普教党建工作会议，主题是青年干部培养和高中学生党建工作，学校党支部介绍在高中学生中发展党员经验。

7月7日，广东电台再次采访学校"孝心活动"，吕士堃老师做十分钟直接连线对话。

10月10日，中央人民广播台报道学校"孝心活动"。此后，上海市政府信访办，以及《人民日报》《中国青年报》《文汇报》《解放日报》《北京教育》等，还有来自江苏、浙江、陕西、广东等各地媒体都对"孝心活动"予以关注，或进行报道。

是月，苏平任党支部书记，姚国超任副校长。

是年，上海市二中学因开展"凝聚力工程"工作成绩显著被评为上海市基层先进党组织。

1997年

6月16日，上海市教育局将嘉善中学改名为上海市第二初级中学。徐汇区教育局党委书记陈志华、局长李骏修、各中小学领导30余人到嘉善中学参加揭牌仪式，吴小仲校长率校领导班子成员参加。原嘉善中学校长沈淼为市二初级中学第一任校长，她主持仪式，展出"继往开来，创一流学校"的红色横幅，显示市二初中今后的办学方向。上海市第二中学初中停止招生。

10月12日，高二年级学生参加八运会开幕式团体操表演。

是月24日，举办九十五周年校庆展览，市区各级领导黄菊、左焕琛、郑令德发来贺信或题词。

12月12日，上海市教委督导室来校听取关于重点中学办学思路等问题的意见。

1998年

2月26日，上海市教委召开上海市特级教师会议，颁发1997年国务院政府特殊津贴奖励，吴小仲校长获此殊荣。

是月，被上海市教育委员会命名为"上海市中小学生日常行为规范示范学校"。

6月，任博生任副校长，主持工作。

是月，学校党支部被评为上海市教育系统先进党组织。

12月，《和谐发展教育的研究》被评为上海市第六届教育科学研究成果二等奖。"和谐发展教育"成为学校的办学理念并进一步深化。

是年，学校参加上海市第二期市课程改革试点。在学校课程改革基础上将课程变为基础型、拓展型、研究型三类课程，学校开设研究型课程，并逐步将研究性学习融入基础型课程的教学。学校创设创新能力实验室，依托华东师范大学开设了创新能力实验课，培养学生创新精神和动手能力，成效显著，先后向市、区展示交流了课程改革实践的成果。

1999年

3月19日，开始实行教职工聘用合同制。

4月7日，上海市教委调查组来校调查教育教学工作。

是月23日，美国波士顿教育代表团来访，与尼顿高中建立姐妹学校关系。

9月，任博生调离市二中学，由姚国超副校长主持工作，庄小凤任副校长。

11月25日，学校课程改革教学展示活动，上海市教委副主任张民生、上海市课改办主任许象国到校听课讲评。

是年，汪青老师被评为全国学校体育卫生工作先进个人。

2000年

3月17日，姚国超副校长在教工政治学习上宣讲学校三年规划。

4月27日，市教委课程办公室章淳立老师来校做课程改革的报告。

10月，姚国超任校长。

11月，学校党支部改选，建立党总支，苏平为党总支书记。学校下设高一年级、高二年级、高三年级、行政总务四个党支部。

12月25—27日，上海市实验性示范性高级中学评审会议在校举行。上海市教委、评审工作领导小组办公室主任许象国，上海市督导室尹后庆，上海市教科院普教所所长王厥轩，徐汇区副区长顾奎华，徐汇区教育局局长李骏修等领导参加。

2001年

3月5日，邀请周恩来卫士高振甫将军和周恩来侄孙周镇国老师在沪警会堂为全校师生做《纪念周恩来诞辰103周年》的报告。

是月14日，学校被命名为首批上海市教科研基地科教研究所实验学校。

4月6日，上海市教委副主任张民生来校指导工作。

是月18日，1948届初中校友、加拿大温哥华京士威区国会议员梁陈明任女士来校访问。

9月11日至12月29日，英国教师Lydie来校教授高一英语口语课。

9月21日，为弘扬学校传统，加强对学生的人格教育，努力创造先进的班级集体，营造良好的班风，学校开展争创"周恩来班"的教育活动。高一（9）班在争创过程中，成绩显著，由中央文献室周恩来文献研究室主任赵春生来校为该班命名"周恩来班"。是年，该班被评为市先进集体，班主任为刘小萍老师。

2002年

6月，姚国超调离市二中学，沈建华任校长，兼党总支副书记。

是月，学校接受了上海市高中实验性示范性三年规划的中期评审。学校进一步明确"和谐发展教育"办学理念，并在新时期赋予新的内涵，提出以学生为本，以终身学习为目标，将语文、外语、化学、人工智能信息技术、车模、合唱、舞蹈、乒乓、篮球、排球等学科发展为优势学科和特色项目。根据评审组意见，装修了1994年出租给光大公司的房子，并翻建可容纳500多人的大礼堂，新增教学面积2000多平方米，改善了办学条件。

9月6日，学校举行创始人吴馨铜像的落成典礼，吴馨之子吴天荫与徐汇区领导参加揭幕仪式，沈建华校长致欢迎辞并介绍吴馨先生的简历。捐赠校友代表桂荣安、朱可常以及学校师生代表邢真分别发言。各班邀请校友傅佩荣、庄惠群、陈莉莉、杨礼敏、余正湖、唐忆君、李梦旦、肖光贤、陈秀菊、周智莉、胡晓岚、朱可常、曹耶南、周剑萍到班级参加主题班会。上海市徐汇区委领导与全体教师合影。

10月22日，上海市重点中学校长联谊会在校召开，市教委主任张民生来校做二期课改报告。

是月24日，尼顿高中校长Theall与学区学监Madem来访，参加学校百年校庆庆典仪式。

是月26日，举行百年校庆庆典仪式，沈建华校长致辞；上海市委副书记殷一璀参加；上海市副市长严隽琪代表校友发言。上海市教委副主任张民生、上海市徐汇区委书记茅明贵、上海市徐汇区教育局局长王懋功等分别发言。

11月9日，召开校友联络员会议。经过各届校友协商推荐，初步产生第二届校友理事会，会长：沈建华，名誉会长：陈育辛、朱可常、戈悦宽、左淑东、吴小仲，副会长：周仪凤、桂荣安、劳乃珣、周智莉、胡晓岚、刁卫国。

是年，沈建华校长被评为上海市劳动模范。

2003年

10月27日，高一新生陆瑾同学入学前查出癌症，未进校上课，但她得到了全校师生的捐款帮助，陆瑾同学来校感谢全校师生对她的关怀。

12月10日，上海市徐汇区教育局将原沪新中学校区划归市二中学所有，占地面积6.2亩，建筑面积6400平方米。

2004年

4月22日，"陆瑾爱心助学基金"成立仪式在大礼堂召开，陆瑾妈妈马林凤女士出席。陆瑾同学患癌症去世，她的家长为完成她的生前心愿，用剩下的捐款在学校设立陆瑾爱心基金会，用于帮助校内外家境困难、品学兼优的学生。

6月28日，《文汇报》第9版《学校教育：走出重智轻德误区》专题中刊登上海市第二中学校长沈建华撰写的《教给学生"做人之本"》。

2005年

2月28日，上海市人大常委会副主任周慕尧到校进行工作调研。

3月18日，由市二中学和位育中学联合主办的纪念德国音乐家巴赫诞辰三百二十周年音乐会在学校礼堂隆重举行。第二场于20日在上海音乐学院贺绿汀音乐厅演出，第三场于23日在位育中学礼堂演出。

4月29日，"拒绝盗版，从我做起——上海市中学生版权保护主题教育"活动启动仪式在校大礼堂举行。

6月，陆军任党总支副书记。

8月24日，新四军历史研究会二师淮南分会的老干部：市新四军历史研究会宣讲团副团长顾桂龙、原二师和新旅抗战老干部郑仲英等一行7人来校做纪念抗日战争胜利六十周年的报告，高二、高三年级的学生参加了报告会。

9月1日，上海市实验性示范性高中、上海市艺术教育特色学校挂牌。学校进一步明确"和谐发展教育"办学理念，并在新时期赋予了新的内涵，提出以学生为本，以终身学习为目标。确立学校发展目标：建成校园文化高雅、教育教学优质、学校管理科学、师生发展和谐的有特色、有示范功能的上海市品牌高中。学生培养目标：政治信念坚定、道德品行良好、基础知识扎实、学力发展持续、身体心理健康的社会主义事业建设者和各类人才。

11月19日，承办上海市"世纪杯"第七届重点中学演讲邀请赛，初赛在校大礼堂举行，决赛于12月24日在校举行。

12月1日，上海市徐汇区"百课工程"系列教学展示活动高中专场暨高中课改研究基地校长会在校成功举行。徐汇区教育局局长王懋功，副局长沈韬、杜俭，徐汇区教育学院中学教研部主任陆保谦，华东师范大学化学系教授陆惊帆，上海市二期课改部分实验学校校长，以及来自全市各区县的学科教研员、教学一线教师300多人共同参与展示活动。学校丁晓民、纪欣江、王苹、张曦琛4位老师参与"百课工程"的教学展示。沈建华校长对课改基地学校校长做了"落实三维目标，推进课堂教学"的主题报告。

2006年

3月17日，由徐汇区青年联合会、徐汇区青年企业家协会、徐汇区学生联合会和上海市第二中学牵头，联合上海音乐学院、上海市第五十四中学、上海市位育初级中学和上海市第二初级中学等学校师生共同在上海音乐学院贺绿汀音乐厅举办"你我手牵手 爱心无边界——慈善音乐会"。

是月，学校党总支改选，沈建华当选党总支书记。

5月14日，"市二杯"2006年上海市无线电遥控车辆模型友谊赛暨上海市遥控车辆模型公开赛（第四站）在校举行。这次比赛由上海市军事体育俱乐部和上海市青少年科技教育中心举办，上海市第二中学承办。比赛吸引了来自宝山、黄浦、长宁、虹口、闵行、普陀、卢湾和徐汇等8个区（县）158位中小学生参加，还有来自本市以及杭州、香港和海外的30位成人选手参加角逐，最小选手年龄仅为8岁，还有5位女选手参加了比赛。

6月25日，校合唱队在上海大剧院小剧场与耶鲁大学合唱队进行合唱交流演出，演唱经典作品，奉献了一台精彩的演出。

是月28日，1987届初中校友杨虹助学金受赠仪式在会议室举行，共有8位同学获得助学金，每位学生2000元。

是月，李颖、倪志刚任副校长。

9月1日，开学典礼举行务本奖学金捐赠仪式。务本奖学金由1985届校友沈南鹏和1987届校友雍景欣共同出资设立。

10月14—23日，学校党总支副书记陆军、教导主任高萍、年级组长王雅芬和学校外事吴文蕾一行4人赴德国艾夏赫地区考察，与艾夏赫德意志骑士完全中学和艾夏赫维斯特巴赫实科中学签约，建立友好学校关系。

12月8日，南澳Brighton中学合唱团与市二中学、长乐学校、七色花小学等在校大礼堂举行文艺交流音乐会。

2007年

2月27日，学校影视剧团的课本剧《放飞绿舟》获全国第二届中小学生艺术展演一等奖。

4月4日，上海市现代文课文教学研讨活动在校进行。本次活动由上海市教委教研室和中学语文名师培养基地共同举办，上海市第二中学承办，全市各区教研员和"培养基地"成员等百余位教师参加了研讨活动。

8月28日，学校校舍永康路200号（原雷米小学旧址）被列为徐汇区第二批登记不可移动文物。

12月11日，学校的"寻访城市足迹"课程被选为上海市"两纲"教育课例。

是月12日，上海市徐汇区第一届学术节"实施学期课程统整，主动推进二期课改"研讨会在校举行，市二中学、徐教院附中、启新小学和教师进修学院分别做了主题汇报。

是月20日，由徐汇区教育学会和上海市第二中学主办，徐汇区教师进修学院协办的徐汇区第一届"学术节"上海市第二中学王苹老师化学教学研讨专场在校举行，全市40余位化学老师、专家观看了王苹老师的教学展示并参与了课后研讨会。

2008年

2月，沈建华校长兼任市二初中校长、法人代表。市二中学与市二初级中学推进一体化管理，实行"两个法人单位，一个法人代表"的模式。

6月13日，中共上海市第二中学党委成立大会在大礼堂召开，上海市徐汇区委书记、区人大常委会主任茅明贵，区委常委、组织部长应雪云，徐汇区区委常委、区纪委书记邱爱莲，区委常委、宣传部部长章卫民等到会祝贺，区教育党工委书记王纪远主持会议。应雪云宣布区委关于建立上海市第二中学党委、纪委及干部任职的通知。沈建华、封萍、陆军、吴卫、彭燕、薛炜星、刘小萍为党委委员，沈建华任党委书记，封萍任党委副书记；封萍、史美彪、刘斌为纪委委员，封萍任纪委书记。

是月，陆军、吴卫任市二中学副校长，陆军兼任市二初中校长。

8月，学校自编的拓展型课程教材《中国民俗十讲》《上海历史文物建筑》由上海教育出版社出版。

11月30日，由上海新四军历史研究会四师淮北分会和上海市第二中学联合主办"纪念改革开放三十周年书画展"在校举行。

2009年

3月25日至4月10日，德国艾夏赫友好学校2名老师和8位学生来校交流学习，并于4月3日在大礼堂举行"让我们用听、看、说走进德国"中德文化交流主题活动，德国领事馆教育文化交流处的工作人员也来到现场参与活动。

9月25日，市二中学与市二初级中学全体师生举行庆祝新中国成立六十周年主题活动，以"爱我学校 爱我祖国"为主题，携手庆中华人民共和国六十周年华诞。

是月，陈健老师被评为上海市模范教师。

10月，学校被评为全国群众体育先进单位。

2010年

3月10日，徐汇区人民政府、闵行区人民政府合作举办市二中学（梅陇校区）签约仪式，在闵行区梅陇镇镇政府举行。

5月，王民政任校长、党委书记。

9月，张菁老师荣获首届全国百佳语文教师暨特色语文示范校评选"高中组全国百佳语文教师"。

11月23日，学校与欧盟教育基金会CHEER签订由CIE设计和认证的SDP（Skills Development Program，即技能拓展课程）课程授权中心的协议之关于外教聘请的补充协议书。

是月29日，学校与英国总领事馆文化教育处签订《中英友好学校"社区点亮生活"课程共建项目》协议书，课题主题：环境与社区。

是月，封萍老师的《人体免疫系统在维持稳态中的作用》在全国中学生物课程改革经验交流展示评比中荣获一等奖。

12月2日，学校与上海前锦百辉教育咨询有限公司签订《关于合作开展国际理解课程项目WAP课题研究》的协议书，学校聘请（加拿大）国外教育专家开设题为World Ambassador

Program（简称WAP课程，译为国际大使系列）的课程项目。

2011年

1月17日，学校进行校安工程改造，高一、高二年级到原华育中学（罗秀路99号）过渡，高三年级到南洋模范初级中学（天平路200号）过渡。

3月28日，高萍老师被评为首届全国中小学外语教师名师。

4月2日，徐汇教育党工委书记专题会议在市二初中举行，主要内容为推进市二初、高中"一体化"管理。

是月25日，嘉定区第一位共产党员、校友陈君起烈士的孙女曾见成来校访问，并与封萍书记一起录制嘉定电视台《足迹》纪录片。

5月17日，宋文斌老师执教的高中艺术课《华夏神韵 正义重铸》被选为上海市"两纲"教育优质示范课，参与市教委基教处、市教研室、市电化教育馆联合制作的录像课拍摄工作。

8月27日，举行以"衔接 融合 跨越"为主题的市二初、高中一体化启动仪式，由吴卫副校长主持。

是月，王苹老师被评为上海市特级教师（化学学科）。

12月26日，学校成为首批英国剑桥大学国际技能拓展课程（SDP）教学点。

2012年

2月17日，学校党委（纪委）换届选举党员大会在临时校区（罗秀路99号）召开。新一届党委由王民政、朱恺怿、刘小萍、吴卫、陆永泉、陆军、封萍（按姓氏笔画排序）等组成；新一届纪委由刘斌、李连久、吴明欢、沈欣、封萍（按姓氏笔画排序）等组成。

4月2—11日，学校高萍、陈健、刘小萍和俞欣4位老师带领15位学生赴台北市立丽山高级中学交流，并签订缔结合作交流学校备忘录。

7月，永康路200号校区改造后整体启用，学校从罗秀路临时校区搬回原校址。校园面貌焕然一新，新建了教学楼、校史陈列室、地下车库。

9月8日，在第二十八届教师节来临之际，也为迎接建校一百一十周年校庆，学校历届从医校友20余人回到母校，为母校在职和退休的老师们开展义诊活动。同时邀请第二军医大学附属长征医院教授缪晓辉教授、上海市卫生局高层次中医临床人才董耀荣教授、第九人民医院的隋春华医生等为老师们开设专题讲座与专家咨询。

是月22日，第三届校友理事会成立大会顺利召开，通过校友会章程，产生新一届校友理事会。学校领导班子成员和70多位校友代表出席了本次会议。

是月，学校与同济大学物理工作站共建"市二中学物理DIY拓展创新实验室"。

是月，"市二中学工程与智能创新实验室"经过上海市教委、上海市教育技术装备部初评，入选第二批《上海市中小学创新实验室案例》编写。

是月，王雅芬老师被选为上海市5名普教系统教师国外访学进修成员，到加拿大约克大学访学。

10月21日，学校被选为上海市教委重点课题《基于中小幼学生创新素养发展特点的区域性系统培养研究》的第一轮实验学校，结合学校特色建设，制定并实施三年研究方案。

是月，马强任党委副书记、纪委书记。

11月5日，在升旗仪式上，举行桂荣安、周智莉等5位校友代表9位历届学生会主席向母校捐赠铜塑《对镜歌》仪式。

是月10日，举行建校一百一十周年庆典活动。全国人大常委会副委员长、1962届校友严隽琪，上海市委副书记殷一璀等发来贺电表示祝贺，市人大常委会副主任杨定华出席庆典。徐汇区委书记孙继伟代表区委、区政府致辞，全国政协常委、原上海市副市长、1957届校友左焕琛代表广大校友讲话。

12月27日，学校化学组作为区学科基地，承办徐汇区"市二杯"化学教师实验技能操作和改进创新展示评比活动。本次竞赛由徐汇区教育学会、徐汇区理科学会、徐汇区教师进修学院、上海市第二中学共同主办。

2013年

3月4日，举行高二（8）班与高一（8）班的"宋庆龄班"交接仪式，宋庆龄故居仲颖灵老师参加并宣布"宋庆龄在上海"图片展开幕。

6月6日，上海市副市长翁铁慧一行来校检查高考考场，布置工作。

是月13日，1948届校友、加拿大议员梁陈明任携子回母校参观。

9月17日，民盟徐汇区委、民进徐汇区委在校联合举办"徐汇教育与科学素养"教育论坛。

是月27日，学校大礼堂举行"上海市第二中学陆瑾爱心基金十周年纪念大会暨管理委员会成立大会"。参与本次活动的有区教育局副局长沈建华、陆瑾爱心基金创办人马林凤女士、学校1985届校友邱少华、2012届校友侯泽宸及高一年级家委会部分家长代表。

是月，张曦琛任副校长。

10月31日，上海市第二中学（梅陇校区）开工仪式在闵行区银都路莲花南路现场举行。

2014年

2月，陈健老师被评为上海市巾帼建功标兵。

4月28日，徐汇区教育党工委书记刘东昌、区教育局副局长沈建华来校视察。

8月18日，共青团上海市委学校部部长徐速一行来到学校，对徐汇区中学（中职）共青团工作进行调研。

12月5日，第十二届二次教代会在大接待室召开，通过《上海第二中学章程》。

是月，学校被评为上海市艺术教育特色学校。

是年，学校文学社刊《琉璃》荣获"2014年上海市十佳中学文学社刊奖"。

2015年

1月，学校成为上海市教育科研重点项目"基于课程标准教学的区域性转化与指导策略研究"的项目实验校。

4月，王民政任上海市第二初级中学校长。

5月23日，郑旭忠老师在第六届全国中小学优秀体育教学展示活动中荣获一等奖。

是月，学校被评为上海市"立德树人"体育教育教学研究基地。

是月，崔鹏任上海市第二初级中学副校长。

6月18日，美国新泽西州和密歇根州的学区教育主管、校长及美国课程项目代表团来校访问，与新泽西州罗克斯伯里公立学校签署了姐妹学校交流备忘录。

是月19日，召开党委改选大会，王民政、马强、刘小萍、朱恺怿、吴卫、崔鹏当选为党委委员，王民政为党委书记，马强为党委副书记。马强、刘斌、吴明欢、沈欣、胡毅当选纪律检查委员会委员，马强为纪委书记。

9月1日，举行市二中学梅陇校区落成仪式暨首次开学典礼。闵行区委书记赵奇、上海市教委副主任王平、徐汇区委副书记王醇晨、闵行区教育局党委书记朱雪平和徐汇教育局局长庄小凤共同按下启航球。上海市教委副主任王平致辞。

是年，在闵行区梅陇镇开办市二中学梅陇校区。梅陇校区直属市二中学，师生均为市二中学编制（学籍），毕业时颁发上海市第二中学毕业证书，教育教学及行政由徐汇区教育局领导，市二中学实施一体化管理，将秉承市二办学传统、办学目标、教育理念、办学特色。学校注重梅陇校区与徐汇本部的和谐发展，校园管理统一、教育教学及活动统一、师资配置统一、学生所有待遇统一。梅陇校区与本部资源共享，学生实行柔性流动。

2016年

2月23日，徐汇区委常委、组织部长郭芳在区教育局刘东昌书记的陪同下，来到学校永康校区走访。

4月，学校获得"上海市五一劳动奖状"。

5月16日，举行2015学年学校科技节开幕式暨交大电子信息与电气工程学院助力学校"工程与智能创新实验室"揭牌仪式。

10月，周靖毅老师荣获第十二届全国中学物理青年教师教学大赛高中组一等奖。

11月21日至12月2日，举办2016学年"基于课程标准的课堂教学的校本实践研究"展示活动，全区各中学150余名老师来校听课。

2017年

2月23日，教育部副部长林蕙青在上海市副市长翁铁慧陪同下来校调研综合素质评价工作。王民政校长就学校如何落实综合素质评价工作进行介绍。

4月19日，英语组被评为"全国巾帼文明岗"。

5月3日，学校成为上海中小学新科学新技术创新课程平台试点学校，种子课程是《益生菌真的益生吗》。

是月15日，江西玉山一中来校交流访问，两校结为友好学校。

是月18—19日，由上海市科技艺术教育中心主办、上海市第二中学承办的"世界大师在中国"2017上海戏剧教育国际大师班的培训活动在校进行，来自德国的安·克里斯汀·迈尔教授对市二初、高中影视剧团的同学们开展培训。

10月27日，学校被评为教育部办公厅公布的第一批全国青少年校园篮球特色学校。

11月28—30日，上海市教育局督导室13名专家在校进行上海市实验性示范性高中发展督导检查。

2018年

6月28日，国家教委领导与中国人民大学党委书记靳诺一行来校视察。

7月1—10日，市二初、高中师生代表到英国齐泽赫斯特女子学校交流，并建立姐妹校关系。

8月10日，《人民日报》第12版报道《从刷题、旅游、宅家的"老三样"，到作业自助、野外考察、志愿服务的新方式，让成长的经历更丰富（不一样的假期）》，提及上海市第二中学高一（8）班学生张宸杰。

2019年

2月25日，高二年级的梅天阳、周子荔、杨泽峰、张曹洁、刘冯彪和高一年级的庄芷权、张泽家、李嘉远和吴文博同学在丁诺凡老师的带领下，在南开大学获得CYPT竞赛团体二等奖。

4月17日，学校影视剧团的校园剧《裙儿飘飘》参加全国第六届中小学生艺术展演比赛，获艺术表演类中学甲组二等奖。

是月19日，在永康和梅陇两个校区开设"世界城市日公益课程进校园"讲座，专家陈竹和万勇与学生互动，徐汇区教育局副局长陆军发言。学校成为侨爱公益教学基地。

6月19日，学校被评为第二批上海市教育信息化应用标杆培育校。

9月12日，学校党委召开"不忘初心、牢记使命"主题教育启动会议，校党委书记、校长王民政同志做主题教育部署和动员，区委主题教育第七指导组组长许卫东到会，做重要讲话。

2020年

3月2日，因新冠肺炎疫情，在寒假延长了两周后，开启线上教学。

4月27日，高三年级恢复到校上课。

5月6日，高二年级恢复到校上课。

是月18日，高一年级恢复到校上课。

6月19日，在学校会议室主会场和梅陇校区多功能厅分会场，召开党委换届选举大会，差额选举马强、王民政、王蕾、方敏、吴卫、吴明欢、崔鹏为党委委员，等额选举王民政为党委书记、马强为副书记，差额选举马强、许敏、李黎、沈欣、钱敏华为纪委委员，等额选举马强为纪委书记。

7月，崔鹏任上海市第二初级中学常务副校长。

9月，英语老师王雅芬被评为上海市特级教师。

10月19日至11月18日，徐汇区委第二巡察组（组长赵桂绒、副组长陈玉宝）到学校开展巡察工作。

11月27日，在学校梅陇校区召开《基于课程标准 指向学科素养 聚焦学生能力》的主题研修活动。

是月，陆军任校长。

12月，陆军任上海市第二初级中学校长。

2021年

1月，学校被评授上海市青少年明日科技之星评选活动贡献奖。

3月，钱敏华任上海市第二初级中学副校长。

4月，陆军任党委书记。

9月26—30日，徐汇区委第一巡察组对学校党委开展巡察整改评估。

是月，英语老师王雅芬被评为正高级教师。

10月19日，"守护健康 你我同行"——青爱工程上海市徐汇区基地授牌仪式在校举行。全国人大常委会原副委员长、民进中央原主席、1962届校友严隽琪，上海市人民政府副市长陈群等出席。严隽琪校友参观了"青爱小屋"及校史馆。

10月30日，以"绿色未来，青少年在行动"为主题的2021世界城市日青少年嘉年华庆典活动在长宁区文化艺术中心佳都剧场举行，高三吴天越同学作为高中生代表与各位专家和学长进行对话，副书记马强介绍学校始于2003年开展的以"寻访城市足迹"为主题的特色实践课程。

11月4日，学校作为上海市"未来教师储备与培养计划"实岗培训基地校，召开"种子计划"学员实岗培训启动会，自此开始为期两个月的实岗培训。

2022年

1月10日，由上海市教研室主任王洋带队，市教育信息化专家组来校调研，学校以"建构'智慧课堂'、'自主学习'、'个性成长'三大教育和学习生长空间，探索'教、学、管、评'的路径变革，努力建设以'学习者为中心'的校园新生态"为主要内容做工作汇报。

2月20日，CYPT2022暨南开大学全国高中生物理训练营开幕，学校代表队由丁诺凡老师带队并指导，由朱光千、任思渔、杨文韬、俞天成、周耘兆、赵子越6位同学参加，经过两天鏖战，获得全国二等奖的好成绩。

3月13日，召开全校线上教学启动会，明确线上教学和教研的要求、线上教育教学的行为规范等，并加强技术保障，做好充分准备。15日，学校全面开启线上教育教学。

6月6日，在充分做好防疫和线下复课的各项准备工作之后，高二、高三年级师生返校复课，迎接即将到来的高中学业水平考试（等级考）和高考。

7月，校办主任郑旭忠被选为上海市第十批援藏干部，赴西藏日喀则萨迦县三年，任萨迦县教育局副局长、萨迦县中学校长。

说明：（1）大事记，根据上海市档案馆、上海市徐汇区档案馆、上海市第二中学档案室等所藏的相关档案资料整理，并综合近现代报刊、地方志书、文集笔记等有关学校的记载整理。（2）大事记截止日期为2022年6月底。（3）1912年前，一般采用农历；之后遵照新历。（4）1978年以来的大事记，经校史课题组与上海市第二中学校长办公会议多次讨论确定。（5）1978年以后校长（书记）任职时间以所发公函为准。（6）为行文方便，大事记中有时简称"务本""务本女校""市二女中""市二中学""市二""我校""本校""学校"等。

附录三

学校历任校长、副校长名录

姓名	任职时间	备注
吴馨（字畹久，号怀疚[久]）	1902—1913年	1902年，吴馨创办务本女塾。称为"务本女塾长" 1913年，吴馨将务本女塾捐归县有，改为上海县立第一女子高等小学校（亦称上海县第一女子中小学校）
曾钧（字子恭，号公冶）	1913—1919年	1913年，由曾钧任校长（初为代理） 1916年，上海县立第一女子高等小学校名称改为县立务本女子中学校并附属高等小学校
张杏娟（字怀之）	1919年—1927年3月	校长
朱汉阁	1927年4月—1927年8月	1927年3月，张杏娟校长辞职，学校公推朱汉阁为学校委员长
王蕴功（字涵青）	1927年8月—1928年1月	1927年8月，吴馨夫人王涵青任校长
贾观仁（字佛如）	1928年2月—1929年7月	学校改名为上海市市立务本女子中小学校，贾观仁任校长
王孝英（字嬉图）	1929年9月—1933年	1929年7月，贾观仁被上海市教育局撤换。9月，由上海市政府和市教育局委派王孝英为校长
阎振玉（字寄石）	1933年—1936年8月	校长
胡兰	1936年8月—1937年7月	校长
顾凤城	1937年11月	1937年11月，务本女中正式改组，以务本女中创始人吴馨之号"怀久"为名，定名为怀久女子中学。改组后的怀久女中设董事会，负责人为徐寄顷，顾凤城任代理校长
沈守梅	1937年12月—1939年2月	1937年12月，黄家阙路校舍被大火焚烧殆尽。沈守梅任校长 1938年，沈守梅校长离沪赴港后，由凌宪文任代理校长，凌不久辞职，复由校长秘书顾凤城代为管理学校事务
杨明晖	1939年2月—1942年	1939年2月，第四次校董会正式通过杨明晖任校长 1942年初，因太平洋战争爆发，日寇侵占租界，怀久女中毅然停办
杨明晖	1945年—1949年初	1945年8月27日，日本宣布无条件投降后数日，杨明晖等人随即开始筹办复校事宜。10月25日，上海市立务本女子中学复校上课 1949年上海解放前夕，校长杨明晖离沪去台，务本女中"群龙无首"
左淑东	1949年7月—1952年7月	1949年5月，上海解放。7月，成立临时校务委员会，由左淑东任主任，陈蕙瑛任副主任。9月12日，正式任命左淑东为校长
陈蕙瑛	1949年7月—1950年2月	1949年7月，校务委员会副主任。9月12日，任副校长
郭秀梅	1952年7月—1954年8月	1952年7月，学校改名为上海市第二女子中学，郭秀梅任校长

（续表）

姓名	任职时间	备注
陈国容	1954年2月—1959年9月	校长
程迪和	1955—1966年	副校长，1960—1966年主持工作
施纫秋	1958—1960年	先任副校长，1959年9月任校长
陆涉之	1963年	副校长
孙家琮	1964—1966年	副校长
鲍志新	1965—1966年	副校长
庄中文	1970—1977年	1967年11月，学校改名为上海市第二中学，开始男女生兼收。革委会主任
归顺康	1974—1983年	革委会副主任，后为副校长
张希玉	1978—1984年	副校长
鲁夫	1979年7月—1985年	校长
朱叔廉	1984—1989年	副校长
吴小仲	1985—1998年	先任副校长主持工作，1987年7月任校长
李立农	1989—1998年	副校长
姚国超	1996年10月 2000年10月—2002年6月	副校长 校长
任博生	1998年6月—1999年9月	主持工作
庄小凤	1999年9月—2006年4月	副校长
沈建华	2002年6月—2010年5月	校长 2008年2月，沈建华校长兼任市二初中校长、法人代表。市二中学与市二初级中学推进一体化管理，实行"两个法人单位，一个法人代表"的模式
倪志刚	2006年6月—2008年2月	副校长、市二初级中学校长
李颖	2006年6月—2012年9月	副校长
陆军	2008年6月—2015年6月	副校长、市二初级中学校长
吴卫	2008年6月至今	副校长
王民政	2010年5月—2020年11月	校长
张曦琛	2013年9月至今	副校长
陆军	2020年11月至今	校长

*资料来源：据学校相关档案。1979年后任职情况，由上海市第二中学校长办公室提供，2022年1月。

注：1.早期称"务本女塾长"；2."文革"时期，为革委会主任；3.1978年以后校长、副校长任职时间以所发公函为准。

附录四
学校历任党支部（党总支、党委）书记、副书记名录

姓名	任职时间	备注
陈蕙瑛	1949年9月—1950年2月	
石岚	1950年3月—1950年9月	代理支部书记
李广塘	1950年9月—1951年10月	
左淑东	1951年10月—1951年11月	1951年11月赴农村参加土改
李广塘	1951年11月—1952年2月	代理支部书记
陈明慧	1952年2月—1953年1月	学生、代理（作调任）副书记
石岚	1953年1月—1954年3月	
励志扬	1954年3月—1954年8月	
陈国容	1954年8月—1956年	
程迪和	1956—1966年	
庄中文	1970年3月—1976年	
朱纪民	1970年3月—1977年	副书记，1976年5月改选任支部书记
李骏修	1976年5月—1983年	副书记
鲁夫	1977年10月—1985年	
韩志斌	1983年12月—1989年	副书记，1985年7月改选任支部书记
吴小仲	1989年8月—1996年9月	
苏平	1991年9月—2006年3月	副书记，1996年10月改选任支部书记 2000年11月，上海市二中学建立党总支，苏平任党总支书记。学校下设高一年级、高二年级、高三年级、行政总务四个党支部
王孟瑞	1996年1月—2001年9月	副书记
沈建华	2002年7月—2010年5月	总支副书记，2006年3月改任总支书记 2008年6月13日，成立中共上海市第二中学党委，沈建华任党委书记
陆军	2005年6月—2008年6月	总支副书记
封萍	2008年6月—2012年9月	党委副书记，纪委书记

（续表）

姓名	任职时间	备注
王民政	2010年5月—2021年1月	党委书记
马强	2012年9月至今	党委副书记，纪委书记
陆军	2021年4月至今	党委书记

*资料来源：上海市第二中学校长办公室提供，2022年1月。

注：1.2000年，上海市第二中学成立党总支，由苏平任总支书记；2008年，上海市第二中学成立党委，由沈建华任党委书记。

2.1978年以后书记、副书记任职时间以所发公函为准。

附　新中国成立前中共地下党支部书记名录

姓名	任职年月	备注
伊素琴	1938年6月	学生
欧阳仪	1938年9月	学生
邵幼青	1939年3月	南校（学生）
陶掌珠	1939年3月	北校1940年2月怀久女中总书记兼南校支书（学生）
王淑贞	1940年2月	学生
郑惠娥	1941年	学生
徐联珠	1941年	学生
徐静芸	1945年10月	学生

*资料来源：上海市第二中学校长办公室提供。

注：1938年，怀久女中成立第一届党支部，首任书记是学生伊素琴。1940年，怀久女中党支部发展壮大，成立党总支，学生陶掌珠任书记。1945年，务本女中党支部由学生徐静芸任书记。

附录五

文献档案选摘

整理说明 从务本女塾建校算起，迄今整整一百二十年。从务本女塾到上海市第二中学，留下了大量文献资料。此次，上海社会科学院历史研究所校史研究团队与上海市第二中学合作，成立校史研究小组，从海内外相关机构收集到不少资料，从中选取部分内容，作为"文献档案选摘"。这些档案文献分散于各处，样态丰富，种类亦多，在资料收集与整理中，研究小组注意其多样性、连续性、完整性等特点。这些资料对研究从务本女塾到上海市第二中学各个时期的历史均具有重要参考价值。限于篇幅，我们仅选摘其中的一部分，不免挂一漏万。

目 录

务本女塾（选自民国《上海县续志》）

务本女塾史略（吴馨撰）

务本女子中学校（选自民国《上海县志》）

吴馨（选自民国《上海县志》）

吴馨小传（吴天荫撰）

《申报》中的相关记载

务本女校二十九年前（光绪三十年）师范科课程表（1904年）

县立第一女子小学校（选自民国《上海县志》）

上海县立第一女子高等小学校职教员一览表（1917年）

市立各中学视察报告（市立务本女子中学）（1932年）

《上海市立务本女子中学校年刊》（1933年）发刊词

教务概况（节选，1933年）

弁言，《上海市立务本女子中学校概况》（1934年）

校史，《上海市立务本女子中学校概况》（1934年）

上海市立务本女子中学校学则（节选，1934年）

上海市立务本女子中学校课程组织（1934年）

上海市立务本女子中学校教科用书（1934年）

上海市立务本女子中学校选科规则（1934年）

上海市立务本女子中学校各科教学研究会通则（1934年）
中国人民解放军上海市军事管制委员会命令（1949年）
记解放后第一任校长左淑东（居欣如撰）
上海市人民政府教育局关于调上海市第二女子中学校长郭秀梅档案摘选（1954年）
关于建设市二中学（梅陇校区）的可行性报告（2009年）
《徐汇区志》关于上海市第二中学简介（1997年）
《上海通志》关于上海市第二中学的记载（2005年）
《上海普通教育志》关于上海市第二中学简介（2015年）
《人民日报》《光明日报》《解放日报》《文汇报》等关于上海第二中学的报道（摘选）
上海市第二中学章程（2014年）
上海市第二中学第一届校友会章程（1992年）
上海市第二中学第三届校友会章程（2012年）
上海市第二中学第一、第二、第三届校友理事会名单

务本女塾

在黄家阙路。光绪二十八年，邑人吴馨赁屋创设，分寻常、高等、特班三级。二十九年，废高等，改特班为专修科，设专修二级，寻常三级。三十年，改专修为师范科，设师范、寻常各二级，中学一级。七月，添设幼稚舍。三十一年，分师范为正科、预科、简科三级，废寻常级，设高等小学二级。三十二年，购黄家阙营地十二亩为校址，师范及预科均分为甲、乙二级，小学增初等一级。三十三年，改预甲为师范丙级，中学增一级，小学高等增一级，废初等。三十四年，设师范二级，中学一级，高等小学四级。冬，建筑校舍。宣统元年，增师范、中学各一级。秋，校舍落成。（事务、招待等室七，课堂二十，宿舍二十，平房七）二年，减师范一级，增中学一级。三年，减中学一级，增初等小学一级。三十三年，巡道署月补助银三百圆。（改革后改为县立）

*资料来源：民国《上海县续志》卷十一《学校下·女学堂暨幼稚舍》。

务本女塾史略

吴 馨

务本女塾，创始于清光绪二十八年（1902）壬寅之岁。初在庚子，余延同学友陆君仲炳课二女于家，且相与讨论教授管理诸法。及是，禀奉吾母张太夫人、嗣母杨太夫人慈命，以修明女教、开通风气为职志，移家塾于小南门内花园街扩而大之，颜曰"务本"，谓女学乃教育之基本也。不称学堂何，谓事属创举，女学堂之新名词未易推行，不若推广家塾，舍于家族主义之旧习惯也。塾中事务，余自综理之；陆君仲炳、陈君菊生等专任教科；沈君颂平、沈君叔逵、沈君硕庵、王君季贞、陈君景韩辈分任义务；舍监延王君培孙夫人沈女士竹书任之，而吾妻葛氏尚平为副。开课之日，生徒仅七人。群谓女学之兴，尚非其时。乃不期年而达四十人。逾年而复倍之，寻且数倍之，试非始料之所及焉。

塾中初设寻常、高等二科，分甲、乙两级，年龄限至十四岁以下。既开课三月，而齿长志学之女子纷来请求，于是设特班，续设专修科。课程特别编制，普通科目从简，每日另加一小时谈话，择世界大势社会状况及家庭必须之知识演述之，以济教科书之不及。且禁脂粉华服，劝放足，放足之风浸及社会，踵门索履样者，日必数起。而四方之来学者亦日益众。塾舍闳溢，余谋更推广之。及以书招吾友曾君公冶曰，亦肯相为理乎。曾君固极赞成务本之设，其夫人孙女士庆曾已来肆业矣。既得书，慨然招可。

明年癸卯（1903），添租俞家弄瓦房十五间，作教室及办事室，花园弄屋专作宿舍。改特班为师范科，分甲、乙二级，兼设中学一级。其寻常科二级仍旧。甲辰（1904）春，程女士颖、吴女士秋贤谋创幼稚舍于乔家浜，余赞成之，而令师范甲级生日往练习管教。其夏师范甲级毕业十一人。下学期校舍复不敷用，添租大南门民房九幢，移幼稚舍其中，并分设师范教室，即由师范生分任幼稚舍事务。然以校舍分作三起，处理每感不便，遂于乙巳（1905）岁统迁至西门外生生里，凡租屋三十六幢，操场一方。设师范正科、预科、中学科，废寻常科，设高等小学科。吾妻葛氏则专任幼稚舍事，学级之编制于是粗定，管理渐觉便利，而经费亦日益浩大矣。

　　丙午（1906）冬，始复购西门外黄家阙路旧营基地十一亩为校基，并续购附近地二亩有奇，自谋建筑校舍。是时，沈舍监以疾辞职，虽得替人，吾妻亦不能不稍兼顾。吾妻体弱，故多病，至是事益烦，病益剧，遂停办幼稚舍。而吾妻竟于宣统元年己酉（1909）春，以疾卒。临死犹曰：“我不及见校舍之成也。”校舍即于是年七月落成，全部自生生里迁入，计办事室、预备室、招待室等十幢，教室二十间，宿舍二十五幢，厨房及置物室、操棚、游息场、学校园均粗备。建筑费合前购地，凡银元八万有奇，图书、器械、校具五千有奇，皆余设法挪垫，不募一钱也。其常年经费，除自光绪三十三年（1907）秋，迄宣统二年（1910）夏，由上海道补助月三百元外，历年亏垫三万余元。及沪地光复，军务倥偬，停课一学期，余复以地方父老之委托，日不暇给。逾年开校，校务委诸曾君公冶，继续办理。寻即改为上海县第一女子高等小学校暨上海县立务本女子中学校。

　　综计自创办以迄改归县立，十年间，校舍场地三，学级科目变更者三，生徒毕业，师范四次、中学二次、高等三次都一百五十余人……女学方尚萌芽，能稍稍耐久至毕业以孝者，不可多得，而编制学级，支配经费之困难，亦于此可见。今者曾君公冶，将辑刊务本杂志，属（嘱）为叙务本女塾始末，用特述其大略如右（上）。

中华民国七年五月

* 资料来源：朱有瓛主编《中国近代学制史料》（第二辑下册），华东师范大学出版社1989年版，第589—591页。

务本女子中学校

　　在黄家阙路。光绪二十八年，邑人吴馨创办（见《续志》）。民国五年秋，以附设于第一女子小学校之小学教员讲习所改组，经费由教育局支给。分初中、高中两部，高中分普通及师范科共十二级。

* 资料来源：民国《上海县志》卷九《教育（四）·学校上》。

吴　馨

　　吴馨，字畹九，号怀疚。其先歙人，清初以避兵迁上海，遂著籍焉。馨八岁而孤，母杨，本生母张。延师课读，赋禀特优。弱冠入邑庠，即弃举子业，究心有用之学。南洋公学设师范院，馨奋起就学，于教授管理诸端研究有得，三载卒业，因设务本女塾，为全国女学校创，就学者众，北至内外蒙古，南至南洋群岛，莫不有务本女生踪迹焉。光绪三十一年，城厢总工程局开办，被选为议董，于地方利弊兴革知无不言，言无不尽。旋任西区区长，任事五载，独注意道路、警察、卫生诸要政，而于卢家湾河道、方斜路界线及电车、电线与外商竭力交涉，挽救地方利权尤多。诸凡筑路濬河、计划远到事，详《上海市自治志》。宣统二年，被选为县视学兼劝学所总董，任事一载。是岁又被选为城自治议长，任事二年。逮革命事起，被推为县民政长，后奉令改称知事。自任县职，起宣统三年秋末，迄民国三年春初，其间时局震动，变幻万端，馨从容应付，一无所绌。解组后，任法租界公董局华董，磋商划界，主权所在，丝毫必争。五年，被选为教育会会长，按期召集各小学校校长、教员，研究教育，孜孜不倦。同时举办公共体育场，首捐巨贽为倡，卒底于成。即任为管理指导员，兼童子军联合会会长，手订规程，他邑取则。七年春，任劝学所所长，推广全邑小学教育，定按亩带征学费办法，以补原有教育经费之不足。于西区辟马路，于九亩地辟商市，于城壕基辟电轨，于斜桥筑公共体育场，测绘全境舆图，续修卅年志乘，成绩昭彰。清末以捐资助赈，历奖道衔。入民国，以维持地方秩序，奖五等文虎章。复以设立务本女塾，捐归县立女子中学，特奖一等嘉祥章、三等嘉禾章，颁给

"兴贤毓秀"扁额。其于全县学务、全县水利具有擘画，计虑缜密。顾未及实施而卒，论者惜之。

* 资料来源：民国《上海县志》卷十五《人物上》。

吴馨小传

吴天荫

先父生于1873年，肖鸡，世居南市西仓桥一带（即今河南南路西仓桥街），据家人传告，原籍安徽，因逊兵祸迁居上海已历七八代之久。先曾祖父名吴挺云，书画之词颇有根基，至今尚留存"挺云书画"小石章一枚；祖父吴子吉，弃文从贾，曾与人合股开设绸缎庄于昼锦里一带，他也早逝，绸庄收歇后，将资财投入房地产。

先父正名为吴馨，族中排辈名汝兰，号畹九，取古文词《离骚》中"余既滋兰之九畹兮"之涵义，在辛亥革命前后一切有关资料中，均用"吴馨"或"吴畹九"，直到晚年身患肺病，乃自改别号为"怀疢"。抗战开始，务本校舍被毁，迫迁租界，为避当局干扰，必须更改校名，当时顾念先父创业艰辛，乃改名为"怀久"，恐因"疢"字颇不适宜，不得不除去"病"字头而改为"久"字，此亦颇合情理。

先父早年就学于龙门书院，1902年创办了务本女塾，1903年和南洋中学老校长王培荪专程赴日本先后考察了弘文学院、日本大学高等师范科、东京高师附小、青山师范等院校的教学制度、设课内容，回国后即对务本女塾的学制作了较大变动。办学卓有成效，1904年就有毕业生，1907年毕业生杨荫瑜后任北京女子师范校长。1908年先父自筹资金，自建校舍，在校舍主楼走道上挂有一面极大的镜子，上面有先父所作的《对镜歌》，现抄录于下：

对 镜 歌

绿窗开处兮朝暾曦，安排洒扫兮晓妆迟。
铅华捐弃兮真丰姿，低鬟高髻兮总相宜。
凝眸相对兮整裳衣，欲语不语兮寄所思。
谁家女郎兮好容仪，举止安详兮衿带齐。
吾忧亦忧兮喜亦喜，肝胆相托兮不相欺。
从今得失兮寸心知，岂徒良友兮竟吾师。

辛亥革命后先父任上海县民政长，于1913年将务本女塾捐归县有后，先父就以民政、市政工程等事务为主，至1919年先父仙逝。1912年先父任上海城壕事务所所长，广泛征求各阶层的要求，深感旧城壕有碍沪上发展，经上下充分酌量后，决定保留小北门大境阁（即今南市区供人游览的"大境阁"城墙胜景），拆除其余所有城墙，填壕筑路，用了一年完成北段工程，治成筑一条从西到东的环城路，取名民国路（今人民路），又用一年，南段工程竣工，取名为中华路。

综观先父一生的业绩，遍及教育、民政、自治、市政工程等等诸多方面，举其大者为三项：首先为创立务本女塾，开中国办女学之先河；其次为辛亥革命中带领商团人士参加攻打制造局的武装斗争，力争民族之气，维护国人利益；第三就是拆城填壕筑路，促进城市发展，造福人民。

* 资料来源：上海市第二中学编《欣然回首：上海市第二中学历史概述》，2012年内部刊印，第22—23页。

注：吴天荫系吴馨之子，此文撰于2002年7月12日。

《申报》中的相关记载

整理说明　《申报》系清同治十一年（1872）由英商安纳斯脱·美查（E. Major）等在上海创刊，为近代上海的一份重要报纸，也为近代中国历史最久之报纸。《申报》不仅限于上海，在江浙乃至全国也广有影响，江南一带的人们一度把《申报》当作"报纸"的同义词,老报人徐铸成在《谈老〈申报〉》中就谈道:"别的地方我不清楚,在我的幼年的江南穷乡僻壤,都是把《申报》和报纸当作同义语的。"[1]《申报》中有大量关于务本女塾、务本女子学校、务本女子中学、怀久女子中学等的报道。我们系统梳理了这方面的资料,在此,以发表时间为序,摘引部分内容。

招覆师范生示(内有吴馨)

第四次考取师范生正取十名:白作霖、孟森、杨蕡、胡洪雅、吴馨、林文彬、孟瑢、刘垣、孙福保、汪有龄。备取十八名:苏镜清、章宗元、李庆铨、程锡桐、刘毅、陈炳远、刘煌、章宗祥、陈定祥、蒋人杰、侯鸿鉴、朱锦绶、董瑞椿、张景铮、程瀛、顾柏年、夏清贻、沈桐生。定于本月二十四日在徐家汇师范学堂覆试备取诸生,限于额满覆试后均可遄归俟。有正取不到及试业期满不换实据缺额再行传补。

*资料来源:《申报》1897年4月24日第4版。

汇录各埠女士筹拒美禁华工约(务本女塾王湘龄、张昭汉、廖斌三女士演说)

上海女士抵制禁约之办法。初七日,施兰英女士借本埠广西路七十五号榕庐开会抵制禁约,到者百余人。先由施女士演说开会宗旨,继日务本女塾王湘龄、张昭汉、廖斌三女士演说,皆以不用美货为目的,商议办法十条列左(下):一、拟上书美政府,据理力争废约。二、致书各男界,以表同情。三、各担运动内地女界之任。四、刊发美货明目牌号传单。五、分往本埠各家演说不用美货。六、拟以此次集会,坚持久远中国妇女会。七、如有特别善法,并成效如何,随时布告。九、不时开会聚谈,以相联络。十、愿赞成以上各条,请其签名,并详明住址,随时捐助,刊发传单者,极为踊跃。钟佩英女士认代刊传单三百张(外)。

*资料来源:《申报》1905年7月19日第2版。

纪务本女塾及幼稚舍秋季运动会

昨日午后一时,务本女塾及幼稚舍,开秋季运动会,有秩序,有精神,诚女学发达之效验也。男女来宾,约有五六百人。兹将会场次序撮录于下:

唱歌(运动会歌)、缘绳,小学科四人射的四人身体矫正术;高等小学科,提灯竞走,因风大删,花园(唱歌游戏),小学全部算数,竞走;师范科、中学科,六人跳绳;小学科,十二人兵队(唱歌游戏);幼稚生庭球,十二人熟任竞争,因风大删,跳无(对舞之一种),二十四人运粮竞走;幼稚生,剖梨竞争;简科,六人秋千,四人上学竞走;初等小学科,乙连体操;师范科、中学科,飞车进行;幼稚生,拾旗竞争;豫科,抛球竞争;高等小学科,跳舞;幼稚生,飞车进行,四人身体矫正术;师范简科,障碍物竞走;初等小学科,甲跳舞(铜环舞),二十四人裁缝竞争;师范简科、豫科,二十人唱歌(校歌)。闭会。

*资料来源:《申报》1905年11月12日第9版。

会商建校及设防事宜

去冬,由务本女塾绅士吴馨禀陈前升道袁观察,请拨西门外十图凤凰山旧营基二十四亩九分,为建筑学堂之用,并认缴年租,照章呈县转给等因,奉袁观察谕上海县汪大令,会同奇兵营队官查覆酌办复。据奇兵营第十四队队官魏都戎,禀奉道宪瑞

---

[1] 徐铸成:《谈老〈申报〉》,载《报海旧闻》,上海人民出版社1981年版,第8页。

观察批示，大致谓设防建校均属要公，仰即与吴绅切实商定，具覆兹闻，业已会商妥洽，即在该处地方，指定地段建筑营房，以便原有之巡卡，就近移驻，并禀覆道县一体立案给示矣。

*资料来源：《申报》1906年3月24日第9版。

纪务本女塾运动会

昨日西门外务本女塾及幼稚舍，举行运动会，兹记其次序如下：

（一）开会；（二）运动会歌；（三）自由车；（四）美容术；（五）缘绳；（六）涡旋歌征兵曲；（七）球竿操；（八）园游；（九）庭球；（十）盲人写字；（十一）承球竞走；（十二）盎维尔夸刺斯；（十三）竞画；（十四）少女舞；（十五）儿球；（十六）对舞；（十七）试炮；（十八）制旗赠从军者；（十九）隳城筑路；（二十）徒手操；（二十一）校歌；（二十二）闭会。

*资料来源：《申报》1906年5月20日第17版。

务本女塾暑期体操传习会章程

一、旨趣：专为各地女学校及小学校养成女子体操教员。一、资格：（甲）有教育志愿者（乙）身体健全步履便利者（丙）年在十六以上，三十以下者（丁）曾入学堂，略有普通智识者。以上四项资格须完备。一期限，自五月二十五日始业，六月二十九日终业，共五来复（除日曜日外每日二时），合格者给以修业文凭。一教材，一瑞典式教育体操，一普通体操，以上所授，足供一年半教授之用。一游戏及唱歌，酌量增加。一教师，本校体操教员一人，主任、学生四人分任。一学费，每生四元，膳宿者贴膳费四元，杂费及佣费二元。一额数，以四十人为限。一校规寄宿者，须遵守本校规则，出入不得任意。

*资料来源：《申报》1906年6月30日第17版。

务本女塾暑期体操传习会给凭

务本女塾暑期体操传习会，于昨日行给凭式，名单录后：（甲等十二名）韩昌权、张驾美、韩昌学、瞿粹仪、马惠连、盛建超、陈原、赵寿萱、闵惠卿、王季玉、徐素吾、蒋凤梧；（乙等二十三名）刘明淑、袁保群、冯世俊、殷修竹、叶梅湑、朱振亚、张月珍、沈飞、宣用刚、张警吾、田思平、李锦新、沈文豪、孙素娟、顾宝璜、杨孝杰、郏明达、徐文景、唐启云、孙勤贞、高玉珍、宣慧中、张应兰；（丙等十三名）瞿祖苹、陈春碧、王国瑛、徐亚娲、毛藻文、丁紫娟、余人倬、钮勤华、余义华、徐漱兰、赵舜华、章清华、龚绮兰；（特别等一名）张振亚。

*资料来源：《申报》1906年8月20日第17版。

务本女塾第一次家庭恩亲会纪事

二十八日午后二时，务本女塾开第一次家庭恩亲会，来宾男女共约四百余人。开会后，先请来宾展览成绩，会场秩序略志如下：（一）校长报告开会之缘由，学校之状况。（二）表演学艺，唱恩亲会歌，一、国文讲演、物理讲演、英文朗诵、习字谈、风琴独奏、博物讲演、国文讲演、地理讲演、唱黄河歌、数学讲演、游戏画、国文讲演、历史讲演、英语问答、国文朗诵、管弦合奏、化学试验、国文讲演、地理讲演、心理问答、物理试验、唱恩亲会歌，二、和文讲演、地理讲演、国文讲演、国文讲演、算术游戏。（三）校歌。（四）茶话。（五）闭会。

*资料来源：《申报》1907年6月10日第18版。

（1908年）务本女塾毕业名单

师范科毕业生十有五人，汤国黎归安、曾援华华阳、袁希潞宝山、王蕴芳镇洋、屈蕴辉常熟、李廷慧嘉定、俞庆英太仓、汤兆先昆山、陈振嘉定、黄正仪江陵、凌玉胜归安、方英秀水、杨清如金匮、王萱上海、刘廷玉武进。○又前届师范生，补给证书一人，杨清芬金匮。○师范豫科毕业生八人，严静真乌程、朱世芬宝山、郁组文海门、孙瑛宝山、孙瑶宝山、富韵莲海盐、沈维敏仁和、曹光祖仁和。○又升入师范本科生十一名，经蕙贞上虞、潘惠君元和、朱淑仪海盐、单致祥山阴、钱梦猿阳湖、杜凤常熟、郑明达元和、潘淑君元和、张杏娟南汇、孙锡琛吴县、杨荃桐城。○旁听生升入师范本科二人，李杨英秀水、彭鼎峙元和。

* 资料来源：《申报》1908年1月21日第19版。

（1910年1月）务本女塾行毕业礼

十七日下午二时，西门外务本女塾，第四届师范及第三届高等小学行毕业礼，其成绩之特色，有写生写照，中西水彩等画，自制动物标本，所有各种课卷均斐然可观，兹将姓名籍贯列下：师范毕业生：张宗英平湖、湖汝季嘉定、林亦翀平湖、方令安定远、陈洪如武进、任雪航宜兴、沙澄萃江阴、李亚芬无锡、方志远嘉兴、叶鸿桢上海、闵之完如皋（右八十分以上）、屠蕴珍秀水、吴惠如无锡、祝蕴玉无锡、王忍之秀水、钱觉民常熟、沈和冲南汇、唐慧英无锡、沈右揆秀水、徐鉴孙阳湖、宣慕兰金匮（右七十分以上）、甘纯芬嘉定（右六十分以上）；高等小学毕业生：范孝嫘通州、沈庭玉青浦、闵兰言武进、张佳艒江陵、沈有瑶吴县、陈同伟闽县、夏剑秋上海、奚溯南汇、张镜欧宝山、刘曾和青浦、严点如桐乡、郁境恺钱塘、闵之宜如皋、陶讷秀水（右八十分以上）、赵毓英慈溪、夏剑虹上海、刘清英青浦、周慎微华亭、杨本玉上海、杨锡琳震泽、秦曾湘嘉定、吴光璇华亭（右七十分以上）、朱骧宝山（八十分以上）、范承杰吴县（七十分以上）（右插班生随同毕业升级）、王元明秀水（右修业期满给修业凭）。

* 资料来源：《申报》1910年1月28日第19版。

（1911年7月）务本女塾举行毕业式

务本女塾于十三日下午行毕业礼，计师范毕业者十四人，高等小学毕业者二十九人，闻下半年尚须添设文学、家事专科，于七月初九十日招考，兹将毕业生姓氏籍贯录左（下）。

第五届师范毕业生：

（八十分以上）刘良璧 江苏南汇　周佩莲 江苏南汇　杨仲英 直隶天津　沈承瑾 浙江桐乡　严静真 浙江乌程　杜凤江苏常熟　张杏娟 江苏南汇　郑明达 江苏元和

（七十分以上）高淑英 江苏常熟　钱梦猿 江苏阳湖　朱世芬 江苏宝山　孙瑛 江苏宝山

（六十分以上）富韵莲 浙江海盐　孙瑶 江苏宝山

第四届高等小学毕业生：

（八十分以上）许澍嘉 贵州贵筑　侯佩琛 江苏华亭　朱文辉 江苏宝山　陆月英 江苏上海　章兆方 浙江乌程　徐文炳 江西吉水　孙琼华 浙江诸暨　吴秀贞 蒙古喀喇沁　陈纫宜 湖南衡山　周淑娟 江苏上海　孙琼英 浙江诸暨　俞庆堂 江苏太仓　茅钦龄 浙江桐乡　周德娟 江苏上海

（七十分以上）吴蕙青 江苏吴县　曾式群 江苏上海　傅宜家 湖南宁乡　杨本垚 江苏上海　丁志俊 浙江嵊县　蔡辉 江苏无锡　叶婉贞 蒙古喀喇沁　严达徵 江苏吴江　周增圭 江苏上海　吴成章 浙江嘉兴

（六十分以上）孙意新 浙江诸暨　李瑶琴 浙江镇海　顾庭基 江苏娄县

（插班生随同毕业升级）李文耀 湖南长沙　彭莲君 江苏南通州

* 资料来源：《申报》1911年7月9日第20版。

务本女塾添设文学家事专修科

务本女塾于本年七月,开始添设文学、家事专修科,录其缘起,章程如下:

按部颁女子小学堂章程第二章第九节,女子小学堂可于本科外,设置补习科,使已毕业女子,初高等小学堂及有与之同等以上之学力者,入学以补足其学力。又本塾总规则第一章第三节,得随时体察地方情形及社会之需要,酌设专修科等语。今文学、家事专修科之设,即预备已毕业女子高等小学,或有与之同等以上之学力者,入学以补足其学力,并体察地方情形,及社会之需要,实以文学及家事二端,尤为当今之急务。夫家庭乃社会之分子,文字为应世之利器,而学校又社会之小影也。文学之根柢浅薄,不足以应世,家庭之知识幼稚,即未易尽分子之义务,合社会家庭二方面而沟通之,其亦女学校之责乎,章程列左(下):

第一条 科目及程度列下,文学科目:国文(国语、说文、普通文、应用文、美文),行书(楷书),历史(近世史),地理(本国地理、外国地理大意),英文(话法、文法、习字、翻译、书简);家事科目:家事理论(家事要领、衣食住、家计簿记、家庭卫生、及看护育儿等法),家事实习(裁缝、烹饪、及关于儿童教育之手工),补修科目算术(数学、代数、及几何初步),理化(以切于日用者为限),教育(以幼稚及小学为范围)

第二条 修业年限二年

第三条 学额四十二名

第四条 入学资格如下:一、年在十五岁以上者;二、有高等小学毕业程度者;三、家世清白,体健无病者;四、有确实之保证人者

第五条 学费、膳宿费、书籍费等,及其他一切规则,依本塾总规则办理

第六条 未尽事宜随时修正

*资料来源:《申报》1911年7月14日第18版。

务本女塾介绍女教员

如有学堂或家庭欲延女师者,请于闰六月以前,将主任人姓名职业住址,需延何项教员,职务薪水若干,详细开示以便介绍。

*资料来源:《申报》1911年7月22日第1版。

务本女塾招考新生

本塾于下半年,添设文学家事专科,招收高小毕业程度,或与之有同等程度者,并推广高等小学,兼招各级插班生,定于七月初九初十日午前,招考求学者可先期报名阅章。上海西门外黄家阙路本塾启。

*资料来源:《申报》1911年7月30日第1版。

务本女塾改设高等科减收学费招生广告

本校改设高等女学,内分文科理科,仍附设高等小学,已订定会公冶君主持教务,兹将招考及开校日期,学膳等费开列于左:○考期七月十三十四日(即旧历五月廿九日六月初一),八月十九二十二十一日(即旧历七月初七八九日)开校,八月二十二日即七月初十日缴费,学费每半年高等科十五元,高等小学九元,膳宿每半年二十五元,杂费另外,旧生只须报名,不另考试,并此知照。

*资料来源:《申报》1912年7月3日第1版。

研究小学教育（由务本女塾教员嵇景修等发起）

上海县教育会会员王君立才、顾君旭侯，务本女塾教员嵇君景修，紫金小学教员范君云策等，发起组织小学教育研究会，以发表心得，研究疑难问题为主。会所附设于上海县教育会内，已由会长贾季英、王引才认可，定于十月二十日（阴历九月十一日）午后一时，在尚文门内，上海县教育会开第一次研究会，业已通告各学校想热心教育者，届时必联袂偕往，发抒心得也。

* 资料来源：《申报》1912年10月17日第7版。

（1913年）务本女塾毕业式

前日为小西门外务本女塾高等科及第五届高等小学科毕业之期，由校长吴怀久君给凭，兹将毕业生姓名籍贯录左（下）：

高等科：（甲组）王伊荃江苏江阴、彭清淑江苏元和（右九十分以上）、狄秉君江苏溧阳、狄智君江苏溧阳、倪凤珍浙江海宁、杨剑青浙江钱塘（右八十分以上）、畲竞虹安徽休宁（右七十分以上）、曹镜澄江苏吴江、徐念慈浙江海盐（右插班生九十分以上）；（乙组）陶善敏浙江嘉兴、奚口江苏南汇、张镜欧江苏宝山、沈庭玉江苏青浦、沈有瑶江苏吴县（右九十分以上）、朱口江苏宝山、范承杰江苏吴县、刘清英江苏青浦（右八十分以上）、华昭复江苏无锡（右插班生九十分以上）

高等小学科：虞璇浙江镇海（右九十分以上）、钱用和江苏常熟、沈有珏江苏吴县、张安之江苏南汇、徐淑贞浙江海盐、王希孟安徽旌德、雷云裳江苏华亭、陆庆英江苏上海（右八十分以上）、狄敏君江苏溧阳、陆慕贞江苏上海、余湘江苏上海、任华江苏扬州、沈令婉江苏无锡（右七十分以上）、王德祥浙江吴兴、赵鸿良江苏上海（右插班生九十分以上）、沈家韫浙江桐乡、萧铎湖北随县、黄湘雯湖南长沙、曹敷沇江苏宜兴（右插班生七十分以上）、方淡于安徽定县、张幼苹江苏常州（右插班生六十分以上）。

* 资料来源：《申报》1913年7月7日第10版。

上海县立第一女子高等小学兼设补习科招生

本校现招高等小学一年级及文学科（中学程度）新生，又文科理科及高小二三年级插班生。学费按全年计，高等小学科十二元，文学科十八元，文科理科三十元。阳历九月四日至六日招考，新生七日开学，来学者先期报名，章程来校索取。校址：上海西门外黄家阙路务本女塾旧址。校长曾公冶谨启。

* 资料来源：《申报》1913年8月19日第1版。

务本女塾原发起人吴馨启事

自本学期始，原置务本女塾校舍，连同基地校具，一并捐与县地方自治团体收管保存，并指定永作女校之用，今将理由及办法宣布如左（下）：一、个人之财力精神，既不能继续负担，与其支节为之，不若寄附公家为直截了当；二、建筑债负，由个人理楚交代，截清界限，完全寄附行为，不愿丝毫贻累公家；三、现由上海县议会议决，下学期开办县立女子高等小学校，并依中学程度，得设各种补习科，俾原有学生仍可各得其所；四、前务本毕业及同学会诸君，如南洋公学同会之例，无庸另易名称，照旧联络。以上诸端，谨举以告我海内教育界同人，并务本诸同学均鉴。吴馨启事。

* 资料来源：《申报》1913年8月19日第4版。

收受务本女塾之备案

县知事吴怀疚君，会将创办之务本女塾校舍，捐归县有，改组县立第一女子高等小学。现经县议会，提议申请褒奖，全体议员推定十八号，议员李右之号议员王叔炎二君起草。前日（五日）经三读议决，兹将原文摘录如下：

邑人吴馨君，慨将十余年来辛苦缔造之务本女塾，全数捐归上海县地方，统核该校动产、不动产各项，按照时值，估计折合银圆九万一千三百一元，此则古今所仅见者也。资吴馨君于前清末造捐赀，创设务本女塾，初赁屋于南城花园弄，继赁屋于西门生生里，嗣以经营广厦，于邑西南隅黄家关（闗，"阁"字误写，即"阙"）路地方，购置田亩建筑舍宇，计自壬寅以讫癸丑，十二年间得业以去者，不下数百余人。斯已悉心女教加地方者矣。况又本身作则，化私为公，自应全数核收，用嘉厥志。并将务本女塾，改组正名为县立第一女子高等小学校，其捐入之校基、校舍、校具，计数列单粮串，应交县公署特别会计处，过户承粮，妥慎保管，逐年应纳赋税，由县地方教育费预算内开支。第一女子高等小学校费用，自二年度始归入上海县地方费预算办理，以维学务，而重公产。除将吴馨君捐入之各项动产不动产数目，详细开列，知会县知事查照备案，并移请登记所登记外，应即遵照教育部制定，捐赀兴学褒奖条例第一条及第四条之规定，呈请省民政长转咨教育部，呈请大总统特颁教令宠锡殊荣云云。

*资料来源：《申报》1913年11月7日第10版。

（上海县立第一女子高等小学校）女学堂毕业名单

上海县立第一女子高等小学校，系前务本女塾，于去秋改归县立，所有务本前设之高等文科、高等理科，仍继续办理。昨日行毕业式，计高等文科十六人，高等理科十二人，而高等小学科，自改归县立后，第一次毕业计二十二人，今将毕业名次列后：

高等文科十六人：俞庆棠江苏太仓、周增圭江苏上海、孙琼英浙江诸暨、周德娟江苏宝山、杨竞学安徽六安、徐文炳江西吉水、李瑶琴浙江镇海、欧阳二梅福建龙溪、朱文辉江苏宝山、朱以葴浙江上虞、陆蕴英江苏上海、钟慧龄广东南海、谭其觉浙江嘉禾、丁志俊浙江嵊县、张稚苹江苏常州、杨尚才江苏上海。

高等理科十二人：周淑娟江苏宝山、曾式群江苏上海、吴成章浙江嘉兴、杨晚成江苏上海、徐振坤江西赣州、蒋秀楠江苏上海、许崇华广东番禺、蒋碧森江苏上海、毛体乾浙江余姚、李静芳浙江镇海、许崇洁广东番禺、王淑慧安徽贵池。

高等小学三年级二十二人：姚孟璆浙江临海、包绣菊江苏南汇、朱梅江苏昆山、周芳贞浙江杭县、王莲君江苏上海、包绣琴江苏南汇、沈有仪江苏吴县、朱兰君浙江海盐、唐文秀江苏昆山、李秋君浙江镇海、刘礼承江苏上海、冯漱清福建闽县、周志英浙江杭县、杨蕴兰江苏江都、冯蕙江苏嘉定、李灿霞浙江镇海、黄齐江西清江、孙多□安徽寿县、许瑞珠福建闽江、陈吟仙浙江嘉禾、张稚涵江苏上海、黄汉英浙江杭县。

*资料来源：《申报》1914年7月6日第10版。

县立女学校运动会纪事

黄家阙路务本女塾于民国二年七月改为县立女子高等小学校，又于三年七月兼设女子甲种师范讲习所，学生日益增多，已达二百五十人。于每届放假时，恒有学艺表演。此次该校举行运动，于昨日（二十一）下午一时开会，五时闭会。运动节止，凡三十二节，所演各节，均活泼灵敏，于体育之中，参以家庭观念，实为女学校中所必要。来宾到者达三千人，前教育司长黄韧之君、道视学余芷江君、学务科长李颂唐君等均莅会，颇极一时之盛，所有节目照录于下（略）。

*资料来源：《申报》1915年11月22日第10版。

各学校休业毕业汇纪

西门黄家阙路县立第一女子高等小学校（即务本女塾），定于十一号午后二时，举行高等小学科第五届毕业式，先于午后

附录五　文献档案选摘

一时展览成绩。昨已由该校具柬邀请各界届时前往参观。

*资料来源:《申报》1918年7月7日第11版。

恕讣不周（务本女塾创始人吴馨离世）

五等文虎章、一等嘉祥章、三等嘉禾章，上海县劝学所所长，上海法租界公董局华董，前上海县知事，务本女塾长先考怀久府君，痛于中华民国八年五月十一，旧历己未四月十二日酉时，疾终正寝。

谨择旧历五月十七日五七领帖，十八日巳时举殡，廿八日安窆，讣告不周，伏乞。矜鉴丧居上海旧西门内西仓横路四十二号。继慈命称哀，不孝孤哀子吴贵荪、女贵聪、贵方、贵宜，泣血稽颡。

*资料来源:《申报》1919年5月29日第3版。

上海学生联合会消息（务本女塾学生捐款）

上海学生联合会交际部，昨日假贝勒路民生女学开常会，由周正辉提出各种提倡国货方法，并有惠中承天代表报告，商人私自接济某国人粮食，当推定二代表极力调查。此外议案甚多，六时半散会。

该会昨致北京电云，北京总统府国务院，鉴报载前大学学长陈独秀被拘禁，绝探问，似此滥用威权，公理安在，请迅即释放，并彻查主使陷害之人。上海学生联合会寒。

务本女塾学生严慧贞女士，捐上海学生联合会五百元。

*资料来源:《申报》1919年6月15日第11版。

（怀久女子中学）寒衣运动　继续推行

天时日趋寒冷，而收容所难民仍衣被单薄。本市各界曾发起征募寒衣运动，俾发难胞御寒，国货橡胶制品业工会，为此特向各会员劝募寒衣捐，已募得二百五十元，送交市商会转发，同时并募得难童教养捐二百元，送难童教养院支配。又，怀久女子中学全体学生，亦曾发起向亲友家属劝募，已募得棉背心六百八十四件，昨日送交国际救济会转发难民。又青年会因所属难民衣被不周，故已分别向会友及员工征募旧棉衣，以便散发难民应用云。

*资料来源:《申报》1938年10月26日第10版。

学校概况：怀久女子中学

怀久女子中学，于"八一三"后，由前市立务本女子中学教职员，纪念务本创办人吴怀久先生而设，得本市各界名流之赞助，已经教育部立案。一年来校务蒸蒸日上，名誉日隆。

该校先在霞飞路开学，学生数七百余人，后迁威海卫路五八七号。上学期因学生数激增，并恢复全日上课，故校舍不敷应用，特扩充为二部，以法租界毕勋路七十七号为第一校，公共租界威海卫路五八七号为第二校。本学期第一校共设高中普通科四班文理分科，初中部七班，第二校共设高中师范科三班，初中部四班，小学三班。全校教职员共计六十余人，学生一千余人。

校长为沈守梅，现由秘书顾凤城主持校务，教务主任高杰，训育主任金光楣。教员大多系前市立务本女中旧教员，国文如谭正璧、朱秉衡、徐因时、杨晋豪等，英文如诸龙翔、钱振海、张子修、徐美修、余天希、朱镜冰等，数理如恽福森、恽魁宏、顾耀学、梁梅初等，教育如高杰、叶光琮、吕新夫等，均属一时之选。

该校以勤朴勇诚为校训，训教方针，一本严格。学生生活，须合于新生活运动之规准，不准烫发涂脂，不准穿奇装异服。课程悉照教部规定，并注重平时练习，成绩较差之学生，由校方特别予以补习。初中以训练良好公民，灌输基本知识为主，高中普通科预备升学，故特注重数理，师范科为服务小学教学，多重实习，并为兼顾家庭，初高中均有家事课一小时。

现在该校上课时间，由上午八时起至下午四时止，每日上课六小时，四时以后为课外活动。体育方面，有各种球类级际比赛。学科方面，有国语演说及话剧歌咏等练习。图书馆及理化等设备，尚属完备，本学期并添制理化仪器及图书等甚多。

* 资料来源：《申报》1938年12月8日第12版。

怀久女子中学招生

（班次）高中普通科一、二年级，初中秋始一、二年级，春始二年级，各级插班生。

（报名）即日起考试前一日止。

（考期）一月二十日。

（校址）一校：毕勋路七七号，二校：威海卫路五八七号。（简章备索）

本校附属小学，招初高各级插班生（校址：威海卫路五八七号）。

* 资料来源：《申报》1939年1月13日第5版、1939年1月16日第5版连续刊登。

教育部备案社会局立案怀久女子中学暨附属小学招生

（班次）高中普通科一、二年级，初中秋始一、二年级，春始二年级，各级插班生，附属小学各级插班生。

（报名）即日起考试前一日止。

（考期）一月二十日。（简章备索）

（校址）一校：毕勋路七七号，二校：威海卫路五八七号。

附启：本校系前市立务本女子中学改组。

* 资料来源：《申报》1939年1月17日第6版。

私立怀久女中校长杨明晖昨接事

本市毕勋路私立怀久女中，校长原系沈守梅。自沈离沪以后，即由凌宪文担任代理校长。旋因故辞职，复由该校秘书顾凤城代理。近由校董会通过，聘任杨明晖女士继任该校校长。杨于昨日上午前往该校接事，并赴南北两部开始办公。该校师生闻讯后，发生罢课举动，并向校董会声明一点云。

* 资料来源：《申报》1939年3月15日第8版。

怀久女中近闻

本市怀久女子中学，自杨明晖校长接事以后，锐意改进，不遗余力。为联络学生家长感情，共谋校务发展起见，特于昨日下午四时半，在中社举行茶话会。由杨校长报告接收经过，以及今后改进方针，并由各学生家长先后发表希望。复由学生自治会代表陈述同学意见，杨校长均予详细答复，各代表认为满意，宾主尽欢而散。

* 资料来源：《申报》1939年3月21日第8版。

各界慰劳四行孤军，现金及物品赠予者颇众（怀久女子中学踊跃参与）

四行孤军自退入租界后，承各劳。兹将四月十六日起至六月二十四日止，收到现金及物品等数目列后，计开（十八）五月七日收怀久女子中学袜子二十打,(十九)五月十日收怀久女子中学药肥皂四百块。

* 资料来源:《申报》1939年6月26日第12版。

学校汇讯(怀久女中)

怀久女子中学,系市立务本女中所改组创立,迄今已四十载。本年将举行四十周校庆纪念。该校教学素极认真,数理成绩最著,声誉学风更为淳朴,凡涂脂抹粉以及华服烫发等恶习,早经革除。校舍分南、北两部,南部在法租界毕勋路七七号,北部在公共租界孟德兰路八八弄。寒假期内新生报名旧生缴费,均甚拥挤,闻明日为新生考期。

* 资料来源:《申报》1941年2月3日第8版。

学校汇讯(怀久女子中学)

本市怀久女子中学,已于本月五日开学。南校仍在毕勋路七七号,北校仍在孟德兰路八八弄,并不迁移,北校设有高中师范科。师范生之学费,正请求关系方面予以免除。为再谋学生程度之提高,计本学期除将各主要科目之时数,酌予增加外,对于图书仪器设备,并将益求充实。

* 资料来源:《申报》1941年2月9日第9版。

周宝训堂启事

敝堂前将霞飞路一二八四号房屋出租于程燮昌君,供其自己使用。嗣查悉,程君系将该屋作为怀久女子中学之用,当即去函声明取消租约。兹经调人调停,另以怀久女中程燮昌名义,与敝堂重订新约。敝堂为维护教育,及谅解程君起见,已予同意,特此登报声明。

* 资料来源:《申报》1941年9月7日第6版。

务本女校二十九年前(光绪三十年)师范科课程表

师范科课程表

科目 学年	唱歌	图画	历史	地理	算术	理科	和文	国文	教育	伦理	合计
第一学年	单音、复音	自在、用器	本邦、近世	本邦、绘图	数学、代数	生理、卫生	读本、会话、文法、译书	讲读、习字、文法、作文	儿童心理、教育原理及史	伦理学、伦理学史	10
每周时数	2	2	2	2	6	3	4	9	3	2	35
第二学年	同上	同上	外国近世	外国绘图	代数、几何	理化大意	同上	同上	名学大意、教授及管理法	群经大义、各国女学源流	10
每周时数	2	2	2	2	6	3	4	9	3	2	35

预科及本科课程表

科目 学年	学科	唱歌	图画	教育	历史	地理	算术	理科	和文	英文	国文	修身	合计
第一学年	预科	单音	自在		历史谈	地文略说	数学心算、笔算	家庭卫生、动植物			讲读文法及作文习字、人伦道德之要、中外名人言行		8
每周时数		2	2		2	2	6	3			12	1	30
第二学年	预科	同上	同上		本国小史	五洲大势	同上，笔算、珠算	同上，矿物		拼法、审音、钞默、造句、习字、译解	同上	同上	9
每周时数		2	2		2	2	4	2		6	9	1	30
第二学年	本科	单音、复音	自在、用器		东洋史近世史	本国绘图	同上代数	生理物理		文法、会话、习信、作论、习字、译解	同上	同上	9
每周时数		2	2		2	2	5	3		9	9	1	35
第二学年	本科	同上	同上	教育史教育原理	近世史西洋史	外国绘图	统计代数	化学大意	讲读会话文法译解	文法、会话、习信、作论、习字、译解	同上	同上	11
每周时数		1	1	3	2	2	3	1	3	2	6	1	25
第三学年	本科	同上	同上	心理学、教授法			几何		同上	同上	同上，文学史	群经大义	8
每周时数		1	1	6			3		5	12	6	1	35

*资料来源：《上海市立务本女子中学校年刊》（1933年）"师范科课程表"，第118页。

县立第一女子小学校

县立第一女子小学校，原名务本女塾。在黄家阙路（见《续志》）。民国元年停办一学期，秋季开学。二年秋，创办人吴馨将校产捐归县有，改称县立第一女子高等小学校。高等科分文科、理科。三年增文学科一级，秋设女子甲种小学教员讲习所，改文学科为师范讲习科，初等补习科为附属小学科。四年八月，建操栅四间，用银二千四百圆。停办师范讲习科一级，增国文专修科。五年秋，改小学教员讲习所为县立务本女子中学校，以国文专修科改中学两班，初小两级改称补修科。六年，增中学为三级，高小为三级。分四教室。七年九月，建教室两幢，走廊、披屋两间，用银五千七百十三圆，专供补修科之用。增中学一级、八年至十年中学、高小各四级，初等补修科三级。十二年秋，行新学制。旧制中学三级，新制初中一年级，分甲、乙两组，二年级一组。改高等小学为县立第一女子小学校，六年毕业，前期四级，后期两级。三教室。十三年秋，减旧制中学一级，增新制中学两级，初中一、二年级均分甲、乙两组，三年级一组。小学部仍旧。

方还记

务本女塾，在沪西黄家阙路，创办于前清光绪二十八年。辛亥鼎革，地方未靖，故于民国元年春季停办一学期，秋季继续开办。设高等科甲、乙两组，高小科三级，初等科一级。二年秋，创办人吴馨以校基、房屋、校具捐归县有，改称县立第一女子高等小学校，学级编制为高小三级、初等补修科一级，分高等科乙班，为高等文科、高等理科，作为高小补习科。民国三年增设文学科一级。是年秋，设立女子甲种小学教员讲习所，改文学科为师范讲习科，两级并改初等补习科为附属小学科，分二教室。四年八月，重建早操棚四间（价格二千四百元）。是秋，减师范一级，增设国文专修科，初小、高小各级如旧。五年秋季，改小学教员讲习所为县立务本女子中学校，以专修科改设中学两班，初等两级改称补修科。六年，增中学为三级、高小为三级四教室。七年九月，新建教室两大幢，走廊、披屋两间（西式楼房，价格银伍千七百十三元），专供补修科用；增中学一级。自八年至十年为中学四级、高小四级、初等补修科三级。务本女塾，自民国十一年起，各级编制均仍旧贯，十二年秋季试行新学制。旧制：中学三级、新初中一年级甲、乙两组，二年级一组，改高等小学为县立第一女子小学校。六年毕业，前期四级，后期两级，三教室。十三年秋，减旧制中学一级，增新制中学两级（初中一、二年均分甲、乙两组，三年级一组），小学部编制仍旧。

方还记

师儒之尊，盛于汉代，碑碣麟彪，肇自门徒，姓氏联蝉，风尚古已。更数千祀，流风寖沫，师不古若，世无降礼，间生名世，往史希踪，慨焉兴叹，风教衰矣。吾国女学姬周始昌，赢秦而降，嫔教不行，中梱之子，罔有师承，内茂不昭，曷以端化？先生渺焉匹夫，忧世心遥，群寐一聪，肇建女塾，辉辉海濆，覃葛志勤，揭橥务本，从之云风，归而敷教，达于陬澨。先生劳善不私，功成不居，斥金十万，更为县学，出膺里社，劬思损年。其弟子莘莘，怀德勿谖，教诲式榖，齐于生我，将以代石树学，昭示方来。记云："织祀先蚕，农祀先啬，旷之百代，兴感敬礼，况于身亲受业，熏德善良者乎？卓彼群彦，其犹古之道欤？先生名馨，字怀疚，上海人。"铭曰："坤乾之义，二仪并尊。女统于男，古义滋泯。风诗正范，乃闲厥家。不有王雎，罔应驺牙。翼翼先生，东南大师。女学是兴，四方是仪。师之不昌，有教斯弘。教之始孩，有觉其蒙。举世不为，天民是任。祥凤一鸣，百声破喑。海水汤汤，海山苍苍。景行襄修，赞叹流浪。我铭其石，我媿厥德。同心异轨，欲从罔克。"

*资料来源：民国《上海县志》卷九《教育（四）·学校上》。

上海县立第一女子高等小学校职教员一览表

民国六年八月调制

姓名	籍贯	履历	职务	月薪数目	到校年月（民国）
曾钧	上海	前务本女塾代理校长	校长	不支俸	二年八月
孙庆曾	上海	务本女塾师范毕业	学监	不支俸	五年八月

（续表）

姓名	籍贯	履历	职务	月薪数目	到校年月（民国）
汪师铭	安徽歙县	江苏省立女子蚕业学校甲班毕业	舍监	不支俸	五年八月
施祖皋	崇明	龙门师范毕业	三年级主任，国文、算术、修身、历史、地理、习字、理科教员	35	四年八月
吴祖耀	嘉定	省立第二师范第二部毕业	二年级主任，修身、国文、算术、习字、理科教员	35	四年八月
丁傅商	南汇	省立第二师范毕业	一年级主任，修身、国文、算术、习字教员	35	五年二月
周福保	上海	江南高等学堂毕业	英文教员	6	四年八月
孙继	上海	省教育会附设小学图画研究科会员	图画教员	12	五年二月
傅硕家	上海	南洋高等实业学堂中学毕业	乐歌教员	14	二年二月
吴文英	上海	务本女塾师范科修业	裁缝、刺绣、手工教员	20	二年八月
孙庆曾	上海	务本女塾师范毕业	家事教员	4	五年八月
曾式群	上海	中国女青年会体育专修科毕业	体操教员	26	五年八月
汪师铭	安徽歙县	江苏省立女子蚕业学校甲班毕业	习字教员	12	五年八月
刘良璧	南汇	务本女塾师范毕业	补修科甲级主任，修身、国文、算术、图画教员	22	四年二月
孙多蕙	安徽寿州	上海县立女子甲种师范毕业	补修科乙级主任，修身、国文、图画教员	15	五年八月

*资料来源：《（上海）全县公立学校职教员一览表》，上海县知事公署编《上海县教育状况》（1917年）"职员类"，第3页。

市立各中学视察报告

市立务本女子中学

市立女子中学，只务本一校，自民国元年设立迄今，业已二十年。校址在西门黄家阙路。本年上学期学生共有五百三十七人，内有初中二百八十六，高中二百五十一，下学期学生减至四百余人。略受战事影响。该校临近虽有私立民生女子中学及上海女子中学，然因在繁盛之区，学生众多，学额仍觉缺少，未能尽量容纳。

该校编制，分高、初中。高中设普通、师范两科。并附设小学及幼稚园。

校舍自建。布置整洁。运动场及礼堂均当适用。仪器已逐渐增加。图书仍嫌不足。教务处应用表格。尚完备。

校长王孝英办事精干,教员授课尚能合法。惜少供给补充读物,学生课外作业,有相当设施,运动一项,宜再求普及。

*资料来源:上海市教育局编《上海市教育局业务报告(二十年七月至二十一年六月)》(1932年)。

《上海市立务本女子中学校年刊》(1933年)发刊词

宇宙是动的,人生是前进的,生活也应该是积极的,进步的,不独关于物质方面的衣食住行是这样,就是进德修业的精神生活也是这样,务本成立已经三十一年,在这悠久的历程中,无论经营是怎样的困难,改进是怎样的不易,但年年变动,日见发达,这应该是不可抹煞的事实。

本校自民国十八年来对于学校的内容,即本教育即生活的意义,急图改进,如教材的选择,学级的编制,教授训练的实施,各种规程的厘订,无一样不悉心研讨,总想不悖学理,合于实际,稍见不适,即行更改。三年以来,学生日见加多,校务愈形进展,这岂敢自诩为全人努力的效能,实在是社会人士赞助的结果。

兹当三十一周年校庆纪念,特搜集师生作品十余万言,合出刊物一册,一以纪念学校,一以报告本校最近之概况,并志数言以代发刊词。

*资料来源:《上海市立务本女子中学校年刊》(1933年)。

教务概况(节选,1933年)

曹一华

本校创始于清光绪二十八年,迄今垂卅一年,为国人创立女校之嚆矢。其三十一年来之教务概况,已有专册印行;然兹所述者,仅其最近之概略耳。吾人深知仅追怀已往之陈迹,而忽其未来之计划,于校务进行方面并无若何裨益,仅宣传一校之特长,而隐藏其事实上之困难,于彼此观摩方面,亦乏研究之意味。故兹篇所述,不独言事实真相,且略及将来之趋势;不独统计教学上之情形,且兼说实际上之塞碍。凡我中校同人希进而教之。

1.教学要旨　教育理论,因时代之转变而演进,故教育宗旨亦随环境之需要而异趣。本校开创时之主旨,于创办人自著之校史中,即知以修明女教开通风气为职志。其后以时事之不同,迭有更改。最近国人感于国势日颓,匪乱无已,民族之精神一蹶不振;国民之思想,渐倾恶化;遂积极从事于教育方面之改弦更张,力图挽救。于是本校经几度之会议决定分别规定其教学主旨如下:

本校根据三民主义,遵守教育部及上海市教育局令行之教育法规,实施中等教育其目的在:(一)统一青年的思想及行动,以谋社会国家的巩固。(二)充分发展和保持青年精神上的效率(学习能力与理解能力的正确与增进情绪的稳定暨兴趣的扩大)。(三)实施公民训练,以养成青年守法爱国及服务人群的牺牲精神与习惯。(四)提倡职业训练,以增进青年生产的能力。(五)养成建设家庭的责任心及创造美满家庭的能力。(六)使青年明瞭国家及世界大势,以养成正当的国际态度。(七)陶融忠孝仁爱信义和平之国民道德,以养成健全的人格。(八)培植现代生活上所需之各种知识与技能(提倡科学)。(九)锻炼强健的体格(提倡体育)。(十)养成正当社交的态度与习惯,以应付目前及理想的社会。(十一)师范科特别施以师资之训练,使深切了解现代教育之趋势,及国民教育之重要,咸能负进教育之责任。(十二)普通科特别授以升学所需之各种课程,俾得进求高深学术。此种目标既定,于是可进而言教务组织。

2.教务组织　民十六以前,本校无教务处。所有教务,多由级主任分掌其事,校长董其成。重要问题,由职员会公决之。部分事务由其他会议处理之。盖班级少,学生无多,事简而易治也。民十六以后,班级渐增,至最近初中有六班,均秋季始业,行双轨制。高中有六班,普通科与师范科各三班,而师范科一二年级为家事组,师范科三年级为普通师范组。教务复杂,于是专设一处，主理其事，除教务主任外，有师范科主任教务员及办事员各一人。全校有书记二人，间亦抄写教务上文件，因事务性质之不同，本处又分为三股如左（下）：

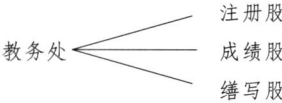

教务处 —— 注册股 / 成绩股 / 缮写股

此种组织，其利在事权专一，其弊在不能与训育方面密切联络，故今后计划，拟实行教训合一制，或事务分掌制，以补其缺。详细办法及理论在计划中已有论述。

3. 学级编制（后略）

* 资料来源：《上海市立务本女子中学校年刊》（1933年），第91—92页。

弁　言

去岁振玉来长本校，适在学期之中，抚萧相之成规，惭平阳之制治；维持三月，条理始明。既至寒假，乃始重厘学则，加减学程，拟具教学方案，研讨训导标准，计划各科进度，厉行课外作业，普通科以文理并重，师范科停收家事组新生；他若添辟实验室，扩充图书馆，设立体育室，改进会食堂，统一各处办公，修缮全部校舍。此虽不足以言治校之成绩，然数阅月来，心思财力，莫不集中于斯，窃以为各校情势，万异不齐，本校为我国最早之女学，在此三十三年悠久之历史过程中，必有所长，亦有所出。治校之道，贵在审查情势，弃短挈长，不当徒事因袭，故步自封；而于育才之法，尤贵夫有一贯之指，久垂之鹄，不可补苴一时，张皇当世。故部署甫定，即以学校行政，教导规程，列以图表，系以文字，辑成专书，颜曰概况：如是则约束既明，奉行者不能越畔；权惩具在，考查者尤便经心；书端冠以校史，所以纪念吴公之缔造艰难，与历任校长之经营弗懈。惟是振玉对于教育，愧未专研，而希冀于本校者，犹不以此而自足，欲使本校每蹐逾进，更有贡献于今后我国女子教育，以共臻于上理者，尚有待于教育当道之指示，与在校同仁之翊助。庄生有言曰：作始也简，将毕也巨，今后事业之艰巨，必有十百倍于今日者，是则本书之刊印，视为发轫之迹象也可，视为来日之策励也亦未尝不可。是为序。

阎振玉
廿三年四月十日

* 资料来源：《上海市立务本女子中学校概况》（1934年）。

校　史

自吴怀久先生创办本校迄今，已历三十有三年，而上海市乃有完全女学。兹为述其沿革如下：

初吴先生有志兴办女学，当民国纪元前十年（清光绪二十八年壬寅），即以其西仓桥原有家塾，迁至花园弄，定名为"务本女塾"，于十月二十四日开学。学生仅七人。概为成年妇女，习于脂粉华服，金莲三寸，弱不禁风。吴先生于部署校务之余，兼任教科，禁奢华，劝放足，女界陋习，骤见改革。逾年，学生即有四十八人，又逾年，倍增至八十人，颇得四方信用，来学者日渐成群，因添租就近俞家弄民屋，渐臻扩大。乃参酌部颁学制，厘订章则，分设学校，编制从新，并聘曾公冶先生助理塾务。次年，迁至西门外生生里，塾舍稍大，并有小操场一方。又次年（光绪三十二年），购得黄家阙旧营地十三亩有奇，即于翌年自建校舍，综核购地及建筑两项，费银八万有余，悉由吴先生独力筹垫。辛亥光复，吴先生以素为地方人士所推重，即于民国纪元，任上海县民政长职，本校乃改为上海县立第一女子中小学校。

曾公冶先生，以助理校务有年，自本校改归县立后，受吴先生之委托，任校长职。荩筹硕画，多方改进，而于民国八年夏因事去职焉。

曾先生去职后，本校聘张杏娟女士继长校务。至民国十二年秋始，改用新学制，分中学部为高初二级，并设完全小学。十六年三月，张女士志切养亲，力辞校长职，适各校多有行委员制者，本校乃亦推朱汉阁先生为委员长，藉以维持。

王涵青女士，为吴怀久先生夫人。为本校委员会推举，于十六年八月，任校长职。仅一学期，因家务羁身，又辞职焉。

贾佛如先生，原为本校教师，至是为县教育局委任为校长。十七年度始，本校改归上海市市立。先于三月中，由贾先生规划，添建新校舍，九月落成。本校乃有宽畅之礼堂，及现在之附属小学教室办公室等。十八年七月，贾先生又因事去职。

十八年八月，市政府及市教育局委任王孝英女士为校长，始将原有小学改为附属小学。十九年八月始，高初中完全双级，惟高中分普通与师范二科。二十二年第一学期中，王女士因就职立法院委员，又辞职。

阎振玉女士，受市政府及市教育局委任，于二十二年十月，就校长职。举凡训育教务事务方面，咸力事改进焉。

综计本校创办三十余年，先后毕业生，师范科十一班，中学科十九班，小学科二十八班，已逾二千人矣。此三十余年中之沿革及改组情形，述其崖略如此。

*资料来源：《上海市立务本女子中学校概况》（1934年）。

上海市立务本女子中学校学则（节选）

第一章 总纲

第一条 本校遵照中华民国教育宗旨及其实施方针，以严格之身心训练实施中等教育其目的所在。

锻炼强健之身体。

陶融忠孝仁爱信义和平之国民道德。

养成诚实、勇敢、勤劳、俭朴之习惯，训练严格规律之生活。

提倡科学精神，灌输生活上必需之知识技能。

注重职业训练，增益青年生产之能力。

实施公民训练，使青年负起改进社会之责任，并养成其服务社会之牺牲精神。

培育民族文化，激发青年爱国精神，授以救国之知能。

启发青年创设家庭的责任心，并培植其能力。

师范科特别施以师资之训练，启发其研究儿童教育之兴趣，并培养其终身服务教育之精神。

普通科特别施以升学所需之课程，俾得进求高深学问。

第二条 本校设初级中学部、高级中学部，修业年限各三年。

第三条 初级中学之入学年龄为十一足岁至十五足岁，高级中学普通科之入学年龄为十四足岁至十八足岁，高级中学师范科家事组之入学年龄为十五足岁至二十二足岁。

第二章 编制

第四条 本校高级中学暂设普通科及师范科家事组。

第五条 初中部行双轨制，每级分甲、乙两组，高中部暂行单轨制。

第六条 本校高中部、初中部各级均暂定为秋季始业。

第三章 课程

第七条 初级中学每周各科教学时数（表略）

第八条 高级中学普通科每周必修学科教学时数（表略）

第九条 高级中学普通科选修学科教学时数（表略）

第十条 高级中学师范科家事组每周必修学科教学时数（表略）

第十一条 高级中学师范科选修学科教学时数（表略）

第四章 成绩考查

第十二条 考查学业成绩分"日常考查""临时试验""学期考试""毕业考试"四种，其细则及记分方法另订之。

第十三条 各学科以学期平均成绩满六十分者为及格。

第十四条 每学期各科缺席时数达该科教学总时数三分之一以上者，不得参与该科之学期考试。

第十五条 学生操行体育及实习成绩考查办法另定之。

第十六条 学生之学业学期总平均满八十五分而操行优良者，由本校发给褒奖状或免其下学期之学费。

第十七条 学生一学年内不及格之学科，每周教学时数满所习学科教学总时数之四分之一者，不得进级或毕业。

第十八条 学生操行体育或实习成绩不及格者，不得进级或毕业。

第五章 学年 学期 休假

第十九条 一学年分两学期，自八月一日至次年一月三十一日为上学期，自二月一日至七月三十一日为下学期。

第二十条 每年休假日如下：

暑假五十六日 寒假十四日 年假三日 春假七日 纪念假七日 校庆及创办人逝世纪念假各一日

第六章 入学

第二十一条 本校高中部初中部每年暑假招收新生，学额暂定如下：

（一）初中一年级一百名。

（二）高中师范科一年级家事组五十名。

（三）高中普通科一年级五十名。

第二十二条 初级中学入学资格为小学毕业，高级中学入学资格为初级中学毕业，均须身心健全，经本校入学考试及格者。

第二十三条 本校高初中一二年级，遇有缺额时，于学期或学年开始前酌收插级生。

第二十四条 插级生之原肆业学校须为公立，或已立案之私立中学，且须学期衔接修习学科相同，而有原校之转学证书及成绩单，经本校编级试验及格者。

第七章 休学 复学 转学 退学

第二十五条 学生因身体或家庭情形，得请求休学一学年，但以一次为限。

第二十六条 休学期满之学生得请求复学，休学期满而不到校请求复学者取消学籍。

第二十七条 学生于学期或学年终了时，考试成绩及格，如必须转入其他学校肄业，得请求本校发给转学证书。

第二十八条 学生学期成绩中不及格学科，每周教学时数满所习学科每周教学总时数之三分之一，或不及格之学科在四科以上者，发给修业证明，令其退学。

第二十九条 学生有左（下）列各项之一者，得令其退学：

（一）违反三民主义者。

（二）性行不良，屡戒不悛者。

（三）有痼疾或有传染病者。

（四）成绩过劣，继续留级达二次者。

（五）无正当事故，旷课达九小时者。

（六）发生重大不正当行为者。

第八章 毕业

第三十条 学生修业年限期满，毕业成绩合格，并经毕业会考成绩及格者，准予毕业，由本校发结毕业证书。

第九章 纳费

第三十一条 学生应缴纳各费，均分二期，于暑假寒假开学前缴纳，列表（略）。

附实习费一览表（略）

第三十二条 学生中途退学，除应还膳费外，其余各费概不退还。

第十章

第三十三条 本校各项规程另订之。

第三十四条 本学则如须修改时，得经校务会议议决修改之。

*资料来源：《上海市立务本女子中学校概况》（1934年）。

注：上海市立务本女子中学校各项规程，除学则外，还包括：教务会议规程、教务处办事细则、学级编制、课程组织、教育设备、教育方法、教科用书、学业成绩考查、学生注册规则、选科规则、试读规则、各科教学研究会通则、课外作业办法、教员请假办法、教室规则、学生缺课请假规则、级长服务规则、教室值日生服务规则等。

上海市立务本女子中学校课程组织（1934年）

本校高中普通科课程，依照教育部最近颁布课程标准，惟以适应地方环境关系，各级酌设选修学科，并增加英文、算学及物理、化学等科授课时间。一以适应学生个性及社会之需要。一以提高自然科程度而作国家养成科学人才之基础。初中课程，悉依教育部颁布课程标准，除增加各学期英文、算学二科授课时间外，无甚增损。至于高中师范科课程，因试行注重家事，多设家事学科及技术科。对于十八年教育部颁布之师范科课程暂行标准，大有出入。今春奉市教育局令，将师范科家事组改为普通师范，并注重算学、物理、化学、生物等自然科学，以便养成小学自然科教员，当根据教育部新订课程标准，同时参酌本校过去实施经验，重行规定，藉以适合本校环境之需要，预定此项新订课程。自二十二年度招收班次起实行。

*资料来源：《上海市立务本女子中学校概况》（1934年）。

上海市立务本女子中学校教科用书（节选）

吾国中学教科用书极不一致，用英文原本书几及其半，其原因不外科学名词不统一，教授与学习（或为"生"，此注）均感不便，欲求程度提高，又无适当较之中文教本，此种困难诚不能免。一国无独立之科学，各种教本均倚赖外人，则国家文化将无存在之余地，故国联来华之教育调查团，在其报告中即有中学应禁用外国文教本之建议。本校师范科及初中，纯粹用中文编辑者作教本，惟各种教本之内容尽量选择程度较高者而已。至于高中普通科，则以便利其升学考试及充分提高程度起见，数、理、化、外、史、地等科多有用英文最有名之著作者。但于教授时必纯粹用中文解说，考试时亦必用中文解答。表面虽用西文作教本，实际不啻用西文本作参考书耳。因其听讲时均用中文笔记也。至于国文教育及社会科学等，每种学科每学期除课本外，必须阅览参考书籍两部乃至四部，每周缴阅读书笔记，作为平时成绩之一部，此亦为近年来所议决实行者，惟所苦者，教师之评阅费时耳。

附：各级教科用书一览表

各科包括：公民党义科、国文科算学科、生物生理卫生科、物理科、化学科、中外历史科、中外地理科、英文科、教育科、其他各科。

说明：每种教科书用书，均含书名、著者、出版社等。

（表略）

*资料来源：《上海市立务本女子中学校概况》（1934年）。

上海市立务本女子中学校选科规则（1934年）

本校高中各学期除必修学科外，酌设选修学科，由学生自由选修。
学生选科时须经教务主任之指导，并须出以审慎，一经选定，不得任意更改。

选修学科之成绩不能代替必修学科之成绩。

选修学科于每学期终，办理预选一次，以便延聘教师，至开学正式选科时，如无特殊困难，不得与预选学科有所出入。

凡选修学科有连续二学期以上者，中途不得退出，其有中途加入者，须经该科担任教师之考查许可。

学生于选修学科，如有特殊困难时，得于开课一星期内请求改选或退选，但须不妨碍他人。

学生欲旁听某种学科时，须于他人无妨碍，并须得教务处之许可。

本规则如有未尽事宜，由教务主任提交教务会议修改之。

* 资料来源：《上海市立务本女子中学校概况》（1934年）。

上海市立务本女子中学校各科教学研究会通则（1934年）

各科教学研究会，由教务主任召集各该科教员组织之。

各研究会各设主席一人，由各该科教员互选之，司书一人由主席指定之。

各研究会之职务如左（下）：

讨论本学科教学方针；

研究本学科教学改进方法；

编订本学科教学大纲；

审查本学科教学细目；

编辑本学科教材；

指导本学科学生课外作业；

筹划本学科之发展。

各研究会每月开常会一次，必要时得由主席召集临时会。

各研究会议决事项由各该主席提交教务会议通过后，分别执行，如遇重要事项，得由各主席提交校务会议。

各研究会以过半数会员出席为足法定人数。

* 资料来源：《上海市立务本女子中学校概况》（1934年）。

中国人民解放军上海市军事管制委员会命令

令市立务本女子中学

查为兹任命杭苇为本会军事代表，在军事管制时期，代表本会在该校执行军事监督及办理接管事宜，仰该校所有人员，照旧供职，安心工作，切实服从领导，遵守革命法纪，保护资材、机器、图书、仪器、账册、档案、车辆、用具及其他各项设备等，并应由该校负责人员造具详细清册，确实报告。

凡保护有功者奖，怠工破坏阴谋捣乱者依法惩办，仰即切实遵照为要。

此令

主任　陈毅

副主任　粟裕

一九四九年六月二十一日

* 资料来源：上海市第二中学档案室提供。

记解放后第一任校长左淑东

居欣如

> 将丝丝的思念，
> 化作殷殷的祝福，
> 捎给远方的你。
> 祝福你如诗似画的日子
> 永远平安，永远幸福！

这是一首写在新年贺卡上的祝词。寄自莫斯科一位五十年代务本毕业的老校友。左淑东校长虽然离开务本女中已半个世纪，但是她每年都能收到许多寄自全国各地的务本毕业学生的贺卡。如今学生们不少虽也已年近古稀，白发苍苍，但她们仍然思念着引导她们走上革命道路的老校长。

接管务本，就要代表执政的共产党

1949年6月21日，对左淑东来说，是个不同寻常的日子。那天，离上海解放还不到一个月，上海军管会市政教育处处长杭苇同志亲自送左淑东和陈蕙瑛去接管务本女中。校门口锣鼓喧天，鞭炮齐鸣。此时，左淑东的心中真是心潮翻滚。从1945年加入中国共产党，在党的教育关怀下，在之江大学教育系毕业。然后，就接受党的指派来到华东模范中学担任教导主任；如今革命形势迅猛发展，上海解放了。党组织又交付给自己新的任务：接管务本女子中学。肩上担子真不轻啊！

杭苇同志庄严地宣布接管的决定和委派左淑东、陈蕙瑛接管的任命。会场上，响起一片掌声。

新的战斗任务摆在面前。千头万绪，从何抓起？

务本女中是一所历史悠久的市立中学，也是国民党控制较严的学校。全校有18个班级，800多名学生，50多位教职员工。从国民党手里接管过来并办好她，完全是一个崭新的任务。假如说在之江大学读书，作为进步学生，参加学生运动；在华模中学是培养革命青年，发挥"民主堡垒"作用；而到了务本，那就是代表军管会，代表执政的共产党，正确贯彻党的方针政策。怎样做到一言一行不失共产党员的形象，怎样真正依靠群众把学校办好。这是始终萦绕在左淑东脑际的问题。她重温了党的教导："我们在群众中的党员是否成为群众的领袖，那完全不是由于法律的规定，不是由于党的任命，而是由于我们的党员能够了解群众，能够牺牲自己，最忠实地为群众的利益而斗争。""只有我们的同志尊重群众，信任群众，群众才会尊重我们，信任我们"。

左淑东首先想到的是深入群众，了解群众，依靠群众。为了安定人心，保证正常的教学秩序，需要出"安民告示"。让大家了解共产党的方针政策，宣传并组织学习党的接管方针、政策和接管工作要求。按照党的政策教导，接管的任务主要是：维持现状，立即开学；进行必要的、积极的、可能的改革；所有教职员工，除少数反革命分子外，一律照常供职；教学工作照常进行；取消公民课，改上政治课；民主选举校务委员会；训育处、教务处合并为教导处；全面清点校产，逐步进行人事调整等等。

团结群众，靠的就是奉献和忠诚

学校的政治状况如何？事前市政府教育处已经进行了初步的调查研究，左淑东又依靠地下党和积极分子做了大量的细致的调查工作。总的估计是：进步教师比较少，政治上反动势力也不强，原国民党校长杨明晖口碑不佳，不得人心。经济上重用两个亲信掌握财务大权，独断专行。教师心中很是不满。

针对上述情况，在市政教育处领导下，左淑东和支部同志研究后，认为学校首先要积极准备开学，把教学办好，一定要依靠原有的教师队伍，调动他们的积极性，发挥他们的长处。原教导主任郭练纲，为原校长杨明晖重用。但政治上并不反动。抓教学却有一套。左淑东和陈蕙瑛就专门找他谈心，要他放下思想包袱，同时，放手让他继续抓教务处的工作，做好团结争取的工作。抓好教学，还要依靠一批骨干教师。务本的教学质量高，原也得益于有一批学有专长，献身教育的教师：地理教师袁明若，浙大毕业，是竺可桢的弟子，他热爱专业，传授知识，充满激情；英语老师金锡祎，南开大学外文系的高才生；数学老师叶懋英可以完全用英语教材讲三角、几何。这样一批教师是搞好教学的依靠和骨干力量。左淑东按上级指示，首先考虑实行民主管理，通过民主推举，民主选举，成立新的校务委员会。将这批学有专长，在学生中有威望的老师选入校务委员会，充分发挥他们的作用。他们都是高水平的人才，但他们的思想情况也各有不同：有的学识渊博，业务水平高，但比较清高孤傲；有的带有浓厚的"中间色彩"即"靠本事吃饭""过去我们不靠国民党，现在也不靠共产党"；有的在思想深处与党保持一定距离，存在"需要看一看"的思想。左淑东在区委和党支部的领导下抱定宗旨：以诚待人，虚心求教，不耻下问。

校务委员会的成立，不等于思想完全统一了。在许多问题上会遇到不同看法，必然发生思想上的摩擦。在这种时候，左淑东、陈蕙瑛就一一做个别工作，交换看法，统一认识。一会儿到潘伯英老师家家访，一会儿找袁明若老师恳谈。真正做到虚心求教于决策之前，个别谈心于执行之中。对于学校里的重大事宜，从教学安排到行政管理、人员调动或教师待遇均广泛听取校务委员会成员意见。国民党校长杨明晖，发放工资随心所欲，暗箱操作。她愿给谁多少就多少，对此，教师很有意见。党的政策是，在正式评定工资之前，是完全公开的，最后再由大家评定工资，送市教育局批准。这是一件难度很高的事，工资牵涉到对每一位老师的自我评价和客观认可问题，如何做得公平合理，又让人心服口服？为了工资的正确评定，又做了大量的细致的思想工作，作好事前的准备，同时，依靠校务委员会发挥作用。

真是谈不完的思想，做不完的工作。在那段时间里，担任党支部书记的李广塘说，左淑东一心扑在工作上，真正做到以校为家，全心全意。全校最后一个熄灯的就是校长室。她生活简朴，有时一顿饭，一只罗松面包，几块臭豆腐干就打发了。她的家近在江宁路，有时一连一两个月不回家。老父亲中风，她也不知道，直到表妹打来电话找她，才回去。这种生活作风和工作干劲不由得令人感动。

党员干部的行动是最有说服力的动员和号召。教师从眼见的事实和切身利益中，真正感受到了"当家作主"的精神，真正体会到共产党办事公道正派，大公无私的作风。相处日久，这一桩桩一件件的事实，使教师们内心感到左淑东确实是一位真心实意为大家办事的领头人，确实是一位平易近人作风民主的好校长。她那种从早到晚没日没夜整天扑在工作上的那股干劲，面对困难一往无前的精神深深打动了他们。教师们心中暗暗作了比较："国民党时期，杨明晖是个什么样？现在共产党的校长左淑东又是个什么样？"知识分子的清高、冷漠消融了，无形的距离消失了。他们接受了左淑东，也就是说，他们从内心深处接受了共产党。最典型的要数数学老师叶懋英。她业务水平强，孤傲清高远离政治。接管后，有段时间她还是我行我素。因为她也是单身女教师，和左淑东住在一起。日常生活中，左淑东以诚相待，经常和她交换看法，一起谈心。在各次政治运动中，处处帮助叶懋英。特别经过土改和思想改造的锻炼，叶懋英心灵受到强烈震撼；经过"劳动创造世界"的教育，思考着自己的知识是哪里来的、应当为什么人服务的问题，她从感情和立场上来个大转变：对党从保持距离、日益靠拢，一直到要求积极参加党的组织。1951年被推荐到同济大学附属工农速成中学当校长，她以自己的知识、正直、热情和关爱培养了一大批工农干部，并得到广泛的好评。

把思想工作做到人的心坎上

左淑东来到务本的三年里，在区委和党支部领导下一手抓正常教学秩序，提高教学质量；一手抓政治思想教育，提高师生觉悟。依靠地下党，深入调查研究，组织和发动全校师生积极参加各项爱国活动：如购买胜利折实公债，支援世界学生运动组织筹款等等，特别是通过抗美援朝、"五爱"教育、思想改造和社会发展史的教育等活动，大大提高了师生觉悟。为了开阔学生眼界，提高政治觉悟，左淑东还在务本增设了许多实践应用型课程，并特邀社会知名人士和专家学者来讲课。如：邀请上海市副市长金仲华讲《国际形势》，历史学家平心、复旦大学党委书记李正文均应邀来校为学生作中外历史、政治教育讲座。通过教育，加强团结，树立主人翁意识和社会责任感，同时也激发了学生学习的自觉性和积极性，从而壮大发展了党团力量，培养输送了各种人才。有的参加了华东军大、华东革大，有的参加了区政府的政权建设，有的考上了各类大学。不论在什么岗位，不论在部队、农村、工厂、学校，她们都始终保持了强烈的求知欲、责任心和事业感，她们都尽自己的努力作出各自的贡献。中学时代良好的教育和熏陶，以左校长为代表的共产党人的楷模和形象，深入了这一代青年的纯洁心灵，化为无穷力量。

1950届高中毕业生倪觉生至今还记得：自己高二下学期期末考试获得年级第一名，但因家里弟妹多，家境困难，不允许她继续读高三。左校长了解后，就鼓励她，让她免缴学费，希望她继续在务本念高三。还买了一打铅笔一打笔记本送给她。面对左校长的慈祥的笑容，倪觉生感动得眼泪簌簌往下落。心中暗自下决心：今后一定不能忘记恩师的培育，一定要将全部热情投身祖国社会主义建设事业。（最终因经济困难，没有念完高中）她后来投身于新中国的铁路建设，曾获得1956年全国铁路先进工作者光荣称号，受到毛主席和周总理的接见。

在务本只念了一年多书的沈正芳回忆起解放初期的务本女中，仍然是心情难以平静。当时，她初中毕业，因家庭经济困难，正想休学找工作。就在这时，学校在开学前公布了直升高中的名单，其中就有她的名字，而且学校还通知她给予学费全免的决定。当时党的工作做得多么深多么细啊！真是做到人的心坎上。让人终生难忘。当时，全校有一批这样的困难学生，就在党的关怀下，得以继续求学。

1950届高中毕业生徐燕离校虽已五十余年，想起往事，犹历历在目。1949年的除夕夜，毕业班举行最后一次除夕晚会。当1950年元旦钟声敲响后，左校长来到全校各个教室，向师生们一一祝贺。毕业班更是她关心的集体。她和大家畅谈革命发展的形势和对人才的需求；她和大家畅谈面对祖国的挑选，如何服从祖国的需要。她笑着说："几十年后，我头发白了，我们会聚在一堂一起开庆功会。那时，你们中应该有军事家、政治家、科学家、工程师、医生、艺术家。"革命的理想、校长的期望，成为每个毕业生的追求，也是对大家的鞭策。半个多世纪过去了。左校长的期望早已成为现实：务本的毕业生中，有的成为中国第一批女飞行员，有的在核工业领域从事科学研究，做出贡献，有的成了飞机设计师，有的成为教授、博士生导师、医生、工程师，有的还获得了国务院突出贡献奖……真是人才辈出，不胜枚举。

关键的三年　转折的三年　难忘的三年

都已是半个世纪以前的事了，为什么现在讲起来还是如此刻骨铭心？因为从同学们的稚幼的心灵里看到的是上海解放后第一位共产党员的校长。从这位校长的身上，他们认识了共产党。因为，当年在同学们稚幼的心灵里撒下的革命种子，已经生根发芽，她们由此开始改变了自己的人生道路和方向。左校长就成了她们心中学习的榜样。

为什么短短三年，给全校师生留下如此难以磨灭的印象？这是短短的三年，但又是关键的三年，转折的三年。从国民党手里接管过来，迅速扭转混乱不堪的局面，一跃而成为本市一所重点学校。这是伟大的转折。全校师生看到的是一个平凡朴实可亲可敬的共产党人的形象，看到的是共产党的校长团结和带领全校师生奋力办好学校的感人事迹。

务本三年对左淑东来讲也是难以忘怀的。作为执政党的一个市立中学校长，你的一言一行，一举一动，群众都看在眼里，都会做出评价，因此，个人，某种意义上就代表着党的形象。这真正是执政党的学习，实践中的学习。"看起来短短三年，但我的锻炼成长，务本的三年是重要的，关键的三年。"左淑东如是说。

1952年7月，正当左淑东准备立足"务本"，在那儿扎扎实实地抓教育质量的时候，组织上又郑重地委任她去创办上海幼儿师范学校。从此她离开了务本，但她的心一直没有离开务本。她呕心沥血，矢志不移，献身于幼教事业，终其一生。

一些共产党员能成为一种代表形象，成为榜样，是因为他们为了人民的事业，忘我工作，艰苦奋斗，矢志不渝，因而赢得了人们的情感，受到了人们的尊敬。他们的形象代表了共产党的形象，他们是我们党最好的形象代言人。

* 资料来源：上海市第二中学编《欣然回首：上海市第二中学历史概述》，2012年内部刊印，第24—28页。
注：原标题为《难忘的三年：记解放后第一任校长左淑东》。

上海市人民政府教育局关于调上海市第二女子中学校长郭秀梅档案摘选（1954年）

上海市人民政府教育局稿：令学校人事科调该校校长郭秀梅，华东行政委员会教育局另行分配工作，免去校长职务
上海市第二女子中学
中教处　已查知
兹接华东行政委员会教育局通知（54）教人字第六二二五号，调你校校长郭秀梅，华东行政委员会教育局另行分配工作。

将原任工作从速交代完毕,来局报到,以便介绍至华东教育局报到。

  适时郭校长秀梅因病请假赴宁休养,遵经转知去后,兹于本月八日来校,已将原任工作当日交代完毕,谨将备文呈报仰祈。

  核备

  谨呈

上海市人民政府教育局局长、副局长

上海市第二女子中学副校长陈国容

永康路二百号

电话七六四三二

* 资料来源:上海市第二中学档案室提供。

关于建设市二中学(梅陇校区)的可行性报告(2009年)

  上海市第二中学是上海市实验性示范性高中,学校拥有较高的办学声誉、办学质量和社会知名度。经过徐汇、闵行两区政府的沟通、协商和论证,初步决定在闵行区梅陇镇开设市二中学梅陇校区。

  一、合作办学的目的意义

  市二中学在梅陇地区开设梅陇校区,是两区政府实现基础教育领域合作共赢,促进双方社会事业共同发展的有力举措。

  (一)引进市二中学优质教育资源,有利于更好地实现闵行全区高中教育资源布局的合理调整,满足人民群众对优质教育资源的需求。梅陇镇地处闵行与徐汇的交界地,规划人口30万,随着经济、社会的快速发展,人民群众对教育尤其是优质教育资源的需求日趋强烈,市二中学梅陇校区的设立,可以有效促进梅陇及闵行地区经济和社会事业的同步发展。

  (二)有利于实现区域教育联动发展。徐汇、闵行相互比邻,有着各方面紧密的联系。随着城市建设的推进,徐汇等中心城区的人口大量向郊区导出,教育资源也应随着人口的迁移而迁移。去年市政府做出了中心城区优质教育资源向郊区辐射的重大决策。市二中学开设梅陇校区既符合市政府的重大决策,同时,通过两区合作办学,实现区域教育的联动发展,更好地满足人民群众对优质资源的需求。

  (三)有利于市二中学的进一步发展。由于历史的原因,市二中学受到场地、生源的影响,制约了学校的进一步发展,通过合作办学,在梅陇地区开设市二中学梅陇校区,扩大学校的办学规模,有利于学校进一步办出特色,有利于学校可持续发展。

  二、合作办学的具体内容

  (一)学校选址

  闵行区政府在梅陇地区提供土地举办市二中学梅陇校区,学校地处莲花路以东、银都路以北、春申路绿化带以南的梅陇新中心A街坊东侧,占地面积近80亩,实际使用面积近67.7亩,学校建筑面积为31000平方米。

  (二)合作模式

  市二中学梅陇校区属于市二中学的分支机构,为公办性质的非独立事业法人,学校由市二中学统一管理、实行一校二区的管理模式,学校教师以现市二中学教师为主,不足部分由市二中学向全市、全国招聘。每年市二中学梅陇校区学生招生名额的60%用于招生闵行区学生,40%面向全市招生,学校享受市实验性示范性高中的同等待遇。

  (三)功能定位和办学规模

  市二中学梅陇校区为市实验性示范性高中,初步办学规模为24班(第一、二年的招生数根据实际情况,由双方协商确定),招收学生960名,按寄宿制高中的要求设计建造。

  三、产权和资金安排

  (一)市二中学梅陇校区由闵行区提供土地,并按市寄宿制高中和实验性示范性高中标准出资建设。预计总投资17000万元(不包括土地、动拆迁等前期费用),力争于2011年9月之前交付使用,学校的产权属于闵行区。市二中学对校舍和场地无偿使用。

  (二)学校基本的设施设备标准由闵行区给予配备,其产权属于闵行区,学校特色发展的设施设备以及按照教育教学需要更换添置的设施设备由徐汇区教育局提供，产权属徐汇区。设施设备的维护和维修费用，由产权所属区负担。

（三）学校日常运作经费、人员工资等由徐汇区承担，闵行区政府按市二中学梅陇校区招收的闵行区学生实际人数，拨付生均经费。其他生均经费由徐汇区负担。

四、时间节点安排

2009年11月，双方启动合作意向，起草合作办学协议书

2009年12月，双方签订合作办学协议书

2010年6月前，确定学校功能定位、建设方案设计完成

2011年7月前，完成学校建设项目，并交付使用

2011年9月，学校正式开学

为了保证市二中学梅陇校区合作办学的顺利推进，两区教育局在双方区委、区政府领导下，将成立筹建工作小组，具体协调双方合作办学的相关事项。有关事项报市教委批准或备案。

闵行区教育局

徐汇区教育局

2009年11月25日

*资料来源：上海市第二中学档案室提供。

《徐汇区志》关于上海市第二中学简介（1997年）

上海市第二中学，校址在永康路200号，占地12132平方米，建筑面积8000余平方米。已评聘高级教师28人。前身是清光绪二十八年吴馨（怀久）在城厢花园弄设立的务本女塾，为上海国人最早创立的女子学校之一。清宣统元年（1909）迁到黄家阙新建校舍。民国二年吴馨将女塾捐归县有，改制为上海县立第一女子高等小学，仍设置有各种讲习所和文理专修科。三年后改组成上海县立务本女子中学，民国十七年改隶市属。抗日战争爆发，校舍被毁，迁入境内毕勋路（今汾阳路），校名改用私立怀久女中，民国三十一年停办。抗日战争胜利后，务本女中复校，民国三十六年初，全校迁至永康路200号今址。1952年改称上海市第二女子中学，1959年定为市重点中学。翌年被评为上海市教育先进单位。1968年增收男生，改现校名。

该校创立始就以严谨的治学态度，勤朴勇诚的校训培养学生。早期的务本学生参加声援五卅斗争和抗日救亡运动。民国二十七年6月，学生中建立了中共地下支部，一年后发展成总支部。20世纪50年代初期，开展以英雄模范人物名字命名班级的活动，最早命名的"卓娅班"曾得中共中央复函鼓励。当卓娅的母亲来上海访问时，曾接见"卓娅班"的代表。80年代起，学校从各方面进行改革，逐步确立了办学目标——和谐发展教育，使学生德智体美劳五育和谐发展，兴趣爱好，个性特长得到培养。建立了由一条主线（教育科研）两个网络（德育、智育管理网络）一个以教师队伍建设为中心的考评体系组成的管理系统。1989年下半年起，进一步实施学校教育内各教育过程和各个环节的整体优化为中心内容的整体改革方案。

*资料来源：《徐汇区志》编纂委员会编《徐汇区志》第二十五编《教育》之第三章《中学教育》，上海社会科学院出版社1997年版。

《上海通志》关于上海市第二中学的记载（2005年）

上海市第二中学：在永康路200号。清光绪二十八年，吴馨创办务本女塾，1913年捐归县有，改为上海县立第一女子高等小学，三年后改组成上海县立务本女子中学，1928年改隶市属，上海沦陷期间改为怀久女中，抗日战争胜利后复原名，1952年改上海市第二女子中学。1954年定为市重点中学。占地1.2万平方米，建筑面积8000余平方米。1995年，教职员工137人，其中

教师85人，有高级教师35人；学生1292人。

* 资料来源：《上海通志》编纂委员会编《上海通志》，上海人民出版社2005年版，第4856页。

《上海普通教育志》关于上海市第二中学简介（2015年）

上海市第二中学校址：永康路200号。校长：姚国超。上海市第二中学前身是创办于清光绪二十八年（1902）的务本女塾，创办人吴馨旨在振兴女学，为国人首创的女子学校之一。塾址在南市花园街。初设寻常、高等二科，分甲乙二级，后设特科，又设专修科。光绪三十二年，吴馨独自集资8万余银元，购黄家阙旧营地13亩，建课堂、宿舍、办公房等。民国元年（1912），改为上海县立第一女子高等小学。民国十七年，改名为上海市市立务本女子中小学，并由上海市政府和市教育局委派校长加以管理。民国二十六年，黄家阙校舍被日军炮火所毁，遂在南校毕勋路（今汾阳路）、北校孟德兰路（今江阴路）借屋办学，改名怀久女中。民国二十七年建立中共务本地下党支部，开展抗日救亡活动。民国三十一年学校停办。民国三十四年复校。民国三十六年，迁至永康路200号现址（原法国雷米小学），共计初中12个班，高中6个班。1952年，改名为上海市第二女子中学。1954年，被列为上海市首批重点中学。1967年，改为现名，开始男女生兼收。1978年，再度被列为市重点中学。2000年学校占地面积18亩，建筑面积13296平方米，有一幢1933年由赉安洋行设计建造具有典型现代派建筑风格的教学大楼。现有班级28个，学生1260人，专任教师98人，其中中学高级教师33人，特级教师1人。10余位教师获市级以上先进称号，20余位学生获市级以上先进称号。历任校长：吴馨、曾钧治、张杏娟、朱汉阁、王涵青、贾佛如、王孝英、闾振玉、胡兰、顾凤城、沈守梅、杨明辉、左淑东、郭秀梅、陈国蓉、鲁夫、朱叔廉、吴小仲、李立农、任博生等。学校遵循肇始之初"勤、朴、勇、诚"校训严格要求学生。在20世纪30年代，务本女中已为沪上知名的女校。学校重视思想道德教育，开展向英雄人物学习，创建英雄模范班活动，产生较大影响。学校以"德育为先、基础扎实、文理相长、综合发展"为办学特色，率先提出"和谐发展教育"的思想，并付诸实践，促进学生在道德思想、心理身体、学习能力、艺技特长、创新能力诸方面素质的和谐发展。1964年，学校就被确定为全市教改试点单位。1991年学校开始进行课程改革高中教材第一轮试点。1998年，学校参加市第二期市课程改革的试点。学校的课程设置和课改经验曾在全市范围介绍。学校保持"严谨、活泼、求实、进取"的校风，"勤奋、刻苦、主动、创造"的学风。1960年被评为上海市文教先进单位，连续7次获"上海市文明单位"称号。1994年学校开展"孝心活动"。同年12月，被上海教育局命名为上海市中学生行为规范示范学校。1999年4月，美国波士顿Needham高中与上海市第二中学结为姐妹学校。张默君、杨荫榆、汤国黎、吴若安、俞庆棠、张锦秋、曹其真、左焕琛、严隽琪等皆为学校校友。

* 资料来源：《上海普通教育志》编纂委员会编《上海普通教育志》第十一编《学校简介》之第一章《各区县学校介绍》，上海社会科学院出版社2015年版。

《人民日报》《光明日报》《解放日报》《文汇报》等关于上海第二中学的报道（摘选）

整理说明 当代重要报刊有关于"上海市第二中学"的大量记载，涉及的内容也非常丰富。课题组主要就《人民日报》《解放日报》《文汇报》中的相关报道进行摘选，以发表时间为顺序。[1]

志愿军同志鼓舞了我进步

上海市第二女子中学学生　屠鹤云

祖国第三个国庆来到了，在这三年来，祖国在飞跃地进步着，我是一个少年队员，三年来，祖国鼓舞了我进步。

1　摘选时对部分报道的一些标点稍做修改。

我在小学六年级的时候，加入了少年队，并担任了中队长，搞工作挺起劲，但是为了什么搞工作，这完全是不明确，而且是从来不想的只认为工作搞得漂亮、就可以被人称赞。

进了中学，生活就改变了，在新的环境中感到很生疏，因此我就抱定宗旨："不响。"初一上学期结束时得到的评语：娴静。这样经过一个学期，对周围环境熟悉了，于是成为一个很活泼的学生，并且被当选了生活股长，我慢慢开始接触新的思想，同时我班上周桂珠、孟钰光荣的入了青年团，我那时真羡慕啊！就下定决心要争取入团，但是为了什么入团，我理论是知道得很清楚的：在团的教育下成为一个全面发展的人才；心里只单纯想加入青年团多么光荣啊！在别人说起来是个团员，好像高了一级，要是还是一个队员这该多丢人，这种入团动机是多么自私。完全为了自己的名誉而加入团，假使团有艰巨的任务交给我的时候，那时我一定要为个人打算，任务一定不能完成的。由于我入团动机的不正确，决心并不能巩固很久，不多时我又吵又闹了。

以后我又同一个同学闹了意见，她过去是我很好的朋友，但是这样的友谊是不巩固的，因为它没有牢固的政治基础，明确的目标；为了米大的事就不理了。我很消极，感到自己没有一个"知己朋友"，感到很孤单。因此脱离了大家，这样更苦闷、更烦恼，学习没有心思，文娱体育活动也不参加，学习成绩大大地退步，身体三天两日闹头痛，这可使我有些着急了。

一九五一年元旦我收到了志愿军同志的来信，我怀着兴奋愉快而又十分感动的心情把信打开来一行行地看下去，信上每一句话，都使我回忆到过去，当我看完信的时候，就想到志愿军同志为了祖国的安全，到朝鲜去抗击美帝，保卫世界和平，他们可曾想到过自己吗？志愿军同志鼓励我参加新民主主义青年团，要坚决地为新民主主义事业奋斗到底。我痛恨过去这种自私自利的思想，狭小的心理，我很快地写回信给志愿军同志，并向他保证要努力学习，搞好工作、团结同学，培养入团条件，争取入团！

初二下学期开始后，改变了过去消极悲观的现象，经常看《青年报》，我又参加了团课学习，在这种优良的环境中，我随着大家进步，又因我经常和同学在一起，开始感到大家庭的温暖，又想到过去只和几个人在一起，并且又常常闹意见，这样使我深切认识到每一个同学都是我最亲密的朋友。

经过了一学期学习，我比以前进步了，在暑假中，青年团积极地培养我，我入团的决心一天一天地增加，终于提出了入团要求，在九月廿一日被批准为正式的青年团员。

在祖国经济文化建设高潮来到的前夕，我向祖国保证，在党的领导下，在团的教育下培养自己成为全面发展的人才，不但要努力学习、练好身体，还要团结广大同学迎接祖国交给我们的学习任务！

*资料来源：《文汇报》1952年10月3日第7版。

光荣的人民教师

本报记者 章正续

"亲爱的老师：我很想念你们，说老实话，比想念家还要厉害，我常想到你们对我的教育，想到你们的一言一行对我的影响！……我已决心献身给光荣的人民教育事业，不久，我们将是同一工作岗位上的同志了，老师，让我们共同为人民教育事业而努力吧！"周月英老师叠起信，忍不住的笑了，心想：陈琦这孩子才到北京师范大学学习了一年多，就已经奠定了专业思想了。

上海市第二女子中学的毕业同学们热爱母校的老师，怀念母校的老师，像离家的女儿一样经常向母校的老师们写信，亲切地报告她们学习、工作上的收获，她们的见闻和理想，要求老师们帮助她们解决大大小小的问题。信来自四面八方。

杨雅珍同学从大连医学院寄给老师们一封二千多字的长信，像一个老练的观察家似的描写了大连的建筑、大连的水果和大连的冬天，她很有把握地下了结论："大连真是个好地方，并且它正随着全国经济建设的发展而发展，我要在这里住五年，我将亲眼看到一个更美丽的新大连。"但接着却孩子气地感叹起来："老师啊！我真感到幸福、愉快，一切都是那么好啊！"

萧瑞芬同学原来是不愿意读文科的，这次统一分配到南京大学外文系，入学以后已充分认识到每一个新中国的青年都应该无条件地服从国家计划，最近愉快地写信向老师们报告："我敢于对你们说，我做对了。在祖国开始的有计划的建设中，掌握外国文字是有它重大作用的，我已经深深地爱上了自己的专业，我向你们保证，我一定会比在中学时代更努力、更有计划地学习。"

刚到北京中国人民大学去学习的沈晓华同学在给老师们的信中生动地介绍了她的新学校、新同学，还特别介绍了一位她的新老师："他从不迟到一分钟，从不浪费一分钟，下课铃一响立即下课，他教得非常负责，他要使每一个同学彻底懂得他讲的每一句话。他真是一个好教师。"

现在清华大学学习的钟伟珍同学来信告诉老师们，她在学习中是怎样的紧张，她说："在国家向社会主义过渡时，培养干部已成为祖国建设的重要的任务之一……你想，每年都有几十个在你们教导下的同学、完成了中学的学习任务，到祖国需要的各个工作和学习的岗位上去，当我们学习了一些新的知识，或是有了一些进步的时候，我们就很自然地想起了你们，亲爱的老师，你们应该为你们的工作而自豪。"

……

这些热情的信来自未来的工程师，人民教师，医师……来自将要参加祖国的社会主义伟大建设的青年一代。

"每收到毕业同学的来信就触动了自己工作的责任感。"汪玉冰老师说，"这个同学是不是能顺利掌握大学的功课呢？工作是不是有劲呢？身体是不是结实呢？如果是的，就感到极大的安慰，如果不是，那就是说我们没有尽到我们的责任，这种责任感是一种动力，永远推动着我们去搞好我们的教学工作。"汪玉冰老师过去也曾这样想过，要对祖国的社会主义建设有所贡献的话，那就应该去搞工厂，因而在工作中有过作客思想。但是两年来的教学实践中，她热爱上了人民教育工作，特别是在最近听了党在过渡时期总路线和总任务的报告后，更明确了为国家培养建设人才的重要性，她说："能够直接参加工业建设工作当然是好的，而能安心、专心的为国家培养合乎规格的建设人才，同样是有重大的意义和作用的。"

"钟伟珍同学的来信说得很对，我们应该为我们担负的工作而自豪。"季佩玉老师说："在听了总路线的报告后，我由衷地感到我们的工作是和整个的国家建设工作息息相关的，教师们在学校里辛勤地耕耘，将孩子们培养成为建设社会主义的人才，她们将像卓娅一样的献身给保卫祖国的事业，像'远离莫斯科的地方'小说中的丹妮亚一样地活跃在祖国的各个建设工地上，在教师们的努力下，我们的青年都会成为朝气蓬勃的、具有远大理想的、能做出惊天动地的事业来的人物，想到这些，我就感到幸福，感到我们每上好一课都是在为我们伟大的祖国向社会主义过渡尽着一分力量。"

在校的同学，毕业的同学都是敬爱、感激老师的，这种敬爱、感激将随着同学们认识的提高而增长，永远不会褪色。每一个老师的工作都深刻地影响着青年一代的未来，也就是祖国和人类的未来。毕业同学的来信中总是用最关切的心情询问学校的情况，老师们的情况。怎样来回答她们呢？周月英老师说："写信是不够的，让事实来答复吧！"

在国家向社会主义过渡的过程中，每个人都为他能贡献一分力量而自豪，自豪吧！老师们。

* 资料来源：《文汇报》1953年12月6日第3版。

在总路线的学习中认识我们的学校工作

上海市第二女子中学校长　郭秀梅

党在过渡时期的总路线总任务是引导我们一步一步走到社会主义社会的灯塔，它照耀着我们的各种工作，同样也照耀着我们的人民教育事业。在总路线的学习中，我初步认识到，要做好教育工作，提高我们的思想水平，认清我们的努力方向，就必须使我们的思想、工作符合总路线所指引的轨道前进，稍稍离开它，就必定要走弯路。

在学习总路线以前，我们虽然也做了一些工作，但是由于对前进的道路认识得不够具体、清楚，对教育工作的目的性也是不够明确的，因此，在工作中就不免有一定程度的盲目性，例如对于培养怎样的人才的问题，我过去总认为，我们离开建成社会主义社会的时间还很遥远，对于培养学生具有社会主义的品德的要求，就未免太高。因此，我曾经想：要能培养出像卓娅、马特洛索夫那样的人物虽然很好，但他们是社会主义社会里的人物，好像离开我们很远似的，这样就不自觉地放松了对自己、对同学的要求。听了报告后，思想上进一步明确了建成社会主义社会是计年可待的，而我们所培养的学生就是要直接参加社会主义建设工作的，这样就十分的加强我的责任心，一定要教育我们的学生成为合乎规格的社会主义建设人才。

过去我们对于学校工作的思想领导也是很薄弱的，我们片面强调搞好业务的一方面（当然业务是极重要的），例如我们常会这样说："某老师立场、观点上有不正确的地方，但是教学很好"，今天检查起来，这种说法也是站不住脚的，一个教育工作者如果立场、观点模糊，就必定会在教学过程中给同学以不良影响，这样的教学当然不可能搞好的。我们要以社会主义思想去教育学生，首先就要求教育工作者本身明确的树立起工人阶级的思想，否则就不可能完成祖国和人民交给我们的光荣任务。因此，作为一个领导学校工作的行政人员来讲，就不仅要关心教学业务，并且要加强思想领导工作，使学校中的政治空气活跃起来。

为了建设美好的社会主义社会，我们中等学校的教育工作者必须明确我们的责任，在总路线的灯塔照耀下，奋勇前进。

*资料来源：《文汇报》1953年12月12日第3版。

结合大好形势进行教育 激励广大师生勤俭办学

上海市第二女中以增产节约运动为中心加强政治思想教育工作
黎明中学师生爱校如家勤俭成风，三年多来学校获得不断发展

林腾达

【本报讯】上海市第二女子中学把以粮、钢为中心的增产节约运动作为当前政治思想教育的中心内容，进一步鼓舞了师生的政治热情。

这个学校重视结合当前政治形势向师生进行思想教育。党发出了立即开展以粮、钢为中心的增产节约运动的号召后，党支部就进行了充分讨论，认识到当前的增产节约运动不仅具有重大经济意义，而且具有重大政治意义。对于学校来说，用什么态度对待这个全民性的政治运动，也是衡量是否坚决贯彻党的教育方针的问题。他们决定把增产节约运动作为当前政治思想教育的中心内容。

在党支部的领导下，教师们组织学生认真学习了人民日报社论等有关文件，并且通过政治课使学生更清楚地看到了当前我国政治经济的大好形势，总路线、大跃进、人民公社三面红旗的无限强大的生命力；并对勤俭节约、艰苦奋斗的政治意义，和"农业是国民经济的基础，粮食是基础的基础""发展农业是光荣的事业，农业劳动是光荣的劳动"等道理有了初步的认识。教师们还组织学生学习朱玉琪、邢燕子等农业战线上的先进人物的事迹，教育学生以这些先进人物为榜样，正确地对待农业劳动；又指导学生阅读"延安求学记""南泥湾生活"等反映延安时代作风的文章，学习"南京路上好八连"，激励学生象革命前辈和好八连那样，艰苦奋斗，勤俭节约。学生说："说起南泥湾，想到革命前辈的光辉业绩，就激起了革命斗志，我们一定要用自己的双手去争得幸福的果实。"教师们还带领学生参观工厂和农村人民公社，和工人、农民一起座谈。学生在听到工人们说"党的号召就是我们工人的迫切愿望，我们一定要为国家争口气，迅速改变'一穷二白'的面貌"时，深为工人、农民增产粮钢的冲天干劲所感染，并表示"要象工人那样，积极为国民经济基础添砖，为粮、钢立功！"师生们还充分利用学校的土地和家里的零星土地，种上了胡萝卜、山芋、鸡毛菜，以此体现他们初步树立起来的以从事农业劳动为光荣的思想。

市二女中在开展以粮、钢为中心的增产节约运动时，支部一开始就首先加强了对教师的政治思想工作，组织教师认真学习文件，联系思想，反复务虚，从而自觉地批判了"增产节约与己无关"等不正确看法。在这基础上支部还组织教师到工厂参观访问，下乡支援农业生产；还请公社负责同志作报告，请下乡回来的同志谈思想收获，不断加深与提高教师的思想认识。教师从工人的革命志气和艰苦奋斗的精神中，从农民与自然作斗争、誓夺丰收和积极支援城市的具体行动里，受到了深刻的教育。下乡的时候，有一天晚上，突然狂风大作，倾盆大雨直倒下来。农民们马上起来抢救庄稼。他们把自己床上的席子、被单都拿了出来，在稻田、棉田里搭起了防风障，他们说："为了保证城市人民的需要，我们决不能让庄稼给风雨糟蹋掉！"教师深受感动，也立即和农民一起投入了战斗。亲身参加这些劳动以后，教师不但对农业劳动的艰苦性有了进一步体会，而且愈来愈明确农业在国民经济中的重要位置，认识到吃饭穿衣都离不开农业，没有农业，一切生产和文教事业都无法继续进行，从而开始感到自己与农业息息相关。外语教研组的教师到中国矿产工业原料厂参观时，看到这个厂本来只有一间旧房子，一部老爷机器，但工人们不避艰难，发愤图强，自己动手找材料、建厂房、造机器；现在已发展成为一个中型的重工业工厂。从这个厂的成长过程中，教师又进一步具体地认识到勤俭节约、艰苦奋斗是我们国家的富强之道。

思想提高了，教师们积极地通过政治课、语文课等教学和主题班会、课外阅读、参观访问、同工人农民座谈等活动，对学生进行"农业是国民经济的基础""艰苦奋斗，勤俭建国"的教育；在各科教学中坚持政治挂帅，加强劳动中的思想教育；并

从学生的实际出发,充分发挥学生的学习积极性。教师们共同协作,积极慎重地进行教学改革,提高教育质量。教师们拟订了学校增产节约的方案,从各方面精打细算。各教研组和校务办公室还清理出一百多件教学仪器设备,去支援农业中学。

目前,党支部领导同志正深入第一线,根据具体情况,对学校工作进行全面安排,以保证实现学校工作的全面持续跃进。

(谷行周)

*资料来源:《文汇报》1960年10月10日第1版。

如何指导和评价学生的作文?

上海市第二女中教师对学生两篇作文的评价发生分歧,学校领导现正组织全体教师各抒己见热烈地进行讨论

编者按:上海市第二女子中学教师们对该校一个学生两篇作文的评价,有不同的看法,引起了热烈的讨论。教师应当如何指导和评价学生的作文,在当前教学工作中是一个还没有解决的问题。现在把第二女中的讨论情况加以报道,并且刊载《茉莉花》和《当我升上初三的时候》两篇作文,请大家来评一评,这两篇作文究竟哪一篇比较好,为什么好?哪一篇比较不好,为什么不好?从这两篇作文引起的问题,例如,教师应当如何指导和评价学生的作文?是什么原因使教师在指导和评价学生的作文问题上发生了分歧?教师应当用什么思想感情去指导学生的作文?等等。这些问题都是很值得进一步探讨的。我们希望广大读者联系思想,联系实际,各抒己见,踊跃参加这个讨论。

【本报讯】上海市第二女子中学语文教师对一个学生的两篇作文《茉莉花》和《当我升上初三的时候》,在看法上发生了分歧。哪一篇作文比较好,哪一篇作文比较不好,该校全体教师展开了讨论。

《茉莉花》是初三的一位语文教师从本学期学生们写的"暑期生活小记"中选出来的一篇范文。她在批改《茉莉花》的时候,对这篇作文十分欣赏,在许多句子下面加了圈点,赞扬这篇文章,有些地方并注以眉批:"把风雨交作的情景写得淋漓尽致""重迭得好""又丢拖鞋又跌跤,写得活灵活现""结束有力新颖,不落俗套"。她对这篇作文的总评是:"好文章,是一篇文情并茂的好文章。"后来,她把这篇作文印发给学生,并在课堂上进行了评讲。她对学生说:《茉莉花》这篇作文写得很有感情,生动活泼,文笔清秀,有章法,有波澜,词句很漂亮,象个文章样,叫人看了很舒服。她要求学生把它当作范文认真学习。在印发这篇作文的时候,语文教研组部分教师也曾有过争论。有些教师认为《茉莉花》是篇好文章,写得好;有的说文字很优美,不错;有的教师还情不自禁地啧啧称赞,拍案叫绝。但也有的教师说:"《茉莉花》这篇作文写得倒还通畅,就是思想性不强。"

不久,这个学生又写了《当我升上初三的时候》。教师对这篇作文的意见是:文章的段落突兀,衔接不当,病句较多。作文中的抒情句子虽好,但摆在这里却格格不入,有些地方思想虽然拎得很高,可是没有写出曲折复杂的心理活动,不能达到作文的要求。因此,她认为这篇文章没有《茉莉花》那样写得好,她对这篇作文的总评是"内容空泛"。

针对语文教师对于这位学生两篇作文的不同评价,这个学校的党支部引导全体教师对这个问题展开了讨论。教师们在讨论中各抒己见,发表了各种不同的看法。

在讨论中,教师们对《茉莉花》这篇作文有着三种不同的看法。一种意见认为,这是一篇很好的文章。有的教师说:文章中写的保护花、养花、抢救花,写得有感情,特别是郑重其事的对待友谊,读了印象深刻。有的教师说:这篇作文写作技巧不落俗套,引人入胜,可见学生的基本功相当熟练,是一篇少见的作文。有的教师还说:对学生的作文不能苛求,他们没有专门学过文艺理论,不能用我们通常讲的政治标准第一和艺术标准第二来衡量。第二种意见认为,这篇作文有一定的缺点,思想性较差,但文字技巧很好,是用相当成熟的笔墨写出来的,仍然不失为一篇好作文。第三种意见认为,这是一篇不好的文章。有的教师说:这篇作文思想内容是不健康的,情调不好,象这样思想性差的文章,即使有一点文字技巧,也是没什么可取的,因为文字总是为一定的内容服务的。

对《当我升上初三的时候》这篇作文,教师们也有三种不同的意见。一种意见认为这篇作文没有写出学生升到初三时复杂曲折的心理变化,想法太简单,写法太单调;对作文中写的"翻开报纸,就可以看到许多新消息"、"我这样一个劳动人民的子弟"等句子,则感到思想空洞,没有表达出孩子的天真情态,不象《茉莉花》那样让人读了产生亲切的感情,强烈的字眼太

多，使人读了无法接受。另一种意见认为这篇作文思想内容好，思想感情健康，可是文字的结构不如《茉莉花》那样好。第三种意见认为这是一篇好的作文，主题好，内容好，表达也好。他们说：这篇作文革命感情充沛，语言不啰唆，富有感染力，结构层次也很清楚，用词也通顺，在叙述报纸的引导、姐姐的同学的影响、家庭的教育等段落的描写上都流露出真挚的感情，观点鲜明，是一篇好文章。

在讨论中，很多教师认为，问题是在于教师如何明确指导和评价学生的作文。教师对提倡什么，反对什么，要态度鲜明，以引导学生。也有的教师认为，对这两篇作文的不同评价，究竟说明什么问题，还不明确，必须作深入的分析。现在，这所学校已经把这些问题组织全校教师进行深一步的讨论。

* 资料来源：《文汇报》1965年1月15日第1版。

上海普教战线新秀辈出　新评选出的五百余名优秀教师受到表彰和奖励

本报上海八月三十一日电　记者张贻复、陆建明报道：经上海市数十万群众推荐和评选出来的一百零七名优秀人民教师和四百二十一名先进教师，今天在全市大会上受到表彰和奖励。

这批被评选出来的教师，绝大多数是中、小学校的中青年教师。宝山县横沙岛上的小学教师张云霞，在岛上教学二十二年，关心学生胜过关心子女。一次大雨，一座小桥被水冲坏，她把自己抱着的孩子放在雨中淋着，而把四个学生一一抱过河去。虹口区丹德路小学教师沈林娟，她的班上有一名幼年丧母的"流浪儿"，经常在垃圾箱旁过夜，稍大成了一名"拉兹"。沈老师为他补衣、洗脸，每天中午带饭菜给他午餐，逢年过节带他到家里会聚，沈老师长期的爱护和教育，这个学生不再"流浪"了。受表彰还有一些是教学成绩优秀的教师。上海市第二中学青年英语教师曹树华，坚持自学外语，讲语法通俗易懂，他所教的班级在各种考试中英语成绩总是列为前茅。

这次评选活动，是今年三月由上海《文汇报》、上海市教育局和教育工会联合发起的，四个多月来，经过学校、区（县）、市三级的预选、初选、审核，最后审定通过了优秀人民教师和先进教师的名单。全体优秀人民教师每人得奖金一百元。

* 资料来源：《光明日报》1981年9月1日第1版。

没有失去的青春（报告文学）

晓　敏

在上海市太原路一幢普通三层楼房的窗口，泻出一阵钢琴声。琴声似春风一般的清新，又如蓝天一样的单纯，清新和单纯之中却蕴含着深深的思索和寻求，渐渐又爆发成一种激奋之情，淹没了哀怨与忧愁……

这动人的旋律，为何不配上左手的和声？

用单手弹奏的琴声，为何竟是如此柔美、深沉？

钢琴前坐着一个可爱的少女，她就是上海第二中学的学生陈骅。她用右手熟练地弹奏着，那么执着，那么热情，她沉醉在音乐之中。

草坪，象绿色的绒毯一样。那是多少年以前吧？她伸出两只胖乎乎的小手接过爸爸一下又一下抛过来的小皮球……

哦，长得这么高了！这一张照片是在游泳池边照的，十二岁了，颀长的胳膊和腿，多么匀称……

她这个跳高冠军在篮球场上也不服输，投准了篮就乐呵呵笑……

琴声，动人的乐曲！想想真不简单，小时候她哪来这么好的耐心，一个劲地左手1、3、5，右手5、3、1，以致现在终于连成了这优美的音乐……

还有，还有，她喜欢和爸爸比手劲，她涨红了脸用两只手使劲地扳爸爸的一只手……

音乐声戛然而止！她的头转向了自己的左边，她慢慢地闭上了眼睛，轻轻地喘息。

她永远忘不了一年前的那一天。一九八〇年八月八日，正是她十四岁的生日。她做完暑假作业，兴奋地跳到心爱的钢琴前，开始了每天不误的弹奏。她的十个手指灵活优美地变幻，奏出贝多芬《热情奏鸣曲》的旋律。她忘情地弹奏着，根本顾不得左臂隐隐的疼痛，她越弹越兴奋，越弹越热烈，美妙的音乐里渗透了一个无忧无虑的少女对生活憧憬的欢快情绪……

可是，已经进门好一会的妈妈，却默默地噙着眼泪，在竭力控制自己，她静静地听完了女儿弹奏的最后一个音。"妈妈！"得意的小陈骅发现了身后的妈妈。妈妈强作镇静地望着她，欲言又止。妈妈的泪水终于止不住了，她从衣袋里拿出一张纸来——这是一张住院通知单，而在衣袋里，却留下了份病理报告，那上面分明写着：肿瘤！

终于，小陈骅被送进了医院。

在第三人民医院的外科病房，日益憔悴的妈妈用颤抖的手抚摸着女儿的左臂。"妈妈的手怎么这么冷啊？"陈骅不由十分疑虑地望着神情异常的妈妈："妈妈，你怎么啦？"

面对着独生女儿，一个处处好强的中学生、一个可爱的姑娘，母亲觉得难以启齿。但是，她总得鼓起最大的勇气……她说了："陈骅，医生们会诊结果，你左臂上患的不是一般肿瘤……要截肢……大家相信你……"

啊！陈骅呆住了，她直瞪瞪地望着妈妈，一时竟不知妈妈刚才说了一些什么……瞬间，她清醒过来，肿瘤！？截肢！？面前的妈妈失神地盯着自己的左臂，面前的妈妈已经泪流满面了。

陈骅象一下子被抛入了深渊：昏暗、绝望、茫茫然……

眼前是白色，还是白色……陈骅从麻醉中醒过来。她不忍把头转向自己的左边，因为她明白，左肩、左臂、左手都失去了……伤口越来越剧烈的疼痛向她袭来，她强忍着。可是，眼泪却悄悄地把盖在枕上的雪白的毛巾湿润了一大片。陈骅从懂事时起，就记住了父母经常对她讲的话："要全面发展，做一个对人民有用的人。"幼小的心灵上铭刻了这样一个单纯而又珍贵的信念。可是，现在……

守候在病床边的妈妈经受不住眼前的事实：十月怀胎，诞生的是一个健全的婴儿，多年养育，长成了这样可爱的姑娘，现在，眼前的女儿却成了残疾的人……母亲支撑不住了，她晕倒在女儿的病床边……

女儿却出乎意料的平静，躺在病床上，枕在泪水中，她想得很多很多：她想再看一看那篇已经看过无数遍的文章——前几天，爸爸给她送来一张记载着一位自行车运动员截肢后继续为体育事业做出贡献的报道；她想听妈妈弹奏贝多芬的音乐——它能使人振作；她感觉到医生护士的同情和关心是那么真切；她也看到病员中一些坚强的人；她还在苦苦思念着亲爱的老师和同学们，难解的数学题，充满幻想的作文本，令人兴奋的操场，迷人的钢琴……还有贝多芬，伟大的音乐家，他在耳聋以后，奇迹般创造了不朽的第九交响乐曲！这支乐曲热情的，不屈的，反抗的号召，此刻正伴着进取的熟悉的旋律，在她心头回荡……

已经和陈骅成为好朋友的护士小王，泪汪汪地几次拿着止痛针站在陈骅的床边，可是，陈骅几次用眼光和微微的摇头谢绝了她的关心。因为陈骅听说，止痛针会影响智力，为了今后的学习，心中好像总存有一种责任，一种愿望。就凭这一点，竟使她产生了过人的毅力——在被剧烈疼痛折磨的整整一个星期里，她没有打过一针止痛针！她咬着牙，熬过了那难熬的分分秒秒。

可是，"化学医疗"后食欲明显减退，天天要吊葡萄糖，陈骅唯一的一只右手简直要被针头挑烂了，又红又肿，再说，输液引起了浑身颤抖的过敏反应，难受极了。一直硬撑着的陈骅感到实在撑不住了，她拒绝输液了。

这些天来，医生、护士不住地在她床头劝慰，尤其是护士小王总在耳边轻轻地唠叨个不停："手术后身体不恢复，今后怎么读书，今后……"陈骅虽然浑身难受，唯有头脑却依然清醒，"今后！为了今后！我……"她终于把右手伸了出来，眼里却滴下两滴坚强的泪水。针头插在唯一的一只手上，坚持了六天六夜……

就在这时，班主任赶到了医院，站在病房门口一眼望去，活泼可爱的小陈骅变了！变化之处并不在于她失去了左臂，而在她的眼神里！老师的心不由微微颤抖了，"不幸"能使人一下子变得成熟起来。只有经过了深刻而又痛苦的思索和内心剧烈搏斗的孩子才会有这样一种无畏而又深沉的目光……

班主任走后，病床上留下了一叠新学期的书，陈骅凝视着枕边的这些书，为了这些崭新的书，她也得尽快地好起来啊！付出了牺牲，求得了生存，然而，人，不仅为了求生，人的生存更是为了争取和前进。她勇敢地伸出了红肿的手，抓住了床头上的吊环，顾不得伤口的疼痛，惊人地一跃而起。她倚靠在床上，把书放在自己的膝头，怀着一种难言的深情在病床上开始了自学的第一课。学生，有什么比学习更神圣的呢！

为了学习，她经常一边恶心、呕吐，一边却痛苦地皱紧眉头硬把饭菜吞下去，眼睛酸了，淌泪水了，就要瓶眼药滴一下，闭一会儿，然后再一头埋入书本里去。老师、同学送来的习题、测验卷是带给她看的，而她却在一些日子以后，诚实地合上书本，在浑身无力的情况下，倚在病床上答下了一道道试题……

来看望过她的同学们都十分感动地向父母赞叹自己这位了不起的同学，可是同学们却不知道陈骅内心有着多少痛苦！痛苦的强烈正是爱的强烈！同学们也不知道，正是他们从贴身的书包里拿出还带着他们体温的帮她抄录的笔记本，那些端正秀丽的字迹是如何地灼热了陈骅的心……

生活对她的召唤使她更加迫切地要求跟上生活的步伐。她竟没有征得医生的同意就擅自下床了，一个截去肩部的三分之一、左臂全切除的病人手术后的第一次下床，需要有人搀扶使其适应一种新的平衡，可是，在陈骅的身上竟什么也没发生，她的脚踏在坚实的地上，站得稳稳的，而且一步一步地向前迈去，她没有晃动，更没有跌倒！这是发生在一个十四岁的女孩子身上反医疗常规的一种现象，如果从心理学方面来分析，是否可以这样认为：这个女孩子勇敢地接受了人生对她的第一次严酷挑战，保持了内心的平衡，她无畏地挺起胸，并且毫无顾虑地前行了……

陈骅出院了。回家的路上，她没有流露出颓唐与不安。可是，一颗少女的心毕竟是稚嫩的，到家后，她不由自主敏感地避开了镜子。镜子是避得开的，接踵而来的不幸却无法避开。回家没有几天，陈骅头上乌黑浓密的头发大把大把地脱落，很快就脱光了。她象每一个少女一样，珍爱自己的秀发。一个姑娘的头上竟没有一根头发，这叫她怎么能受得了啊！尽管陈骅已经鼓足了最大的勇气面对无情的现实，可是此时，这个勇敢坚强的女孩子也无法止住恐慌伤心的泪水……

然而，由于是"化学医疗"的药物反应，过了一段时间，光光的头上竟又稀稀疏疏地长出头发来。陈骅经常默默地期待地抚摸着头上很短很短但将来必定会越来越长的黑发。她在期待着……

怀着对今后的希望，陈骅为自己制定了严格的病休期间的自学计划，尽管病后经常感到头晕，疲乏，她却每天保证四小时的学习时间，从未间断地跟着电视中学的数学进程，并且一遍一遍地听外语录音。一只手写字有困难，就用两块铁板压住本子，几何作图就更难了，别人一下子就能画一道线，她却要先把尺放好，再压上铁板，画上线，常常一条线还没画好，尺就被碰得移动了，线就弯了，她就重来。她经常静静地端坐在小写字台前几个小时，汗水浸湿了衣衫，嘴唇咬出了血……线却从弯到直，速度从慢到快。就在这张小写字台上，她解了一道道习题，作了一张张图，理解了一篇篇课文……难啊，她的难处是健康的人无法体会到的，由于全身着力的不平衡、不习惯，经常致使右半身酸胀麻木，并且伤口还不时地隐隐作痛……陈骅却要坚持到实在吃不消了，才肯离开自己的"课桌"。每当此时，她总是慢慢地走到心爱的钢琴前，于是，空气中流动着一曲一曲微微震颤人心灵的旋律……

陈骅又回到了市二中学——她所熟悉和热爱的集体之中，对于这个用帽子遮住板刷一样的头发，甩着一只空袖子的女孩子，老师、同学包括那几个粗心大意的男学生，都十分尊重和关心她，她的同桌王文伟同学经常问寒问暖，处处象亲姐姐似的爱护她。学习上的相帮暂且不讲，单凭同学们热情、善良、真诚、平等的目光，陈骅的心感到了一种从未有过的激动和幸福。在这样的集体之中，她还有什么顾虑呢？她的心思毫无干扰地全部投入了学习之中，专心、集中，有时上课时觉得热了，她就毫无顾忌地把帽子脱下来，一个姑娘在这么多人面前露出了还未长好的很短很短的头发，她竟没有任何不自然之感。一次音乐课，都要上讲台唱歌，轮到她时，音乐老师刚想让她免了，但是这个残疾的女孩子却毫不犹豫地登上讲台，唱起来："青春呵青春，美丽的时光，比那彩霞还要鲜艳，比那玫瑰更加芬芳。……"这不正是她的心所向往的吗！

走过一段生命坎坷的路，陈骅比以往更坚强，更奋发。命运加在她身上的重担，使她从一个稚气的少女变成一个敢于面向人生的战士，她在奋斗着。

课间，她不是热心帮助同学分析解题，就是自己趴在课桌上苦思冥想。回家她也总是复习加上预习。她的作业既认真又整洁，遇到测验考试，她丝毫不比有两只手的同学们慌忙，尤其是数学，她考得又快又好，几何作图准确，清晰、数学老师经常是一次又一次热泪盈眶地给这个只有一只手的女学生批上一百分。脱了大半学期课程的陈骅，在学期结束，总分名列全班第三，并且参加了全校的数学竞赛，参加了全区的外语朗读表演。

最近，她参加了江苏省、上海市、《语文学习》编辑部举办的中学生听读讲写的邀请赛。她踏进考场，用她那习惯了的镇静自若的神色开始了口头作文——《我的同桌》："……左臂截除后，干什么都不习惯、不方便，有时我会产生一种幻觉……可是，又不是幻觉。每当我需要的时候，好象自己并不是只有一只手的残疾人，总会有另一只手帮助我按住本子，擦橡皮，整理书包，放好课桌椅，甚至揩去我额上的汗水。……这就是她，我的同桌王文伟，她待我胜似亲姐妹。她普通微小的一举一动却使我悟出了一个真理，疾病夺去了我躯体的近四分之一，可是夺不走我在集体中享有的幸福，夺不走我和同学们一起学习的权利和责任，更夺不去我胸膛中一颗热爱生活的火热的心。所以，我感到自己什么也没有失去……"

陈骅自己也没意料到作文又一次深深地触动了内心真实的情感，她流下泪来。监考的老师们都不由十分感动地打量着这个不平常而又平常的女孩子：一双智慧的眼睛，微微翘起的鼻子，口齿伶俐，思想敏捷有条理，更重要的是她的作文充满真情实感，用自己的身心讴歌我们社会主义祖国人与人之间的深情厚谊所产生的温暖和力量，感人至深！已到中年的主考老师止不住泪水浸湿手绢……这个女孩子不仅用她出色的成绩获了奖，更是以她对同学、对学习、对生活真挚的热爱，获得了更大的荣誉。

陈骅用她仅有的一只手，捧着一大叠奖品：厚厚的字典、笔记本、书、奖状等等，回到家里已经十分疲倦了，可是，对着深爱自己的父母，她笑得多么甜啊！这一晚，父母听着女儿甜美均匀的呼吸声，也谈论得很多很多。他们深切地感到，只有在我们社会主义祖国才有可能为下一代创造优越健康的环境，才能使残疾的女儿获得了健康人所能获得的一切。

今年的6月1日，是陈骅离队的日子，离开了少先队就意味着面临新的路程。那天，她兴冲冲地赶到学校，可是忙碌的老师报着名单，同学们一个个排进了检阅的行列，却忘了安排她。她躲在操场的一角哭了，这是回校后第一次如此伤心地哭泣，她感觉到了孤独。急急赶来的老师，帮她擦干了眼泪，拉着她的手，比任何一次工作上的疏忽都感到内疚。她被领上了主席台。陈骅站在主席台上，迎面走来的同学们向她愉快地微笑着，激动着她那一颗还十分年轻的心，她好象觉得自己也挥舞着双臂，唰唰唰地行进在这行列之中，和同学们同着一个步伐，奔向同一方向！

一年了，又是夏令时节，体育老师组织同学们去游泳，陈骅马上报了名，老师考虑种种原因，想方设法劝她别去，可是不行，她说："别人能做到的，我也要尽力做到！"体育老师急了，不禁脱口而出："你那残废的身体。""不！我不是残废！"这姑娘理直气壮地说："什么叫废，废就是丧失能力，我没有废，我只是因病残疾！"她说得多么好啊！这女孩子一脸的倔强，同学们和一部分老师都不由得支持她。

想不到那一天她依然象病残前一样，第一个跳入水池。她游得那么自如，那么欢快。老师同学们不由呆呆站在池边望着这个截去了左手、左臂的女孩子。此时，在那蓝澄澄的游泳池里，她一会儿侧泳，一会儿仰泳，阳光下，她那红红的脸蛋像一朵沾上水珠的荷花，洁净可爱，阳光下，平静的水池由于她那生命的活力溅起了浪花水波。太阳，在这个残疾女孩子的心田洒下一片光明，而这个勇敢的女孩子的行为使周围的人们发出一片赞叹……

磨难往往使许多人丧失一切；但对另一些人，却反而更臻于完善。事情难道不是这样吗？陈骅什么也没有放弃，她什么都在争取。病愈后她没有缺过一天课，她也没有因为老师的宽容而少做过一道题、少记一句笔记，就是在她免修的体育课上，她也总跟同学们一起：帮助大家拿书、拿衣服；挤到自己的小组里打乒乓；比赛时帮助挥旗子；和体育委员一块去评比广播操。在一次进行四百米长跑的测试中，有不少女同学胆怯怕累，可是，她在跑道外面给自己选了一条"跑道"，鼓足劲跑了起来，并且还急切地询问体育老师，自己是什么速度？

她跑的是什么速度呢？她的速度是不能用分秒来计算的，这个大病初愈的女孩子在人生新的起跑点上是在全速前进，她的速度应该无愧地列入我们时代激进的人们的行列之中！

琴声又响了，清新单纯而又激荡人心。陈骅用自己的心灵奏出一曲独特的旋律，这旋律是单纯的，出于一个孩子纯真的本性，这旋律又是深沉的，在于一个孩子苦痛的经历。这个残疾的女孩子，她的精神、她的意志，已经超过了许许多多健康的人。

让陈骅这一曲平凡感人的生命的歌录在人们的心上吧！失去什么以后往往更懂得珍惜什么，没有失去什么的人们啊，要深思该如何地珍惜生活，如何地去创造生活！

生活是美好的，哪怕有缺陷和不足，也无法遮挡生活的光芒对人们的召唤！

* 资料来源：《文汇报》1981年9月11日第3版。

中小学应加强伦理道德教育
——访全国人大代表、上海市第二中学校长吴小仲

"要提高全社会的文明程度，加强中小学生的伦理道德教育是很重要的一环。"作为上海市重点中学的校长，吴小仲代表见到记者并没谈减轻中小学课业负担等，而是把话题引到了伦理道德教育上。

吴小仲说："现在的中小学生大多是独生子女。父母总是千方百计地为他们提供优越的生活条件，而不要求孩子对他们的付出有所回报。久而久之，孩子们只知道直气壮地向父母提要求，却不懂得尊重、体谅、关心父母。那些在并不缺少爱的环境中长大的孩子，并没学会去爱别人。为此，我们学校从1995年初在学生中开展了争做'孝星'活动，从家庭伦理道德教育做起，为孩子们补上这一课。"

谈到这里，吴小仲有些激动。她说："现在的学生是新世纪的建设者，他们的综合素质直接关系着国家未来。因此，学校不能只重分数、只重升学率，而应该要求学生德、智、体、美、劳全面发展。加强伦理道德教育，我们基础教育工作者是责无旁贷的。"

在谈话中，吴小仲还提到，目前社会上适合中小学生阅读的好书、特别是优秀的科技书籍太少了，向中小学生免费开放的文化设施也很有限。她说："国家应该给科技类图书一些出版的优惠政策，应该增加对公益性质的社会设施建设的投入，现有的博物馆、科技馆、文化馆和体育馆等设施也应免费向中小学生开放。"

* 资料来源：《人民日报》1996年3月9日第2版。

让每个孩子都学会关心他人
——记上海市第二中学开展的"孝心活动"

这是上海市第二中学的吴小仲校长对我讲的一个真实的故事：一位高中生升入大学后碰到的最大的难题不是别的，而是不会洗脚。因为从小到大，都是他的妈妈为他做这一切。为给儿子洗脚，他的妈妈每天下班后就要换乘几次公共汽车赶到学校。一个月下来，这位妈妈实在承受不了这种奔波之苦了，于是，儿子只好转学到一所离家近的大学。

讲述这个令人难以置信的故事时，吴小仲流露出对目前基础教育中存在的重分数、轻德育倾向的深深的忧虑。她说，现在的中小学生都是下个世纪我们国家的建设者。学校不仅要传授知识，更要教导学生如何成为一个对国家、对社会有用的人。

在今年3月召开的两会上，作为人大代表的吴小仲呼吁要加强对中小学生的德育，特别是伦理道德的教育。她说："如果现在的中小学生对自己的父母都不孝顺、都不爱，那么，将来怎么指望他们去爱别人、爱祖国呢？"

从关心父母到关心他人

有近百年历史的上海二中，是该市一所著名的重点中学，也是全市多年的德育教育先进单位。在对学生进行伦理道德教育方面，二中已先行了一步。1994年9月，新学期一开始，他们就在全校1400多名学生中开展了"孝心活动"，要求同学们做到"在政治上要求进步让父母放心，在学习上刻苦努力让父母称心，在生活上学会自立让父母少操心"。

他们先是组织学生学习上海市有关部门编辑出版的《东方伦理道德小故事》丛书，请华东师大等院校的伦理学专家来校作如何继承传统美德的报告，并邀请学生、家长代表与老师一起讨论、制定活动的措施，如："你在回家、离家时应该怎样向父母打招呼？""你想购买所需物品时如何征求父母的意见？"讨论使同学们不仅认识到开展这一活动的必要性，而且明确了该怎样去做。

随后，学校便根据不同年级的特点，开展不同形式和内容的活动。在初中年级，他们把重点放在培养同学的自理能力上。各班都进行了削苹果、叠衣服、钉纽扣等比赛，使同学们学会自己的事自己做。

升入高中后，孩子往往表现出很强的独立意识，与父母的交流日趋减少。为创造机会让两代人多沟通，增加相互理解，学校便要求学生写作文讲述父母亲的故事，有的班级还召开了"父母亲的奋斗精神鼓舞着我"主题班会，让大家一同受教育。活动中，许多同学第一次真正了解了父母，发现他们身上有那么多值得自己敬重的品格。

渐渐地，家长们发现自己的孩子变了，长大了许多、懂事了许多。高一（1）班丁昇的妈妈两年前下岗了，应聘几次都没有成功，只好摆个地摊贴补家用。丁昇并没因此而看不起妈妈。一做完功课，他就跑去帮妈妈进货、守摊。他还鼓励妈妈学会计，为再就业做准备。现在，他的妈妈已重新上岗了。她欣慰地告诉亲友，是儿子帮她渡过了难关。

从关心父母到关心他人，这是"孝心活动"开展以来，上海二中学生发生的可喜变化。高三（1）班的孙士炜同学从父母的谈话中得知，父亲单位的一位叔叔患癌症住进了医院，孩子在家没人照顾，学业都快荒废了。孙士炜就向父母提出接那个小弟弟来家住，由他负责辅导功课。就这样，同事的孩子在孙家一住就是三个月。孙士炜做"老师"做得很有成效，补上了小弟弟落下的所有功课，帮他顺利地通过了升学考试。

去年5月，上海东方广播电台开设了一个为社会上需要帮助的人提供服务的"792为你解忧"栏目。二中初二（3）班的刘鑫同学从压岁钱中拿出99元，寄给了东广792慈善基金会。她说：99这个数字代表了她"愿爱心之花久久不谢"的心愿。

今年年初，云南丽江发生地震的消息在电视中刚一播出，二中的学生便自发地为灾区捐款、捐物……

当我前不久到二中采访时，学校党支部副书记苏平、教导主任吕士老师兴奋地告诉我，"孝心活动"带来的变化是多方面的，不仅使学生们懂得了该如何孝敬父母、关心他人，而且锻炼了学生的能力，提高了他们的综合素质。现在，学校正在对前一阶段的工作进行总结，对活动中表现突出的同学将给予表彰，以推动"孝心活动"更深入、持久地开展下去。

怎样做子女与怎样做父母

在社会即将迈入老龄化的今天，已有越来越多的父母明白，"养儿防老"是多么地不现实。那么家长们是如何看待"孝心活动"的呢？当我向校方提出能否找几位家长谈谈时，心里并没抱太多的希望。因为我只有一天的采访时间，实在太仓促了。谁知上午学校电话刚一通知，下午3点不到，竟陆续来了11位家长。

高二（2）班薛檬的父亲在一家外企工作。我们谈话时，他的手机不停地在响。他有些无奈地说："您也看到了，我的业务很忙。每天到家时，孩子早睡了。早晨，孩子也只来得及跟我道声再见。对孩子的教育几乎全靠学校。我很庆幸薛檬进了二中。在这里，她不仅学业优秀，还学会了如何做人。家里经济虽说比较宽裕，但她从不乱花钱，对父母、长辈也很有礼貌。这样的孩子将来走上社会，我们放心。因此，我们十分感谢吴校长，感谢二中的老师们！"

初一（1）班王莹同学的父亲王浩东是市交警大队教训处的干部，任务多、压力大。可当他为接受采访向领导请假时，领导却非常理解和支持他，说二中做了一件对家庭、对社会、对国家都有好处的事情；还让他转告记者，要好好宣传宣传二中，让更多的学校都能重视这一问题。

同中学生们的谈话并没我想象的那么轻松。一位高一年级的女同学说，前一段，一些报纸上的一个热门话题就是鼓励独生子女尽早学会独立。什么做家务向父母要报酬啦，下学出去打工赚钱啦……成了一种时髦；可就是忽略了问题的另一方面，那就是不该忘记对父母、对社会的责任。这是不是你们记者的失误？

还有位同学说，现在开展的"孝心活动"有一个明显的缺陷，那就是没有对父母提出具体的要求。我们只要学习好，父母就满意了，很少要求我们为长辈、为家庭去做些什么。做父母的在教育子女方面是否也存在着误区？

这位同学的话让我想起了吴校长讲到的那个故事中的母亲。70多年前，鲁迅曾写过一篇文章叫《我们现在如何做父亲》。今天，当孩子们为如何做好子女而思考、行动时，父母们是否该重新反省一下自己？

*资料来源：《人民日报》1996年6月11日第10版。

学校教育：走出重智轻德误区

沈建华

教给学生"做人之本"

上海市第二中学前身是"务本女中"，创办于1902年。取名"务本"，为的是突出办学宗旨"务做人之本"。百余年来，学校一直传承和发展这一办学传统。在20世纪80年代提出"和谐发展教育"的办学理念和"德育领先、基础扎实、文理相长、综合发展"的办学特色。学校将学生的德育放在办学核心地位，经过长期的实践，逐步构建起德育工作的框架，以政治理论课为主渠道，开展各种系列活动，增强学生思想道德教育的感染力和实效性。

"三结合"上好政治课

学校的政治思想课是对学生进行教育的重要载体。我们提出高中政治思想课要做到"一个为主、三个结合"。一个为主，即政治思想课以正面教育为主，着重对学生进行辩证唯物主义和历史唯物主义的世界观教育，积极向上、立志爱国、有理想、有信念的人生观教育，实现自我价值和奉献社会相结合的价值观教育。

为了将政治思想课上得好、上得活、上到学生心中，我们在教育实践中提出"三个结合"，即结合学生思想状况，结合社会热点问题，结合社会实践。课前教师们广泛收集资料，了解学生思想状况和关心的问题，进行思想教育时做到有情、有力、有效。由于了解学生思想实际情况，用真情实感教育学生，政治思想理论和实践相结合，做到有感染力、有说服力，真正起到教育人的实效。

重实践，走出学校门

结合课堂教育，学校开展各种活动，其中有两项十分有效，即组织"两组一校"，学习参观活动和评选以英雄人物命名的班级活动。

近几年来，我们坚持组织学生成立党章学习小组、邓小平理论学习小组和学生青年党校。参加学习小组和青年党校的学生走出校门，参观党的一大会址、渔阳里、宋庆龄故居、南湖等地，亲身感受中国共产党从小到大，指引中国革命走向胜利的历史，学习革命人物的先进事迹，树立正确的信念和理想。

从50年代起，学校就形成了一个优良传统，评选以英雄人物命名的班级，激发学生向英雄人物学习，树立正确的人生观。如50年代的卓娅班、董存瑞班，60年代的雷锋班，八九十年代的周恩来班、宋庆龄班、邓颖超班，到现在的邓小平班。这一活动使学生们受到了深刻的感染和教育，学习英雄人物为人民为祖国献身的精神，在心中播下为国为民爱党的理想信念种子。

现在，每个年级约有四分之一左右的学生参加学习小组和青年党校。到高二、高三有几十位学生提出入党申请。这些实践活动使学生的书本知识同实践感受相结合，对他们的健康成长起到了很大的作用。一些毕业后回到母校的学生说，正是学校的政治思想教育和各种社会实践活动使他们逐步确立了为祖国、为人民奋斗献身的人生道路。

（作者为上海市第二中学校长）

* 资料来源：《文汇报》2004年6月28日第9版。

从刷题、旅游、宅家的"老三样"，到作业自助、野外考察、志愿服务的新方式，让成长的经历更丰富（不一样的假期）（节选）

炎炎暑假怎么过？大多数学生都是"老三样"：刷题、旅游、宅家中。更有甚者，将暑假过成了只剩补课、做题的"第三学期"。不少学生经历着"学期辛苦盼放假，假期无聊盼开学"的心理循环。

然而，近年来，社会环境在变，不少父母对于下一代的教育观念也随之改变。中小学教育综合改革带来的变化，不仅贯穿学校课堂、学期之内，也逐渐向校园外、假期中延伸，过一个不俗气、不盲从、有趣有益的新暑假，让花季青春、成长岁月变得更丰富、更有创造力，正在悄然汇成新潮。

……

学校对接社会机构，提供丰富的志愿岗位、公益活动和实践课程

整个7月，从周一到周五的下午，上海市第二中学高一（8）班学生张宸杰都会准时出现在梅陇社区文体中心，帮助老师整理材料，陪伴爱心暑托班的孩子，在老年学校服务……事情琐碎，即将升入高二的他学习压力不小，每天上午要补课，但觉得这样的暑假才更有意义，"能了解社会，学会和各种人打交道，锻炼了应急能力……"

这份社区志愿者服务工作是张宸杰主动找的。而上个寒假，他却是按照学校安排，不太情愿地开始了平生第一回志愿者服务——在上海市航空科普馆做导游。张宸杰坦诚地说："原来报名的是另一个地方，服务两小时就能抵扣5个学时，结果没选上！硬着头皮再选，只是为完成学校规定的指标……"

然而，变化在一点点发生。从最初只会背解说词、应付了事，到后来主动了解更多国产大飞机C919的知识、为吸引小学生参观团而努力练习；从与陌生人谈话支支吾吾，到对着一群叽叽喳喳、问题千奇百怪的小朋友十分耐心和热情。有了这样的经历和感受，张宸杰选择在学业繁忙的暑假继续做志愿者，他说："这是应该的，人生不仅要看高考，还要看到更多的地方。"

张宸杰去年寒假硬着头皮也要完成的"规定指标"，就是上海试行的作为高考招生录取参考指标的"高中学生综合素质评价"，其内容之一即记录高中生参加志愿服务（公益劳动）的时间。根据规定，学生高中阶段社会实践不少于90天，其中志愿者服务不少于60学时。与之相应，由学校与社区、社会机构对接，提供志愿者岗位、活动项目和实践课程，已有上万家市、区两级学生社会实践基地。多种多样的社会实践和公益、志愿服务，让学生在为他人提供服务的同时，也能了解到各种岗位的工作性质、要求和特点，收获与人打交道、待人接物等方面的体验和成就感。

……

* 资料来源：《人民日报》2018年8月10日第12版。

上海市第二中学章程（2014年）

序言

上海市第二中学，始建于1902年，初为"务本女塾"，是近代中国人自己创办的最早的女校之一，曾先后更名"务本女中""怀久女中""市二女中"，1967年定名为"上海市第二中学"。1954年，学校被命名为首批上海市重点中学，2005年，被命名为上海市实验性示范性高中。

从"务本女塾"到"市二中学"，从"务本"到"和谐"，学校在发展过程中始终在探索和发展"务本"的精神与内涵，形成了"勤朴勇诚，爱国荣校"的"务本精神"，逐渐确立了"人文见长、和谐发展"的办学特色。

第一章　总则

第一条　为全面贯彻党的教育方针，适应社会转型发展对人才的需要，不断提高学校教育质量和办学水平，为每一个学生的终身发展奠基，实行依法治校、以德立校、以特兴校，建构现代学校制度，保证学校和谐、适性发展，依据《中华人民共和国教育法》《中华人民共和国教师法》《中华人民共和国未成年人保护法》《全面推进依法治校实施纲要》等法律法规与规定，遵照上海市、徐汇区教育发展纲要，结合学校实际，制定本章程。

第二条　本校全称为：上海市第二中学，简称为：市二中学，英文表述为：Shanghai No.2 Secondary School，地址：上海市徐汇区永康路200号，网址为：www.shiers.cn。

第三条　本校由上海市徐汇区教育局举办，经登记批准，具有法人资格的办学机构，独立承担民事责任。本校是一所实施3年制高中教育的全日制教育机构。按照上海市实验性示范性高中发挥辐射带动作用的要求，实施对上海市第二初级中学的一体化管理，并在闵行区梅陇镇设立上海市第二中学闵行分校。

第四条　学校面向全市招生，招生对象为应届或历届初中毕业生和具有同等学力的学生，招生规模以徐汇区教育局核定的班级和人数为准。

第五条　学校以"和谐教育、适性发展"理念为指导思想，以促进学生终身发展为宗旨，构建"和谐、适性"的师生成长环境。培养理想信念坚定、道德品行良好、基础知识扎实、学力发展持续、身体心理健康，具有务本精神、人文特长、国际理解和领导素养的中华民族伟大复兴的建设者和各类人才。

第六条　办学目标是将学校建设成为校园文化高雅、人文特色鲜明、学校管理科学、课程设置多元、教育教学优质、师生发展和谐的上海市品牌高中。

第七条

校训：勤、朴、勇、诚

校风：严谨　活泼　求实　进取

学风：勤奋　刻苦　主动　创造

教风：为人师表　勤于创造　严谨扎实　因材施教

办学特色：人文见长　和谐发展

办学理念：和谐教育　适性发展

第八条

校标：

校旗：印有学校校徽、校名的白底深红色旗帜。

校歌：1934年开始启用的校歌，作曲：胡周淑安，作词：俞长源。

校徽:"务本楼图案"为主题的圆形图案,周围围绕学校中、英文校名。

纪念日:每年10月第三周的星期六为校庆纪念日。

第二章 组织机构和管理体制

第九条 学校实行校长负责制。校长是学校的法定代表人,对外代表学校,对内全面负责学校的教育教学和行政管理工作。副校长协助校长开展工作。

第十条 校长依法行使下列主要职权:

1.按照校长负责制有关规定,行使对学校教育教学和行政管理的决策和指挥。

2.根据学校工作需要,在核定的编制内,按照精简效能的原则,通过校务会议确定学校内部机构和岗位设置,聘任中层干部。中层干部的聘任在民主推荐基础上征询党组织意见后由校长提名,学校党组织考察,校务会议讨论决定,校长任命(聘任)。

3.根据政府有关部门规定,结合本校实际,制订学校内部劳动、人事管理制度,制定绩效工资分配方案,报请学校教代会审批,按规定程序组织实施。实行教师聘用合同制,与教师订立聘用合同。

4.根据国家和市教育行政部门的有关规定,制订学校的课程方案和教学计划,开发校本课程,确定教学进度,选用教材,组织教学活动,对教师和学生进行考核评价。

5.按财务制度和教育行政部门的有关规定,对上级的拨款、学费返还留成和社会赞助等各种收入以及校舍设施、仪器设备等,合理安排使用。

6.按照有关规定和程序对教职工进行奖惩。对工作成绩显著的教职工给予奖励;对严重违纪或给学校工作造成重大损失的教职工给予行政处分、解聘或辞退。

7.按规定履行国家和教育行政部门授予的其他职权。

第十一条 学校的决策机构是校务委员会,校务委员会由校长、副校长、党委书记、副书记和工会主席等人员组成。校务会议是学校重大事项的决策机构,是执行"三重一大"制度的主要组织。会议由校长主持,每学期召开若干次。学校大额支出、工程建设、干部选聘及重大事项,在校务会议决定前,要贯彻民主集中制原则,会前个别酝酿,会上充分讨论,民主集中,校长决策。根据管理权限,须报上级有关部门批准的重大问题,应按规定程序报批后方可实施。

第十二条 学校成立中共上海市第二中学委员会和相关支部。党委在学校中发挥政治核心和监督保障作用,坚持党的基本路线,保证党的方针、政策和国家的法律、法规的贯彻执行;抓好党组织的思想、组织和作风建设,充分发挥党组织的战斗堡垒作用和共产党员的先锋模范作用;支持纪检组织充分行使权力,加强党内监督;负责学校中层干部的教育、培养、选拔和考核及校级干部推荐等工作;参与学校重大问题的决策,支持校长依法行使职权;领导学校政治思想工作和精神文明建设;领导和支持学校工会、共青团等群众组织,领导教职工代表大会开展工作;联络各民主党派参与学校的管理。

第十三条 学校成立初高中一体化的工会组织,学校工会是在学校党委领导下的学校群众组织,并接受区教育工会的指导。学校工会作为教职工(代表)大会的工作机构,依法保障学校民主管理、民主监督的落实,维护教职工的合法权益。组织开展有关的群众活动,动员群众促进学校各项工作的发展。

教职工代表大会是学校民主管理和民主监督的基本形式;是参与学校民主管理、行使教职工的民主权力、维护教职工合法权益的重要制度。教代会要引导教职工正确处理国家、集体和个人三者关系,调动教职工的积极性,保证学校工作正常进行。教代会代表由全体教职工选举产生,每三年换届一次。教代会每学期至少召开一次,教代会闭幕期间,由工会行使教代会职权。涉及办学方针、政策,绩效工资分配和教职工福利方案,重大机制改革等,须提请教代会审议通过。

第十四条 学校设置校务办公室、教导处、政教处、总务处、团委等职能部门,分别承担相应的管理职能。这些部门的管理人员为学校的中层干部。学校中层干部任职条件和选拔过程,参照徐汇教育局有关文件规定执行,一般采取群众测评、党组织考察、党委讨论、校长提名、校务会议通过等程序选拔任用,也可以采取竞聘上岗的方式。团委书记岗位按照其任职条件,采取竞聘的方式,在青年教师中选聘团委书记候选人,经学校团代会选举产生。中层干部任期一般为三年,可以连任。

第十五条 学校教育教学管理主要内容与方法。

1.学校坚持德育为先、育人为本的原则。按照《中共中央国务院关于进一步加强和改进未成年人思想道德建设的若干意见》的要求,围绕"立志、成才、科学、爱国"的主题,加强和改进学校德育工作。贯彻执行《上海市学生民族精神教育指导纲要》和《上海市中小学生生命教育指导纲要》。实施以务本文化为背景，以爱国主义教育为主线，以道德建设为基础，以健全人格为目标的德育工作思路，教育学生明辨是非、分清荣辱、热爱祖国、遵纪守法、孝敬长辈、团结友善、关爱生命、乐于奉献，促使他们形成正确的世界观、人生观和价值观。开展初高中德育衔接研究，确立从六年级至高三七个年龄段落实学校育人目标且相互衔接的阶段德育目标，完善德育教育和活动系列，形成德育品牌。

2.学校实施"全员育人、全程育人、全面育人"的德育模式。建立健全以党委、政教处、团委、年级组、班主任、班干部为主线的全员育人工作网络，构建学校、家庭、社会三者结合的德育机制。以课堂教学为主渠道，树立学科德育的意识；以学校各种活动为载体，拓展学生社会实践层面；以网络创新德育方式，构建德育课程体系。努力培养学生自觉实践、自我教育、自主发展的能力，倡导主体性德育，不断提高德育的针对性和实效性。

3.建立科学、合理、操作性强的综合素养评价制度。通过优秀和先进的评选，树立学生榜样，形成激励机制。完善德育工作检查、评比、奖惩制度。加强德育实效性研究，以课题研究探索德育工作规律，创新德育工作方式和机制。

4.学校按年级建立年级组，年级组设正、副组长，负责安排、协调本年级教育、教学工作和质量管理，着重管理本年级的班级工作和学生思想工作，并组织教师开展各项教育教学活动，为学生个性化发展需求搭建各种平台，建设和谐、团结的年级组集体。

5.班级是学校教育教学的基本单位。学校制定班主任工作职责和要求。班主任是班级工作的领导者、组织者和实践者。班主任负责本班的教育工作和学生各项活动，协调本班各学科教学工作，指导学生学习方法和习惯。协调各种资源帮助有个性化需要的学生，经常与家长沟通，建立有效的家校联系。

6.学校按照上海市课程改革的有关要求，根据教学计划开设基础型、拓展型、研究型课程，以课程统整为抓手，实施国家课程校本化建设，不断开发适合学生个性发展的校本课程，并建立相应的教学、课程管理、课程资源开发、教学评价、学业管理和教科研等制度，形成有人文特色的课程体系、实施方法和管理制度。开展初高中课程衔接实践研究，探索育人新模式。

7.学校坚持以教学为中心，坚持正确的教育理念，积极推进教育教学改革，开展教育教学研究。以学为中心改进教学方法，提高学生学习兴趣和积极性，优化课堂教学。充分发挥现代教育技术及媒体在课程建设和课堂教学中的作用，加强信息技术与学科教学整合的研究和实践，根据学校实际，拓展教与学的时空。注重知识和技能、方法和过程、情感态度价值观三维目标的落实，重视学生实践能力、动手能力和创新能力的培养，不断提高教学质量。

8.学校按照学科设立教研组，教研组下设高中教研组与初中教研组和各年级备课组。教研组和备课组应按照学校相关工作要求，完成学校的各项教学任务，建立本学科教学资源系列。贯彻落实学校的教学计划，做好教学常规管理工作，抓好集体备课、课堂教学、听课评课、作业批改、考试查考、分析反馈、课外辅导、补缺补差等教学环节。开展教学研究活动，组织教学质量评估，制定教师专业发展目标和计划，指导和培养青年教师。

9.学校认真实行《学校体育工作条例》和《上海市"青少年艺术教育彩虹行动计划"实施意见》，保证学生每天不少于一小时活动时间。根据有关要求搞好体育、卫生、艺术工作，积极开展文体活动，做好学校合唱团、室内乐队、飞镖、篮球、健美操、文学社等学生社团建设，做强学校影视剧团和排球队，扩大影响力，发展学生个性特长。重视心理健康教育，注重学生身心健康，完善心理咨询活动。在经费、人员、时间、设施上保证学校的特色项目不断发展。

10.分别设专人负责教务、档案、学生学籍管理工作。按章办理学生招生、转学、休学、借读、留级等手续。健全学生档案管理制度，做好学生毕业工作。加强图书馆、实验室、计算机房和学校网络建设和管理，开发、创建各类创新实验室，培养学生创新精神和能力，为教育、教学、管理提供必要条件及服务。不断完善校园网络，充分利用校园网络进行以服务为目标的精致化管理。

11.结合教育教学实际，加强教科研工作。建立科研和项目激励机制，鼓励、支持教师申报国家、市、区级课题，制定政策加大对教科研工作的考核和奖励。

第十六条 学校依法实行信息公开，切实保障教职工、学生、社会公众对学校重大事项、重要制度的知情权、参与权、表达权和监督权。

学校配置资源以及实施干部选拔任用、专业技术职务评聘、岗位聘任、学术评价和各种评优、选拔活动，按照公开公正的原则，制定具体的实施规则，实现过程和结果的公开透明，接受利益相关方的监督。建立健全信息公开的机构、制度，落实公开的具体措施，保证教职工、学生、社会公众对学校重大事项、重要制度的知情权，公开经费使用、培养目标与课程设置、教育教学质量、招生就业、收费等社会关注的信息。创新公开方式、丰富公开内容，建立有效的信息沟通渠道，使学生、家长以及教师对学校的意见、建议能够及时反映给学校领导、管理部门，并得到相应的反馈。学校面向师生提供管理或者服务的职能部门，推进办事公开制度，公开办事依据、条件、要求、过程和结果，充分告知办事项目有关信息，并公开岗位职责、工作规范、监督渠道等内容，提供优质、高效、便利的服务。

第十七条 依法解决校内纠纷。设立学校纪委、职称评审监督小组等组织，接受教师申诉，调解争议，处理学校内部各种利益纠纷。

坚持把法治作为解决校内矛盾和冲突的基本原则，注重和发挥工会委员、学校纪委、团委在处理纠纷中的作用，就教师因职责权利、职务评聘、年度考核、待遇及奖惩、人事安排等，与学校及有关职能部门之间发生的纠纷，或者对学校管理制度、规范性文件提出的意见，及时进行调处。将因人事处分、学籍管理、评优推荐等引发的纠纷，开展调查、调解，及时向申诉人反馈。对难于在校内解决的纠纷，按照法定程序，提交有关行政机关、仲裁机构、社会调解组织或者司法机关依法解决。对师生与学校发生的法律争议，学校应当积极应诉，认真落实法律文书要求学校履行的义务。

第十八条 学校依法接受教育及其他政府相关部门的管理和监督，接受社会、家长的监督，听取社会各界对学校工作的意见和建议。

第三章 学生

第十九条 凡被学校录取或转入学校学习的受教育者，按照上海市教委有关规定取得学籍的，即为学校正式学生。

第二十条 学生享有下列权利：

1. 参加教育教学计划安排的各种活动，使用教育教学设施、设备、图书资料；
2. 按照国家和学校专项基金有关规定，获得奖学金、助学金；
3. 在学业成绩和品行上获得公正评价，完成规定的学业后获得相应的学业证书；
4. 对学校给予的处分不服向有关部门提出申诉，对学校、教师侵犯其人身权、财产权等合法权益，提出申诉或者依法提起诉讼；
5. 法律、法规规定的其他权利。

第二十一条 学生应当履行下列义务：

1. 遵守法律、法规；
2. 遵守所在学校或者其他教育机构的管理制度；
3. 遵守学生行为规范，尊敬师长，养成良好的思想品德和行为习惯；
4. 努力学习，完成规定的学习任务。

第二十二条 学校按照上海市教委有关学生学籍管理的规定实行学籍管理，健全学生学籍档案，依法办理学生转学、休学、复学等手续，依法对学生给予奖励和处分。

学校建立健全各项学籍管理制度，确定教务处专门人员具体实施学籍管理工作，及时将学生各学段德、智、体诸方面的情况（包括入学注册、学科学习评价，拓展型探究型学习成果，社会实践鉴定，社会工作表现，奖惩记录，体质健康状况和学籍变更等）完整、正确的分类归档，并要落实信息安全措施。

学校应允许学生查阅本人的学籍档案，保障学生对自己学籍信息的知情权。

学校对修完年限内规定课程且综合素质、学科学习业绩合格的学生，准予毕业。

第二十三条 学校建立学生成长档案，使用《学生成长手册》对学生实施综合素质评定，促进学生全面发展。每学期评价结果记入学生本人档案。学生成长档案作为学生评优、推荐的重要依据。

第二十四条 学校对符合入学条件而家庭经济困难的学生，通过各项助学金等形式提供资助，包括务本助学金、陆瑾爱心基金等。

第四章 教职工

第二十五条 学校教职工由教师和其他专业技术人员、管理人员和工勤技能人员等组成。

1. 管理人员指担负领导职责或管理任务的人。
2. 专业技术人员指从事专业技术工作，具有相应专业技术水平和能力要求的人。专业技术人员分为教师和其他专业技术人员，其中教师为主体，指具有教育教学工作职责，并具备相应教师资格与能力水平的专业技术人员；其他专业技术人员指具有教学辅助工作职责，主要包括学科实验、实训室设备设施保障、图书资料、财务会计、电化教育、卫生保健等专业技术人员。

3.工勤技能人员指承担技能操作和维护、后勤保障、服务等职责的人。可实现社会化服务的一般性劳务工作，不再设置相应的工勤技能岗位。

第二十六条 学校根据编制部门核定的编制数额、岗位数和岗位任职条件及教育行政部门、学校相关规定聘用教职工，公开招聘，竞争上岗，对聘用人员实行岗位管理和绩效工资制度。

第二十七条 学校依法建立教职工考核制度，对教职工定期进行四位一体的考核，考核结果作为续聘或者解聘、奖励或者处分的依据。

第二十八条 学校教职工除享有法律法规等规定的权利外，还享有下列权利：

1.进行教育教学活动，开展教育教学改革和实验；

2.从事科学研究、学术交流，参加专业的学术团体，在学术活动中充分发表意见；

3.指导学生的学习和发展，评定学生的品行和学业成绩；

4.按时获取工资报酬，享受国家规定的福利待遇。寒暑假期享受教代会通过的绩效工资待遇，探亲的按国家规定报销相关费用；

5.对学校教育教学、管理工作和教育行政部门的工作提出意见和建议，通过教职工代表大会或者其他形式，参与学校的民主管理；

6.体育、实验等特殊岗位，以据教育行政部门规定，享受相关补贴；

7.节假日加班，按照国家规定享受加班报酬；

8.参加与个人专业相关的进修或者其他方式的培训。

第二十九条 学校教职工除履行法律法规等规定的义务外，还应履行下列义务：

1.遵守宪法、法律和教师职业道德规范，为人师表；

2.贯彻国家的教育方针，遵守规章制度，执行学校的教学计划，履行教师聘约，完成教育教学工作任务；

3.对学生进行宪法所确定的基本原则的教育和爱国主义、民族团结的教育，法制教育以及思想品德、文化、科学技术教育，组织、带领学生开展有益的社会活动；

4.关心、爱护全体学生，尊重学生人格，促进学生在品德、智力、体质等方面全面发展；

5.保护学生身心健康，制止侵犯学生合法权益的行为，批评和抵制有害于学生健康成长的现象；

6.积极参加义务献血、社会志愿者和支教等活动；

7.不断提高思想政治觉悟和教育教学业务水平。

第三十条 学校保证教职工工资、保险、福利待遇按照国家和本市有关规定执行，逐步改善教职工的工作条件，帮助解决教职工遇到的实际困难。

第五章 学校与家庭、社会

第三十一条 学校主动与社会、家庭联系沟通，加强学校、家庭、社会密切配合的育人体系建设，形成教育合力。

学校根据教育教学需要，聘请兼职教师和校外学生辅导员。

学校建立或者利用社会资源建立德育、科普、法制、社区等各类教育基地，定期组织开展校外教育活动。

第三十二条 学校按照民主程序，本着公正、公平、公开的原则，在自愿的基础上，以年级为单位组成家长委员会。家长委员会组成人员由推荐和指定相结合方式产生。

家长委员会定期召开会议，参与学校的民主管理，听取学校教育教学计划，讨论涉及学生利益的重大事项，参与学校重大活动，反映家长诉求。协调学校、学生、家长三者的关系，形成家长关心、支持学校，学校服务学生和家长，与家长建立密切联系的机制。

学校提供必要条件，保障家长委员会对学校、教师的教育教学、管理活动实施监督，提出意见、建议。积极探索完善家长委员会的组织形式和运行规则，不断扩大家长对学校办学活动和管理行为的知情权、参与权和监督权。

第三十三条 学校依托社区，开发社区教育资源，开展社会实践活动，为学生创造服务社区和实践体验的机会。

学校积极参与社区服务，创造条件开放校内文化设施和体育场地，开放教育资源和公共设施，参与社区建设，完善与社区、有关企事业组织合作共建的体制、机制。

第三十四条 学校建立"上海市第二中学校友会"，由学校历届校友及教工自愿组成，增加校友和学校的联系，是地方性非营利性社会组织。地址设在市二中学，校友会继承、发扬学校优良传统、挖掘学校教育资源，扩大学校社会声誉。发挥校友的宣传、桥梁、教育、助学、咨询等作用，促进学校发展。

第三十五条 学校根据办学实际需要，开展校际互动合作，不断扩大对外交流，拓展教育视野，提升办学水平。

第六章 学校资产及财务管理

第三十六条 学校开办资金为人民币437万元。学校具体经费来源为财政补助收入。

第三十七条 学校资产受法律保护，任何单位、个人不得侵占、私分和挪用。学校对侵占校舍、场地、设施等的行为和侵犯学校名称权及无形资产的行为，应积极履行国有资产管理职责，依法追究侵权者的责任。

第三十八条 学校财务活动在校长的领导下，由学校财务部门统一管理。

学校财会人员的任职条件、工作职责、工作权限、专业技术职务、任免奖罚，严格按照国家会计法律制度执行。

第三十九条 学校严格执行国家收费政策，规范收费行为，按照有关部门确定的项目和标准收费，各项收入按照有关规定严格管理，行政事业性收入实行收支两条线管理。

第四十条 学校依法接受社会各界的捐赠，建立健全受赠财产的使用制度，加强对受赠财产的管理并接受社会监督。

第七章 附则

第四十一条 学校建立健全本章程统领下的学校规章制度体系。规章制度的立、改、废均依照民主程序进行。

学校规章制度包括教育教学、学生管理、教职工管理、财务管理、后勤管理、安全管理制度以及各种办事程序、各种内部组织的组织规则、活动程序、议事规则、应急管理等制度。

第四十二条 本章程未尽事宜按照法律法规及上级文件政策执行。如有抵触，以法律法规及上级文件政策为准。

第四十三条 本章程的修订由校长提出，经教职工代表大会审议，校务会议通过，报徐汇区教育局核准后生效。

本章程由上海市第二中学校务委员会负责解释。

上海市第二中学

2014年11月6日

注：本章程于2014年12月5日经上海市第二中学第十二届教代会第二次会议审议通过。

上海市第二中学第一届校友会章程（1992年）

上海市第二中学校会是为加强市二中学各届校友的联系，以促进、支持市二中学发展，为四化建设培养更多更好合格人才的自愿组织起来的团体。

一、宗旨

加强校友与学校的联系，互通信息，发场学校的光荣传统，为市二中学的发展共同努力。

二、会员

凡曾是市二（务本、怀久）的学生、教师，根据自愿申请均可以成为本会会员。

三、组织机构

1. 学校校友会，分设以届为单位的分会，（外地会员可直接与分会联系）各届分会协商推选会长、副会长主持分会工作。
2. 学校校友会设立理事会，各分会会长任理事，并从中产生会长、副会长。
3. 理事会下设秘书处，负责本会的日常事务及各分会的联系工作。
4. 校友会成立后，学校由专人负责，设立办公室，以便加强联系。

四、工作

1. 校友会每年召开一次全体会议。
2. 不定期出校友情况简报，介绍学校及校友情况。
3. 组织校友不定期回校参与学校教育活动。

五、经费

1. 各分会收取会费，由各分会保管、使用。
2. 学校校友会，在校友资助的情况下，开设校友基金会。

1992年9月

*资料来源：上海市第二中学校友会提供。

上海市第二中学第三届校友会章程（2012年）

第一章　总则

第一条　本会定名为"上海市第二中学校友会"。

第二条　本会是由学校历届校友及教工自愿组成，是地方性非营利性社会组织。

第三条　本会遵守国家宪法、法律、法规和政策，遵守社会道德规范。

第四条　本会会址设在市二中学校内。

第二章　宗旨、职责和原则

第五条　本会宗旨

继承、发扬学校优良传统、挖掘学校教育资源，扩大学校社会声誉。

第六条　本会职责

（一）组织活动，增进学校与历届校友、教工间的联系和交流；

（二）为学校与校友、教工间的合作牵线搭桥；

（三）接受校友、教工捐赠，设立校友基金，进行合法统筹管理；

（四）建设、管理校友网站，充分发挥网络宣传作用；

（五）定期编辑、出版会刊，介绍学校发展现状与校友的成就；

（六）负责校友、教工回学校的联络和接待工作。

第七条　活动原则

（一）在国家法律、法规和社会道德规范范围内，按照核准的《章程》开展活动；

（二）遵循自主、自愿性原则、非营利性原则和维护学校、校友及教工利益原则。

第三章　会员

第八条　凡曾是市二（务本、怀久）的学生、教职工，根据自愿申请均能成为本会会员。

第九条　履行义务

（一）执行本会的章程和决议，维护本会的合法权益；

（二）参加本会组织的活动，完成本会委托的工作；

（三）及时向本会提供本人或其他校友近况；

（四）积极向会刊和网站投稿或提供信息资料；

（五）热心教育事业，关心学校发展，为学校建设出谋划策、提供帮助。

第十条　享受权利

（一）可以推选他人或自荐成为校友理事会成员；

（二）能参加本会各类活动；

（三）享受本会服务；

（四）监督本会工作。

第十一条 违背本会章程或破坏学校声誉的，经校友理事会通过，将不再视作本会会员。

第四章 组织机构

第十二条 校友理事会是本会的核心机构，领导、开展本会活动。

第十三条 校友理事会职责

（一）制订、执行本会年度工作计划；

（二）协调、保证各项工作顺利开展，为本会建设出谋划策；

（三）策划、组织校友、校庆等活动；

（四）筹集、管理本会基金；

（五）为学校发展献计献策。

第十四条 定期召开理事会议，情况特殊可随时召开，必要时采用通讯形式召开。

第十五条 校友理事会成员产生

（一）学校校长、分管本会工作副校长、本会负责老师；

（二）对学校有突出贡献、热心教育事业，关心学校发展的校友、教工；

（三）由本会会员推荐其他校友、教工。

第十六条 校友理事会成员设置

（一）会长1人，副会长8—10人，根据需要可设名誉会长（4—5人）；

（二）秘书长1人，副秘书长1—2人；

（三）理事若干人（原则上每届1人）。

第十七条 本会设校友联络员若干人，主要负责联系校友工作，校友理事会成员均为校友联络员。

第十八条 学校设置校友会办公室，全面负责校友会各项工作。

第五章 资产管理和使用

第十九条 本会经费来源

（一）学校专项经费划拨；

（二）校友、教工及社会捐赠；

（三）利息等增值收入；

（四）其他合法收入。

第二十条 学校校友会，在校友资助的情况下，开设校友基金会。

第二十一条 本会经费实行专账管理，用于本会章程规定的业务范围和事业发展，不在会员中分配。

第六章 附则

第二十二条 本会终止活动或解散，必须由校友理事会表决通过。

第二十三条 本会终止后剩余财产，在上级监督下，按国家有关规定，用于发展与本会宗旨相关的事业或捐赠给学校。

第二十四条 本章程经校友理事会成员表决通过之日起实施。

第二十五条 本章程的修改意见需经校友理事会成员表决通过实施。

第二十六条 本章程的解释权属本会理事会。

2012年9月

*资料来源：上海市第二中学校友会提供。

上海市第二中学第一、第二、第三届校友理事会名单

上海市第二中学第一届校友理事会

1992年10月25日，上海市第二中学建校九十周年校庆暨校友会成立。学校党支部副书记苏平同志向大家做校友会工作汇报，校庆大会上确定了《上海市第二中学校友会章程》。

校友会、理会名单

名誉会长：左淑东、陈国容、鲁夫、陈育辛、朱可常、唐秀颖

会长：戈悦宽

副会长：周仪凤、沈瑞英、陶戈辉、郑令德、翁蕴珍、周智莉、余正湖、陈宝叶、吕永杰

顾问：黄景荷、彭毓泰、吴守中、孙家琮、李广塘、韩志斌

理事：王嘉遂、张漱芳、杨佩景、吴仲仪、裘英、蔡明慧、魏福英、秦嘉、朱关秀、沈本钰、肖光贤、陈润元、宋景香、杨永青、江介华、刘明、傅佩莱、卢晓康、方志敏、杨炜、邓菲、张蘅艻、陈美兰、朱叔廉、归顺康、庄中文、张希玉、余臣、朱文炳、李心立、姚荷卿、王惠炎、陆惊帆、王凤仪、薛珂、张辰、戈萃、张鑫钟、谢阳等58人

秘书长：苏平

副秘书长：张盛峻

上海市第二中学第二届校友理事会

2002年11月9日上午，召开校友联络员会议，经过各届校友协商推荐初步产生了第二届的校友理事会。

名誉会长：陈育辛、朱可常、戈悦宽、左淑东、吴小仲

会长：沈建华

副会长：周仪凤、桂荣安、劳乃珣、周智莉、胡晓岚、刁卫国

秘书长：苏平

副秘书长：张盛峻

秘书：沈欣

理事：徐修梅、黄景荷、陶戈辉、汪宁一、顾杏芳、张漱芳、蔡明慧、朱素芬、杨稚茵、袁逸君、秦晨、裘因、蔡体敏、杨琪、郑令德、秦曾娴、秦嘉、宋慧苹、沈翠琴、金枢、顾寇凤、陈雅娟、李梦旦、裘冠君、薛映秋、周剑萍、黄再玉、宋景香、肖光贤、王凤仪、陈润元、陈雪芬、李林妹、施建华、徐大文、翁蕴珍、叶丙然、杨永清、张宗芬、沈本钰、盛祖倩、杨有瑾、查丹洁、倪美清、朱之美、江介华、徐幼金、傅佩莱、陈莉莉、龚益波、余正湖、胡卫平、方志敏、吕永杰、张辰、郑蔚、杨炜、江国祥、邓菲、李堃、汪泓、杨礼敏、马晓理、桑玫、梁山、席勇、杨杨、印轶青

校友理事会工作：

1.各届校友分会向校友理事会通报校友活动情况，每年出一期校友会简报。

2.各届校友分会根据实际情况组织校友每年10月聚会一次。

校友理事会通讯方法：

电话：64153114（沈欣）

E-mail：sezxjf@online.sh.cn

地址：永康路200号 邮编：200031

上海市第二中学第三届校友理事会

2012年9月22日上午，上海市第二中学第三届校友理事会成立大会顺利召开，通过校友会章程，产生了新一届校友理事会。

市二中学领导班子成员和70多位校友代表出席了本次会议。这次校友理事成立大会是一次给力的会议，希望各位理事及联络员继续搭建好校友间沟通交流的平台，为母校培养高素质的人才发挥独特的作用。

上海市第二中学第三届校友理事会成员名单

名誉会长：吴小仲、郑令德、周剑萍、翁蕴珍、江介华

会长：王民政

副会长：周仪凤、桂荣安、劳乃珣、周智莉、胡晓岚、刁卫国、沈南鹏、戴浩然

校友理事会理事（按届数排列）：

汪宁一、朱素芬、杨稚茵、袁逸君、赵平萍、蔡体敏、袁因、杨琪、秦曾娴、李惠娟、沈翠琴、顾寇凤、宋景香、沈敏健、王凤仪、陈润元、徐大文、陈雪芬、杨有瑾、杨永清、张宗芬、沈本钰、盛祖倩、查丹洁、倪美清、徐幼金、傅佩荣、陈莉莉、龚益波、余正湖、吕永杰、郑蔚、张辰、方志敏、杨炜、江国祥、邓菲、李堃、杨礼敏、汪泓、马晓理、胡晓宇、邹世平、陈恒、祝颖、邱少华、高黎新、梁山、刘宇红、谢阳、孙继宏、席勇、杨杨、印轶青、唐丽洁、马斐葭、田菁、徐帼芳、尤欣、朱亮、张亦舟、包成琪、田君婷、肖玲、张子莹、施寰宁、周鞾

美国校友会分会理事：倪军、蒋安靖

秘书长：苏平、陆军、马强

副秘书长：薛珂

秘书：沈欣

* 资料来源：上海市第二中学校友会提供，2021年12月。

附录六
部分校友简介

说明： 从务本女塾到上海市第二中学，学校创建一百二十年来，为国家、为社会培养了大批人才。他（她）们的足迹遍布海内外，活跃于各个领域、各个行业，在我国现代科学技术、文化教育、文学艺术等领域取得令人瞩目的成就。值得书写的校友人物众多。由于篇幅所限，这里仅介绍部分校友，更多的校友事迹在学校博物馆中展示。此做几点说明：1.务本毕业的知名校友如杨荫榆、张默君（昭汉）、袁希皓（涵）、杨达权等，不少已在正文中做了介绍。2.此名录由上海市第二中学校领导、校友会提供，收录各个时期的校友代表24位，其中"务本英烈"4位，"各界群英"20位。3.以本校毕业时间先后排序；反映校友主要事迹和所取得的成就；由学校档案室提供初稿，由胡端副主编补充、审读；一些人物的简介内容，得到本人的确认。

【务本英烈】

陈君起（1885—1927），原名墨云，又名振，江苏嘉定（今属上海市）人。1907年毕业于务本女塾师范科。嘉定的第一位共产党员。

1904年，陈君起因反抗封建婚姻离家出走，求学于务本女塾，1907年毕业，至南京任小学教员。1919年五四运动后，陈君起与革命青年渐有接触。1922年秋，在东南大学共产党员谢远定等人的影响下，参加革命活动。1923年底，谢远定组织南京妇女问题研究会，陈君起为该会负责人。1924年春，陈君起加入改组后的中国国民党，同年加入中国共产党，成为嘉定的第一位共产党员，其居处是共产党员活动的场所和通讯联络站。

1925年上海五卅惨案发生后，陈君起参加南京声援上海五卅惨案大会和3万人的联合大游行，沿途演讲，散发传单，揭露英、日帝国主义对中国人民的血腥屠杀。是年秋，任共青团南京地委妇女委员兼中共第三支部（鼓楼）书记。翌年，兼任国民党南京市党部妇女部长。1926年3月12日，陈君起参加孙中山陵墓奠基典礼，遭国民党右派雇用的流氓袭击而受伤，但仍与张应春等人护卫柳亚子脱险。同年10月4日，陈君起遭军阀孙传芳逮捕，关押三个月，经中共营救出狱，调江西南昌国民革命军第三军工作。1927年4月回到南京，任中共南京地委妇女委员兼国民党南京市党部妇女部长。蒋介石发动"四一二"反革命政变前一天，陈君起同中共南京地委书记等10人在开会时，被国民党政府逮捕后秘密处死。时年42岁。

朱凡（1919—1941），原名陆慧卿，祖籍浙江宁波。1935年毕业于上海市市立务本女子中学初中。"阿庆嫂"的原型之一。

1932年，陆慧卿进入务本女中就读。初中时代，她投入了"一·二八"淞沪抗战时期的救亡运动。1935年初中毕业后，"一二·九"学生爱国运动爆发，她走在上海请愿学生队伍的最前列。"八一三"事变，她先后到清凉寺难民收容所和上海女青年会主办的难童教养所工作。1938年参加中共外围组织"雪影社"做救亡工作，义务担任夜校教员。此时，她改名朱凡，寄寓着她愿当一个共产党领导下的平凡小兵的理想。

1939年，刚满20岁的朱凡参加了江南抗日义勇军，至苏（州）常（熟）太（仓）抗日民主游击区参加革命工作。翌年初，加入中国共产党，后调至苏州任中共横沔区委书记。1941年，朱凡任中共辛莫区委书记。7月，日伪大规模"清乡"，朱凡负责反"清乡"斗争。在工作途中遇上日军，不幸被捕。朱凡被捆系在急速开驶的汽艇后面，在昆承湖被活活拖死，时年22岁。

江苏省常熟市在建设沙家浜革命历史纪念馆时，把朱凡作为阿庆嫂的原型之一在馆内展出。

计淑人（1916—1950），又名计梅真，上海松江人。1937年毕业于上海市市立务本女子中学高中。抗日战争时期中共上海市区委女委员，长期致力于抗日救亡的爱国运动。

1935年，计淑人进入务本女中学习，1937年毕业后，进入一家日资纱厂当女工。她把自己融入工人的世界，到基层寻找救亡图存的出路和答案。她毅然加入上海纱厂工人救亡协会，要求到条件最艰苦的难民收容所工作。1938年加入中国共产党。

1942—1944年，计淑人先后任中共沪西中国纱厂委员会书记、中共沪西敌纱厂委员会副书记、中共沪西纱厂委员会书记等职务。这段时期，上海形势更加紧张，为降低暴露的风险，计淑人得到赵朴初的帮助，进入净业教养院工作。在院中，计淑人与段力佩、马崇儒等负责具体的管理和教育工作。

1945年日本投降，台湾回归祖国。经上海地下党市委领导研究，决定派计淑人等同志去长期在日本殖民统治下的台湾，开发和启蒙新的文化。计淑人化名计梅真，在台湾省邮工补习学校负责对台北邮局与电信局员工进行教学，她耐心细致地传授国语和文化知识，和蔼可亲地关心学员的生活，平易近人的作风、丰富的教学经验得到了学员们的爱戴，成为学员们的贴心人。1948年3月，她和其他同志一起组建"补习班同学会"，发行刊物《野草》，共计29期。

1950年2月5日，国民党以"涉共"罪名逮捕计淑人等35人，此案被称为"台湾邮电总支部"事件。10月17日，计淑人在台北惨遭杀害，光荣牺牲。

姚莲娟（1920—1941），化名白荻、叶玲，浙江平湖人。1938年毕业于上海市市立务本女子中学高中。演员。名言：为革命可以牺牲一切。

1932年，姚莲娟进入务本女中就读，初中毕业后升入本校高中，1938年毕业。在校期间，姚莲娟受到"一二·九"学生爱国运动的影响，参加了上海学生团，后加入"大公电影戏剧读书会"。"七七"卢沟桥事变后，参加上海《大公报》主办的业余话剧联合公演，化名白荻，在《别的苦女人》《东北之家》等话剧中扮演角色。1938年，考入暨南大学商学院就读，后由党组织引荐参加了"蚁蜂剧社"，在《街道人》《忍受》《情海疑云》《职业妇女》等剧中扮演主要角色，为开展"孤岛剧运"做出贡献。1940年加入中国共产党。是年底，按照党组织指示，化名叶玲，赴苏北盐城新四军抗日根据地，进入鲁迅艺术学院华中分院戏剧系学习，任女生班班长。

1941年7月，日伪军对盐阜地区进行"大扫荡"，鲁艺学院编两队撤离。24日晨，姚莲娟所在的第二队行至北秦庄时，遭日伪军包围，师生奋力突围，为转移敌人炮火点，她只身奔向另一方，不幸被敌弹击中牺牲，年仅21岁。

【各界群英】

汤国黎（1883—1980），字素莹，号影观，出生于浙江桐乡县乌镇，籍贯"浙江归安"（今浙江湖州）。1907年毕业于务本女塾师范科。近代国学大师章太炎的夫人，我国现代妇女解放运动的先驱，诗词家、书法家。曾任苏州市政协委员、民革苏州市委主委。

1905年，汤国黎进入务本女塾，初次接触新思想新文化，眼界大开，思想更为激进，誓作女中之豪杰。她学习非常勤勉。由于自幼缠足，上体育课时甚感不便，但她并不因此退却，坚持参加体育活动，忍痛练习跑步，不落人后，颇受同学感佩。在读书期间，她十分关心国事，积极参加各种社会活动，曾担任浙江"妇女保路会"负责人，参加讲演，宣传保路拒款，深得社会各界的拥护。

1907年，汤国黎以第一名的优异成绩毕业，到浙江湖州担任吴兴女学的教师，教学成绩斐然，因热心公务，有管理才能，不久便升任校长。1911年，应上海几位老同学的一再邀请，汤国黎来到上海，筹办一所新式学校。1912年，汤国黎等人创办了神州女学，又创办《神州女报》，担任编辑，影响甚广，促进了中国妇女的觉醒以及妇女运动的发展。

1913年6月，汤国黎与章太炎结为伉俪。1934年，章太炎举家迁至苏州，开办"章氏国学讲习所"，汤国黎担任教务长，深得学生的爱戴。1936年，章太炎先生过世，她坚持续办国学讲习所，还建立"章氏藏书楼"，将章太炎先生收藏的书籍以及手稿陈列其中，供人研究参考。

1937年抗战爆发后，汤国黎为了保护章太炎先生的手稿遗物，千方百计，耗尽心力，最终完好无损地保存下来，堪称奇迹。汤国黎回到上海后开办了"太炎文学院"，自任院长。当汪伪政府要求学校注册时，汤国黎宁可停办，也不肯注册，不肯承认汪伪政府的合法性，并且多次严词拒绝汪伪政府诱请她到伪政府的任职。

抗战胜利后，蒋介石国民党政府也以"中央委员""国大代表"为诱饵，请汤国黎到国民党政府中做官，汤国黎反对国民党的专制独裁，拒绝同国民党合作。

新中国成立后，汤国黎先后担任苏南行政公署专员、江苏省和苏州市首届人民代表、民革苏州市委会副主委、苏州市政协委员、民革苏州市委会主委等职。她拥护中国共产党的领导，热爱社会主义祖国，在文化建设、参政议政、祖国统一等工作中发挥了积极作用。

1979年，在汤国黎长期不懈的努力下，《章太炎全集》终于由上海古籍出版社出版，为研究中国近代革命史、中国近代思想史、中国近代学术史留下了一份完整的、极其重要的宝贵资料，这也是她对中国文化的一大贡献。

吴若安（1890—1990），原名杏宝，江苏金山（今属上海市）人。1910年毕业于务本女塾。曾任上海市教育局副局长、民进中央副主席。

1903年，幼年家贫的吴若安13岁才进上海务本女塾小学部求学，由于成绩优良，连续跳级，毕业后进中学部，依靠奖学金继续学业。早年因仰慕法国女革命家"若安"之英名，改名若安。1910年吴若安以第一名毕业，留校任高小六年级英语教员，开始从事教育工作。后任南洋女子师范（后改为南洋女子中学）英语、地理教员，兼任同济大学预科班英语教师。其间，她受辛亥革命影响，参加妇女解放运动，立下"教育救国"之志，以发展中国女子教育作为终生奋斗目标。1937年任南洋女子中学校长，直至1949年上海解放。抗战期间，上海沦陷，在日伪统治下，她坚持办学，保持民族气节，发扬爱国精神，拒绝出席日伪召开的会议和执行日伪的放假规定，并开展为前线抗日战士、为难民募捐活动。她安排教师讲授文天祥的《正气歌》，重点讲周敦颐的《爱莲说》，赞美莲花出淤泥而不染的高贵品质，以激励学生与敌伪势力做斗争；她引导学生在美术课上绘画松、竹、梅"岁寒三友"，以陶冶学生坚贞不屈的情操。

抗战胜利后，吴若安接受中共地下组织的教育，参加中共的一些外围组织，积极投入各项爱国民主活动。她在校内关心和支持进步师生参加"反饥饿、反内战、反迫害"的爱国民主运动，拒绝国民党特务查阅师生名单，帮助进步师生外出隐蔽，保护了一部分革命力量。

新中国成立后,1949年8月,调任民立女中校长,经过五年努力,使学校有了较大的变化。1956年调任上海市教育局任副局长,她不顾年迈,经常深入教育第一线,检查指导工作。

吴若安从事教育前后七十年,长期担任女子中学校长,对女校教育管理有丰富的经验,为国家培养了大批人才。

俞庆棠(1897—1949),字凤岐,祖籍江苏太仓。1914年毕业于上海县立第一女子高等小学校。著名教育家,美国教育家杜威弟子,是中国民众教育创导者、社会教育先驱。

1914年俞庆棠于上海县立第一女子高等小学校毕业后,参加妇女协赞会,从事妇女工作。后就读于中西女塾、圣玛利亚书院,任学生会主席。1919年赴美深造,先后进哈佛大学、哥伦比亚大学研究社会学和教育学,受业于杜威博士等。她勤奋学习,用两年时间修完大学课程,取得哥伦比亚大学师范学院学士学位。

1922年俞庆棠学成归国后,历任江苏无锡中学教师、大夏大学教授、江苏大学区(后改名为中央大学区)教授兼扩充教育处处长。她同情广大劳动人民,将民众教育当作改造社会、复兴民族的手段,因而她筹办创建民众学校,大力推行民众教育,并开展民众教育实验。在继承杜威教育思想的基础上,俞庆棠结合自身实践提出了"生活即教育"这一命题。

1928年,俞庆棠创办了以培养民众教育师资为目的的江苏省立教育学院。20世纪30年代,在江苏省创办了1341所民众学校,以改造社会。由于她的倡导,民众教育由江苏推广到全国。她发起成立中国社会教育社,并赴丹麦等欧洲7国考察成人教育。回国后,俞庆棠以更大的热情致力于民众教育,被誉为"民众教育的保姆"。抗战胜利后,她在上海指导、创办了140多所民众学校。1947年她担任了联合国教科文组织中国委员会委员。她的著作有《民众教育》,译著有杜威的《思维与教学》(与人合译)等。

1949年5月,俞庆棠应邀回国,作为教育界的代表出席中国人民政治协商会议第一届会议,并参加开国大典。会后,周恩来总理接见了她,中央人民政府政务院任命她为教育部社会教育司司长。

徐瑞云(1915—1969),浙江慈溪人。1932年毕业于务本女中高中。中国第一位数学女博士。

1927年2月,徐瑞云考入务本女中。她从小喜欢数学,读中学时对数学的兴趣更加浓厚,1932年9月高中毕业后,报考了浙江大学数学系,1936年以优秀成绩毕业并留校任教。1937年获得亨伯特奖学金,前往德国留学攻读博士学位,成为著名数学家卡拉西奥多里(Caratheodory)的关门弟子。在他的指导下,徐瑞云主要研究三角级数论。这门学科起源于物理学的热传导问题的傅里叶分析的主要部分,是当时国际上研究的热门之一,在中国还是一个空白。1940年底,徐瑞云获得博士学位,成了中国历史上第一位女数学博士。她的博士学位论文《关于勒贝格分解中奇异函数的傅里叶展开》,1941年发表在德国《数学时报》上。

1941年徐瑞云回国,仍在浙江大学任教。1946年,31岁的徐瑞云被提升为正教授。

1952年,徐瑞云调入浙江师范学院,被任命为数学系主任,从此全身心投入了艰苦的创建数学系的工作中。她参加许多基础课的教学,认真备课,并同助教一起讨论习题课的教学。在她的带动下,全系教师勤于职守,上好大课,上好习题课,做好一切教学环节,成为数学系的风尚。系里还经常组织教师相互听课,开展评论,教学质量不断提高。

1964年9月,中国数学会在上海召开了全国函数论会议,徐瑞云是六人领导小组成员之一。徐瑞云一直从事分析数学的教学和研究,她非常重视基础数学教学,重视教材建设,编写了很多讲义,翻译了《实变函数论》(上、下册)、《富里埃级数》等书,在国内学术界产生了较大的影响。

孙兰（1913—1968），原名韦毓梅，笔名姜平，江苏盐城人。1933年毕业于务本女中高中。曾任苏皖边区淮安县县长。新中国成立后，历任南京市文教局副局长、安徽省教育厅厅长、上海市教育局局长等职。

1933年，孙兰从务本女中毕业，考入复旦大学中文系，加入"左联"。虽然毕业，但仍然关心母校，当听说当局将派一个不受学生欢迎、品德不好的国民党员姜某来担任教务主任，便立即设法告诉了务本女中学生会。由此学生们开展了长达三周的罢课斗争，孙兰一直从校外组织力量支持同学们的斗争，直至取得胜利，两位被开除的学生会负责人在鞭炮声中返校复课。

1933年5月1日劳动节，孙兰在上海南市体育场因参加社联活动被捕，后被保释出狱。为摆脱家庭羁绊和避开当局对她的注意，1934年孙兰转学，赴北平考入清华大学中文系。她参加了中国共产党领导的"一二·九"学生爱国运动，担任清华大学共青团委书记。1936年加入中国共产党。同年清华大学毕业回到上海，以中学教师为公开职业，但用很大精力投入上海妇女界救国会组织部的工作。孙兰先后负责主编《上海妇女》《妇女知识丛刊》两本进步妇女刊物，用隐蔽形式出版，继续发动妇女投入抗日活动。

1942年，孙兰赴苏北抗日根据地。1946年在国民党军队大举进犯苏北、解放军主力北撤时，孙兰仍留在根据地坚持敌后斗争。她担任淮安县县长不到两年，但为淮安人民做了许许多多有益的事情。她深入群众，倾听群众呼声，沉着果断，善于处理各种复杂问题，赢得老百姓的信任与赞颂。周恩来同志曾当面称赞她是"苏北解放区第一位女县长，是我家乡的父母官"，也被美国进步记者史沫特莱撰文称为"共产党的女才子，红色中国的女县长"。

新中国成立后，孙兰担任过南京市文教局副局长、安徽省教育厅厅长、上海市教育局局长。由于尊重知识分子，坚持按教育规律办事，她主持的工作都很出色。1959—1964年任上海市教育局副局长、局长时，为提高中小学教育质量做了大量工作。她跑学校、听基层意见，集思广益制定了《中小学工作条例》《中小学学生守则》等一系列文件，推进上海中小学工作有章可循，教师队伍的培养有序渐进。

1968年4月8日，孙兰不幸被"四人帮"迫害致死，时年55岁。现在，江苏盐城建有孙兰生平事迹陈列室。

李敏华（1917—2013），江苏苏州人。1935年毕业于务本女中高中。美国麻省理工学院工科博士。固体力学家，中国塑性力学的开拓者，中国科学院院士。

1917年11月，李敏华出生于苏州吴县，1923年进入苏州振华女中小学部就读，一年后全家迁往上海，李敏华因此转学上海就读。1929年，李敏华考入务本女中，学校严谨的学风和严格的管理给了她很大的影响，李敏华下定决心，以己所学报效祖国。1933年，因为反对新来的校长和新的教导主任，正在上高二的李敏华号召同学们发起抗议活动。学校勒令她退学，随即学生们发起了罢课活动。罢课一周后，同学们取得了胜利，李敏华也得以继续留在学校学习。这就是当时轰动上海的"务本学潮"事件。

1935年7月，李敏华从务本女中毕业，考入清华大学化学系就读，两年后转入机械工程系。"七七"事变爆发后，清华大学与其他几所大学组成西南联合大学，李敏华也因此成为西南联大的学生。在纷飞的战火中，李敏华意识到"航空救国"的重要性，于是又转入新成立的航空工程系学习。1940年7月李敏华大学毕业，留在航空工程系任教，四年后与丈夫吴仲华一起赴美留学，就读于美国麻省理工学院，1945年和1948年先后获得美国麻省理工学院硕士学位和博士学位，这也是麻省理工学院第一位工科女博士。这一历史性的新闻甚至登上了波士顿当地的《波士顿先驱报》。

1949—1951年，李敏华在美国NACA路易斯发动机研究中心任研究科学家；1952—1954年在美国布鲁克林理工学院机械系任研究教授。这一时期她的重要论文《论应变硬化区中轴对称平面塑性应力问题》，奠定了她在塑性力学领域里的地位。

1954年，李敏华与丈夫冲破重重阻力，绕了半个地球，回到祖国。1955年李敏华以极大的热情投入钱学森和钱伟长领导下的中国科学院力学研究所的创建，担任塑体力学组组长，成为我国塑体力学的开拓者，培养了一批优秀的力学人才。

李敏华在航空航天的基础研究方面，也取得了一系列重要成果，1956年获中国科学院自然科学奖三等奖，1978年获中国科学院重大成果奖。1980年，李敏华当选为中国科学院技术科学部学部委员。李敏华曾任中国力学学会常务理事、副秘书长，航空学会常务理事,《力学学报》《航空学报》和《固体力学学报》编委;先后当选为第三届全国人大代表,第六、七届全国政协委员以及全国妇联执委。

朱南孙(1921—),江苏南通人。1938年毕业于务本女中高中。国医大师,中国中医科学院首批学部委员、上海中医药大学终身教授。"朱氏妇科"第三代传人。

朱南孙的祖父朱南山、父亲朱小南先生都是我国著名的中医妇科学家。1938年,朱南孙从务本女中高中毕业后,在祖父和父亲的影响与鼓励下,开始学习中医,就读于上海新中国医学院。1942年毕业前就随父出诊,渐渐成为其父的得力助手。

1952年,朱南孙随父同入上海市卫生局主办的中医门诊所(今上海中医药大学附属岳阳中西医结合医院),创建了当时上海医院中第一个独立的中医妇科,并开始以工作室形式开展流派传承。朱南孙不仅熟读中医各类古籍,同时也将祖父与父亲的朱氏妇科经验与理论铭记于心。切脉要准,病情要问。对于朱南孙而言,这就是她的"秘诀"。在朱氏两代名医的熏陶与教诲下,朱南孙以其睿智好学、锲而不舍的精神,发奋努力,终成一代妇科大家。至晚年医术更为精湛,在长期临床实践中形成了自己独特的学术思想和临床经验,在医林中独树一帜,享有"三代一传人"之美称。

由于对中医药事业的卓越贡献,2017年朱南孙当选第三届"国医大师",2018年被授予首届上海中医药发展终身成就奖,2019年被授予全国中医药杰出贡献奖,2020年当选首批中国中医科学院学部委员。

居欣如(1933—),浙江海宁人。1950年毕业于上海市立务本女子中学高中。曾任《解放日报》副总编辑,上海市新闻学会理事,上海市政协委员。

1950年,居欣如从务本女中毕业。中学期间,她喜爱体育活动,篮球、排球、羽毛球、乒乓球都打,特别是排球,锻炼了体格,也培养了集体意识。毕业后考入复旦大学新闻系,1953年毕业,留校任教二十余年,曾开设《新闻学概论》等课程。1977年调至上海市委宣传部。1983年调任《解放日报》副总编辑,先后分管采访报道、理论、文艺、党刊等宣传工作。

1993年居欣如获国务院表彰,作为有突出贡献的专家学者,享受国务院颁发的政府特殊津贴。退休后曾任上海市老新闻工作者协会副会长。主要作品有《晚霞集》《一得集》《心语》等。

张锦秋(1936—),四川成都人。1954年毕业于上海市第二女子中学高中。中国工程院首批院士,将中国传统建筑风格应用于当代建筑的领军人物。

1948年,张锦秋进入上海市立务本女子中学(后更名为上海市第二女子中学)就读,1954年毕业。1954—1960年在清华大学建筑系学习。1961—1966年在清华大学攻读"建筑历史与理论及古建园林"研究生,师从建筑学家梁思成和莫宗江教授。1966年毕业后在中国西北建筑设计院从事建筑设计,1976年参加设计毛主席纪念堂。1987年开始担任总建筑师,1991年荣获首批"中国工程建筑设计大师"称号,1994年被遴选为中国工程院首批院士。2001年荣获首届"梁思成建筑奖",当选为中国建筑学会副理事长。2010年10月20日荣获何梁何利基金科技最高奖项——科学与技术成就奖,这也是该基金历史上第一位女性获奖者。

张锦秋的建筑生涯可分为三个阶段:在清华大学是学习研究阶段,撰写了《颐和园后山西区的园林原状及造景经验》论文;在设计院工作进入建筑创作阶段,设计的西安大雁塔景区三唐工程、陕西历史博物馆、西安群贤庄小区三项目均获得了国家优秀设计奖、建筑学会创作大奖,被誉为

"新唐风";此后她创作的领域扩展到城市设计,代表作有西安钟鼓楼广场、黄帝陵祭祀大殿、大唐芙蓉园、曲江遗址公园、西安世界园艺博览会天人长安塔、临潼大唐华清城、延安革命纪念馆等。中国工程院评价,张锦秋的设计思想始终坚持探索建筑传统与现代相结合,其作品具有鲜明的地域特色,并注重将规划、建筑、园林融为一体。

因张锦秋在建筑事业所做的贡献,2015年5月8日,经国际小行星中心命名委员会批准,国际编号为210232号小行星正式命名为"张锦秋星"。

郑令德(1937—),上海人。1954年毕业于上海市第二女子中学高中。电磁测量技术及仪器教授。曾任上海大学党委书记、上海市教育卫生办公室主任、上海市高等教育局局长、上海市教育委员会主任、上海老年大学校长。

1948年,郑令德受地下党员、联系务本女中党组织工作的舅舅和同是务本女中学生的大姐郑令仁、二姐郑令仪的影响,考入务本女中。在中学期间她做任何事情都充满热情,特别喜欢物理,1954年中学毕业后考入浙江大学电机系。品学兼优、踏实勤奋,1958年毕业后留校任教。1964年转至上海工业大学工作,历任电磁测量技术及仪表教研室副主任、计算机系副主任、副校长、党委书记,1986年任上海大学党委书记。"好好做一个老师,本本分分,认认真真,爱护学生"是她的做人准则。她的专长是自动化测试技术、仪器仪表设计、计算机应用,科研成果"微机字处理综合软件"获上海市1989年科技进步三等奖,"TFCSS-1微机实时数字仿真系统"获1990年上海市科技进步三等奖,发表论文有《一种测量阻扰的数字化新技术》《DJS-052S微机系统总体设计》《TFCSS-1微机实时数字仿真系统》等。1992年2月调任上海市教卫党委副书记,后任书记兼市高教局局长,1994年任上海市教卫办主任,1995年2月任上海市教育委员会主任,2004—2014年任上海市老年大学校长。"活到老,学到老"正是她目前的生活状态。

陈宝鎏(1938—),上海人。1957年毕业于上海市第二女子中学高中。曾任中国驻缅甸大使、中国驻新加坡大使、中国人民外交学会副会长。

1957年,陈宝鎏从上海市第二女子中学毕业,考入南京大学英语系学习。1959年,外交部、教育部按照周总理关于"要培养一批我们自己的小国语言翻译"的指示,从全国各名牌大学挑选300多名有外语天资的学生,准备派往世界各国学习当地语言,陈宝鎏被选中。后因国家经济困难,只派出一半,陈宝鎏作为其余一半,就到了北京大学东语系,改学缅甸语。1962年进入外交部工作。1973年在外交部亚洲司工作,主管缅甸事务。1994年出任驻缅甸大使,抵缅第5天,陈宝鎏就递交了国书,一个月内拜会了所有的内阁部长,会见了150多位官员,这在驻缅使团中是罕见的。1997年,陈宝鎏出任驻新加坡大使,曾应当地中国总商会之邀去讲关于中国的外交政策及中新关系,演讲很成功,展示了实力,赢得了当地人民的尊重。2000年10月卸任后,任中国人民外交学会副会长、理事。

陈宝鎏两度出任大使,她的治馆办法有两条:从严治馆,以法治馆。确立的馆风是:政治上强,业务上精,廉洁正气,彬彬有礼。这十六个字正是她外交生涯的总结。

左焕琛(1940—),湖南湘阴人。1957年毕业于上海市第二女子中学高中。曾任中国农工民主党中央副主席、上海市人民政府副市长、上海市政协副主席等职,是上海市第十届人大常委会委员,第八、九届全国政协委员,第十届全国政协常委。

1957年,左焕琛从上海市第二女子中学高中毕业,考入上海第一医学院(今复旦大学上海医学院)医学系学习,1962年毕业后留校任教,历任助教、讲师、副教授、教授、博士生导师。左焕琛长期以来从事人体解剖学的教学和临床解剖学的科研工作,尤其是在心血管影像诊断的解剖形态学和计算机三维重建与显示方面的研究,开拓了人体应用解剖学研究的新领域,先后荣获"国家优秀

教师"称号、上海市优秀教学成果奖和卫生部、国家教委、上海市的科技进步奖等奖项。1984—1995年,左焕琛历任上海医科大学基础医学部副主任,基础医学院副院长、院长等职。

左焕琛在国内外杂志发表论文《基于WWW技术的医学断层图像三维重建》《电子束CT三维空间的实验性心肌梗死心脏和病理对照》《基于Java技术的医学图像三维重建》《犬实验性心肌梗死心脏的电子束CT三维重建》《实现医学图像基于INTERNET的三维重建》等50余篇,为临床影响器械的远程利用创造了条件。享受国务院颁发的政府特殊津贴。

沈倍奋（1943—　），江苏昆山人。1960年毕业于上海市第二女子中学高中。免疫生物化学家,分子免疫学学科的学术带头人,中国工程院院士。

1960年,沈倍奋从上海市第二女子中学高中毕业,1965年毕业于复旦大学生物系生物物理专业,1965—1968年为军事医学科学院放射医学研究所研究生,毕业后为军事医学科学院基础医学研究所研究员。1980—1982年获洪堡奖学金,在西柏林技术大学生物化学研究所做博士后研究;1988年1—9月在美国NIH做访问学者。1997年当选为中国工程院院士。

沈倍奋长期从事生物化学和免疫学研究,早期组建了分子免疫学全军重点实验室,在中国较早开展单克隆抗体制备及其临床应用等方面的研究;研制的免疫毒素是我国单克隆抗体衍生物最早申请新药审评的制品;粒细胞/巨噬细胞集落刺激因子（GM-CSF）1997年获得我国新药证书。后来沈倍奋致力于基因工程抗体、免疫调节和干预等领域研究;组建了国家"863"抗体工程研发基地,建立了"抗体人源化""基于抗原—抗体相互作用结构信息设计抗体类分子"等创新抗体研发技术,多个创新抗体药物进入临床研究,极大地推动了我国抗体产业的快速发展。

沈倍奋的研究结果获国家发明专利30余项,发表论文600余篇,5个抗体药物获批临床研究,主编专著5部,获国家科技进步奖二等奖2项,军队科技进步奖一等奖2项、二等奖9项。

严隽琪（1946—　），江苏苏州人。1962年毕业于上海第二女子中学高中。曾任上海市副市长、中国民主促进会中央主席、全国人大常委会副委员长、中央社会主义学院院长、中国和平统一促进会副会长、中国国际交流协会会长。

1962年,严隽琪从上海第二女子中学高中理科班毕业,考入上海交通大学机械工程系学习,1967年9月参加工作。1978年考入上海交通大学机械工程系就读硕士研究生,1981年获硕士学位,因表现出色,留校任教,成为一名大学讲师。1984年赴丹麦技术大学海洋工程系留学,严隽琪刻苦努力,最终凭借优异的学习成绩获得工学博士学位。1986年严隽琪学成回国,积极投身到科研和教育事业中,是国家"863"高技术发展计划自动化领域首批专家组成员,主持了多项有关制造业信息化的国家级和上海市重大科研项目,指导了近百名硕士和博士研究生,并获得多项国家和上海市科技进步奖。因为严隽琪在科研和教学中的突出贡献,于1989年被国家教委评为中国高等教育优秀青年学者,被上海市授予"三八红旗手"称号和巾帼奖;1994年被人事部授予"国家有突出贡献的中青年专家"称号,被上海交通大学授予首批"金牌教授",被国家科委授予"863优秀贡献奖";1996年获得全国"五一劳动奖章"。

2000—2018年,严隽琪历任上海市政府信息化办公室副主任、上海市副市长、民进上海市委主委、民进中央主席、全国人大常委会副委员长、中央社会主义学院院长、中国和平统一促进会副会长、中国国际交流协会会长等职。

张辰（1957—　），祖籍湖南湘乡,1974年毕业于上海市第二中学。曾任闵行区副区长,黄浦区副区长,上海市妇女联合会副主席,上海市人大第十四、十五届常委,教科文卫委员会副主任委员,民进中央委员,民进上海市委副主委。

1974年,张辰从上海市第二中学毕业,1975年2月留校任教。恢复高考后,1978年考入上海师范学院(今上海师范大学)生

附录六　部分校友简介

物系学习，1982年本科毕业，再次进入市二中学任教，从一名普通教师，逐渐走上管理岗位，曾任上海市第二中学政工副教导、上海市第五十四中学副校长、上海市南洋模范中学副校长、上海市第四中学校长、上海市徐汇区教育局副局长。2001年开始跨出教育系统，历任上海市闵行区副区长、上海市黄浦区副区长、上海市妇女联合会副主席。2013年起任上海市人大常委会委员、教科文卫委员会副主任委员。还担任民进中央委员、民进上海市委副主委等职。曾获上海市"三八红旗手"称号等荣誉。

在张辰的领导下，闵行区2003年被评为"全国卫生区"；2004、2005两年专利申请量列全市各区（县）第一位，2003、2005连续两年被评为全国科技进步先进区；2004年被国家教育部、中央教科所命名为"现代学校制度试点区"，被全国教育学会命名为"教育改革实验区"。

汪泓（1961— ），江苏南京人，1978年毕业于上海市第二中学。曾任上海市总工会副主席，上海工程技术大学校长，上海市宝山区区长、区委书记，现任中欧国际工商学院院长。

1978年，汪泓从上海市第二中学高中毕业。1983年7月从上海交通大学机电分校毕业后留校任教，从教师逐步走上管理岗位，1996年任上海工程技术大学副校长。1998年调任上海市总工会副主席，任职两年。2000年重返上海工程技术大学任校长，任职长达十一年。2011年10月，汪泓调任上海市宝山区区长，2013年任宝山区委书记。2020年8月，汪泓卸任宝山区委书记后，任中欧国际工商学院院长。

汪泓长期从事教学和科研工作，先后获国家教学成果二等奖与上海市教学成果特等奖、一等奖等10余项，曾被评授第一、二、三届上海市高校优秀青年教师，1995年度上海市育才奖，新中国60年上海百名杰出女教师等。

汪泓先后主持国家社会科学基金、国家软科学重大项目、教育部哲学社会科学重大攻关项目10项，以及教育部、省部级课题100余项，出版专著和发表论文100余篇（篇），多篇被EI、ISTP收录，30多项研究成果分别获得上海市政府决策咨询研究成果一等奖，上海市科技进步一等奖、二等奖、三等奖，上海市哲学社会科学优秀成果二等奖，上海市邓小平理论研究和宣传优秀成果奖，上海市哲学社会科学内部探讨优秀成果奖，上海市教学成果一等奖，上海市教育科研成果一等奖等各类省部级奖项，并获得Seatrade伦敦颁奖典礼颁发的邮轮发展杰出贡献奖。

汪泓是新世纪百千万人才工程国家级人选、教育部新世纪优秀人才支持计划资助学者、曙光学者和曙光跟踪学者、上海市领军人才、上海市优秀学术带头人、《社会保障》学科国家级教学团队负责人、工商管理国家特色专业负责人，上海高等学校本科教育高地建设《物流管理》和《工商管理》项目负责人。1997年开始享受国务院颁发的政府特殊津贴。

孙卫东（1966— ），江苏徐州人。1985年毕业于上海市第二中学高中。曾任中国驻巴基斯坦特命全权大使、外交部政策规划司司长，现任中国驻印度共和国特命全权大使。

1985年，孙卫东从上海市第二中学高中毕业，考入中国外交学院，1989—1996年为外交学院教师、副处长，1996年后调入外交部工作，先后任二秘、一秘、驻印度使馆参赞、外交部亚洲司副司长、外交部政策规划司司长。2013年孙卫东出任中国驻巴基斯坦特命全权大使，在他任上，中巴经济走廊各领域建设进展迅速，总投资额达185亿美元，是"一带一路"在建项目数量最多的，成为"一带一路"倡议的旗舰项目。两国在政治、经济、人文、科技、教育、安全、防务以及国际和地区事务等各领域的交流与合作得到全方位拓展。

2019年孙卫东出任中国驻印度共和国特命全权大使，他提出，要以两国领导人重要共识为根本遵循，要超越管控模式，努力积极主动塑造，要深化两国务实合作，要加强在国际地区事务上的沟通协作，不断拓展中印交往的广度和深度，发掘两国合作的新增长点，妥善处理两国历史遗留问题和分歧，共同开创中印关系更加美好的未来，实现"龙象共舞"，为打造"亚洲世纪"而努力。

沈南鹏（1967— ），出生于浙江海宁。1985年毕业于上海市第二中学高中。红杉全球执行合伙人，红杉中国创始及执行合伙人，携程旅行网和如家连锁酒店创始人，第十三届全国政协委员。

1985年，沈南鹏以优异成绩从上海市第二中学高中毕业后，成为上海交通大学首届免试直升的试点班学生，就读数学系，取得学士学位。本科毕业后到美国学习，先在哥伦比亚大学数学系学习，后报考了耶鲁大学商学院，1992年在耶鲁大学取得硕士学位。

1994年沈南鹏回国，1999年创立携程旅行网，2002年创立如家连锁酒店，他带领两家公司分别于2003年和2006年在纳斯达克成功上市。

沈南鹏连续三年蝉联美国《福布斯》杂志"全球最佳创投人"（The Midas List）榜首。他曾于2018年首次登顶该榜单，成为全球首位得此桂冠的华人风险投资人，具有里程碑式的历史意义。他屡次获得国内外各项殊荣，主要包括：《福布斯》2012—2020年度"全球最佳投资人"榜单中排名最高的华人投资者、《财富》2015—2019年度"中国最具影响力的50位商界领袖"和"中国最具影响力的30位投资人"、CB Insights—《纽约时报》2016—2019年度"全球20位顶尖风险投资人"、《福布斯》"百年百位全球最伟大商业思想家"等多项荣誉。

沈南鹏现任中国证券投资基金业协会创业投资基金专业委员会副主席、香港特区行政长官创新及策略发展顾问团成员、香港交易所国际咨询委员会成员、耶鲁管理学院顾问委员会主席、耶鲁中国中心理事会主席、上海交通大学校董、亚布力中国企业家论坛理事等职务。

沈南鹏高度关注社会公益，特别对科学、教育等领域的公益事业进行了长期持续支持。2005年，沈南鹏和夫人雍景欣作为上海市第二中学校友，为感念母校，设立了"务本奖、助学金"，长期奖励和支持品学兼优，尤其是家庭困难的学子更好地完成学业。自2012年起，红杉中国每年向"美丽中国"等基础教育公益项目提供捐赠，帮助为教育资源匮乏地区提供稳定的师资力量，促进教育公平。2018年4月，红杉中国为上海交通大学捐资设立"红杉—交大ACM班教育基金奖学金"，旨在促进高校前沿科学研究，培养更多有高远追求的科学家，不断在计算机科学领域做出原创性、突破性的贡献。2021年11月1日，由红杉中国出资5亿元独家捐赠世界顶尖科学家协会，设立世界顶尖科学家协会奖，用于表彰全球范围内在各自领域做出杰出贡献的科学家。沈南鹏表示，这是红杉中国对人类科技的一笔永久性"公益投资"。

姚明（1980— ），祖籍江苏苏州。1995年毕业于上海市第二中学初中。NBA及世界篮球巨星，中国篮球史上里程碑式人物。现任亚洲篮球联合会主席、中国篮球协会主席，第十三届全国青联副主席，改革先锋奖章获得者。

1991年，姚明进入上海市第二中学就读。1993年进入上海大鲨鱼青年队训练。1998年入选国家队。2001年夺得CBA常规赛MVP，2002年夺得CBA总冠军以及总决赛MVP。同年姚明以状元秀的身份被NBA的休斯敦火箭队选中，他的NBA生涯8次入选全明星，5次入选最佳阵容。姚明已不仅仅是一名出色的球员，而是一个传递着中国形象和中国文化内涵的中外文化交流使者，他的顽强进取精神、谦逊幽默气质与人格魅力，赢得了世界声誉，让世界看到了中国的进步，对中国有了新的了解与认识。姚明已经成为东西方文化的桥梁，具有史无前例的个人影响力，他的意义与价值，超越了篮球运动，超越了国界，因而两次被美国《时代周刊》评选为年度"世界最具影响力的100人"。2011年7月20日，姚明宣布退役，后被选入奈史密斯篮球名人堂，成为首位获此殊荣的中国人。

2013年，姚明当选为第十二届全国政协委员；2015年正式成为北京申办冬奥会形象大使之一，10月成为中国"火星大使"；2017年2月当选中国篮协主席，7月成为CBA公司董事长；2018年9月荣膺第十届"中华慈善奖"慈善楷模。

胡歌（1982— ），祖籍江苏无锡。2001年毕业于上海市第二中学高中。中国内地影视男演员。

1994年，胡歌进入上海市第二中学初中学习，1998年考入本校高中，2001年高中毕业后，考入上海戏剧学院表演系。在中学阶段曾担任校学生会文艺委员、校合唱团团长、班级团支书记，曾获得上海市第二届学生艺术节话剧专场一等奖。

2005年，胡歌主演《仙剑奇侠传》受到关注，2006年8月遭受严重车祸，2007年6月复出。2015年主演的谍战剧《伪装者》、古装剧《琅琊榜》，收获观众好评，荣获上海电视节白玉兰奖"最佳男主角奖"、中国电视金鹰奖"观众喜爱的男演员奖"及"最具人气演员奖"等。2019年4月，主演的《南方车站的聚会》入围第七十二届戛纳国际电影节主竞赛单元。2021年7月1日，参加庆祝中国共产党成立一百周年文艺演出《伟大征程》。

胡歌感恩母校，上海市第二中学一百周年、一百一十周年校庆以及"爱我学校·爱我祖国"庆祝新中国成立六十周年的主题活动，他都放下繁忙的工作，回母校担任主持。在胡歌的身上，有着当代风格与东方智慧的结合，他对自己的每一项事业都投入了极大的专注与热情，比如捐赠修建希望小学、救助自闭症儿童、宣传保护斑头雁、远赴青海参加绿色江河长江源环保活动等。因为胡歌的良好形象，上海市旅游局聘任胡歌担任首任上海旅游形象大使。金庸为他题字：渡过大难，将有大成，继续努力，终成大器。

附录七
图片目录索引

第一章

3　图1-1　务本女塾毕业生（约1911年）。校友提供

4　图1-2　《女塾宏开》，选自《点石斋画报》

5　图1-3　民国《上海县续志》卷十一《学校下》，记载裨文女学、圣马利亚女书院、清心女学等

5　图1-4　关于"中西女塾""圣马利亚女书院"等，见"外国及教会所办学校"，选自上海县知事公署编：《上海县教育状况》（1917年）

6　图1-5　经元善传，选自民国《上海县续志》卷二十一

7　图1-6　交大校长唐文治致陆安生函，1918年4月15日，称吴怀疚先生已病愈回沪，请派人会同吴怀疚接洽购地交涉案。上海交通大学档案馆藏，档案号：LS3-207

7　图1-7　《南洋公学师范班学生名册（1935年）》（内有吴馨），上海交通大学档案馆藏，档案号：LS2-398

7　图1-8　《交通部上海工业专门学校历年同学姓氏录》（1917年）记载吴馨担任上海县教育会会长，住址为静安寺路83号，上海交通大学档案馆藏，档案号：LS3-365

7　图1-9　《招覆师范生示》（内有吴馨），《申报》1987年4月24日第4版

8　图1-10　1897年南洋公学师范班首批学生、外院学生合影。其中右起第十二人为王植善，即王培孙

9　图1-11　《纪务本女塾及幼稚舍秋季运动会》，《申报》1905年11月12日第9版

10　图1-12　《会商建校及设防事宜》，《申报》1906年3月24日第9版

10　图1-13　上海县城西门外一带，有"黄家阙"。选自同治《上海县志》

11　图1-14　图中标注"务本女学"。1909年该校迁到西门外黄家阙路新建校舍

11　图1-15　《上海县案，据务本女学堂经理人吴馨禀称……》，《申报》1906年8月15日第18版

12　图1-16　务本女塾建筑，选自《图画日报》第64号

12　图1-17　务本女塾操场（1909年）。上海市第二中学档案室提供

12　图1-18　吴馨，选自《上海县教育状况》（1917年）

15　图1-19　《学制：务本女塾增设初等高等女子小学规则》，选自《教育杂志》1905年第17期

16　图1-20　选自《江苏教育总会文牍》（1907年）

18　图1-21　选自《江苏教育总会文牍》（1907年）

19　图1-22-1　民国《上海县续志》，吴馨等修，姚文枬等纂，民国七年（1918）南园刻本

19　图1-22-2　民国《上海县续志》卷十一《学校下》，记载"务本女塾"

20　图1-23　《纪务本女塾运动会》，《申报》1906年5月20日第17版

20　图1-24　《务本女塾运动会纪》，《时报》1906年11月6日第3版

21　图1-25　《务本女塾第一次家庭恳亲会纪事》，《申报》1907年6月10日第18版

21　图1-26　《务本女塾暑期体操传习会给凭》，《申报》1906年8月20日第17版

22　图1-27　吴馨将务本女塾捐归县有，改制为上海县第10版第一女子高等小学校，《申报》1913年11月7日

23　图1-28-1　民国《上海县续志》题名中的"吴馨"

23　图1-28-2　民国《上海县续志》吴馨所撰之序（摘选），民国七年（1918）

24　图1-29　《陆仲炳传》，选自《江苏教育总会文牍》（1907年）

25　图1-30　《上海全县公立学校职教员一览表》中的"县

	立第一女子高等小学校"部分（1917年8月），选自《上海县教育状况》（1917年）	48	图2-14 《务本女学学生王婉淑致各界书》，《申报》1919年6月27日第11版
28	图1-31 《务本女塾行毕业礼》，《申报》1907年6月28日第19版	48	图2-15 《申报》1927年4月8日第10版报道《县立务本女子中学昨已接收》
28	图1-32-1 《务本女塾毕业名单》，《申报》1908年1月21日第19版	49	图2-16 上海特别市市政府工务局关于务本女校建造礼堂、教室等文档（1928年）
29	图1-32-2 务本女塾高等小学戊申年（1908）毕业摄影，选自《教育杂志》1909年第1卷第2期	50	图2-17 《申报》1928年8月17日第17版报道县立务本女学改组为市立女子中小学校，仍由贾佛如任校长
29	图1-33 《务本女塾举行毕业式》，《申报》1911年7月9日第20版	51	图2-18 市立务本女中徽一枚（20世纪30年代）
30	图1-34 《上海全县公立学校职教员一览表》中的"市立万竹女子国民学校"，一些教职员毕业于务本女中（1917年8月），选自《上海县教育状况》（1917年）	51	图2-19 务本女学校长王孝英女士，选自《上海画报》1932年第835期
31	图1-35 1907届陈振（陈君起）毕业证书。上海市第二中学提供	52	图2-20 务本女中教职工合影（1933年3月）
		53	图2-21 《务本女子中学校教职员抗日救国会致电蒋介石的抗日电文》，《申报》1931年11月21日第13版
	第二章	53	图2-22 "九一八"事变后务本女学成立义勇军军官团，选自《图画时报》1931年第777期
39	图2-1 1933年务本鸟瞰全景	54	图2-23 《务本女中救国大会》，《申报》1931年9月23日第12版
41	图2-2 《务本女塾同学会组织募捐团启》，《时报》1912年7月20日第10版	54	图2-24 王孝英：《妇女与民权》，选自《上海市立务本女子中学校年刊》（1933年）
42	图2-3 上海县立第一女子高等小学校全体摄影，选自《上海县教育状况》（1914年）	55	图2-25 务本女学校长阎振玉女士
43	图2-4 曾钧校长（1917年）	55	图2-26 阎振玉校长题词："勤朴勇诚"，选自《务本女中学生自治会半年刊》（1935年）
43	图2-5 上海县立第一女子高等小学校高等文科、高等理科及高等小学毕业名单，《申报》1914年7月6日第10版	56	图2-27 1933年自然科学、英文文学、中国文学研究会导师、会员合影
44	图2-6 《上海县立学校中学校一览表》涉及务本女中的信息，选自《上海县教育状况》（1917年）	57	图2-28 《大公报》"上海职业妇女访问记"栏目报道务本校长胡兰女士，《大公报》1937年1月8日第7版
45	图2-7 上海县立务本女子中学校校舍平面图（1916年）	58	图2-29 《申报》1928年8月19日报道，务本在高中、中、附小一体化的基础上，增设高中师范科与幼稚园
45	图2-8 上海县公立学校地点图。县城内有务本女中等，选自《上海县教育状况》（1917年）	59	图2-30 1933年师范科同学会合影
45	图2-9 《申报》1916年7月14日报道"县立第一女子高等小学"改名为"县立务本女子中学校并附属高等小学校"	60	图2-31 1933年市立务本女子中学初中必修学程表，选自《上海市立务本女子中学校年刊》（1933年）
46	图2-10 《上海县视学视察报告》（1915年）提及县立第一女子高等小学校，选自《上海县教育状况》（1917年）	60	图2-32 1933年市立务本女子中学初中三年级选修学程表，选自《上海市立务本女子中学校年刊》（1933年）
46	图2-11 《上海县教育状况》（1917年）封面	61	图2-33 1933年市立务本女子中学高中普通科必修学程表，选自《上海市立务本女子中学校年刊》（1933年）
47	图2-12 《咨江苏省长上海务本女子中学校准立案文》，选自《教育公报》1918年第3期	61	图2-34 1933年市立务本女子中学高中普通科选修学程表，选自《上海市立务本女子中学校年刊》（1933年）
48	图2-13 上海县立第一女子高等小学校家事实习照片（1917年）	63	图2-35 务本学生劳作课（1933年）

63	图2-36　务本学生实验课（1933年）		柏臣之女公子、务本女学毕业生蒋愫女士新婚俪影，选自《上海画报》1931年第702期
64	图2-37　1927—1933年市立务本女中《历年投考学生数与录取学生数比较图》，选自《上海市立务本女子中学校年刊》（1933年）	88	图3-12　务本女学高才生陆钦英女士近与法工部局职员周上喧君结婚，选自《图画晨报》1933年第46期
65	图2-38-1　务本女中实验室：节拍器（德国制，20世纪三四十年代）	89	图3-13　1934年高中普通科毕业生在黄家阙路教学楼前的毕业照
65	图2-38-2　务本女中实验室：热学蒸汽机模型（约20世纪三四十年代）	91	图3-14　"新生活运动"下的务本女学新生活，选自《大上海教育》1933年第1卷第1期
67	图2-39　王孝英校长呈文上海市教育局《二十年度务本女中师范科家事组计划草案》（1931年）	91	图3-15　1934年市立务本女子中学校的校训、校徽、校旗
68	图2-40　1933年5月市立务本女中全体学生合影	93	图3-16　《务本女塾暑期体操传习会章程》，《申报》1906年6月30日第17版
68	图2-41　《上海市立务本女子中学校年刊》（1933年）。校友徐修梅提供	94	图3-17　1921年务本女中四年级生之优秀舞及网球队，选自《妇女杂志》1921年第7卷第1期
68	图2-42　《毕业生状况百分比较图》，选自《上海市立务本女子中学校年刊》（1933年）	95	图3-18　1933年务本学生课外活动集锦
		95	图3-19　1934年务本女篮队
	第三章	96	图3-20　1933年务本女中学生参加上海市第二届中等学校运动会获得佳绩
77	图3-1-1　务本女校小学部	96	图3-21　夺得女子组锦标之务本田径队，选自《图画时报》1933年第925期
78	图3-1-2　务本女校理事厅	97	图3-22　1933年上海市中学联合运动会之鳞爪：女子400米接力赛跑优胜之务本队（最上图自右至左：萧杰英、张蕙英、王韫白、邝少桃）
78	图3-1-3　务本女校图书馆		
78	图3-1-4　务本女校大门		
79	图3-2　务本女中四年级学生刊行的《女界铎》封面、内页（1920年第2期）	97	图3-23　县立务本女子中学校棒球队摄影（1917年）
80	图3-3　上海县立第一女子高等小学校家事实习（1917年）	98	图3-24　务本女排队（1929年）
81	图3-4　上海县立第一女子高等小学校家事实习（1917年）	100	图3-25　《务本与海星之球战：旗鼓相当，决个死活》，选自《体育新声》1931年第2期
82	图3-5　务本女学之缝纫实习，选自《社会画报》1934年第27期	101	图3-26　"时报杯"排球赛之务本与民立交锋场景，选自《图画时报》1931年第747期
82	图3-6　《务本女中校注重家事》，《申报》1916年8月15日第10版	101	图3-27　1930—1933年务本女排的"光荣时刻"
83	图3-7　"张伟奇女士。毕业于务本女子中学，爱文学，擅音乐，聪慧秀丽，活泼温和，历任尚志、务本等女校教职"，选自《卷筒纸画报》1928年第3卷第135期	102	图3-28　务本女塾早期学生装束风貌，选自《女学报》1902年第2卷第2期
		105	图3-29　王佩珍：《训育概况》，选自《上海市立务本女子中学校年刊》（1933年）
83	图3-8　"郑瑞兰女士肄业务本女学，好文艺，擅交际，善运动"，选自《图画时报》1929年第623期	105	图3-30　训育主任金葵声等，选自《上海市立务本女子中学校年刊》（1933年）
84	图3-9　教育家袁希涛二位女公子：袁英（肄业于复旦）、袁华（肄业于务本），选自《上海漫画》1930年第101期	105	图3-31　1934年高中普通科毕业生在上海市政府前的毕业照
87	图3-10　国文竞赛优胜者，选自《务本女中学生自治会半年刊》（1935年）	106	图3-32　务本女中高中普通科毕业生在黄家阙路教学楼前的毕业照（1934年）
87	图3-11　上海英文《泰晤士报》记者马郁文与巨商蒋	107	图3-33　务本女学学生自治会成立纪念，选自《上海画报》1930年第584期

页	编号	说明
107	图3-34	1921年务本二十周纪念之际，校友演《社会之蠹》新剧化装摄影
107	图3-35	务本女中教师黄雅娥、谢彭年、柏觐候、袁善徵老师在教学楼前合影（1934年）
108	图3-36	务本女中教师谢彭年、柏觐候老师在后花园合影（1934年）
109	图3-37	《务本女中学生自治会半年刊》（1935年6月），1939届师范科校友徐修娟捐赠
109	图3-38	《务本女中学生自治会半年刊》（1935年12月），1939届师范科校友徐修娟捐赠
109	图3-39	务本女学一九级游艺会《一封书》之一幕，选自《图画时报》1930年第628期
109	图3-40	务本女学一九级游艺会中《游艺家》之演员，选自《上海画报》1930年第547期
111	图3-41	演讲优胜者，选自《上海市立务本女子中学校年刊》（1933年）
113	图3-42	1931年"九一八"事变后务本女学之军事训练，选自《女学生》1931年第2期
113	图3-43	1933年务本学生救国工作场面集锦
115	图3-44	《申报》1933年11月14日报道务本女中发生风潮
116	图3-45	1929年王孝英女士接任上海特别市务本女子中学校长职纪念摄影，选自《北洋画报》1929年第8卷第386期
116	图3-46	《上海务本女校反国民党风潮惨案》，选自《中国论坛》1933年第3卷第2期
118	图3-47	潘公展题签的《上海市立务本女子中学（校）概况》（1934年），校友徐修梅捐赠
118	图3-48	王孝英校长题词"专著"，选自《上海市立务本女子中学校年刊》（1933年）
120	图3-49	阎振玉校长呈文及上海市教育局相关批复等文档摘选（1936年）

第四章

页	编号	说明
131	图4-1	1946、1947年间的怀久女中、雷米小学位置，选自《袖珍上海里弄分区精图》第十五图
132	图4-2-1	1937年黄家阙路校舍，1940届高中许锦漪提供
132	图4-2-2	李万新老师是东北抗联将领李延禄长女，她和学生周梅英赴延安
132	图4-3-1	抗战初期被炸毁的黄家阙路务本女中体育馆
132	图4-3-2	抗战初期被炸毁的黄家阙路主教学楼
133	图4-4	1937年10月4日《申报》报道学校被迫迁入租界到霞飞路（今淮海中路）553号
135	图4-5	怀久女中校门，1940届高中许锦漪（中间者）提供
136	图4-6	1938年12月8日《申报》报道怀久女中分别在毕勋路（今汾阳路）77号、威海卫路（今威海路）587号授课
138	图4-7-1	《私立怀久女中校长杨明晖昨接事》，《申报》1939年3月15日第8版
138	图4-7-2	《怀久女中近闻》，《申报》1939年3月21日第8版
140	图4-8	《怀久女中南校明日复课》，《申报》1939年4月2日
140	图4-9	上海特别市教育局涉及上海市怀久等校的相关文档摘选（1942年），上海市档案馆藏
141	图4-10	《由怀久说到务本》，《学校春秋》1939年第1卷第10期
143	图4-11-1	实验室设备：巴罗轮（约20世纪40年代）
143	图4-11-2	实验室设备：静止惯性试验器（20世纪40年代），标注有"科学仪器馆股份有限公司（上海棋盘街）"
143	图4-11-3	实验室设备：磁倾仪器（20世纪40年代）
145	图4-12	务本校友会银行存折（账目）
147	图4-13	《新闻报》1941年8月1日第12版有关"怀久女中"的记载
148	图4-14	《学校汇讯》，《申报》1941年2月3日第8版
148	图4-15	《学校概况：怀久女子中学》，《申报》1938年12月8日第12版
149	图4-16	《（怀久女子中学）寒衣运动 继续推行》，《申报》1938年10月26日第10版
149	图4-17	1937年8月淞沪会战后务本女中学生在孤军营慰问并与谢晋元团长合影，其中女生余艳华（余叔，前排右二），受谢团长抗日精神的感染，后成为新四军女兵
152	图4-18	《务本女中接收怀久校具清册》（1945年9月），上海市档案馆藏
153	图4-19	1945年9月学校稿簿
154	图4-20	《申报》1936年3月31日刊登的刚落成的雷米小学大楼图片，上面还印有"Ecole REMI"（法文"雷米学校"）字样。宋志良提供
154	图4-21	《申报》1947年5月3日报道，务本女中课室

附录七　图片目录索引

	被市师学生捣乱
156	图4-22　学校档案资料选，学校大事记（1945年起）
158	图4-23　1945年9月学生成绩册
159	图4-24　《女子排球劲旅　务本队东山再起》，《申报》1946年6月22日第5版
159	图4-25　《中学生国语演说　预赛结果昨揭晓》，《申报》1946年12月23日第8版
159	图4-26　1945—1949年务本女中大事记（摘选）
160	图4-27　1947年7月三次代表本校出席演说竞赛均获优胜的沈吕诗同学
160	图4-28　市立务本女中复校后高中第二届、初中第三届前三名毕业生（1948年）

第五章

171	图5-1　上海市市立务本女子中学校门（1951年）
172	图5-2　1949年上海市军事管制委员会接管上海市立务本女子中学令
173	图5-3　1949年务本女中教职员向解放大上海的中国人民解放军赠锦旗
173	图5-4　校庆四十九周年纪念大会，左淑东校长讲话
174	图5-5　上海市立务本中学教职员名单（摘选）。上海市第二中学档案室提供
175	图5-6　1951年学校党支部成员合影
176	图5-7　1951年支部改选文件
176	图5-8　1952年支委调整文件
177	图5-9　1949年沈林仙参加第一届学代会
177	图5-10　学生上街宣传反帝（20世纪50年代）
177	图5-11　学生上台演讲，反抗美帝侵略
178	图5-12　1951年1月务本女中同学参加军事干部学校留影
178	图5-13　1951年1月参加抗美援朝20位同学名录
178	图5-14　1950年务本女中学生在操场上学骑自行车（左为居欣如，右为马玓）
180	图5-15　1951年1月务本女中全体教职工欢送本校参加军事干部学校同学留影
181	图5-16　1950年7月市立沪西补校学生会主办义务识字班全体师生合影
182	图5-17　左淑东校长行政工作札记
183	图5-18　1950届乙班居欣如（左四）等同学在教学楼前的合影
183	图5-19　1952年7月，上海市第二女子中学全体教职工欢送工作组同志和左淑东校长
184	图5-20　1952年7月12日，上海市第二女子中学换校牌
184	图5-21　上海市人民政府教育局关于调任上海市第二女子中学校长郭秀梅的文档（1954年）
186	图5-22-1　发报机键，收报机（20世纪50年代）
186	图5-22-2　解剖放大镜（20世纪50年代）
186	图5-22-3　蒸汽机模型（20世纪50年代）
186	图5-22-4　化学试剂（20世纪40—50年代）
188	图5-23　上海市第二女子中学校长郭秀梅撰写的文章，《文汇报》1953年12月12日第3版
189	图5-24　上海图书馆赠给上海市第二女子中学"卓娅班"的读书会纪念（1953年）
189	图5-25-1　"卓娅班"创作集（1958年）
189	图5-25-2　程迪和校长对第三届"卓娅班"的寄语（1958年）
190	图5-26　市二女中学生在后花园读书场景（20世纪50年代）
191	图5-27　1951届学生沈林仙（右一）和叶懋英老师（中间者）合影
191	图5-28　潘伯英老师（后排右一）与学生合影（20世纪50年代）
192	图5-29　市二女中在实验室（观察金鱼）（20世纪50年代）
192	图5-30　上海市第二女子中学参加市少年儿童合唱，获得优胜奖（1957年）
192	图5-31　务本女中同学打篮球（1950年）。居欣如校友提供
192	图5-32　学生在操场上短跑（1953年）
193	图5-33　务本初中女排队（1951年5月）
193	图5-34　务本高中女排队（1951年5月）
194	图5-35　务本女中团体操训练（1951年）
194	图5-36　"红五月"务本女中各班团体操比赛（1953年）
194	图5-37　三八妇女节游行队伍中的务本女中红星队（在游行队伍之首）（1951年）
194	图5-38　三八妇女节游行队伍中的务本女中乐队（1951年）
194	图5-39　上海市第二女子中学学生优秀事例（摘选，1956年）

第六章

201	图6-1　市二女中潘伯英老师带领学生做春小麦实验

	（20世纪50年代）		229	图6-26 上海市第二中学1975届学籍表册
203	图6-2 开展学工活动（具体时间不详）。上海市第二中学档案室提供		230	图6-27 1975届和1976届上海市第二中学校女篮队师生
204	图6-3 《学生文艺创作选集》第二辑（1959年）。宋景香提供		230	图6-28 市二中学红卫兵团在跳水池组织的游泳训练

第七章

205	图6-4 20世纪60年代区委前来调研，程迪和副校长（右二）参加
206	图6-5 市二学生在实验室里（20世纪60年代）
207	图6-6 20世纪60年代初市二学生学习射击
209	图6-7 市二中学少先大队上街宣传（20世纪60年代）
209	图6-8 市二中学学生军训（20世纪60年代）
209	图6-9 市二女中学生参加1965国庆节活动，在上海人民广场表演团体操
209	图6-10 市二女中学生参加1965国庆节活动，在上海人民广场表演团体操
210	图6-11 市二女中学举行排球比赛（1959年）
210	图6-12 "我们班4个体操一级运动员"，长风公园合影，每人胸前配带的是国家一级运动员证章，左起：袁志洪、陶璘、步平、温敬平（1962年）
210	图6-13 市二女中学生在学校大操场表演自由体操（1963年）
210	图6-14 市二女中学生考上清华大学，合影于清华园，左起：陶璘、田心、温敬平（1963年）
211	图6-15 在班级元旦晚会上表演绸巾操（1963年）
213	图6-16 市二女中参加新疆建设高、初中毕业生留念（1963年9月）
213	图6-17 市二女中参加新疆建设高、初中毕业生与校领导合影（1963年9月）
213	图6-18 市二女中参加新疆建设高、初中毕业生与校领导合影（1964年9月）
219	图6-19 市二女中设立政治处（1966年2月）
220	图6-20 市二女中学生参加学工活动（20世纪60年代）
222	图6-21 1967届校友顾林妹初中同学合影（1961年7月至1964年7月）。上海市第二中学档案室提供
222	图6-22 1967届校友顾林妹插队落户前夕，离校前拍摄的一组校园及附近照片（1969年2月）。上海市第二中学档案室提供
225	图6-23 市二中学高中部分女生在校门口合影（1968年）
227	图6-24 市二中学校办工厂
228	图6-25 1975届（2）班同学合影
237	图7-1 上海市第二中学校园及附近航拍图（1979年）。上海市第二中学档案室提供
238	图7-2 1978年2月，上海市确定一批重点中小学，徐汇区上海市第二中学名列其中
239	图7-3 1979年任命书，任命鲁夫为上海市第二中学校长，学校档案资料选
240	图7-4 上海市第二中学青年英语教师曹树华成为上海普教战线新秀，《光明日报》1981年9月1日第1版
241	图7-5 上海市第二中学全校三好学生与老师合影（1978年）
241	图7-6 上海市第二中学1979届全体高中毕业生合影
241	图7-7 上海市第二中学1978届（9）班毕业留影（1978年1月）
241	图7-8 上海市第二中学1984届高中被推荐的优秀毕业生合影留念
242	图7-9 20世纪80年代上海市第二中学校门
242	图7-10 记录陈骅事迹的报告文学《没有失去的青春》，《文汇报》1981年9月11日第3版
243	图7-11-1 上海市第二中学初三（2）班毕业留影（1982年6月18日）
243	图7-11-2 上海市第二中学高二（1）班毕业留影（1982年6月18日）
244	图7-12 上海市二中学学籍卡（摘选，20世纪80年代）
245	图7-13 1987年任命书，任命吴小仲为上海市第二中学校长
246	图7-14 吴小仲校长手稿
247	图7-15 苏联话剧《祝你成功》片段剧照，左起：陆红斌、祝颖、陈湜钦、稽晓宇（1984年）
248	图7-16 上海市第二中学全体女教工合影留念（摄于1986年）
248	图7-17 上海市第二中学内部刊印的研究性书籍一览
249	图7-18 上海市第二中学在日本新池中学参加篮球比赛（1987年）
249	图7-19 上海市第二中学欢迎草津市教育代表团来访（1993年8月）

251	图7-20 吴小仲校长主编的教育改革论文集（摘选）		影留念（1999年5月）
253	图7-21 《让每个孩子都学会关心他人——记上海市第二中学开展的"孝心活动"》，《人民日报》1996年6月11日第10版	264	图7-44 上海市第二中学1999届初三毕业生合影留念（1999年5月）

第八章

254	图7-22 市二中学被上海市人民政府授予"文明单位"称号（1997年）
254	图7-23 市二中学获得"上海市中小学德育工作先进集体"称号（1994年）
255	图7-24 1995年9月，吴小仲被评为全国教育系统劳动模范并授予全国优秀校长奖章
256	图7-25 上海市第二中学1988届高中毕业留影（1988年6月）
257	图7-26 化学实验课（20世纪80年代）
257	图7-27 笛子独奏乐（1982年）
258	图7-28 徐汇区民办嘉善初级中学校园（1962年）。上海市第二初级中学档案室提供
258	图7-29 上海市嘉善中学分部校门（1964年）。上海市第二初级中学档案室提供
258	图7-30 嘉善中学校门（1988年）。上海市第二初级中学档案室提供
258	图7-31 嘉善中学校门（1995年）。上海市第二初级中学档案室提供
259	图7-32 上海市第二初级中学挂牌仪式合影留念（1997年）
261	图7-33 市二中学学籍卡（摘选，20世纪90年代）
261	图7-34 市二中学学生论文（20世纪90年代）
262	图7-35 市二中学与华东师范大学理工学院共建"创新能力实验基地"
262	图7-36 市二中学成为"上海市中小学课程教材改革研究基地"
262	图7-37 上海市第二中学初中部举办艺术节汇演（2000年）。上海市第二初级中学档案室提供
262	图7-38 上海市第二中学举办"深情的爱"合唱音乐会（1999年4月1日）。上海市第二中学档案室提供
262	图7-39 上海市第二中学组建女教师合唱队（20世纪90年代）。上海市第二中学档案室提供
262	图7-40 上海市第二中学举行篮球赛（拍摄时间不详）。上海市第二中学档案室提供
264	图7-41 上海市第二中学车模队（1999年）
264	图7-42 《操场似火炉，汗衫湿半截：车模队员赛前集训忙》，《文汇报》1999年8月10日
264	图7-43 上海市第二中学1999届高中毕业全体师生合
269	图8-1 上海市第二中学永康路校区及附近（2021年10月12日）
270	图8-2 上海市第二中学被命名为"上海市实验性示范性高中"（2005年9月）
271	图8-3-1 市二中学研究型课程教材
271	图8-3-2 教师学科德育论文集锦
271	图8-3-3 拓展型教材《上海历史文物建筑》
271	图8-3-4 拓展型教材《中国民俗十讲》
273	图8-4 2000年12月25日，学校参加上海市实验性示范性高中规划初期评审
273	图8-5 2000年12月25日，学校参加上海市实验性示范性高中规划初期评审，姚国超校长发言
273	图8-6 2002年6月10日，创建上海市实验性示范性高中规划实施中期检查，市二中学汇报会
276	图8-7 上海市第二中学被评为"上海市艺术教育特色学校"
276	图8-8 上海市第二中学被授予"上海市五一劳动奖状"
276	图8-9 上海市第二中学被上海市人民政府授予首届"文明校园"称号
278	图8-10 吴小仲老校长与学生读书分享会（2021年）
278	图8-11 务本讲坛第43期，史季校友主讲
279	图8-12 《我的祖国，我的母亲河》荣获全国第六届中小学生艺术展演上海市朗诵专场一等奖，集体合影
279	图8-13 在2009年全国中学生运动会排球比赛中，来自上海市第二中学的吴融瀚同学所在的上海市男子排球队获得全国比赛的第二名
280	图8-14 钱靳威老师在人工智能实验室上课
280	图8-15 智慧学习信息化助力课堂
281	图8-16 上海市第二中学陈美兰老师，1978年被评为上海首批特级教师，1991年被上海市中小学幼儿教师奖励基金会授予"上海市园丁奖"
281	图8-17 2011年3月28日，高萍老师被授予"首届全国中小学外语教师名师"称号、证书
282	图8-18-1 上海市首批英语特级教师陈美兰
282	图8-18-2 语文特级教师吴小仲
282	图8-18-3 特级书记苏平

页码	编号	说明
282	图8-18-4	特级校长沈建华
282	图8-18-5	数学特级教师胡兰田
282	图8-18-6	物理特级教师王洪林
282	图8-18-7	化学特级教师刘斌
282	图8-18-8	化学特级教师王苹
283	图8-18-9	特级校长王民政
283	图8-19-1	特级教师、正高级英语教师王雅芬
283	图8-19-2	正高级历史教师张曦琛
283	图8-20	2011年3月28日，高萍老师被授予"首届全国中小学外语教师名师"称号
283	图8-21	2010年9月，张菁获评全国百佳语文教师
283	图8-22	郑旭忠荣获2015年全国体育观摩展示活动一等奖
283	图8-23	周靖毅荣获2016年第十二届全国中学物理青年教师教学大赛高中组一等奖
283	图8-24	孙申磊荣获2008年全国第六届初中数学教师优秀课观摩与评选一等奖
285	图8-25	2007年11月8日，上海市第二中学与美国尼顿高中签订交流协议
285	图8-26	2006年10月23日，上海市第二中学与德国艾夏赫两所学校签订友好协议书
285	图8-27	2018年7月，上海市第二中学与英国齐泽赫斯特女子学校签订友好协议书
285	图8-28	2009年7月5日，上海市二中学师生赴德参加交流活动
285	图8-29	2010年9月1日—10月6日，英语老师陈达和潘榴烨、潘榴煜、岳晨、吴乃易4名学生抵达姊妹学校美国波士顿尼顿高中，进行为期一个月的交流活动
285	图8-30	2018年7月，上海市第二中学与英国齐泽赫斯特女子学校签订友好协议书，合影留念
288	图8-31	永康路校园，1948年航拍图。上海市第二中学提供
288	图8-32	1954年百叶窗气象小组学生每天做记录。上海市第二中学档案室提供
288	图8-33	20世纪五六十年代的校园。上海市第二中学档案室提供
289	图8-34	上海市第二中学永康路校区建筑，北、南立面图纸。上海市第二中学档案室提供
290	图8-35	上海市第二女子中学庆祝建校六十周年大门口
290	图8-36	学校操场（2008年）
290	图8-37	20世纪80年代市二中学校门
293	图8-38	梅陇校区鸟瞰图。上海市第二中学校长办公室提供
293	图8-39	2010年3月10日，举行徐汇、闵行合作举办市二中学（梅陇校区）签约仪式
293	图8-40	梅陇校区施工照片（2014年4月3日）。上海市第二中学校长办公室提供
294	图8-41	梅陇校区建设工地：教学楼、宿舍楼（2014年5月23日）
294	图8-42	梅陇校区施工进展：体育馆车库基础和教学楼南区（2014年5月29日）
294	图8-43	梅陇校区施工照片（2014年7月10日）。上海市第二中学校长办公室提供
294	图8-44	王民政校长前往梅陇校区建设工地考察（2014年7月30日）。吴明欢提供
295	图8-45	梅陇校区（2015年8月25日）。上海市第二中学校长办公室提供
295	图8-46	梅陇校区（2015年8月29日）。上海市第二中学校长办公室提供
295	图8-47	梅陇校区（2015年8月26日）。上海市第二中学校长办公室提供
295	图8-48	梅陇校区（2015年8月29日）。上海市第二中学校长办公室提供
296	图8-49	上海市第二中学梅陇校区（2021年10月12日）
296	图8-50	上海市第二中学梅陇校区（2021年10月12日）
296	图8-51	上海市第二中学梅陇校区（2021年10月12日）
296	图8-52	上海市第二初级中学校门（2006年）
296	图8-53	上海市第二初级中学校门（2012年）
296	图8-54	2015年，上海市第二初级中学搬迁至永嘉路388号
298	图8-55-1	上海市立务本女子中学校图书室藏书章
298	图8-55-2	上海市第二中学图书馆藏书章
298	图8-56	上海市立务本女子中学校图书室藏书
299	图8-57	2018年更新的校徽
300	图8-58	上海市第二中学被评为"上海市科技教育特色示范学校"（2010年5月）
300	图8-59	上海市第二中学成为2015—2017年度"上海市体育传统项目学校"（篮球、排球）
302	图8-60	上海市二中学校刊《琉璃》被评授上海市校园文学社刊一等奖，上海市作家协会2011年11月颁发
302	图8-61	2012年12月7日市二中学琉璃文学社获得"公益先锋社团"荣誉称号
302	图8-62	2008年11月，市二中学车模队在科技总指导

	徐祖贻老师带领下参加全国青少年车模锦标赛		讲坛"
303	图8-63 上海市第二中学机器人社被评为"上海市中学生优秀社团"（2007年6月）	311	图8-77 2006年成立务本教育基金会，雍景欣校友在开学典礼上向师生介绍成立务本教育基金的情况
303	图8-64 校排球队在教练赵晔老师带领下参加2019年上海市校园排球联盟杯赛（中小学组）	313	图8-78 2017年5月25日，诸韵颖校友（中间者）来到梅陇校区指导市二中学体育传统项目排球座谈
304	图8-65 2006年6月25日，市二中学合唱队参加中美音乐交流活动	313	图8-79 1992年10月，学校举行建校九十周年校庆暨校友会成立大会，吴小仲校长发言
304	图8-66 2010年7月5日，市二中学参加世博剧坛歌舞剧比赛，荣获一等奖	313	图8-80 2002年9月6日，学校创始人吴馨之子吴天荫（左一）来校，苏平书记前去迎接
305	图8-67-1 1959年10月24日，举行建校五十七周年校庆。上海市教育局副局长、1910届校友吴若安来校	314	图8-81 2002年上海市第二中学建校一百周年，在校庆会上校友表演《心中的曼德里》
305	图8-67-2 1962年10月24日，学校庆祝建校六十周年校庆，历届校友与教职工合影	315	图8-82 2012年9月8日，上海市第二中学校友医生为母校教职工义诊
306	图8-68 1982年10月，学校举行建校八十周年庆祝大会	315	图8-83 2012年11月10日，上海市第二中学建校一百一十周年庆典。上海市第二中学档案室提供
307	图8-69 1992年版《上海市第二中学校友会章程》	315	图8-84 上海市二中学建校一百一十五周年，校庆操场上校友们在背景台前留影
308	图8-70 校庆九十周年刊印的纪念册		
308	图8-71 校庆一百周年编写的纪念册	315	图8-85 2017年10月21日，上海市第二中学庆祝建校一百一十五周年
308	图8-72 校庆一百周年编写的纪念画册		
308	图8-73 校庆一百周年编写的纪念文集	317	图8-86 上海市第二中学永康校区航拍图（2022年6月9日）
308	图8-74 《饮水思源：上海市第二中学建校110周年校友纪念文集》（2012年）	317	图8-87 上海市第二中学梅陇校区鸟瞰（2021年10月12日）
309	图8-75 2011年5月29日，校友理事会召开会议，校友们听取学校的发展规划	插页	图8-88 上海市第二中学建校一百二十周年全体教工合影（2022年8月26日）
311	图8-76 2012年4月1日1975届倪军校友主讲"务本		

附录八
主要参考文献

（一）正史、地方志书、指南、图录等

《清史稿》，赵尔巽等撰，中华书局1977年版。

同治《上海县志》，（清）应宝时等修，俞樾等纂，清同治十年（1871）刊本。

民国《上海县续志》，吴馨等修，姚文枬等纂，民国七年（1918）南园刻本。

民国《上海县志》，姚文枬、秦锡田等纂，民国二十五年（1936）排印本。

《上海妇女志》，《上海妇女志》编纂委员会编，上海社会科学院出版社2000年版。

《上海名建筑志》，上海市地方志办公室编，上海社会科学院出版社2005年版。

《上海普通教育志》，《上海普通教育志》编纂委员会编，上海社会科学院出版社2015年版。

《南市区志》，《南市区志》编纂委员会编，上海社会科学院出版社1997年版。

《徐汇区志》，《徐汇区志》编纂委员会编，上海社会科学院出版社1997年版。

《上海侨务志》，《上海侨务志》编纂委员会编，上海社会科学院出版社2001年版。

《上海求学指南》，王寅清、柴芷湘合编，上海天一书局1921年版。

《上海指南》，商务印书馆编译所编纂，商务印书馆1912年版。

《上海指南》，商务印书馆编译所编纂，商务印书馆1922年版。

《上海指南》，商务印书馆编译所编纂，商务印书馆1926年版。

《上海指南》，林震编纂，商务印书馆1930年版。

《上海小蓝本》（*The Little Blue Book of Shanghai*），1931年版。

《袖珍上海里弄分区精图》，葛石卿等编纂绘制，国光舆地社1946年版，作者书社发行。

《上海市行号路图录》，鲍士英测绘、顾怀冰等编辑，上海福利营业股份公司1949年编印。

（二）档案类（包括章程、校刊、讲义等）

交大校长唐文治致陆安生函，称吴怀疚先生已病愈回沪，请派人会同吴怀疚接洽购地交涉案，1918年4月15日，上海交通大学档案馆藏，档案号：LS3-207。

《交通部上海工业专门学校历年同学姓氏录》（1917年）记载吴馨担任上海县教育会会长，住址为：静安寺路83号，上海交通大学档案馆藏，档案号：LS3-365。

《南洋公学师范班学生名册（1935年）》，内有"吴馨"，上海交通大学档案馆藏，档案号：LS2-398。

上海市特别市市政府工务局关于务本女校建造礼堂、教室等文档，1928年，上海市档案馆藏，卷宗号：Q215-1-6338。

上海市立务本女子学校校长王孝英呈文及上海市教育局相关批复等文档，1931年，上海市档案馆藏，卷宗号：Q215-1-6338。

上海市立务本女子学校呈文及上海市教育局相关批复等文档，1931—1935年，上海市档案馆藏，卷宗号：Q235-1-423。

上海市立务本女子学校校长阎振玉呈文及上海市教育局相关批复等文档，1936年，上海市档案馆藏，卷宗号：Q235-1-426。

《上海市立务本女子中学校呈上海市社会局》（部分函），1937年，上海市档案馆藏，卷宗号：Q6-18-123。

"上海特别市教育委员会"涉及上海市怀久等校的相关文档，1942年，上海市档案馆藏，卷宗号：R48-1-1167。

《务本女中接受怀久校具清册》，1945年9月，上海市档案馆藏，卷宗号：R48-1-1203。

《市立务本女子中学图书馆》，时间不详，上海市档案馆藏，卷宗号：Y8-1-8-81。

上海市人民政府教育局关于调上海市第二女子中学校长郭秀梅的文档，1954年，上海市档案馆藏，卷宗号：B105-5-1054-27。

《上海市普通中学报表》（上海市第二女子中学），1959、1960学年初，上海市档案馆藏，卷宗号：B105-7-795-78。

《上海市教育局业务报告（二十年七月至二十一年六月）》，上海市教育局编，1932年刊印。

《上海县立务本女子中学校第二届毕业纪念录》，上海县立务本女子中学校编，1920年刊印。

《上海县立务本女子中学校二十五周年纪念册》，上海县立务本女子中学校编，1926年刊印。

《上海市立务本女子中学校年刊》，上海市立务本女子中学编，1933年刊印。

《上海市立务本女子中学校概况》，上海市立务本女子中学编，1934年刊印。

《务本女中学生自治会半年刊》，1935年刊印。

"务本女塾""务本女中""怀久女中""上海市第二女中""上海市第二中学"等档案，上海市徐汇区档案馆藏，卷宗号：75-1-30等（目录略）。

上海市第二中学档案室所藏档案（目录略）。

（三）报纸杂志类

《申报》《民立报》《大公报》《女学报》《神州女报》《新闻报》《时报》《立报》《民国日报》《琼报》《政治官报》《教育公报》《上海市政府公报》《上海市教育局教育周报》《上海周报》《图画日报》《中国摄影学会画报》《公共租界工部局年报》《东方杂志》《教育杂志》《女子世界》《女子月刊》《社会半月刊》《妇女新生活月刊》《妇女共鸣》《女声》《青声周刊》《现代学校生活》《女朋友》《临时刊布》《直隶教育杂志》《大上海教育》《人民日报》《光明日报》《解放日报》《文汇报》。

近代报刊中的"务本女塾""务本女子中学"等（部分）。

《申报》相关报道篇名（见文献档案摘选，此略）。

《学制：务本女塾增设初等高等女子小学规则》，《教育杂志》1905年第17期。

《务本女塾学生曾千里广告》,《新闻报》1905年8月9日第2版。

《务本女塾及幼稚舍运动会》,《新闻报》1905年11月12日第10版。

《务本女塾租地添筑校舍》,《时报》1906年3月20日第3版。

《务本女塾运动会》,《新闻报》1906年5月20日第17版。

《务本女塾暑期体操传习会章程》,《申报》1906年6月30日第17版。

《务本女塾暑期体操传习会订章》,《新闻报》1906年6月30日第17版。

《务本女塾暑期体操传习会修业成绩》,《时报》1906年8月20日第3版。

《评论员先生鉴江浙两省各处赈款未见踊跃先生心抱不平顷务本女塾预备科甲乙两组学生颇发热心慨捐赈款第一次洋十二元四十五角第二次洋三十》,《时报》1906年9月30日第6版。

《务本女塾运动会纪》,《时报》1906年11月6日第3版。

《务本女塾大运动记》,《新闻报》1906年11月6日第17版。

《务本女塾毕业式》,《时报》1907年1月28日第3版。

《务本女塾为俞闺秀开追悼会》,《新闻报》1907年5月24日第19版。

《务本女塾定期开运动会》,《新闻报》1907年11月4日第18版。

《务本女塾运动会纪》,《时报》1907年11月8日第9版。

《纪务本女塾运动会顺序》,《新闻报》1907年11月8日第18版。

《务本女塾生毕业》,《新闻报》1908年1月21日第18版。

《记务本女塾行毕业式》,《时报》1908年1月22日第3版。

《记务本女塾第二次家庭恳亲会》,《时报》1908年5月2日第3版。

《纪务本女塾恳亲会》,《新闻报》1908年5月2日第18版。

《务本女塾高等小学戊申毕业摄影》,《教育杂志》1909年第1卷第2期。

《务本女塾高等小学行卒业式》,《时报》1909年1月8日第6版。

《务本女塾行毕业礼》,《时报》1910年1月28日第6版。

《务本女塾行毕业礼》,《新闻报》1910年1月28日第18版。

《务本女塾年假志闻》,《时报》1911年1月14日第6版。

《务本女塾毕业名单》,《新闻报》1911年1月15日第18版。

《务本女塾毕业名单》,《新闻报》1911年7月9日第21版。

《务本女塾学家事专修科章程》,《时报》1911年7月17日第10版。

《近阅报载广告成绩优美之务本女塾忽由发起人……》,《时报》1912年3月14日第9版。

《务本女塾同学会》,《时报》1912年6月19日第9版。

《务本女塾同学会组织募捐团启》,《时报》1912年7月20日第10版。

《务本女塾开欢迎会》,《时报》1913年3月16日第14版。

《务本女塾毕业式》,《时报》1913年7月6日第14版。

《务本女塾毕业式》,《新闻报》1913年7月7日第9版。

《务本女塾捐该县有》,《时报》1913年8月24日第14版。

《上海务本女塾中学四年级生之优秀舞及网球队》,《妇女杂志》(上海)1921年第7卷第1期。

《务本女塾开除大批学生》,《三星》1928年7月19日第3版。

《本报向务本女塾道歉》,《三星》1928年8月7日第3版。

《张丽玲女士,四明人,幼肄业务本女塾中学,遇人不淑,乃习医以求自》,《晶报》1933年7月9日第2版。

《本省之部指令指令沪海道尹呈》(报上海县立务本女子中学校招生试验分别去留编级情形由,十一月十七日),《江苏教育行政月报》1916年第11期。

《咨江苏省长上海务本女子中学校准立案文》,《教育公报》1918年第5卷第3期。

《务本女子中学改聘校长》,《民国日报》1919年8月4日第11版。

《上海县立务本女子中学校今后之课程标准》,《时报》1920年1月1日第18版。

《江苏教育厅指令第二三一二号》(中华民国十二年七月七日。令上海县知事:呈送县立务本女子中学校学则祈鉴核),《江苏省公报》1923年第3414期。

《教育新闻》,《新闻报》1923年3月29日第15版。

《新家庭:安徽省立第一商业学校校长崔兰谷硕士与上海县立务本女子中学毕业生袁缦珠女士于五号在沪结婚现已赴西湖度蜜月》,《图画时报》1925年第271期。

《校闻/师范科消息/参观汇志:本月十号,三年级学生十人由邓主任率领参观上海务本女子中学及小学》,《暨南周刊》1925年第14期。

《张伟奇女士毕业于务本女子中学,爱文学擅音乐,聪慧秀丽活泼温和,历任尚志务本等女校教职》,《卷筒纸画报》1928年第3卷第135期。

《张伟奇女士擅音乐,务本女子中学毕业,上海音乐会会员》,《图画时报》1928年第450期。

《张伟奇女士毕业于务本女子中学,爱文学擅音乐,聪慧秀丽活泼温和,历任尚志务本等女校教职》,《中国摄影学会画报》1928年第3卷第135期。

《县立务本女子中学昨行始业式》,《新闻报》1928年2月10日第11版。

《会讯:上海特别市立务本女子中学校教职员一览表》,《上海特别市市立学校教职员联合会会刊》1929年第2期。

《王孝英女士接任上海特别市务本女子中学校长职纪念摄影》,《北洋画报》1929年第8卷第386期。

《委任令第二二一号》,《上海特别市市政府市政公报》1929年第29期。

《务本女子中学筹备校庆》,《时报》1929年10月20日第5版。

《上海市立务本女子中学校排球队》,《现代学生(上海1930)》1930年第1卷第3期。

《上海市政府令第四五六号至第四五八号》,《上海市政府公报》1930年第60期。

《要闻报告:务本女子中学添购校基》,《上海市教育局教育周报》1930年第84期。

《训令:上海特别市教育局训令第一九〇六号》,《上海特别市教育局教育周报》1930年第57期。

《上海市政府指令第七七七一号令》,《上海市政府公报》1930年第72期。

《教育部十九年十二月份工作报告》【(五)与主管事务有关事项:(乙)关于各省市对于规章之请求事项:(1)上海市教育局为据市立务本女子中学等五校呈请变通给放年假日期……】,《教育部十九年十二月份工作报告》1930年12月。

《训令:上海市教育局训令第二〇八一号令》,《上海市教育局教育周报》1930年第75期。

《七日短信:务本女子中学学生》,《中国摄影学会画报》1930年第5卷第230期。

《训令：上海市教育局训令上字第六五二号令》，《上海市教育局教育周报》1931年第111期。

《上海市政府指令第一二三八五号》，《上海市政府公报》1931年第107期。

《上海市教育局训令》，《上海市教育局教育周报》1931年第110期。

《上海市政府令第八九六号至第八九八号》，《上海市政府公报》1931年第99期。

《本市西门黄家阙路务本女子中学校》，《新闻报》1932年10月26日第12版。

《上海市教育局训令教字第九一〇九号令》，《上海市教育局教育周报》1933年第199期。

《幼稚园设计单元纲要，上海市立务本女子中学附小》，《河南教育月刊》1933年第3卷第11期。

《小事记：前几天，务本女子中学学生五十余人》，《联华画报》1933年第2卷第26期。

《要闻报告：市立务本女子中学更迭校长》，《上海市教育局教育周报》1933年第217期。

《上海市中学联合运动会之鳞爪》（女子四百米接力赛跑优胜之务本队，自右至左萧杰英张蕙英王韫白邝少桃）（照片），《生活画报（上海）》1933年第2期。

《训令：上海市教育局教字第三一二八号令》，《上海市教育局教育周报》1933年第177期。

《本市务本女子中学》，《新闻报》1933年11月14日第16版。

《附载市立务本女子中学高级师范科毕业生一览表》（二十三年五月），《上海市教育局教育周报》1934年第248期。

《训令：上海市教育局训令教字第二三九七一号令》，《上海市教育局教育周报》1934年第260期。

《训令：上海市教育局训令教字第一六七六七号令》，《上海市教育局教育周报》1934年第230期。

《校闻：教学实习班参观市立务本女子中学》，《大夏周报》1935年第12卷第7期。

《上海市政府令第一〇二二号》，《上海市政府公报》1935年第154期。

《训令：上海市教育局训令教字第三三九七六号令》，《上海市教育局教育周报》1935年第300期。

《务本女子中学》，《新闻报》1935年10月18日第20版。

《本市各女中校长发起女子国语演说竞赛》，《时代日报》1935年11月22日第4版。

《校闻：教学实习班参观市立务本女子中学》，《大夏周报》1936年第12卷第16期。

《上海市政府令兹委任胡兰为本市市立务本女子中学校校长》，《上海市政府公报》1936年第172期。

《务本女子中学校长胡兰，被该校解职》，《立报》1936年12月24日第3版。

《上海职业妇女访问记》（逸霄女士），《大公报》（上海）1937年1月8日第7版、1937年1月9日第7版、1937年1月11日第7版。

《来函：上海市立务本女子中学校》，《东方日报》1937年3月26日第4版。

《私立务本女子中学》，《华美晨报》1938年1月24日第4版。

《务本女子中学今日级际田径赛》，《益世报》（上海）1946年12月14日第6版。

《常熟区中学排球联赛》，《大公报》（上海）1949年12月14日第2版。

（四）文集笔记、年谱、传记、回忆录、口述、资料汇编等

《小学唱歌教授法》，沈心工编，上海文明书局1907年版。

《女学生之百面观》，李定夷编，上海南华书局1918年版。

《上海罢市实录》，海上闲人编，1919年印行。

《一九三三年之上海教育》，上海新闻社编，上海新闻社1934年刊行。

《钏影楼回忆录》，包天笑撰，山西古籍出版社1999年版。

《饮冰室合集》第一册，梁启超著，中华书局1989年影印本。

《蔡元培年谱长编（上）》，高平叔编，人民教育出版社1996年版。

《胡适全集》（第19卷），胡适著，安徽教育出版社2003年版。

《赵宪初教育文集》，赵宪初著，上海教育出版社1991年版。

《菲律宾华侨教育考察团日记》，佘柏昭等编，中华书局1922年版。

《上海轶事大观》，陈伯熙编著，上海书店出版社（据1924年上海泰东图书局印本）2000年版。

《艺海一勺续编》，郑逸梅编著，天津古籍出版社1996年版。

《中国名人传》，上海每日中国评论1925年版。

《海上名人传》，《海上名人传》编辑部编，上海文明书局1930年版。

《上海时人志》，茹辛、潘孚硕等编辑，展望出版社出版，1937年初版，1938年续版。

《上海重要人名录》（简称《上海人名录》），许晚成编，上海龙文书店1941年版。

《上海百业人才小史》，许晚成编，1945年出版。

《上海县教育状况》，附"外国及教会所办学校"，上海县知事公署编，民国六年（1917）8月刊印。

《上海特别市教育法规汇编》，上海特别市教育局编，1929年铅印本。

《上海市教育统计》，上海市教育局编，1931年铅印本。

《上海市教育局业务报告》（1931年1月—6月），上海市教育局编，1931年刊印。

《上海特别市教育局业务报告（下）》，上海市教育局编，1932年刊印。

《上海大中小学调查录》，许晚成编，上海龙文书店1935年版。

《战后上海学校暨文化机关调查录》，许晚成编，龙文书店1939年版。

《上海学校调查录》，许晚成编，龙文书店1940年版。

《中华民国法令大全》（教育），上海法学编译社编，1931年刊印。

《上海市市政报告》，上海市市政府秘书处编，汉文正楷印书局1936年版。

《教育法令汇编》，教育部参事处编，商务印书馆1936年版。

《上海市教育统计（民国二十三、二十四年度合刊）》，上海市教育局编，1936年铅印本。

《民国二十六年上海市年鉴·教育》，上海通志馆年鉴委员会编，中华书局1937年版。

《廿八年上海教育一览》，上海教育年鉴社编，大时代书局1939年版。

《教育法规（第二版）》，阮华国编，大东书局1947年版。

《上海市教育统计》（1946年度），上海市教育局编，1947年刊印。

《上海市中等教育概况》，上海市教育局编印，正中书局1948年刊印。

《上海市学校调查录》，乐德卿等主编，群协出版社1948年版。

《上海市政府法规汇编》，上海市政府编，1948年铅印本。

《第二次中国教育年鉴（第四编）中学教育》，教育部编，商务印书馆1948年版。

附录八　主要参考文献

《中国青年运动历史资料1915—1924》，中国新民主主义青年团中央委员会办公厅编，内部资料，1957年。

《教育文献法令汇编1949—1952》，中华人民共和国教育部办公厅编，内部资料，1958年。

《近代中国女权运动史料》，李又宁、张玉法编，台北传记文学社1975年版，龙文出版股份有限公司1995年版。

《近代中国教育史资料》，多贺秋五郎编，文海出版社有限公司1976年版。

《帝国主义在上海的教育侵略活动资料简编》，李清悚、顾岳中编，上海教育出版社1982年版。

《中华人民共和国教育大事记（1949—1982）》，教育科学出版社1983年版。

《中国教育年鉴（1949—1981）》，中国大百科全书出版社1984年版。

《"九·一八"—"一·二八"上海军民抗日运动史料》，上海社会科学院历史研究所编，上海社会科学院出版社1986年版。

《中国近代学制史料》（第一辑下册），朱有瓛主编，华东师范学出版社1986年版。

《中国近代学制史料》（第二辑下册），朱有瓛主编，华东师范大学出版社1989年版。

《中国近代学制史料》（第三辑上册），朱有瓛主编，华东师范大学出版社1990年版。

《帝国主义侵华教育史资料——教会教育》，李楚材编，教育科学出版社1987年版。

《中国近代教育史资料汇编》，璩鑫圭、唐良炎编，上海教育出版社1991年版。

《近代中国妇女史中文资料目录》，王树槐等主编，台北"中研院"近代史研究所1995年刊印。

《中国近代教育史资料汇编·普通教育》，李桂林、戚名绣、钱曼倩编，上海教育出版社1995年版。

《中国近代音乐史料汇编：1840—1919》，张静蔚编，人民音乐出版社1998年版。

《中国近代教育史教学参考资料》，陈学恂主编，人民教育出版社1998年版。

《日本在华中经济掠夺史料》，上海市档案馆编，上海书店出版社2005年版。

《中国近现代女性期刊汇编》，王长林、唐莹编，线装书局2006年版。

《中国近代教育史资料汇编》，陈元晖主编，上海教育出版社2007年版。

《中国近代中小学教科书总目》，王有朋主编，上海辞书出版社2010年版。

《近代中国教育史料》，舒新城编，中国人民大学出版社2012年版。

《近代女学生教育文献汇存》，黄湘金主编，北京燕山出版社2019年版。

《上海地方史资料》（四），上海市文史馆编，上海社会科学院出版社1982年版。

《解放前上海的学校》，载《上海文史资料选辑》第59辑，政协上海市委员会文史资料研究委员会编，上海人民出版社1988年版。

《徐汇文史资料》第3辑，政协上海市徐汇区委员会文史资料工作委员会编，1989年刊印。

《南市文史资料选辑（一）》，中国人民政治协商会议上海市南市区委员会文史资料委员会编，1990年印行。

《上海文史资料存稿汇编》（第九册），上海市政协文史资料委员会编，上海古籍出版社2001年版。

《百年沧桑》，上海市第二中学编，2002年内部刊印。

《百年辉煌：上海市第二中学建校一百周年纪念画册》，上海市第二中学编，2002年内部刊印。

《百年情愫：建校一百周年校友纪念文集》，上海市第二中学编，2002年内部刊印。

《劲松长青：百年校庆纪念》，上海市二中学校友会、务本（怀久）分会编，2002年内部刊印。

《薪传：上海市第二中学建校110周年校友纪念》，上海市第二中学编，2012年内部刊印。

《饮水思源：上海市第二中学校友纪念文集》，上海市第二中学编，2012年内部刊印。

《欣然回首：上海市第二中学历史概述》，上海市第二中学编，2012年内部刊印。

《吴小仲校长口述》，2021年12月，上海市第二中学校长办公室提供。

《任博生校长口述》，2022年1月，上海市第二中学校长办公室提供。

《姚国超校长口述》，2021年11月，上海市第二中学校长办公室提供。

《沈建华校长口述》，2021年12年，上海市第二中学校长办公室提供。

《王民政校长口述》，2021年12月，上海市第二中学校长办公室提供。

（五）研究著述

《新制教育史》，李步青著，范源廉校阅，中华书局1922年版。

《中学教育》，廖世承著，商务印书馆1924年版。

《国定文思》，刘国定著，励群学会1924年版。

《教育概论》，罗廷光著，世界书局1933年版。

《中国教育行政大纲》，张季信编，商务印书馆1934年版。

《训育论》，李相勖著，商务印书馆1935年版。

《三一八上海抗战史》，王叔达著，民强出版社1937年版。

《上海市中等教育概况》，上海市教育局中等教育处编纂，1948年刊印。

《抗战前中国中等教育之研究》，叶健馨著，文史哲出版社1982年版。

《中华民国教育史》，熊明安著，重庆出版社1990年版。

《近代上海城市研究》，张仲礼主编，上海人民出版社1990年版。

《从学生运动到运动学生（1919—1929）》，吕芳上著，台北"中研院"近代史研究所1994年版。

《动荡转型中的民国教育》，申晓云著，河南人民出版社1994年版。

《西学东渐与晚清社会》，熊月之著，上海人民出版社1994年版；中国人民大学出版社2011年修订版。

《教会学校与中国教育近代化》，何晓夏、史静寰著，广东教育出版社1996年版。

《被"革命"的教育："文化大革命"中的"教育革命"》，郑谦著，中国青年出版社1999年版。

《上海通史》，熊月之主编，上海人民出版社1999年版。

《中国教育史》，孙培青著，华东师范大学出版社2000年版。

《中国私学·私立学校·民办教育研究》，王炳照主编，山东教育出版社2002年版。

《上海近代教育史》，陈科美主编，上海教育出版社2003年版。

《民治主义与现代社会：杜威在华讲演集》，〔美〕杜威著，袁刚等编，北京大学出版社2004年版。

《百年中国女权思潮研究》，王政、陈雁主编，复旦大学出版社2005年版。

《晚清学堂学生与社会变迁》，桑兵著，广西师大出版社2006年版。

《基督教与中国近代中等教育》，尹文涓著，上海人民出版社2007年版。

《中国中学教育史》，谢长法著，陕西教育出版社2009年版。

《青春飞扬：近代上海学生生活》，施扣柱著，上海辞书出版社2009年版。

《西学东渐第一校——从徐汇公学到徐汇中学（1850—2010）》，庄小凤、马学强主编，上海辞书出版社2010年版。

《变化中的中国人》，〔美〕E. A. 罗斯著，李上译，电子工业出版社2012年版。

《沪上名校——百年大同研究（1912—2012）》，盛雅萍、马学强主编，上海辞书出版社2012年版。

《中国教育制度沿革史》，郭秉文著，商务应书馆2014年版。

《性别、政治与民主：近代中国的妇女参政》，〔澳〕李木兰著，方小平译，江苏人民出版社2014年版。

《碧空丹心：李敏华传》，毛天祥、王柏懿著，中国科学技术出版社2015年版。

《为国桢干：上海南洋中学120年（1896—2016）》，马学强、于东航主编，商务印书馆2016年版。

《上海教育史》第3卷，蒋纯焦主编，上海教育出版社2016年版。

《生成与失范：民国时期中学教师管理制度研究（1912—1949）》，陈光著，华中科技大学出版社2016年版。

（六）外语文献（部分）

North-China Herald（《字林西报》）。

The China Weekly Review（《密勒氏评论报》）。

Far Eastern Commercial and Industrial Activity-1924, Compiled by E. J. Burgoyne, Edited by F. S. Ramplin, The Commercial Encyclopedia Co.(London, Shanghai, Hongkong, Singapore), 1924.

Leaders of Commerce, Industry and Thought in China (Shanghai), Compiled by S. Ezekiel, Published by Geo. T. Lioyd, Shanghai, 1924.

Who's Who in China (Biographies of China, 中国名人录), Published by The China Weekly Review(Shanghai), 1925.

Men of Shanghai and North China: A Standard Biographical Reference Work, Second Edition, Shanghai: The University Press, 1935.

Who's Who in China, Forth Edition (1931).

Who's Who in China, Fifth Edition (1936).

Who's Who in China, Supplement to the fifth edition (1940).

后记一

最近几年，我们校史研究团队与商务印书馆合作，陆续出版"百年名校·江南文脉"系列丛书。这些学校在创立时期背景不同，体系不一，在办学方面亦各有特色，所以，我们很关注具有不同样本意义的不同类型学校的研究。一次偶然的机会，我查阅到1934年刊印《上海市立务本女子中学校概况》，其中收录了上海市立务本女子中学校的各项规程，除《上海市立务本女子中学校学则》列有的十章三十四条外，还有很多的细则、条规，包括教务会议规程、教务处办事细则、学级编制、课程组织、教育设备、教育方法、教科用书、学业成绩考查、学生注册规则、选科规则、试读规则、各科教学研究会通则、课外作业办法、教员请假办法、教室规则、学生缺课请假规则、级长服务规则、教室值日生服务规则等，这所中国人自己创办的女中学校，"建章立制"如此丰富，如此严密，激发了我们团队的研究兴趣。

上海市第二中学前身为"务本女塾"，由晚清上海著名士绅、教育家吴馨于1902年创办，成为与蔡元培等创立的爱国女校齐名的中国最早女校之一。学校屡易其名，先后称为上海县第一女子中小学校、上海县立务本女子中学、上海市市立务本女子中小学、怀久女子中学等，经历了从私立到公办，从县立到市立。学校办学质量高，声誉卓著。1952年，学校改名为上海市第二女子中学。1954年，学校被命名为首批上海市重点中学。1963年，确定为首批市重点办好学校之一。1967年11月，学校改名为上海市第二中学，开始男女生兼收。2005年，学校被命名为上海市实验性示范性高中。近年来，上海市第二中学秉承"求真务实、勤朴勇诚"的"务本精神"，以"和谐教育、适性发展"为办学理念，探索"德育领先、基础扎实、人文见长、综合发展"的办学特色，建构校本特色课程体系，注重促进学生品德、学习、体能、心理、实践、创新等能力素质的和谐发展。

该校历史悠久，名师、名生云集。一百二十年来，作为上海乃至全国具有一定影响力的老校、名校，办学历程连续，文脉赓续不断，堪称传奇。学校积淀了丰厚的人文内涵，其办学理念独特、办学特色鲜明，办学成就突出，在近现代中国女子教育史、上海中学教育史上具有重要地位，颇具研究价值。

为了迎接江南的这所名校建校一百二十周年，2021年上半年，上海市第二中学与上海社会科学院校史研究团队合作成立校史研究课题组。从务本女塾到上海市第二中学，学校历史积淀深厚，要研究这样一所老校，需要我们广泛收集、整理各个时期的各类原始史料，此为校史研究之基础。这是一项艰辛的工作，学校的档案文献分散于各处，样态丰富，种类亦多，收集这些资料需要花费大量的心力，同时也须具备一定的专业能力。为了系统、完整梳理学校一百二十年的办学历程，在资料收集上也要注意其多样性、连续性、完整性等特点。在海内外相关机构与广大校友的支持下，课题组搜集到大量珍贵史料、图片。其主要来源有：（1）创始人、著名校友收藏的与学校相关的独特而珍贵的文献资料。（2）学校的档案文献，这些资料存放于国家第二历史档案馆、国家图书馆、上海图书馆、上海市档案馆、上海交通大学档案馆、徐汇区档案馆、上海市第二中学校史室、档案室等处。（3）各个时期学校包括女校办学中的各类文献，如章程（校规）、校刊（含校友会刊、纪念刊、杂志）、工作总结、教材课本、女性团体文献等。（4）大量的笔记、文集等，记录学校的各个方面。（5）来自中外文报纸杂志的记载，如近代的《申报》《女学报》《神州女报》《新闻报》《时报》《立报》《教育公报》等，当代的《人民日报》《光明日报》《解放日报》《文汇报》等重要报刊的报道。（6）口述资料、校友回忆。课题组广泛发掘各种原始史料，注意把握这所名校与上海城市文化、教育事业发展的关键史事。在扎实的资料基础上，我们从不同阶段、不同层面去深入解读这所学校的校史。

书稿由文字、图片两部分组成，撰写中采取以图带文，以文释图的形式，图文并茂。我们从千余张图照中选用了三四百张，通过对大量具有代表性图片的解读，反映这所江南名校一百二十年的变迁。书中图片主要来源有：（1）历史图片，选自各种文献档案、照片集，由鲍世望老师翻拍。（2）学校图书馆、档案室以及一些校友提供的图片。（3）梅陇校区的一些照片，主要由吴明欢老师、校长办公室提供。

书稿于2022年6月底完成，撰稿人的具体分工如下：

第一章，马学强；第二、三章，胡端；第四章，周维文；第五、六章，叶舟；第七、八章，马学强、陆军、周维文等；附录部分，马学强、陆军、马强、沈欣、龚浩、周维文、陈思月等。上海市第二中学校长办公室、档案室、校友会提供了大量资料。书稿完成后，由马学强、陆军统稿，并进行配图。

本书由陆军、马学强任主编，胡端、马强、张曦琛、吴卫任副主编。1954届校友、中国工程院院士张锦秋为本书作序。书稿的撰写过程中，课题组得到了相关单位及有关人士的大力支持。上海市第二中学的历任领导、校友会始终关心一百二十周年校史书籍的编写与出版。吴小仲、姚国超、任博生、沈建华、王民政等老领导提供了口述，广大校友积极参与，或提供信息，或联络校友，或安排采访，校友们对母校的热爱与关心，给我们留下了深刻的印象。我们还得到了国家图书馆、中国第二历史档案馆、上海图书馆、上海市档案馆、复旦大学图书馆、上海交通大学图书馆、上海交通大学档案馆、华东师范大学图书馆、上海社会科学院图书馆、上海市徐汇区档案馆、上海市第二中学校长办公室、上海市第二中学档案室、上海市第二中学图书馆、上海市第二中学校友会等的协助。商务印书馆鲍静静、陈雯、周小薇等为本书出版付出了辛勤劳动。谨此致谢。

马学强

2022年7月8日 于上海社会科学院

后记二

今年适逢上海市第二中学建校一百二十周年，这是学校发展的一个重要节点。五十载务本，七十年市二；六十五载女子教育，五十五年男女生混合教育；同时还是创始人吴馨先生诞辰一百五十周年。重要的纪念日都汇总到了2022年。特别想编撰一本内容丰富、客观公正的校史，让我们摸清家底，更好地规划未来。这也是弥补十年前一百一十周年校庆时想做但没有做成的遗憾。通过这本校史，广大校友乃至所有关心市二发展的社会人士能够更好地了解市二、读懂市二。

再度回到市二工作是在2020年底，当时离一百二十周年校庆只有不到两年的时间。编撰校史的首选合作者是上海社会科学院历史研究所的马学强教授团队，因为2016年我在南洋中学任职时，已经与马教授有过愉快合作，成功编撰了《为国桢干：上海南洋中学120年（1896—2016）》。马教授团队对历史材料的挖掘和整理非常专业，对近代乃至现今教育的理解非常深刻。但时间紧迫，怕马教授拒绝，我们于是还联系了其他的团队……兜兜转转，时间到了2021年5月，由于各种的不适合和不满意，最终都没谈拢，可能心底我们还是对马教授团队编撰的"百年名校·江南文脉"系列丛书印象太深。此时已经不容再等待，校班子商议，还是联系马教授试试。

至今我还清楚地记得，马教授对于接受编撰任务所提的三个条件：要与团队成员商量再定；校庆时间的安排要尽量延后；学校必须紧密配合，及时提供所需材料。后两个条件，我一口答应。心情忐忑了一天，最终马教授团队回复，接受了这一任务，我仿佛看到了一本厚厚的校史已呈现在眼前。

接下来按照规定的流程，也经过双方多次的交流、磨合、推进，一年多后，终于，《务实本正：从务本女塾到上海市第二中学（1902—2022）》即将编撰完成，我的内心由衷感慨，这真是一个艰巨的工程，又是一个梦想成真的过程。

第一，感谢学校各位教育的先贤、前辈。在市二中学发展的不同时期，他们施展教育智慧，克服各种困难，坚持高品质办学，保持务本精神，开创和谐发展，赓续绵延，造就了一批又一批社会英才，以卓著的成绩确立了学校的地位。为了让校史更直接、更鲜活，我们让20世纪80年代以来的历任正职校长撰写工作经历和感受，老校长们都很认真、迅捷地交了"作业"。特别84岁高龄的吴小仲校长，一笔一画手写书稿，留给我们的不仅仅是一份工作回忆，更是一份可留存的珍贵档案，一份可以传承的精神财富。

第二，感谢不同届别的广大校友。出于对母校的深情，很多校友以前都撰写过回忆学习经历或者感谢师恩的文章，也有一些录制了口述历史的视频。这些资料让我们得以获取许多生动的教育事例，了解在当时社会背景下学校的办学情况，这都给我们这次编撰校史提供了不可或缺的丰富素材，也从一个侧面让我们看到了校友们对母校、对教师最真挚的感情。特别感谢1954届校友张锦秋院士，始终关心学校的发展，此次以认真严谨的态度，为校史倾情作序，表达了对母校的深厚情感。

第三，感谢通力合作的学校各处室、部门。为了校史的顺利出版，学校党委、校办、政教处、教导处、团委、总务处等各部门的老师们在繁忙的工作之余，都根据要求及时提供相关资料，付出了各自努力。特别是档案员沈欣老师，她在学校档案员岗位上二十多年，对于学校的档案了然于心，还很有意识地搜集报章杂志、广播电视、互联网等媒体所看到的有关学校的信息，分门别类整理，极大地丰富了学校资料的累积，为校史的撰写提供了基本的保障。

第四，感谢学校退休教师任德洪。任老师是当代著名山水画家、兼擅书法，我们都称他为"大师"。学校很多地方都留着他的墨宝。这次当我们提出请求，请他为校史书题写书名，他二话不说，当即领命，认真、高效地完成任务，并亲手送到学校（扉页书名题字）。

第五，要特别感谢马学强教授团队和商务印书馆上海分馆的鲍静静总编辑的团队。校史撰写，离不开第一手资料的找寻与搜集。马教授团队每一位成员都很认真、专注，他们查阅了从1902年务本女塾建校到1949年新中国成立以前《申报》《新闻报》《时报》等报刊关于务本的信息，查阅了新中国成立后的所能查到的资料，梳理学校发展的脉络，填补了以前校史研究的空白。在写作期间，正逢上海新冠肺炎疫情的反复，团队人员也都被封控在家，心态不免受到影响，但在马教授的带领兼宽慰关心下，都克服了许多困难，终于把心血都凝结成了这本校史——《务实本正：从务本女塾到上海市第二中学（1902—2002）》。商务印书馆的鲍总团队也是克服时间紧张等困难，多番协商，精益求精，尽可能完美地呈现这本校史。

梳理校史，"存史、资政、教化"。本书彰显了学校辉煌的办学业绩和深厚的人文底蕴，这是值得我们所有市二师生好好学习的教材。承接学校发展脉络、延续辉煌是我们的工作职责。时间在前行，我们所做的不断成为历史。但愿后人在研究我们这一段学校发展的历程时，也能和我们今天一样，充满底气和骄傲。

最后再次对编撰《务实本正：从务本女塾到上海市第二中学（1902—2022）》中付出努力和心血的所有人员表示最衷心的感谢！

陆　军

2022年8月6日